教育部人文社会科学研究规划基金项目资助（09YJA630015）

中国开发区产业集聚研究

——基于跨国公司嵌入视角

陈景辉 著◎

人民出版社

序　言

　　陈景辉博士的专著《中国开发区产业集聚研究——基于跨国公司嵌入视角》即将在人民出版社出版,对此我感到非常高兴并表示祝贺。

　　改革开放以来,我国开发区建设从无到有、从小到大,走过了极其辉煌的发展历程,取得了举世瞩目的成就。短短20多年,在昔日的荒滩沙地、田野渔村,崛起了一座座经济发达、环境优美、生机盎然的现代化工业园区,成为国民经济中最有活力、最具潜力的增长极,成为我国新型工业化、城市化和现代化的典范。在经济全球化和中国改革开放不断深化的新形势下,对此进行经验总结并上升为理论,是十分必要的。同时我们也应清醒地认识到,当前我国开发区发展也面临着一些突出问题,比如对外资依赖严重,跨国公司嵌入不深,产业集聚度不高,产业升级困难等,这些问题已成为制约开发区发展的瓶颈。陈景辉博士作为长期生活和工作在大连开发区的一名学者,敏锐地抓住这些问题进行深入研究,具有重要的理论价值和现实意义。

　　本书是作者历时四年,对全国多个重点开发区进行了实地考察的基础上完成的。同国内外有关著作相比,本书有以下特点:

　　一是研究范式的新颖性,本书是基于动态演化的过程探索,强调互动、演化。

　　二是视角的独特性,本书以新社会经济学的"嵌入性"来研究跨国公司与开发区产业集聚问题,为该问题的研究开辟了一个新视角。

　　三是具有独到的理论创新性。本书提出的跨国公司在华战略三部曲——即从战略连接、战略嵌入到战略耦合,是对当代跨国公司战略管理理论的创新;本书从我国开发区建设的伟大实践中,提炼出新的产业集聚模式,是对产业集聚理论和工业园区建设理论的创新;本书运用案例分析和实证分析方法,论证了跨国公司的嵌入性与区域产业集聚的互动关系,揭示了跨国公司的嵌入性与地方产业集聚的动态演化过程、演化模式和演化机制,是对跨国公司理论、产业集聚理论的创新;本书提出了"双向嵌入观",凝练出开发区产业集聚路径模型,是对跨国公司理论、区域发展战略理论的创新。

四是具有较高的实际应用价值。本书不只是一部理论著作,更是一部对现实有指导意义的著作。本书通过大量案例分析与实地调研,对现实中存在的一些理论困惑和实践难题进行了科学解释,提出了可行性建议,对地方政府的外资政策、产业集聚政策、新型工业化政策的制定与实施具有一定的借鉴意义。

本书是作者在博士论文以及主持教育部人文社科规划项目的基础上完成的,既是对跨国公司在我国开发区投资的研究,也是对我国改革开放和开发区建设伟大实践的经验总结,同时对未来我国开发区建设和产业集聚进行了一些前瞻性研究,提出了具有建设性的建议。我认为,本书对从事跨国公司、产业集聚、区域经济的理论工作者和实际工作者,特别是对全国各级各类开发区的领导者和实际工作者有较大的参考价值。

陈景辉博士是一位兴趣广泛、对学术研究执著追求的学者,他刻苦钻研的精神和锲而不舍的毅力给我留下了深刻印象。他早年中专毕业被分配到矿山工作,在艰苦的环境中一直坚持自学并以优异的成绩考入重点大学,之后跨学科考入中国人民大学读研究生,已过不惑之年又到东北财经大学攻读博士学位,并以优异的成绩毕业,其精神可嘉。在此,我也预祝景辉博士能充分发挥其多学科的优势,厚积薄发,在学术研究的道路上取得更大的成绩。

艾洪德

2010年1月6日

目　录

第一章 导 论

第一节 研究背景与意义

一、研究背景

1. 现实背景

20世纪90年代以来,随着经济全球化的发展,相似或相关的产业在相同的区位集聚,并变得日益相互依赖,产业集聚开始成为经济发展的主流。越来越多的研究报告了发达国家产业化集群的发展实例,也发现了发展中国家大量类似的集群现象。在美国,有硅谷和128公路的微电子业群、明尼阿波利斯的医学设备业群、克利夫兰的油漆和涂料业群、加利福尼亚的娱乐业群、西密歇根的办公家具业群、达尔顿的地毯业群、加利福尼亚的葡萄酒业群、马萨诸塞的制鞋业群等。在意大利,纺织品集群、鞋类集群、家具集群集中程度很高。在德国,有索林根的刀具业群、斯图加特的机床业群、纽伦堡的制笔业群、韦热拉的光学仪器业群。在法国,有巴黎森迪尔区的网络业群、布雷勒河谷的香水玻璃瓶业群。在拉丁美洲的秘鲁、巴西、墨西哥、委内瑞拉、洪都拉斯、尼加拉瓜、牙买加等国,几乎到处都有集群的存在。在非洲,南非、肯尼亚、津巴布韦和坦桑尼亚等国也都有各类集群存在。在东欧的一些国家,例如波兰、匈牙利、斯洛文尼亚等国也发展了集群。在亚洲的日本、韩国、巴基斯坦、印度尼西亚也有发达程度不同的专业化集群。在印度,有旁遮普邦的路德海阿那的金属加工和纺织工业群、泰米尔纳德邦的提若普尔棉针织业群、卡纳达卡邦的班加罗尔电子软件业群。可以说,产业集群已发展成为全球化和知识经济背景下的世界经济现象。

改革开放以来我国一些地区特别是珠三角和长三角的一些省市通过产业集聚,形成了各具特色的地方产业集群,"一镇一品"、"一县一业"的地方"块状经济"蔚然成风,经济取得了跨越式发展,步入了良性循环的轨道。如浙江海宁的皮革,嵊州的领带,诸暨的袜业,宁波的男装,温州的皮鞋、打火机等;福州晋江的鞋业、服装等;广东顺德的家电业,东莞的制造业,潮州的婚纱及晚礼服,中山沙溪的休闲服、盐步的内衣,江苏吴江的纺织业,武进的灯具业,丹阳的眼镜业。在高科技领域,有北京中关村的高科技产业集群、深圳高科技产业集群等等。有关数据显示,2008年辽宁有中小企业产业集群105个,企业数量13600多个,就业约100万人,年销售收入3000多亿元,税金约90亿元,出口交货值350多亿元。规模较大的有:沈阳铁西新区汽车零部件产业集群,于洪家具产业集群,大连瓦房店轴承产业集群,普兰店杨树房服装产业集群,大连旅顺软件产业集群,鞍山宋山钢铁产业集群,岫岩玉器产业集群,海城西柳纺织服装产业集群等。广东1500个建制镇中,已经形成专业特色经济的超过300个,其中20亿元以上的生产规模和能力的专业镇超过130多个;福建省已初步形成有形的大小产业集群约60个,总产值占全省工业总产值的50%以上;浙江省年产值超亿元的产业集群有604个,其中10亿元以上的有283个,100亿元以上的有35个,产业集群的产值占全省工业总产值的60%以上,有56种工业产品居全国第一。即使是我国内陆地区,虽然产业集群不如沿海地区那么普遍,但也出现了如重庆的摩托车产业、湖北武汉的光电产业、云南昆明的烟草制造业、自贡的鲜花业、内蒙古的乳品加工业、河北清河的羊绒加工和湖南浏阳市的花炮制造业等集群。因此可以说,中国的地方产业集群正在迅速崛起,将成为中国工业大厦的主要支撑力量,是中国新型工业化的有效路径。

但是从目前研究文献以及政府政策来看,对传统的中小企业集聚比较关注,研究得很多,而对于新兴的特别是基于大企业、大型跨国公司的产业集聚研究得很少。主要原因在于人们普遍抱有一种偏见,认为大型垄断跨国公司注定是不合作的,他们谋求垄断利益,越来越难以合作与创新。实际上,跨国公司作为当今世界经济中的领导力量,在产业集聚的形成中发挥着越来越重要的作用,美国的硅谷、印度的班加罗尔、中国台湾的新竹是如此,在中国的珠三角、长三角以及环渤海地区也是如此,特别是在我国沿海经济技术开发区的产业集聚中,跨国公司发挥着巨大的作用。我国开发区发展的历史,实际上就是一部跨国公司在我国投资的历史,就是一部产业集聚的历史,就是一部跨国

7777

77177

777777777777777

公司与开发区相关产业互动博弈、共同成长、共生共赢、共同演进的历史。

我国国家级经济技术开发区的建立,是在邓小平同志亲自倡导并积极推动下,党中央、国务院作出的重要决策,是我国对外开放的重大战略步骤,是中国特色社会主义建设的成功实践和重要组成部分。从1984年开始建立第一家国家级开发区——大连经济技术开发区到目前,我国一共批准设立了51家国家级经济技术开发区和5家享受国家级经济技术开发区政策的工业园区。56家国家级经济技术开发区中,按照东中西区域划分:东部沿海地区34个;中部地区9个;西部地区13个。经过20多年的发展,我国开发区建设取得了举世瞩目的成就,各项经济指标一直保持高速增长。2008年,54家①国家级经济技术开发区在不到全国总面积万分之一的土地上,创造了占全国5.09%的地区生产总值(GDP)15313.01亿元,实现工业增加值10971.94亿元,占全国工业增加值(现价)的8.50%;进出口总额3323.40亿美元,占全国15.05%,其中出口2050.95亿美元,占全国的14.36%,进口1804.16亿美元,占全国的15.92%;实际利用外资195.38亿美元,占全国的21.15%;税收收入2480.91亿元,占全国4.29%;累计吸收外商投资金额达到1531.66亿美元,占全国17.29%;期末实有外商投资企业数达到20000多家,就业人数600多万人。特别是近年来世界500强企业不断加强了在国家级经济技术开发区的投资强度,截止到2008年底,国家级经济技术开发区世界500强外资企业1641家,跨国公司设立的研发中心有959家。

在我国经济技术开发区的产业集聚和经济发展中,跨国公司无不扮演了诸如制造中心和研发中心发起人和出资人的重要角色。而且,这些跨国公司的嵌入极大地带动了其他跨国公司或者本地公司的进入,从而促成了集聚效应的产生和强化。例如:摩托罗拉入驻天津开发区,带动了相关配套企业发展,其中仅为摩托罗拉配套的企业就达170多家,信息产业集聚效应十分突出;诺基亚及其配套企业入驻北京开发区星网工业园,对北京信息产业集群发展起到了巨大的推动作用;众多世界五百强企业(目前已有66家)在苏州工业园投资,促进了当地产业集群的发展与演化,使苏州工业园区迅速成为IT产

---

① 这54家国家级经济技术开发区未包括2007—2008年新批准升级的廊坊开发区和扬州开发区的统计。

业集聚地；其中，在集成电路产业方面，集聚了和舰、中科、晶方等一批具有自主知识产权的先进企业，形成了从 IC 设计、芯片制造到封装测试的完整产业链；南京开发区之所以后来居上，也是由于其很好地实施了以跨国公司为主导的产业集聚战略的结果。

　　大连开发区是我国最早兴办的第一个开发区，曾有"神州第一开发区"的美誉。在经济和社会发展方面，曾多年处于领先地位，但近年来渐入疲态，先后被天津开发区、广州开发区、昆山开发区、苏州工业园区所超越。之所以出现这种情况，原因是多方面的，其中产业分散、集聚度不高是主要原因。令人高兴的是，2007 年 3 月，全球 IT 产业的领导者——英特尔公司宣布将在大连开发区投资 25 亿美元建设一个现代化的芯片工厂。该信息一经宣布，立即引起广泛的轰动效应。英特尔巨资投在大连开发区，对于正准备振兴的东北而言，无疑是一份高质量的外资，非常有助于老工业基地产业结构的调整改造与复兴。英特尔的芯片工厂，不仅让大连这个老工业基地看到复兴与新兴的希望，也为大连开发区的二次腾飞提供了难得的机遇。如何利用这一契机使大连开发区形成 IT 产业集聚——产业集群效应，使之成为中国、亚洲 IT 产业集聚的中心，进而带动整个辽宁乃至东北地区的发展？这是人们的热切期盼，也是一个亟待解决的重大现实问题。

　　2. 理论背景

　　从国内外现有文献看，关于嵌入理论、跨国公司嵌入理论、跨国公司与产业集聚关系理论以及跨国公司全球价值链与地方产业集聚理论的研究，都取得了一定的进展，为进一步的研究奠定了很好的基础。但从整体看，这方面研究还存在一些不足或待研究的问题。

　　(1)对跨国公司嵌入模式、嵌入方式、嵌入影响因素、嵌入驱动力尚缺乏系统的理论研究，对如何确定跨国公司嵌入的分析维度和测度还未解决，因此需要对这些问题进行科学地研究和深入的探讨。

　　(2)对基于跨国公司的产业集聚内涵、特征、影响因素、驱动力、发展演化规律以及测度指标体系和方法尚缺乏系统的理论研究和实证研究。

　　(3)对发生在我国的跨国公司嵌入与产业集聚的现象尚缺乏系统研究和全面总结，对跨国公司嵌入与我国产业集聚的互动关系以及耦合机制尚缺乏系统的理论研究和实证分析。

(4)对跨国公司、地方政府和本地企业在产业集聚中的作用,如何在互动博弈中实现双赢或共赢缺乏有说服力的研究。

有基于此,本书将立足于我国重点开发区中跨国公司嵌入与地方产业集聚这一独特的经济现象,以跨国公司理论、全球价值链理论、战略管理理论、产业集聚理论、嵌入理论为指导,综合社会经济学、经济地理学、区域经济学、组织管理学等知识体系,在大量实地调研的基础上,运用科学规范的研究方法,对上述问题进行深入系统的研究,力争取得富有创新价值的理论成果。

二、研究意义

总体来看,跨国公司特别是大型跨国公司在我国各类开发区的产业集聚中发挥着主导的作用。那么,这种由跨国公司主导的产业集聚的特征是什么?其产业集聚模式是什么?其决定因素与驱动力是什么?具有怎样的发展演化规律?这种产业集聚模式与传统产业集聚模式有什么不同?应如何测度?跨国公司在地方产业集聚中究竟起到何种作用?跨国公司与地方产业集聚的互动耦合机制是什么?本书力图从新社会经济学的"嵌入性"这一新视角,对上述问题进行比较深入的探讨,这是很有现实意义和理论意义的。具体来讲,有以下几点:

首先,可以为我国进一步改革开放和开发区建设提供理论依据。改革开放以来,我国开发区建设取得了丰硕的成果,对此进行经验总结并提升为理论层次的探讨,为我国进一步改革开放和开发区建设提供理论依据,是十分必要的。2008年是我国实行改革开放30周年。改革开放是党在新的时代条件下带领人民进行的一场伟大革命,是对我们党和国家发展具有划时代意义的伟大事业。胡锦涛同志在2008年元旦政协茶话会上的讲话中指出:要对改革开放进行系统回顾总结,以生动的事实、伟大的成就、成功的经验对全党全国人民进行坚持改革开放的教育,深刻领会改革开放是决定当代中国命运的关键抉择。本书研究既是对我国改革开放和开发区建设的经验总结,同时也从一个侧面论证了我国改革开放政策的正确性。

其次,提炼工业园区建设理论,为经济全球化背景下区域经济发展探索一条成功之路。我国开发区建设已经走过了20多个年头,从无到有,从小到大,期间,虽经历了多次挫折与失误,但其取得的辉煌成就是举世瞩目的,在世界经济发展史上也是罕见的。开发区既是一些独特的现象发生地,比如跨国公司嵌入与产业集聚现象,同时也成为一些新思想、新理论诞生的实验室。我国开发区发展的历史,实际上就是一部跨国公司在我国投资的历史,就是一部产业集聚的历史,就是一部跨国公司与开发区互动博弈、共同成长、共生共赢、共同演进的历史。从历史中总结经验,从实践中总结规律,从而提炼出新的工业园区建设理论,一方面可以进一步丰富改革开放的伟大理论,同时也可为经济全球化背景下我国地方区域经济发展乃至广大发展中国家经济发展探索一条成功之路。

第三,丰富和发展产业集聚理论。从国内外文献看,对产业集聚问题研究者很多,但大多关注传统的中小企业集聚,对跨国公司参与或主导的产业集聚研究得很少。主要原因在于人们普遍抱有一种偏见,认为大型垄断跨国公司注定是不合作的,他们谋求垄断利益,越来越难以合作与创新。实际上,跨国公司作为当今世界经济中的领导力量和跨国公司,在产业集聚的形成中发挥着越来越重要的作用,我国开发区建设的伟大成就就是明证。本书立足于我国开发区建设的伟大实践,以嵌入性理论这一新视角来探讨跨国公司与产业集聚的关系,试图揭示产业集聚的形成机理和演化规律,不仅可以为中国改革开放实践的奇迹提供一个新角度的解释,而且是对传统中小企业集聚研究的有益补充,丰富和发展了产业集聚理论。

第四,深刻认识当代跨国公司的本质,更好地实现与跨国公司的合作双赢。从嵌入性视角对跨国公司在我国投资与地方产业集聚进行研究,可以使人们对当代跨国公司的本质、发展趋势、组织战略取得更深入的认识,丰富跨国公司战略与组织理论。同时有利于提高我国利用外资水平,更好地与跨国公司合作双赢,不断融入国际分工体系,迎接经济全球化、一体化的挑战,对正在走向世界的我国跨国公司也有重要的参考意义。

第五,为解决现实问题提供理论指导。目前在跨国公司与地方产业集聚关系方面既存在一些理论困惑也存在紧迫的实践难题。比如,在我国不少开发区往往看到一些独立的大型外资企业的"堡垒式"建筑,它们往往只与海外母公司发生联系,而与本地企业联系很少,甚至出现了产业外移现象,即所谓"松脚性(footloose)",人们期待的互动局面并没有产生。那么为什么会出现"松脚性"问题? 应如何解决? 还有,对新进入的大型跨国公司应如何促进其与全球价值链伙伴的联动投资？应如何促进其与地方产业的良性互动，以实现地方产业的集聚？英特尔公司在大连的投资就是这样一个紧迫的现实问题。英特尔在大连投资25亿美元建设现代化的芯片工厂之事曾在国内外引起了广泛的轰动。大连市市长夏德仁曾满怀豪情地说，英特尔的到来，为大连及辽宁嵌入了一颗动力澎湃的创新芯片，将彻底改变辽宁及东北IT产业多年徘徊不前的局面。但我们也应清醒地认识到，辽宁IT产业特别是半导体产业基础薄弱，新的产业与当地产业结构嵌入程度低，或耦合性差。因此，如何促进跨国公司及其全球价值链伙伴深度融入当地社会经济网络之中，在当地集聚、扎根、结网，形成"本地嵌入"，成为问题的关键。通过本书的研究，将有助于很好地解决这些理论困惑和实践难题，这正是本课题的现实意义所在。

第六，为政府产业集聚政策的制定与实施提供理论依据。随着产业集聚效应的显现，各国政府以及地方政府日益重视产业集聚问题，产业集聚开始从自发状态逐渐走向政府主导。各国政府纷纷制定产业集聚政策，以刺激所在地区的技术创新和提升区域竞争力，使之成为繁荣区域乃至国家经济的新动力，通过产业集聚促进经济增长已经成为世界很多城市长期增长战略的主要政策措施之一。例如，意大利的集群政策产生于20世纪70年代，到80年代中期已成为闻名的"产业区"规范性文献；丹麦也是集群政策的发展先驱，它在1989年就创立了促进企业聚集的"产业网络协作项目"，该项目为300多个带有集聚特征的企业网络提供金融服务，缔造集群的作用曾轰动一时；美国也创立了多个类似项目。从欧美等集群发达国家近几年所实施的政策来看，集群政策有了更高层次的飞跃，更加系统化和制度化。目前珠三角和长三角的一些省市已经制定并正在实施以产业集聚为核心的区域产业政策，取得了良好的效果，产业集聚已成为一个非常显著的施政热点，发挥着日益重要的作用。但是从目前情况来看，产业集聚政策的着眼点主要还是传统的中小企业集聚，而专门针对基于跨国公司的外向型的产业集聚政策的很少。通过本书的研究，可以为地方政府产业集聚政策的制定与实施提供理论依据和新的思路，这也是本课题研究的现实意义所在。

第二节 几组主要概念的辨析与界定

一、跨国公司与国际直接投资(FDI)

跨国公司作为一种企业实体,首先在西方经济发达国家产生和发展起来,其名称经历了国际公司、多国公司、全球公司以及跨国公司几种变化。从1974年开始,联合国在有关文件中也开始统一使用跨国公司一词取代其他类似称谓。

对于跨国公司的定义,经济学家们和各国政府都有不同的解释,对其界定的标准也不尽相同[①],总括起来大致有:

1. 以地理界域作为界定标准

有的西方经济学家从语义学或地理学的角度出发,将凡是跨越国界、在国外从事生产经营业务的企业均列为跨国公司。欧洲经济共同体认为跨国公司至少应在两个或两个以上的国家拥有生产设施。哈佛大学商学院多国企业研究中心则认为跨国公司必须是在6个以上国家设立子公司、分公司及其他分支机构的企业。

2. 以所有权的法律基础作为界定标准

西方一些经济学家或政府机构认为:应从跨国公司拥有的股权、经营控制权或其所依据的法律基础作为划分跨国公司的标准。美国商务部认为:跨国公司必须是拥有10%以上国外股权的企业。国际货币基金组织则认为:跨国公司必须是拥有25%或更多国外股份的企业。

3. 以诸多因素综合分析作为界定标准

也有一些研究机构或西方经济学家认为以单一标准划分跨国公司失之偏颇,而应综合考虑各种因素。1984年,联合国在《跨国公司行为守则》中将跨国公司界定为:"包括设在两个或两个国家以上的实体,不管这些实体的法律形式和领域如何;在一个决策体系下进行经营,能通过一个或几个决策中心采取一致对策和共同战略;各实体通过股权或其他方式形成联系,使其中的一个或几个实体有可能对别的实体施加重大影响,特别是同其他实体分享知识、资

---

① 张素芳:《跨国公司与跨国经营》,经济管理出版社2009年3月,第2—3页。

源和分担责任"。

综上,对跨国公司界定的标准不一,对其内涵的理解也就有较大差异。中国学者从不同角度研究跨国公司,也对跨国公司概念产生了不同理解。毛蕴诗(2001)认为:跨国公司是一般公司的特例,无论跨国公司定义如何,对其合乎逻辑的理解是将其视为公司向特定方向的扩展,而这一扩展的行为主体就是原有的公司或新组建的公司,当其以对外直接投资的方式进行扩展时,原有的公司或新组建的公司就会演变为跨国公司,换句话说,所谓跨国公司就是进行对外直接投资的企业。[①]

本论文对跨国公司的理解是:跨国公司是通过对外直接投资的方式,在国外设立分公司,并从事生产、销售和其他经营活动的国际性企业。具体到我国实际情况,本书认为凡是通过 FDI 在我国设立分支机构的境外企业(外国以及港澳台企业)都可称之为跨国公司。

外商直接投资(FDI),又称为国际直接投资,它是国际资本流动的一种形式。从历史发展的进程来考察国际资本流动最先表现为国际商品资本流动(即国际贸易),继而出现了国际货币资本流动,最后出现了国际生产资本流动即国际直接投资。经济合作与发展组织认为,国际直接投资是指一国(或地区)的居民和实体(直接投资者或母公司)与在另一国的企业建立长期关系,具有长期利益,并对之进行控制的投资。国际货币基金组织在其出版的《国际收支指南》中给对外直接投资下的定义是:"一国投资者为获得持久利益而在其他国家进行的长期投资。直接投资者的目的是在国外企业的管理中施加显著影响。"美国商务部的定义是:"对外直接投资指某一个人在某一个国家对位于另一国家的企业具有持续性的利益或某种程度的影响。"[②]

上述关于国际直接投资内涵的界定各有侧重点。综合各种不同表述,本书概括为:对外直接投资是一种输出资本、技术和管理技能等资产的长期投资行为,其目的是获得部分或全部外国企业的经营控制权,以实现在全球范围内

---

① 毛蕴诗:《跨国公司战略竞争与国际直接投资》,中山大学出版社 2001 年 6 月,第 5—8 页。

② 联合国贸发会议跨国公司与投资司编、冼国明总译校:《1999 年世界投资报告》,中国财政经济出版社 1999 年 2 月,第 493—505 页。

获取最大化利益。国际直接投资是国内直接投资的延伸、扩展和特殊表现形式。

从跨国公司的发展历程以及我国的实际情况看,跨国公司与国际直接投资密不可分,跨国公司是国际直接投资的主体,绝大部分国际直接投资都是由跨国公司来完成的。因此,本书没有严格区分跨国公司投资和国际直接投资,而是将二者视为同一概念。

二、嵌入性与根植性

波兰尼(Polanyi,1944)首次提出嵌入性(embeddedness)概念,波兰尼指出,个人的经济动机是嵌入在社会关系里的,经济行为属于社会活动的一部分。[①] 后来格兰诺维特(Granovetter,1985)将之发扬光大。格兰诺维特认为,现实中行为主体既不可能脱离社会背景而孤立地行事,也不是完全受社会限制、按社会外在规范行事,而是在具体、动态的社会关系制度中追求自身多重目标体系的实现。[②] 随后,社会学、政治学等学科的学者纷纷利用这个概念挑战经济学,嵌入性成为新经济社会学的一个核心概念工具。国内研究者对"embeddedness"有不同译法,有译为"嵌入性"、有译为"根植性"。从现有文献看,大多数学者采用"嵌入性",也有一些学者采用"根植性"。在一些文献中,嵌入性与根植性经常被交替使用,并不严格区别。

项后军(2004)认为企业根植性特指外企与本地企业之间持续而稳定的产业关联性。项后军将产业关联性作为根植性的核心,并列举了产业关联的外延,对根植性作出具体的界定。[③] 王缉慈(2000)认为企业根植性,指企业需要植根在本地的性质。[④] 企业为什么要扎根在本地呢？这是因为,企业的国际竞争力不仅取决于国家环境,更重要的是取决于它所在的区域和地方环境。

---

① Polanyi,K. *The Great Transformation*,New York:Farra,1944.

② Granovetter,M. 1985,"*Economic Action and Social Structure:The Problem of Embeddedness*",American Journal of Sociology,Vol. 91,Issue 3,pp. 481－510.

③ 项后军:《外资企业的迁移及其根植性问题研究——以台资企业为例》,《浙江社会科学》2004 年第 3 期。

④ 王缉慈、王可:《区域创新环境与企业根植性——兼论我国高新技术企业开发区的发展》,《地理研究》2000 年第 4 期。

与项后军相比,王缉慈从经济地理的角度强调企业根植性与地理上靠近的关系及根植性对于节约交易成本、营造良好的区域创新环境的功效。庄晋财(2003)用根植性来解释企业的空间行为特征及其根源,侧重从外部经济或规模经济、共同承担风险、减少机会主义、降低交易成本等经济学角度来解释产业集群的地域根植性。① 丘海雄和于永慧(2007)认为嵌入性与根植性是不同的概念,其区别在于"嵌入性"是分析经济行为如何受到历史、文化、制度、关系和社会结构影响的一个概念工具,而"根植性"是反映企业与本地生产体系的融合程度,帮助产业集群中企业扎根于本地的实践问题。② 根植性主要指外来企业与本地企业在价值链各环节的关联程度或本地化程度。提高外来企业的根植性有利于信息的流通、知识的外溢、减少交易成本、形成良好的区域创新环境,从而提高产业集群的竞争力。嵌入性更加强调包括正式、非正式制度在内的社会因素对经济行动结构性的、潜移默化的、内在性的影响,认为行动者的行动主要依从的是认受性逻辑,即该做什么、如何做,更多地考虑是他人的认可和接受,是在社会化过程中将社会期望内在化,甚至神化,成为自觉行动的结构。因此,嵌入性主要是社会学的概念工具,它要解决的主要是经济现象和行为为何如此,或者说经济行动的逻辑问题,是一个理论的而非实践的问题。

　　本书认为嵌入性与根植性只是译法不同而已,二者没有本质区别,考虑到大多数学者的习惯,本书采用嵌入性这一概念。

三、产业集聚与产业集群

　　马歇尔(1890)在其《经济学原理》一书中,首次提出了产业集聚及内部聚集和空间外部经济(external economies)的概念,并阐述了存在外部经济与规模经济(scale economies)条件下产业集聚产生的经济动因。③ 韦伯(1909)在《工业区位论》一书中,从微观企业区位选址的角度提出了产业区位理论,他将

---

① 庄晋财:《企业集群地域根植性的理论演进及政策含义》,《安徽大学学报》(哲学社会科学版)2003 年第 7 期。
② 丘海雄、于永慧:《嵌入性与根植性——产业集群研究中两个概念的辨析》,《广东社会科学》2007 年第 1 期。
③ 马歇尔:《经济学原理》,商务印书馆 1964 年,第 278—280 页。

集聚经济(agglomeration economy)定义为成本的节约。① 1971年扎马斯基(Czamanski)发表了一篇关于产业聚集的学术论文,在文中提出了产业集聚(industrial complexes)的概念,把产业集聚定义为产业活动在空间上的一种集聚。② 一般认为,产业集聚就是一群公司或企业以地理接近性为必要条件,依赖彼此间积极、互动的关系来增进各自的生产效率或竞争力,而此种群聚现象往往在地理位置上表现出集中的情况。

产业集群的概念借用生态学对同一栖所的不同族群"共生"关系的定义,强调同一地区企业之间的紧密联系。迈克尔·波特(Porter,1998)从产业竞争优势角度将产业集群定义为在某一特定领域(通常以一个主导产业为主)中,大量产业联系密切的企业以及相关支撑机构在空间上集聚,并形成强劲、持续竞争优势的现象。这些企业既独立自主又彼此依赖,既具有专业分工、资源互补现象,又维持着一种长期的、非特定的合作关系。③

当今研究中,许多人都将上述概念混同一体,没有作具体的辨析。朱英明认为产业集群即地方产业集聚。④ 但也有一些学者认为它们之间存在着区别。郑胜利,黄茂兴(2002)认为产业集聚与产业集群二者之间有明显的区别,其区别在于产业集聚主要注重物质的投入,而产业集群强调信息和相关关系,他们认为产业集聚为产业集群的初级阶段,而产业集群为高级阶段。⑤ 王缉慈等(2001)认为空间集聚要比集群的范围要大。我国学者徐强(2004)认为产业集聚是一种最能反映企业群在地域上集中的经济现象的一个概念。⑥ 他认为产业集聚这个说法较企业集群有一定的进步。至少这个概念已经清楚地认识到内部的企业在地理上的集中,也可能是相关联产业的企业在地理上的聚

① 阿尔弗雷德·韦伯:《工业区位论》,商务印书馆1997年12月,第32页。
② Czamanski, S. 1971, "*Some empirical evidence of the strengths of linkages between groups of related industries in urban-regional complexes*", Regional Science, vol. 27, issue1, pp. 137 - 150.
③ Porter, M. , 1998, "*Cluster and the New Economic of Competition. Harvard Business Review*", Vol. 76, Issue 6, pp. 77 - 90.
④ 朱英明:《产业集聚研究述评》,《经济评论》2003年第3期。
⑤ 郑胜利、黄茂兴:《从集聚到集群——祖国大陆吸引台商投资的新取向》,《世界经济与政治论坛》2002年第3期。
⑥ 徐强:《产业集聚因何而生——中国产业集聚形成机理与发展对策研究》,浙江大学出版社2004年12月,第15—20页。

集。他认为产业集聚与产业集群的界定相比较,前者更能充分地体现此类现象的组织意义,经济效益等。同时,他认为可以将产业集群的概念作为产业集聚的另一个客观描述性的替代词。产业集聚是指众多同一产业的企业或者相关产业的企业在某一地区的集中与聚合,是产业分布的集中化。产业集群是众多按专业化分工的同类或相关产业的企业及其在价值链上相关的支撑企业、机构,以完善的组织方式在一定空间范围内的柔性集聚,产业集群是一个类似于生物有机体系统的产业群落。产业集聚不一定都能发展成密切的产业集群的程度。产业集聚与产业集群两者研究的侧重点有所不同,产业集聚主要研究产业在一个大的区域范围内(如全国)的分布不平衡性及其变化态势,研究在不同区域产业集聚水平与产业生产效率的关系,探讨产业集聚的诱因。产业集群研究则着眼于某一具体区域的产业网络结构,分析这种网络结构形成机制,网络结构的优势及其对本地区经济发展的作用。他认为,二者的主要区别表现在:一是从产业链的角度看,空间集聚仅包括实体的产品链与增值链,而集群包括实体与非实体间的产品链、增值链与信息链。二是从创新链的角度看,空间集聚仅停留在价值链线性范围内的合作,而集群构造了一个创新的网络环境,包括高校、政府在内的实体创新。三是从社会文化特征看,空间集聚一般仅意味着明晰知识的交流,如企业间通过浅层次交流获取的知识,而集群不仅交流明晰知识(articulated knowledge),而且大部分是默会知识(tacit knowledge)。四是从影响程度看,空间集聚由于区内企业之间的联系只是偶然的,未形成长期的信任和合作关系网络,因此,这些产业在该地区是不定的、容易移动的,是一种"松脚型工业(footloose industry)";而集群文化特征的根植性(embededness)促进产业的加速黏合,加深产业对当地经济的影响,从而获得更强有力的竞争环境。五是从关键性因素看,空间集聚强调地理位置因素,而集群强调网络关系的形成。

本书认为,从严格意义上说,产业集聚与产业集群是有区别的,集聚和集群是产业在不同发展阶段的称谓,产业集聚是产业集群的初级阶段,产业集群是产业集聚的高级阶段。另外,产业集聚更强调地理空间的概念,而集群则更强调内部的相互关系。本书研究的重点是我国开发区产业集聚与跨国公司之间的相互作用机制,鉴于我国开发区大多处于产业集聚阶段,严格意义上的产业集群还不多见,因此,本书主要采用产业集聚概念,但在部分章节也未将产业集聚与产业集群严格区别，认为二者是可以相互替代的。

第三节　研究范围、研究目标与研究方法

一、研究范围

本书研究的地理范围是我国国家级开发区。所谓开发区是指在一个国家或地区内划出一定的地域范围，在经济活动中实行更加开放的特殊政策和灵活措施，提供良好的基础设施等优惠条件吸引外商和外资，引进高新技术和管理方法，从而达到一定经济目的的特殊经济区域。就我国而言，现有各级各类开发区很多，截止到 2009 年 10 月底，我国共批准设立的国家级经济技术开发区 56 个①（经济特区除外），高新技术开发区 56 个，保税区 15 个，出口加工区 60 个，边境经济合作区 14 个，旅游度假区 12 个，保税物流园区和保税港区共 18 家，其他开发区 10 个。国家级开发区是经济特区之后的第二开放带，在我国对外开放中处于前沿地位，是跨国公司的投资热点和我国新兴的产业集聚区，因此研究我国跨国公司与产业集聚的关系问题，选择国家级开发区是比较恰当的。限于时间与能力等原因，本书研究对象限定于国家级经济技术开发区和高新技术产业开发区，其中重点是国家级经济技术开发区。

二、研究目标

本书立足于我国重点开发区中跨国公司嵌入与地方产业集聚这一独特的经济现象，以跨国公司理论、全球价值链理论、战略管理理论、产业集聚理论、嵌入理论为指导，综合社会经济学、经济地理学、区域经济学、组织管理学等知识体系，在大量实地调研的基础上，运用科学规范的研究方法，力争取得富有创新价值的理论成果，为地方政府、相关企业科学决策提供理论依据。从理论层面上，通过对跨国公司嵌入性以及开发区产业集聚问题的研究，深刻反映当代跨国公司的本质，揭示跨国公司嵌入与地方产业集聚的互动耦合关系和演

---

① 56 个国家级经济技术开发区中包括苏州工业园、上海金桥出口加工区、厦门海沧投资区、宁波大榭经济开发区和海南洋浦经济开发区等 5 个享受国家级开发区政策的工业园区。

化机制,凝练全球化背景下基于跨国公司嵌入的地方产业集聚理论,同时提炼工业园区建设理论,并将其上升为中国特色的新型工业化理论;从实践层面上,通过大量案例分析与实地调研,对现实中存在的一些理论困惑和实践难题进行科学解释,提出可行性建议,为地方政府的外资政策、产业集聚政策、新型工业化政策的制定与实施提供理论依据。具体来讲要着重解决以下关键问题:

(1)跨国公司的"嵌入"的内涵界定以及分析维度,决定跨国公司的"嵌入"究竟有哪些因素,跨国公司在我国"嵌入"的特殊性表现在哪些方面,主要驱动力是什么,跨国公司嵌入的社会经济效应体现在哪些方面。

(2)跨国公司的"嵌入性"与地方产业集聚存在怎样的互动关系,其机制是什么,障碍是什么。基于跨国公司嵌入的产业集聚模式、特征及适用条件是什么,与其他产业集聚模式有哪些异同。

(3)跨国公司、地方政府和本地企业在产业集聚中究竟应发挥怎样的作用,如何实现互动博弈中双赢或共赢,应如何设计基于跨国公司嵌入的区域产业集聚战略与政策。

三、研究方法

1. 统计数据分析方法。利用现有的以及调研所得的各开发区近十年的面板统计数据,建立多元回归方程进行回归分析,论证本假设。

2. 案例分析法。选择部分重点开发区作为典型案例,进行翔实的实地调研,在对这些开发区的跨国公司嵌入与产业集聚的现象进行全面总结的基础上,进一步验证本书理论假设的正确性与科学性。

3. 跨学科、系统的理论研究方法。本研究是一项复杂的系统工程,需要多学科的知识,因此应用跨学科、综合的理论研究方法。本研究试图综合跨国公司理论、全球价值链理论、战略管理理论、产业集聚理论、嵌入理论等前沿理论,同时借鉴社会经济学、经济地理学、区域经济学、组织管理学等理论研究成果,在大量实地调研的基础上,运用系统研究方法、实证研究方法,以独特的视角对我国国家级开发区中跨国公司嵌入与地方产业集聚这一独特的经济现象进行系统研究,发现规律,凝练理论,进行理论创新。

第四节　研究内容与章节安排

一、研究主要内容

1. 跨国公司在我国开发区的嵌入性研究

在对跨国公司嵌入的内涵科学界定的基础上,深入我国十几个重点开发区进行实地调研,全面掌握基本情况,凝练出跨国公司嵌入的科学的分析维度,提出跨国公司在我国开发区嵌入的概念结构模型,总结归纳跨国公司嵌入模式、嵌入方式、嵌入影响因素,深入分析跨国公司嵌入的动因,从战略角度探讨跨国公司嵌入的演化规律。

2. 我国国家级开发区的产业集聚研究

在对产业集聚内涵科学界定的基础上,深入我国十几个重点开发区进行实地调研,全面掌握产业集聚的基本情况,分析开发区产业集聚的特征,在研究国内外产业集聚模式如硅谷模式、班加罗尔模式、台湾新竹模式、东莞模式基础上,总结归纳出我国开发区产业集聚模式,分析我国开发区产业集聚影响因素与驱动力,研究产业集聚的测度指标体系和方法,提出开发区产业集聚概念结构模型。

3. 跨国公司嵌入与开发区产业集聚的实证研究

这部分内容是本书的重点。

第一,在对跨国公司在我国开发区的嵌入性和开发区产业集聚研究的基础上,提出"跨国公司嵌入与产业集聚具有互动耦合关系"的研究假设;

第二,构建跨国公司嵌入与我国开发区产业集聚的概念结构模型;

第三,要对研究假设进一步细化,进行操作变量设计,为数据收集打下基础;

第四,对本命题进行实证研究。采用回归分析法,利用现有的以及调研所得的各开发区近几年的面板统计数据,建立多元回归方程进行回归分析,论证本假设。

4. 跨国公司嵌入与地方产业集聚的动态演化研究

一是探讨跨国公司嵌入与地方产业集聚的动态演化过程。

二是研究跨国公司嵌入与地方产业集聚的动态演化模式。

　　三是提炼跨国公司嵌入与地方产业集聚的动态演化机制。包括:(1)跨国公司嵌入对地方产业集聚的促进机制。(2)地方产业集聚对跨国公司嵌入的促进机制。

　　5. 双向嵌入视角下的开发区产业集聚与升级路径研究

　　现实中我国开发区还存在许多问题,比如普遍存在跨国公司嵌入性不足和"松脚性"问题,产业集聚低级化问题等。本书将在分析问题的基础上,对这一现象进行深入剖析,以全球价值链理论为基础,将研究的视角从单向嵌入观转向双向嵌入观,论证跨国公司本地嵌入与地方产业全球价值链嵌入是一种相互嵌入、互动耦合的关系,提出了块状经济与链式经济有机融合这一新全球经济模式,并根据我国经济发展的实践进行了论证。在分析广东模式与浙江模式的基础上,提出了经济全球化背景下开发区产业发展的两条路径。在此基础上,提出促进跨国公司嵌入与开发区产业集聚的政策取向和具体对策措施。最后,对英特尔嵌入与大连开发区 IT 产业发展进行个案研究,从分析英特尔公司战略嵌入特征入手,论证英特尔嵌入与大连产业集聚的可能性,提出基于英特尔嵌入的大连 IT 产业集聚战略构想以及相应的产业政策建议。

　　6. 产业集聚、开发区发展与新型工业化研究

　　党的十六大提出中国要走新型工业化道路。新型工业化是我国工业化发展的新方向,走新型工业化道路体现了中国 21 世纪经济发展战略的新选择。本部分将对国家级开发区的发展建设与新型工业化道路的关系进行深入研究,论证基于产业集聚的开发区发展模式是我国实现新型工业化的必然选择,是在开放条件下实现新型工业化的有效路径,并通过对大连开发区的案例研究进一步证明这一观点。

二、章节安排及逻辑关系

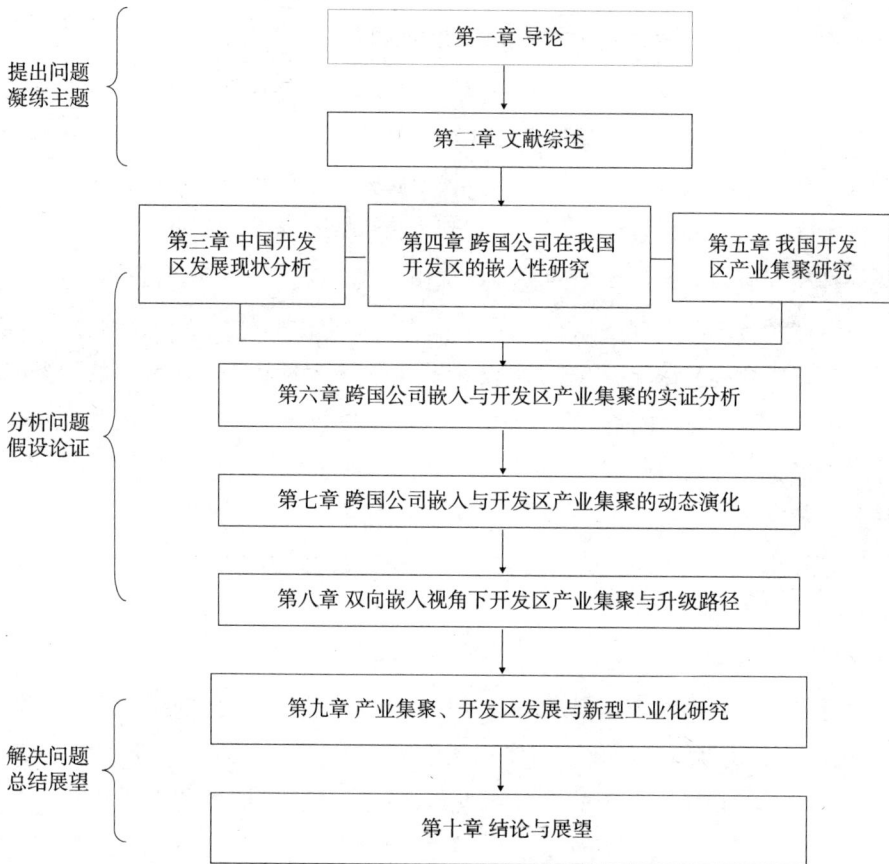

图 1-1　文章的章节安排与逻辑关系

第二章 文献综述

第一节 跨国公司国际直接投资(FDI)理论

一、传统跨国公司 FDI 理论

一般认为,在当今的跨国公司研究中,称得上是主流学派的理论有弗农(Vernon)产品周期理论、巴克林(Buckley)和卡森(Casson)等人的内部化理论以及邓宁(Dunning)的国际折中理论。这些理论都是从微观经济主体企业本身的垄断优势、内部化交易成本以及产品生命周期等探讨跨国公司 FDI 一般规律性和动因,这些理论汇集在一起构成跨国公司 FDI 的主导理论。

对跨国公司 FDI 的早期理论是以要素禀赋理论(H-O 定理)为基础的国际资本流动理论。该理论以新古典经济学基本假设为前提,认为各国的产品和生产要素市场在完全竞争条件下,资本利率的差异会导致资本从利率低的国家流向利率高的国家。因而,FDI 动因在于各国资本丰裕程度和利率存在着差异。美国学者海默(S. H. Hymer,1960)在跨国公司 FDI 研究中,对早期跨国公司 FDI 理论提出了批评。海默认为,跨国公司 FDI 是市场不完全的产物,要建立 FDI 理论,必须摒弃传统理论的完全竞争市场假设。因此,海默以市场不完全性为理论假设,将产业组织理论中的垄断原理应用于对跨国公司行为的分析,系统论证了企业的垄断优势和国内、国际市场的不完全性是跨国公司 FDI 的决定因素。[1] 沿着海默的垄断优势理论研究方向,金德尔伯格(C. P. Kindleberger,1969)等做了进一步的扩展,为垄断优势理论的建立和完

---

[1] Hymer, S. H. 1960, "*The International Operations of National Firms: A Study of Direct Foreign Investment*", Ph. D. Thesis, MIT, MIT Press.

善作出了卓越贡献,故垄断优势理论又称为 H - K - C 理论。[1]

继海默的垄断优势理论之后,美国经济学家弗农(Raymond Vernon)于 1966 年提出了产品周期理论,从动态上来分析企业从事 FDI 活动与产品生命周期之间的内在关系的理论。[2] 弗农依据当时的美国产业生产技术顺次转移的现象将产品的生命周期分成三个阶段:创新与开发阶段、扩散与成熟阶段、标准化阶段,并分析了不同阶段企业的 FDI 行为。产品生命周期理论对二战后西方发达国家 FDI 迅速发展给予了较合理的解释,这一理论曾风行一时。产品生命周期理论从比较优势转移的动态分析视角,第一次将国际贸易和 FDI 作为一个整体来考察企业的跨国经营行为,并把东道国的区位优势与企业的所有权优势结合起来,说明国际生产格局的形成具有较强的解释力。

英国里丁大学教授巴克利(P. J. Buckiey,1976)和卡森(M. Casson,1976)把科斯的交易费用理论运用于跨国公司 FDI 分析上,提出了内部化理论。[3] 巴克利和卡森认为,垄断优势理论不仅没有具体分析企业优势如何形成的,而且更为重要的是忽视中间产品交易市场的不完善。实际上,跨国公司的本质是公司内部化市场跨越国界的结果。内部化理论认为,中间产品市场上的不完全竞争,是导致企业跨国内部化的根本原因。内部化理论从企业层级组织内部寻求跨国公司 FDI 的动因,开创了跨国公司理论研究的新领域,并且内部化理论日益成为主流学派的核心理论,是跨国公司 FDI 理论发展史上的第二个里程碑。

20 世纪 70 年代后期,跨国公司在世界经济增长中日益扮演着主要角色,它成为国际生产最重要的组织者和技术转让的提供者。跨国公司内部贸易逐渐取代传统的国际贸易成为影响世界贸易增长的主要因素。跨国公司 FDI 的实践,为跨国公司理论的综合提供动力并创造了条件。英国里丁大学教授邓宁(John. H. Dunning)于 1977 年正式提出了国际生产折中理论,它标志着

---

[1]　Kindleberger,C. P. 1969,*American Business Aboard : Six Lectures on Direct Investment*, Yale University Press.

[2]　Raymond Vernon, 1966,"*International Investment and International Trade in the Product Cycle*", *The Quarterly Journal of Economics*, Vol. 80,issue 2,pp. 190 - 207.

[3]　Buckley, P. J. and Casson, M. 1976, *The Future of the Multinational Enrerprise*, London:Macmillan.

跨国公司主流学派理论最终确立和完成。[①] 邓宁认为,企业从事 FDI 必须拥有三种优势:第一种为所有权优势(ownership advantages),简称"O"优势。主要有两种:(1)特定资产优势,主要有规模经济、专有技术、商标、管理技能、市场进入壁垒、对投入的垄断等;(2)共享网络优势,主要是跨国公司层级内部能共享不同国家的资产网络所产生的优势,如营销网络、市场信息、管理等。所有权优势是跨国公司能克服到国外生产所引起的附加成本,并保证跨国公司与当地企业进行竞争获胜的基本条件。因而,拥有所有权优势是 FDI 投资的前提。第二种为内部化优势(Internalization advantage),简称"I"优势。邓宁把内部化优势定义为公司通过扩充或增添国际生产网络带来的收益。邓宁认为,内部化优势主要来自企业跨国经营对市场不完全的克服。拥有内部化优势是企业从事跨国经营优于许可证贸易的前提条件,也是企业把所有权优势保留在企业内部的根本。因而,内部化优势也是从事跨国 FDI 不可缺少的重要条件。第三种为区位优势(Locational advantages),简称"L"优势。区位优势是指跨国公司因选择不同的生产地点所带来的特定优势,主要有:(1)资源察赋优势。由于东道国特定资源禀赋结构决定的低生产成本优势,如低廉的劳动力成本、原材料便利等;(2)政策优势。由于东道国特殊的优惠政策和法规带来的成本降低,如税收、土地使用、投资限制等;(3)运输成本优势。由于东道国原料地、生产地、市场之间的运输便利条件带来的成本降低。区位优势是跨国公司 FDI 进行东道国(地区)选择的决定因素。国际生产折中理论是主流学派理论思想的集大成,它的产生和完善是跨国公司 FDI 理论发展史上的第三个里程碑。但邓宁的"OIL"模型也受到了其他学派抨击。他们认为,国际生产折中理论没有比较企业在从事 FDI 三种优势的重要程度,其内部化理论也主要以市场交易成本与企业内部交易成本的静态比较,缺乏市场与企业之间交易成本长期化动态分析。

二、战略视角下跨国公司 FDI 理论

20 世纪 80 年代以后,跨国公司 FDI 在全球经济中扮演的角色日益重

---

① Dunning, J. H. 1981, *International Production and the Multinational Enterprise*, London, UK: Allen and Unwin.

要,从而引起了国内外学者的广泛关注,形成对跨国公司 FDI 理论研究的热潮。

1. 战略动机观

20 世纪 80 年代以来,国际投资领域中战略性对外直接投资现象越来越明显。这种投资,不是以传统投资理论所揭示的"合理性"投资动机,如获取利润为指导,而是以所谓的"战略性"动机为依据,其理论背景是建立在博弈分析基础上的。

早在 1973 年美国学者尼克布鲁克(F. T. Knickerbocker)在《寡占反应与跨国公司》一文中,分析了战后美国 187 家巨型跨国公司进入国外市场的资料,发现大企业对外直接投资呈现出"追随潮流"效应,表现为一旦有一个企业向国外市场扩张,同行业的其他企业为了确保国内外的市场地位,也竞相向国外扩张。比如,可口可乐在某国投资后不久,百事可乐随后跟进。并且在集中程度越高的行业,追随潮流现象越明显。尼克布鲁克把这种现象称为"寡占反应"。① 这种现象不仅仅是美国巨型公司的现象,其他国家跨国公司的对外投资中也明显呈现出这一特征。20 世纪 90 年代以来,国际投资中的战略性对外直接投资现象更为显著,发达国家大型跨国公司之间的相互竞争性投资愈演愈烈。比如近年来西方大型跨国公司一改以往的观望态度,开始大规模进入中国市场,以期获得首动优势。巨额资本的流入,其中很多是基于战略性对外直接投资。对于"追随潮流"的战略性投资现象,传统理论在解释上缺乏说服力。按照国际生产折中理论,一家企业要从事对外直接投资必须具有一些独特优势,以克服企业在他国生产所需支出的额外经营成本。而这些优势主要来自于企业无形资产的优势,尤其是新产品和新工艺、专有技术、专利、市场和管理技术等,因此,可以说技术优势是跨国公司对外直接投资的基础。正因为如此,世界知名的大型跨国公司都十分重视研究与开发投入,建立技术优势。然而,企业在建立技术优势,扩大占领世界市场的同时,很可能加剧市场不完全程度,导致寡头垄断的市场结构。此时,战略动因已成为解释公司对外

---

① Knicherbocher, F. T. 1973, *Oligopolistic Reaction and the Multinational Enterprise*, Harvard University Press.

直接投资的一个重要组成部分。①

　　英国学者邓宁（1998）将跨国公司国际化经营的战略动机分为寻求资源、寻求市场、寻求效率和全球战略四种类型。前两种动机多为跨国经营的初级阶段，而后两种多为跨国经营的高级阶段。② 哈佛大学波特教授从跨国公司的战略管理角度对跨国公司 FDI 行为给予了全新调整及相互适应的过程。③ 波特认为，在跨国公司进行国际竞争的过程中，要考虑两个重要的战略变量：其一，跨国公司在世界各国子公司经营活动的整合态势，即跨国公司为实现全球战略在组织价值链上子公司在世界各地的区位分布；其二，跨国公司内部各子公司之间的协调。也就是跨国公司在实现全球战略目标过程中，母公司对价值链上承担不同职能子公司的统一指挥。跨国公司的全球经营战略，实际上就是上述两个战略变量的不同组合。因而，跨国公司的战略是对不同活动的国际区位和跨国公司所控制的各类子公司一体化程度作出的选择，它将对其组织结构和竞争优势产生重要影响。里希（Leahy）和帕韦林（Pavelin）（2003）以企业竞争动机为考察对象，建立 A、B 两国，1、2 两种商品模型，分析得出彼此国家之间相互投资的激烈竞争、相互的示范效应，会导致同时在一个国家进行直接投资。④ 国内学者江小娟（2000）将跨国公司在华子公司战略分为浅度一体化战略和深度一体化战略，并分析了这两类战略的含义、差别及对我国利用外资政策效果的影响。⑤ 毛蕴诗（2001）从跨国公司 FDI 战略竞争视角，认为跨国公司 FDI 是资源重新组合和转移过程，其目的是在世界范围寻求和取得竞争优势，从公司目标、战略竞争和环境三个不同的方向构造了 FDI 的四维分析模型，界定了主动型、诱发型和迫动型三种投资行为，并对跨国公司在华 FDI 动机、行为和产权方式做了专门分析。⑥ 赵景华（2002）认为跨国公司在华 FDI 战略动机决定并改变着海外子公司的初始角色，并将海外子公

　　① 楚永生：《跨国公司在华投资控股独资化趋势研究》，西北大学博士学位论文，2005 年。

　　② Dunning, J. H. 1998, "*Location and Multinational Enterprise: A Neglected Factor?*" Journal ofInternational Business Studies, vol. 39, Issue1, pp. 45 - 65.

　　③ 迈克尔·波特：《国家竞争优势》，华夏出版社 2002 年 1 月，第 52—53 页。

　　④ Leahy, D., Pavelin, S. 2003, "*Follow-my leader FDI and Tacit Collusion*", International Journal of Industrial Organization, Vol. 21, pp. 439 - 453.

　　⑤ 江小娟：《我国对外投资的战略意义与政策建议》，《中国外汇管理》2000 年第 11 期。

　　⑥ 毛蕴诗：《跨国公司战略竞争与国际直接投资》，中山大学出版社 2001 年 6 月。

司战略初始角色界定为四种类型：生产基地型、市场开拓型、风险规避型和知识提取型，并随着母公司全球战略调整、海外子公司当地化竞争能力的提高以及东道国环境的变化使子公司在跨国公司网络体系内部的战略角色不断演进。[①] 叶素文(2005)基于经济全球化下的跨国公司国际迁移现状，以日本跨国公司国际迁移战略的选择为例，分析了国际迁移战略理性选择的七大因素。研究表明，迁移战略和差异化服务策略可以使跨国公司获得持续竞争优势，国际迁移是跨国公司分享全球价值链、促进企业成长的战略新途径。[②]

2. 战略互动观

跨国公司战略实践发展的趋势已经表明，其全球性竞争优势并不仅仅体现在内部化的所有权特定优势这一个侧面，除跨国公司内部组织网络之外，跨国公司构建、衍生而成的外部组织网络以及海外子公司所根植的特定当地网络，也是跨国公司全球竞争优势的重要来源。因此有研究者提出"海外子公司特定优势"这一概念，转而从海外子公司发展视角以及组织内外部互动关系的视角出发，来研究跨国公司问题。[③] 里卡特(Ricart)等人从协同演化(co-evolution)视角分析跨国公司—地理空间之间的互动关系与复杂过程。把全球经济体系类比为两种生态系统：一个是由各种地点(区位)所形成的空间生态系统，它包含了各种不同的地理空间经济单元，如区域、产业集群等；另一个则是由各种不同的企业所形成的组织生态系统，它包含了不同类型的组织形态，如当地企业、核心企业以及企业网络，等等。不同类型的企业在不同的地点运营，从而参与到不同层面的空间生态系统之中。因此，跨国公司战略运作所面对的核心问题就可以表述为：如何在两个生态系统之间即各种地点所形成的生态系统(空间)以及各种企业组织所形成的生态系统实现协同定位(Ricart,2004)。[④] 跨国公司在全球范围内重构组织内部与组织之间各种关联

① 赵景华：《跨国公司在华资子公司成长与发展战略的实证研究》，《管理世界》2002 年第 10 期。

② 叶素文：《论影响跨国公司国际迁移战略选择的因素》，《商业时代》2005 年第 33 期。

③ Rugman, A. and Verbeke, A., 2003, "*Multinational Enterprises and Clusters: An Organizing Framework*", Management International Review, Vol. 43, Special Issue 3, pp. 151 - 169.

④ Ricart, J. E., Caldart, A. A., 2004, "*Corporate strategy revisited: a view from complexity theory*", European Management Review, Issue 5, pp. 126 - 135.

机制的同时,也就相应地转换和重塑了经济活动的地理空间联系。这两个方面相互影响、相辅相成,共同塑造出新的组织模式,同时也塑造出了各种价值活动的空间分布模式。跨国公司正是通过在全球范围内,将自身价值活动与地理上分散的、但同时又聚集于特定区位的重要资源和知识相联系,并进而通过动态的互动过程,不断地强化其全球竞争优势。扬戈(Yeung,2006)等人强调"战略性空间集聚"在跨国公司—地理空间互动过程中的内生性作用。① 研究显示,跨国公司不仅仅通过全球生产网络将现有的当地集群联结在一起,而且还能够战略性地塑造新的当地产业集聚效应与联系,从而使自己主导的全球生产网络优势得以进一步强化。跨国公司全球生产网络联系中所包含的大量经济活动,通过特定地理空间的聚集效应或集群化过程而变得更具效力,并且又会反过来对跨国公司网络联系的发展变化产生重要影响。因此,从动态的视角看,一方面跨国公司战略基于网络联系的演变,会对不同地理空间价值活动的聚集过程产生不同的作用,而另一方面不同价值链活动在不同区位聚集所形成特定空间构型的演变,又会对跨国公司全球竞争优势产生重要的影响。因此,创造"战略空间集聚"(strategic agglomerations),从而主动塑造有利于自身战略意图的新的全球产业空间疆域,就成为跨国公司内在的重要战略目标之一。"战略空间集聚"现象的出现与发展,体现了全球战略新的本质特征。它反映了跨国公司战略运作过程中对时间与空间要素的并行运用,即通过对网络不同节点之间的价值链活动进行时空协调,同时追求全球产业竞争所必需的速度经济与空间聚集经济效应。而这种基于全球价值链关系所形成的产业特定地理空间构型及其转换,则成为跨国公司全球竞争优势的重要来源之一。②

---

① Yeung,W. C. H. ,Liu,W. ,Dicken,P. ,2006,*"Strategic Agglomerations:Transnational Corporations and Network Effects of A Local Manufacturing Cluster in Mobile Tele-communications Equipment in China"*,World Development,Vol. 34,Issue 3,pp. 520 - 540.

② 王益民、宋琰纹:《跨国公司在华直接投资的地理空间集聚:总体特征与演化趋势分析》,《未来与发展》2007 年第 7 期。

第二节　跨国公司嵌入理论

一、嵌入理论的产生与发展

"嵌入"(embeddedness)一词,最早是由波兰尼(Polanyi,1944)在《大变革》(The Great Transformation)一书中提出。[1] 波兰尼指出,个人的经济动机是嵌入在社会关系里的,经济行为属于社会活动的一部分。自此之后便有其他学者陆续提出相关的看法,"嵌入"概念在社会组织、经济地理和区域发展、管理学等研究领域得到广泛的运用,特别是格兰诺维特(Granovetter)对嵌入概念的发展作出了重大贡献。1985 年,他发表了题为《经济行为和社会结构:嵌入问题》的论文。[2] 文中,作者对主流经济学中的社会化不足观点和社会学中的社会化过度观点进行了批判。他认为,现实中行为主体既不可能脱离社会背景而孤立地行事,也不是完全受社会限制、按社会外在规范行事,而是在具体、动态的社会关系制度中追求自身多重目标体系的实现。在 1992 年出版的《经济生活社会学》一书中,格兰诺维特进一步将嵌入分为关系嵌入与结构嵌入。他认为,正是这两种嵌入网络,使得经济行为主体之间产生了信任与互动,限制了机会主义行为,保证了交易的顺畅进行。[3] 总之,以格兰诺维特为代表的新经济社会学者提出的嵌入思想是:个人和企业的经济行为受到社会关系和社会结构的影响。而这种社会关系是一种基于信任、文化、声誉等因素的持续性社会关系。实际上,在这一阶段,嵌入的主体是"个人或企业的经济行为",嵌入的客体是"社会关系",嵌入方式是"信任"、"文化"、"声誉"等作用机制。这些学者所指的嵌入均以社会关系为客体,因此也被称为"社会嵌入"或"经济的社会嵌入"。

在格兰诺维特的嵌入理论提出之后,新经济社会学、新产业区理论、企业

① Polanyi,K. ,1944,*The Great Transformation*,New York:Farra.

② Granovetter,M. 1985,"*Economic Action and Social Structure:The Problem of Embeddedness*",American Journal of Sociology,Vol. 91,Issue 3,pp. 481 - 510.

③ Granovetter,M. 1992,"*Problems of Explanation in Economic Sociology*",In Nitin Nohria and Robert G. Eccless,Netyvorks and Organizations:Structure,Form,and Action,Boston:Harvard Business School Press,pp. 25 - 56.

网络等不同领域的学者深化和扩展了"经济行为嵌入于社会结构"这一命题，从而丰富了嵌入理论。"嵌入"概念发展已经超出了波兰尼(1957)和格兰诺维特(1985)等当初的"经济行为受到社会关系结构的影响"的内涵。学术界遵循两条路径开展嵌入理论研究。[1]

一是遵循嵌入的本原意义，但具体解构了经济行为和社会关系，扩大了嵌入理论的保护带，把经济行为明确为技术网络、业务网络，把社会嵌入明确或扩展为认知嵌入、文化嵌入、结构嵌入和政治嵌入等等，但嵌入的分析范式保持不变。最典型的是祖肯(Zukin)和迪马吉奥(Dimaggio)(1990)提出的四种嵌入观。[2] 他们认为，经济行为受到认知嵌入、文化嵌入、结构嵌入和政治嵌入等四种不同嵌入的影响。通过解构社会关系，杰桑泊(Jessop,2001)识别了三个层面的社会嵌入。[3] 第一层面的嵌入是经济社会学中讨论的人际经济关系的社会嵌入(或称为人际嵌入)，第二层面的嵌入是组织间关系的制度嵌入，第三层面的嵌入是在一个复杂的离心社会中不同功能的制度秩序的社会嵌入。

二是扩展了嵌入的本义，把嵌入内涵扩大到两个主体之间的互依、相适，如经济地理学、空间经济学，商业网络研究者把嵌入划分为时间嵌入、空间嵌入、社会嵌入、政治嵌入、市场嵌入与技术嵌入等等。此时，嵌入的分析范式已经发生了变化。这方面的典型观点是哈里农(Halinen)和托恩鲁斯(Tornroos)(1998)在研究商业网络演化时提出的关系—依赖观。他们认为，嵌入是指企业与各种网络建立的关系及其对各种网络的依赖。[4] 根据企业业务嵌入的各种网络，他们把嵌入分为时间嵌入、空间嵌入、社会嵌入、政治嵌入、市场嵌入和技术嵌入六种。

---

[1] 叶庆祥:《跨国公司嵌入过程机制研究》,浙江大学博士论文,2006 年。

[2] Zukin, S. & Dimaggio, P. , 1990, *Structures of Capital : The Social Organization of the Economy*, Cambridge: Cambridge University Press.

[3] Jessop, B. 2001, "*The Social Embeddedness of the Economy and its Implications for Economic Governance*", Journal of International Economics, Vol. 54, Issue 1, June, pp. 75 - 96.

[4] Halinen, A. & Tornroos, J. 1998, "*The Role of Embeddedness in the Evolution of Business Networks*", Scandinavian Journal of Management, Vol. 14, Issue 3, pp. 187 - 205.

　　为了更加明确嵌入的内涵,一些学者提出要规定具体某个"嵌入"的含义,至少从三个方面来界定,即"Who(主体)is embedded in what(客体),and how(方式)"。这样可以有助于更全面把握各种"嵌入"概念的来龙去脉。原来的"who"和"what"分别指"经济行为"和"社会关系和社会结构","嵌入"概念的后来发展在"who"和"what"两方面都发生了变化。如"who"变为"企业、个人、网络",而"what"则出现如"网络、地方、全球价值链"等。嵌入的"主体"(who)和"客体"(what)的变化,造成嵌入的方式(how)也成为重要的方面。我国学者叶庆祥(2006)从主体、客体和方式三个方面来对上述"嵌入"的相关理论观点进行以下汇总和比较(见表 2-1)。

表 2-1　不同理论对嵌入的理解

	主体(Who)	客体(In What)	方式(How)	主要代表人物
新经济社会学	(个人或企业)经济行为	社会结构与关系、制度环境	信任、声誉、集体制裁、信息交流等	Polanyi (1994)、Granovetter (1985、1992)
商业(创新)系统理论	企业	制度环境、网络系统	文化、学习、复杂理论原理、系统论原理	Aydalot (1986、1988)、Cooke(1993)、Stoper(1997)
组织与商业学	企业、网络(内部网络)	时间、空间、社会、政治系统、市场与技术系统等	人际关系、商业关系、权力关系、资源依赖、适应性等	Halinen & Tornroos (1998)、Andersson(1996、2002)、李文秀等(2004)、高茜和马扬(2004)
经济地理学	企业	网络、制度环境	信任机制、网络位置、集聚效应、外部性等	Amin & Thrift (1992、1994、2000)、Mackinnon et al.(2002)、苗长虹(2004)、王缉慈(1999)、项后军(2004)
新产业区理论	经济行为	社会文化	非正式联系、信赖关系、协作关系等	Scott (1988)、Markusen(1996)、查志强(2002)、杨飞(2004)
企业网络理论	企业	网络	正式关联与非正式关联等	Thorelli (1986)、Johnson & Mattsson(1988)

资料来源:叶庆祥:《跨国公司嵌入过程机制研究》,浙江大学博士论文,2006年,第14页。

我国学者赵蓓(2004)从嵌入的原始意义出发,认为嵌入性是指一事物内生于或根植于其他事物的一种现象,是一事物与它事物的联系和相互依赖的程度。[1] 由此,把嵌入划分为经济嵌入性(economic embeddedness)、体制嵌入性(institutional embeddedness)和社会嵌入性(social embeddedness)。经济嵌入性,是指产业群中企业在生产与销售诸环节中与它企业的联系程度。体制嵌入性指的是产业群内企业与其他社会机构的联系程度。社会嵌入性是指产业群内企业间的人际关系与社会联系的密切程度,这是产业群的社会基础。项后军(2004)把嵌入性理解为外企与本地企业之间持续而稳定的产业关联性,包括原材料采购供应及其上下游产品供应的本地化程度、对本地企业的技术转移和技术溢出效应、与本地产业的接口、对地方产业结构升级的促进以及对本地产业竞争力提升的作用、人力资源的本地化程度等等。而从动态性来说,本地嵌入性则是指这种依赖过程形成与演化中的溢出效应,特别是这种溢出效应对本地企业的学习创新以及本地企业家精神的促进作用。[2]

二、跨国公司本地嵌入理论

在经济全球化的大背景下,跨国公司的重要性日益凸现,对跨国公司"本地嵌入"的研究逐渐受到重视。安德森(Andersson,1996)在以瑞典对外投资的跨国公司的78家子公司为样本对总部控制与子公司关系的实证研究中,把子公司的嵌入分为内部嵌入和外部嵌入,实证表明:外部嵌入性越高,母公司的控制度越低:内部嵌入性越低,母公司的控制度越高。[3] 迪肯(Dicken,1998)讨论了垂直整合形态跨国公司与地方的接轨嵌入的问题。在这种本地嵌入的观点中,跨国公司的研究不再只是着重在探讨东道国与跨国公司之间的协商,而是探讨东道国的社会与经济体系如何改变或转化跨国公司的分厂。[4] 安德森、福斯格林(Andersson,Forsgren)和帕德森(Pedersen)(2001)在

---

① 赵蓓:《嵌入性与产业群竞争力:理论研究与分析框架》,《东南学术》2004 年第 6 期。

② 项后军:《外资企业的迁移及其根植性问题研究——以台资企业为例》,《浙江社会科学》2004 年第 3 期。

③ Andersson, U., Forsgren, M. 1996, "*Subsidiary Embeddedness and Control in Corporation*", the Multinational International Business Review, Issue 5, pp. 487 – 508.

④ Dicken, P. 1998, *Global Shift*, New York: Guilford.

研究子公司的外部环境对公司绩效的影响时,提出了技术嵌入的概念,并且把公司绩效划分为组织绩效和市场绩效两方面。研究结果表明,技术嵌入对市场绩效具有直接影响,而对组织绩效则产生间接影响。① 奎恩斯(Quince)和维特克(Whittaker)(2002)在研究不同本地嵌入程度对企业的市场结构、创新活动、成长和全球导向几方面的比较影响时,采用了两个指标来衡量"本地嵌入":使用雇佣劳动力的本地化率、劳动力本地化率与全国平均水平相对比率。② 豪科特伯格(Hochtberger)、赞德玛(Zademach)和格里黑斯(Grimes)(2003)研究发现,不仅跨国公司子公司的本地嵌入性,而且与全球外部网络的联系和与跨国公司内部网络的联系,都对子公司的竞争力有影响。③ 维特尔(Whitel,2003)对位于爱尔兰共和国软件产业集群的跨国公司进行了"典型案例"研究。他认为子公司的本地嵌入包括两个方面:一是与本地的连接关系;二是跨国公司子公司的演化与扩张。也就是说,子公司与本地的联系越广泛和紧密,子公司自身在本地成长越好,子公司的本地嵌入程度越高。④ 安德森(Andersson)和福斯格林(Forsgren)(2005)进一步把本地嵌入发展出业务嵌入和技术嵌入两个维度。该文重点研究了外部网络嵌入(技术嵌入)对子公司角色及其子公司对跨国公司影响力的影响。实证结果表明,子公司的外部嵌入性影响其成为重要角色的可能性,并且作为子公司影响母公司的一个先决条件。⑤

　　我国学者对跨国公司的本地嵌入问题也进行了一些研究并就促进跨国公

---

① Andersson,U. ,Forsgren,M. and Pedersen,T. 2001,"*Subsidiary Performance in Multi-national Corporations : the Importance of Technology Embeddedness*",International Business Review,Issue 1,pp. 3 - 23.

② Quince,T. &Whittaker,H. 2002,"*Close Encounters : Evidence of the Potential Benefits of Proximity to Local Industrial clusters*"[EB/OL]. http://ideas. repec. org/p/cbr/cbrwps/ wp235. html.

③ Hochtberger,K. , Zademach, H. M. &Grimes, S. 2003, "*Aspiring Affiliates ,Global Project Networks and Local Embeddedness——Evidence from Bangalore ,India*",CISC Working Paper No. 7 www. nuigalway. ie/cisc,October.

④ Whitel, M. C. , 2003, "*Inward Investment , Firm Embeddedness and Place : An Assessment of Ireland's Multinational Software Sector*",CISC Working Paper, No. 1, www. nuigalway. ie/cisc,October.

⑤ Andersson,U. &Forsgren,M. 2005,"*Managing Subsidiary Knowledge Creation : The Effect of Control Mechanisms on Subsidiary Local Embeddedness*",International Business Review,Vol. 14,Issue 5,pp. 521 - 538.

司本地嵌入问题而提出了引资政策、本土化政策。王缉慈(2000)提出将目标集中于如何改进本地引资制度以便能更好地为外商服务上,其目的多在于培育本地与外企之间的信任、默契以及社会资本等以便粘住外资企业。① 项后军(2004)研究了跨国公司的"松脚性(footloose)",即跨国公司与当地联系少、易外移、溢出效应有限等问题。赵蓓、莽丽(2004)从嵌入性角度分析了外资与中国产业集群发展的关系。② 杨飞(2004)以珠三角东莞市清溪镇信息与通信技术产品集群为例分析了"嵌入型"集群中外资企业扎根失效问题。③ 徐海洁、叶庆祥(2007)则分析了跨国公司本地嵌入失效的表现和成因研究。④ 邵剑兵、王蕴(2009)则从嵌入性视角解读丰田公司。他们以工作嵌入性理论为基础,运用三维嵌入性模型,即工作嵌入性、组织嵌入性、职业嵌入性对丰田公司实施非典型雇用的成功经验进行了深入剖析。⑤ 赵红梅(2009)运用社会网络嵌入性理论,从关系性嵌入和结构性嵌入两个维度研究研发联盟的形成动因。⑥

第三节　基于跨国公司的产业集聚理论

一、产业集聚理论

从历史上看,对产业集聚的研究,最早可追溯到亚当·斯密。他在《国富论》中谈到分工与市场范围、行业发展与市场竞争环境的关系时就包含有产业集聚思想,并指出人类生产活动的专业化分工是规模报酬递增规律的根本原

---

① 王缉慈、王可:《区域创新环境与企业根植性——兼论我国高新技术企业开发区的发展》,《地理研究》2000年第4期。

② 赵蓓、莽丽:《外资与中国产业集群发展:从嵌入性角度的分析》,《福建论坛》(人文社会科学版)2004年第7期。

③ 杨飞:《嵌入型集群中外资企业扎根失效机理分析——以珠三角东莞市清溪镇ICT产品集群为例》,《改革》2004年第4期。

④ 徐海洁、叶庆祥:《跨国公司本地嵌入失效的表现和成因研究》,《浙江金融》2007年第8期。

⑤ 邵剑兵、王蕴:《从嵌入性视角解读丰田公司》,《中国人力资源开发》2009年第3期。

⑥ 赵红梅:《社会网络嵌入性视角下R&D联盟形成动因研究》,《科技管理研究》2009年第8期。

因。①　而第一个阐述产业集聚理论的是新古典经济学鼻祖马歇尔。他在《经济学原理》中从定义外部经济概念入手界定了地方性工业集聚的内涵,后人称之为"马歇尔集聚"。马歇尔认为外部经济性与规模经济的存在是产生集聚的经济动因。②　韦伯(Weber)在《工业区位论》一书中最早提出集聚经济的概念。③　他把区位因素分为两类,即影响工业分布于各个区域的"区位因素"和把工业集中于某地产生的"集聚因素"。1971 年扎马斯基(Czamanski)发表了一篇关于产业聚集的学术论文,在文中提出了产业集聚(industrial complexes)的概念,把产业集聚定义为产业活动在空间上的一种集聚。④　胡佛(Hoover,1975)从企业区位选择等角度对产业集聚进行了研究,他认为企业聚集的主要成因是内在的规模报酬、本地化经济和都市化经济。⑤　斯德坡(Storper)(1992)强调了产业集聚的贸易特征和企业间资源的依赖,并将产业集聚定义为"以贸易导向的经济活动为主体,在空间范围上有界的区域,它存在独特的经济专门化特征"。⑥

波特对产业集聚理论的发展作出了重大贡献。波特(1998)从产业链的角度来界定产业集聚,认为产业集聚包括一系列相关联的产业和其他一些与竞争有关的实体,并第一个提出产业集群的概念(Industrial clusters)。他认为产业集群是某一特定领域内相互联系的企业及机构在地理上的聚集体。波特还从竞争角度来研究产业集聚的成因,认为产业的地理集中是竞争所致,集聚有利于提升产业竞争力和国家竞争力,由此他提出了著名的"钻石模型"。⑦　对产业集聚理论作出了重要贡献的另一位大师则是诺贝尔奖金获得者克鲁格曼(Krugman)。克鲁格曼以传统的收益递增理论为基础,在垄断竞争模型的

---

① 亚当·斯密:《国富论》,商务印书馆 1964 年,第 284 页。

② 马歇尔:《经济学原理》,商务印书馆 1964 年,第 278—280 页。

③ 阿尔弗雷德·韦伯:《工业区位论》,商务印书馆 1997 年 12 月,第 32 页。

④ Czamanski, S. 1971,"*Some empirical evidence of the strengths of linkages between groups of related industries in urban-regional complexes*", Regional Science, vol. 27, issue1, pp. 137 - 150.

⑤ Hoover, E M. 1975, *An Introduction to Regional Economics*, NewYork McGraw-Hill.

⑥ Storper, M. ,1992,"*The Limits to Globalization: Technology Districts and International Trade*", Economic Geography, Vol. 68, pp. 60 - 96.

⑦ Porter, M. ,1998,"*Cluster and the New Economic of Competition*", Harvard Business Review, Vol. 76, Issue 6, pp. 77 - 90.

基础上,认为产业集聚是由企业的规模报酬递增、运输成本和生产要素移动通过市场传导的相互作用而产生的,这种循环累积过程使产业集聚一旦产生,就能自我增强而持续下去。① 克鲁格曼将最初的产业集聚归于一种历史的偶然,初始的优势因"路径依赖"(path-dependence)而被放大,从而产生"锁定"(lock-in)效应,集聚的产生和集聚的区位都具有"历史依赖性"。他将贸易理论和区位理论结合起来,用"中心—外围模型",证明工业集聚将导致制造业中心区的形成。斯科特(Scott,1992)沿袭了"柔性专业化"导致劳动社会分工加强的观点,并运用交易成本理论,解释了产业群的形成机理。② 萨克森宁(Saxenian,1994)通过对美国硅谷和128号公路地带的比较研究,认为导致这两个起点、技术和市场相同的信息产业集群竞争能力大相径庭的根本原因,就在于两者的制度环境和文化背景的差异:硅谷因为具有集体学习、网络合作和鼓励冒险的创新文化而适应了剧烈变动的技术环境,而128号公路地区则因为崇尚集权和传统、鼓励稳定和自力更生的僵硬文化而急剧衰落。③ Capello(1999)通过对特定地区的实证分析得出,集群学习出现在小型或微型企业和具有动态突破性产品创新的企业之间,并且运用回归分析验证了集群学习与小企业突破性产品创新之间存在显著相关关系,从而也验证了产业集群可以加强小企业创新能力的假设。④

近年来我国很多学者对产业集聚现象进行了广泛深入的研究,积累了丰富的研究成果。王缉慈(2001)分析了产业群的概念、形成因素、发展机制,以及企业集群的创新问题等,并论述了实施产业群战略的重要性、政策目标。⑤盖文启(2001)认为由于新技术革命的推动,同一产业或相关产业部门中的大

---

① 参见保罗·克鲁格曼:《地理与贸易》,中国人民大学出版社 2000 年 12 月。

② Scott,A.,1992,"*The Role of Large Producers in Industrial Districts:A Case Study of High Technology Systems Houses in Southern California*", Regional Studies:The Journal of the Regional Studies Association, Vol. 26, Issue 3, pp. 265 – 275.

③ Saxenian A.,1994, *Regional advantage:culture and competition in silicon valley and route* 128, Harvard University Press, pp. 156 – 186.

④ Capello R,1999, "*Spatial Transfer of Knowledge in High Technology Milieus: Learning Versus Collective Learning Processes*", Regional Studies, vol. 33, pp. 353 – 365.

⑤ 王缉慈:《创新的空间:企业集群与区域发展》,北京大学出版社 2001 年 5 月,第 11—65 页。

量专业化企业通过彼此间稠密的生产合作或市场交易网络,在区域空间上形成专业化的产业集聚体。[1] 池仁勇(2001)等研究了意大利产业集聚现象,归纳了意大利中小企业集群的四大特征,以及中小企业集群的生存和发展能力。[2] 李小建(2002)提出以形成时间、规模、部门结构、联系程度和根植性等五个因素作为判别产业区的定性或定量指标,并在个案研究的基础上,证明了偶然因素对产业群的形成与发展产生的重要影响。[3] 仇保兴(2002)认为技术源包括理工类大学、研究机构、大企业总部和研发中心等并对我国高新产业园区作了实证分析,提出了促进科技园区企业集群化的基本策略。[4] 聂鸣(2002)选取了发展中国家有代表性的几个集群进行比较分析,论述了集群内部发达的前后向产业联系、政府干预、地方公共机构的支持等因素对发展中国家集群的发展起着关键性作用,提出了区域范围内应该以集群政策替代产业政策以促进区域竞争力提高的观点。[5] 徐康宁、陈奇(2003)认为外商直接投资在国内一些产业集群的形成过程中起着非常关键的作用。他们认为,外商直接投资通过产业集群可以获得比原先更大的市场利益,产业集群也是聚集外资的一个很好的载体。[6] 梁琦(2003)通过对产业集聚现象的系统分析,从三个层面揭示了产业集聚过程的内在规律,不仅建立了产业集聚的理论体系,而且一反传统的要素察赋理论中比较优势决定专业化模式的观点,大胆地提出了集聚优势是专业化生产模式的决定因素、贸易成本的降低可能使比较优势决定的专业化模式发生逆转等论断。[7] 朱英明(2003)关于美国硅谷、第三意大利、印度提若普尔等地区,以及我国传统产业区、新兴工业区、智力密集型区域中的代表性区域进行的研究。[8] 朱华晟(2004)围绕浙江产业群现象,探

　① 盖文启:《产业柔性集群与区域竞争力》,《经济理论与经济管理》2001 年第 10 期。
　② 池仁勇:《意大利中小企业集群的形成条件与特征》,《外国经济与管理》2001 年第 8 期。
　③ 李小建、李二玲:《产业集聚发生机制的比较研究》,《中州学刊》2002 年第 4 期。
　④ 仇保兴:《企业集群化与科技园区发展》,《规划师》2002 年第 2 期。
　⑤ 聂鸣、李俊、骆静:《OECD 国家产业集群政策分析和对我国的启示》,《中国地质大学学报》2002 年第 1 期。
　⑥ 徐康宁、陈奇:《外商直接投资在产业集群形成中的作用》,《现代经济探讨》2003 年第 2 期。
　⑦ 梁琦:《跨国公司海外投资与产业集聚》,《世界经济》2003 年第 9 期。
　⑧ 朱英明:《产业集聚研究述评》,《经济评论》2003 年第 3 期。

讨了浙江产业群的特征、演变趋势与发展动力,提出了影响浙江产业群形成与发展的三个重要因素,即社会网络、企业家和地方政府,并实证分析了诸暨大唐袜业群、嵊州领带产业群、宁波服装产业群。① 谢立新(2005)以泉州产业集聚发展经验为例,分析了产业集群成长的机制和竞争优势,并提出了发展特色产业集群的政策建议。② 吴秋明、陈捷娜、聂柯浙(2006)探索生产同一价值链上不同产品企业及相关企业集合而成的产业集群的形成机理,并以福州青口汽车产业集群为实证研究对象,提出了产业集群形成机理的集成论假说。③ 范剑勇(2006)认为非农产业规模报酬递增地方化是产业集聚的源泉,并提高了该区域劳动生产率,进而对地区差距产生了持久的影响。④

二、基于跨国公司 FDI 的产业集聚理论

在经济全球化的背景下,跨国公司通过自身的垄断优势为集聚区域架起了一座参与国际分工体系的桥梁,成为推动集聚经济形成与发展的重要力量。因此,关于跨国公司 FDI 对东道国地方产业集聚的影响的研究已引起很多学者的关注,但真正从跨国公司的嵌入性角度研究对东道国地方产业集聚的影响的文献很少见。

1. 跨国公司 FDI 对东道国地方产业集聚的影响

早在上个世纪 90 年代初,一些学者在研究产业集聚现象时,就提出了依赖于跨国公司的集聚发展模式⑤,他们认为全球化的快速发展,使区域性、本土性的经济特征逐渐弱化,取而代之的是强大的跨国公司。要确保本地经济不被全球化忽略,就必须采取有效措施吸引外商直接投资,从而使跨国公司在地方集聚的发展中扮演了重要角色。帕克(Park)和马库森(Markusen)(1995)认为跨国公司的子公司能够刺激东道国出口加工业快速发展及发达国

---

① 朱华晟:《基于 FDI 的产业集群发展模式与动力机制——以浙江嘉善木业集群为例》,《中国工业经济》2004 年第 3 期。
② 谢立新、戴广平:《关于核心竞争力理论的实证研究》,《商场现代化》2005 年第 9 期。
③ 吴秋明、陈捷娜、聂柯浙:《产业集群形成机理的集成论假说》,《华东经济管理》2006 年第 3 期。
④ 范剑勇:《产业集聚与地区间劳动生产率差异》,《经济研究》2006 年第 11 期。
⑤ Young S, Hood N and Peters. E. , 1994, "*Multinational Enterprises and Regional Economic Development*", Regional Studies, Vol. 28, Issue 7, pp. 657 - 677.

家劳动密集型产业空间转移,这增加了本国生产对国外市场的依赖性。因此,他们主张外资企业尤其是跨国公司可以成为产业集聚的领导者。① 马库森(Markusen,1996)认为,当前集聚的研究热衷于柔性系统的认识,忽略了区内或区外大企业或跨国公司及其相互间的联系,并提出了四种产业集聚的类型。② 在其中的轮轴式产业区和卫星平台式产业区中,大企业或跨国公司替代中小企业成为集群的主导力量和重要参与者。因此马库森指出在研究外向型的产业集群区域时,必须将大企业或跨国公司纳入研究的范畴。布肯歇(Birkinshaw,2000)认为那些动力主要来源于历史传统、文化背景、经济基础等地方化资源的产业集聚,其形成、发展与跨国公司关系不大。③ 如意大利的中小企业集聚就是这种集聚类型的典型代表。而另外一些得益于跨国公司对相关产业的带动作用,形成以跨国公司的子公司为核心的产业集聚,跨国公司对这类产业集聚的成长模式和发展趋势发挥着主导作用。彼特、胡德(Perters,Hood 2000)的分析证明跨国公司对地方产业群的发展具有明显的推动作用,而且其子公司自主权越大,出口倾向越强,人力资本素质越高,与地方企业及研究机构联系密切,对本地产业集聚的推动作用就越明显。④ 尼杰尔(Nigel,2000)研究表明,外国制造业投资和产业空间集聚,是集群竞争优势的重要决定因素。⑤ 艾恩怀特(Enright,2002)的研究表明,美国纽约药业集聚的顺利成长得益于法国和瑞典的外商直接投资,而美国的 FDI 则在加拿大

① Park S. & Markusen, A, 1995, "*Generalizing New Industrial Districts: A Theoretical Agenda and An Application from A Non-Western Economy*", Environment and Planning, Issue 5, pp. 65 - 72.

② Markusen, A. , 1996, "*Sticky Places in Slippery Space: A Typology of Industrial Districts*", Economic Geography, Vol. 72, pp. 293 - 313.

③ Birkinshaw, J. 2000, "*Entrepreneurship in the Global Firm: Enterprise and Renewal*", Sage Publications Ltd, pp. 129 - 131.

④ Peters E, Hood N. 2000, "*Implementing the Cluster Approach: Some Lessons from the Scottish Experience*", International Studies of Management & Organization, Vol. 30, Issue 2, pp. 68 - 94.

⑤ Nigel, D. 2000, "*Industrial Performance, Agglomeration, and Foreign Manufacturing Investment in the UK*", Journal of International Business Studies, Vol. 31, Issue 1, pp. 21 - 37.

电信服务业集聚中发挥了重要作用。[1] 戴维(David,2004)等人研究了新加坡的案例,研究表明新加坡政府通过吸引跨国公司,发展生物技术集群,取得了很大的成功,使生物技术成为 21 世纪的四大支柱经济之一,这是一种非常典型的基于跨国公司的发展模式。[2] 亨利(Henry)等人(2006)研究了中国北京的一个数字移动通信制造业集群——诺基亚星网工业园,证明了诺基亚作为本地的产业集群的领导者的重要作用。[3] 菲利普(Philippe)和圣吉(Serge)(2007)通过跨国公司投资与东道国地方产业集聚的关系分析,论证了跨国公司投资和地方产业集聚对东道国产业竞争力的提升有重要作用。[4]

　　一些学者还发现跨国公司投资对产业集聚的产业升级影响。他们研究表明跨国公司作为先进技术和管理经验的代表者,其子公司所产生的关联效应、外溢效应和示范效应将带动本地企业的技术升级和素质提升,将对产业集聚的技术升级产生积极的促进作用。跨国公司的子公司进入有助于确立集聚在本行业的领导地位,产生自我强化的机制,吸引更多的与之相配套的 FDI 进入产业集聚区,使产业集聚区域成为行业内的技术中心和创新中心,形成良性循环。汤姆泊森(Thompson,2002)通过香港制衣公司对大陆直接投资的数据进行分析也证明,集聚中的 FDI 技术外溢效应较分散的 FDI 更明显,因此吸引 FDI 是推动集聚技术升级的一条有效途径。[5] 布肯歇(Birkinshaw,2000)运用生命周期理论深入分析了 FDI 对产业集聚技术升级的影响。他将

[1] Enright,M. ,2002,"*Regional clusters:What We Know and What We Should Know*", paper presented at the Kiel Institute International Workshop on Innovation Clusters and Interregional Competition,May,pp. 1 - 28.

[2] David,F. ,Wong,P. K. and Cheah,T. C. ,2004,"*Adapting a Foreign Direct Investment Strategy to the Knowledge Economy: The Case of Singapore's Emerging Biotechnology Cluster*",European Planning Studies,issue 7,pp. 921 - 941.

[3] Henry,W. C. ,Yeung,W. D. and Dicken,P. ,2006,"*Transnational Corporations and Network Effects of a Local Manufacturing Cluster in Mobile Telecommunications Equipment in China*",World Development,Issue 3,pp. 520 - 540.

[4] Philippe,G. ,Serge,B. ,2007,"*FDI Effects on National Competitiveness:A Cluster Approach.*",International Advances in Economic Research,Vol. 13,Issue 3,pp. 268 - 284.

[5] Thompson,E. R. ,2002,"*Clustering of Foreign Direct Investment and Enhanced Technology Transfer:Evidence from Hong Kong Garment Firms in China*",World Development,Vol. 30,Issue 5,pp. 873 - 889.

产业群分为成熟产业群与高增长产业群,认为 FDI 对成熟产业群的影响是正面的。对于高增长产业群,FDI 的短期影响是积极的,因为跨国公司的进入有助于增加就业,但从长期来看,则具有不确定性,因为跨国公司子公司的根植性较低,价值链范围比较窄,与当地供应商和客户联系较少,从而对集群技术升级的促进作用有限。①

我国学者基于跨国公司在我国的投资实际,也进行了一些研究。王缉慈(2001)认为,在北京中关村 IT 产业集聚的成功发展过程中,英特尔、微软等跨国公司的作用功不可没。② 郑胜利、黄茂兴(2002)建议采取集群战略,即在产业集群的基础上实现跨国公司和本地企业的互动。③ 朱华晟(2004)根据跨国公司在我国集聚情况的特点,将其 FDI 跨国公司的集聚类型概括为:空间扎堆型、群体迁入型、定向嫁接型,并分析了其形成机制。④ 闫二旺(2004)研究了跨国公司与天津经济技术开发区产业群的发展状况。他发现,天津开发区通过营造"仿真的国际投资环境",大力引进国际著名的跨国公司,并以跨国公司为核心发展产业群,创造了高速的经济增长,形成强大的区域经济竞争优势。⑤ 任胜钢(2005)对跨国公司在苏州的投资与苏州产业集群发展进行了系统研究,证明跨国公司在苏州 IT 产业集聚中发挥了主导作用。跨国公司给苏州所带来的不仅仅是资金、设备、技术和人才,更值得重视的是吸引跨国公司在苏州投资并集聚,从而促进产业网络的完善并推动产业集群的发展。⑥ 俞毅(2005)认为跨国公司的直接投资推动了东道国产业集群的升级,跨国公司能打破东道国产业集群发展中的锁定现象。跨国公司能推动东道国产业集

---

① Birkinshaw, J. 2000, "*Upgrading of industry clusters and foreign investment*", International Studies of Management and Organization, Vol. 30, Issue2, pp. 93 - 113.

② 王缉慈:《创新的空间:企业集群与区域发展》,北京大学出版社 2001 年 5 月,第 51—65 页。

③ 郑胜利、黄茂兴:《从集聚到集群——祖国大陆吸引台商投资的新取向》,《世界经济与政治论坛》2002 年第 3 期。

④ 朱华晟:《基于 FDI 的产业集群发展模式与动力机制——以浙江嘉善木业集群为例》,《中国工业经济》2004 年第 3 期。

⑤ 闫二旺:《跨国公司与天津经济技术开发区产业群的发展》,《世界地理研究》2004 年第 3 期。

⑥ 任胜钢:《跨国公司投资与苏州产业集群发展》,《中国软科学》2005 年第 1 期。

群治理结构的优化升级,从而保持东道国集群在体制上的竞争力。[①] 方勇、张二震(2006)研究了在发展中国家和地区跨国公司在地区产业集聚形成中的作用极为显著。[②] 跨国公司对地区产业集聚的影响不仅仅来源于 FDI 而且还来源于投资和贸易及其外溢效应的综合效果,是贸易投资一体化活动的结果。黄爱华、姚英杰(2006)研究发现跨国公司对于产业集群的发展起着重要作用。[③] 她们以广东省产业集群为实例,来讨论跨国公司对于产业集群所产生的诱因导向作用。王益民、宋琰纹(2007)通过对跨国公司直接投资在中国地理空间集聚演化趋势的分析,可以看出两个明显的变化趋势:从宏观层面看,长期以来对于外商直接投资具有重要影响的主导性因素,已经从单纯以优惠政策为主的制度变革效应转向了一种更为综合的“制度性聚集经济”效应;从微观层面看,未来跨国公司在华投资战略导向将会逐渐从零散化阶段转向以集群化、全球生产网络互动过程为主导的战略运作整合阶段。[④] 汪宇瀚(2007)认为当跨国公司进入我国市场,开始利用其竞争优势展开竞争时,在每一个跨国公司的背后都有着其生存和发展的坚强后盾——集聚生物圈。这种由多条集聚链构成的集聚生物圈是现代竞争条件下取得竞争胜利的重要保障。[⑤] 王雷(2007)通过对东莞 IT 制造业集群的经验总结表明,本地集群能否借助外资实现技术升级与可持续发展,除了受地方要素成本及集群外部效应的影响之外,还受到本地企业与外资企业的技术差距、外资企业的性质、技术结构等多种因素的影响。[⑥]

2. 产业集聚对跨国公司的影响

这方面的研究主要是从两个方面来展开的,一是产业集聚对外商投资区

①　俞毅:《论东道国产业集群与跨国公司的直接投资:相互影响及政策建议》,《国际贸易问题》2005 年第 9 期。

②　方勇、张二震:《长江三角洲跨国公司主导型产业集聚研究》,《世界经济研究》2006 年第 10 期。

③　黄爱华、姚英杰:《跨国公司在产业集群中的诱因导向作用》,《特区经济》2006 年第 12 期。

④　王益民、宋琰纹:《跨国公司理论前沿进展:全球战略——地理空间内生互动视角》,《亚太经济》2007 年第 4 期。

⑤　汪宇瀚:《我国企业如何应对跨国公司的“集聚生存”》,《商业时代》2007 年第 18 期。

⑥　王雷:《基于跨国公司的区域集群技术演进路径及优化措施——以广东东莞 IT 制造业集群为例》,《当代经济管理》2007 年第 3 期。

位决定因素的影响。传统的理论主要从市场因素、贸易壁垒、成本因素、投资环境等方面对此进行分析,而近年来,越来越多的学者开始对集聚因素对区位选择的影响给予重视。根据1974—1990年瑞典单个跨国企业以及他们在18个国家制造业工厂的数据,伯瑞纳杰姆(Braunerhjelm)和斯文森(Svensson)(1996)证实区位经济在很大程度上吸引了瑞典的外商直接投资,特别是高技术产业的投资。① 波特认为一个区域之所以对外商直接投资有吸引力,是因为它拥有发达的基础设施,可以得到特定的服务设施和熟练劳动力,具有好的区域形象以及大量产业的集中等,这一看法可以代表目前大部分研究者对集聚与区位相互关系的共识。② 国内学者中,贺灿飞和魏后凯(2001)认为,外商在华直接投资的区位选择取决于信息成本和集聚经济以及人力资本等变量。③ 吴丰(2001)研究外商投资的集聚效应和中国吸引外资的新趋向,从结构化的集聚效应分析框架透视了FDI区位选择的因素,认为集聚因素对在华FDI起到了重要作用。④ 也有不少学者以中国为样本,对于跨国公司来华直接投资在我国不同地区间的区位选择的决定因素,从不同的角度进行了多方面的研究。⑤ 梁琦(2003)对于跨国公司来华直接投资的区位选择的决定因素进行了经验性检验,研究表明:地区产业联系引致的产业集聚效应对于FDI的影响要大于优惠政策的影响,集聚效应越来越成为影响跨国公司来华直接投资区位选择的最重要因素。⑥ 马宗国、张咏梅(2006)认为,产业集群的主要优势在于资源的聚集效应和协同效应所带来的成本优势、专业化分工优势、技术创新优势、区域营销优势和集群内价值链网络协同优势。通过对集群企业间合争机制的博弈分析,从理论上说明产业集群优势的发挥是以企业间独特

① Braunerhjelm,P. ,Svensson,R. 1996,"*Host Country Characteristics and Agglomeration in Foreign Direct Investment*",Applied Economics,vol. 28,Issue 7,pp. 833 - 840.

② 迈克尔·波特:《国家竞争优势》,华夏出版社,2002年1月,第407—411页。

③ 贺灿飞、魏后凯:《信息成本、集聚经济与中国外商投资区位》,《中国工业经济》2001年第9期。

④ 吴丰:《外商直接投资的聚集效应分析和吸引外资的新取向》,《外国经济与管理》2001年第11期。

⑤ 祖强、孙军:《跨国公司FDI对我国产业集聚和产业升级的影响》,《世界经济与政治论坛》2005年第5期。

⑥ 梁琦:《跨国公司海外投资与产业集聚》,《世界经济》2003年第9期。

的合争机制为基础,这种合争机制既有利于获得规模经济,从而形成了产业集群的整体竞争优势。①

　　二是产业集聚对跨国公司竞争优势的影响。传统的跨国公司理论认为,对外直接投资是为了转移和运用母国的优势,而新的理论研究表明,跨国公司经营不仅是企业具备优势的结果,也是产生优势的手段。万纳波斯(Venables,1996)认为基于贸易成本考虑,公司愿意将其生产区位布局在靠近上游供给商或下游买者的地方厂商的相互靠近的区位优势将吸引该行业的所有公司集中在一地或几个地方。② 邓宁(1998)指出,跨国公司定位于集聚区域,不仅有助于跨国公司进入当地市场和获得地方化的优势资源,而且可以通过集聚经济产生的规模经济、范围经济来提高效率,以及通过并购得到特定资产等,从而使集聚区域成为跨国公司战略性区位优势的重要来源之一。③ 高热维赤(Gourevitch)等人(2000)探讨了特定产业经济活动的全球地理特征。他们认为大多数产业包括硬盘驱动器(HDD)产业在全球的区位选择中表现出两大趋势——全球分散和地区集中。同一产业的不同集群构成了跨国企业的全球价值链。④ 汤姆泊森(Thompson,2002)从实证的角度证明了形成产业集群的外商会比分散分布的外商提供更多的技术转移。从而证明了产业集群与 FDI 政策相结合是最优的政策选择。⑤ 国内也有一些学者对产业集聚与国际直接投资的理论作了一些探索。国内学者张小蒂、王焕祥(2004)分析 FDI

① 马宗国、张咏梅:《产业集群竞争优势的来源——企业合争机制》,《科学学研究》2006 年第 8 期。
② Venables, A. J. , 1996, "*Localization of industry and trade performance* ", Oxford Journals Social Sciences, Oxford Review of Economic Policy, Vol. 12, Issue 3, pp. 52 - 60.
③ Dunning, J. H. 1998, "*Location and Multinational Enterprise: A Neglected Factor?*", Journal of International Business Studies, vol. 39, Issue1, pp. 45 - 65.
④ Gourevitch, P. , Bohn, R and Mckendrick, D, 2000, "*Globalization of Production: Insights from the Hard Disk Drive Industry*", World Development, Vol. 28, issue 2, pp. 301 - 317.
⑤ Thompson, E. R. , 2002, "*Clustering of Foreign Direct Investment and Enhanced Technology Transfer: Evidence from Hong Kong Garment Firms in China*", World Development, vol 30, issue 5, pp. 873 - 889.

与产业集聚二者之间的关系。① 任胜刚(2004)研究了跨国公司和产业集聚的互动关系,认为产业集聚对跨国公司的竞争优势有重要影响。② 茹玉骢(2005)从 FDI 集聚的形成与演进视角来论述产业集聚对跨国公司竞争优势的影响。毛新雅、王桂新(2005)通过实证的方法分析中国最具有经济活力的长江三角洲产业集聚对跨国公司 FDI 竞争优势的影响。③

第四节　跨国公司本地嵌入性与东道国地方产业集聚的关系研究

一、研究进展

1. 跨国公司的嵌入性对东道国地方产业集聚的影响

纳查姆与坎勃尔(2000)研究了跨国公司内部网络对于分支机构与本地企业联系的影响,认为分公司从跨国公司内部网络获得的知识不能完全替代从集群网络中获得的知识,尤其是与集群企业进行合作所需的专门知识。为获得这种特殊知识,跨国公司就必须嵌入集群,并尽量使其分公司融入本地经济。跨国公司与本地企业联系多、嵌入性强的分公司,常从跨国公司外部获得知识。④ 萨克森宁(Saxenian)与苏(Hsu)(2001)就在有关硅谷——新竹关联性研究中指出,跨越往来于硅谷和新竹之间的"跨国企业家"所组成的非正式社会与技术网络促进硅谷——新竹两地之间的技术、资金、技能的双向流动,支持两地的创业精神,这是新竹成功的重要原因。⑤ 怀特(Whitel,2003)对位于爱尔兰共和国软件产业集群的跨国公司进行了"典型案例"研究。他认为子

---

① 张小蒂、王焕祥:《论跨国公司 FDI 中基于垄断优势的并购及其效应》,《国际贸易问题》2004 年第 2 期。

② 任胜钢:《论跨国公司与集群的互动关系》,复旦大学博士论文,2004 年。

③ 毛新雅、王桂新:《FDI 区位决策中的产业集聚因素——基于长江三角洲的实证研究》,《财经科学》2005 年第 5 期。

④ Nachum,L. & Keeble,K. 2000, "*Foreign and Indigenous Firms in the Media Clusters of Central London, ESRC Centre for Business Research*", University of Cambridge Working Paper,No. 154,March.

⑤ Saxenian, A. & Hsu, J. Y. , 2001, "*The Silicon Valley-Hsinchu Connection: Technical Communities and Industrial upgrading*", Industrial and Corporate Change, Vol. 10, Issue 4,pp 893 - 920.

公司的本地嵌入包括两个方面：一是与本地的连接关系；二是跨国公司子公司的演化与扩张。也就说，子公司与本地的联系越广泛和紧密，子公司自身在本地成长越好，子公司的本地嵌入程度越高。[①] 杨友仁和夏铸九（2005）考察了在苏州地区投资设厂的信息电子业台商所形成的本地集聚现象以及本地供应体系的交易治理结构。发现早期"台湾接单，大陆生产"的分工模式已经有所转变，苏南地区已经成为重要的量产基地，并且大部分零部件采购已经在本地完成。但另一方面，台商通过群体外移在苏南地区形成的信息电子产业集聚网络相对比较封闭，尽管规模不断在增加，但与本地企业的产业联系仍不高。杨友仁和夏铸九还通过重构的"本地嵌入"概念来解析台商在大东莞地区投资形成的信息电子产业聚落与地方制度的相互嵌入关系，认为大东莞地区已从台商的外销飞地逐渐转化为内销的桥头堡，台商信息电子业跨界生产网络在大东莞地区呈现了"再嵌入"的现象。[②] 王缉慈等（2003）分析了东莞和苏州两地台商 PC 产业群在采购和人才的本地化方面的差异，指出差异的根源在于台商能否建立与当地融合的人脉网络，同时当地是否有规范的政府行为和良好的劳动力素质，也直接影响到当地产业网络的形成，从而影响到区域的竞争力。[③] 东莞在采购和人才本地化方面的薄弱，以及政府行为的不规范，构成了其经济持续发展的障碍，使得台商的兴趣外移；苏州在采购和人才本地化方面较强，以及政府行为相对规范，成为吸引 PC 制造业台商落地生根的重要原因。赵蓓、莽丽（2004）将跨国公司的嵌入性分为经济嵌入性、社会嵌入性和体制嵌入性，分析了跨国公司的嵌入性对产业集群的重要作用，她们认为，通过适度嵌入性这一纽带，外资能够促进产业集群的形成和发展。[④] 文嫮、杨友仁、侯俊军（2007）以"文化嵌入性"、"网络嵌入性"、"地域嵌入性"三种维度探

① Whitel, M. C., 2003, "*Inward Investment, Firm Embeddedness and Place: An Assessment of Ireland's Multinational Software Sector*", CISCWorking Paper, No. 1, www. nuigalway. ie/cisc, October.

② 杨友仁、夏铸九：《跨界生产网络之在地镶嵌与地方性制度之演化：以大东莞地区为例明》，《都市与计划》2005 年第 3 期。

③ 王缉慈、罗家德、童昕：《东莞和苏州台商 PC 产业群的比较分析》，《中国地质大学学报》2003 年第 2 期。

④ 赵蓓、莽丽：《外资与中国产业集群发展：从嵌入性角度的分析》，《福建论坛》（人文社会科学版）2004 年第 7 期。

讨了 FDI 驱动型产业集群嵌入性问题,并以 FDI 驱动型浦东 IC 产业集群为范例,分析了其三个维度的嵌入性问题,其中重点研究了浦东 IC 产业集群的"地域嵌入性"。并认为价值链的新环节衍生,扮演了"桥"的角色,改善了浦东 IC 产业集群的"地域嵌入性"。[①]

2. 产业集聚对跨国公司嵌入性的影响

艾恩怀特(Enright,1998)认为集群与跨国公司战略之间存在协同效应,并将地方企业主导的产业集群、跨国公司主导的集群以及两者的混合分别称之为"有机区"(organic)"移植区"(transplant)和"混合区"(hybrid)。跨国公司的参与,并在区域内形成集聚只是促进了集群的形成,集群的发展还有待跨国公司扎根于此,并在当地结网。[②] 布肯歇(Birkinshaw,2000)对集群区内与非集群区内的跨国公司子公司的性质进行了比较。[③] 作者通过对三个国家(加拿大、瑞典和苏格兰)的优势产业集群中 229 个跨国公司子公司的实证研究,运用统计分析证实了优势产业集群中的国外子公司较非集群区内的子公司相比较,更加嵌入当地的地方网络。进一步的统计分析表明跨国公司地方经济的嵌入性越强,自治性越大,对集群的贡献就越大。安德森(Andersson)、福斯格林和豪姆(Forsgren&Holm)(2002)认为优势集群中外部网络作为战略性资源有助于通过技术嵌入性,提高区域中跨国公司子公司技术产品和工艺能力的发展,从而对子公司的业绩具有积极的影响。公司的嵌入性不仅包括有关技术、营销、生产等方面的有形联系,还包括与非企业机构的联系。[④] 麦肯恩(McCann)等人对东芝、日立、三菱跨国公司的区域集群组织方式进行了分析。文章指出当前对半导体集群研究大多集中在小企业,

① 文嫮、杨友仁、侯俊军:《嵌入性与 FDI 驱动型产业集群研究——以上海浦东 IC 产业集群为例》,《经济地理》2007 年第 5 期。

② Enright,M. 1998,"*Regional Clusters and Firm Strategy*",in Alfred D. Chandler (eds.). , The Dynamic Firm: The Role of Technology, Strategy, Organization, and Region. Oxford University Press,pp.315 - 342.

③ Birkinshaw,J. 2000,"*Entrepreneurship in the Global Firm:Enterprise and Renewal*", Sage Publications Ltd,pp. 125 - 129.

④ Andersson,U. , Forsgren, M. &Holm, U. 2002,"*The Srategic Impact of External Networks:Subsidiary Performance and Competence Development in the Multinational Corporation*",Strategic Management Journal. Vol. 23,Issue 11,pp. 979 - 986.

然而小企业集群往往只涉及到产业链中的一个生产阶段,当前半导体行业中更多的是一体化的跨国型大企业,跨国企业与集群发展的相互依赖性关系。①文婧、杨友仁、侯俊军(2007)以 FDI 驱动型浦东集成电路(IC)产业集群为范例,以"文化嵌入性"、"网络嵌入性"、"地域嵌入性"三种维度探讨了 FDI 驱动型产业集群嵌入性问题,说明产业集聚效应对集群内的跨国公司的嵌入性有积极影响。一是浦东 IC 集群内的制造业企业与区域外的系统公司、具有产业垂直整合能力(IDM)公司频繁互动、紧密合作,激发出基于跨界生产网络的强大凝聚力,并相互信任、彼此认同,产生跨越地界的"网络嵌入性";二是浦东IC 产业集群中有大量台湾人士、海归派创办的企业,共同的精神世界使他们对关系网络有着强烈的忠实。因此,台湾人士和海归派,基于原有的学缘、友缘、业缘,拥有广阔的海外华人关系网络。他们通过跨界的关系网络,来获取资金、技术、人才、信息和市场资源。这也使浦东 IC 地方产业集群,嵌入到华人世界的广阔关系网络当中。因此,浦东 IC 地方产业集群内企业拥有较强的"文化嵌入性"。浦东制造代工公司与浦东本土系统公司之间频繁互动,使上下游 IC 公司建立起了良好的信任关系,并逐渐产生出共有的认同感、归属感,和进一步紧密合作的期望。而由此产生的诸如信任、凝聚力、互惠思想等社会资本,使浦东 IC 产业集群中的公司能频繁交流技术动态、分享产业信息,其"地域嵌入性"正在逐步加强。②

二、现有研究的不足

综上所述,国内外学者对跨国公司嵌入与地方产业集聚问题进行了一些很好的研究,这一问题逐渐受到越来越多的重视,为进一步研究奠定了基础。但是,综合而言,对这一问题的研究还存在一些不足,尚待进一步研究。

第一,对跨国公司嵌入模式、嵌入方式、嵌入影响因素尚缺乏系统的理论研究,对如何确定跨国公司嵌入的分析维度和测度还未解决。另外,对跨国公

---

① McCann, P. , Arita. T. , Gordon, I. R. , 2002, *"Industrial clusters, transactions costs and the institutional determinants of MNE location behaviour"*, International Business Review, Vol. 11, pp. 647 - 663.

② 文婧、杨友仁、侯俊军:《嵌入性与 FDI 驱动型产业集群研究——以上海浦东 IC 产业集群为例》,《经济地理》2007 年第 5 期。

司嵌入问题更多的是对现象的简单解释,缺乏从经济全球化和我国改革开放的广阔时空背景以及从跨国公司全球战略与中国战略的视角进行研究,因而对跨国公司嵌入的战略演化路径以及驱动力认识不足。

第二,对基于跨国公司嵌入的产业集聚内涵、特征、影响因素、发展演化规律以及测度指标体系和方法尚缺乏系统的理论研究和实证研究。比如这种由跨国公司主导的产业集聚的特征是什么?其产业集聚模式是什么?具有怎样的发展演化规律?这种产业集聚模式与传统产业集聚模式有什么不同?跨国公司在地方产业集聚中究竟起到何种作用等缺乏系统研究。

第三,对跨国公司嵌入与产业集聚的内在关系尚缺乏系统的理论研究和实证分析。特别是针对发生在我国的跨国公司嵌入与产业集聚的现象尚缺乏系统研究和全面总结,对跨国公司嵌入与我国产业集聚的互动关系以及耦合机制缺乏系统的理论研究和实证分析。

第四,对如何发挥跨国公司、地方政府和本地企业在产业集聚中的作用,如何在互动博弈中实现地方产业的集聚与升级,达到双赢或共赢的目标,缺乏比较深入地研究。

三、本书的研究视角

本书立足于经济全球化这一广阔的时代背景,立足于我国改革开放的伟大实践,以跨国公司理论、全球价值链理论、战略管理理论、产业集聚理论、嵌入理论为指导,密切追踪当代理论前沿,以嵌入性这一新的视角聚焦于国家级开发区中的产业集聚和产业发展问题,紧紧围绕跨国公司嵌入与地方产业集聚这一独特的经济现象,力求通过理论研究和实证研究揭示其中的关系机制及演化规律,因而具有一定的开创性,前瞻性。从理论层面上,通过对跨国公司嵌入性以及开发区产业集聚问题的研究,深刻反映当代跨国公司的本质,揭示跨国公司嵌入与地方产业集聚的互动耦合关系和演化机制,凝练全球化背景下基于跨国公司嵌入的地方产业集聚理论,同时提炼工业园区建设理论,并将其上升为新型工业化理论;从实践层面上,通过大量案例分析与实地调研,对现实中存在的一些理论困惑和实践难题进行科学解释,提出可行性建议,为地方政府、相关企业科学决策提供理论依据。

第三章　中国开发区发展现状分析

　　设立国家级开发区,是中国改革开放事业的创举,是邓小平理论指导下的伟大实践。经过短短的 20 多年时间,在原先的莽原碱滩、沙丘荒地上,一个个经济发达、市场繁荣、环境优美、生机勃勃的现代化工业园区拔地而起。国家级开发区已经成为我国最具活力的投资热土,是我国推进工业化、城市化和全面建设小康社会的排头兵。国家级开发区 20 多年的发展历程,是艰苦创业的历程,是勇于探索的历程。国家级开发区所探索出的一整套经验,不仅保障了其本身的快速发展,而且被各级政府在推进工业化和城市化进程中所广泛借鉴。甚至在国际上也备受瞩目,许多发展中国家希望借鉴中国设立特殊经济区发展经济的成功经验,建立工业园区。中国开发区的伟大探索,大大丰富了世界特殊经济区建设的理论与经验,已成为世界各国的共同财富。

第一节　开发区的内涵及功能定位

一、开发区的概念界定和分类

　　随着经济全球化和科学技术的高速发展,各国(或地区)为了能获取更大的生存和竞争优势,纷纷开办各种形式的开发区。开发区已成为区域经济竞争的有效载体,表现出蓬勃的生命力。

　　国内外的学者对开发区研究已有多年的历史,但到目前为止,"开发区"也没有一个标准的界定。在国外,经济开发区的概念较为宽泛,通常又称为经济自由区,它主要包括经济特区、自由港、自由贸易区、出口加工区、科学园区等,其设置目的主要是在交通发达地区和港口,划出特定的区域,并通过特殊政策,借以达到发展贸易、增加财政收入,创造就业机会,引进技术管理经验,从而实现经济发展和繁荣。在国内开发区通常是指与技术和经济发展相关联的一个区域,区域内一批研究机构和工业企业相对集中,形成教育、技术、经济和社会同步发展的区域经济模式。一般而言,开发区拥有自己的特点:相对于城市成熟区,开发区具有新区的特点;相对于文化教育等区域,开发区具有鲜明的经济特点,其制造业或相关服务业活动集聚;相对普通行政区,开发区管理方式包括政策、体制等手段,在发展的某些阶段具有特殊性。开发区主要由政府主导或引导,在交通便利、资源丰富、智力密集、信息畅通等具有相对区位优势的地区或城市特定区域,实行集中投入、连片开发和特殊经济政策及建设管理模式,按照市场经济基本规律发展要求建设起来的、相对独立的经济区域或行政区域①。

综合而言,开发区是以具有一定发展基础的城市为依托,在其交通便利的地方(港口或交通枢纽)划出一定范围,在对外经济活动中实行一些特殊的经济政策,用减免关税,提供良好的基础设施等优惠方式,发展贸易,发展加工业或其他经济事业,以增加就业和扩大出口,赚取外汇,引进先进技术,以促进本国或本地区经济发展的特定经济区域。

中国开发区协会曾对我国开发区进行了分类,包括各类经济区域,如经济技术开发区、高新技术开发区、保税区、自由港等各类型开发区,这种分类得到普遍认同。本书根据这一分类法,并按照其行政级别将目前我国开发区分类归纳如下:

第一类:经济特区,包括深圳、珠海、汕头、厦门、海南5个特区与上海浦东新区和天津滨海新区;

第二类:国家级开发区,包括经济技术开发区,高新技术开发区,保税区,边境经济合作区,旅游度假区,保税物流园区和保税港区,出口加工区,旅游度假区,台商投资区,其他开发区等;

第三类:省级开发区,包括各省市自治区审批的各种开发区;

第四类:市及以下开发区,包括市级、县级、乡级、村级开发区②。

我国开发区结构体系具体可用图3-1表示。本书研究的重点是国家级

---

① 唐慎:《论中国开发区的聚散功能及在中国经济转型中的复制作用》,《探索》2005年第2期。

② 经过2003—2006年的集中整顿,我国省级以下开发区被基本取缔。

开发区(以下简称"开发区"),具体来讲主要是国家级经济技术开发区(以下简称"经开区")和高新技术开发区(以下简称"高新区"),其中以国家级经济技术开发区为重点。

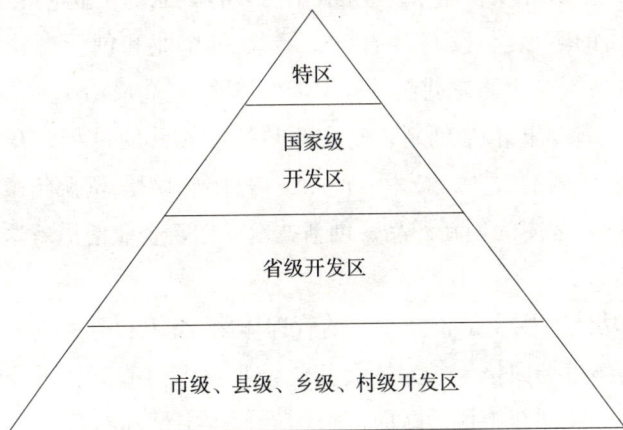

图 3-1　我国开发区结构体系

二、开发区的功能

开发区究竟有哪些功能,不同学者有不同的观点。我国学者向世聪(2006)在总结国内外开发区发展经验时,概括出了五大功能。[1]

1. 聚合功能。一方面由于政府对开发区实行特殊的政策,必然导致资源向开发区聚集,形成"洼地效应"。洼地效应的结果进一步强化了开发区企业在获得资源方面的比较优势,有利于聚集产业,形成区域经济的增长极。另一方面,在开发区内,各个企业由于具有共性和互补性,依靠其系统组合而形成产业集群。开发区最重要的功能就是为产业集群的形成提供系统的支持,包括市场服务体系、技术开发体系、政府支持体系、区域创新网络等。

2. 创新功能。开发区创新功能突出表现在以下三个方面:一是技术创新。技术创新是开发区创新的重要内容,开发区经济的发展正是通过开发区经济体系内在的创造性来实现的。二是管理创新。通过管理创新,优化环境,促进和加强企业的关联,推进企业间既竞争又合作的网络建设和社会资本形

---

[1]　向世聪:《基于产业集聚的园区经济研究》,中南大学博士论文,2006 年。

成。三是制度创新。制度作为人们行为的游戏规则,具有激励和约束创新网络中各行为主体产生合作信任的功能。

3. 孵化功能。开发区作为集聚创新成果和新创企业并为其提供生存和发展所需的共享服务项目的系统空间,不但设有独立的企业孵化器,其本身也是一个扩大了的孵化器,具有对创新成果、新创企业和创业者较强的孵化功能,使开发区在孵企业能在创业过程中降低风险,提高成活率。

4. 扩散功能。扩散是创新进行空间传播或转移的过程。开发区扩散功能表现为开发区内的人才、技术、产品、信息、组织等资源集聚后,与开发区外产生势差,区内的创新产品、创新技术、创新企业便沿着这种势差向外扩散。

5. 示范功能。主要是指开发区的管理体制、组织和分配制度、经营理念、创新观念、高额市场回报等成为社会其他企业或机构革新和仿效的样板。第一,开发区是区域创新中最活跃的区域,其研发、中试和产业化的模式和经验都对毗邻区域具有借鉴意义。第二,开发区是政府新政策的试验区,政府拟推行的对外开放政策、人事制度改革、咨询市场管理等,往往先在开发区试行,积累经验后再推广。第三,开发区企业都是外来或衍生的,这些企业从建立之初就按现代企业制度运作,并从外界输入先进的管理经验,可以为毗邻地区企业进行管理创新提供范本。第四,由于政府的重视和后发优势,开发区一般都是按高标准进行规划建设的,在基础设施、市政建设等方面都走在前面,甚至成为周边城市建设的榜样。第五,有利于开发区行为主体相互之间进行交流与协作的良好氛围和根植于本地的勇于创新、敢于冒险、宽容失败、追求效率、直面竞争的文化认同,不仅成为吸引产业聚集的关键因素,成为开发区永续发展的动力,而且也为周边地区所效仿。

以上五种功能反映了开发区的一般功能,各种功能之间体现着如下逻辑关系,如图 3-2 所示:聚合功能作为开发区的总输入功能,首先产生创新功能和孵化功能,创新功能和孵化功能的输出是扩散功能的输入,聚合功能、创新功能、孵化功能、扩散功能的输出是示范功能的输入,上述功能的综合产生开发区总功能的输出。

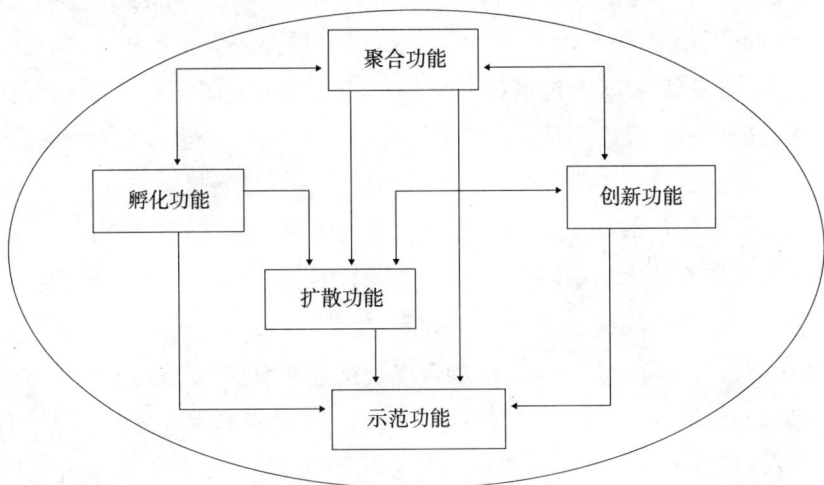

图 3 - 2　开发区的一般功能关系图

资料来源:向世聪:《基于产业集聚的园区经济研究》,中南大学博士论文,2006 年。

第二节　中国开发区建设的伟大实践

中国开发区的建设,是在邓小平同志亲自倡导并积极推动下,党中央、国务院作出的重要决策,是我国对外开放的重大战略步骤,是改革开放和社会主义现代化建设的一大创举,是中国特色社会主义建设的成功实践和重要组成部分。中国经济开发的发展,始于东南沿海的 4 个经济特区。在经济特区成功经验的基础上,逐步根据需要,发展了经济技术经济开发区、保税区、高新技术经济开发区等不同类型的经济开发区,形成了多层次、全方位的对外开放格局。

一、我国开发区的发展历程

我国开发区是随着我国经济体制改革的不断深化而逐渐建立起来的,其发展历程大体可以划分为三个阶段:第一个阶段为创建和探索期;第二阶段为高速增长期;第三阶段为稳定发展期。

1. 第一阶段(1984—1990 年),创建和探索期

1984 年 4 月,党中央、国务院在总结我国对外开放工作经验的基础上,借鉴国外创办工业园区、自由贸易区的做法,决定举办经济技术开发区,批准兴建了大连、秦皇岛等 11 个经济技术开发区,这标志着我国开发区的正式诞生。其中大连经济技术开发区是我国第一个经济技术开发区,也被誉为"神州第一开发区"。此后,我国各级各类开发区如雨后春笋般发展起来。

在举办经济技术开发区同时,国家高新技术开发区、保税区等开发区也在筹划中。1985 年 4 月,国家科委报国务院与中央财经领导小组的《关于支持发展新兴技术产业的请示报告》,提出了在北京中关村、上海市、武汉市东湖区、广州市石牌区等地试办开发区的设想及试办开发区的五项原则。7 月,中国科学院与深圳市人民政府联合创办我国第一个高新技术开发区——深圳科技工业园,拉开了中国创办高新技术开发区的序幕。1986 年,国家开始实施"863"计划。1988 年 6 月,国务院正式批准建立北京市新技术产业开发试验区,并制定了有关试验区的 18 项优惠政策,从而奠定了我国开发区发展的基础。同年 8 月,中央、国务院批准实施发展中国高新技术产业的指导性计划——火炬计划,明确把创办开发区、高新技术企业孵化器作为国家火炬计划中的重要组成部分。1989 年,为进一步发挥台商的作用,国务院批准建立了厦门海沧、杏林、福州等 3 个台商投资区。1990 年 4 月,国务院决定开发和开放浦东,并批准建立了我国第一个保税区——上海外高桥保税区。

这一时期,是我国开发区建设的起步和探索阶段,一方面,国家级开发区在形式和内容上都日趋丰富,为开发区的大发展奠定了基础。另一方面,国家级开发区白手起家,发展基础薄弱,建设资金短缺,外资进入中国总体上尚处于试探和观望阶段。

2. 第二阶段(1991—1998 年),高速发展时期

1990 年后,国家级开发区进入了高速发展时期。1991 年,国务院批准设立了武汉、南京、大连等 26 个高新技术产业开发区,同时又批准设立了天津、深圳、沙头角 3 个保税区。

1992 年,邓小平同志第二次南方视察并发表重要谈话,掀起了对外开放和引进外资的新一轮高潮。这一阶段,我国的对外开放由沿海向沿江、沿边和内陆省会城市发展,由特区、经济技术开发区、保税区、高新技术产业开发区、边境自由贸易区、沿江沿边开放地带、省会城市等构成的多层次、全方位开放

格局基本形成。借助这一发展机遇,国家级开发区实现了质的飞跃。

在这期间,国家新批准哈尔滨等 18 个国家级经济技术开发区,新批准苏州无锡、常州、佛山、惠州、珠海等 27 个高新技术产业开发区,新批准大连、福州等 9 个保税区;新批准黑河、珲春等 14 个边境经济合作区;批准设立了大连金石滩、青岛石老人等 12 个旅游度假区。这一时期,国家级开发区得到了迅速发展。以国家经济技术开发区为例,吸引外资从 1991 年的 3.61 亿美元迅速增加到 1998 年的 47.29 亿美元,年均增长率达到 44.4%。出口从 1991 年的 11.4 亿美元增加到 1998 年的 109.65 亿美元,年均增长率达到 38.2%。1998 年,首批 14 个国家级开发区总共实现工业产值 1869.09 亿元,税收 131.16 亿元,实际吸收外资 32.52 亿美元;分别比 1991 年增长了 6.2 倍(按不变价格计算)、8.9 倍(按不变价格计算)和 8 倍;平均年增长率分别达到了 32.5%、38.8% 和 36.9%。

但与此同时,也出现了一些问题,一些地方擅自批准设立开发区,开发区过多、过滥,盲目占地、开而不发的现象比较严重,这引起了国务院的高度重视,并采取了比较严格的整顿措施。

3. 第三阶段(1999 年以后),稳定发展时期

为了改变区域发展不平衡的趋势,2000 年开始,我国实施西部大开发战略。沿海国家级开发区的成功经验表明,在中西部地区设立经济技术开发区可以在落后地区形成对外部资金、人才具有较强吸引力的增长极,带动中西部地区的开发开放。在这一阶段,国家批准了中西部地区省会、首府城市设立 14 个国家级经济技术开发区,使国家级经济技术开发区增加到 49 个。此外,苏州工业园、上海金桥出口加工区、厦门海沧投资区、宁波大榭经济开发区和海南洋浦经济开发区等 5 个园区也是享受国家级开发区政策的工业园区,也成为了国家级开发区的成员。从 2000 年开始陆续批建了 58 个出口加工区。另外从 1992 年起,各省、自治区、直辖市政府为了发展当地经济,陆续批设了数量众多的工业园区、科技园区,称为省级开发区,这些省级开发区构成中国开发区的重要组成部分。至 2006 年年底,中国的省级开发区达到 1345 个。从 2007 年开始,中国开始在世界其他国家和地区兴办开发区——境外经贸合作区(Overseas Economic and Trade Cooperation Area),至今已批准 19 个,旨在帮助中国的企业走出国门,开展海外投资,充分利用世界资源和市场。

随着国家级开发区的快速发展,从 90 年代初起,我国出现过 3 次开发区发展高潮,一些省、市甚至县、乡、村也大建开发区。据国土资源部公开资料显示,我国大批不具备条件的开发区"征而不开"、"开而不发",造成大量耕地闲置撂荒,全国开发区土地有 43％闲置。鉴于部分地方和部门擅自批准设立名目繁多的各类开发区,随意圈占大量耕地和越权出台优惠政策等问题,国务院于 2003 年提出全面清理整顿,并接连重拳出击,频频出台政策文件。从 2003 年 7 月紧急通知"暂停审批"各类开发区,到四部委联合出台具体标准,再到 2005 年 11 月重新划定"四至范围(东、南、西、北四周边界)",使开发区建设进入了一个新的转折阶段。经过 3 年多时间的集中整顿,截至 2006 年 12 月,全国各类开发区由 6866 个核减至 1568 个,有近 77.16％的开发区被撤销。全国开发区规划总面积由 3.86 万平方公里缩减至 9949 平方公里,面积减少 74.23％。

二、我国开发区的类别属性

1. 国家级开发区

国家级开发区是指由国务院批准的,具有某些特殊功能、实行某些特殊政策的区域。目前我国国家级开发区主要有:

(1)经济特区

经济特区是指经国务院批准设立的,实行特殊的经济政策和经济管理体制,以吸收利用外资为主,实行以社会主义公有制为主导的多元化经济结构,在国家的政治经济战略布局中有着特殊的经济区域或者相对独立的行政区域。经济特区在国家宏观经济指导调控下,以市场调节为主,对外商予以优惠和方便,拥有较大的经济管理权限,有其特殊的地缘政治和地缘经济条件。我国的经济特区目前有 5 个:深圳、珠海、汕头、厦门和海南岛。除此之外,上海浦东新区、天津滨海新区在某种程度上类似特区。

(2)经济技术开发区

国家级经济技术开发区是指经过国务院批准设立的,以创办工业项目为核心,以加强境内外经济技术合作,引进境内外资金、先进技术设备、人才和科学管理经验,兴办外商投资、出口创汇企业和第三产业等外向型经济为主的,有明确的地域界限,具备相应的基础设施,执行某些类似于我国经济特区的优惠政策,受所在省、市人民政府具体领导的、相对独立的经济区域。经济技术开发区的主要任务是:引进、吸收先进技术和现代管理经验;扩大出口贸易,增加外汇收入,积累建设资金;开发国内紧缺产品,满足全国生产建设需要;及时掌握和传播经济技术信息;培养各方面人才,以适应进一步对外开放工作的需要。目前我国国家级经济技术开发区有 56 个。

(3)高新技术产业开发区

国家级高新技术产业开发区是指经国务院批准设立的,以促进高新技术以及其他生产要素的优化组合,实施科研成果转化,创办高新技术企业,运用高新技术改造传统产业,加速引进技术的消化、吸收和创新,推进高新技术成果的商品化、产业化和国际化,执行国家赋予高新技术产业开发区的优惠政策的经济区域。其实质就是知识产业密集区和技术产业密集区。高新技术的范围包括:微电子科学和电子信息技术,空间科学和航空航天技术,材料科学和新材料技术,光电子科学和光机电一体化技术,生命科学和生物工程技术,能源科学和新能源、高效节能技术,生态科学和环境保护技术,地球科学和海洋工程技术,基本物质科学和辐射技术,医药科学和生物医学工程,其他在传统产业基础上应用的新工艺、新技术。我国的高新技术开发区一般是建立在大中城市重点高校和科研院所附近,以开发科技产品为主,兼有科工贸性质。目前我国共有国家级高新技术产业开发区 56 个。

(4)保税区

保税区又称保税仓库区,是经国务院批准设立的、海关实施特殊监管的经济区域,是我国目前开放度和自由度最大的经济区域。其功能定位为"保税仓储、出口加工、转口贸易"三大功能。根据现行有关政策,海关对保税区实行封闭管理,境外货物进入保税区,实行保税管理;境内其他地区货物进入保税区,视同出境;同时,外经贸、外汇管理等部门对保税区也实行较区外相对优惠的政策。其目的是借鉴国外自由贸易区和出口加工区的经验,充分利用保税区港口和陆地口岸的地缘优势,发展我国对外贸易转口贸易、过境贸易、出口加工、仓储运输、分类包装和各类服务业务,促进我国对外贸易的发展,更有效的利用外资,引进先进技术和管理经验,扩大出口创汇,在更大范围内和更深层次上加快我国与国际市场的接轨。目前我国共有保税区 15 个。

(5)保税物流园区和保税港区

保税物流园区是将港口功能优势和保税区及出口加工区的政策优势叠加,更具国际通行的自由贸易区特征的特殊区域,为各种物资流向复杂的国际贸易和国际运输需求提供了一个特殊的政策平台。保税物流园区的功能:主要以物流仓储及简单加工为主。保税物流园区除了在传统意义的保税区的保税功能以外的最突出的政策特色为如下三点:一是国内货物进入园区视同出口,办理报关手续,对出口到报税区的国内企业可以实行退税(不必等货物真正装船离港后才能返回关单退税联);二是园区内货物内销按货物进口办理报关手续、货物按实际状态征税;货物不可以更改初始入区的状态(税号不变)但可以更改包装和标志;三是园区内货物自由流通,不征增值税和消费税;到保税区海关稽查可办理海关备案手续后,自由转换货物所有权或在园区内的不同货物存放地。

保税港区是指经国务院批准,设立在国家对外开放的口岸港区和与之相连的特定区域内,具有口岸、物流、加工等功能的海关特殊监管区域。保税港区的功能具体包括仓储物流,对外贸易,国际采购、分销和配送,国际中转,检测和售后服务维修,商品展示,研发、加工、制造,港口作业等9项功能。保税港区享受保税区、出口加工区、保税物流园区相关的税收和外汇管理政策。主要为:国外货物入港区保税;货物出港区进入国内销售按货物进口的有关规定办理报关,并按货物实际状态征税;国内货物入港区视同出口,实行退税;港区内企业之间的货物交易不征增值税和消费税。保税港区叠加了保税区和出口加工区税收和外汇政策,在区位、功能和政策上优势更明显。目前我国共有12个保税港区。

(6)出口加工区

出口加工区是海关监管的特殊封闭区域,其功能仅限于产品外销的加工贸易,区内可设置出口加工企业及其相关仓储,运输企业。出口加工区将实行封闭式的区域管理模式,在管理手段等方面较之传统的监管模式具有较大的优越性,海关在实行24小时监管的同时,将简化现行手续,为规范的出口加工企业提供更宽松的经营环境和更快捷的通关便利,实现出口加工货物在主管海关"一次申报,一次审单,一次查验"的通关要求,逐步满足现代跨国型企业"零库存生产"的需要。出口加工区是自由贸易区的一种发展形式,是自由贸易区与工业区的综合体。在吸引外资方面,加工区既提供了自由贸易区的某些优惠条件以发展贸易和转口贸易,又提供了发展工业生产所必须的基本设施。因此,加工区兼具贸易与工业生产两种功能。在这两种功能中,一般是以发展出口加工业为主,兼营进出口贸易,而有的自由贸易区虽然也具有商业贸易与工业生产两种功能,但仍主要以商业为主,以此带动出口工业产品的生产。目前我国共有 60 个出口加工区(不包括上海金桥出口加工区)。

(7)边境经济合作区

边境经济合作区是经国务院批准的,为繁荣内陆边境和少数民族地区经济,发展同周边国家的经济技术合作而设立的对外开放区域。其目的在于利用边境开放城市的特殊条件,外引内联,广泛吸引国内外投资,在合作区内举办一些面向周边国家市场的出口加工工业,加速沿边地区的工业化进程,进而带动整个边境开放城市的经济发展,进而增强与毗邻国家发展经济交往的能力。我国共设立了 14 个边境经济合作区。

(8)国家旅游度假区

国家旅游度假区,是指符合国际度假旅游要求、以接待海外旅游者为主的综合性旅游区,有明确的地域界限,适于集中设配套旅游设施,所在地区旅游度假资源丰富,客源基础较好,交通便捷,对外开放工作已有较好基础。我国旅游度假区是为了使主要是观光旅游的我国旅游业向多门类、高水平发展,实现跨入国际旅游业发达国家的行列而设立的以接待海外旅游者为主的综合性旅游区。国家鼓励能促使区内旅游业尽快发展的创汇型产业,包括涉外房地产业(主要发展以外销为主的别墅、公寓、商品房、写字楼等房产项目)、旅游和文化娱乐业(如度假村、游乐场所、疗养院等总汇性或者单项性娱乐项目)、旅游基础设施(如道路以及通讯项目等)、涉外商业、服务业(如兴建星级宾馆、餐饮业等)。目前我国已经拥有国家级旅游度假区 12 个。

(9)其他国家级开发区

指由国务院审批的具有某种特殊功能、实行某种特殊政策的区域。比如专为吸引台商到大陆投资的台商投资区,海峡两岸科技工业园,为加强珠海与澳门深入合作的珠澳跨境工业区,为加强上海金融中心和贸易中心地位的上海陆家嘴金融贸易区等。

截止到 2009 年 10 月底,我国共批准设立的国家级开发区(经济特区除外),经济技术开发区 56 个,高新技术开发区 56 个,保税区 15 个,出口加工区

60 个,边境经济合作区 14 个,旅游度假区 12 个,保税物流园区和保税港区共
18 家,其他开发区 10 个。至此,我国已形成全方位、多层次的对外开放格局
和开发开放体系(具体情况见书后附录)。

表 3-1　中国各类国家级开发区总体情况(截至 2009 年 10 月底)

开发区类别	开发区数量(家)	开发区类别	开发区数量
经济技术开发区	56	旅游度假区	12
高新技术开发区	56	保税物流园区和保税港区	18
边境经济合作区	14	出口加工区	60
保税区	15	其他开发区	10
国家级开发区合计		241	

资料来源:根据国家发展改革委、国土资源部、建设部:《中国开发区审核公告目录》(2006 年)以及中国
　　　　开发区网整理。注:本表开发区属于狭义开发区,未将特区包括在内。

2. 省级开发区

省级开发区指由省级人民政府批准的具有某些特殊功能、实行某些特殊
政策的区域。从 90 年代初起,我国出现过 3 次开发区发展高潮,一些省市甚
至县、乡、村也大建开发区。鉴于部分地方和部门擅自批准设立名目繁多的各
类开发区,随意圈占大量耕地和越权出台优惠政策等问题,国务院于 2003 年
提出全面清理整顿,并接连重拳出击。经过 3 年多时间的集中整顿,截至
2006 年 12 月,全国各类开发区由 6866 个核减至 1568 个,有近 77.16% 的开
发区被撤销,我国省级开发区也减为 1346 家,随着近几年调整,目前为
1343 家。

表 3-2　我国省级开发区分布情况(截至 2009 年 10 月底)

北京	16	浙江省	102	海南省	5
天津	25	福建省	65	贵州省	13
河北省	45	江西省	88	云南省	15
山西省	22	山东省	155	陕西省	17
内蒙古	39	河南省	23	甘肃省	34
辽宁省	42	湖北省	89	青海省	3

续表

吉林省	35	湖南省	72	宁夏自治区	15
黑龙江省	29	广东省	69	新疆维吾尔自治区	11
上海市	26	广西壮族自治区	23	重庆市	34
江苏省	108	安徽省	85	四川省	38
合计			1343		

资料来源:同上表。

三、国家级经济技术开发区发展现状

1. 国家级经济技术开发区的空间分布

截止到 2009 年 10 月底,国务院一共批准设立了 51 家国家级经济技术开发区和 5 家享受国家级经济技术开发区政策的工业园区。其中,2000 年以前批准设立的有 37 家,主要分布在东部地区;2000 年以后新批准设立的 19 家,主要分布在中西部地区。56 家国家级经济技术开发区中,按照东中西区域划分:东部沿海地区 34 个;中部地区 9 个;西部地区 13 个。全国 31 个省、直辖市、自治区省会(首府)城市至少有 1 家国家级经济技术开发区。截至 2009 年 10 月底,56 家国家级经济技术开发区经国务院批准规划面积一共为 892.9 平方公里,其中东部 34 家共 687.41 平方公里,中部 9 家共 93.74 平方公里,西部 13 家共 111.75 平方公里。

表 3-3 我国国家级经济技术开发区分布情况(截至 2009 年 10 月底)

东部(34 家)				中部(9 家)	西部(13 家)
长三角(15 家)	珠三角(5 家)	环渤海(10 家)	东北(5 家)		
宁波、连云港、南通、闵行、虹桥、漕河泾、金桥、温州、昆山、杭州、萧山、苏州、南京、宁波大榭、扬州	广州、南沙、惠州、湛江、海南	大连、沈阳、营口、秦皇岛、北京、天津、威海、青岛、烟台、廊坊	大连、沈阳、营口、长春、哈尔滨	合肥、郑州、长沙、太原、南昌、长春、哈尔滨、芜湖、武汉	南宁、石河子、呼和浩特、贵阳、成都、昆明、西宁、西安、银川、兰州、重庆、乌鲁木齐、拉萨

资料来源:笔者整理。注:其中长春、哈尔滨开发区也属于中部地区。

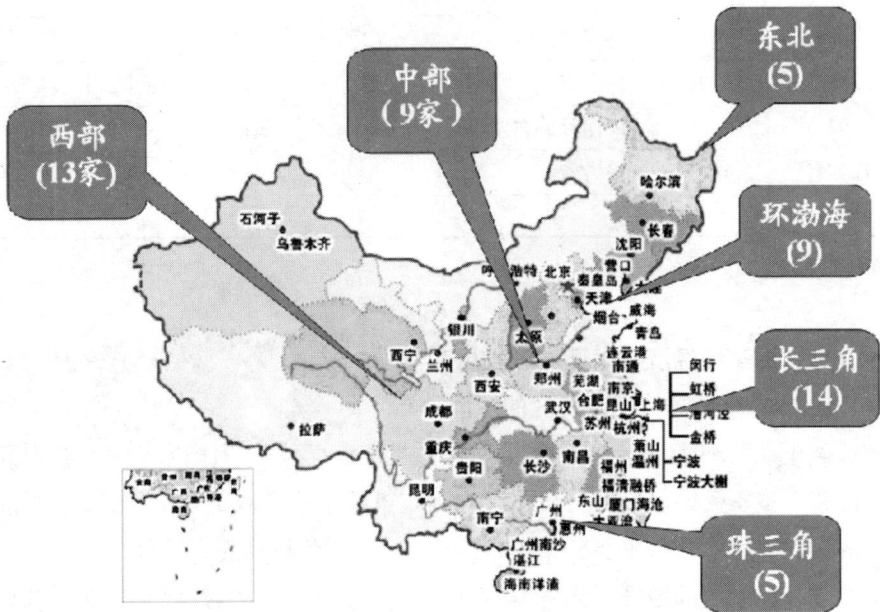

图 3-3　国家级经济技术开发区分布图

资料来源:根据中国开发区网整理,注:此图尚未包括 2007 年后升级的扬州开发区和廊坊开发区。

2. 经济发展情况

经过 20 多年的艰苦创业,国家级经济技术开发区按照国务院确定的"以发展工业为主、以利用外资为主、以出口创汇为主,致力于发展高新技术产业"发展方针,积极引进国外资金、先进技术和管理经验,大力发展加工制造业和高新技术产业,率先探索建立社会主义市场经济体制和运行机制,已经发展成为中国土地集约利用程度较高、现代制造业集中、产业集聚效应突出、外商投资密集的外向型工业园区,在推动我国社会主义现代化建设中发挥了重要的作用。

2008 年,全国 54 个国家级经济技术开发区实现地区生产总值(GDP)15313.01 亿元,工业增加值 10971.94 亿元(工业增加值占 GDP 的比重为71.65%),工业总产值(现价)45935.26 亿元,税收收入 2480.91 亿元,进出口总额 3855.11 亿美元,其中,出口总额 2050.95 亿美元,实际使用外资金额195.38 亿美元。依次分别比上年同期增长 20.61%、19.26%、19.54%、

21.81%、15.99%、15.17% 和 12.8%。地区生产总值增幅高于全国同期 11.61 个百分点。累计吸收外商投资金额达到 1538.65 亿美元,占全国 17.29%。具体如表 3-4 所示。

表 3-4　2008 年 54 家国家级经济技术开发区主要经济指标

单位	国内生产总值(亿元)	工业增加值(亿元)	工业总产值(亿元)	税收收入(亿元)	进出口总额(亿美元)	出口总额(亿美元)	实际利用外资(亿美元)
54 个开发区	15313.01	10971.94	45935.26	2480.91	3855.11	2050.95	195.38
同比增长	20.61%	19.26%	19.54%	21.81%	15.99%	15.17%	12.8%
占全国比重	5.09%	8.50%	10.30%	4.29%	15.05%	14.36%	21.15%

资料来源:根据商务部 2008 年国家级经济技术开发区指标统计整理。

3. 各区域发展情况

(1)东部 32 个开发区

2008 年,32 家东部国家级开发区实现地区生产总值 11835.31 亿元,工业增加值 8445.12 亿元,工业总产值(现价)37058.11 亿元,税收收入 2000.53 亿元,进口 1715.09 亿美元,出口 1944.93 亿美元,实际使用外资金额 158.09 亿美元。依次分别较上年同期增长 17.42%、15.14%、16.83%、20.11%、17.93%、14.69% 和 12.54%。

表 3-5　2008 年东部 32 家国家级经济技术开发区主要经济指标

经济指标	地区生产总值(亿元)	工业增加值(亿元)	工业总产值(亿元)	税收收入(亿元)	进口总额(亿美元)	出口总额(亿美元)	实际利用外资(亿美元)
2008 年	11835.31	8445.12	37058.11	2000.53	1715.09	1944.93	158.09
同比增长	17.42%	15.14%	16.83%	20.11%	17.93%	14.69%	12.54%
比重	77.29%	76.97%	80.67%	80.64%	95.06%	94.83%	80.91%

资料来源:根据商务部 2008 年国家级经济技术开发区指标统计整理。

(2)中部 9 个开发区

中部 9 家国家级开发区实现地区生产总值 2090.28 亿元,工业增加值 1620.49 亿元,工业总产值(现价)5800.73 亿元,税收收入 274.70 亿元,进口

67.82亿美元,出口61.28亿美元,实际使用外资金额22.50亿美元,各项指标依次比上年同期增长24.88%、27.62%、26.23%、20.70%、24.21%、14.41%和5.56%。

表3-6　2008年中部9家国家级经济技术开发区主要经济指标

经济指标	地区生产总值(亿元)	工业增加值(亿元)	工业总产值(亿元)	税收收入(亿元)	进口总额(亿美元)	出口总额(亿美元)	实际利用外资(亿美元)
2008年	2090.28	1620.49	5800.73	274.70	67.82	61.28	22.50
同比增长	24.88%	27.62%	26.23%	20.70%	24.21%	14.41%	5.56%
比重	13.65%	14.77%	12.63%	11.07%	3.76%	2.99%	11.52%

资料来源:根据商务部2008年国家级经济技术开发区指标统计整理。

(3)西部13个开发区

西部13家国家级开发区实现地区生产总值1387.41亿元,工业增加值906.33亿元,工业总产值(现价)3076.42亿元,税收收入205.68亿元,进口21.24亿美元,出口44.74亿美元,实际使用外资金额14.79亿美元。依次分别比上年同期增长47.18%、52.18%、45.80%、43.28%、12.05%、42.45%和29.45%,除进口和实际使用外资两项指标,其他主要经济指标增幅均在40%以上。

表3-7　2008年西部13家国家级经济技术开发区主要经济指标

经济指标	地区生产总值(亿元)	工业增加值(亿元)	工业总产值(亿元)	税收收入(亿元)	进口总额(亿美元)	出口总额(亿美元)	实际利用外资(亿美元)
2008年	1387.41	906.33	3076.42	205.68	21.24	44.74	14.79
同比增长	47.18%	52.18%	45.80%	43.28%	12.05%	42.45%	29.45%
比重	9.06%	8.26%	6.70%	8.29%	1.18%	2.18%	7.57%

资料来源:根据商务部2008年国家级经济技术开发区指标统计整理。

3. 土地开发利用情况

近年来,土地日益成为国家级经济技术开发区的稀缺资源,区内土地利用效率不断提高。截至2008年底,54个国家级经济技术开发区累计已开发土地面积为 1260.39 平方公里,其中已建工业项目用地面积为 693.74 平方公里,占已开发土地面积的 55.04%。2008 年度,54 家国家级经济技术开发区平均每平方公里工业用地工业总产值为 66.21 亿元,工业增加值高达 15.81 亿元,每平方公里开发土地税收收入为 1.96 亿元。

4. 高技术产业发展与高新技术产品出口情况

为了加快实施科技兴国战略,加强自主创新,国家级经济技术开发区大力发展高新技术产业,优化产业结构。截至 2008 年底,国家级经济技术开发区高新企业数达到 4116 家,从业人数达 73.89 万人。2008 年国家级经济技术开发区高新技术企业实现工业总产值 21566.28 亿元,同比增加 8.64%,占全部工业总产值(现价)的 46.95%;高新技术产品出口额 1372.67 亿元,同比增长 20.04%,占开发区全部产品出口总额的 66.93%。

5. 实际利用外资情况

截至 2008 年底,54 家国家级经济开发区累计吸收外商投资金额达到 1538.65 亿美元,占全国 17.29%。期末外商投资企业达到 25239 家。2008 年,54 个国家级开发区实际利用外资 195.38 亿美元,同比增加 12.8%,占全国的 21.15%。实际利用外资位居前列的开发区依次为天津开发区(25.12 亿美元)、苏州工业园区(18 亿美元)、大连开发区(13.1 亿美元)、青岛开发区(12.5 亿美元)、广州开发区(10.34 亿美元)和昆山开发区(9.24 亿美元)。

6. 就业情况

2008 年,国家级经济技术开发区新设立批准企业 25162 家,其中外商投资企业 1899 家。外商投资企业进入为国内提供了大量就业岗位,截至 2008 年底,国家级经济技术开发区总从业人数达到 583.24 万人,同比增长了 13.66%。从就业人数来看,排前五名的开发区依次是:苏州工业园区(49.28 万人)、昆山开发区(37.53 万人)、天津开发区(35.61 万人)、广州开发区(27.51 万人)和大连开发区(23.37 万人)。

四、国家级高新技术产业开发区发展现状

1. 国家级高新技术产业开发区的空间分布

图 3-4 国家级高新技术开发区分布图

资料来源:根据中国开发区网整理。注:此图尚未包括 2007 年后新升级的湘潭高新区、泰州医药高新区。

表 3-8 我国国家级高新技术产业开发区分布情况①(截至 2009 年 10 月底)

东部(29 家)					中部 (14 家)	西部 (13 家)
长三角 (8 家)	珠三角 (6 家)	环渤海 (12 家)	东北 (7 家)	其他 (3 家)		
上海、杭州、苏州、南京、常州、无锡、宁波、泰州	广州、深圳、珠海、惠州、中山、佛山	大连、沈阳、鞍山、北京、天津、石家庄、保定、威海、青岛、济南、淄博、潍坊	大连、沈阳、鞍山、长春、吉林、哈尔滨、大庆	海南、福州、厦门	合肥、郑州、洛阳、长沙、株洲太原、南昌、长春、吉林、大庆、哈尔滨、武汉、襄樊、湘潭	包头、南宁、桂林、成都、重庆、绵阳、贵阳、昆明、西安、宝鸡、杨凌、兰州、乌鲁木齐

资料来源:根据中国开发区网整理。

---

① 一般将长春、吉林、哈尔滨、大庆高新开发区属于中部地区,有关统计中也将其划为东北经济区。

2. 经济发展情况①

国家高新区按照"四位一体"的战略定位，积极推进体制机制创新和产业组织创新，坚持走内涵式发展道路，加快了以增强自主创新能力为核心的"二次创业"步伐，在促进高新技术产业发展和提升自主创新能力等方面发挥了引领和示范作用。

2008 年，54 个高新区营业总收入突破 6 万亿元，达到 65985.7 亿元，工业增加值达到 12507.0 亿元，分别比上年增长了 20％和 17％。企业数达到 52632 家，比上年增加 4161 家，年末从业人员达 716.5 万人；工业总产值实现 52684.7 亿元，工业销售产值实现 50382.5 亿元，工业增加值实现 12507.0 亿元，实现利润 3304.2 亿元，实现上缴税额达到 3198.7 亿元，进出口总额为 3308.5 亿美元，其中进口总额 1293.3 亿美元，出口创汇 2015.2 亿美元。

与 2007 年比较，2008 年高新区各主要经济指标均保持增长，其中，营业总收入增长 20.0％，工业销售产值增长 17.7％，工业总产值增长 19.0％，工业增加值增长 17.0％，净利润增长 4.6％，上缴税额增长 22％，出口创汇增长 17.0％。高新区出口创汇占全国外贸出口（14285 亿美元）的比重达到 14.1％，该比重与上年持平。1992 年以来，高新区营业总收入、工业总产值、实现利润、上缴税额、出口创汇等五项经济指标的年均增长率分别为 42.4％、42.28％、36.09％、43.49％和 47.31％。

3. 利用外资情况

截至 2008 年年底，54 家高新区累计外商合同投资额为 1582.5 亿美元，年末累计实际投资额为 978.8 亿美元。其中外商实际投资额排在前五位的高新区是：上海张江高新区 109.9 亿美元、无锡高新区 100.7 亿美元、苏州高新区 76.8 亿美元、中关村科技园区 70.8 亿美元、南京高新区 60.9 亿美元，以上 5 个高新区共计投资了 419.1 亿美元，占全部高新区实际投资总量的 41.7％。仅 2008 年当年，外商实际投资达到 158.1 亿美元，占到全国全部外商投资额的 17.1％。排在前五位的高新区：无锡高新区 13.4 亿美元，成都高新区 12.2 亿美元，上海高新区 12.1 亿美元，中关村科技园区 9.2 亿美元，苏州高新区

① 王树海：《2008 年度国家高新技术产业开发区综合发展与数据分析报告》，《中国高新区》2009 年第 9 期。

8.5 亿美元。

表 3 - 9　2008 年高新区主要经济指标一览表

地区 ＼ 指标	营业总收入（亿元）	工业总产值（亿元）	工业增加值（亿元）	净利润（亿元）	上缴税额（亿元）	出口创汇（亿美元）
全部高新区	65985.7	52684.7	12507.0	3304.2	3198.7	2015.2
同比增长	20.0%	19.0%	17.0%	4.6%	22.0%	17.0%
西部高新区	9413.3	7734.5	2202.2	466.9	507.7	123.4
同比增长	30.3%	30.6%	27.3%	11.8%	25.7%	42.0%
占高新区比	14.3%	14.7%	20.6%	14.1%	19.2%	7.1%
东北高新区	7625.8	6849.0	1609.6	389.0	428.1	72.2
同比增长	25.1%	24.0%	12.8%	20.2%	39.5%	11.6%
占高新区比	11.6%	13.0%	12.9%	11.8%	13.4%	3.6%
长三角	14021.8	11972.7	2451.9	604.5	524.1	805.0
同比增长	11.4%	10.8%	5.0%	−12.5%	21.3%	14.5%
占高新区比	21.2%	22.7%	19.6%	18.3%	16.4%	39.9%
珠三角	7851.2	7352.3	1559.9	333.0	264.0	486.3
同比增长	19.5%	20.2%	27.5%	7.5%	26.7%	15.4%
占高新区比	12.0%	14.0%	12.5%	10.0%	8.3%	24.1%
中部	7849.5	7161.1	2125.9	415.6	523.9	62.0
同比增长	24.5%	25.1%	23.1%	14.4%	19.2%	37.9%
占高新区比	11.9%	13.6%	17.0%	12.6%	16.4%	3.1%
环渤海	17773.7	10161.5	2261.0	1034.6	877.4	373.6
同比增长	19.7%	13.5%	15.6%	6.4%	15.5%	10.6%
占高新区比	26.9%	19.3%	18.1%	31.3%	27.4%	18.5%

资料来源：王树海：《2008 年度国家高新技术产业开发区综合发展与数据分析报告》，《中国高新区》
2009 年第 9 期。

4. 各区域发展情况

(1)西部地区高新区

2008 年,我国西部地区 13 个高新区(包头、南宁、桂林、成都、重庆、绵阳、
贵阳、昆明、西安、宝鸡、杨凌、兰州、乌鲁木齐)共实现营业总收入 9413.3 亿

元,较上年增长 30.3%;工业总产值 7734.5 亿元,较上年增长 30.6%;工业增加值 2202.2 亿元,较上年增长 27.3%;净利润 466.9 亿元,较上年增长 11.8%;上缴税额 507.7 亿元,较上年增长 25.7%;出口创汇 123.4 亿美元,较上年增长 42.0%。分别占全国 54 个高新区总量的 14.3%、14.7%、20.6%、14.1%、19.2%、7.1%。2008 年西部地区 13 个高新区总体发展形势很好,六项主要经济指标的增长速度远远高于高新区的平均增长速度。增长幅度高出高新区平均增长 10 个百分点以上的有营业总收入、工业总产值、工业增加值和出口创汇。六项主要经济指标均未出现负增长,保持良好增长态势的有成都高新区、重庆高新区、西安高新区、宝鸡高新区、兰州高新区和乌鲁木齐高新区。出口创汇增长幅度超过 100%以上的高新区有南宁高新区、成都高新区和杨凌高新区。

(2)东北地区高新区

2008 年,我国东北地区 7 个高新区(沈阳、大连、鞍山、长春、吉林、哈尔滨和大庆)共实现营业总收入 7625.8 亿元,较上年增长 25.1%;工业总产值 6849.0 亿元,较上年增长 24.0%;工业增加值 1609.6 亿元,较上年增长 12.8%;净利润 389.0 亿元,较上年增长 20.2%;上缴税额 428.1 亿元,较上年增长 39.5%;出口创汇 72.2 亿美元,较上年增长 11.6%。分别占全国 54 个高新区总量 11.6%、13.0%、12.9%、11.8%、13.4%、3.6%。除工业增加值和出口创汇低于高新区的平均增长外,其他四项主要经济指标均高于高新区的平均增长速度。增长幅度高出高新区平均增幅 10 个百分点以上的是净利润和上缴税额。其 6 项主要经济指标均未出现负增长,保持良好增长态势的有沈阳高新区、大连高新区、鞍山高新区、吉林高新区、哈尔滨高新区和大庆高新区。出口创汇增长幅度较大的是哈尔滨高新区和大庆高新区。

(3)长三角地区高新区

2008 年,我国长三角地区 7 个高新区(上海张江、南京、苏州、无锡、常州、宁波、杭州)共实现营业总收入 14021.8 亿元,较上年增长 11.4%;工业总产值 11972.7 亿元,较上年增长 10.8%;工业增加值 2451.9 亿元,较上年增长 5.0%;净利润 604.5 亿元,较上年增长 -12.5%;上缴税额 524.1 亿元,较上年增长 21.3%;出口创汇 805.0 亿美元,较上年增长 14.5%。分别占全国 54 个高新区总量 21.2%、22.7%、19.6%、18.3%、16.4%、39.9%。2008 年长三角地区7个高新区受金融危机的影响最大,六项主要经济指标的增长速度均低于高新区的平均增长。其中呈现负增长的是净利润,尤其是出口创汇是历年来增长最低的。6项主要经济指标均未出现负增长,保持良好增长态势的只有常州高新区和宁波高新区。出口创汇增长幅度超过100%以上的高新区是上海张江高新区,达到150%,宁波高新区和常州高新区也达到30%以上。

(4)珠三角地区高新区

2008年我国珠三角地区6个高新区(广州、深圳、珠海、中山、惠州、佛山)共实现营业总收入7851.2亿元,较上年增长19.5%;工业总产值7352.3亿元,较上年增长20.2%;工业增加值1559.9亿元,较上年增长27.5%;净利润330.0亿元,较上年增长7.5%;上缴税额264.0亿元,较上年增长26.7%;出口创汇486.3亿美元,较上年增长15.4%。分别占全国54个高新区总量12.0%、14.0%、12.5%、10.0%、8.3%、24.1%。2008年珠三角地区6个高新区总体发展形势较稳定,除营业总收入和出口创汇低于高新区的平均增长外,其他4项经济指标增速均高于高新区的平均增速。增长幅度高出高新区平均增长10个百分点以上的是工业增加值。六项主要经济指标均未出现负增长,保持良好增长态势的有深圳高新区、中山高新区和佛山高新区。出口创汇增长幅度超过20%以上的高新区是佛山高新区、广州高新区和中山高新区。

(5)中部地区高新区

2008年,我国中部地区9个高新区(太原、合肥、南昌、郑州、洛阳、株洲、武汉东湖、襄樊、长沙)共实现营业总收入7849.5亿元,较上年增长24.5%;工业总产值7161.1亿元,较上年增长25.1%;工业增加值2125.9亿元,较上年增长23.1%;净利润415.6亿元,较上年增长14.4%;上缴税额523.9亿元,较上年增长19.2%;出口创汇62.0亿美元,较上年增长37.9%。分别占全国54个高新区总量的11.9%、13.6%、17.0%、12.6%、16.4%、3.1%。2008年中部地区9个高新区总体发展形势很好,除上缴税额略低于高新区平均增长外,其他5项经济指标增速均高于高新区的平均增速。增长幅度高出高新区平均增长10个百分点以上的是净利润和出口创汇。六项主要经济指标均未出现负增长,保持良好增长态势的有太原高新区、郑州高新区、洛阳高新区、武汉东湖高新区、襄樊高新区和长沙高新区。出口创汇增长幅度最大的是太原高新区,达到335.5%,超过90%以上的是武汉东湖高新区和襄樊高新区,超过400%以上的高新区是郑州高新区和洛阳高新区,长沙高新区也增长37.5%。

(6)环渤海地区高新区

2008年,环渤海地区9个高新区(北京、天津、石家庄、保定、济南、青岛、淄博、潍坊、威海)共实现营业总收入17773.7亿元,较上年增长19.7%;工业总产值10161.5亿元,较上年增长13.5%;工业增加值2261亿元,较上年增长15.6%;净利润1034.6亿元,较上年增长6.4%;上缴税额877.4亿元,较上年增长15.5%;出口创汇373.6亿美元,较上年增长10.6%。分别占全国54个高新区总量的26.9%、19.3%、18.1%、31.3%、27.4%、18.5%。2008年环渤海地区9个高新区受金融危机的影响仅次于长三角地区,除净利润略高于高新区的平均增长外,其他5项经济指标均低于高新区的平均增长。尤其是出口创汇是历年来增长最低的,低于高新区平均增长7个百分点。其6项主要经济指标均未出现负增长,保持增长态势的有天津高新区、石家庄高新区、济南高新区、淄博高新区、潍坊高新区和威海高新区。出口创汇增长幅度超过30%以上的高新区是保定高新区和潍坊高新区,而中关村科技园区出口创汇只增长5%左右。

五、国家级开发区的主要成就

我国的对外开放,是由经济特区、经济技术开发区、边境经济合作区、保税区、出口加工区、国家高新区等构成的多层次对外开放体系。20多年来,国家级开发区按照"三为主,一致力"和"三为主,二致力,一促进"的发展方针,积极引进国外先进的资金、技术、管理经验,在经济发展、产业培育、科技进步、土地开发、城市建设、增加出口、创造就业等等诸多方面都取得了显著成绩,成为中国经济最有活力、最具潜力的经济增长点。在自身发展的同时,通过产业链延伸,带动传统产业改造,促进了所在城市产业结构调整和经济实力的增强,给国家和所在地区作出了相应的财政贡献。国家级开发区土地资源与人力资源利用集约程度处于国内领先水平。其发展成就主要体现在:

1. 在我国对外开放中发挥着先导作用

从开放程度上看,国家级开发区是经济特区之后的第二开放带,在我国对外开放中处于前沿地位。开发区企业的所有制形式、筹资方式、管理机制、用工制度、经营方向及其组织，以及开发区对企业的管理及其组织、工作效率等许多方面，与传统的计划经济相比都带有开创性。这种先导示范效应极大地增强了对外资的吸引力。近年来，国家级开发区在全国吸收外商直接投资的比重持续提高，2008 年，我国实际使用外资金额 924 亿美元，54 个国家级经济技术开发区和 54 家高新区两者合计实际利用外资占当年我国实际利用外资的 38.26%。截至 2008 年底，两类国家级开发区历年累计使用外资达 2517.45 亿美元，二者合计已占全国 28.41%。国家级开发区已经成为跨国公司的投资热点，世界 500 强公司在国家级开发区投资兴办项目超过 2000 个。

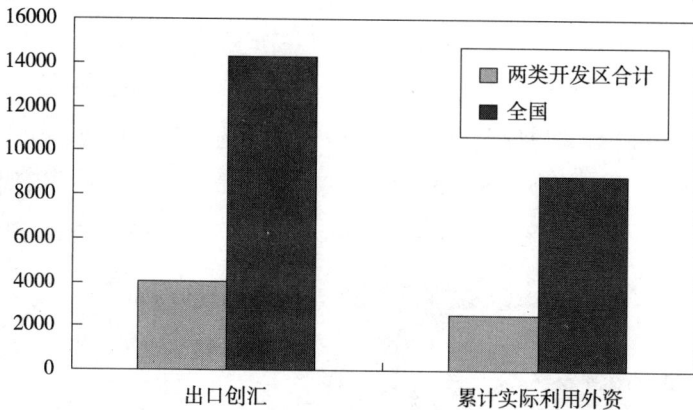

图 3 - 5　2008 年两类国家级开发区外资指标与全国比较

资料来源：根据商务部、科技部 2008 年统计计算整理。

2. 成为我国经济发展的新增长极

2008 年 54 个国家级经开区和 54 个高新区二者合计实现工业总产值已占全国 22.2%；实现工业增加值合计已占全国 20.8%；实现税收合计已占全国 9.8%；实现出口创汇合计已占全国 28.5%。

表 3 - 10　2008 年国家级经开区、高新区与全国主要经济指标比较

	工业总产值 （亿元）	工业增加值 （亿元）	税收 （亿元）	出口创汇 （亿美元）	当年实际 利用外资 （亿美元）	累计实际 利用外资 （亿美元）
经开区	46084.5	11003.1	2480.9	2050.1	195.38	1538.7
高新区	52684.7	12507.0	3198.7	2015.2	158.1	978.8
二者合计	98769.2	23510.1	5679.6	4065.3	353.8	2510.5
二者占全国 比重	22.2%	20.8%	9.8%	28.5%	38.3%	28.3%

资料来源：笔者整理。

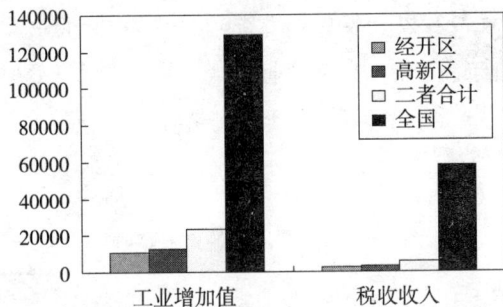

图 3 - 6　2008 年两类国家级开发区经济指标与全国的比较

资料来源：根据商务部、科技部 2008 年统计整理。

3. 产业集聚效应明显，成为我国现代制造业的重要基地

国家级开发区通过引进具有世界先进水平的现代制造业以及跨国公司的研发机构，集约利用资源，促进产业集群发展，大大提升了我国的产业结构和在国际分工中的地位，走出一条在开放条件下实现新型工业化的道路。国家级开发区一直坚持以工业项目为主的方针，近年来，工业在国家级开发区的产业结构中一直占有 70% 左右的比重。国家级开发区的产业特色鲜明，经济技术开发区的主导产业多集中于电子信息、交通运输设备制造、电气机械及器材、生物医药、化学原料及制品和食品饮料等产业，高新区的主导产业主要是电子信息、生物医药、新材料、新能源、环境保护等产业。国家级经济技术开发区将承接国际制造业转移作为重点，不断优化外资结构，在促进产业链条迅速

延伸的同时,产业聚集效应日益凸显,成为国际产业分工和国际市场循环的重要环节。不同国家级经济技术开发区结合区域特点,大力引进龙头企业,带动产业集群发展。产业集群将国家级开发区产业与区域经济和产业升级紧密联系起来,例如,摩托罗拉在全国有700多家配套企业,其中170家在天津市,主导企业与配套企业之间的信息共享、技术支持,大大提升了配套企业的技术水准。国家级开发区产业集群的形成,又进一步对新的同业企业产生强大的吸引力,使之将研发与生产制造活动迁移过来,从而以国家级经济技术开发区为核心,形成一些具有国际竞争力的产业集群。目前,在长三角地区、京津地区形成的具有国际水平的IT产业集群,国家级经济技术开发区功不可没。据本人对国家级经济技术开发区的实地调研及综合分析表明,除少数开发区尚未形成产业集聚之外,绝大多数开发区都形成了一定的产业集聚,部分起步早、发展快的开发区已形成较大规模的产业集群,并呈现出良好的发展态势,如表3-6所示。在一些技术含量较高的新兴制造业和高新技术领域,国家级开发区在全国占有重要地位。

表3-11　部分国家级开发区的产业集群

开发区	产业集群	开发区	产业集群	高新区	产业集群
广州	电子通讯、汽车	漕河泾	电子、新材料、生物医药	中关村	电子信息、医药、新材料、新能源
天津	电子通讯、汽车、食品	青岛	家电、石化	上海张江	电子信息
苏州工业园	电子通讯、电气机械	南京	显示器	武汉东湖	光电子
昆山	电子、轻工	长春	汽车、粮食加工	西安高新	电子机械

资料来源:笔者整理。

4. 推动我国高新技术产业发展

按照"三为主,一致力"的原则,国家级开发区致力于发展高新技术产业,并成为我国高新技术产业发展的重要基地。随着越来越多的跨国公司落户国家级经济技术开发区,许多新兴的产业和高新技术产品逐渐成为国家级经济技术开发区企业的主导,如昆山国家级经济技术开发区就是以IT产品为基本产品迅速发展起来的。摩托罗拉、诺基亚等高新技术产业的代表性企业都落户在国家级经济技术开发区。微电子、计算机、通讯、光纤通讯、生物工程、基因工程、智能型自动化控制设备、技术先进的制造业等都已在国家级经济技术开发区投产。史克制药、拜耳制药、辉瑞制药、施贵宝制药等药品生产企业以及先进的医疗器械生产企业近百家分布在天津、北京、大连、广州、上海闵行等国家级经济技术开发区。天津开发区的摩托罗拉、北京开发区的诺基亚、大亚湾开发区的中海壳牌石油的科研技术水平都是当今世界同类行业中的佼佼者。2008年,54家经济技术开发区高新技术产业产值21566.3亿元,占工业总产值比重达46.8%,实现出口1372.7亿美元,占全部出口的比重为67%,高新技术企业4116家。

2008年,54家高新区在各高新技术产业领域中,电子信息领域继续领先,产品销售收入达到12830.7亿元,远远高于其他领域,比上年多出693.9亿元,占全部产品销售收入的31.9%;新材料领域发展也较快,比去年增加了666.2亿元,达到6041.31亿元,占到15.0%;光机电一体化达6011.8亿元,比上年增加894.2亿元,占到15.0%;生物技术领域为2976.8亿元,占到7.4%。其他领域产品销售收入总量排序依次是:新能源及高效节能技术2845.0亿元,占到7.1%;环境保护技术450.3亿元,占到1.1%;航空航天技术217.2亿元,占到0.5%;核应用技术49.6亿元,占到0.12%;地球、空间、海洋工程42.7亿元,占到0.1%。2008年,高新区以高新技术产品实现的出口创汇产品品种达55973种,产品品种比上年增加3670种。实现产品出口创汇1316.7亿美元,比2007年的1247.1亿美元增长了5.6%,占高新区全部出口创汇总额的65.3%。

5. 促进地方经济,带动区域发展

国家级开发区不仅成为我国新的经济增长点,而且通过辐射、示范和拉动作用,成为区域经济发展的火车头。开发区对区域经济的贡献体现在企业创造的经济效益,对促进区域经济发展的作用,特别是一部分开发区企业创造的工业增加值在其所在的城市中占有的份额越来越大。如江苏昆山、苏州新加坡工业园区,原来的工业基础非常薄弱,通过兴办开发区使其工业从小到大、从劳动密集型到技术密集型迅速地发展起来。以国家高新区为例,高新区对其所在城市经济发展中的贡献度越来越重要,这其中的很大作用体现在高新区的经济效益上,高新区工业增加值在其所在城市中所占份额逐步凸显。其中工业增加值占到所在城市比重达到 30％以上的有 19 个高新区,比上年增加两个高新区。一些基数较小的高新区对当地经济发展的作用明显,为区域经济发展起到了积极作用,特别是杨凌农业高新技术产业开发示范区占到杨凌市的 100％。从高新区的园区生产总值情况看,占当地城市生产总值达到 20％以上的有 12 个高新区,比上年增加 4 个高新区,像杨凌示范区在当地占的比重达到 100％。

6. 推动技术进步,成为技术创新的源泉

创办开发区,是学习国际上先进技术和管理经验的重要途径。外商进区投资设厂,要生产出具有国际竞争能力的产品,必然要相应地带进一些较为先进的机器设备、工艺技术、管理经验以及掌握先进技术与管理经验的外籍人员,按照标准化、规格化的要求进行生产经营。这为当地企业提供了一种学习和培训的极好机会,促进了生产技术与管理经验向设区国的转移,而这种转移及其引起的连锁反应对发展中国家实现工业化是必不可少的。

2008 年,54 家国家级经济技术开发区科技活动经费支出总额达到 543.02 亿元,其中:研究与发展经费(R&D)投入总计 464.03 亿元,达到全区地区生产总值 GDP(15313.01 亿元)的 3.03％。其中:东部 32 家国家级经济技术开发区研究与发展经费(R&D)投入总计 375.90 亿元,达到东部开发区地区生产总值 GDP(11835.31 亿元)的 3.18％,研究与发展(R&D)投入排在前五位的依次是漕河泾(65.41 亿元)、金桥(63.54 亿元)、苏州工业园区(54.77 亿元)、广州(43.65 亿元)和天津经济技术开发区(34.57 亿元)。2008 年 54 家开发区专利申请数为 25567 件,专利授权数 34286 件,其中,发明专利授权数 6077 件。期末外商投资设立的研发中心数 820 家,期末研发机构数达 1372 家,企业技术中心数量 362 家,研发人员数 19.18 万人。

2008 年,54 家高新区企业科技经费支出总额为 2468.3 亿元,高出上年 304.8 亿元,比上年同期增长 14.1％。高新区企业 R&D 经费支出为 1658.2 亿元,高出上年 309.4 亿元,比上年同期增长 22.9％,占到产品销售收入比重 3.1％,R&D 经费支出占到高新区园区生产总值的比重为 7.9％。高新区全部企业 R&D 支出占到全国全部 R&D 经费支出 4700 亿元的 35.3％。其中高新区工业企业 R&D 支出为 1139.6 亿元,占到全国企业 R&D 经费支出的 36.9％。从 R&D 经费支出情况看,有限公司经费投入最高达 437.5 亿元;其次外商投资企业是 433.2 亿元;股份公司 337.1 亿元;国有企业投入经费 176.8 亿元。2008 年高新区内经认定的 31084 家高新技术企业中,R&D 活动经费投入达到 1428.3 亿元,高出上年 237.8 亿元,同比增长 20.0%,占产品销售收入比重为 2.9%,占高新区全部 R&D 活动经费投入的 86.1%。2008 年,高新区的新产品产值达到 14486.9 亿元,新产品销售收入为 15363.4 亿元,新产品销售收入占产品销售收入的比重为 28.9%。达到这一比重的高新区有 16 个。新产品出口达到 531.3 亿美元,占高新区出口创汇的 26.4%。新产品出口创汇超过 10 亿美元的高新区有 11 个,新产品出口总额为 392.4 亿美元,占高新区全部新产品出口总额的 73.9%。高新区 25 个出口基地的新产品出口总额为 408.5 亿美元,占高新区全部新产品出口总额的 76.9%。

7. 创造就业机会,聚集高科技人才

由于开发区多是发展劳动密集型产业,可以容纳较多的劳动力,且出口加工业的发展又带动了交通运输、城镇建设、商业服务、公用事业等第三产业的发展,创造了大量就业机会。

截至 2008 年底,54 家国家级经济技术开发区期末从业人员达到 609.61 万人,其中,大专以上就业人数 197.56 万人,占全区从业人员的 32.41%;中级职称以上就业人数 67 万人,占全区从业人员的 10.99%,高新技术企业从业人员为 173.89 万人,占全区从业人员的 28.50%。

2008 年 54 家国家级高新区有就业人员已达 716.5 万人,是高新区建区初期 1992 年的 21 倍,高出 2007 年就业人数 66.3 万人,比上年增长 10.0%。高新区大专学历以上人员达到 324.8 万人,比上年高出 49.5 万人,占到高新区从业人员总数的 45%。按学位分类:具有学士学位毕业生 163.6 万人、硕士学位毕业生 24.9 万人、博士学位毕业生 3.2 万人,并且吸引了近 2.9 万名留学归国人员回国创业。高新区从事科技活动的人员超过 134.5 万人,比上年高出 14.2 万人,占到高新区从业人员总数的 18.8%。其中研发人员达到 77.7 万人,比上年高出 11.2 万人,占到科技活动人员总数的 57.8%。

8. 走出了一条中国特色的新型城市化和工业化道路

国家级开发区的建设走出了一条在开放环境下利用国际资金、利用市场机制高效率推进城市化和工业化的新道路。在给定的有限条件下实行特殊的优惠政策,集中人力、财力、物力以达到效益迅速提高的目的,开发区实行资金和要素的集中投入,连片开发,这种集聚经济所产生外部经济使得它对于经济发展的效果明显优于以往"村村点火"、"遍地开花"的乡镇企业。国家级开发区通过工业化推进城市化。自建设之初,国家级开发区就坚持将开发区建设纳入所在城市的总体规划,努力将国家级开发区建设成以现代化工业为主要功能的城市新区。开发土地中工业用地已基本摆满已投入运营或在建工业项目。国家级开发区同时又走了一条通过城市化进一步推进工业化、工业化与城市化良性互动的新道路。国家级开发区在推进工业化的过程中,不断完善城市功能,改善城市环境,通过完善的基础设施、优美的城市环境和综合的城市功能和高效的管理,进一步增强了对国内外投资者的吸引力,工业化水平不断提高,产业结构不断升级。国家级开发区城市化是集约化利用土地资源的城市化道路。国家级开发区从建设初始,就高度重视节约土地资源。在选址上,国家级开发区强调尽量少占耕地,大多选址在难以作为农业用地的荒地荒滩盐碱地。在招商引资过程中,高度重视土地的集约化利用。开发区是全国范围内土地集约利用效率最好的地区之一。

截至 2008 年年底,国家级经济技术开发区经国务院批准的规划用地面积 1024.23 平方公里,已完成规划内工业用地面积 798.91 平方公里。2008 年,国家级开发区以不足全国千分之四的建设用地,创造了占全国 5.09% 的地区生产总值(GDP)15313.01 亿元,实现工业增加值 10971.94 亿元,占全国工业增加值(现价)的 8.50%;进出口总额 3323.40 亿美元,占全国 15.05%,其中出口 2050.95 亿美元,占全国的 14.35%,进口 1804.16 亿美元,占全国的 15.92%;实际利用外资 195.380 亿美元,占全国的 21.15%;税收收入 2480.91 亿元,占全国 4.29%;累计吸收外商投资金额达到 1531.66 亿美元,占全国 17.29%;平均每平方公里建成投产工业企业数超过 60 家,平均每平方公里工业用地实现工业增加值 13.77 亿元人民币,工业总产值 57.50 亿元人民币,就业超过 8000 人,累计吸收外资近 2 亿美元。同时,国家级经济技术开发区万元工业增加值综合能耗不足同期全国平均水平的 1/4,走出了一条科技含量高、经济效益好、资源消耗低、环境污染少、人力资源优势得到充分发挥的新型城市化和工业化发展道路。

9. 在体制创新方面积极探索,取得了许多成果

开发区在体制改革方面进行了大胆探索和试验,突破了传统体制和政策

限制,取得了重要成果。开发区奉行精简高效原则,不断推行行政管理体制、运行机制、劳动人事制度改革,初步建立了"小机构、大服务"的管理和服务体系。开发区内设管理机构一般仅为一级政府的三分之一到五分之一,人员仅为一级政府的五分之一到十分之一,例如,广州经济开发区自1998年以来,先后与广州高新区、广州出口加工区、广州保税区合署办公,实行"四块牌子,一套人马"的运行模式,无论是工作部门还是行政编制的数量在全国同类地区都是最精简的。目前,国家级开发区基本形成了一套高效的管理体制,即事权集中、管理统一的领导体制;机构精简、办事高效的管理体制;选优用优、效率优先的激励机制;建章立制、依法办事的保障约束机制。开发区的体制创新为开发区自身发展提供了动力和保障,也为全国体制改革创新提供了有益借鉴。

10. 在国际上产生了重要影响

目前,世界上很多国家向中国学习借鉴建设开发区的经验做法,兴办本国的开发区。俄罗斯、埃及、印度等国多次派出代表团来中国学习考察开发区建设。中国商务部、科技部与俄联邦特区管理署先后在北京、厦门等地举办了中俄经济特区合作研讨会,就经济特区(开发区)的建设管理经验、开发模式及投资合作的可能性进行了广泛交流。2006年3月普京总统访华期间,中国商务部与俄联邦特区管理署签订了关于经济特区合作的谅解备忘录,并在中俄总理定期会务委员会经贸合作委员会下成立了经济特区合作工作小组,并于2006年9月在厦门召开了第一次会议。俄罗斯在学习考察中国开发区建设经验后成功推出《经济特区法》,并通过招标办法首批举办了6个"经济特区",目前开发建设状况良好。埃及从1997年就开始学习借鉴中国兴办开发区的经验,请求中国指导并合资兴建苏伊士湾西北经济区。中国政府多次派出专家顾问团帮助埃及建设开发区。印度学习借鉴中国建设开发区经验,计划在其29个州创建"中国式"的经济特区。另外缅甸、越南、墨西哥等国家都与中国合作建设中国式开发区,取得了积极成效。自2007年开始中国主动开展开发区的国际合作,初步计划建设50个境外经贸合作区,首批批准8个,至今已批准19个。目前许多国家希望中国前去兴办开发区。中国开发区"走出去"步伐越来越快。[①]

---

① 唐华东:《中国开发区30年发展成就及未来发展思路》,《国际贸易》2008年第9期。

第三节　世界开发区的发展与我国
开发区建设的不足

一、世界开发区的发展历程

从世界范围来看,开发区一般可以分为自由港(含自由贸易区)、出口加工区、科学工业园区三大类型。开发区的发展历史最早可以追溯到 16 世纪,但真正在世界各地普遍推行并引起广泛关注的是在 20 世纪中叶以后。20 世纪中叶以来,世界范围相继出现了以出口加工区和科学工业园区为特征的两种新型的开发区形态。开发区在全球的蓬勃发展及其对社会经济产生的积极影响,越来越受到世人的关注和重视。我们可以将世界开发区的发展分为三个阶段。

1. 第一阶段:开发区以自由港与自由贸易区为主要形式(1547 年至第二次世界大战前)

13 世纪末至 17 世纪中叶,北德意志的自由贸易联盟——汉萨同盟对参盟的各城市实行贸易互惠,并选定汉堡和布莱梅为自由贸易区。但是,历史上第一个正式命名为自由港的是意大利的里窝那(1547 年),外国货物不缴纳关税便可出入港口区域。此后,意大利的热那亚在 1595 年、威尼斯在 1661 年、法国的马赛在 1669 年也相继被辟为自由港。德国的汉堡和布莱梅、丹麦的哥本哈根、葡萄牙的波尔因等城市,也先后宣布为自由港或划出一部分地区为自由贸易区。其后,自由港和自由贸易区纷纷在欧洲各主要资本主义国家出现,并随着资本主义经济自西向东地逐步扩张而扩散至世界各地。

截止到第二次世界大战前夕,近 400 年间全世界约在 26 个国家与地区建立了 75 个自由港与自由贸易区。这些自由港或自由贸易区由于进出口免除关税等一些有利条件,方便了商品的进出口,促进了对外贸易和转口贸易的发展,同时,也给设区国带来很大的商业利益,繁荣了当地的经济。但这一时期,开发区的数量和规模还是有限的,并以发达国家居多;区内经济活动的主要形式是转口贸易,主要的经济活动是发展对外贸易和转口贸易,且发展缓慢,数量不多,分布地域狭窄。

2. 第二阶段：开发区以出口加工区为主体（第二次世界大战结束至 20 世纪 70 年代）

第二次世界大战后，世界生产力得到了迅速增长，有力地促进了国际分工的发展，开放已成为世界发展的大趋势。开发区在 20 世纪 60、70 年代进入了以出口加工区为主体的时期。出口加工区兼有工业生产与出口贸易两大功能。设区国往往在本国划出特定的区域，对外开放，对内隔离，通过提供特殊的财税优惠政策和其他优越条件，吸引外商直接投资，发展面向世界市场的制造业，以达到利用外资、扩大出口，增加就业以及吸收国外先进技术和经济管理经验的目的。1959 年，爱尔兰香农自由区的建立，标志着这一时期的开始，但首先以"出口加工区"命名的开发区，则是 1965 年在我国台湾地区高雄港附近建立的高雄出口加工区。1969 年，我国台湾地区又继续建立了楠梓、台中两个出口加工区。之后，亚洲其他国家纷纷设区。1969 年菲律宾创建了巴丹出口加工区，接着又在马坦岛和吕宋岛的碧瑶等地相继建立了 15 个出口加工区。从 20 世纪 70 年代初开始，马来西亚在将近 10 年间建立了滨城及西南沿海各州 37 个出口加工区，韩国建立了马山、里里等 4 个出口加工区，新加坡建立裕廊工业区。此外，印度、斯里兰卡、巴基斯坦、印度尼西亚等国都建起了不同规模的出口加工区。不少发展中国家，如埃及、叙利亚、毛里求斯、塞内加尔、墨西哥、哥伦比亚、巴西、多米尼加、突尼斯等也开辟了各有特点的出口加工区。西方发达国家也竞相增设出口加工区。原有传统的自由港和自由贸易区，不少也逐步向出口加工区的模式转变，如德国的汉堡和布莱梅两个传统自由港，也分别设立新港区，加工生产轻工业品和发展造船业。美国也将对外自由贸易区发展成为具有生产和装配功能的出口加工区。

20 世纪 60、70 年代是出口加工区发展的黄金时期，许多国家和地区的出口加工区是在这个时期建立起来的。70 年代末，世界出口加工区总数已达到 240 多个。不少发展中国家（地区）正是凭借"出口加工区"为基地，大量引进外资，发展出口工业，以此带动本国（本地区）经济的高速发展。所有这些都标志着开发区的发展进入一个崭新的时期。

3. 第三阶段：开发区进入多样化、综合化、高级化和高科技型的发展时期（20 世纪 70 年代末至现在）

20 世纪 70 年代波及全球的石油危机和 80 年代初的世界经济危机，结束了战后资本主义发展的黄金时期,也使出口加工区失去了赖以迅速发展的国际经济基础,促成了世界开发区发展的新变化,其特征是"出口加工区"一枝独秀的状况为开发区多样化、综合化、高级化所替代,而综合型和高科技型开发区的崛起,即代表了这一过程的发展方向。

综合型和高科技型开发区,既具有出口加工区或传统自由贸易区的一般特点,也有着与之不同的质的差别。综合型开发区是自由贸易区和出口加工区两种模式混合、交叉发展或自身升级换代的结果,它的特点是规模大,经营范围广,不仅重视出口工业与对外贸易,还兴办金融、旅游、服务、商业等。我国深圳、珠海等经济特区都属于综合型开发区。比如,深圳特区拥有工业区、商业区、服务区、旅游区、生活区等多种经济活动区域,具备发展工、商、贸易、金融、旅游的多种经济功能。新加坡、韩国的济州岛、埃及的开罗、泰国的拉牧、克拉邦等开发区也都属于综合型开发区。由于综合型开发区与其他开发区形式没有严格的区别,所以世界上有些以自由港、自由贸易或出口加工区命名的开发区,实际上具备多种经济功能,应该看成是综合型的开发区。由于综合型开发区面积大,经营多样化,经济效益好,因而对影响和带动周围地区的经济发展具有特别重要的作用。现在,不管是自由贸易区,还是出口加工区,都呈现出向综合型开发区发展的明显趋势。

高科技型开发区是 20 世纪 70 年代末 80 年代初才出现的,它的特点是以大学与科研单位为依托,把生产和科研、教育紧密地结合在一起,把运用最新科技成果生产和出口高级技术产品和培养第一流的专业人才作为办区的主要目标,具有较强的国际竞争能力。所有这些反映了世界开发区正向纵深方向发展,开发区由单一功能向综合功能的方向发展,并且更加注重利用科学技术因素发展国家经济,同时也反映了世界经济发展的大趋势,反映了开发区适应经济发展的强大生命力。

二、世界开发区的发展趋向

回顾世界开发区的发展历史不难看出,世界开发区大体经历了一个由单一功能向综合功能、由低层次向高层次方向迈步发展的过程,即从单一的贸易功能(自由港或自由贸易区),向工业、贸易双重功能(出口加工区),再向具有多种功能(综合型开发区)不断发展完善的过程。从世界范围看,各国开发区的发展将呈现出以下五大一般规律和趋势。①

1. 世界开发区的数量仍将有增无减,创办开发区的国家和地区日益增多。

第二次世界大战前,大约有 26 个国家和地区设立了 75 个自由港和自由贸易区。这个时期的开发区,功能比较单一,主要是通过减免进出口税等手段来发展对外贸易。第二次世界大战后,开发区进入了一个蓬勃发展的阶段。在这个时期,出口加工区颇为盛行,到 20 世纪 70 年代末,世界开发区的总数已经增加到 328 个。近年来,世界开发区迅速发展,到现在为止,世界开发区已发展到 700 个以上,比 10 年前翻了一番。开发区的发展在一定程度上归功于传统的自由港自由贸易区的重新复活与增加。自 20 世纪 80 年代以来,新的自由贸易区在世界各地不断诞生,其中新增自由贸易区最多的国家是美国。70 年代初,它只有 10 个对外贸易区,1981 年发展为 55 个,1984 年增至 83 个,1990 年初又发展到 120 多个。此外,英国、法国、加拿大、马来西亚等国,在 80 年代都开辟了一些新的自由贸易区。

2. 进入 20 世纪 90 年代以来,世界开发区进入了多功能、全方位、大规模、高速度发展的新阶段。

从 20 世纪 80 年代开始,大规模的综合性开发区开始崛起,这种新型的开发区突破了传统的自由港和自由贸易区的模式,不仅重视对外贸易和出口加工业,同时也重视农业、牧业、渔业等,并且对旅游业、金融保险业、饮食服务业、交通电讯业等第三产业以及科学文化教育事业也十分重视,从而把世界开发区从贸易型、出口加工型推向了贸工农多业并举,第一、第二、第三产业全面发展的综合型,走上社会化发展的轨道,进一步提高了世界开发区的发展水平,使其发挥更大的多功能作用。

3. 世界开发区正在升级换代,产业结构日趋多元化和高技术化。

首先,传统的自由港和自由贸易区在继续经营贸易、仓储等业务的同时,日益重视发展加工制造业。在发达国家,传统产业逐渐被新科技、高技术密集型产业所取代。另一方面,发展中国家(地区)也为了发展本国(本地区)经济,

---

① 李屹:《国际开发区发展的历程及对我国新时期开发区建设的启示》,《中国发展观察》2006 年第 8 期。

希望利用自己丰富的劳动力和自然资源来吸收、引进外资和技术,建立劳动密集型加工区,实行"面向出口"的经济战略,以刺激和带动经济发展。20 世纪90 年代是出口加工区的黄金时代,特区将继续发挥它的优势,在全球贸易中占据重要地位。

4. 世界开发区在世界和各国(地区)经济发展中的地位和作用将更加重要。

据统计,全世界各类开发区的贸易总额占世界贸易总额的比率,1979 年为 7.7%,1985 年为 20%,1990 年猛增到 33%,1994 年突破 35%,世界开发区的贸易总额高达 1 万亿美元以上。现在,开发区已成为国际贸易和"南南合作"、"南北合作"的重要形式,它既是发展中国家(地区)引进先进技术、管理经验、经营方式和资金、人才,搞活本国(本地区)经济的有效途径,也是发达国家对外投资,刺激经济增长的有力杠杆。

5. 由于世界经济、贸易、科技竞争的加剧,开发区的发展将面临各种挑战。

开发区数量的增加和地域范围的扩大,导致各国(地区)开发区间的吸资和科技竞争不可避免。一些国家(地区)为了能在世界竞争中维护自身利益,还在特区以外的地区提供种种优惠政策,如放宽对外商的投资限制和进出口限制,开放金融市场,发展旅游等,以达到吸引外资和促进发展的目的,这无疑将会对那些在世界经济发展中处于劣势的发展中国家(地区)开发区的进一步发展产生一定的影响。只有在吸取各国(地区)办区的经验教训并适时转变发展策略,才能适应国际经济环境对开发区发展的要求,开发区的未来将在机遇与挑战中求得生存和发展。

综观世界开发区的发展,其数量由少到多,发展迅速。设区范围由西欧扩展到全球,功能从单纯贸易型到工贸结合型并向综合型发展,经营内容从商品的交换到商品的生产并扩展到商品的研制,生产结构从劳动密集型向资金、技术和知识密集型调整。今后,开发区仍将不断发展变化,总的趋势是由初级形态向高级形态发展。

三、我国开发区存在的问题与不足

经过 20 多年的发展建设,我国开发区发展取得了举世瞩目的成就,受到

国际社会的高度重视。但与世界先进开发区相比,仍存在很大差距,还面临一些紧迫的问题需要解决。主要问题与不足是:

1. 对外资依赖严重

在我国开发区发展中,外资始终发挥着主导作用,近年来,外资工业产值、外资工业产品销售收入一直占国家级开发区的80%左右。比较而言,内资企业无论从数量还是质量方面都处于绝对劣势,发展严重不足。这对开发区未来可持续发展非常不利。

2. 产业集聚程度不高

开发区的重要功能之一就是产业集聚功能,但目前看,除沿海部分开发区已形成较大规模的产业集聚外,一些开发区特别是中西部开发区产业集聚度不高,处于产业发展的"散、小、乱"阶段。

3. 发展不平衡

从东部、中部、西部三大区域来看,东部发展较快,已具相当规模,中西部发展还较差,但也呈现出快速发展的势头。从表3-7看,2004—2008年地区生产总值(GDP)东部占80%左右,而中西部只占20%左右。

表 3-12　2004—2008 年东中西 3 大区域开发区国内生产总值纵向比较

(单位:亿元)

区域	2004 年		2005 年		2006 年		2007 年		2008 年	
	GDP	占比	GDP	占比	GDP	占比	GDP	占比	GDP	占比
全体	6601.44	—	8195.20	—	10136.90	—	12695.96	—	15313.01	—
东部	5363.90	81.25%	6647.71	81.12%	8143.65	80.34%	10079.43	79.39%	11835.31	77.29%
中部	838.88	12.71%	1053.38	12.85%	1332.32	13.14%	1673.89	13.18%	2090.28	13.65%
西部	398.66	6.04%	494.12	6.03%	660.94	6.52%	942.64	7.42%	1387.41	9.06%

资料来源:根据商务部 2004—2008 年国家级开发区指标统计整理。

4. 优惠政策作用弱化

国家级开发区建立伊始,国家对其实施了许多优惠性倾斜政策。比如,对生产型外资企业按15%征收企业所得税,在一定期限内新增财政收入全部留做开发资金等。这些政策对国家级经济技术开发区招商引资、基础设施建设起了相当大的作用。但1999年以后新设立的国家级经济技术开发区除了对

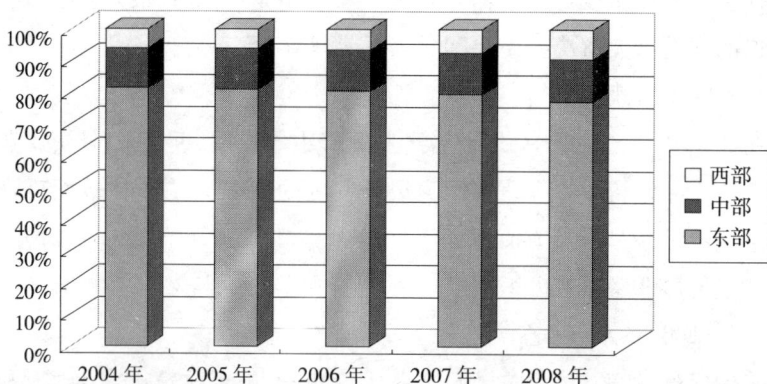

图 3 - 7　2004—2008 年东中西 3 大区域开发区国内生产总值比较

生产型外资企业按 15% 征收企业所得税这一优惠外,已不再享有税收返还等优惠政策。东部地区较早建立的 32 个国家级经济技术开发区对税收返还优惠政策的依赖程度已越来越弱化,但中西部地区 17 个新的国家级经济技术开发区则还未享受到这一优惠政策。尽管国家对中西部地区国家级经济技术开发区的基础设施建设项目实施贷款贴息、试行贷款授信额度业务政策,但作用十分有限。此外,内资高新技术企业在国家级经济技术开发区内与国家高新产业开发区内享有不同的政策待遇,这也对国家级经济技术开发区的发展有一定的影响。

尽管存在这样那样的问题,但我国开发区无疑是我国推进工业化、城市化和全面建设小康社会的排头兵,未来仍具有广阔的发展空间。

第四章 跨国公司在我国开发区的嵌入性研究

第一节 关于跨国公司嵌入问题的研究框架

一、跨国公司嵌入内涵的进一步界定

从前面理论综述可看到,在新经济社会学、新产业区理论、企业网络、产业集群理论等文献中,"嵌入"是一个出现频率很高的词汇,但各学科对它的理解却不尽相同。新经济社会学认为,企业的经济行为嵌入在当地的网络与制度之中,这种网络与制度是由本地社会构筑并有文化意义。它特别强调地方企业间非贸易性的相互依赖。在企业网络理论中,"嵌入"被理解为一个当地或非当地背景生产网络的重要特征,它强调公司间正式合同之外的非正式联系与信任。在新产业区理论中嵌入性则是指某现象的社会文化基础,它强调地方行为主体之间应形成相对稳定的依赖于当地社会文化的非正式联系、信赖关系和协作关系。而组织与商业管理理论则似乎更多是回归到指一事物内生于或根植于其他事物的一种现象,是一事物与其他事物的联系及程度。另外,在强调"嵌入"行为中"地方"作用的观点中(如产业集群、新产业区理论)时,则强调企业的嵌入性依赖于特定区域的社会资本与社会知识等。企业的本地嵌入性强调了企业对本地的归属性和依赖性,且对嵌入于本地的企业及其企业网络的持续发展有着不可忽视的影响。①

由于各学科的侧重点不同,其对跨国公司嵌入的理解不同,因此,本书在系统借鉴各学科的基础上,结合我国实际情况,将跨国公司嵌入定义为:跨国公司以 FDI 形式在东道国投资,建立独资、合资或合作企业,通过与当地政

---

① 叶庆祥:《跨国公司嵌入过程机制研究》,浙江大学博士论文,2006 年。

府、企业(包括内资、外资企业)、其他机构建立各种正式联系、非正式联系,在当地结网、扎根,并对当地经济社会发展产生一定影响的行为。跨国公司对投资地的本地嵌入行为可以分为两个层面:第一,跨国与本地的产业网络(体系)发生经济连接关系和社会连接关系的行为,比如在当地投资,在当地采购,帮助社区进步,行使社会责任等;第二,跨国公司在当地的网络、制度等融入、根植到当地经济社会网络中。比如,先进的管理理念、制度与体制在当地扩散传播、技术在当地转移、溢出,同时跨国公司也受到当地传统文化等的深刻影响。

这一概念可用"Who(主体)is embedded in what(客体),and how(方式)"来进一步界定,本书的 Who 是"跨国公司",而 what 是"开发区地方网络",嵌入的方式(how)是正式联系、非正式联系,包括社会联系、经济联系、技术联系、体制联系。

由此,跨国公司嵌入可以简单为跨国公司通过建立本地产业网络与地方发生各种经济社会联系。经济连接和社会连接是经由跨国公司基于共同的利益,在社会化互动过程中所形成的关系。关系体系里伙伴之间嵌入程度越高,代表与其他成员间的连接越紧密,所形成的正式或非正式的经济行为就越频繁,越容易透过各种交易进行利益交换,取得企业竞争优势与价值。

进一步分析,跨国公司嵌入的特征有以下几点:

1. 时空演化性

跨国公司嵌入有其特定的时空内涵,是在特定的时空背景下发生的。从时间维度看,跨国公司嵌入是随着时间变化的。从空间维度看,跨国公司嵌入的是东道国当地产业网络,地方产业网络有一定的地域限制,它的节点是地方的行为主体,由于一定的利益关系而相互吸引,集聚在一定的地域范围内。例如,跨国公司在我国的嵌入始于中国改革开放之初,特别是 1992 年之后,并且随着时间的推移,其嵌入的深度和广度不断加深。跨国公司在我国的嵌入首先发生在沿海经济特区,经济技术开发区以及高新技术开发区等,并逐渐向中西部推进。跨国公司嵌入主要强调的是跨国公司与本地网络成员的经济社会联系以及跨国公司子公司的本地化程度,即跨国公司网络多大程度上纳入本地企业,这一点表现为跨国公司嵌入的本地属性。

2. 扎根结网性

跨国公司投资只是嵌入的表象,实质扎根结网,融入当地社会。跨国公司一方面与本地的产业网络(体系)发生经济连接关系和社会连接关系的行为，比如在当地投资，在当地采购，帮助社区进步，行使社会责任等，同时将在自身的网络、制度等融入、根植到当地经济社会网络中。比如，先进的管理理念、制度与体制在当地扩散传播、技术在当地转移、溢出，与当地传统文化等的深度融合。从东道国角度来说，如果跨国公司子公司的外部往来成员网络都位于本地，表明跨国公司涉入本地的经济活动程度越深，也意味着融入当地的社会制度和产业文化的可能性更大。它提高了对当地知识溢出的可能性，对当地发展的带动作用可能更大。跨国公司通过在本地建立前向和后向的产业联系，有利于带动本地供应产业和相关产业的形成与发展。跨国公司与本地中介组织及公共科研机构建立关系，也有利于这些本地机构与跨国公司的相互交流，促进自身的学习和知识的传播。比如，天津开发区摩托罗拉公司长期奉行"以中国为家，扎根中国，与中国同呼吸共命运"的发展理念。早在1994年，中国经济起飞，强调"用市场换技术"的对外开放战略时，摩托罗拉适时制定了四大战略：即投资与技术转让、管理本土化、配套产品国产化、合资与合作项目。摩托罗拉在发展初期便与中国本土密切融合，深入推进与市场、客户、政府部门的战略合作，与中国真正结成了双赢的战略合作伙伴关系。2001年11月，摩托罗拉公司在中国入世前夕，在北京召开全球董事会，把四大发展战略延伸发展成新的继续在华长期发展战略，展现了摩托罗拉致力在中国长期发展的决心和继续引领中国通信市场的信心。目前，天津开发区已形成摩托罗拉为核心的庞大的通讯产业集聚网络。应该说，摩托罗拉已经不是一个纯粹的外商投资企业，摩托罗拉正在建设成为一个地地道道的中国公司。

这里还需要澄清跨国公司嵌入性与本土化的区别。跨国公司本土化也是一个广泛应用的概念。一般认为，跨国公司本土化是跨国公司为适应东道国独特的文化和社会习俗、意识形态以及独特的规则和潜规则，将生产、营销、管理、人事等全方位融入东道国经济中的过程，通俗地说就是要入乡随俗。本书认为，跨国公司嵌入性远比跨国公司本土化内涵丰富得多。嵌入性强调扎根发芽，本土化则是入乡随俗；嵌入性强调跨国公司与地方互动耦合，本土化则偏于跨国公司单方适应；嵌入性涵盖经济、社会、技术、制度等多个方面，而本土化则主要侧重经济技术方面；嵌入性属于跨国公司战略管理问题，而本土化则属于跨国公司策略问题。本土化包含在嵌入性之中，是嵌入性的应有之义。

现阶段无论对跨国公司本身还是对地方政府而言,强调跨国公司嵌入性要比单纯本土化更有现实意义。

二、跨国公司嵌入的分析维度和层次

1. 国内外学者的观点

不同学者对嵌入的分析维度不同,如图 4 - 1 所示,祖肯和迪马吉奥(Zukin and Dimaggio,1990)认为,经济行为受到认知嵌入、文化嵌入、结构嵌入和政治嵌入等四种不同嵌入。[①] 汉斯(Hess ,2004) 在遵循嵌入本义的基础上,提出了构成嵌入的三个主要维度:(1)社会嵌入;(2)网络嵌入;(3)空间或地理嵌入。[②] 哈里农和托恩·鲁斯(Halinen and Tornroos,1998)在研究商业网络演化时提出的关系—依赖观。他们认为,嵌入是指企业与各种网络建立的关系及其对各种网络的依赖。[③] 根据企业业务嵌入的各种网络,他们把嵌入分为时间嵌入、空间嵌入、社会嵌入、政治嵌入、市场嵌入和技术嵌入六种。另外,一些学者认为应将嵌入问题分为若干层次。杰索泊(Jessop,2001)识别了三个层面的社会嵌入。第一层面的嵌入是经济社会学中讨论的人际经济关系的社会嵌入(或称为人际嵌入)。这方面的研究集中在经济行为主体嵌入的多种网络以及这些网络的差异化和动态化对行为主体的身份、利益、能力和实践的影响上。第二层面的嵌入是组织间关系的制度(instit utional)嵌入。关于这种社会嵌入的研究集中在战略联盟和组织间网络的独特性以及它们的路径依赖性质和组织学习机制上。第三层面的嵌入是在一个复杂的离心社会中不同功能的制度秩序的社会嵌入。[④] 乔汉尼森(Johannisson)和帕细拉斯

① Zukin, S. &·Dimaggio, P. , 1990, *Structures of Capital : The Social Organization of the Economy*, Cambridge University Press.

② Hess, M. , 2004, "*Spatial relationships? Towards a re-conceptualisation of embeddedness Progress*"in Human Geography, Vol. 28, Issue 2, pp. 165 - 186.

③ Halinen, A. &·Tornroos, J. 1998, "*The Role of Embeddedness in the Evolution of Business Networks*", Scandinavian Journal of Management, Vol. 14, Issue 3, pp. 187 - 205.

④ Jessop, B. 2001, "*The Social Embeddedness of the Economy and its Implications for E-conomic Governance*", Journal of International Economics, Vol. 54, Issue 1, June, pp. 75 - 96.

(Pasillas)(2002)以小型家族企业为研究对象,分析了三个层次的嵌入。第一层次的嵌入是企业与企业间关系(由于作者的研究对象是小型家族企业,因此,他们把个人层次的嵌入与企业层次的嵌入融合在一起),第二层次的嵌入是企业与社会经济制度间的关系,第三层次的嵌入是通过社会经济制度与其他企业发生的间接关系。[①] 汉杰多恩(Hagedoorn,2006) 把企业间嵌入分为环境嵌入、组织间嵌入和二元关系嵌入三个层次。[②]

表4-1　国内外学者对嵌入的分析维度

学者 ＼ 嵌入类型	水平嵌入	垂下嵌入	社会嵌入 关系嵌入	社会嵌入 结构嵌入	认知嵌入	文化嵌入	政治嵌入	时间嵌入	空间嵌入	业务（市场）嵌入	技术嵌入	体制（制度）嵌入	本地嵌入	网络嵌入
Schweizer(1997)	★	★												
Haliner & Tornroos(1998)	★	★	★				★	★	★	★	★			
Granovetter (1992)			★	★										
Adersson, Forsgren & Holm(2002)										★	★			
Uzzi(1997)			★											
Zukin & Dimaggio(1990)				★	★	★	★							
Raub & Weesie (1991)				★								★		
赵蓓(2004)			★						★		★			
王缉慈等(1999)													★	
项后军(2004)													★	
高茜和马扬 (2004)														★

资料来源:叶庆祥:《跨国公司嵌入过程机制研究》,浙江大学博士论文,2006年,第12页。

注:表中★是指学者所论嵌入的分析维度。

---

① Johannisson, B. , Marcela, R. P. , Karlsson, G. , 2002, "*The institutional embeddedness of local inter-firm networks: a leverage for business creation*", Entrepreneurship & Regional Development, Vol. 14, Issue4, pp. 297 - 315.

② Hagedoorn, J. & Narula, R. , 1996, "*Choosing Organizational Modes of Strategic Technology Partnering: International Sectoral Differences*", Journal of International Business Studies. Vol. 33, pp. 265 - 284.

我国学者黄中伟、王宇露提出了自己的分析层次体系,如图 4-1 所示。

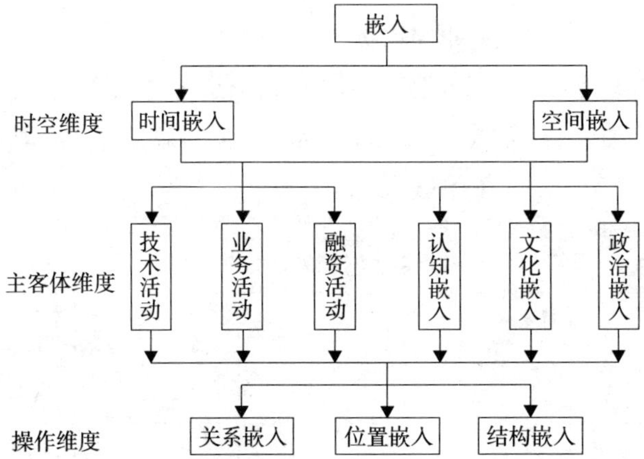

图 4-1 关于嵌入的层次体系

资料来源:黄中伟、王宇露:《关于经济行为的社会嵌入理论研究述评》,《外国经济与管理》2007 年 12 期。

2. 本书的分析层次与维度:跨国公司嵌入的分析框架

本书在国内外学者研究的基础上,将跨国公司嵌入为三个层次和四个维度,三个层次是宏观层次、中观层次、微观层次,四个维度是经济嵌入、社会嵌入、技术嵌入、体制嵌入,据此确定跨国公司嵌入的分析框架,如图 4-2 所示。具体含义为:宏观层次的跨国公司嵌入指的是将国家级开发区作为一个整体,跨国公司对其嵌入;中观层次的跨国公司嵌入指的是将国家级开发区分为东部、中部、西部,跨国公司对这三个区域的嵌入;微观层次的跨国公司嵌入指的是跨国公司对某个开发区具体的嵌入。而跨国公司的经济嵌入是指跨国公司在当地持续投资并与本地企业之间持续而稳定的产业关联性,包括原材料采购供应及其上下游产品供应的本地化程度、与本地产业的接口等等。① 跨国公司的社会嵌入性是指企业间的人际关系与社会联系的密切程度、人力资源的本地化程度。跨国公司的体制嵌入性是指跨国公司与其他社会机构包括大学、研究机构等的联系和影响程度。跨国公司的技术嵌入是指跨国公司与地

---

① 赵蓓、莽丽:《外资与中国产业集群发展:从嵌入性角度的分析》,《福建论坛》(人文社会科学版)2004 年第 7 期。

方企业间技术关联性,包括对本地企业的技术转移和技术溢出效应、对地方产业结构升级的促进作用。这一分析框架比较全面反映了跨国公司嵌入的全貌,体现了对其他分析维度的系统整合,具有较强的逻辑连贯性,也更加符合跨国公司在我国的实际情况。

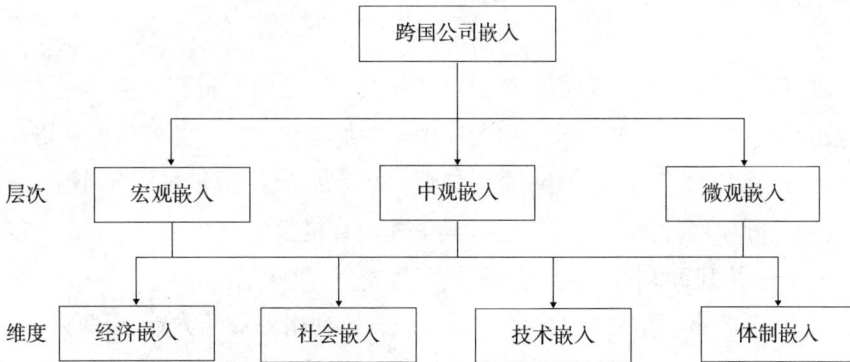

图 4 - 2　跨国公司嵌入层次及维度

资料来源:笔者整理。

　　上述跨国公司嵌入维度的区分只是定性的,要进行进一步的分析还需进行定量指标。对此本书制定如下量化操作指标,如表 4 - 2 所示。

表 4 - 2　跨国公司嵌入维度与量化操作指标

嵌入维度	量化操作指标
经济嵌入	1. 投资与发展情况。外商投资企业数量;实际使用外资;外资工业产值; 2. 与当地企业建立的经济关系:本地采购、本地销售,生产外包,组建合资企业
社会嵌入	人才本土化、人才流动、社会影响、社会责任
制度嵌入	建立培训机构、一站式办公、中介机构设立
技术嵌入	世界 500 强企业的投资、设立研发机构、技术转移与技术溢出

资料来源:笔者整理。

第二节　跨国公司在我国以及国家级
开发区发展情况

一、跨国公司在我国发展概况

1. 基本情况①

改革开放初期,我国利用外资以对外借款特别是政府贷款为主,且总体上呈现出数量扩张的特征,形成了以劳动密集型加工贸易为主的外商投资格局。总体上看,利用外资规模较小,质量较低;总量少,单位项目投资量小。1983年,我国实际使用外资 22.6 亿美元,其中外商直接投资 9.2 亿美元;1990 年,实际使用外资 102.9 亿美元,其中外商直接投资 34.9 亿美元。

20 世纪 90 年代,中央确定了积极合理有效利用外资的方针,吸收外资进入高速发展时期。1992—2000 年,实际使用外商直接投资 3233 亿美元,年均利用外资金额达到 359 亿美元,是 1986—1991 年的 10 倍多。2000 年末,外商投资企业由 1980 年的仅 7 户增加到 20.3 万户。特别是加入世界贸易组织之后,外商投资规模迅速扩大。2007 年末,外商投资企业达到 28.6 万户;2001—2008 年实际使用外商直接投资 5043 亿美元,年均 630 亿美元。其中,2008 年全国新批设立外商投资企业 27514 家,实际使用外资 952.5 亿美元,比 1983 年增长 41 倍;外商直接投资 924 亿美元,增长 99.4 倍;外商直接投资相当于国内生产总值的比重由 1983 年的 0.3%提高到 2.1%。

1979—2008 年,我国累计实际使用外资金额 10498 亿美元,其中外商直接投资 8526 亿美元。且自 1992 年以来我国一直为世界吸收外资最多的发展中国家,2007 年吸引外商直接投资居世界第六位。截至 2008 年底,已有来自世界的 211 个国家和地区的外商在华投资。

投资产业结构得到很大改善,外商投资的重点由一般制造业发展到高新技术产业、基础产业、基础设施建设,尤其是近几年外商投资于研发中心、集成电路、计算机和通信产品等高技术项目明显增加,商业、外贸、电信、金融、保险

---

① 国家统计局:《从封闭半封闭到全方位开放的伟大历史转折——新中国成立 60 周年经济社会发展成就回顾系列报告之二》,2009 年 9 月 8 日。

等服务业逐渐成为外商投资的新热点。

投资形式更加多样化,由以绿地投资为主逐步发展为绿地投资、并购投资和国际资本市场融资等多种方式相结合。截止到 2007 年年底,外国投资者共并购 2.18 万户中国境内企业的股份,占外商投资企业实有总户数的 7.6%。

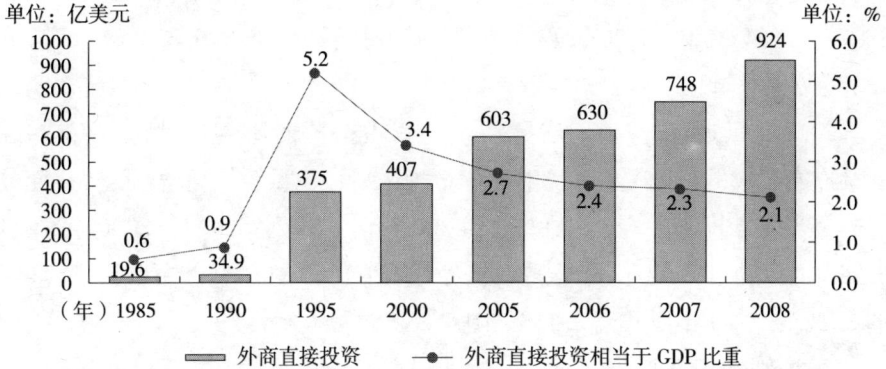

图 4-3　改革开发以来我国外商直接投资金额

资料来源:国家统计局:《从封闭半封闭到全方位开放的伟大历史转折——新中国成立 60 周年经济社会发展成就回顾系列报告之二》,2009 年 9 月 8 日。

外商投资企业在促进国民经济增长、带动产业技术进步、扩大出口、提供就业和增加财政收入等方面,发挥着日益重要的作用。2008 年,占全国企业总数 3% 左右的外商投资企业创造的工业产值占全国的 29.7%,实现出口额占全国的 55.3%,进口额占 54.7%,缴纳税收占全国的 21%,直接吸纳就业 4500 万人。

吸收外资加速了我国高新技术产业的成长,外商投资企业已经成为我国技术引进和发展高新技术产业的主体。通过吸收外资,我国引进了一大批国外先进技术、设备和管理经验,填补了国内部分高新技术领域的空白,促进了国内的产业升级和结构调整。在全国高技术产业研发经费、新产品开发经费和产值中,外商投资企业所占比重分别从 2002 年的 32.6%、33.1% 和 61.3%,提高到 2006 年的 44.2%、45.4% 和 72.1%。目前,我国已设立各种形式的外商投资研发中心超过 1200 家,研发的层次在由低向高快速提升,从事基础研发的研发中心越来越多。

2.区域分布

　　由于中国各地区经济状况、资源禀赋差异以及区域性 FDI 政策的直接影响,中国吸收外商直接投资的地区分布呈现出显著的非均衡特征。截至 2006 年年底,中国累计批准设立外商投资企业数、合同外资金额和实际使用外资金额分别为 594415 家、14794.0033 亿美元和 6854.4692 亿美元。其中,东部地区所占比重分别为 83.02%、86.61% 和 86.85%;中部地区所占比重分别为 10.77%、8.12% 和 8.79%;西部地区所占比重分别为 6.21%、5.27% 和 4.37%(图 4-4)。

　　2001 年以来,东部地区实际使用外资占全国的比重相对稳定,维持在 86% 左右,2006 年上升至 90.32%;中部地区所占比重缓慢递增,从 2001 年的 8.54% 上升到 2004 年的 11.02%,2005 年下降到 8.00%,2006 年降到 6.22%;西部地区所占比重呈递减趋势,从 2001 年的 5.40% 下降到 2005 年的 3.22%,2006 年回升至 3.45%(图 4-5)。

　　3. 国别(地区)来源

　　截至 2006 年年底,对华投资前十位国家/地区(以实际使用外资金额排序)是:中国香港 2797.55 亿美元,占全国累计实际使用外资总额的比重为 40.81%;日本 579.73 亿美元,比重为 8.46%;维尔京群岛 571.64 亿美元,比重为 8.34%;美国 539.55 亿美元,比重为 7.87%;中国台湾 438.93 亿美元,比重为 6.4%;韩国 349.99 亿美元,比重为 5.11%;新加坡 300.04 亿美元,比重为 4.38%;英国 139.22 亿美元,比重为 2.03%;德国 134.18 亿美元,比重为 1.96%;开曼群岛 107.55 亿美元,比重为 1.57%。中国香港继续位居对华投资国家/地区累计实际投入金额之首,但在外商投资总量中所占比重仍有所下降(图 4-6)。

　　4. 投资方式

　　截至 2006 年,中国累计实际使用外资金额中,以中外合资企业方式进行的投资所占比重为 36.68%;以中外合作企业方式进行的投资所占比重为 13.64%;以外商独资企业方式进行的投资所占的比重为 47.92%;以外商投资股份制企业方式进行的投资所占比重为 0.54%。累计统计数据表明,外商在中国的投资主要以外商独资和中外合资方式进行,其中外商独资方式所占比重较大,中外合作方式和外商股份制方式的比重相对较低。

　　5. 500 强投资

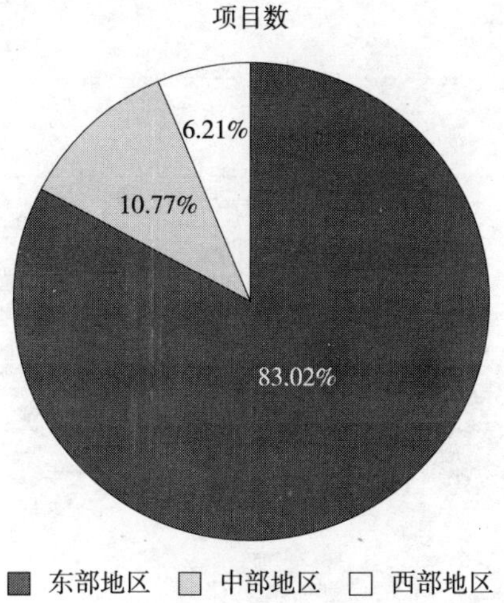

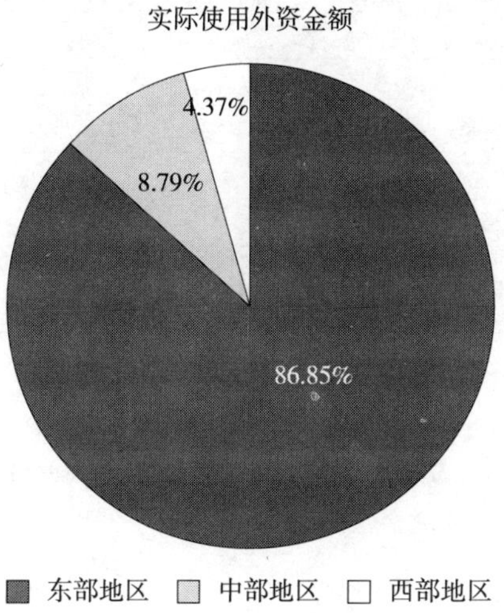

项目数

■ 东部地区　□ 中部地区　□ 西部地区

6.21%
10.77%
83.02%

实际使用外资金额

4.37%
8.79%
86.85%

■ 东部地区　□ 中部地区　□ 西部地区

图4-4　截至2006年年底三大区域利用外资比较

资料来源:商务部2007年中国外资发展报告。

截至2006年年底,世界500强跨国公司中已有480多家已来华投资或设立机构,跨国公司以各种形式设立的研发中心超过980家。

上述统计数字充分说明,跨国公司深刻地融入了中国经济,促进了中国经济高速增长,成为中国经济发展的引擎。

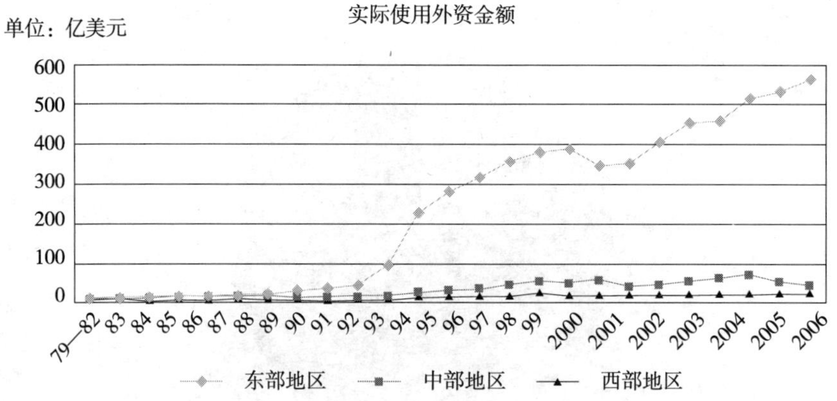

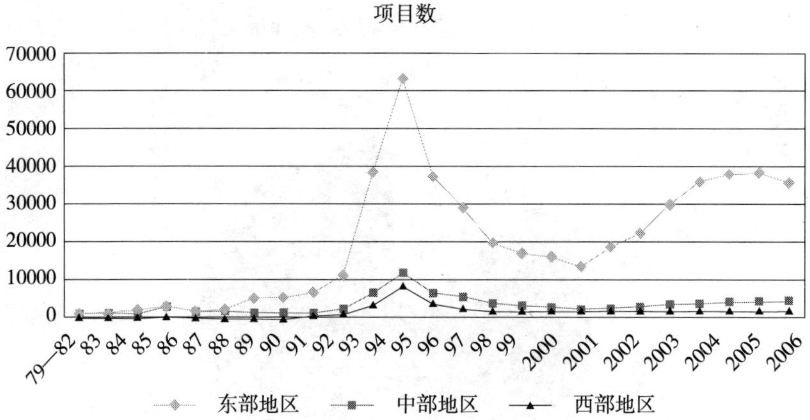

单位：亿美元

实际使用外资金额

项目数

图 4-5 截至 2006 年年底三大区域利用外资发展历程

资料来源：商务部 2007 年中国外资发展报告。

二、跨国公司在国家级经济技术开发区发展情况

从开放程度上看，国家级经济技术开发区是继经济特区之后的第二开放带，在我国对外开放中处于前沿地位，外向型经济日益凸现，外商投资企业在国家级经济技术开发区中从规模上和总量上占了大部分比例。国家级经济技术开发区以提高吸收外资质量为主，外资带动内资，加强外资先进技术转移和吸收，不断增强自主创新能力，努力提高发展水平，促进内外资密集增长带的形成。

2008 年，54 家国家级经济技术开发区实际使用外资金额 195.380 亿美

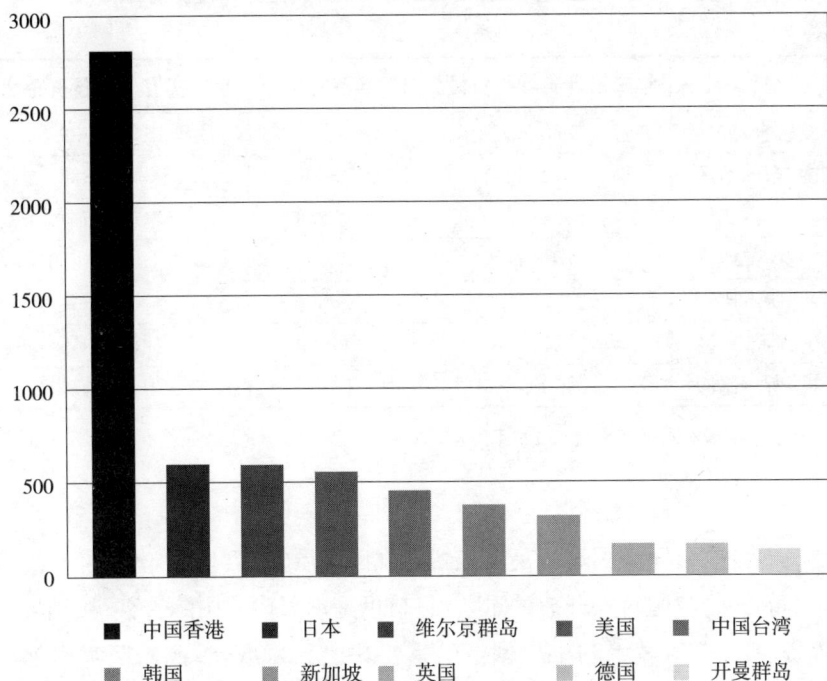

图 4-6　截至 2006 年年底,对华投资前十位国家/地区

资料来源:商务部 2007 年中国外资发展报告。

元,比上年同期增长 12.8%。其中,东部 32 家国家级开发区实际使用外资金额 158.09 亿美元,较上年同期增长 12.54%;中部 9 家国家级开发区实际使用外资金额 22.50 亿美元,比上年同期增长 5.56%;西部 13 家国家级开发区实际使用外资金额 14.79 亿美元,比上年同期增长 29.45%。

截至 2008 年年底,54 家国家级经济技术开发区累计吸收外商投资金额达到 1538.65 亿美元,占全国 17.29%,外商投资企业达到 25239 家,其中世界 500 强投资企业达到 1641 家。累计实际使用外商直接投资最多的开发区依次为:天津开发区(195.28 亿美元)、苏州工业园区(152.46 亿美元)、大连开发区(91.95 亿美元)、广州开发区(90.56 亿美元)、青岛开发区(88.70 亿美元)。

表 4 - 3　　2008 年全国各区域经济技术开发区外商投资情况表

（单位：亿美元）

地区	年末累计实际投资额	当年实际投资额	年末实有外商投资企业数
开发区合计	1538.65	195.380	25239
其中：东部地区	1312.62	158.09	22838
所占比例	85.31%	80.78%	90.49%
其中：中部地区	164.51	22.50	1458
所占比例	10.69%	11.50%	5.78%
其中：西部地区	61.52	14.79	943
所占比例	4.00%	7.65%	3.74%

资料来源：商务部 2008 年国家级经济技术开发区主要经济指标。

三、跨国公司在国家级高新技术开发区发展情况

　　高新区是我国对外开放的重要窗口，也是承载产业国际转移、接纳外国直接投资、吸引外国技术和出口创汇的重要基地。2008 年，高新区吸引外国直接投资继续增加、外资企业稳步增长、出口创汇继续加大，高新区在经济国际化方面的作用进一步提升。截至 2008 年底，54 家高新区累计外商合同投资额为 1582.5 亿美元，年末累计实际投资额为 978.8 亿美元。其中外商实际投资额排在前五位的高新区是：上海张江高新区 109.9 亿美元、无锡高新区 100.7 亿美元、苏州高新区 76.8 亿美元、中关村科技园区 70.8 亿美元、南京高新区 60.9 亿美元，以上 5 个高新区共计投资了 419.1 亿美元，占全部高新区实际投资总量的 41.7%。仅 2008 年当年，外商实际投资达到 158.1 亿美元，占到全国全部外商投资额的 17.1%。排在前五位的高新区：无锡高新区 13.4 亿美元，成都高新区 12.2 亿美元，上海高新区 12.1 亿美元，中关村科技园区 9.2 亿美元，苏州高新区 8.5 亿美元。

第三节　　国家级开发区中跨国公司嵌入性分析

　　经过 20 多年的发展，我国开发区取得了举世瞩目的成就。在原先的莽原碱滩、沙丘荒地上，一个个经济发达、市场繁荣、环境优美、生机勃勃的现代化

工业园区拔地而起。国家级开发区已经成为我国最具活力的投资热土,是我国推进工业化、城市化和全面建设小康社会的排头兵,为我国社会主义现代化建设作出了突出的贡献。国家级开发区的发展成就,是我国改革开放政策的伟大成果的集中体现。国家级开发区的发展变化,是与跨国公司的嵌入紧密联系在一起的。可以说,跨国公司持续不断的投资并逐渐嵌入于当地的经济社会环境中,是开发区持续发展的动力之源。从开放程度上看,国家级经济技术开发区是继经济特区之后的第二开放带,在我国对外开放中处于前沿地位,外向型经济日益凸现,外商投资企业在国家级经济技术开发区中从规模上和总量上占了大部分比例。国家级经济技术开发区以提高吸收外资质量为主,外资带动内资,加强外资先进技术转移和吸收,不断增强自主创新能力,努力提高发展水平,促进内外资密集增长带的形成。

一、经济嵌入性分析

跨国公司的经济嵌入是指跨国公司在当地持续投资并与本地企业之间持续而稳定的产业关联性,包括原材料采购供应及其上下游产品供应的本地化程度、与本地产业的接口等。跨国公司的经济嵌入具体体现在以下几方面:

1. 跨国公司投资力度逐渐加大

20世纪90年代以来,来华外国直接投资正经历着结构快速升级的过程:从早期的劳动密集型的简单制造活动向资金技术密集型的制造活动升级;从单纯的制造活动向服务领域扩展;从制造业转移向研发机构和地区运营总部扩展。

1984年4月,党中央、国务院决定举办经济技术开发区,批准兴建了大连、秦皇岛等11个经济技术开发区,但是1992年以前跨国公司进入的并不多。一方面,国家级开发区白手起家,发展基础薄弱,建设资金短缺,另一方面,外资进入中国总体上尚处于试探和观望阶段。截至1991年年底14个国家级开发区累计利用外资13.74亿美元。外商投资主要以港台和东南亚华人投资为主,特点是中小投资规模为主,较低的资本和技术密集、较高的劳动密集型产品为主,出口以加工贸易为主。引进项目主要是劳动密集型的中小企业,技术转让或技术转移较少发生。1992年,邓小平同志第二次南方视察发表重要谈话,掀起了对外开放和引进外资的新一轮高潮。1993年因此成为跨国公司在华大规模投资的开始。这一年我国外商直接投资金额突然放大,合同外资达到了1114亿多美元,实际利用外资是270亿美元,几乎都是上一年的1倍。同年,国家开发区跨国公司投资大幅度增加,全年实际利用外资达14.65亿美元,比1992年增加88.3%。从1991年到1998年,国家级开发区实际利用外资从3.61亿美元迅速增加到47.29亿美元,年均增长率达到44.4%。2000年以后,随着我国实施西部大开发战略以及加入世界贸易组织,跨国公司对中国市场更加关注,开始全面进入中国,跨国公司战略由原来更多地把中国视为重要的制造基地,转向更多地把中国看做重要的销售市场。与此同时跨国公司在我国开发区加大了投资规模,延伸产业链条,不断整合企业集团,进行系统化投资并逐渐向中西部转移。随着国家级经济技术开发区的综合投资环境进一步提高,国家级开发区日益成为跨国公司的聚集地,如表4-4。

表4-4 国家级经济技术开发区外资占全国比重

	实际利用外资	占全国比重	比上年增长	全国增幅
2003年	103.27	19.30%		
2004年	136.07	22.44%	31.74%	13.32%
2005年	130.23	21.60%	-4.3%	19.74%
2006年	147.12	23.35%	12.97%	4.5%
2007年	173.21	23.16%	17.79%	13.6%
2008年	195.38	21.15%	12.8%	23.55%

资料来源:商务部2004—2008年开发区统计。

近年来,跨国公司在国家开发区投资呈现出一些新特点:

(1)单项规模高。以江苏为例,2001年跨国公司投资单项平均协议金额为2100万美元,大大高于20世纪80年代的969万美元和1994年的1380万美元。而且总投资在1亿美元以上、协议外资金额5000万美元以上的项目明显增多。2000年诺基亚联合十多家合作伙伴在北京开发区建设星网工业园,总投资达到100亿元,2003年8月,英特尔决定在成都高新区投资兴建其在全球的第五个芯片封装与测试厂。此项目首期投资金额高达3.75亿美元,超过上海的芯片厂,是成都改革开放以来的最大外资项目。2007年3月英特尔公司又决定在大连开发区投资 25 亿美元兴建当今最先进的半导体芯片项目，这也是我国改革开放以来跨国公司在我国投资的最大项目。

（2）一揽子合作或跨行业关联性投资明显增多。跨国公司新的投资策略是对一个产业的上、中、下游各个阶段的产品进行整个产业链的大规模投资，即纵向一体化、系统化投资。商务部国际贸易经济合作研究院跨国公司研究中心主任王志乐对此有深入研究，他指出："在投资性控股公司或地区总部的统一管理与协调下，着眼于在我国市场的整体投资和战略投资，既投资于上中下游的最终产品，也投资基本原材料和相关的零部件；既投资于生产性项目，也投资于销售、融资、保险、咨询、运输等相关项目，操纵和影响着一大批协作配套厂家，产业的辐射性控制功能明显增强。这无疑有利于分散现有市场饱和或竞争加剧带来的风险，大大增强跨国公司在华的整体竞争力"。荷兰飞利浦在江苏投资 10 个项目，主要集中在电子行业，累计协议外资金额达 2 亿多美元。日本伊藤忠公司在江苏投资 17 个企业，协议外资金额 1 亿多美元，投资领域涉及纺织、服装、港口、轻工等行业。

（3）投资呈系统化、多功能，具有较强的战略意图。如跨国公司在北京开发区的投资不仅是立足北京，更是面向全国、放眼全球，其投资项目大多具备分销、研发、结算、管理等功能。目前，跨国公司在北京开发区已设立近 20 家地区总部，还有 114 家投资性公司。这一方面反映了跨国公司经过多年的考察了解，对中国投资环境有较高的认可度，目前进入了大规模的系统化投资阶段。另一方面也说明跨国公司对华投资的目标和战略是十分明确的，表现出志在必得的姿态。摩托罗拉中国公司曾提出了四大战略：其一，投资与技术转让：坚持投资与技术转让并重，不断地加大在研发与开发上的力度；其二，管理本土化：培养本土的管理人才；其三，配套产品国产化：在中国培养供应商，使配套产品本地化；其四，推行合资合作项目。这四项战略每一项都体现了摩托罗拉对中国市场的长期承诺。

（4）跨国公司集聚投资成为新模式。近年来，跨国公司投资呈现出地域集聚态势，即跨国公司出于地缘、亲缘、商缘等原因集中在某地投资发展，以谋求共生共赢。如台资企业云集昆山开发区，欧美公司集聚苏州工业园区，日资企业集中在无锡开发区、大连开发区。最著名的是北京开发区的诺基亚星网工业园，被称为"星网模式"。

　　2000年,诺基亚联合十多家合作伙伴在北京开发区建设星网工业园,把手机整装厂和手机组件供应商集聚在同一工业园区,缩短工厂和工厂之间的距离,用以减少物流成本,并减轻库存管理压力。2001年12月20日,占地50公顷的星网工业园一期建成,日本三洋能源、台湾富士康等14家与诺基亚有配套合作关系的知名企业入驻。这种跨国公司集聚共生模式被称为"星网模式"。目前,以诺基亚为龙头的星网工业园和后来新建的诺基亚中国园一起,在北京经济技术开发区形成目前世界上最大的集地区总部、科研开发、产品设计、手机生产、零配件供应和物流于一体的移动通信高科技产业园区,组成世界上最完整的手机产业链。"星网模式"这种共生模式已经初见成效。以诺基亚为龙头的星网工业园经过6年发展,形势喜人。目前已有近20家在各自领域世界领先的配套供应商和诺基亚一起入驻星网工业园,其中50%以上设立了研发机构,累计带动投资超过130亿元人民币。2008年,星网工业园总产值突破1300亿元人民币,占北京电子信息制造业产值的一半,创造了55000个就业机会。

　　(5)投资结构不断升级。近年来,跨国公司在开发区的投资正经历着结构快速升级的过程:从早期的劳动密集型的简单制造活动向资金技术密集型的制造活动升级;从单纯的制造活动向服务领域扩展;从制造业转移向研发机构和地区运营总部扩展。这既是跨国公司投资战略的体现,也与跨国公司拥有尖端技术和现代营销管理经验等优势有关。随着我国加入世贸组织,服务业对外开放的进一步扩大,跨国公司进入服务领域的势头将更加明显。不少跨国公司对其在华管理结构进行了调整。这些调整涉及到建立和加强中国地区总部,建立和加强在华运营中心,如投资中心、制造中心、物流中心、研究开发中心、培训中心、售后服务中心、财务中心、结算中心、媒体公关部、政府事务部等或是跨国公司母公司业务部门在中国建立的分支机构。过去绝大多数跨国公司的中国(控股)有限公司扮演的只是政府关系、法律和投资服务等角色,但现在一些跨国公司的中国区总裁已经开始召集跨部门会议,参与业务部门的战略制订和人事安排,甚至购并行动。

　　2. 跨国公司与当地企业的经济关联不断加深

　　近年来,跨国公司与开发区当地企业的经济关联不断加深,通过供应链的关联作用带动了数以百计的当地企业提高质量、降低成本,带动上下游企业及相关产业发展。正是通过这样的关联作用,跨国公司与中国当地企业一起,从根本上改造了当地工业基础,提升了中国当地企业的全球竞争力。

联合国贸易与发展会议(UNCTAD)总结了跨国公司子公司与本地企业可能建立的关系纽带。从经济联系角度来看,可以分为后向(筹供)连接联系、前向(分销)连接关系、横向(合作生产或外包)连接关系、资金连接关系和市场连接关系等。从连接关系的强度角度来看,可以分为"纯粹"市场交易、短期关系、长期关联和股权关系等连接关系(如表4-5所示)。

表4-5　跨国公司与当地企业的经济联系

形式	外国子公司与当地企业的联系		
	后向(筹供)	前向(分销)	横向(合作生产)
"纯粹"市场交易	现货采购	现货销售	
短期关系	一次性或间歇性采购(根据合同)	一次性或间歇性购买(根据合同)	
长期关联	为采购进一步加工的投入品而作出长期(契约)安排:最终产品或中间产品生产的外包	与当地分销商或最终客户的长期(契约)关系;国内企业向外国子公司外包	和当地竞争企业的合资项目
股权关系	与供应商成立合资企业(由现有的外国子公司)建立新的供应子公司	与分销商或最终客户成立合资企业(由现在的外国子公司)建立新的分销子公司	横向合资企业:(由现在的外国子公司)建立新的生产相同产品或服务的子公司

资料来源:UNCTAD,《2001世界投资报告》。

目前,在开发区的一些跨国公司出于成本、战略的考量,注重培养当地商业伙伴,培养供应商,跨国公司与当地企业关系从过去的"纯粹"市场交易、短期关系发展为长期关联和股权关系等战略伙伴关系,特别是配套产品本地化趋势日益明显。例如,20世纪90年代以来,日资企业在不断推进采购的当地化进程,日资企业在中国的采购当地化不断提高,并取得了很好的成效。根据日本经济产业省对日本企业海外投资活动的问卷调查显示,日资企业在中国当地的原材料和零部件采购率有了实质性的提高,从1990年的仅有21.8%提升至1998年的有史以来最高纪录的47.7%,并且从2002年开始超过了其在全球的平均水平。在日本投资促进会 2007 年的一项调查中,在全部 244 家被调查的日资企业中,有 199 家回答"正在推进采购的当地化",占 81.6%。同时在回答"正在推进采购的当地化"的这 199 家日资企业中,有 115 家表示取得了成效,占全部的 87.9%。日资企业通过推进采购的当地化战略,降低了采购成本,采购到了中国国内品质较好的部件,提高了在中国当地的采购率,完善了在中国的产业链系统。①

案例 1:昆山开发区跨国公司投资与本土企业外向配套

改革开放以来,昆山开发区紧紧依托良好的产业基础,大力吸引外商投资,同时积极组织内外资企业开展全方位、多层次的配套协作,取得了显著的成效,呈现出外资生根,民资升级的良好发展态势。②

昆山东邻上海,西依苏州,地缘优势十分明显。90 年代以来,昆山紧紧抓住开放开发的机遇,充分发挥国家级经济技术开发区对外吸收、对内辐射的优势,大力吸引利用外资,截至 2008 年年底,累计引进外资项目 1564 个,投资总额 222.33 亿美元,合同外资 134.48 亿美元,实际到账外资 76.09 亿美元;累计注册民资企业 5538 家,注册资本达 80.9 亿元,在全国 54 个国家级开发区中名列前茅。引进项目呈规模大、独资多、层次高、技术新的特点,进区项目平均投资规模达 1422 万美元,投资总额 1 亿美元以上的项目 38 个,世界 500 强企业在开发区投资企业达到 54 家,高新技术项目占总数的 40%。

外向型经济的强劲发展,为开展外向配套协作提供了丰富的"项目源"。外资引进来,民营配得上。昆山提出"引进外资关键在于利用,要以联合协作和配套生产为主要方式,做深做透利用外资这篇文章"。从 1997 年开始,外向配套成为昆山整个经济工作的重点之一。市镇两级和有关部门都成立了外向配套工作机构,健全工作网络,制定优惠政策,发布配套信息,举办专题洽谈,为内外企业合作配套提供良好的平台,努力做到"外资引进来,民营配得上",把外向配套协作作为充分发挥外向优势最有效的切入口,作为发展和提升民营经济的重要抓手,努力构建两翼齐飞、双轮驱动的经济发展新格局。昆山市

---

① 薛军:《跨国公司全球一体化条件下的当地化战略研究》,人民出版社 2008 年 3 月,第 174 页。

② 张峰、黄健、陈卫斌:《外资生根民资升级》,《农村经济》2005 年第 8 期。

委、市政府还出台一系列扶持、鼓励政策,特别是对每年度的外向配套项目投资在 1000 万元以上,且设备投资不低于 50% 的民营企业,列入市重点项目,由市财政给予贴息奖励。同时,积极组织大规模的外向配套洽谈专场,在 2004 年苏州市组织的第四届外向配套洽谈会上,昆山签约项目占总数的 40%,呈现出数量多、层次高、规模大的特点。完善小配套,催生大产业。昆山市外向配套规模由小到大,层次由低到高,形成了"小配套,大产业"的发展态势,逐步培育和形成了玉山镇的模具、千灯镇的线路板、张浦镇的印刷包装、陆家镇的儿童用品、周庄镇的遥感器等一批专业化配套产业群体。2004 年以来,全市民营配套企业达 700 多家,配套项目超千个,实现配套销售突破 120 亿元,其中超亿元的配套企业有 21 家。外向配套战略推动昆山经济跨越式发展促进了产业结构的调整优化。外向配套协作为广大中小企业开展技术改造和工艺革新找准了方向,提高了产品档次,部分企业的自主创新能力、核心竞争能力和规模扩张能力不断增强,逐步向集团型、科技型和外向型发展。全市拥有民营科技企业 117 家,省级以上高新技术企业 39 家;拥有中国名牌 2 个、江苏名牌 5 个;中国驰名商标 2 个,江苏省著名商标 6 个。

案例 2:广州本田汽车零部件采购当地化

广州本田汽车有限公司于 1998 年 7 月 1 日正式成立,它是由广州汽车集团公司与日本本田技研工业株式会社共同出资组建的合资公司,双方各占 50% 股份,合作年限为 30 年。广州本田目前有黄埔工厂和增城工厂两个厂区,生产能力合计达到年产 36 万辆,其中增城工厂目前主要生产雅阁型轿车,起步规模 12 万辆/年。广州本田现有员工总数为 6500 多人。广州本田目前生产的主要产品有雅阁系列轿车、奥德赛多功能系列轿车、飞度系列轿车和思迪系列轿车共四大系列 18 种车型。另外,广州本田汽车还在广州市于 2007 年 7 月成立了广州本田汽车研究开发有限公司,它是广州本田独立投资的全资子公司,注册资金 1.8 亿元人民币,首期投资 20 亿元人民币;主要业务为汽车整车及其零部件的技术研究和开发,并提供相关的技术咨询和技术服务,是第一个由合资公司自主投资建设的、以独立法人模式运作的汽车技术研发公司。成立后的广州本田,产销量实现年年递增,投产至今 8 年多来,广州本田已在中国市场上销售了 90 多万辆汽车。其中 2006 年实现 26 万辆的产销目标,比 2005 年增长 13%,销售收入达到 400 亿元,同比增长 11%。广州本田

2007 年的产销目标计划是 31 万辆。自从广州本田成立以来,积极推进零部件采购的当地化进程,经过多年的努力,初步形成了一个包括广州 20 多家在内的、全国 110 余家零部件供货厂商的当地化供给网络。2006 年,广州本田的雅阁系列轿车、奥德赛多功能系列轿车、飞度系列轿车的当地采购率分别达到 85%、80% 和 90%,成为日系三大汽车巨头中最高的。①

3. 跨国公司成为开发区持续发展的主要推动力

在我国开发区的经济发展中,外资始终发挥着主导作用。以东部沿海 32 家开发区②为例,截至 2008 年年底,我国东部沿海 32 家开发区累计吸收外商投资金额达到 1312.62 亿美元,占全国 14.82%,占全部 54 家开发区 85.31%;实有外商投资企业数达到 22838 家,其中世界 500 强企业已有 400 多家在沿海开发区投资,投资企业达 1386 家。2008 年,沿海 32 家开发区创造了占全国 3.94% 的地区生产总值(GDP);工业增加值 8445.12 亿元,占全国 6.54%;税收收入 2000.53 亿元,占全国 3.46%;出口总额 1944.93 亿美元,占全国 13.62%;进口总额 1715.09 亿美元,占全国 15.15%;实际利用外资 158.09 亿美元,占全国 17.11%,就业人数达到 437.74 万人。

表 4-6　2008 年东部沿海 32 家国家级经济技术开发区主要经济指标

经济指标	地区生产总值(亿元)	工业增加值(亿元)	税收收入(亿元)	进口总额(亿元)	出口总额(亿美元)	实际利用外资(亿美元)
2008 年	11835.31	8445.12	2000.53	1715.09	1944.93	158.09
同比增长	17.42%	15.14%	20.11%	17.93%	14.69%	12.54%
占全国比重	3.94%	6.54%	3.46%	15.15%	13.62%	17.11%

资料来源:商务部 2008 年国家级经济技术开发区指标统计。

近年来,东部沿海 32 家开发区外商投资企业工业产值一直占工业总产值的 80% 以上,外商投资企业税收占全部税收收入近 70%,如下表、图所示。

① 薛军:《跨国公司全球一体化条件下的当地化战略研究》,第 190—192 页。
② 目前,我国东部沿海地区共有 34 家国家级经济技术开发区,其中扬州开发区、廊坊开发区是 2007 年以后才由省级开发区升级为国家级开发区,目前尚未进入商务部开发区统计之中,所以,本书东部沿海开发区只包含 32 家。

表 4 - 7　近年东部沿海 32 家国家级开发区外商投资企业对区域贡献

	2003 年	2004 年	2005 年	2006 年	2007 年	2008 年
工业总产值	10670.71	15015.60	19578.03	25213.22	31720.94	37058.11
其中:外商投资企业产值	8612.27	12489.00	16403.93	21657.70	27117.26	30877.60
外商投资企业产值占工业总产值比	80.71%	83.17%	83.79%	85.90%	85.49%	83.32%
税收收入	628.12	775.52	1013.42	1296.74	1665.63	2000.53
其中:外商投资企业税收	427.06	511.68	670.02	892.99	1162.18	1367.58
外商投资企业税收占税收收入比	67.99%	65.98%	66.12%	68.86%	69.77%	68.36%

资料来源:商务部 2003—2008 年国家级开发区主要经济指标统计。

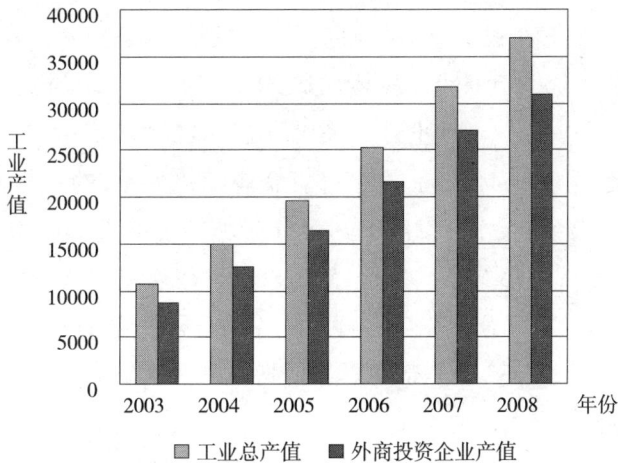

图 4 - 7　沿海 32 家开发区外商投资企业产值与工业总产值比较

二、技术嵌入性分析

跨国公司的技术嵌入是指跨国公司与地方企业间技术关联性,包括在本地设立研发机构、500 强企业投资增加、对本地企业的技术转移和技术溢出效应、对地方产业结构升级的促进作用。主要表现在:

1. 世界 500 强企业的投资大幅增加

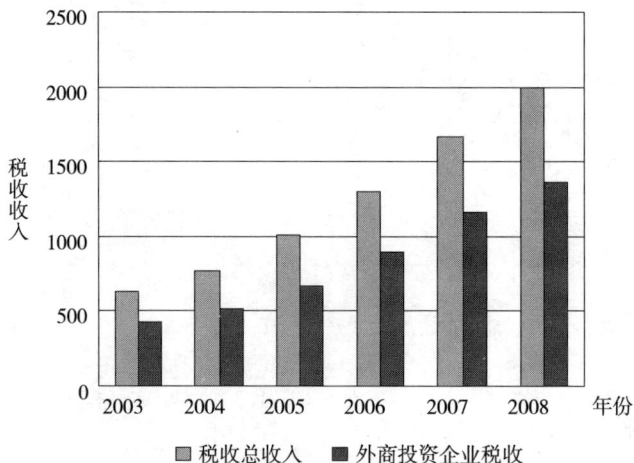

图 4-8 沿海 32 家开发区外商投资企业税收与税收总收入比较

近年来世界 500 强企业不断加强了在国家级经济技术开发区的投资强度,企业数量由 2003 年的 915 家增加到 2008 年的 1641 家,共增加了 726 家,增长幅度达到 79.34%。截止到 2008 年年底,54 家国家级经济技术开发区世界 500 强外资企业 1641 家,占全部外资企业(25239 家)的 6.50%。其中:东部 32 家国家级经济技术开发区中,世界 500 强企业共有 1386 家,占全部 500 强企业 84.46%;中部 9 家国家级经济技术开发区中,世界 500 强企业共有 142 家,占全部 500 强企业 8.65%;西部 13 家国家级经济技术开发区中,世界 500 强企业共有 113 家,占全部 500 强企业 6.88%。

2. 跨国公司研发机构向开发区集聚

跨国公司来华设立研发机构始于 20 世纪 90 年代初,近年来跨国公司在华设立研发机构势头日益迅猛,其中很多入驻开发区。2008 年,国家级经济技术开发区跨国公司设立研发中心达到 959 个(均指投资总额 200 万美元以上的研发中心),建成创业投资服务中心(孵化器)总面积达到 1031.85 万平方米。平均每个国家级经济技术开发区拥有 18 个外资研发中心和 19.11 万平方米的创业投资服务中心(孵化器)。其中:东部 32 家国家级经济技术开发区拥有 820 个跨国公司设立的研发中心,建成创业投资服务中心(孵化器)总面积为 703.15 万平方米。中部 9 家国家级经济技术开发区拥有 106 个跨国公司设立的研发中心,建成创业投资服务中心(孵化器)总面积为 120.82 万平方米。西部 13 家国家级经济技术开发区拥有 33 个跨国公司设立的研发中心,建成创业投资服务中心(孵化器)总面积为 207.88 万平方米。

在开发区的跨国公司研发机构有以下特点:一是行业分布较集中。主要分布在电子及通讯设备制造业、交通运输设备制造业、医药制造业、化学原料及化学品制造业等行业。二是地域集中。主要集中在北京、上海、广州、深圳、天津、苏州等开发区。北京主要集中在计算机、软件、通信等领域;上海主要集中在化工、汽车、医药领域;广州、深圳、天津、苏州等以 IT 领域为主。三是研发合作形式多样。外商投资企业研发除自身研究外,与企业联盟,与大学科研机构联盟,形式多样。IBM、英特尔、微软、通用汽车、杜邦、爱立信、松下、诺基亚等知名跨国公司除了建立了独立的研究开发分支机构外,还尽可能利用当地研究开发资源,广泛开展与我国高校、科研机构的合作,并对我国高校提供资助,通过各种方式成立了多个研究室、研究中心和培训中心。

表 4-8　截至 2008 年年底国家级开发区 500 强跨国公司及研发机构情况

开发区	500 强跨国公司数	外商投资研发机构数
全部 54 家开发区	1641	959
东部 32 家开发区	1386	820
中部 9 家开发区	142	106
西部 13 家开发区	113	33
大连开发区	52	40
北京开发区	84	15
天津开发区	157	60
苏州工业园	131	53
广州开发区	143	42
杭州开发区	63	17
金桥出口加工区	76	47
青岛开发区	81	49
漕河泾开发区	72	111
昆山开发区	54	95
宁波开发区	55	32

资料来源:商务部 2008 国家级开发区主要经济指标统计。

例如,2003 年,摩托罗拉宣布注册 9000 万美元在中国成立摩托罗拉中国技术有限公司,将摩托罗拉中国现有 19 个研发机构(其中 8 个在北京)整合在同一个公司里,为将中国建成摩托罗拉全球的研发基地迈出坚实的一步。目前,风行全球的多款手机产品,全部是出自摩托罗拉中国研发工程师之手,无可争议地树立了中国在全球研发系统中的核心地位。这是摩托罗拉中国公司整合战略的成果。摩托罗拉选择将管理总部整合是进一步实现摩托罗拉公司投资中国的承诺、增强摩托罗拉公司在中国的研发力量及形成一个更强大的管理团队的目标。摩托罗拉望京工业园区占地 150 亩(约 10 万平方米)。主要分为摩托罗拉研发公司区域、摩托罗拉销售管理区域、摩托罗拉综合管理区域等几大功能区域,是集管理、研发、及市场和销售三位一体的"校园式"办公区。不仅有高科技的研发设施,而且有充满绿色与大自然气息的园林景区。整个园区建设总投入约计 1 亿美元。至少可容纳 4000 人。摩托罗拉公司愿率先在中国倡导并实施这样的"校园式多功能"办公园区理念,更好地推进摩托罗拉公司的团队建设及企业文化建设,更重要的将中国建成以北京为中心的摩托罗拉世界级的研发中心和以天津为中心的世界级生产中心。

外商投资企业研发机构进驻我国开发区,主要有四个原因:一是亚太地区经济地位的日益重要;二是中国是世界上最大的发展中国家,市场巨大;三是我国的人力资源丰富,不仅劳动力市场人员丰富,而且,拥有大本学历以上的人员也相当丰富;四是在中国投资成本低廉。跨国公司通过在华建立研发机构,一方面把国外的技术中国化,占领中国广阔的市场;另一方面,把中国的技术力量融入到世界的技术中去,并向全球提供技术支持,开发新产品。

3. 科技研发资金投入持续增加

2008 年,54 家国家级经济技术开发区科技活动经费支出总额达到543.02 亿元,其中:研究与发展经费(R&D)投入总计 464.03 亿元,达到全区地区生产总值 GDP(15313.01 亿元)3.03%。

东部 32 家国家级经济技术开发区研究与发展经费(R&D)投入总计375.90 亿元,达到东部开发区地区生产总值 GDP(11835.31 亿元)的 3.18%,R&D 投入排在前五位的依次是漕河泾(65.41 亿元)、金桥(63.54 亿元)、苏州工业园区(54.77 亿元)、广州(43.65 亿元)和天津经济技术开发区(34.57亿元)。中部 9 家国家级经济技术开发区研究与发展经费(R&D)投入总计

60.62亿元,达到中部开发区地区生产总值GDP(2090.28亿元)的2.90%。西部13家国家级经济技术开发区研究与发展经费(R&D)投入总计27.51亿元,达到西部开发区地区生产总值GDP(1387.41亿元)的1.98%。

2008年,54家国家级经济技术开发区共投入支持科技发展资金59.38亿元,占国家级经济技术开发区可支配财力(947.58亿元)的比重为6.27%。其中:东部32家国家级经济技术开发区2008年投入支持科技发展资金为44.20亿元,占可支配财力的5.90%;中部9家国家级经济技术开发区2008年投入支持科技发展资金为10.09亿元,占可支配财力(122.71亿元)的8.22%;西部13家国家级经济技术开发区2008年投入支持科技发展资金为5.09亿元,占可支配财力(76.27亿元)的6.67%。

表4-9　2008年国家级开发区研究与发展经费支出情况

地区	研究与发展经费(R&D)(亿元)	占GDP比	政府投入支持科技发展资金(亿元)	占R&D比	占可支配财力的比
全部54家开发区	464.03	3.03%	59.38	12.80%	6.27%
东部32家开发区	375.90	3.18%	44.20	11.76%	5.90%
中部9家开发区	60.62	2.90%	10.09	16.64%	8.22%
西部13家开发区	27.51	1.98%	5.09	18.50%	6.67%

资料来源:商务部2008年国家级开发区主要经济指标统计。

2008年54家开发区专利申请数为25567件,专利授权数34286件,其中,发明专利授权数6077件。期末外商投资设立的研发中心数820家,期末研发机构数达1372家,企业技术中心数量362家,研发人员数19.18万人。

4. 技术引进与技术溢出效应

跨国公司在对外直接投资的过程中,通过技术转让和技术溢出,对东道国同行业企业及其他企业的技术进步产生积极的影响。所谓技术转让是指通过内部渠道、市场渠道向东道国企业转移技术,是一种交易行为。所谓技术溢出是指通过技术的非自愿扩散促进东道国的技术水平和生产力水平的提高,是技术扩散的外部效应。Caves(1974)把技术扩散的外在性分为三类:

(1)本来具有强大行业壁垒的产业,由于跨国公司的强行进入,使垄断行为受到遏止,资源配置得到改善;

（2）由于跨国公司不断增加的竞争压力或示范效应，刺激当地厂商更加有效地使用资源，推动当地技术效率的提高；

（3）由于竞争、反复模仿等原因，跨国公司的进入将加快技术转移和扩散的速度。

跨国公司不仅自身使用先进技术，而且通过技术溢出效应，对我国国内企业的技术进步也产生积极的推动作用。其具体表现为：

第一，在华跨国公司对国内关联企业的技术溢出效应。跨国公司与当地企业建立的关联关系包括前向联系与后向联系两方面。所谓前向关联是指当地企业作为跨国公司高质量产品的使用者与跨国公司建立起一种交易关系。而后向关联则是指当地企业以向跨国公司提供零部件或提供服务等方式与跨国公司建立起一种长期交易关系。在前向关联过程中，当地企业通过购买并使用跨国公司高质量的产品，可以促进自身生产工艺和产品质量提高，经由售后服务和培训产生技术扩散。在后向关联过程中，跨国公司会对当地的企业所提供的规格、式样及质量标准提出要求，并对当地的企业提供全面的技术支持。后向关联即国产化的程度，随着国产化率提高，大批国内企业会顺利进入跨国公司国际分工体系，从而使其生产经营方向同大公司引导的产业结构变动保持高度的相关性。以汽车业为例：近年来我们汽车的国产化率明显提高，如 2002 年，上海桑塔纳国产化率已达 88.56％，天津汽车工业有限公司生产夏利轿车其国产化率已达 89.23％，而中国重型汽车集团生产斯太尔轿车国产化率则达 93.44％。北京吉普有 150 多个工厂与其配套，上海大众有 170 多个协作厂。通过与这些厂家关联，我国汽车行业整体水平有所提高①。

第二，跨国公司在华设立 R&D 机构对国内企业的示范效应。跨国公司来华设立 R&D 机构，直接将世界上最先进技术带入中国，促进了中国科技水平的提高。通过合作、竞争、产业化，一方面，将最先进的知识、技术和研发管理经验直接带入中国；另一方面，增强中国企业、大学、科研机构消化和自主吸收创新能力，促进先进技术的国产化、产业化，缩小中国与国际先进科技的差距。例如，IBM 中国研发中心就在 IBM 研究实验室 50 年研究成果和 27 年语

① 樊增强：《浅析跨国公司技术扩散及溢出效应》，《科学学与科学技术管理》2003 年第 4 期。

音识别的基础上,又开发了世界上最先进的中文语音识别系统。

第三,在华跨国公司对当地员工的培训产生的溢出效应。跨国公司具有培养高级技术人才和管理人才的良好环境。在跨国公司研发机构工作的中国员工可以在从事科技研究、开发、创新与管理的过程中积累大量经验,可能通过干中学而掌握先进的技术,成为高素质的知识工作者。如摩托罗拉(中国)电子有限公司对新聘用的国内技术工程人员经常性地派往香港、新加坡和美国总部受训,并定期轮换安排中高级管理人员到世界各地半导体企业受训。2000年年底其在华企业的中高级管理人员中,土生土长的中国人已占到72%,1994年企业刚开始运转时,这一比例仅为12%。同时,在1998年摩托罗拉与国家计委合作成立了企业优化中心,向国有企业提供各种培训手段、方法和适用的规章制度。到2001年年底,已为400家企业培训了1400多名企业高层管理人员和技术人员。通过这一过程,我国技术人员可获得较先进设备的操作技巧与应用技术、管理人员获得先进管理经验与组织模式及人的培训技巧与方法,而技术人员流动有利于技术改良与创新。

5. 产业结构提升

跨国公司投资极大地优化当地产业结构。跨国公司大多数选择进入中国产业结构升级过程中正在大力发展的产业,从而大大地促进了我国产业结构的升级。跨国公司在开发区投资最密集的行业有微电子、汽车制造、通信设备、办公用品、仪器仪表、制药、化工等,而这些都是技术、资金密集型的行业。产业结构不断升级是工业化和现代化的必然要求,跨国公司的直接投资不仅能使中国获取静态经济利益,更能推动产业转换、结构升级,造就动态经济利益。近年来,随着竞争的不断加剧以及中国市场的重要性不断提升,跨国公司不断提升在华产品档次与技术水平,有些已经与其母国的产品与技术同步,其投资项目已成为中国产业结构升级和技术进步的重要部分。据统计,1988—2003年期间,外资企业的转让技术中有34%左右是先进技术,其余64%左右是成熟技术,在华投资的500强企业中,使用其母公司最先进技术的比重,90年代中期只有14%,2001年达到了43%,2003年已经接近了80%[1]。因而利用外资促进了我国的技术进步。如通用的汽车、诺基亚的手机、摩托罗拉手

---

[1]　罗汉春:《跨国公司为中国经济提速》,《中国外资》2005年第12期。

机、日本丰田汽车、本田汽车、东芝电视、英特尔芯片等。

　　这里仅对上海通用公司做一分析。上海通用公司一直坚持将自己的研发和中国汽车产业的技术发展融合到一起。通用进入上海以来,在上海成立了7家合资公司和研发中心,在中国建立了一个一体化的价值链,在中国的合资企业不仅局限于制造业及国内销售方面,还包括工程设计、产品开发、融资、保险及售后服务,更好地改善了中国的竞争性,也改善了中国其他一些相关的产业在国际舞台上的竞争性。通用具有世界最领先的技术和设计能力,它通过建立泛亚汽车技术研究中心,促进合资企业的自主创新,先后推出了麒麟、赛欧、雪弗莱、君威、别克君悦、凯迪拉克的赛威等品牌车,帮助合资企业加速进入世界先进汽车技术开发平台,参与通用汽车全球产品的开发,成为通用全球技术开发中心不可或缺的一部分,达到了互利共赢。例如,泛亚汽车技术中心有限公司(以下简称"泛亚")是通用汽车公司和上海汽车工业(集团)总公司(上汽)合资组建的汽车工程设计企业,双方各占50%的股份,注册资本5000万美元。公司于1997年6月12日正式成立,为中国及其周边地区的汽车客户提供世界级的汽车设计、工程开发和试验认证服务。泛亚汽车技术有限公司建立后第一项工作是协助别克轿车的国产化。该公司协助通用汽车公司的北美中心对别克轿车进行了600多项适应中国情况的技术调整。如今泛亚已经基本具备内、外饰的开发、动力总成的标定以及底盘的调整等能力。从早期别克内饰的改进,随后赛欧三厢车、两厢车的推出到去年君威和凯越的投放,泛亚为6种车型投放市场发挥了重要作用。

　　6. 促进高新技术发展

　　近几年,我国开发区高新技术产业得到迅速发展,主要原因就是吸引了较多的跨国投资,外商投资高新技术企业已成为推动开发区高新技术产业发展的主力军之一,占有举足轻重的地位。截至2008年底,54家国家级经济技术开发区高新企业数达到4116家,高新技术企业从业人员达到173.89万人,约占全区从业人员(609.61万人)28.50%。2008年,国家级经济技术开发区高新技术产业实现工业总产值21566.28亿元,占全部工业总产值的46.79%。其中:东部32家国家级经济技术开发区高新技术企业2008年实现工业产值17443.66亿元,占东部工业总产值的47.07%;中部9家国家级经济技术开发区高新技术企业2008年实现工业产值3070.43亿元,占中部工业总产值的

52.93%;西部13家国家级经济技术开发区高新技术企业2008年实现工业产值1052.18亿元,占西部工业总产值的34.20%。

2008年,54家国家级经济技术开发区高新技术产品出口额1372.67亿美元,占全部出口总额的66.92%。其中:东部32家国家级经济技术开发区2008年实现高新技术产品出口1329.44亿美元,占东部出口总额的68.35%;中部9家国家级经济技术开发区2008年实现高新技术产品出口36.10亿美元,占中部出口总额的58.90%;西部13家国家级经济技术开发区2008年实现高新技术产品出口7.13亿美元,占西部出口总额的15.95%。

三、社会嵌入性分析

跨国公司的社会嵌入性是指企业间的人际关系以及跨国公司与当地社会联系的密切程度和本地化程度。跨国公司的社会嵌入性体现在:扎根中国,服务地方社区;履行社会责任,做社会好公民;从文化上与中国社会融合;实施人才本土化战略等方面,天津开发区的摩托罗拉公司、北京开发区的诺基亚公司、广州开发区的日本本田公司、大连开发区的东芝公司、三洋公司等都堪称楷模。

1. 扎根中国,服务地方

基于中国市场的长远潜力,跨国公司在开发区的投资带有较强的战略意图。他们希望与中国企业以及开发区共同成长,经过持续不断的努力与中国实现双赢。

天津开发区摩托罗拉的成功之道在于摩托罗拉"以中国为家,扎根中国,与中国同呼吸共命运"。摩托罗拉已经不是一个纯粹的外商投资企业,摩托罗拉正在建设一个地地道道的中国公司。在中国发展历程中的重要阶段,摩托罗拉公司都给予中国高度的重视和大力的支持:如对中国加入WTO的支持、在中国召开全球的董事会制定摩托罗拉未来五年发展战略、在非典期间对于中国政府的捐赠和历年来对中国社会公益事业的支持。摩托罗拉中国公司在与中国共同成长,在以持续不断的努力与中国实现双赢。

最初的摩托罗拉的四大战略是与中国的改革开放政策同步的:1994年中国经济起飞,强调"用市场换技术"的对外开放战略,摩托罗拉适时制定了四大战略:即投资与技术转让、管理本土化、配套产品国产化、合资与合作项目。摩托罗拉在发展初期便与中国本土密切融合,深入推进与市场、客户、政府部门的战略合作,与中国真正结成了双赢的战略合作伙伴关系。2001年11月,摩托罗拉公司在中国入世前夕,在北京召开全球董事会,把四大发展战略延伸发展成新的继续在华长期发展战略,展现了摩托罗拉致力在中国长期发展的决心和继续引领中国通信市场的信心。2004年摩托罗拉中国公司进一步明确了发展的目标,将中国建成摩托罗拉世界级的研发基地之一和生产基地之一,并积极开展包括数字集群、宽带业务、汽车电子等新的业务,继续在华投资,加大本地采购。摩托罗拉公司在中国发展的同时还与中国的企业和合作伙伴共同成长,对1000家国有企业进行了培训,更重要的是,经过摩托罗拉专业的培训,很多供应商直接成为了摩托罗拉中国公司以至全球的供应商,将他们带上了国际市场。

2. 履行社会责任,做社会好公民

跨国公司在华社会责任行为可分为非志愿性和志愿性行为。目前,在非志愿行为方面,我国对跨国公司的社会责任缺乏系统规制。在志愿性行为方面,在中国的跨国公司对社会责任的组织与推动,大都受到其母公司的影响。目前,大多数在华投资的跨国公司在社会公益方面,比如教育、环保、援助弱势群体、捐款赠送等都有一定的投入和作为。跨国公司在华承担社会责任主要表现在顾客服务、慈善公益、保护环境和使员工满意等几个方面。

在这方面比较突出的是摩托罗拉。摩托罗拉一直在履行对于中国政府的长期承诺,更致力于做一个"中国社会好公民",大力支持中国的公益事业。在中国每个重要的发展阶段,都伸出了援助之手。

例如:抗击非典:2003年5月,摩托罗拉公司向中国政府捐赠了总价值达1180万元人民币的抗非典设备、现金和物资;希望工程:连续10年捐款3000万元,70多所希望小学,12000名学生;高等教育:向北大、清华等12所高校捐赠了1100万元人民币;抗洪救灾:1998年向长江流域和东北灾区捐赠价值3000万元,11所抗洪希望小学;体育事业:11届亚运会、21届世界大学生运动会、第七届和第九届全运会、全国男篮甲级联赛、羽毛球赛、残疾人运动会等;环境保护:多年来一直坚持对废旧手机及其零配件的回收,1998年发起了第一次绿色中国计划,2000年在办公职场内部倡导绿色办公室计划,2003年联合七家国内外手机厂商共同发起了"回收废旧手机"的倡议,2004年在天津工

厂发起了绿色制造项目,2004 年 6 月 5 日——世界环境日庆祝活动中,积极
参与了由天津市环保局发起的"绿色家园绿色天津"大型环保宣传活动,受到
天津市政府、天津市环保局的高度赞扬,并被授予"天津市环境教育基地"称
号;支持申奥:积极支持中国北京申办 2008 年奥运会。

表 4-10　跨国公司积极在华承担社会责任的表现

利益相关者	实例
顾客服务	●AMD 积极地与合作伙伴共同创新,为消费者提供高品质的商品努力。 ●通用汽车公司员工会毫不犹豫的为顾客服务,并创造令顾客满意的商品。
慈善公益	●摩托罗拉公司发动员工积极参与公益于社区服务活动,并于 2004 年成立摩托罗拉志愿者协会。 ●2006 年,丰田汽车公司向中国宋庆龄基金会捐赠 2000 万元,用于资助中国中西部 20 所高校 1000 名贫困大学生完成学业。
环境保护	●通用公司 8 年向中国大自然保护协会捐赠 1600 万美元,支持和参与保护项目。 ●沃尔玛在中国积极参与各项环保公益项目,范围涵盖绿色能源利用、环保节能、噪音控制、植树造林等各个方面。
员工	●通用汽车公司是尊重每一个员工,并鼓励员工之间相互支持、相互尊重。 ●IBM 的员工福利由公司的《福利管理系统》直接负责,管理内容是 IBM 全球各地员工的健康和安全。

资料来源:李依然:《跨国公司社会责任研究》,东北财经大学博士论文,2007 年,第 69 页。

　　另外,国家开发区很多跨国公司对在中国企业发展战略进行了重大调整,
对所投资项目,从高消耗、高污染转型为低消耗、低污染,甚至于零排放。松下
电器在中国有 60 多家企业,都在推行企业制定的社会责任目标。松下北京的
显像管厂建立了一个节水装置,把废水再制成纯水,过去制造一个显像管要用
1 吨水,现在降到 0.2 吨,2005 年循环使用水 80 万吨,2006 年达到 100 万吨,
为北京这样一个缺水的城市节约了大量用水,实现了工业废弃物的零排放,并
通过资源再生来实现利润。

　　3. 与中国社会逐渐融合

　　跨国公司不仅从文化上与中国社会融合,而且从业务沟通及行事做事的
方式方法上与中国文化融合,将中国建成全球的研发基地,研发更接近本土需
求的产品。

摩托罗拉中国的文化可以概括为"情—理—法",这是摩托罗拉文化和中国文化的结晶。摩托罗拉重视所有员工领导力的发展,公司确立了所有摩托罗拉人必须遵循的领导力标准和行为规范。"四个 e 和永恒的 E"。四个 e 分别是"前瞻"(envision)、"实施"(execute)、"激励"(energize)和"果断"(edge)的英文首字母,E 是"道德"(Ethics)的英文首字母。这一标准要求员工在激烈竞争的商业环境中,要有远见和创新精神;激励自己和领导团队达成目标;迅速行动,以结果为导向;在复杂情境中勇于决策,敢于冒险。在商业活动中坚守道德,包括对人保持不变的尊重和操守完美,诚信。摩托罗拉中国公司的文化融合战略使摩托罗拉公司与中国市场更加贴近,与客户更加贴近,对于市场的需求反应更加迅速。摩托罗拉公司充分中国化,受到各大合作伙伴、中国政府以及当地社会的认可与支持,也使公司充分汲取了中国市场的优秀资源,吸引了大批本地的优秀人才。

4. 人才本土化

从 20 世纪 90 年代中期开始,跨国公司就致力于人才本土化。目前英特尔除了总裁之外,几乎百分之百的本土化。通用电器公司(GE)公司 9000 多名员工中,只有 20 多个西方人。在杜邦公司,3000 多名雇员中外籍雇员仅有 55 名,大部分负责中国业务的领导人都由本地人担当。摩托罗拉本土化人才队伍充分本地化,已有近 84% 的管理人员是中国人。一方面,人才本土化为跨国公司迅速了解和打开中国市场贡献了卓越的力量;另一方面,客观上,跨国公司的人才本土化,为中国培养了一大批国际一流水平的职业经理人和优秀员工。

四、体制嵌入性分析

跨国公司的体制嵌入性是指跨国公司与其他社会机构包括大学、研究机构等的联系程度以及跨国公司对当地制度变迁的影响。

跨国公司的进驻,对开发区现代行政管理体制的建立和优化起到巨大的推动作用。目前,国家开发区基本形成了一套高效的管理体制,即事权集中、管理统一的领导体制;机构精简、办事高效的管理体制。选优用优、效率优先的激励机制;建章立制、依法办事的保障约束机制。例如,广州经济开发区自1998 年以来,先后与广州高新区、广州出口加工区、广州保税区合署办公,实行"四块牌子,一套人马"的运行模式,无论是工作部门还是行政编制的数量在全国同类地区都是最精简的。高效、精简的组织机构为开发区高效、优质的行政运作效率提供了保障,推进了政府行政管理职能的转变,进而推动了市场经济体制的发展。

在发展过程中,青岛开发区、昆山开发区、苏州工业园区等提出了"管理就是服务"、"寓管理于服务之中"、"亲情服务"等服务理念,努力按照国际上工业园区的通行、规范做法为企业提供高质量、高水平的服务。在对内管理方面,开发区按照精简、高效、廉洁和公开、公正、公平的原则,建立了"一条龙'、"一站式"的服务机制,实行了"服务程序公示制"、"服务期限承诺制"、"首问责任制"、"错案追究制"等服务制度,为投资者提供从项目审批到生产经营全方位、跟踪式的服务。

跨国公司的投资也推动了开发区当地中介机构的发展。各开发区按照国际惯例,把资源配置的事交给市场,把生产经营权交给企业,把社会服务的事交给事业单位、群众组织和中介机构,大力发展社会中介组织和行业协会,把大量的具体的社会协调、经济服务事务交给或委托给他们来做。社会中介组织作为政府、企业、市场之间联系的纽带和桥梁,既是企业走向市场的向导,也是企业权益和社会经济秩序的维护者,具有政府行政管理不可替代的服务、沟通、协调、自律、公正、监督等方面的职能和作用,为保证开发区社会经济健康发展和满足跨国公司的需求作出了重要贡献。星网模式不仅是本身的生产和营销模式的创新,其新的经济模式对政府管理职能也提出了新的要求。如对建设项目的计划立项审批、规划设计审批、基础设施建设及市政条件提供、工商税务部门的管理等,都会提出了新的要求。所有这些要求对政府职能转变,对开发区体制和机制创新起到了有力的促进作用。

跨国公司对开发区形成多种所有制经济共同发展的格局,起到积极的推动作用,而这样的所有制结构正是社会主义市场经济的微观基础。跨国公司加速了开发区当地企业制度变迁。跨国公司投资与国有企业嫁接后,直接切断了企业与政府之间的脐带,摆脱了许多行政干预,劳动、人事、分配、进出口经营权和投资自主权等落实到位,内资企业可以直接学习跨国公司企业的治理制度、管理理念,为现代企业制度的建立奠定了基础。

跨国公司在开发区的快速发展,还拉动了收入分配制度变迁。一般而言,与内资企业相比,外商投资企业员工的收入不仅普遍较高,而且员工之间的收入差距很大。这种收入分配机制,一方面,提高了中国外企职工的收入水平;另一方面,打破了长期以来国内"不患寡而患不均"的大锅饭体制。

跨国公司投资形成市场供给,迅速改变了短缺的市场结构,带来市场竞争和冲击,市场准入扩大,加速开发区旧的经济体制灭亡和新体制确立。

跨国公司的进入,极大地推动了当地经济结构调整和升级。天津开发区的电子信息产业、昆山开发区的电子信息产业、北京开发区的手机产业、广州开发区的汽车产业等都是由于跨国公司的带动而迅速发展起来的。

跨国公司推进了企业重组。一方面,跨国公司投资企业进驻中国市场,可以加速国内市场由垄断型向竞争型结构转变。另一方面,通过与跨国公司合资合作,可以直接实现企业重组,加快企业技术和管理升级。跨国公司也推动了有形资产之间的重组以及无形资产和有形资产重组。通过利用国外品牌、销售渠道等,许多地方盘活了闲置国有资产。

跨国公司的人力资源战略也为开发区尊重人才、尊重知识氛围的形成起到了很好的推动作用。以波音、惠普、宝洁、3M、摩托罗拉、沃尔玛、IBM 等跨国公司为代表的一类企业,将员工视为重要的资产,赢得了广大员工高度的满意和忠诚。其共同特点是:

(1)领导体系善解人意。跨国公司的领导人一般善于用精神的力量感召员工,并激发员工的责任感和事业心,在员工间建立一种信任与理解;鼓励下属独立思考,持不同意见,倡导尝试新的做法和主张;尊重人才,善于发现员工身上的优点。

(2)工作体系使人舒畅。强调团队精神,信奉合作的重要性。如 IBM 公司的核心理念是团结、合作和奉献。由此,一方面将团队、企业、个人之间的业绩清晰地展现出来,并实行以团队业绩为主,个人表现为辅的绩效工资;另一方面,避免个人间或团队间去争夺固定数量的奖金或分红,提倡优秀者都可获得奖励。

(3)培训体系开发潜能。跨国公司十分重视员工培训,每年都投入大量资源为员工进行培训与发展。员工可以根据自己的需要来选择哪种培训内容和培训形式。惠普公司每年花 2 亿美元用于员工培训,而且每年追加 3 亿多美元预算支持员工深造,或取得更高的学位。

（4）薪酬体系激励人心。跨国公司把薪酬体系看做员工贡献与企业回报之间的纽带,员工通过薪酬体系来分享企业的成功与失败。这些公司通过员工业绩工资、分红和持股,还有高福利获得企业回报。

跨国公司地区总部的进入带动了开发区经济的发展,形成了总部经济。目前,总部经济已经潮动全国,北京、上海、广州、深圳、大连等城市均从各自的实际出发,提出和实施总部经济发展战略,许多开发区都把发展总部经济作为新的经济发展亮点。截至 2008 年年底,上海已累计吸引跨国公司地区总部210 家,投资性公司 177 家,外资研发中心 213 家。浦东新区一枝独秀,跨国公司地区总部、投资性公司和外资研发中心数量均接近或超过全市总数的一半。总部经济作为一种跨国公司经济,它既给所在地区带来资本、技术、产品和服务,又带来经营的理念、管理方式、经营文化的促动,是一种经济全球化背景下的现代经济形态。实践证明,跨国公司在开发区设立总部,不仅能够在薪酬制度、激励制度、企业运作管理等多方面对当地起到示范效应,而且有助于加速当地的体制、政策、社会、理念和行为的转型,优化资源集聚和配置、提升发展能级,提高区域经济竞争能力。

五、跨国公司嵌入的层次演进性

跨国公司在华的嵌入首先是经济嵌入,逐渐向技术嵌入、社会嵌入、体制嵌入发展演变。

跨国公司的经济嵌入最初表现为直接投资(FDI),随着在当地持续投资,跨国公司与当地企业的经济关联不断加深,比如原材料采购供应及产品营销本地化,本地产业配套等,通过供应链的关联作用逐步建立了与本地企业之间持续而稳定的产业关联性,推动当地企业提高质量、降低成本,从而带动上下游企业及相关产业发展。

随着跨国公司的经济嵌入不断加深,跨国公司与地方企业间技术关联性日益增强,此时技术嵌入必然发生。跨国公司与当地企业建立的关联关系包括前向联系与后向联系两方面。在前向关联过程中,当地企业通过购买并使用跨国公司高质量的产品,可以促进自身生产工艺和产品质量提高,经由售后服务和培训产生技术扩散。在后向关联过程中,跨国公司会对当地的企业所提供的规格、式样及质量标准提出要求,并对当地的企业提供全面的技术支持,提升了当地企业的技术水平。

　　随着跨国公司经济技术嵌入的深入,跨国公司与当地社会联系愈加密切。为克服跨文化障碍,化解与当地社会的矛盾和误解,扎根中国,服务地方社区,履行社会责任,与中国社会文化逐渐融合成为跨国公司的战略选择。这种选择不是权宜之计,而是跨国公司基于中国市场的长远潜力和自身全球战略的考量,他们希望与中国企业以及当地社区共同成长,从而实现双赢的目标。天津开发区摩托罗拉的"以中国为家,扎根中国,与中国同呼吸共命运"的发展理念是对跨国公司社会嵌入的最好诠释。

　　跨国公司体制嵌入是开发区改革开放和制度创新的主要源泉。一方面,跨国公司先进的管理理念、制度在当地生根,同时也加速了开发区当地制度变迁,一些新思想、新制度、新体制得以诞生。综合而言,跨国公司的经济嵌入是基础,随着时间推移,不断走向更高层次的技术嵌入、社会嵌入和制度嵌入。

　　总体来看,跨国公司在我国开发区的嵌入呈现出不断深化的趋势,如图4-7

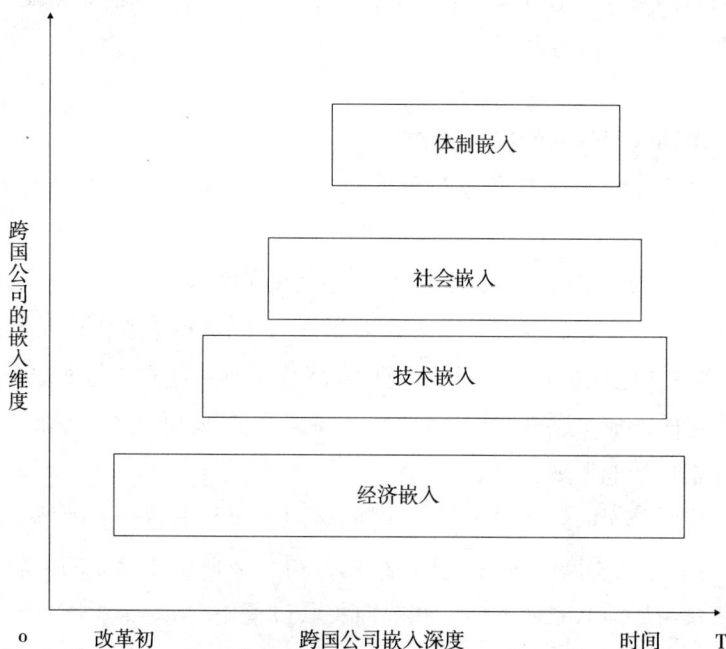

图4-9　跨国公司的嵌入层次性

资料来源:笔者整理。

所示。从嵌入的深度看,从劳动密集型产业向资本密集型产业和技术密集产业发展;从嵌入的力度看,从初始建立办事机构到制造基地再到研发中心最后到地区总部的建立;从嵌入的范围看,从单纯的制造活动向服务领域扩展;从嵌入的地区看,从主要集中于东部逐渐向中西部转移。从嵌入的维度看,从单纯的经济嵌入向经济和社会、技术与制度的全方位的嵌入,实现在当地扎根发展,全面融入当地社会。

第四节　国家级开发区中跨国公司嵌入类型分析

综合跨国公司在我国开发区嵌入的种种表现,可将国家级开发区中跨国公司嵌入类型划分为三种:旗舰嵌入型、网络嵌入型、联盟嵌入型。

1. 旗舰嵌入型

指作为全球行业领先者的大型跨国公司(旗舰企业)基于其全球化战略的需要,在某地进行投资并逐渐扩大投资规模,扎根于当地发展,同时带动国内外相关企业共同发展。如摩托罗拉、IBM、英特尔、通用汽车等在我国的嵌入属于此类。天津开发区摩托罗拉提出"以中国为家,扎根中国,与中国同呼吸共命运",并努力践行之。上个世纪 90 年代以后,该公司相继关闭在国外的一些制造基地,裁减工作人员,将其全球制造基地转入天津,不断增加在天津的投资,以实现规模化生产,并鼓励在天津设立配套企业,以降低生产成本。同时,也与东方电讯等国内企业进行战略联盟,与科研机构和高等院校展开合作,建立研发中心等,提高竞争力;与此同时,通过增资和扩大生产与经营范围,在天津建立芯片生产基地,通过范围经济,进行多元化经营。目前,天津开发区已成为摩托罗拉全球最大的制造基地所在地。从某种意义上说,摩托罗拉已经不是一个纯粹的外商投资企业,而是一个正在建设的地地道道的中国公司。

2. 网络嵌入型

在这种类型的产业集聚形成之初,首先是靠优惠的政策和成本要素的吸引,吸引一些中小型企业进入开发区,其他一些中小企业出于业务关系、地缘关系或亲缘关系相继跟随到同一地区投资设厂,使外资企业在较短时间内达到较大的数量规模,产生地理集聚现象。然而,外资企业之间以及外资与地方间联系强度较低,产业繁杂,对低成本区位的指向性较强,集聚的稳定性较差。在这种状况下,地方难以形成与之配套的企业,外资企业对本地的依赖程度较低。一旦环境发生变化,就会有大量的外资企业迁出。以东莞为例。1987年第一家台湾鞋厂在东莞投资生产,到1990年时已有400多家台湾鞋厂在此落户,台湾的制鞋商、原材料供应商、包装商、机器维修店以及下包厂商在此形成一个新的企业网络。但台商企业只选择自己圈子里面的企业形成上下游交易合作关系,对当地相关产业前向、后向关联效应差。我国许多开发区属于网络嵌入型,如大连开发区、无锡高新区的日资企业集聚,昆山开发区的台资企业集聚都属于这种类型。目前,台湾排名前100位的大企业中已有南亚塑胶、鸿海电子、统一食品等15家企业在昆山投资创办了53个项目。台湾上市公司中已有捷安特自行车、樱花卫厨、等31家企业在昆山投资了46个项目。

3. 联盟嵌入型

即大型跨国公司基于其全球战略和中国战略的考虑,以一个主导企业为核心(盟主),带动其全球相关配套企业进入,进行系统化的投资。例如,北京诺基亚星网工业园就属于这种类型。"星网"以诺基亚首信通信有限公司为核心,吸引了国内外近20家主要手机零配件厂商和服务供应商,共同组建完整的手机产业链,达到整合资源,优化配置的目的,取得了极大的成功。2006年诺基亚星网工业园实现工业产值超过了1000亿元,为北京市的经济发展作出了巨大贡献。另外英特尔在大连投资25亿美元建立最先进的芯片厂,并预计带动几十家相关配套企业进入,也是一种典型的战略嵌入型。

4. 几种嵌入类型的比较

表 4-11　跨国公司嵌入类型及其比较

	旗舰嵌入型	网络嵌入型	联盟嵌入型
企业主体	大型跨国公司	中小型跨国公司	大型跨国公司
驱动力	战略寻求型	成本寻求型	战略寻求型
连接类型	战略连接	关系连接	供应链连接
优点	根植性较强	短时期形成规模	根植性强
缺点	与当地企业联系较少	根植性弱,松脚性	主要是原来伙伴,当地企业较难嵌入
对当地产业的影响	可能形成产业集聚	短时期形成产业集聚	形成产业集聚

续表

	旗舰嵌入型	网络嵌入型	联盟嵌入型
典型例证	摩托罗拉、IBM、通用汽车	大连开发区的日资企业集聚,昆山开发区的台资企业集聚	诺基亚星网工业园,大连英特尔产业园

资料来源:笔者整理。

第五节 跨国公司嵌入的动因分析

跨国公司之所以在华嵌入呈现不断深化的趋势,既有外在力量的驱动,也有其内在动力的推动。从外在力量看,一是经济全球化的驱动,二是中国改革开放的拉动;从内在动力看,主要是跨国公司基于其自身发展战略使然。

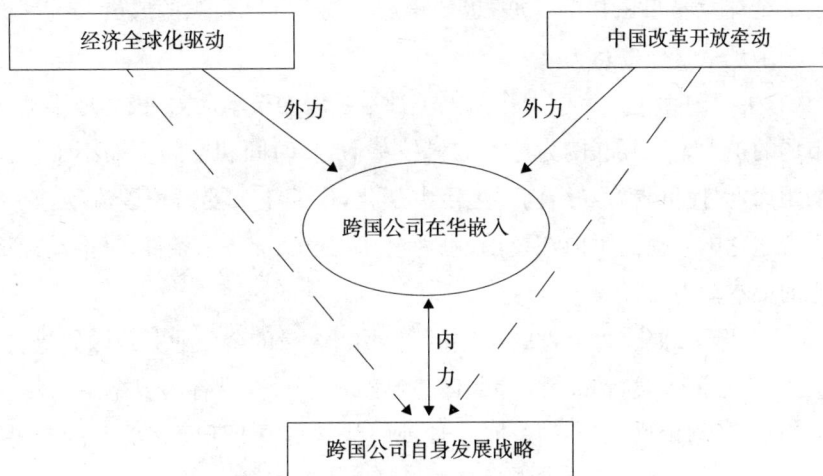

图 4-10 跨国公司在华嵌入的动力系统

一、经济全球化的驱动

1. 经济全球化内涵

经济全球化出现于 20 世纪的 80 年代中期,90 年代得到认可,但目前没有统一概念。国际货币基金组织(IMF)在 1997 年 5 月发表的一份报告中指出,"经济全球化是指跨国商品与服务贸易及资本流动规模和形式的增加,以及技术的广泛迅速传播使世界各国经济的相互依赖性增强"。而经济合作与发展组织(OECD)认为,"经济全球化可以被看做一种过程,在这个过程中,经济、市场、技术与通讯形式都越来越具有全球特征,民族性和地方性在减少"。为此,可从三方面理解经济全球化:一是世界各国经济联系的加强和相互依赖程度日益提高;二是各国国内经济规则不断趋于一致;三是国际经济协调机制强化,即各种多边或区域组织对世界经济的协调和约束作用越来越强。

总的来讲,经济全球化是指以市场经济为基础,以先进科技和生产力为手段,以发达国家为主导,以最大利润和经济效益为目标,通过分工、贸易、投资、跨国公司和要素流动等,实现各国市场分工与协作,相互融合的过程。

经济全球化表现形式是:

(1)贸易自由化。随着全球货物贸易、服务贸易、技术贸易的加速发展,经济全球化促进了世界多边贸易体制的形成,从而加快了国际贸易的增长速度,促进了全球贸易自由化的发展,也使得加入到WTO组织的成员以统一的国际准则来规范自己的行为。

(2)生产国际化。生产力作为人类社会发展的根本动力,极大地推动着世界市场的扩大。以互联网为标志的科技革命,从时间和空间上缩小了各国之间的距离,促使世界贸易结构发生巨大变化,促使生产要素跨国流动,它不仅对生产超越国界提出了内在要求,也为全球化生产准备了条件,是推动经济全球化的根本动力。

(3)金融全球化,世界性的金融机构网络,大量的金融业务跨国界进行,跨国贷款、跨国证券发行和跨国并购体系已经形成。世界各主要金融市场在时间上相互接续、价格上相互联动,几秒钟内就能实现上千万亿美元的交易,尤其是外汇市场已经成为世界上最具流动性和全天候的市场。

(4)科技全球化。它是指各国科技资源在全球范围内的优化配置,这是经济全球化最新拓展和进展迅速的领域,表现为,先进技术和研发能力的大规模跨国界转移,跨国界联合研发广泛存在。以信息技术产业为典型代表,各国的技术标准越来越趋向一致,跨国公司巨头通过垄断技术标准的使用,控制了行业的发展,获取了大量的超额利润。

(5)投资全球化,表现为跨国投资日益扩大,其中发达国家尤其是跨国公司的直接投资(FDI)扮演了主要角色。投资盈利水平的上升和服务业外包的扩张促使跨国公司向新兴市场国家和地区进行汽车、电子、钢铁和石化等产业继续转移和追加投资。投资的全球化使生产、流通和消费变得国际化,把世界各国、各地区纳入到一个巨大的全球经济网之中。

2. 经济全球化对跨国公司嵌入的影响

经济全球化与跨国公司密切相关,一方面,跨国公司是经济全球化的推动者与担当者,另一方面,经济全球化对跨国公司有重大影响。

(1)跨国公司已成为经济全球化的核心

跨国公司作为经济全球化的载体,在推动经济全球化和世界对外直接投资的高速发展上起到了主导作用,主要表现在:

——跨国公司在世界经济中地位。目前全球 6 万个跨国公司及其所属 50 万个海外分支机构的产值已占世界总产值的四分之一,占这些跨国公司母国产值的 1/3。

——跨国公司在世界贸易中心的地位。跨国公司控制着国际贸易的主要流向,其内部贸易约占世界贸易的二分之一,加上外部贸易高达五分之四。

——跨国公司在世界投资中的地位。据联合国贸发会议《2006 世界投资报告》显示,仅以 FDI 流入量为例,世界各国在 1994—1999 年间平均为 5481 亿美元,到 2002 年急剧扩大到 6177 亿美元,2005 年则在 2004 年增长 27％的基础上又提高了 29％,达到 9163 亿美元,发达国家跨国公司对外直接投资占全球 FDI 总额的 90％以上,几乎囊括了整个世界的对外直接投资。

——跨国公司在世界研究与开发及技术转让中的地位。当前跨国公司拥有世界上 80％以上的新技术和新工艺专利,并且掌握着全球 70％以上的技术转让。跨国公司在全球生产、贸易、投资和技术开发中的地位,充分表明其在经济全球化中的作用。[1]

(2)经济全球化对跨国公司的影响

经济全球化为跨国公司提供了广阔的空间,但也给其带来严重挑战。在全球竞争日益加剧的新形势下,跨国公司追求利润的内在动力和争夺世界市场的强大压力,迫使其不断调整其全球战略,不断适应经济全球化所带来的挑战。具体表现在全球化与本地嵌入化的协同发展:

---

① 陈文敬:《经济全球化与跨国公司》,《全国政协 21 世纪论坛论文》2000 年 8 月。

一是战略目标全球化。全球化战略目标已越来越成为当代跨国公司的重要特征。因此,近年来跨国公司对外直接投资的区域并不限于个别国家和地区,而是追求全球布点,扩大势力范围。跨国公司全球化战略目标还表现为跨国公司在制定每一项重大决策时,总是从全局出发,而不考虑其中某一子公司的盈亏得失;在评价子公司的业绩时,主要考察其对总公司的贡献程度,而不一定是其自身的盈利的多少;在制定计划时,已经不是简单地对未来市场不利条件和有利条件的预测,而是考虑企业未来长期发展目标后,经过周密策划的有组织的行动。

二是淡化跨国公司原籍国地位,采取"世界公民"战略。过去跨国公司的总部通常设在原籍国最大工厂所在地或研究与开发地,但近年来为了实现其经营战略全球化的目标,跨国公司已逐渐淡化了区位概念,把总部设在合适的国家或地区。不少跨国公司已陆续把自己的地区总部或产品总部迁往正在形成相关资产和特殊基础设施的热点地区——诸如微处理器集中的美国硅谷、微型化产品集中的日本筑波、国际汇兑集中的英国伦敦,甚至迁往中国和印度这样的发展中国家。除了在东道国淡化跨国公司原籍国地位外,跨国公司还愿意淡化公司的民族身份,在决定投资战略时,首先考虑能否优先利用全球网络中的人才、技术和自然资源,而不是狭隘的地域观念。他们竭力网罗世界各地的优秀人才到其公司工作,并努力使其融合到东道国内,成为东道国的"公民"。如 GM,IBM、飞利浦、可口可乐等世界超大型跨国公司都竭力淡化公司的民族身份,其员工来自世界各地,其产品也努力适应不同市场的不同需求,其子公司则努力成为与东道国融洽相处的一分子。[1]

三是实施全球化战略与本地化战略协同发展。全球化战略使跨国公司克服了各国市场封锁或分制的障碍,有效整合散布在各国市场的资源和优势,合理配置自己的资源,顺应了世界经济全球化的趋势。而跨国公司实行本地化战略则是为了充分利用世界各国(或地区)的各种资源,并将这些资源要素和跨国公司自身所具有的各种优势结合起来,形成对其他企业的竞争优势,提高跨国公司的综合实力和国际竞争力。"本地化"已成为各跨国公司应对全球化挑战一个必不可少的重要战略手段。所谓"本地化"是指以"地地道道的当地

---

[1]　陈建南:《经济全球化中的国际直接投资研究》,厦门大学博士论文,2002 年。

企业、为当地社会作贡献的企业"为自己的目标,通过在其子公司东道国实施市场当地化、人员当地化、投资管理当地化、技术开发当地化、企业文化当地化、利润当地化、物料当地化等战略措施,形成适应当地经营环境的跨国公司经营模式。

　　四是实行"温特制"的生产方式。"温特制(Winielism)"是在与传统的"福特制"、"丰田制"模式的扬弃、交叉、磨合中诞生的,是一种全新的生产方式。"温特制"下的全球生产组织体系,与"福特制"的单一企业内部控制方式和"丰田制"的单一企业主导、多方合作方式完全不同,其突出产权与非产权合作关系的协调发展,产品内部生产环节的更加细化,企业的生产经营也更加专注,在主导企业的核心技术标准、商业游戏规则控制下的层级企业在不同分工节点和不同地理空间展开激烈竞争与充分合作,以更加高性能、低成本的多样化产品组合响应与引导客户群体的个性化需求,就此构造新型、高效的产业竞争优势。"温特制"比之于"福特制"强而有力的单一生产体系、"丰田制"的单赢式垂直控制,"温特制"强调标准制定者和模块生产者的双赢关系,以及标准对于模块生产的全方位控制。从生产角度看,"福特制"是自己开发形成产品模块,"丰田制"是使模块围绕产品设置,而"温特制"则是用产品标准来控制模块的区位生产和资源组合。因此,我们可以说"福特制"是内部化的产物,"丰田制"是产业化的产物,"温特制"则是全球经济一体化的产物。①

　　就跨国公司在中国的发展而言,在经济全球化的大背景下,跨国公司的中国本土嵌入化,是跨国公司全球配置资源、合理配置要素的行为和过程。经济全球化促进了跨国公司嵌入中国本土化的发展,而跨国公司本土嵌入的成功则反映着经济全球化过程的深化。通过本土嵌入化形成的资源、要素的合理配置,对于我国以及跨国公司自身均有重要的战略意义。

二、中国改革开放的拉动

1. 中国改革开放政策

　　1979 年以来,中国大力实施改革开放政策,改革与开放双轮驱动为跨国公司在华投资提供了重要的引力。我国外资政策大体可分为三个阶段:

---

① 王恺伦:《全球经济一体化中的国际生产组织研究》,浙江大学博士论文,2007 年。

　　第一阶段：从排斥外资转变为利用外资（1979—1991 年）。十一届三中全会以后,我国利用外资的指导思想发生了重大转变,从原先的排斥外资转变为利用外资。1979 年 7 月,中央决定在深圳、珠海、汕头和厦门试办特区,以后扩大到其他地区。到了 1990 年,沿海地区几乎全部开放,形成了以沿海开放城市为中心的沿海经济开放带。在这一阶段,针对外资企业实施了一定程度的政策激励,如规定合资企业所得税率是 33％,一年免征所得税,二年减半等。1984 年以后,我国进一步放宽了对外商的投资政策,实施生产性外资企业所得税两免三减半,投资总额内设备进口免征关税等政策优惠。通过以上一系列措施的实施,逐步打消了跨国公司的顾虑,一些中小型的港澳台企业率先进入经济特区、沿海经济开放带等地区,带来了外部资本要素的流入。截止1992 年底,港澳台资占外商在华直接投资项目总数的 81％,占协议投资额的75％,占实际投资额的 68％。其中又以玩具、轻纺等中小型企业为主。港澳台小型跨国公司在大陆吸收外资的来源上占据了绝对优势,充分体现了改革和开放初期海外跨国公司小规模试探的特征。

　　第二阶段：从区域开放到全方位开放（1992—2001 年）。1992 年邓小平同志南方谈话后,地区优惠政策逐渐向内地延伸,先后开放了边境对外开放城市和长江沿岸城市。1999 年,国务院作出了《关于实施西部大开发若干政策措施的通知》的重大决定,给予中西部地区利用外资诸多优惠,实现了点（经济特区）、线（沿海经济开放带）、面（边境内陆城市和中西部地区）的全方位对外开放。在投资政策上,中国逐渐从过去的优惠沿海城市改为鼓励外商向中西部投资。在这个阶段,由经济特区、沿海经济开放带、边境内陆城市和中西部地区的全方位开放所带来的廉价劳动力的持续供给以及外国直接投资激励政策的不断实施所产生的对外部资本要素的巨大吸引,为跨国公司投资中国提供了良好的经济环境。继港、澳、台资本之后,欧美日等大型跨国公司也纷纷抢滩国内市场,埃克森美孚、丰田汽车、西门子等世界 500 强跨国公司陆续进入中国,中国吸收外资的规模迅速扩大。

　　第三阶段：从政策优惠到遵循国际惯例（2002 年至今）。从 2002 年 1 月 1日起,中国正式开始履行 WTO 项下的各项义务,逐步放宽投资领域,减少投资障碍,加强投资保护、放松投资管制、减少政府干预。2002 年,为适应国民经济结构调整和中国加入世界贸易组织的新形势,中国颁布了新修订的《指导外商投资方向的规定》和《外商投资产业指导目录》。2003年颁布了《鼓励外商投资高新技术产品目录》。随着中国对外开放不断扩大和加入世贸组织过渡期的结束,2004年和2007年,中国政府又两次对《外商投资产业指导目录》进行修订。为了促进中西部地区的发展,2004年7月,对《中西部地区外商投资优势产业目录》进行了修订,以鼓励外商向中西部地区投资。2005年,国务院发布《关于实施〈促进产业结构调整暂行规定〉的决定》和《产业结构调整指导目录》,将投资项目分为鼓励、允许、限制和淘汰四类。随着中国对外开放的领域不断扩大,跨国公司逐渐进入原先由国家垄断的一些行业,跨国公司在中国的投资具有鲜明的领域扩张特征。继20世纪80年代跨国公司陆续进入玩具、轻纺等劳动密集型行业以及90年代大规模进入资本密集型制造业以后,21世纪的全球性跨国公司已经将目光瞄准了中国的服务业以及一些技术密集型行业。

这一阶段,中国改革开放政策的着眼点是从政策优惠到遵循国际惯例,对外资的政策由超国民待遇与限制并举向国民待遇转变。自从20世纪80年代以来,中国实行的是通过提供各种优惠政策吸引外资的战略。外商投资企业一方面享有“超国民待遇”,如所有外资企业都有进出口经营权,设备进口免收关税,企业所得税也有减免优惠。另一方面,又在生活服务收费、投资领域等方面受到多种限制和歧视。这种状况不仅与世界贸易组织的基本宗旨相矛盾,而且严重制约了中国利用外资项目的技术含量与资金规模的提高,成为影响外资经济发展的瓶颈。因此,进入20世纪90年代以后,中国逐步确立了对外商投资企业实行国民待遇的政策目标。一方面,逐步取消了一些“普适性”的优惠政策,加强了对以产业、技术引进和地区为导向的“差别性”优惠政策,降低了对外资的“绝对”优惠水平;另一方面,通过一系列改革,改善了本国企业的政策待遇,在不少领域统一了内外资企业的政策,降低了对外商投资的“相对”优惠水平。为适应加入世贸组织的需要,利用外资的政策要与国际经济惯例接轨,建立国内公平的市场竞争环境,取消外资企业享受的“超国民待遇”或“低国民待遇”,对外资实行国民待遇,将成为中国利用外资政策演化的最终目标,从长远看也有利于跨国公司在中国的持续发展①。

---

① 赵蓓文:《跨国公司在华投资战略演变与中国的外资政策调整》,《世界经济研究》2008年5月。

2. 中国经济发展和市场潜力

改革开放以来,中国经济持续快速发展,人民生活大幅提高,国家综合实力日益壮大,中国十几亿人口的大市场已成为世界上最大的市场之一。根据国家统计局统计分析[①],改革开放 30 年来,我国经济蓬勃发展,经济总量连上几个大的标志性台阶,我国从低收入国家逐渐向世界中等偏下收入国家行列迈进。1952 年,我国国内生产总值只有 679 亿元,到 1978 年增加到 3645 亿元,在改革开放的历史新时期,经济总量迅猛扩张,2008 年超过了 30 万亿元,达到了 300670 亿元,年平均增长 8.1%,其中,1979—2008 年年均增长 9.8%,快于同期世界经济增速 6.8 个百分点。2008 年的经济总量比 1952 年增加了 77 倍,2008 年一天创造的财富量就超过了 1952 年一年的总量。经济总量的加速扩张大大缩小了我国与世界主要发达国家的差距,经济总量居世界位次稳步提升。1952 年,我国经济总量占世界的比重很小,1978 年才达到 1.8%。改革开放以来,我国经济总量占世界的比重不断提高,2008 年为 6.4%,位居美国和日本之后,居世界第 3 位。根据世界银行资料,折合成美元,我国 2008 年国内生产总值为 38600 亿美元,相当于美国的 27.2%,日本的 78.6%。经济的快速增长使人均国内生产总值成倍增加。人均国内生产总值在由 1978 年的 381 元上升到 1987 年的 1112 元后,1992 年达到 2311 元,2003 年超过万元大关,达到 10542 元,2008 年提高到 22698 元,扣除价格因素,2008 年比 1952 年增长 32.4 倍,年均增长 6.5%,其中 1979—2008 年年均增长 8.6%。按照世界银行的划分标准,我国已经由低收入国家跃升至世界中等偏下收入国家行列。与此同时,城乡居民收入水平和富裕程度显著提高。城镇居民人均可支配收入由 1949 年的不足 100 元提高到 2008 年的 15781 元,扣除价格因素,增长 18.5 倍,年均增长 5.2%,其中 1979—2008 年年均增长 7.2%。农村居民人均纯收入由 1949 年的 44 元提高到 2008 年的 4761 元,其中 1949—1978 年年均名义增长 3.9%,1979—2008 年年均实际增长 7.1%。收入的增加使城乡居民拥有的财富呈现快速增长趋势。2008 年底城乡居民人民币储蓄存款余额达 21.8 万亿元,比 1952 年底的 8.6 亿元增加

[①] 国家统计局:《光辉的历程 宏伟的篇章——新中国成立 60 周年经济社会发展成就回顾系列报告之一》,2009 年 9 月 7 日。

2.5 万倍,人均由 1.6 元增加到 16407 元。股票、债券等金融资产规模不断扩大。城镇居民拥有的财产性收入占全部收入比重由无到有,上升到 2008 年的 2.3%。

总体来看,改革开放以来,中国持续的经济增长,引起了中国市场总量规模的扩大,这个市场的规模和容量,对于跨国公司的全球战略来讲是至关重要的。在整个世界市场上,发达国家的市场是相对成熟并饱和的,要增加这一市场的份额比较困难;很多发展中国家的市场相对较小,而中国这么一个庞大而且增长迅速的市场在其中尤为引人瞩目。能否迅速进入中国市场、扩大在中国市场的份额,对增强跨国公司竞争力具有重要的意义,实际上中国市场已经成为跨国公司最重要的利润增长点。

3. 中国投资环境

改革开放以来,我国大力改善投资环境,吸引跨国公司的投资硬环境和软环境都得到了巨大改善。

一是投资硬环境显著改善。中国地大物博,资源丰富,环境优美,气候适宜,特别是近年来,中国的基础设施有了大幅改善,一般国家级开发区达到"七通一平"水平(通路、给排水、电、气、暖、通讯、土地平整),省级开发区达到"五通一平"(通路、给排水、电、通讯,土地平整)水平,基本上满足投资者对公共设施的需求。同时,能源、原材料、零部件供应能力和质量明显提高,以经济特区、国家级开发区为代表的新兴经济区域其良好的基础设施、优美的人居环境甚至达到了发达国家水平,为跨国公司的生产经营提供了良好外部发展环境。

二是外商投资软环境不断完善。首先,中国政局稳定,人民安居乐业,为吸引外商投资创造了必要社会条件。其次,市场经济体系初步建立,法律法规逐渐完善,为外商投资创造良好法律环境。第三,随着教育水平的提高和对外开放度的扩大,人民素质提高,思想观念发生很大变化,语言、文化、风俗习惯差异缩小,为外商投资提供了适宜的社会环境。第四,劳动力数量充足,素质提高。丰富的廉价劳动力,所产生的成本优势为投资劳动密集型产业的外国投资者提供了巨大的机遇,事实上,中国一半以上的外商投资集中在劳动密集型产业。另一方面,中国还同时拥有相当数量受过良好培训和教育的熟练劳动力,能够满足高新技术产业外商投资的需求。在企业管理、法律服务、财会等领域,一些高层次的专业人才还比较缺乏,但这种状况也正在改变。第五,有关外商投资政策也越来越符合市场经济要求和国际规则。产业政策成为中国调控外商投资的重要手段。根据中国加入 WTO 的承诺,产业开放度大幅度扩大。在外贸管理方面,中国大幅度降低关税、逐步取消计划、配额和许可证管理,确保有关政策制定和执行的透明度。此外,外汇管理限制也将逐步放松。第六,在管理服务上,开发区创设了"一站式"审批体制,建设了"一站式"审批大厅,实行一个窗口对外、限时审批制度。实行 24 小时不间断服务机制和首问负责制,对开发区投资者给以全方位服务。很多开发区通过了国际管理质量认证体系。根据商务部资料统计,2005 年 54 个国家级经济技术开发区管理机构中通过 ISO9001 认证的达到 23 个。

4. 中国产业集聚

改革开放以来我国一些地区特别是珠三角和长三角的一些省、市通过产业集聚,形成了各具特色的地方产业集群。"一镇一品"、"一县一业"的地方"块状经济"蔚然成风,经济取得了跨越式发展,步入了良性循环的轨道。如浙江海宁的皮革,嵊州的领带,诸暨的袜业,宁波的男装,温州的皮鞋、打火机等;福州晋江的鞋业、服装等;广东顺德的家电业,东莞的制造业,潮州的婚纱及晚礼服,中山沙溪的休闲服、盐步的内衣,江苏吴江的纺织业,武进的灯具业,丹阳的眼镜业,在高科技领域,有北京中关村的高科技产业集群、深圳高科技产业集群等等。产业集群的主要优势在于资源的聚集效应和协同效应所带来的成本优势、专业化分工优势、技术创新优势、区域营销优势和集群内价值链网络协同优势。国内外学者研究表明,集聚因素对跨国公司 FDI 区位选择的影响很大,地方产业集群发展已经成为跨国公司在华区位选择的主要原因之一。可以说,中国的地方产业集群正在迅速崛起,已成为跨国公司深度嵌入中国的主要驱动力量之一。

三、跨国公司自身战略的推动

1. 跨国公司 FDI 战略动因:从优势利用到优势创造

传统理论认为,跨国公司 FDI 的基本思路是:先在母国形成"垄断优势"或"所有权优势"等"初始优势",然后通过跨国经营在全球推广和利用这些优势。这被称作传统跨国公司的"全球推广模式"。"全球推广模式"主要分析和解释了企业"第一次"走向海外的方方面面的问题,包括:企业"第一次"走向海外的条件问题在内部化条件下如何"利用优势",选择对外直接投资方式的问题以及跨国经营后如何在全球进行平衡和协调的问题。但其主要逻辑还是"优势利用"的问题。根据这一逻辑,综合传统的跨国公司理论、国际竞争优势理论、价值链理论等相关理论,可以把"全球推广模式"划分为跨国公司进行"优势利用"和"全球推广"的三个阶段,即垄断优势形成阶段、垄断优势推广阶段、平衡与协调阶段。这三个阶段可系统阐明传统跨国公司"优势利用"的国际化经营过程。

　　传统跨国公司基于"优势利用"的三阶段推广模式是过去几十年间跨国公司全球经营并取得成功的主流模式。按照传统跨国公司理论的基本逻辑,传统跨国公司一般都是首先在其母国形成经营优势,然后再到全球扩展和利用其经营优势,在世界范围内去寻找新的潜在市场和成本优势。然而,随着经济全球化和竞争的加剧,企业模仿能力的加强和扩散速度的加快,任何技术和能力都可能很快地被对手所学习和掌握,跨国公司在母国基地建立的任何优势已不再构成跨国经营的"制胜法宝",日益成为其求生存的必备条件,原有的优势很快地退化为"上桌赌本",再也不能为其提供独特的竞争优势。如今,跨国经营越来越成为企业成长的一般方式,在很多行业,跨国公司会发现全球化运营带来的规模经济、范围经济和国家差异化等优势来源已不再成为某一跨国公司独特的竞争优势了,而是日渐成为被所有参与国际竞争的企业所共有的东西。① 因此,在新的国际经营环境下,跨国公司 FDI 的实质不在于原有优势的利用和推广,而在于不断寻求、保持和发展优势,其基础就是不断在全球范围内获取资源、与内部资源进行有效整合。

　　英国学者邓宁(Dunning)将跨国公司国际化经营的战略动机划分为四种,即寻求资源、寻求市场、寻求效率和全球战略四种类型。邓宁认为前两种动机多为企业国际化经营初级阶段的主要战略动机,后两种多为进行国际化较高阶段的战略动机。国内学者毛蕴诗也曾指出,跨国公司的总体战略动机可以概括为不断强化自身实力,寻求和取得竞争优势。王连森(2007)研究表明跨国公司在华子公司优势来源除来自于跨国公司母公司、其他跨国公司海

---

① 王连森:《跨国公司海外子公司竞争优势及其来源的衡量与判别:基于产品获利性的研究》,山东大学博士论文,2007 年。

外子公司以及国际联盟企业外,通过实施生产、采购、营销、研发和人力资源"本土化"策略也是其竞争优势的重要来源。吴先明(2002)①认为,跨国公司利用原有优势还不能完全适应中国市场的竞争,它必须针对中国市场的特点创立新的竞争优势。不管是产品创新还是销售渠道创新,跨国公司必须重新整合自己的价值活动,才能在市场竞争中立于不败之地。这意味着跨国公司竞争优势的基础将会做出一定程度的调整。以伊莱克斯为例。伊莱克斯在进入中国市场之初,并未对中国家电市场的特殊性引起足够的重视。作为世界最大的电器生产商,在它所有进入的产品领域,90%以上都成为该领域的世界第一或第二。1996年伊莱克斯与长沙中意电冰箱厂合资进入中国市场,按照伊莱克斯的传统模式,对合资企业它只管出钱收购,并不投入具体的管理。在销售方面,伊莱克斯在欧美国家的销售模式是与经销商或商场签订合同之后,发了货就形成了销售,买方应该承担法律责任。伊莱克斯瑞典总部的管理者把这一套全部搬到了中国,结果,第一年只生产了不到3万台冰箱,销售只有1万多台,而且这1万多台有90%的款没有回来,合资企业每天亏损达30多万元,一年下来,亏损竟达1.5亿元人民币。面对挫折,伊莱克斯认真总结教训,认识到由于消费文化的隔阂和售后服务的弱点,伊莱克斯品牌与中国消费者的距离太遥远、太陌生。要扭转不利局面,必须把伊莱克斯做成一个本地品牌,拉近与消费者的距离,让消费者产生好感与认同感,这样才会产生购买的愿望。为此,伊莱克斯决心实施当地化战略,目标是把"洋品牌做土",并提出了"向海尔学习"的口号。嗣后,伊莱克斯通过一系列当地化措施迅速提升了伊莱克斯在中国市场的竞争力。据国家信息中心对国内大中城市的调查,2000年伊莱克斯冰箱的市场占有率已上升到12.9%,仅次于海尔成为行业第二。综合而言,跨国公司FDI的战略动机已从传统的优势利用转向优势创造,而本地嵌入是跨国公司优势创造的主要源泉之一。

2. 跨国公司的中国战略:从竞争我赢到合作共赢

传统的竞争一直体现为一种你死我活的激烈竞争,一方的胜利必然意味着另一方的失败,结果往往导致两败俱伤或多败俱伤。大量的企业实践已经

---

① 吴先明:《本土化的本质是全球化——跨国公司当地化:动因、特征与影响》,《中国外资》2002年第10期。

证明,那种以消灭竞争对手为目标的低层次做法不但不能给企业带来最大的成效,而且还会造成社会资源的巨大浪费,不利于社会的可持续发展。在当今及未来的时代,越来越多的企业逐渐认识到,任何一个实力强大的企业都不能完全依靠自己的力量就可以在国际上叱咤风云,若要在竞争中取胜,需要既有竞争又有合作,而竞争合作的成功必须以双方或多方的受益为前提。这就为社会资源得到合理的、优化的配置提供了可能,也使企业之间的竞争进入了一个较高的层次。正是基于这一背景,一种融合了竞争理论与合作理论于一体的竞合理论应运而生。1996 年哈佛大学商学院的著名管理学家布兰登伯格(Brandenburger)和耶鲁管理学院的纳尔巴夫(Nalebuff)出版了《竞合战略》一书,并首先提出了"竞合"(Co-opetition)概念,即企业之间这种既竞争又合作的关系。他们认为,当共同创建一个市场时,商业运作的表现是合作;而当进行市场分配的时候,商业运作的表现即为竞争[①]。2000 年乔尔·布利克(Joel Bleeke)与戴维·厄恩斯特(DavidErnst)发表了《协作型竞争》一书,对竞合理论进行了深入研究,并指出"对多数全球性企业来说,完全损人利己的竞争时代已经结束"[②]。而美国学者穆尔(1996)则从企业生态学视角来探讨竞争合作问题。[③] 他认为,企业组织需要在与其他组织的紧密关系网络中来确定自己的位置,来分析自己面对的问题,两个组织之间在同一时刻既是竞争对手又是合作伙伴,众多的组织形成的共同体与企业的生存环境相互作用,形成跨越传统产业边界的组织生态系统,而企业的生存环境即为自然系统、经济系统和社会系统形成的并集。在企业生态系统中,组织间的合作与竞争同等重要。

　　国内外学者研究表明,从竞争走向竞合不仅是一种双赢战略思维,而且是企业战略发展的新趋势。哈默尔、多兹和普拉哈拉德(Hamel, Doz & Prahalad)(1989)用 5 年的时间,研究了世界上 15 对战略联盟的内部运作情况。他们关注企业如何运用竞争性合作提高自身内部技能和技术,同时又能

---

① Brandenburger,A. M. ,Nalebuff,B. J. 1996,*Co-opetition*,New York:Doubleday,pp. 12 - 13.

② 乔尔·布利克、戴维·厄思斯特:《协作型竞争》,中国大百科全书出版社 2000 年 6 月。

③ [美]詹姆斯·穆尔:《竞争的衰亡——商业生态系统时代的领导与战略》,北京出版社 1999 年 1 月。

够有效防止把竞争优势转移给野心勃勃的合作伙伴。① 阿富尔（Afuah,2002）通过研究对于企业竞合行为的本质有了进一步的认识,将企业的合作竞争者（Co-opetitors）视为创新、组织学习、互补性产品、核心资源、学习和能力等的关键来源,并指出了企业与合作竞争者之间的不可或缺、不可替代的作用。② 骆（Luo,2002）研究了在国际合资企业中,契约关系、合作关系对于绩效的影响,认为契约关系与合作关系之间并非互相替代,而是互补性的关系,契约的完善性和合作共同决定了企业的绩效。③ 加西亚和韦拉斯科（Garcia & Velasco）（2002）通过对欧洲生物技术企业长达 6 年的跟踪研究发现,竞合战略比单纯的竞争或合作战略,更能够提升企业的创新能力,企业的持续经营优势来自与其合作竞争者,包括供应商、顾客、互补品生产者和联盟伙伴等之间形成的默会的、难以模仿的竞合关系。④ 我国学者任建新认为企业之间的竞争与合作并非是互相冲突、互相替代的关系,而是彼此作用、互相补充,共同对企业的绩效产生作用,并通过实证方法论证了,中心企业与同行业者的竞合战略,比偏合作战略更能够提升企业的市场绩效和财务绩效。作为有机融合了竞争与合作两种行为的竞合战略,不仅能够充分发挥竞争战略和合作战略的优势,而且更为灵活有效。⑤

正是在这种大趋势下,跨国公司在华战略也发生了重大转变。他们认识到不仅是中国需要跨国公司,跨国公司也需要中国。要想在中国这个大市场中发展,必须从以往那种单纯牟利的我赢思维转向合作双赢思维,只有实施"积极扎根中国,与中国共同发展"战略才会得到我国政府和人民的支持,才能真正赢得长远的利益。在跨国公司的经营理念中,目前更多强调的不仅仅是

① Hamel,G.,Doz,Y. L. and Prahalad,C. K. 1989,*Collaborate with Your Competitors*,*and Win*,Harvard Business Review,Vol. 67,Issue1,pp. 133 - 139.

② Afuah,A. 2000,"*How Much do Your Co-opetitors：Capabilities Matter in the Face of Technological Change?*",Trategic Management Journal,Vol. 21,issue3,pp. 387 - 404.

③ Luo,Y. D. 2002,"*Contract, Cooperation, and Performance in International Joint Ventures*",Strategic Management Journal,Vol. 23,pp,903 - 919.

④ Garcia,Q. and Velasco,B. 2002,"*Co-petition and Performance：Evidence from European Biotechnology Industry*",Proceedings of the EURAM Conference Innovative research in management,Stockholm,Sweden,May 9 - 11.

⑤ 任新建：《企业竞合行为选择与绩效的关系研究》,复旦大学博士论文,2006。

"所有者"的概念,而是共赢基础上的"利益共享者"的概念。他们把自己的长远利益融合到中国经济实现又好又快的发展中,来分享中国经济发展的成果,在促进中国经济可持续发展中实现共赢。因此"嵌入中国"成为一些跨国公司的共同选择,并且从经济嵌入逐步走向社会嵌入、技术嵌入、体制嵌入。

以中国汽车产业发展为例,德国大众公司正是抓住中国要加强发展汽车工业的契机,高举"帮助中国建立民族汽车工业"的旗帜,与中国的上汽和一汽合作,在生产过程中提高两家企业的汽车国产化率,努力推进本土化进程,赢得了中国政府和人民的支持,同时大众公司自身在中国也取得了辉煌的业绩。通用汽车公司在中国市场的巨大成功主要得益于其与当地企业建立的"战略合作伙伴"关系。通用汽车公司为了实现在中国和亚洲的目标,采取通过联盟而不是合并收购的方式,以最小的代价和风险迅速完成了在中国市场的战略布局。通用汽车公司先后与上海汽车集团、沈阳金杯汽车公司、柳州五菱汽车公司建立了合作关系,从而成功进入中国的高档轿车、家庭轿车、多用途车、皮卡和微型车市场。同时,通用汽车公司通过拥有日本五十铃 49% 的股份、铃木 20% 的股份、富士重工 20% 的股份而间接地与江西五十铃、重庆五十铃、广州客车公司、贵州航天、重庆长安建立了合作伙伴关系,从而顺利进入中国轻型卡车、大客车、小型车市场;通过正式收购韩国大宇汽车及大宇公司在中国投资的山东大宇零部件公司和一汽大宇发动机公司而顺利进入汽车零部件行业,成为目前中国最大的外资零部件企业。通用汽车公司将中国企业视作长期的合作伙伴而不是通过资本运作完全控制合作方,这一策略使通用汽车公司在与其他国际汽车巨头角逐中国市场的过程中,占尽天时、地利与人和,在竞争中脱颖而出,成为中国市场的领先者。而日本汽车则由于其战略思维的保守而错失了在中国发展的最佳时机,直到 20 世纪 90 年代末期才来到中国。近年来以本田、丰田为代表的日本汽车在中国发展势头非常强劲,正是其实施本地嵌入战略的结果。合作制胜的战略思维使跨国公司从竞争我赢走向合作双赢。

3. 跨国公司在华嵌入性与其竞争优势提升

国内外学者研究表明,跨国公司在东道国本地嵌入有利于其竞争优势提升。安德森、福斯格林和帕德森(Andersson, Forsgren & Pedersen)(2001)研究结果表明,技术嵌入对市场绩效具有直接影响,而对组织绩效则产生间接影响。① 豪科特伯格、赞德玛和格里墨斯（Hochtberger，Zademach & Grimes ）（2003）采用典型案例的研究方法，以投资印度班加罗尔（Bangalore）地区的印度戴姆勒—克莱斯勒研究中心（DCRCI）研发中心为例，研究其对于本地产业网络的嵌入行为，研究发现子公司的本地嵌入性对子公司的竞争力有影响。② 我国学者陈莉平（2006）研究表明，企业所获取的竞争优势是与其所嵌入的社会网络相关联的。企业嵌入外部网络能够基于社会资本，实行企业资源的综合利用和共享，获取独特的网络资源，包括互补资源，位置资源和协同资源，并通过对这些资源进行组合获取竞争优势。

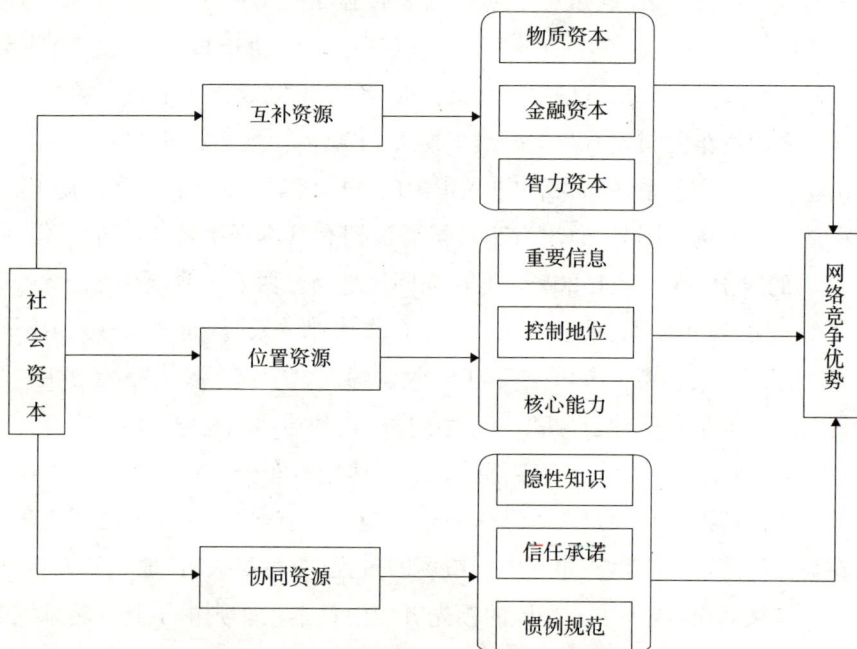

图4-11　嵌入社会网络的企业竞争优势来源

资料来源：陈莉平：《嵌入社会网络的企业竞争优势探源》，《经济管理》2006年第14期。

---

① Andersson, U., Forsgren, M., Pedersen, T. 2001, "*Subsidiary Performance in Multinational Corporations: the Importance of Technology Embeddedness*", International Business Review, Vol. 10, Issue1, pp. 3 - 23.

② Hochtberger, K. Zademach, H. M. &Grimes, S. 2003, "*Aspiring Affiliates, Global Project Networks and Local Embeddedness——Evidence from Bangalore, India*", CISC Working Paper No. 7 October.

就跨国公司在中国发展看,跨国公司本土嵌入有利于跨国公司降低海外派遣人员和跨国经营的高昂费用、易于树立在中国良好的品牌形象、消除当地消费者对外来产品的抵触心理、与当地社会文化更好的融合、减少当地社会对外来资本的危机情绪,同时,也有利于我国经济安全、增加就业机会、管理变革、加速与国际接轨等。因此,跨国公司在中国嵌入化战略不仅是一个生存技巧和高超的经营策略,也是提升企业竞争优势的重要手段。

从跨国公司在我国的投资实践看,跨国公司在华嵌入程度无论对其在华子公司还是母公司的竞争优势都有重要的提升作用。主要表现为:

(1)降低综合成本。跨国公司在华实行本土嵌入战略,可以最大限度地充分利用中国人力资源成本和制造成本低的优势,减少总成本,提高总效益,以至于在日趋激烈的市场竞争中始终占有重要的市场份额。

一是降低生产成本。产品本土化战略带给跨国公司的好处是多方面的,包括确立在中国市场得以长期发展的"合法"地位;奠定低成本扩张的基础;建立在中国的最佳合作伙伴和供应链,使之成为跨国公司实施全球化供应链的重要一环。诺基亚(中国)公司通过对本地合资或合作厂商的培养,使得大部分配套元件能在国内采购。由于在中国本土的生产成本和元件价格很低,诺基亚借此不仅赢得了中国本土市场,同时也为自己在世界其他市场获取了很高的利润回报。

二是降低营销成本。跨国公司通过使用东道国现有的营销系统,或委托当地中间商销售商品,可以充分利用当地中间商现有的业务关系,经验和专业优势,消除语言和社会习俗的障碍,迅速开拓市场,相对于建立自己的销售系统来说,既不需要投入大量的人力、物力和财力,减少了风险,又能赢得市场时效,也能达到降低成本的目的。例如日本的三洋公司与中国的海尔进行合作,其中最重要的一项内容即是三洋充分利用海尔的销售网络在中国市场展开销售。在中国市场,三洋家电企业最大的优势在技术,销售渠道是软肋。而海尔不仅拥有中国家电市场最强大的品牌,同时也拥有目前中国市场最大、最符合中国国情的市场销售网络,二者是一种双赢的合作。

三是降低人力资源成本。跨国公司的外派员工费用通常很高。有关调查数据显示,雇用一个外派经理和本地经理所产生的总费用差异竟高达4倍,即跨国企业为一个母国外派管理人员付出的费用几乎可以雇用5个中国本地的管理人员。因此,通过人力资源本地化策略,欧美跨国公司若能在相同的职位上任用中国本地员工则可以大大减少人力成本。不论是以经营为主的微软中国有限公司,还是以技术研发为主的微软中国研究院,本地员工和研究人员都占到总人数的90％以上。IBM(中国)有限公司1992年成立时只有一名中国经理,到今天已经发展成90％以上的员工和50％以上的经理人员都来自中国大陆。这些知名的跨国公司普遍认为加速培育中国人才的本土化是进一步提高竞争力的关键。

(2)获得政府认同和支持。中国社会正处在从传统走向现代的过程中,"关系"是一种十分重要的社会组织资源。关系本土化保障了跨国公司在中国的投资战略的成功,并在很大程度上帮助他们赢得了中国政府和民众的信任。跨国公司要想在中国发展,没有政府的支持是不可能成功的。例如,微软进入中国市场虽然时间较早,但其发展并不顺利,在一系列政府采购项目上曾连遭败绩。究其原因,业界普遍认为是微软与中国政府的沟通不够。由于中国政府在推动中国软件产业的发展中起着举足轻重的作用,而微软并未将自己在中国的发展与中国软件业的发展挂起钩来,并且长期不愿意以合资的形式在中国投资。结果,一些比微软晚进入中国市场的软件企业在中国获得了突飞猛进的发展,而作为行业老大的微软却被远远地抛在了后面。总结在中国10年的教训,微软决定赶快补上这一课。2000年9月,微软CEO史蒂夫·巴尔默拜访朱镕基总理并承诺以合资的形式投资中国。2002年1月16日,以微软占股19％,中关村科技占股51％,四通集团占股30％的合资企业——中关村软件公司宣告成立。与此同时,微软宣布成立"中国战略合作部",其职责首先是促进微软公司与中国政府关系的改善,其次才是投融资、人才培养、技术合作和应用导向。2002年6月27日,微软CEO巴尔默兴高采烈地向世界宣布:微软在中国的发展已经进入一个"全新的时期"。因为在前一天上午,微软已与中国国家计委签署了一个涉及金额超过62亿人民币的谅解备忘录。这是迄今中国在软件领域最大的一个对外合作项目。毫无疑问,备忘录的履行将使微软成为第一家与中国政府全面合作的外交高科技公司,而微软的目标是要把微软中国公司更好地融入中国,使之成为中国软件企业的一员。①

---

① 吴先明:《本土化的本质是全球化——跨国公司当地化:动因、特征与影响》,《中国外资》2002年第10期。

　　（3）扩大市场份额。跨国公司本地嵌入有利于争取市场份额和利润的最大化。可口可乐公司是这一方面成功的典范。"可口可乐"最初在北京的销售方式是坚持全球一贯的营销理念,采取直接销售到零售点的做法,批发渠道开发并不积极。但是,在实践中他们发现,北京有着地域的特殊性,北京作为中国的政治文化中心,常常有大型国内、国际活动,交通管制对于"可口可乐"这种快速消费品的运送来说,是极大的无法逾越的限制,同时,企业要在短期内建立庞大的零售网络需要投入巨额资金,这将会加大企业成本,削弱产品的市场竞争力。北京可口可乐饮料有限公司根据中国国情很快调整了营销方式,开始与批发商合作,优势很快便体现出来。利用批发商的网络资源、交通资源、渠道资源,以最快的速度,把产品送到各零售点,企业降低了成本,扩大了市场销售,批发商也获得了利润,消费者能在任何地方随时喝到"可口可乐",这样一个三赢的结果,让各方都受益。除了整体营销战略的本土化外,可口可乐公司的广告宣传也大做本土化文章。比如在春节期间推出的"阿福"和"剪纸"包装,12生肖、申奥金罐、中国之队足球版等,让消费者感到"可口可乐"就是本国的产品。本土化的根本原因是为了争夺市场,全球范围内,广告中不断提高的地域文化因素体现了典型的营销本土化特征。国际广告寻找的是市场,传播的是信息,宣传的是产品,然而其目标对象却是处于与本国文化环境迥异的、特定文化环境中的消费者。因此,国际广告实施本土化策略有其自身的根据和充分的理由。美国宝洁公司为广告本土化策略的典范,其飘柔洗发水,在美国名称为Pert-Plus,在亚洲地区改名为Rejoice,中文名则为飘柔,以迎合华人市场,广告手法亦与在美国不一样。本土化实质上是跨国公司全球化战略的关键。以营销中的广告策略为例,在实施的过程中大多追求"一体化建设,本土化实施",在本土化的过程中实现其全球一体化的目的。跨国公司在本土化过程中,占领了当地的市场,同时也将其管理理念输入到资本输入国,加速了后者融入经济全球化的步伐。

　　（4）提升公司及其产品的形象和竞争力。跨国公司之所以能成功地在中国发展壮大,很大原因在于具有良好的企业形象和知名度。中国政府、企业和民众往往把是否在中国实行人员、企业文化、物料、营销等本土化,作为判断跨国公司是否对中国有利的一个标准。跨国公司在中国实行经营本土化,在中国投资项目,利用中国人力资源,有利于提高企业知名度,提高企业在当地的形象。例如芬兰诺基亚大举雇用中国员工,在中国本土投资项目,迎合消费者的需求,使其在移动通讯行业中知名度极高,现在,一提起手机,人们就会想到"诺基亚"这个牌子。另外,跨国公司通过在中国承担社会责任,进一步提升了其公司于产品形象。2007年12月,宝洁、百胜、强生等23家跨国企业被评为"最具中国心"的跨国公司。其中,杜邦、百事、诺华还获得社会责任年度大奖。社会责任指标已经成为对在华跨国公司进行综合评价主要指标之一。跨国公司本地嵌入使产品更具亲和力,使当地居民心理上更易于接受,有利于产品迅速进入当地市场。改革开放之初,中央作出战略性决策:大力加强汽车工业的发展,并希望以此作为支柱,带动国民经济多个行业的共同发展。德国大众公司正是抓住中国要加强发展汽车工业的契机,高举"帮助中国建立民族汽车工业"的旗帜,与中国的上汽和一汽合作,在生产过程中提高两家企业的汽车国产化率,努力推进本土化进程,赢得了中国政府的支持。它是第一个在中国实现整车本地化生产的外国著名汽车生产商,把来中国推出的第一个轿车品牌——"桑塔纳"打扮成近乎100%的中国轿车,同时埋头扩大"桑塔纳"的生产规模。"功夫不负有心人",它的这番用意深得中国政府赞赏。在公车主宰中国汽车消费的时代,大众公司的"桑塔纳"和"奥迪"都是政府用车的首选车型,甚至几乎成为有关政策的指定车型。中国市场为大众带来的收益更是可观的,仅2001年,大众在中国的营业额就达317亿人民币。摩托罗拉公司也通过按照中国政府产业政策的指导进行投资,将每年数十亿美元的零部件采购尽量投向国有企业,向希望工程、天津SOS儿童村等慈善公益事业捐款等途径增强自己的亲和力,得到中国的认同。

综上所述,世界经济一体化的快速发展,我国改革开放不断深化以及跨国公司本身经营战略的转变,推动了跨国公司在华嵌入化进程。

第六节　战略视角下跨国公司在华嵌入的演化路径

改革开放以来,跨国公司基于中国市场的长远潜力和自身发展战略的考量,逐步将中国纳入其全球战略之中,他们希望与中国企业以及当地社会共同成长,以实现其持久发展目标。跨国公司在华的嵌入呈现出不断深化的发展态势，从经济嵌入逐渐向社会嵌入、体制嵌入、技术嵌入发展，与此同时，跨国公司在华战略从战略连接向战略嵌入演化，其未来发展趋势是战略耦合。

一、战略连接

战略连接（strategic linkage）是诺利亚和加西亚邦（Nohria & Garcia-Pont）于1991年提出的，其含义是跨国公司透过战略性连接活动取得资源，可与能力互补的厂商连接取得所需资源，或者与能力近似的厂商共享资源以强化能力，以达到规模与范畴经济、降低风险、改善竞争地位的综效利益。[①] 当跨国公司进行FDI时，也就是在建构其与国外的战略连接关系。陈厚铭和陈添枝（Chen & Chen）（1998）在探讨网络连接关系时，把网络连接分成内部（公司内）连接及外部（公司间）连接两种，而外部连接又进一步分成战略性连接（strategic linkage）及关系性连接（relational linkage）。[②] 外部连接中，战略性连接是为了取得公司本身所欠缺，而投资国所拥有的战略性资源，例如科技技术等，而关系性连接则是与公司原有的供应者、消费者做进一步的连接，或只是为了友谊而进行投资。该研究发现台湾厂商非常热衷于建立外部连接，而较少依靠对外投资以建立内部连接。其中，战略性连接对台商到美国进行投资决策有显著的影响，而关系性连接则对台商到东南亚及中国大陆投资有显著的影响。关系性连接对于小型公司的对外投资较为明显。Chen&Chen的研究还发现，厂商对外直接投资后与网络其他成员所产生的战略性连接，的确能改善投资厂商的网络地位和竞争优势。他们认为台湾企业借着对外投资以建立国际战略性连接（international strategic linkage）：不同的企业依规模、技术能力或长期从事出口所累积的国际行销经验的不同而拥有不同等级的优势资源，到美国投资的台湾企业多拥有较高等级的优势资源，而到东南亚或中国大陆地区投资的企业拥有较低等级的优势资源。也就是说，规模较大或是技

---

①　Nohria，N. & Garcia-Pont，C. 1991，*"Global Strategic Linkage and Industry Structure"*，Strategic Management Journal，Issue12，pp. 105 - 124.

②　Chen，H. & Chen，T. J. 1998，*"Foreign Direct Investment as a Strategic Linkage"*，Thunderbird International Business Review，Vol. 40，pp. 13 - 30.

术能力较高的厂商,会到属于像美国这类具有先进技术或市场规模大的地区投资,来提升其企业竞争力,而规模较小或技术能力较差的厂商会到东南亚或中国大陆等发展中国家,来利用当地低廉而充沛的生产要素(如便宜的劳工),因此高等级的优势资源会连接到属于投资东道国的高等级战略性资源(strategic assets),而低等级的优势资源会连接到低等级的战略性资源。而拥有较高等级优势资源的企业承担风险的能力较高,因此会到离母国较远的地区投资,而且会适度修改生产模式以充分利用东道国的战略性资产,明显的证据在于此类的投资者的原料或半成品以当地厂商供应为主。相反的,优势资源等级较低的企业会以离母国较近的地区为投资地,而且多沿袭原来母国的生产模式以降低风险,原料或半成品的供应以母国供应为主。

根据传统的 FDI 理论,企业 FDI 为利用自身优势而对外投资,取得国际分工的利益;而以战略连接观点而言,企业 FDI 也是为了获取更多外部资源而对外投资。因此,企业 FDI,至少有两种意义:第一,自身资源的全球性利用;第二,获取东道国的本地新资源。从我国利用外资的实际看,20 世纪 90 年代中期以前,大量跨国公司到我国沿海地区投资设厂,一方面是为了更好地利用自身原有的优势,但更重要的是为了取得当地的资源。跨国公司看重的主要是当地的廉价劳动力资源和本地市场。因此,跨国公司当地嵌入性较差。其表现为:一是本地不结网。一方面跨国公司与上下游、同行、相关行业等企业之间极少发生网络连接关系。一个典型例子就是"三来一补"企业。这种类型企业,原材料、图样设计和生产配件依靠进口,完成生产后产品出口,基本与当地产业网络很少发生关系。另一方面是与政府部门、科研院校、中介机构等非企业组织之间极少发生网络连接关系。除了与政府间关系外,与科研院校和行业协会等联系更少,这在我国比较普遍。大多数跨国公司即使在上下游关系本土化上已经迈出了一大步,但是在与本地机构的技术合作关系很少,尤其是对于来自中国台湾、香港等地的中小型外资企业。二是网络封闭。主要体现在以下三个层面上:第一,局限于投资前母公司原来的合作网络成员。对于核心厂商来说,则表现供应商网络封闭;对于上游协力厂商来说,则表现为顾客网络封闭。第二,局限于同国籍企业间的网络合作关系。即尽管子公司没有维持跟原来网络成员的合作关系,但是在寻求新的合作伙伴时,偏向于跟相同国籍企业建立合作关系。这种情况常见于日本和台湾生产型企业的海外投资行为中。第三,局限于外资企业间的网络合作关系。则子公司的网络成员很少纳入本地企业,而愿意跟其他外资企业打交道。

二、战略嵌入

20世纪90年代以来,特别是进入21世纪以来,跨国公司在华的嵌入呈现出不断深化的发展态势,从经济嵌入逐渐向社会嵌入、体制嵌入、技术嵌入发展。跨国公司在华发展态势表明,这种嵌入不是一时之需,而是一种战略性选择。跨国公司基于中国市场的长远潜力和自身发展战略的考量,逐步将中国纳入其全球战略之中,他们希望与中国企业以及当地社会共同成长,以实现其持久发展目标。因此本书将之称之为战略嵌入。这一阶段,跨国公司对华投资具有大规模、系列化和战略化特征,是从全球产业布局的战略高度实施的,融入了跨国公司一体化的生产体系,跨国公司在华发展已从战略连接走向战略嵌入。其特征表现为:

在投资动因方面,跨国公司看重的不是优惠政策和简单劳动力的廉价优势,而是中国市场的潜力和具有竞争力的人力资源的优势;在投资类型方面,跨国公司投资主要属于市场开拓型投资,从原来更多地把中国视为重要的制造基地,转向更多地把中国看作重要的销售市场;在投资方式方面,跨国公司投资主要采取独资企业或外方控股的投资形式;在投资的产业分布方面,从早期的劳动密集型的简单制造活动向资金技术密集型的制造活动升级,跨国公司主要投资于资本技术密集型、产业联系广泛而深入的产业,如汽车、石化、电子通信设备等;在投资的领域范围方面,从单纯的制造活动向服务领域扩展,从制造业转移向研发机构和地区运营总部扩展;在分工定位方面,从个别投资向系统化投资,不断整合企业集团,延伸产业链条,对华投资纳入跨国公司的全球供应链分工体系;在产业关联方面,对华投资呈现出显著的空间集聚特征;在投资的地区方面,从主要投资于东部逐渐向中西部转移。

与此同时,跨国公司基于中国市场的长远潜力和自身发展战略的考量,不断加强与当地政府、企业和社区的各种联系,他们希望与中国企业以及开发区共同成长,经过持续不断的努力与中国实现双赢。具体体现在以下几方面:一是扎根中国,服务地方社区。如天津开发区摩托罗拉提出"以中国为家,扎根中国,与中国同呼吸共命运",并努力践行。摩托罗拉已经不是一个纯粹的外商投资企业,而是一个正在建设的地地道道的中国公司。二是履行社会责任,做社会好公民。如跨国公司在社会公益方面,比如教育、环保、援助弱势群体、捐款赠送等都有一定的投入和作为。三是从文化等方面与中国社会融合。跨国公司不仅从文化上与中国社会融合,而且从业务沟通及行事做事的方式方法上与中国文化融合,将中国建成全球的研发基地,研发更接近本土需求的产品。四是实施人才本土化战略等方面,如天津开发区的摩托罗拉公司、北京开发区的诺基亚公司、广州开发区的日本本田公司、大连开发区的东芝公司、三洋公司等都堪称楷模。五是加强与中国大学及研究机构的合作,与中国企业组成战略联盟。

三、战略耦合

应该说,跨国公司在我国正处于战略嵌入不断深化的过程中,其未来的发展趋势是战略耦合。所谓耦合(coupling)是物理学的一个基本概念,是指两个或两上以上的系统或运动方式之间通过各种相互作用而彼此影响以至联合起来的现象,是在各子系统间的良性互动下,相互依赖、相互协调、相互促进的动态关联关系。本书把跨国公司嵌入与地方产业系统两个系统通过各自的耦合元素产生相互作用、互动融合的现象,称为跨国公司的战略耦合。具体表现为,跨国公司嵌入与地方产业系统互相促进、互相影响,二者具有紧密的、不可分割的关系,从而形成一个完整的产业生态系统。这种产业生态系统具有以下特征:

(1)企业集群化。跨国公司与大量的企业以及相关支撑机构在空间上集聚,这些企业既独立自主又彼此依赖,既具有专业分工、资源互补,又维持着一种长期的、非特定的合作关系,从而形成强劲、持续竞争优势。

(2)价值链高端化。目前在我国的跨国公司以及当地企业系统大部分在全球价值链分工体系中处在价值链末端,跨国公司企业只是处于生产环节,而将研发、设计和销售等业务留在其母国内,为跨国公司配套的国内企业只是国外公司的"协作厂",价值创造有限。跨国公司的战略耦合就是要通过跨国公司与地方产业系统相互作用、互动融合,最终实现从价值链末端向高端转移。

(3)协同共生性。所谓"协同"是指整个环境中的各个系统间存在着相互影响而又相互合作的关系。从协同效应分解的角度来看,"协同效应=共用效果＋互补效果＋同步效果。"①"共生"一词是由德国生物学家德贝里（Anton de Bary）在 1879 年首先提出的一个生物学概念，其原意是指两种不同种属的生物在同一环境中相互依存，共同生活。这里协同共生性是指跨国公司与地方产业共同构成了一个企业生态系统，成员企业形成共生体，具有共同演化、共生共赢的特性。

根据跨国公司在华嵌入的不同阶段，本书将跨国公司在华战略连接、战略嵌入和战略耦合各自特点做一下比较，如表 4－12 所示。

表 4－12　跨国公司在华发展战略比较

	战略连接	战略嵌入	战略耦合
主要动机	获取廉价资源	提高自身竞争优势	与地方协同发展，共生共赢
与当地关系	联系很少	联系较多	联系多
跨国公司绩效	较低	较高	较高
当地收益	较低	较高	高
根植性	弱	较强	强
对当地产业的影响	聚而不群	形成一定的产业集群	形成竞争力强的产业集群
典型例证	东莞外资企业群	诺基亚星网工业园 通用汽车	摩托罗拉

资料来源：笔者整理。

综合而言，伴随着中国改革开放进程，跨国公司基于中国市场的长远潜力和自身发展战略的考量，在华嵌入从经济嵌入不断走向更高层次的技术嵌入、社会嵌入和体制嵌入。与此同时，其在华战略从战略连接向战略嵌入演化，最终必将走向战略耦合。跨国公司在华嵌入的演化路径如下图所示。

---

① 邱国栋、白景坤：《价值生成分析：一个协同效应的理论分析框架》，《中国工业经济》2007年第 6 期。

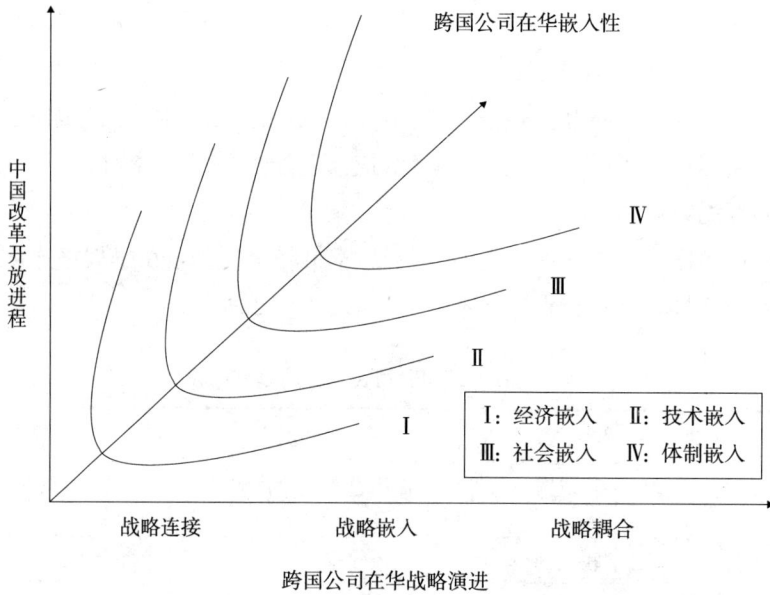

图 4-12　跨国公司在华嵌入的演化路径

资料来源:笔者整理。

第五章 国家级开发区的产业集聚特征与模式

第一节 产业集聚的内涵、类型

一、产业集聚内涵的重新界定

纵观目前国际上对产业集聚的研究,在定义方面并未形成一个统一的认识,这与产业集聚自身的复杂性和多面性有关。从马歇尔和韦伯开始,许多学者都对产业集聚问题进行了深入研究并对产业集聚内涵进行了界定。本书认为产业集聚是指众多同一产业的企业或者相关产业的企业在某一地区的集中与聚合。要准确把握这一概念的内涵,应从以下方面来界定。

动态和静态产业集聚:产业集聚的动态含义是指众多同一产业的企业或者相关产业的企业在某一地区的集中与聚集的过程和趋势。产业集聚的静态含义是描述一种状态,即众多同一产业的企业或者相关产业的企业在某一地区集中的状态,具体表现为一定程度的产业群落。产业集聚是静态和动态的统一,片面强调某一方面都是不科学的。

广义与狭义:狭义产业集聚是指同一产业的企业的区域集中,如美国的硅谷、底特律;广义产业集聚是指多种产业在同一区域的集中。胡佛(Hoover,1937)将这前者集聚称为地方化经济(Localization economies,也称为专门化经济, specialization economies)将后者称为城市化经济(Urbanization economies,也称为多元化经济,diversity economies)。[①] 本书对开发区整体产业集聚分析属于广义的产业集聚,而对部分开发区的分析属于狭义的产业集聚。

---

① Hoover,E M. ,1937,*Location Theory and the Shoe and Leather Industries*, Harvard University Press.

　　由于产业集群延伸的地域范围差别较大,一些学者对产业集群的研究层次进行了划分。比较普遍的观点是从三个层次来进行区分,微观层是指公司群,一般把集群定义为生产相同产品且具有重要的正式和非正式互补联系的企业群,其重点是考察相同生产企业之间的联系和某些供应链的特征。中观层和宏观层是指产业群,侧重于研究整个区域范围内主要产业内企业间的联系和产业的竞争优势。第三个层次是网络角度,侧重考察集群内企业或部门间的网络联系和价值链体系。

　　本书的研究也分为三个层次,宏观层次集聚指现代工业(主要是制造业)在我国国家级开发区的集聚;中观层次集聚指现代工业(主要是制造业)在东部、中部、西部开发区的集聚;微观层次集聚指现代工业(主要是制造业)在具体开发区的集聚。

二、产业集聚的类型

　　纵观国内外的有关文献,许多学者从不同视角对产业集聚进行分类。布鲁斯科(Brusco,1990)根据政府干预与否以及产业区内小企业内源力与竞争力的高低,将产业区分为四类。第一类产业区是由低内源力,低竞争力企业所组成的无政府干预的地方生产系统,如瑞典的格诺斯鸿(Gnosjo)。第二类是由低内源力,低竞争力企业所组成,存在相当程度的政府干预,因而它是有一些技术创新能力的地方生产系统。其潜力来源于产业区中小企业群的集体力量。第三类是高内源力,高竞争力的中小企业密切协作地方生产系统,无政府干预,具有良好的技术创新能力。第四类高内源力,高竞争力的中小企业协作以及政府干预共同导致的高水平创新能力的地方生产系统。①

　　韩国学者帕克(Park)等人将产业区分为九类,包括马歇尔产业区,中心辐射型产业区(2类),卫星式产业区,高级中心辐射产业区,高级卫星型产业区(2类)和首创高技术产业区(2类)。② 这种划分方法可以将发展中国家的

---

①　Brusco. 1990, *The Idea of the Industrial District : the Experience of Italy*, London Groom Helm.

②　Park S. & Markusen, A, 1995, *"Generalizing New Industrial Districts : A Theoretical Agenda And An Application from a Non-Western Economy"*, Environment and Planning, Issue 5, pp. 65 - 72.

许多新兴发展区域也视为产业区,从而对于发展中国家产业区的研究具有非常重要的理论意义。美国学者黑特(Hayter,1997)根据所有权集中程度与区内协作程度所组成的二维框架对集群的地方生产系统进行了分类。这一分类指出以核心企业为主导的产业区与传统的中小企业集群相异,这类集群由核心企业所控制,但协作程度同样也是相当的高。因此集群研究中不应忽视大企业的存在。[1]

美国学者马库森对美国、日本、韩国和巴西经济增长明显较高的产业集群进行了研究[2],并提出了几种典型的产业区类型:(1)马歇尔式工业区,主要由中、小企业网络联结而成,企业的地域根植性较强;(2)轮轴式产业区,其地域结构围绕一种或几种工业的一个或多个主要企业;(3)卫星平台式产业区,主要由跨国公司的子公司组成,这些子公司可能由高科技,也可能由低成本的制造和加工机构组成。第一种类型马歇尔式产业区中,集群区内虽然主要由当地的小企业网络组成,跨国公司没有直接进入当地的生产系统,但是这些产业区所服务的"客商"却大多是跨国公司,跨国公司将其非核心的业务外包给这些集聚区的企业,由当地的企业贴牌生产,而跨国公司也及时地将外界的市场信息传递给地区的生产系统,将集聚区纳入全球的生产网络。同时,外部环境的变化,市场需求的变迁通过跨国公司的需求信息反馈到地方的生产网络,并促进了集群区内产业的创新和升级。在第二种轮轴式产业区和第三种卫星平台式产业区中,跨国公司对集聚区成为开放系统的作用更为突出。跨国公司直接参与产业集群的生产系统,并促进了产业区的形成。跨国公司能够提供"胶",使集聚区域临近的小企业难以离开,并鼓励它们留在本地发展,同时吸引新的企业进入集聚区域。学者米特卡(Mytelka)和法里涅里(Farinelli)(2000)进一步将自发形成的产业集群分为非正式集群、有组织的产业集群和创新型产业集群。并举例进行了分析,指出创新对集群发展

① Hayter,R. ,1997,*The Dynamics of Industrial Location:The Factory,the Firm and the Production System*,John Wiley,Chichester.

② Markusen,A. ,1996,"*Sticky Places in Slippery Space:A Typology of Industrial Districts*",Economic Geography,Vol. 72,pp. 293 - 313.

的具有至关重要的作用。①

　　我国学者王缉慈(2001)将我国目前国内的集群分为五类,并分别进行了分析。一是沿海外向型出口加工基地,如东莞。经过 20 年的发展,地方企业集群初步形成,部分产业的企业分工配套网络逐渐形成规模,但面临产业升级和结构调整的压力。二是一些智力密集地区,例如北京的中关村,高新技术企业扎堆十分明显,但是其集群的形成机理、区位特征和发展趋势却没有真正为人们所认识,由于政策不到位和制度性因素,企业内耗相当严重,同业和相关行业缺乏必要的沟通和合作,专业化分工不发达,直接影响我国高新技术产业的国际竞争力。三是乡镇企业自发发展起来的集群,如浙江温州等,其发展也到了一定的阶段,面临着如何加强创新能力,提高企业和区域的管理水平,以及面临企业优胜劣汰和外资进入诸多问题。四是一些条件比较优越的开发区已经吸引了知名的跨国公司,由于本地化的需求,带来或即将带来一系列配套企业,可能形成较大的企业集群,如何规划这种地区的发展,已经摆在了地方政府的面前。五是国有大中型企业为核心的产业区面临技术创新,制度创新和产业结构调整的压力。②

　　许康宁(2003)根据产业资本要素的来源及其在空间范围内的形成特点,将产业集群的形成分为两种模式。③ 第一种是市场创造模式,即区域经济范围内首先出现专业化的市场,为产业集群的形成创造了重要的市场交易条件和信息条件,最后使产业的生产过程也聚集在市场的附近。市场创造模式形成产业集群的典型地区是浙江。第二种是资本迁移模式。它与资本流动有关,一般是发生在有产业转移的背景下。当一个规模较大的企业出于接近市场或节约经营成本的考虑,在生产区位上作出重新选择并投资于一个新的地区的时候,有可能引发同类企业和相关企业朝这个地区汇聚。目前,国内在资本迁移模式下形成的产业集群,其中起推动和促进作用的迁移性资本主要来

---

① Mytelka, L. and Farinelli, F. 2000, "*Local Clusters, Innovation Systems and Sus-tainedCompetitiveness*", Presented at the Meeting on Local Productive Clusters and Innovation Systems in Brazil: New Industrial and Technological Policies for their Development. Rio de Janeiro, September, pp. 4 - 6.

② 王缉慈:《创新的空间:企业集群与区域发展》,北京大学出版社 2001 年 5 月,第 13—14 页。

③ 徐康宁:《开放经济中的产业集群与竞争力》,《中国工业经济》2001 年第 11 期。

自于外商直接投资。

任胜刚(2004)根据集群与外界的联系和集群参与者的企业性质两个维度,将集群划分为四类。① 第一类:封闭型小企业集群,服务于当地国内市场。大多数小企业集群以乡缘、亲缘形成的纽带为人文网络,以本地的资源秉赋、传统的手工业历史为基础自发演化而成,因此可称之为内生型产业集群。从行业和技术特点来看,小企业集群大多以专业化市场为依托,以专业化分工为基础,以专业化产品为主业,集中于充分竞争的劳动密集型制造业,并以生产中低层次的特色产品为主。第二类:相对开放型小企业集群,产品出口到国外市场。对于相对开放型小企业集群,其产生的时代背景是经济的全球化。资本和经济活动的跨界转移越来越频繁,区域之间的相互依赖性不断提高。第三类相对封闭型跨国公司集群。这类集群的参与者为跨国公司,之所以将之视为相对封闭,是因为集群内的各个企业都是跨国公司内部的子公司或分支机构。集群与外界的联系实际上是通过公司内部跨区域之间的产品流、技术流、人才流实现的。第四类:开放型跨国公司集群。该类集群由于跨国公司的参与,其对外开放程度往往相当之高。跨国公司的整体战略基于全球化的视角,其经营范围往往涉及多个行业,生产品种成千上万。对于跨国公司参与的集群,他根据知识所处价值链环节进行分为三类。生产型知识集群、技术型知识集群和市场型知识集群。

根据笔者的调研分析,目前看,我国开发区的产业集聚类型两类:一类为内源型产业集聚;另一类为嵌入型产业集聚。内源型集聚,由区域内部力量(或因素)驱动,依靠国内企业投资而形成的,区内主体由内资企业构成,主要面向国内市场。内源型产业集聚是依靠当地传统产业、文化等历史特殊要素及资本的累积,通过内生发展而形成的,具有很强的地域根植性。形成与发展依赖的产业特定性要素可分为产业特定性知识、技术工匠、特质劳动力和产业氛围,它们在特定地理范围内不规则地分布并且固定下来,形成内源型产业集聚区。如青岛经济技术开发区的家电产业集聚,内蒙古呼和浩特开发区的乳业产业集聚,武汉高新区(光谷)的光电子产业集聚等等,国际上的"第三意大

---

① 任胜钢:《跨国公司与产业集群的互动研究》,复旦大学出版社 2007 年 11 月,第 65—71 页。

利"现象及我国浙江省的区域"块状经济"是这种内生式集群的典型。嵌入型产业集聚由区域外部力量(或因素)驱动,主要由跨国公司投资而形成的,区内主体由外资企业构成,主要从事外向型加工工业,产品大量出口,对外依赖严重。嵌入型产业集聚所涉及的产业与当地原来的产业和企业没有非常明显的前后向的联系,新的产业和新的产品价值链是嵌入到当地的产业结构中,而不是融合,能够比较清楚地观察到集聚的企业网络结构的边界,跨国公司、外资企业是产业集聚的主体,当地企业常常处于边缘化的地位,开始时无法通过前后向的联系纳入到外资企业的网络结构。嵌入型产业集聚表现为大量同一产业的、有前后向联系的相关外商投资企业在同一空间集结,它们相互之间构成了相对完整、连续和独立的产业链条,本土企业参与配套生产的能力比较弱,中间产品的采购多从配套的外商投资企业购买,产品的研发和设计环节往往放在母国,生产的产品除满足东道国市场外,很大一部分是出口到母国或其他第三国,比较高的出口比例是它的特点之一。集聚的外商投资企业能够通过自己的网络完成中间产品和成品的生产,而与之相关的产业和经济组织也得以发展。

三、产业集聚的测度

1. 产业集聚测度的一般方法。

关于产业集聚的测度,目前主要有以下几种方法。[1]

(1)行业集中度

在各种测度产业集聚水平的方法中,行业集中度是最简单、最常用的计算指标,是衡量某一市场竞争程度的重要标志。行业集中度是指某一产业规模最大的 n 位企业的有关数值(如生产额、销售额、职工人数、资产总额等)占整个市场或行业的份额。其计算公式为:

$$CR_n = \sum_{i=1}^{n} X_i / \sum_{i=1}^{N} X_i$$

其中,CR_n 代表 X 产业中规模最大的前 n 位企业的市场集中度,X_i 代表

---

[1]　王子龙、谭清美、许箫迪:《产业集聚水平测度的实证研究》,《中国软科学》2006 年第 3 期。

X 产业中第 i 位企业的生产额或销售额、职工人数等，N 代表 X 产业的全部企业数。行业集中度能够形象地反映产业市场集中水平，测定产业内主要企业在市场上的垄断与竞争程度。CRn 对前几家市场占有率大的企业份额变化反应灵，测算方法简便易行。该指标存在的缺陷是：其一，行业集中度受到企业总数和企业市场分布两个因素的影响，但 CRn 指标仅考虑前几家企业的信息，未能综合全面考虑这两个因素的变化；其二，行业集中度指标存在着因选取主要企业数目不同而集中水平不同的问题。

(2)区位商

区位商是分析区域产业集聚的规模指标，它是衡量某一产业的某一方面在某一特定区域内的相对集中度。其计算公式为：

$$LQ_{ij} = \frac{x_{ij} / \sum_i x_{ij}}{\sum_j x_{ij} / \sum_i \sum_j x_{ij}}$$

上式中：i 表示第 i 个产业，j 表示第 j 个地区；X_{ij} 表示第 j 个地区的第 i 产业的产值指标。区位商也称为区域规模优势指数，表示该地区该行业的规模在全国的位置。区位商越大意味着该地区该产业的地方专业化程度越高，比较优势越明显，集聚能力越强。(1)当 $LQ_{ij} > 1$，表明该地区该产业具有比较优势，一定程度上显示出该产业较强的集聚能力；(2)当 $LQ_{ij} = 1$，表明该地区该产业处于均势，该产业的集聚能力并不明显；(3)当 $LQ_{ij} < 1$，表明该地区该产业处于比较劣势，集聚能力弱。

(3)产业集聚指数

产业集聚指数是分析区域产业集聚的动态指标。假定考察周期为[o,t]，有 n 个产业 m 个地区，j 地区 i 产业期初和期末的产值分别为 $q_{ij}0$ 和 $q_{ij}t$，用 A_{ijt} 表示 j 地区 i 产业的集聚指数，令：

$$s_{ijt} = \sqrt[t]{q_{ijt}/q_{w0}} - 1, \quad S_{it} = \sqrt[t]{\sum_{j=1}^{m} q_{ijt} / \sum_{j=1}^{m} q_{w0}} - 1,$$

则考察期内 j 地区 i 产业的产业集聚指数为：$A_{ijt} = S_{ijt}/S_{it}$，其中，S_{ijt} 表示考察期内 j 地区 i 产业产值的平均增长速度，S_{it} 表示全国 i 产业产值的平均增长速度。(1)当 $S_{it} \geq 0$ 时，表明 i 产业在全国仍处于成长阶段，此时如果 $A_{ijt} \geq 1$，表明 i 产业向 j 地区集聚，该产业的发展速度超过全国平均水平，即 j 地区 i 产业在全国的比较优势显著;如果 $0 \leqslant Aijt \leqslant 1$,表示 i 产业尽管在 j 地区也在增长,但增长速度低于全国水平;如果 $Aijt < 0$,说明 j 地区的 i 产业已出现了萎缩。(2)当 $Sit < 0$ 时,表明 i 产业在全国出现衰退。此时,如果 $Aijt < 0$,表示 i 产业在 j 地区仍然在增长,即该产业在 j 地区存在比较优势;如果 $Aijt > 0$,即 $Sijt$ 小于 0,表明 i 产业在 j 地区也出现了衰退。

(4)赫希曼—赫佛因德指数(Hirschman-Herfindahl index,H 指数)

H 指数是衡量产业集聚程度的重要指标,由赫希曼(A. Hirschman)和赫佛因德(O. Herfindahl)提出的。近年来 H 指数受到产业经济学家的普遍重视。其计算公式为:

$$H = \sum_{j=1}^{N} s_j^2 = \sum_{j=1}^{N} (X_j/X)^2 = (j=1,2,3,\wedge,n)$$

其中,X 代表产业市场总规模,Xj 代表 j 企业的规模,$sj = X/Xj$ 代表第 j 个企业的市场占有率,N 代表该产业内部的企业数。H 指数实质是赋予每个企业的市场份额 sj 的一个权重,通常对大企业给予的权重大。

(5)空间基尼系数(space Gini coefficient)

洛伦兹(Lorenz)在研究居民收入分配时创立了揭示社会分配平均程度的洛伦兹曲线。基尼(Gini)依据洛伦兹曲线提出计算收入分配公平程度的统计指标:基尼系数。克鲁格曼(Krugman,1991)运用洛伦兹曲线和基尼系数测定行业在区域间分配均衡程度时提出空间基尼系数。空间基尼系数是一个衡量产业空间分布均衡性的指标,其数值可依据 i 区域 j 产业构成的空间洛伦兹曲线进行计算。空间基尼系数计算是:

$$G = \frac{S_A}{S_A + S_B} (0 \leqslant G \leqslant 1)$$

其中:S_A 为洛伦兹曲线与正方形对角线围成的面积,S_B 为下三角形的余下部分面积。基尼系数反映了某一个地区某一产业的就业人数占该产业总就业人数的比重,以及该地区全部就业人数的情况。基尼系数(取值在 0 和 1 之间)越大,表明集聚值越大,产业在地理上越集中。

本书认为在对区域产业集聚的测度中,上述方法都有一定的合理性。行业集中度简单易行,区位商能够更好地从区域的角度分析某一产业的地方专业化程度,以反映该产业的集聚能力;产业集聚指数可以从动态的角度考察某

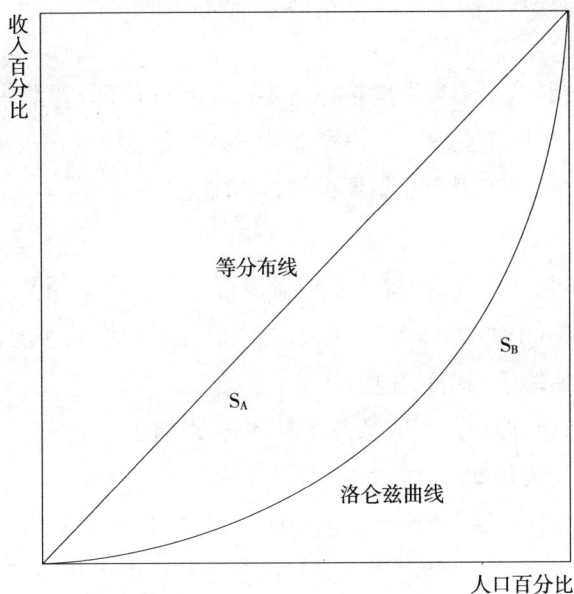

图 5-1　洛仑兹曲线

资料来源：梁琦：《产业集聚论》，商务印书馆 2004 年 4 月，第 255 页。

一地区某一产业在一定时期内的发展水平，以反映产业的集聚趋势。即反映了产业集聚的静态现状，也能够反映产业集聚的动态趋势，是较好的方法。但这些方法都属于宏观方法，并不能对产业集聚的具体程度做出客观、准确的判断，同时计算比较复杂。因此，本书采用工业集中度、工业区位商、产业集聚指数方法并适当简化用以作为测度开发区产业集聚指标。

2. 开发区产业集聚度测度指标体系设计

（1）宏观指标：将全部国家级经济技术开发区作为一个整体，分析其产业集聚相对于全国的情况。

静态宏观指标采用产业集聚度指标。产业集聚度，用全部开发区工业总产值占全国工业总产值比表示。

动态宏观指标采用产业集聚指数，计算公式是：

$$A = S_{kit}/S_{it}$$

考察期 [o, t] 内全部开发区的产业集聚指数，其中，S_{kit} 表示考察期内全部开发区工业产值的平均增长速度，S_{it} 表示全国工业产值的平均增长速度。

（2）中观指标：将全国54个开发区按东部、中部、西部分析，分析其相对集聚程度。

静态中观指标，采用集聚度指标。东部（中部、西部）产业集聚度，用东部（中部、西部）开发区工业总产值占全部开发区工业总产值比表示；

动态中观指标，采用产业集聚指数，计算公式为：

$$A = S_{kmit} / S_{it}$$

考察期 $[o, t]$ 内东部（中部、西部）开发区的产业集聚指数，其中，S_{kmit} 表示考察期内东部（中部、西部）开发区工业产值的平均增长速度，S_{it} 表示全部开发区工业产值的平均增长速度。

（3）微观指标，即对某个或某几个具体开发区的分析，分析其相对于其他开发区的产业集聚程度。

静态微观指标，采用产业集聚度指标，由三个指标组成。

——开发区产业集聚度，用某开发区工业总产值占全部开发区工业总产值比表示；

——规模最大的前 n 位开发区产业集聚度 CRn，其计算公式为：

$$CR_n = \sum_{i=1}^{n} X_i / \sum_{i=1}^{N} X_i$$

其中，CRn 代表开发区工业中规模最大的 n 位开发区的工业集聚度，X_i 代表工业中第 i 位开发区的工业生产总值或工业销售额，N 代表全部开发区数。工业集聚度能够形象地反映开发区工业集聚水平。n 可以取 $1, 2, 5,$ 10 等。

——开发区工业区位商

其计算公式为：$LQ_j = \dfrac{\dfrac{ADIV_j}{GDP_j}}{\dfrac{ADIV_a}{GDP_a}}$

其中，$ADIV_j$ 表示 j 开发区工业增加值，GDP_j 表示 j 开发区国内生产总值，$ADIV_a$ 表示全国工业增加值，GDP_a 表示全国国内生产总值。区位商也称为区域规模优势指数，表示该地区工业的规模在全国的位置。区位商越大意味着该地区该地方产业化程度越高，比较优势越明显，集聚能力越强。

动态指标采用产业集聚指数。其计算公式为：

$$A = S_{kmit} / S_{it}$$

考察期[0,t]内某开发区的产业集聚指数,其中,S_{kmit} 表示考察期内某 m 开发区工业产值的平均增长速度,S_{it} 表示全部开发区工业产值的平均增长速度。

表 5-1　国家级开发区产业集聚测度指标体系

宏观产业集聚指标	静态指标	工业总产值;就业人数;工业增加值;产业集聚度
	动态指标	产业集聚指数
中观产业集聚指标	静态指标	工业总产值;工业增加值;产业集聚度
	动态指标	产业集聚指数
微观产业集聚指标	静态指标	企业数量;工业总产值;工业增加值;就业人数;产业集聚度;产业区位商;最大前 n 位开发区产业集聚度
	动态指标	产业集聚指数

资料来源:笔者整理。

第二节　国际级开发区中的主导产业与产业集聚情况

国家级开发区通过引进具有世界先进水平的现代制造业以及跨国公司的研发机构,集约利用资源,促进产业集群发展,大大提升了我国的产业结构和在国际分工中的地位,走出一条在开放条件下实现新型工业化的道路。据本人对国家级经济技术开发区的实地调研及综合分析表明,除少数开发区尚未形成产业集聚之外,绝大多数开发区都形成了一定的产业集聚,一些起步早、发展快的开发区已形成较大规模的产业集群,并呈现出良好的发展态势,如表 5-2。

表 5-2　2008 年国家级经济技术开发区产业集聚概况汇总

产业集聚情况	开发区
产业集聚度高,已形成一定规模的产业群	大连、天津、烟台、宁波、广州、漕河泾、南沙、昆山、沈阳、杭州、北京、南京、苏州工业园、金桥、长春、青岛(16)
产业集聚度较高,已形成一定的产业集聚	南通、萧山、福清、惠州、厦门海沧、武汉、南昌、合肥、重庆、哈尔滨、长沙、芜湖、西安(13)

续表

产业集聚情况	开发区
产业集聚度中等	秦皇岛、连云港、福州、闵行、营口、海南、温州、成都(8)
产业集聚度较低	宁波大榭、威海、湛江、郑州、太原、乌鲁木齐、昆明、石河子、西宁、银川、呼和浩特、南宁(12)
尚未形成产业集聚	东山、拉萨、兰州、贵阳(4)

资料来源:根据各开发区发展报告和实地调研整理。

注:虹桥开发区以商贸为主,没有工业,本书主要讨论工业集聚问题,所以这里未包括虹桥开发区。

　　其中,东部地区大多数开发区已经形成了一定的产业集聚,大连、广州、北京、天津、漕河泾、金桥、昆山、杭州、苏州工业园、南京、虹桥、青岛已形成较大规模的产业群,如广州开发区形成汽车产业集群,天津开发区、北京开发区分别形成了电子信息产业集群,青岛开发区形成了家电电子产业集群。而宁波大榭、威海、湛江产业集聚度较低,东山开发区尚未形成产业集聚。

表5-3　2008年东部32家经济技术开发区主导产业及产业集聚概况

开发区	主导产业	产业集聚概况
大连	电子信息、通用设备与专用设备、电气机械、石油化工、医药	电子信息、通用设备与专用设备形成一定产业集聚
秦皇岛	粮油食品加工、汽车及零部件、重大装备制造、冶金及金属压延和玻璃建材	粮油食品加工、汽车及零部件形成一定产业集聚
天津	电子通讯、机械制造(含汽车及零部件)、食品饮料、生物医药	电子通讯、含汽车及零部件、食品饮料、生物医药已形成较大规模的产业集群
烟台	汽车、电子通讯、新材料、生物医药、化纤纺织、食品加工	汽车、电子通讯已形成形成一定产业集聚
青岛	家电电子、石油化工、汽车船舶、新型材料、高新技术、港口物流	家电电子、石油化工、船舶已形成较大规模的产业集群
连云港	食品、医药、纺织化工、电子机械、新材料、新能源、石化、造船、冶金临港产业	食品、医药、纺织化工、电子机械形成一定产业集聚
南通	新材料、新能源、新医药、电子信息、海洋船舶装备、现代服务业	新材料、新能源、新医药形成一定产业集聚
宁波	能源、石化、不锈钢、粮油食品、造纸及纸制品等临港产业及精密机械、电子信息、汽车及零配件、生物医药、新材料	能源、石化、粮油食品、造纸及纸制品形成一定产业集聚

续表

开发区	主导产业	产业集聚概况
福州	电子、光机电仪一体化、生化制药、机械冶金、建材、轻纺和食品	电子、光机电仪一体化、生化制药已形成一定的产业集群
广州	化学原料及化学制品、电子及通信、电气机械及器材、食品饮料、金属冶炼及加工业、交通运输	电子通信、汽车已形成较大规模的产业集群
湛江	石油化工、特种纸业、机电通讯、纺织服装、生物医药、食品饮料、农海产品加工	石油化工、特种纸业形成一定产业集聚
闵行	机电产业(以轨道交通、电站设备为代表)、医药医疗产业和轻工产业	机电产业(轨道交通、电站设备为代表)已形成较大规模的产业集群
虹桥	现代服务业(展览、展示、办公、居住、餐饮、购物)	现代服务业已形成较大规模的产业集群
漕河泾	信息技术、新材料、生物医药、航天航空	信息技术、新材料、生物医药已形成较大规模的产业集群
温州	机电设备,电子信息、化工医药、建筑材料业,轻纺行业	机电设备、化工医药、轻纺行业已形成较大规模的产业集群
萧山	电子通讯、汽车及零部件、精密机械、医疗食品、纺织服装、建材化工	电子通讯、汽车及零部件形成一定产业集聚
营口	矿产加工、木材粮食加工、皮革加工、服装加工和化妆用具	矿产加工、木材粮食加工形成一定产业集聚
威海	汽车、机械、电子、化工、医药、纺织、食品、建材	汽车、机械形成一定产业集聚
福清	电子、汽车配件、塑胶、食品、建材	电子、汽车配件形成一定产业集聚
南沙	物流产业、邻港产业、高新技术产业	物流产业形成一定产业集聚
惠州	石化工业、汽车零部件、电子信息、钢铁港口物流业	石化工业、汽车零部件形成一定产业集聚
昆山	电子信息、精密机械、高档轻纺	电子信息、精密机械已形成较大规模的产业集群
东山	电子、水产品、五金、环保材料	尚未形成产业集聚
沈阳	装备制造、汽车及零部件、医药化工、新型冶金、食品饮料包装、纺织印染服装	装备制造、汽车及零部件、新型冶金已形成一定的产业集聚
杭州	电子信息、生物医药、机械制造、食品饮料	电子信息、生物医药已形成较大规模的产业集群
北京	电子通讯、机械制造(含汽车及零部件)、食品饮料、生物医药	电子通讯、汽车及零部件、生物医药已形成较大规模的产业集群

续表

开发区	主导产业	产业集聚概况
南京	电子信息、生物医药、新材料、轻工机械	电子信息、生物医药已形成较大规模的产业集群
宁波大榭	能源中转、临港石化、港口物流	临港石化形成初步产业集聚
海南洋浦	石油化工、石油商业储备、林浆纸一体化产业、现代物流业	石油化工、石油商业储备形成一定产业集聚
苏州工业园	电子信息、电器机械、通用设备、化学原料	电子信息、电器机械已形成较大规模的产业集群
金桥出口加工区	电子信息、汽车、家电、生物医药	电子信息、汽车已形成较大规模的产业集群
厦门海沧	汽车、新材料	汽车、新材料形成一定产业集聚

资料来源:根据各开发区发展报告和实地调研整理。

中部地区开发区长春、哈尔滨、武汉、长沙、芜湖、南昌、合肥已形成一定的产业集聚,产业集聚度较高。如长春开发区、武汉开发区分别形成了汽车产业集群。

表 5 - 4　2008 年中部 9 家经济技术开发区主导产业及产业集聚概况

开发区	主导产业	产业集聚概况
合肥	汽车、装备制造、家电电子、日用化工、食品	汽车、装备制造、家电电子已形成一定产业集聚
郑州	电子信息、电力器材、印刷包装、食品加工	产业集聚度较低
长沙	先进制造、电子信息,新材料、生物工程、食品饮料、轻印包装	先进制造、电子信息已形成较大规模的产业集群
太原	新材料、医药、食品、机械电子	产业集聚度较低
南昌	家用电器、电子信息、汽车制造、现代造纸	家用电器、汽车制造形成一定产业集聚
长春	玉米化工、汽车及零部件和现代服务业、食品、光电信息、医药	玉米化工、汽车及零部件形成一定产业集聚
哈尔滨	汽车及零配件、食品、医药	汽车及零配件、食品、医药形成一定产业集聚
芜湖	汽车及零部件、电子电器、新材料	汽车及其零部件形成一定产业集聚
武汉	汽车与零部件、食品饮料、机械、电子、建材、医药、生物工程	汽车与零部件已形成较大规模的产业集群

资料来源:根据各开发区发展报告和实地调研整理。

　　西部地区重庆、西安、成都产业集聚度较高,乌鲁木齐、昆明、石河子、西宁、银川、呼和浩特、南宁产业集聚度较低,正处于起步阶段;而拉萨、兰州、贵阳开发区尚未形成产业集聚。

表5-5　2008年西部13家经济技术开发区主导产业及产业集聚概况

开发区	主导产业	产业集聚概况
南宁	通讯电缆、精细化工、汽车配件、造纸、制药、医疗器械、食品、农产品	产业集聚度较低
石河子	纺织、食品、化工	产业集聚度较低
呼和浩特	绿色食品产业、新型材料产业、生物医药产业、电子信息产业、汽车制造产业	绿色食品产业、新型材料产业已形成一定产业集聚
贵阳	生物工程、IT产业、天然药业、绿色产品、光电子技术、航天技术及产品、精密机械、数字家用电器、飞机零配件	尚未形成产业集聚
成都	机械、电子、光学制品、新型建材、医药及食品加工	机械、电子、光学制品形成一定产业集聚
昆明	烟草加工、机械制造、电子信息、生物技术	产业集聚度较低
西宁	盐湖化工、有色金属、石油天然气、中藏药、食品、生物化学制品、新材料、信息技术	产业集聚度较低
西安	商用汽车、机械电子、食品饮料和新材料	商用汽车、机械电子产业集聚度较高
银川	机械装备、新材料、化工、动漫	产业集聚度较低
兰州	家电、机械及专用设备、生物医药、食品加工	尚未形成产业集聚
重庆	电子信息、生物医药、汽车摩托车、精细化工及新材料、绿色食品、服装	电子信息、汽车摩托车已形成较高产业集聚
乌鲁木齐	生物工程、石油化工、新型建材、机械电子、新能源、自然资源深加工	产业集聚度较低
拉萨	藏药、医疗保健用品、食品、传统民族工艺品、旅游产品和农牧产品深加工	尚未形成产业集聚

资料来源:根据各开发区发展报告和实地调研整理。

第三节　国家级开发区产业集聚分析

一、宏观分析

1. 国家级经济技术开发区产业集聚度

近年来,国家即开发区呈现产业快速集聚之势。2008 年,54 家[①]国家级经济技术开发区在不到全国总面积万分之一的土地上,创造了占全国 5.09% 的地区生产总值(GDP)15313.01 亿元,实现工业增加值 10971.94 亿元,占全国工业增加值(现价)的 8.50%;进出口总额 3323.40 亿美元,占全国 15.05%,其中出口 2050.95 亿美元,占全国的 14.35%,进口 1804.16 亿美元,占全国的 15.92%;实际利用外资 195.380 亿美元,占全国的 21.15%;税收收入 2480.91 亿元,占全国 4.29%;累计吸收外商投资金额达到 1531.66 亿美元,占全国 17.29%;期末实有外商投资企业数达到 25239 家,内资工业企业数 25953 家,就业人数 609 万人。

表 5-6　2003—2008 年 54 家国家级经济技术开发区产业集聚情况

	2003	2004	2005	2006	2007	2008
外资企业数	16360	19049	19966	22091	24227	25239
内资工业企业数	16262	18869	19901	24335	25647	25953
全国工业总产值	142271.20	187220.70	251619.5	316588.96	405177.13	446000
54 家开发区工业总产值	12957.13	17949.11	23376.88	30219.22	38426.28	45935.26
工业集聚度%	9.11	9.59	9.29	9.55	9.48	10.29
工业增加值	3602.08	4855.62	5981.35	7414.24	9199.70	10971.94
占全国比重%	6.56	7.45	7.85	8.14	8.57	8.50

资料来源:商务部 2003—2008 年国家级开发区主要经济指标。

2. 国家级经济技术开发区工业集聚指数

根据有关数据计算,2003—2008 年全国工业总产值增速为 25.67%,而国

---

① 这 54 家国家级经济技术开发区未包括 2007 年后新批准升级的廊坊开发区和扬州开发区的统计。

家级经济技术开发区工业总产值增速为 28.89％,工业集聚指数为 1.12,说明经济技术开发区工业集聚程度高于全国 12％。

二、中观分析

1. 三大区域开发区相对产业集聚度

从东部、中部、西部三大区域来看,产业集聚在东部较明显,但中西部也呈现出快速发展的势头。如表所示,2003—2008 年,东部工业集聚度始终占80％以上,2005 年达到 83.75％的高点,之后略有下降;中部工业集聚度基本稳定,略有下降,而西部则呈上升之势。

表 5-7　三大区域开发区相对工业集聚度比较　　（单位:亿元）

指标＼年份	2003	2004	2005	2006	2007	2008
全体开发区工业总产值	12957.13	17949.11	23376.88	30219.22	38426.28	45935.26
东部开发区工业总产值	10670.71	15015.60	19578.03	25213.23	31720.94	37058.11
东部工业集聚度	82.35％	83.66％	83.75％	83.43％	82.55％	80.67％
中部开发区工业总产值	1596.64	2096.98	2726.46	3522.28	4595.32	5800.73
中部工业集聚度	12.32％	11.68％	11.66％	11.66％	11.96％	12.62％
西部开发区工业总产值	689.79	836.52	1072.39	1483.71	2110.02	3076.42
西部工业集聚度	5.32％	4.66％	4.59％	4.91％	5.49％	6.69％

资料来源:根据商务部 2003—2007 年经济指标统计整理。

2. 产业集聚指数

根据有关数据计算,2003—2007 年 3 大区域开发区工业集聚指数,如表5-8 所示,其中,东部开发区工业集聚指数为 1.047,中部开发区为 1.011,西部开发区为 1.078,分别比全国高 4.7％,1.11％,和 7.8％。说明东部开发区工业集聚依然强劲,西部开发区工业集聚在加速,而中部变化不大。

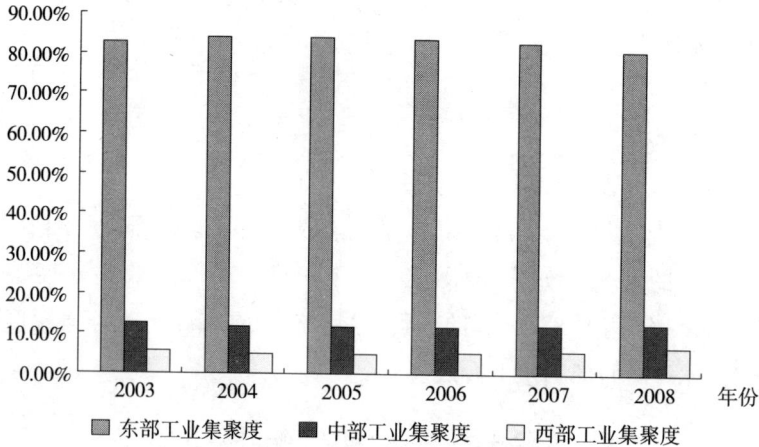

图 5-2　三大区域开发区相对工业集聚度比较

资料来源:笔者根据各开发区统计数据整理。

表 5-8　2003—2007 年三大区域开发区工业集聚指数比较（单位:亿元）

	2003 年工业产值	2007 年工业产值	年均增速	工业集聚指数
全国	142271.22	405177.13	29.91%	1
全体开发区	12957.13	38426.28	31.23%	1.044
东部开发区	10670.71	31720.94	31.31%	1.047
中部开发区	1596.64	4595.32	30.25%	1.011
西部开发区	689.79	2110.02	32.25%	1.078

资料来源:笔者根据各开发区统计数据整理。

三、微观分析

1. 开发区主导产业集聚分析

目前看,国家级开发区主导产业集聚主要集中在电子信息、交通运输设备制造、电气机械及器材、生物医药、化学原料及制品、食品饮料等六大产业上,初步形成了较大规模的产业集群。

(1)电子信息产业在国家级开发区的集聚

电子信息产业是当今世界发展最快的产业,也是我国的第一大产业。大多数开发区都将电子信息产业作为优先发展的主导产业,部分开发区如北京、天津、漕河泾、金桥、昆山、杭州、苏州工业园、南京、青岛、烟台、厦门、广州、福州等开发区已经形成颇具规模的电子信息产业集群。

——北京开发区电子信息集聚现状

北京开发区目前已经形成北京最大的电子信息企业基地和全国最大的移动通信产业基地之一。电子信息产业是高新技术产业的领跑者，也是代表首都经济特色的重要支柱产业。截至 2006 年年末，北京开发区拥有电子信息类企业有 100 多家，90％是外商及港澳台投资企业。电子信息类"三资"企业总投资额占开发区三资企业总投资额的 45.2％，落户区内"星网工业园"的诺基亚公司是目前开发区最大的合资企业，它以"龙头企业"的身份聚拢了包括芯片、集成电路板、机壳、显示屏等移动通信产品各个环节的 20 多家生产厂家入驻，使作为手机组装厂的诺基亚拥有源源不断的元器件供应，形成了"移动通讯"的集群。在政府 24 小时通关服务和区内 24 小时物流监管运作的配合下，星网工业园实现了区内企业"零库存"的神话，这种成功的运作被称为"星网模式"。目前已有近 20 家在各自领域世界领先的配套供应商和诺基亚一起入驻星网工业园，其中 50％以上设立了研发机构，累计带动投资超过 130 亿元人民币。2006 年，星网工业园总产值突破 1000 亿元人民币，占北京电子信息制造业产值的一半，创造了 45000 个就业机会。在世界显示器行业占有举足轻重地位的京东方，是中国最大、全球排名第 9 位的薄膜晶体管液晶平板显示器制造商。随着京东方把其 TFT－LCD 第五代产业基地放在北京经济技术开发区，相关厂家都积极向 TFT－LCD 产业靠拢，形成了显示器集群。中芯国际则是中国第一座"12 英寸晶圆制造厂"，并在全球半导体市场上显示了强劲的竞争力，领头形成了集成电路与半导体集群。

——天津开发区电子信息集聚现状

电子产业是天津开发区规模最大的支柱产业，2006 年以移动通讯、新型电子元器件、视像设备、汽车电子和微电子为主体的电子通讯产业完成产值 1861.73 亿元，比上年增长 22.7％，占全区工业总产值的 61.4％，对全区工业总产值的贡献率为 54.7％。全年移动电话产量超过 1 亿部，达到 1.05 亿部，比上年增长 53.3％；液晶显示器 463.29 万部，增长 16.1％；大规模集成电路 5.71 亿块，增长 4.7％。其中摩托罗拉（中国）电子有限公司 2006 年的销售额为 100.96 亿美元，比 2005 年提高了 12％，员工人数 10000 多人。

——昆山开发区电子信息集聚现状

昆山开发区的电子信息产业经历了从无到有、由小到大、由低到高的发展过程,成为颇具规模、有较强竞争力的第一支柱产业。如今,区内云集了700多家电子信息类企业,总投资逾70亿美元,实际到账30多亿美元。在众多外资企业中,台资企业独领风骚,占总量的四分之三,形成了从电子材料、零组件、系统部件到整机生产的一条完整的产业链,主要产品有笔记本电脑、手提电脑、数码相机、手机、光盘、液晶显示器等。2006年完成工业产值1338亿元,占全部工业产值的66%;以电子信息为主的机电产品出口额达到190亿美元,占全部出口额的90%。另外,电子信息产业已具备了规模化生产的能力,形成了以笔记本电脑、数码相机、手机、自动交易系统及周边设备生产为龙头,接插件、连接线等计算机零部件以及印刷电路板、覆铜板、传感器、真空元件等电子元器件生产为基础,不间断电源、手机电池等一系列配套产品生产为辅的完整体系。

——广州开发区电子信息集聚现状

广州开发区电子信息产业集群经过多年发展现已初具规模,并成为开发区主要支柱产业之一。截至2006年年底,广州开发区已引进100多家生产型电子信息行业企业,2006年电子行业完成工业总产值521亿元,占全部工业产值的26%,实现的工业总产值占全市电子行业的60.91%。主要代表企业有建兴科技、南方高科、旭丽电子、金鹏集团等。

——苏州工业园电子信息集聚现状

苏州工业园瞄准世界500强企业,重点引进技术密集型、资本密集型、基地型、旗舰型高科技项目,形成了电子信息产业集群,抢占了产业高地。通过引进居产业核心地位的大项目,吸收关联度大、上下游延伸配套紧密的高新技术企业,带动大批中小企业与相关配套项目进驻园区和周边地区。世界500强企业已有66家投资102家企业。2006年电子信息产业产值839.64亿元,2007年1053.44亿元,投产企业数103家,电子信息产业产值已占全部工业产值的43%,其中有德国西门子、韩国三星电子、日本富士通、荷兰皇家飞利浦、芬兰诺基亚、法国阿尔卡特等世界电子业的巨头。另外中国台湾最大电脑厂家大部分已在苏州工业园落户,苏州工业园已成为台湾IT产业的主要聚集地。

──上海开发区电子信息集聚现状

上海信息产业非常发达,包括微电子、光电子、计算机软硬件、移动通信等各个门类,信息产业也是各开发区的主导产业之一。漕河泾开发区内已拥有130多家计算机及软件企业,其中著名跨国公司有英特尔、NTT、PFU、爱普生、宏碁电脑、通用电气、朗讯科技、3M、思科、爱立信。华东电脑、万达信息、启明软件、上海光通信、上海大唐等企业也在国内颇负盛名。2006年,信息产业销售收入达到1010亿元,占开发区总销售收入的82.2%。其中,微电子产业已形成包括设计、研发、制造、测试、封装、销售、服务及相关配套等在内的完整产业链。金桥出口加工区电子信息产业集聚也形成较大规模,2006年工业总产值达599.86亿元,企业数100多家,跨国公司中来自美国的有通用电气、惠而浦、惠普;来自日本的有日立、夏普、理光、藤田、欧姆龙等;来自德国的有西门子,还有比利时的阿尔卡特贝尔、瑞士的迅达、英国的国际数字公司、荷兰的飞利浦和韩国的金星等。另外,上海张江的信息产业基地发展很快,她以集成电路和软件产业发展为龙头,带动计算机和通讯、光电子、信息安全、银行卡产业共同发展。随着中芯、宏力和贝岭等晶圆制造项目落户园区,已有80家芯片设计公司、3家硅片制造公司、13家光掩膜和封装测试企业、11家研发教育机构,以及34家配套及设备供应公司积聚张江,集成电路产业链在张江初步构成,目前张江核心园区的集成电路产业占据了国内半壁江山,同时张江也是全国最大的软件产业基地之一。一大批知名软件企业进驻园区:如微软、花旗、毕博、索尼、京瓷、银联、金蝶、东软、塔塔、印孚瑟斯、萨蒂扬,"国家软件产业基地"的集聚与辐射效应已经展现。

──南京开发区电子信息集聚现状

南京开发区电子信息产业占有绝对的主导地位,发展势头强劲,其产品门类齐全,包括计算机硬件、软件、视频设备、音频设备、光纤及光纤接入设备、通讯设备、印刷线路板、移动通信终端、信息电子材料等9大类的不同产品。2005年全区电子信息产业实现工业总产值891亿元,占工业总产值的85%。该产业具有五个方面的特点:一是设有专门生产基地,项目区域集中,群聚效应突出;二是高新技术企业占主导地位;三是产品丰富,涵盖了电子信息产业绝大部分产品,并且大多数在本地拥有或正在形成自己的配套产品链;四是企业注重研发和技术创新,发展潜力巨大;五是平板显示器件产品成为亮点,有

60多家企业入区投产,产品技术代表全球先进水平。南京开发区的平板显示器件产业目前是国内最集中的新型平板显示产品生产基地,随着该产业上下游配套项目不断进区,开发区将争取在2—3年内建成亚洲乃至世界级平板显示产品生产基地。代表企业有乐金飞利浦、瀚宇彩欣、华日液晶、LG电子等离子等,乐金飞利浦代表了当前世界最先进的平板显示技术。

——大连开发区电子信息集聚现状

电子信息产业是大连开发区重点发展的工业部门,2006年规模以上电子信息企业已达84家,实现工业总产值223亿元,占全区工业总产值的18.05%,占全区规模以上工业总产值的22.19%。工业增加值48亿元,占全区工业增加值的24.3%。销售收入220亿元,出口额达到22.7亿美元,占全区出口额的38.49%。电子信息企业实现利润11亿元,从业人员达到60897人。2006年大连开发区电子信息产业各行业的收入构成为:电子元器件销售额比重最大,其次为计算机制造及相应设备,两者合计占到电子信息产业的68%以上;其余依次为光电子、通信、工业电子、汽车电子、数字视听及软件领域。工业销售产值居前20名的企业如下:佳能大连办公设备有限公司实现工业销售收入45.9亿元位居第一,日本电产(大连)有限公司和罗姆电子大连有限公司分别实现工业销售收入32.8亿元和22.9亿元,位居第二和第三位。

(2)交通运输设备制造业在国家级开发区的集聚

—　上海开发区汽车产业集聚情况

上海是我国最大的汽车产业基地之一,在我国占据重要地位,汽车产业在上海各国家级开发区呈现加速集聚之势。其中金桥出口加工区形成了以上海通用汽车为核心的汽车产业集聚区,2006年达461.80亿元,2007年536.94亿元。近年来,漕河泾开发区汽车产业发展也很快,呈现后来居上之势。美国伟世通、德尔福、天合、日本本田、法国佛吉亚、德国杜尔,瑞典雀巢、来宝、台湾光宝韩泰轮胎等一批世界级汽车配套研发和制造商相继落户漕河泾开发区,设立研发中心或地区总部,一个高技术含量的汽车配套研发中心群体正逐步形成,集聚态势初现端倪。

——沈阳开发区汽车及零部件产业集聚情况

沈阳开发区重点培育的汽车及零部件产业集群,迅速成长为全市第一个

"百亿元产业集群"。目前以"宝马"和"金杯"为核心的汽车及零部件企业总计达到 100 多家。形成包括发动机、前后桥、变速箱、车架、轮胎、轮毂、内饰件、增压器、升降器、汽车玻璃、汽车油漆等完整的汽车产业链。为宝马汽车配套的德国宝马物流园、德国伦福德汽车车桥、美国李尔汽车座椅等项目已投入生产运营。总投资 1.6 亿美元的华晨金客发动机项目已全面开工建设,比利时贝卡尔特钢帘线、法国米其林轮胎、日本日野大客车、普利斯通轮胎、上汽变速器等一大批国际国内企业纷至沓来。随着宝马汽车工业园、沈飞日野大客车、华晨 E2 发动机、曙光汽车零部件工业园等十几个汽车及零部件大项目入主沈阳开发区,带动了德国伦福德车桥、美国李尔座椅、金杯江森内饰、都瑞轮毂、上汽金杯变速齿、韩国统一变速箱等 150 多个汽车零部件企业相继到沈阳开发区投资发展。在沈西工业走廊的装备制造业聚集区,开发区把汽车零部件产业集群作为招商重点,并确立到 2012 年引进企业 300 个,产值突破 200亿元的目标,打造中国北方最大汽车集群。

——烟台开发区汽车产业集聚情况

烟台开发区已形成了以上海通用东岳、北方奔驰等 14 家整车厂为中心,以轿车发动机、车用空调、内饰件等 180 多家零部件企业为羽翼的汽车产业体系。目前,轿车产能达到 24 万辆/年,发动机、自动变速箱产能分别为 37.5 万台/年和 30 万台/年,2006 年实现产值 170 亿元。烟台开发区机械汽车产业的主导地位日益巩固,大批配套项目强势跟进,产业链条进一步延伸,集聚效应日益彰显。

——杭州开发区汽车及零部件产业集聚情况

杭州开发区专用车及汽车零部件制造业发展势头迅猛,形成了以精工、爱知专用车、中策橡胶、横滨轮胎、矢崎汽车配件、世保方向器、泰明顿、哈德森等为核心的产业体系,主要产品是专用车、轮胎及其他零部件。杭州爱知工程车辆有限公司生产液压高空作业车、杭州专用汽车有限公司生产各种改装车和神钢建设机械有限公司生产挖掘机在国内外市场具有重要地位。2005 年开发区专用车及汽车零部件产业共实现工业总产值 88.8 亿元,同比增长 39.4%。其中整车制造的产值为 4.4 亿元,轮胎制造的产值为 73.8 亿元,其他零部件制造的产值为 10.6 亿元。2005 年专用车及汽车零部件产业的产销率为 98.4%;利润总额 1.67 亿元,同比增长 26%。

——西安开发区汽车产业集聚情况

西安开发区在商用汽车产业集群方面,以重型汽车为主体,支持陕汽集团做大做强,研究开发新型卡车、客车,加快汽车零部件生产企业技术引进、合资合作,促进发动机和车桥两大部件的生产,形成整车、专用车、核心部件和零部件四大骨干体系,打造国内最集中的重型汽车研发生产基地。到 2012 年,实现工业总产值 500 亿元以上。

——天津开发区汽车产业集聚情况

天津开发区交通运输设备制造业以一汽丰田为核心,集聚了 30 余家相关企业,2006 年轿车产量 20.86 万辆,增长 58.9%,工业产值达 443.89 亿元,汽车产业集群正在加速形成。

——武汉开发区汽车产业集聚情况

汽车产业是武汉经济技术开发区的主导产业,目前已形成以神龙、东风本田和冠捷"三足鼎立"的态势,汽车及零部件业发展潜力进一步提高,全球前十强的零部件企业中已有 5 家落户开发区;汽车产业集聚明显。2007 年,汽车及汽车零部件行业实现产值 515.67 亿元,同比增长 38.33%,占比 68.28%。其中整车产值 420 亿元,零部件产值 95.73 亿元,同比分别增长 36.99% 和 44.49%。随着东风总部、东风有限总部、东风本田总部、东风电动车总部、东风自主品牌乘用车总部相继落户,神龙公司二期工程、神龙二厂、东风本田扩产等大项目的投产,预计 2010 年,武汉开发区将形成年产百万辆汽车的规模;至 2015 年,武汉开发区整车产能将迈过年产 200 万辆整车的门槛。

另外,汽车产业在长春开发区、哈尔滨开发区、南昌开发区、合肥开发区都有相当规模的集聚,上海闵行开发区的轨道交通也形成了较大规模。

——青岛开发区造修船产业集聚情况

在造修船产业,青岛开发区充分发挥北船重工海西湾造修船基地的拉动效应,力促相关配套项目特别是高端科研项目的落户,总投资 17 亿元的中海油海洋石油工程建设基地项目开工建设;总投资 2 亿美元的中美合资钻井平台项目和总投资 30 亿元的钻井平台项目洽谈顺利;一期投资 2 亿美元、总投资将达 5 亿美元的低速发动机项目即将签约;低中速柴油机总装基地、甲板机械总装基地、舰船动力研发基地以及船舶及海洋工程装备研发中心等配套项目正逐步向海西湾转移。一个造船与修船结合、造船与配套结合、船舶与海洋工程结合、产学研结合的"船舶产业王国"正在青岛西海岸迅速崛起。

（3）电气机械及器材在国家级开发区的集聚

青岛开发区家电电子电器产业集群在国内外享有盛誉。2005年,信息产业部批准青岛开发区为国家(青岛)家用电子产品产业园。海尔、海信、澳柯玛等龙头企业继续保持快速发展,目前全区家电电子类企业已达100余家,全年家电电子产业完成产值537.1亿元,占全区的68.7%,占全国家电产品市场份额的20%。在促进现有家电电子企业做大做强的同时,青岛开发区当前重点引进等离子显示屏(PDP)、薄膜晶体管显示屏(TFT)、半导体发光二极管(LED)等类项目,加快发展家电电子高端产品和办公家电,提升产业档次。新都理光等一批此类项目已经陆续落户。总投资9800万美元的瑞智空调压缩机项目已开工建设,总投资1280万美元的东凌电工压缩机配件项目建成投产,再加上已投产的三洋电机等项目,该区将在两到三年内形成年产1500万台压缩机的生产能力,青岛开发区将成为世界重要的压缩机生产基地。

大连开发区电气机械及器材2006年工业产值101.92亿元,规模以上企业35家,以日本企业为主导,著名企业有万宝至马达、日本电产、富士电机等。

（4）生物医药在国家级开发区的集聚

杭州经济技术开发区是杭州市新药港产业基地,集聚起一批国际、国内知名的生物生化制品、医疗器械、中成药、化学制药等行业的高新前沿医药企业和大批科技人才,初步形成了以开发研制、生产医疗器械、生物和生化制品为主的产业园。位于开发区东部的医药产业园,首期1.67平方公里,目前已引进31家企业,其中外商投资企业18家,港台企业6家,外资企业比重达到77%。行业分类主要涉及生物医药、医疗器械、化学制药、中药饮片等领域。其中九源基因、艾博生物、创新生物、中肽生化等一批新兴生物企业迅速成长;医疗器械及药品包装共9家,以眼力健制药、泰尔茂、旭化成等企业为重点,以外向型经济为依托,积极发展优势产品,形成了地方特色较为鲜明的医疗器械高新技术产业;化学制药企业6家,国光药业等企业发展势头良好;中药类企业3家,康莱特等企业已经成为我国中医药行业的知名企业。经过几年来的创业发展,开发区生物医药产业已具备相当的发展基础。截至2005年年底,全行业资产总计达到29.7亿元,固定资产净值平均余额为10.72亿元。随着旭化成医疗、艾博生物、能可爱心、易邦生物等规模企业的投产运营,开发区生物医药产业将保持持续快速的良好发展势头,产业规模将迅速扩大,产业集聚将更加明显,产业发展后劲将明显增强。2005年,全行业实现产品销售收入18.03亿元,占全市生物医药行业的比重达到21.28%,同比增长46.7%。

北京开发区生物工程与新医药产业集中了德国拜尔、北京同仁堂、通用医疗等90多家知名企业,产业销售收入已经占北京医药工业近二分之一的份额。北京开发区将生物技术与新医药产业作为高新技术的领军产业,建设了门类全、档次高、规模大的北京药谷,药谷的龙头项目——中国协和医学科学城,包括基因组及蛋白质组研究、爱滋病研究等9个研发、教学及产业化中心,著名的500强企业德国拜尔制药和生产医疗器械的美国通用电器、中药领军企业同仁堂、国家人类基因组北方研究中心以及国家新药监测中心均落户于此。

(5)石油与化学工业在国家级开发区的集聚

惠州大亚湾集中了一批石化大项目,如中海壳牌南海石化、中国海油惠州炼油、比亚迪以及华德石化原油库等一批大项目已先后落户建设。荷兰、美国、英国、日本、新加坡、德国等20多个国家和地区的客商前来投资,其中有世界500强企业12家。惠州大亚湾石化工业区规划总面积29.8平方公里,已被广东省政府列为五个重点发展的石油化工基地之一。并于2005年4月被中国石油和化工协会授予"中国石油化学工业(大亚湾)园区"牌匾。目前,石化区内已落户项目共28个,总投资额逾730亿元;在谈的石化中下游项目11个,投资额超过80亿元。其中,中海壳牌南海石化联合工厂建成投产;中国海油惠州炼油项目累计完成总进度11.2%,项目总体设计、工艺技术选择和工艺包装设计工作已完成;惠州液化天然气电厂项目1、2号机组已并网发电;华德石化项目已完成一期工程2座10万立方米原油罐及相应配套设施的建设。总投资125亿元的大炼油项目开工建设后,其"年加工进口原油1000万吨、生产成品油766万吨,实现年销售收入230多亿元"的生产销售能力确立了大炼油项目的龙头地位。以大炼油为中心,一批批大、高、强石化项目团聚而来,并以不断增资的姿态壮大着石化产业链,展示着海峡西岸石化产业的魅力。丽东化工项目开工后增资近1亿美元,使项目总投资达4.89亿美元,还计划再投资2.7亿美元新上粗对苯二甲酸(QTA)项目,目前还与阿曼石油公司达成参股协议,计划再增资5000万美元。高合化纤经过三次增资,总投资已达到

2.2 亿美元。另外,总投资 2860 万美元的东方能源项目开工建设,总投资 2150 万美元的日本钟渊化学项目已经试生产。国家原油储备库、液体化工码头、中法合资中达化纤、韩国 SK 化工等项目都已步入良性发展轨道,环保型石化工业基地异军突起。

大连开发区石油与化学工业颇具规模,聚集了以西太平洋石油为主的石油与化学企业规模 27 家,2006 年工业产值 379.35 亿元,占大连开发区工业总产值的 37.4%。另外,连云港、湛江等开发区的石油化工企业也具相当规模。

(6)食品饮料在国家级开发区的集聚

杭州开发区食品饮料业目前主要引进了娃哈哈、中萃食品、顶益食品、顶津食品、康师傅方便食品、味全食品、顶园食品等著名企业。其中,可口可乐、康师傅、娃哈哈是该产业三大著名品牌。杭州顶益作为国际顶新集团在杭州的代表企业,现在在开发区已有七家公司,产品涉足方便面、饼干、饮料,以及康师傅系列产品的包膜制品、塑料制品和"康师傅"系列纸箱,形成了企业集团内部的专业化分工。娃哈哈集团也不断增资扩产,设立了多家公司。2005 年食品饮料业有一半的企业实现超亿元产值。14 家食品饮料制造企业共实现工业总产值 98.33 亿元,同比增长 26.4%,占全区工业总产值的比重为 13.54%。其中 9 家食品制造企业的产值为 25.48 亿元,5 家饮料制造企业的产值为 72.85 亿元。

呼和浩特开发区绿色食品业尤其是乳业近年来发展十分迅速,区内集聚了 30 多家乳品企业,其中伊利集团发挥了重要作用,2006 年伊利集团实现销售额 163.38 亿元。目前,在东起呼伦贝尔草原,西至八百里河套平原,以呼和浩特市、包头市为中心,基本上沿北纬 40 度线两侧分布,一条绵延上千公里的奶牛带已经在内蒙古自治区形成。这一区域饲养了 130 多万头奶牛,分布着 100 多家乳品加工企业,其中规模以上企业有 30 多家,形成了我国最大的乳业集群。

天津开发区 2006 年食品饮料工业产值 49.96 亿元,区内集聚的著名企业有康师傅、可口可乐等大型企业。

(7)高新产业在高新区的集聚

我国高新区的产业集聚主要集中在电子信息、新材料、光机电一体化、生物技术、新能源、环境保护等六大高新技术产业上。2008年,54家高新区企业在各高新技术产业领域中,电子信息产品销售收入达到12830.7亿元,远远高于其他领域,比上年多出693.9亿元,占全部产品销售收入的31.9%;新材料领域发展也较快,比上年增加了666.2亿元,达到6041.31亿元,占到15.0%;光机电一体化达6011.8亿元,比上年增加894.2亿元,占到15.0%;生物技术领域为2976.8亿元,占到7.4%。其他领域产品销售收入总量排序依次是:新能源及高效节能技术2845.0亿元,占到7.1%;环境保护技术450.3亿元,占到1.1%;航空航天技术217.2亿元,占到0.5%;核应用技术49.6亿元,占到0.12%;地球、空间、海洋工程42.7亿元,占到0.1%。

(8)其他产业集聚概况

——沈阳开发区装备制造业经过近几年的发展,已形成了占地38.1平方公里的装备制造业聚集区,聚集区内现有企业306户。涵盖了数控机床、输变电、通用机械、工程机械、重矿机械、汽车及零部件六大优势产业,主要产品已发展到90大类、1000多个系列、近万个品种,有44种产品的国内市场占有率居同行业首位,18种产品列国际前10位。沈阳机床、北方重工、沈阳鼓风机、沈阳远大、沈阳冶金机械、三一重装、北方交通重工等10户企业已经成为国内同行业的领军企业。围绕"大发展,快发展"的主题,沈阳装备制造企业已从"单打独斗"变为"集团作战",重量级的装备制造企业成群涌现,形成了上下游协作有序的装备制造产业集群。

——大连开发区装备制造业集聚情况

大连开发区装备制造业初具规模,2006年规模以上企业达104家,实现工业产值115.06亿元。其中专用设备企业26家,实现工业产值24.58亿元,通用设备企业78家,实现工业产值90.48亿元,主要企业有三菱、丰田、欧姆龙。

——烟台开发区装备制造业集聚情况

烟台开发区以斗山工程机械和斗山机床为龙头的装备制造业基地,集聚多宝精密、东镐重工、三宇泰科、宇光机械等20多家配套企业。2006年,以挖掘机、数控机床、工业缝纫机等为代表的22大整机产品迅猛发展,全年实现产值63亿元。

——上海漕河泾航天产业集聚情况

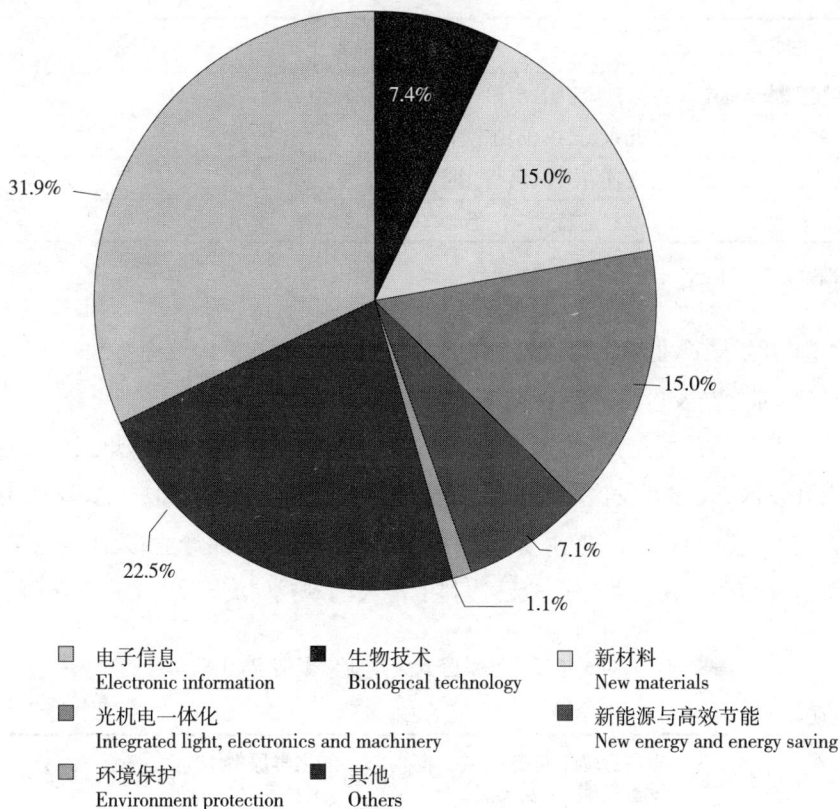

图 5-3　2008 年 54 家高新区企业产品销售收入分布

资料来源：科技部 2008 年高新技术开发区统计。

上海漕河泾航天产业聚集效应明显，集中了航天工业总公司第八设计部、801 所、803 所、807 所、811 所、812 所等组成的航天航空产业骨干研究与生产单位，为我国"星、船、弹、箭"及飞机的研发制造立下了汗马功劳。

表 5-9　国家级开发区主导产业及产业集聚概况

主导产业	主要开发区
电子信息	广州、北京、天津、漕河泾、金桥、昆山、杭州、苏州工业园、南京、青岛、烟台、厦门、福州、福清
交通运输设备制造	闵行、武汉、沈阳、宁波、合肥、长沙、南昌、长春、哈尔滨、芜湖、西安、重庆

续表

主导产业	主要开发区
电气机械及器材	大连、沈阳、南通、秦皇岛、威海、连云港
生物医药	北京、天津、哈尔滨、漕河泾
化学原料及制品	大连、南沙、惠州、湛江、海南
食品饮料	呼和浩特、广州、营口

资料来源:笔者根据各开发区统计数据整理。

2. 开发区产业集聚比较分析

(1)部分开发区六大产业集聚比较

从表 5-10 可见,一些开发区产业集聚已具相当规模,如苏州工业园区、昆山开发区、天津开发区电子信息产值已分别达到 840 亿、1338 亿、1882 亿。而大连开发区的石化产业、广州开发区的化学原料及制品产业、天津以及金桥开发区的交通运输设备制造业已达到了很大的规模,初步形成了产业集群。

表 5-10　2006 年部分开发区六大产业集聚情况(工业总产值)

(单位:亿元)

	电子信息	交通运输设备制造	电气机械及器材	生物医药	化学原料及制品	食品饮料	其他
广州	521	100	120		461	160	321(金属)
大连	173	23	102	16	18		362(石化)
苏州	840		165		65		116(设备)
昆山	1338	276					212(轻工)
天津	1882	444	51	55	89	50	
金桥	600	537	200	75			

资料来源:笔者根据各开发区统计数据整理。

(2)前 N 位开发区相对产业集聚度比较

从发展最快的前几位开发区来看,相对产业集聚度较高,如表 5-11、图 5-3 所示。如前两位工业集聚度已超过六分之一,前 5 位工业集聚度已超过三分之一,前 10 位工业集聚度已超过二分之一,而中西部 22 家开发区工业集聚度仅相当于前两位开发区水平,说明我国开发区产业集聚在加速向优势开发区集聚。

表 5-11 前 N 位开发区相对工业集聚度比较 （单位：亿元）

范围	2003 年	2004 年	2005 年	2006 年	2007 年
全体开发区	12957.13	17949.11	23376.88	30219.22	38426.28
前 2 位工业集聚度	17.67%	17.98%	17.39%	16.91%	15.60%
前 5 位工业集聚度	38.09%	39.33%	36.99%	35.71%	34.15%
前 10 位工业集聚度	55.50%	57.06%	57.48%	55.79%	53.27%
东部 32 家	82.35%	83.66%	83.75%	83.43%	82.55%
中部	12.32%	11.68%	11.66%	11.66%	11.96%
西部	5.32%	4.66%	4.59%	4.91%	5.49%

前 N 位工业集聚度

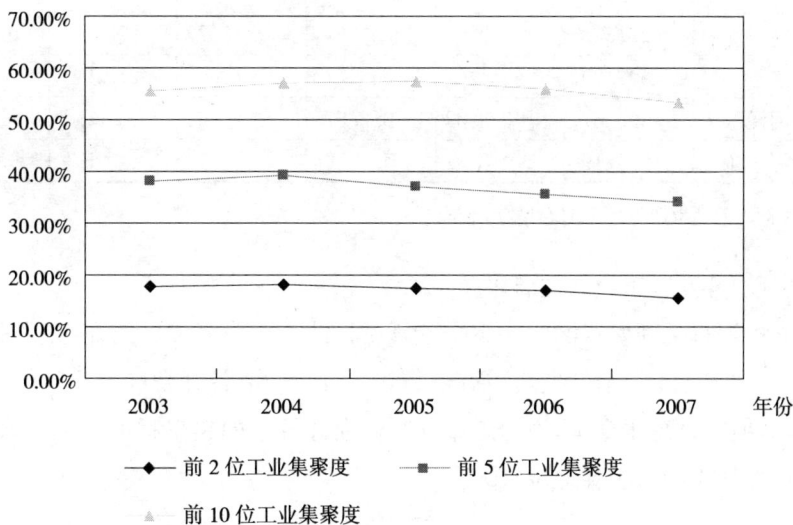

图 5-4 前 N 位开发区相对工业集聚度比较

资料来源：笔者根据各开发区统计数据整理。

（3）部分开发区相对产业集聚度和产业集聚指数比较

根据有关开发区 2003—2007 年数据，计算部分开发区相对产业集聚度和产业集聚指数，如表 5-12 所示。从中看，2003—2007 年，北京、南京、杭州、昆山、青岛相对产业集聚度在增加,而苏州工业园、广州、天津、大连、漕河泾、上海金桥相对产业集聚度在减少;同时,产业集聚指数也呈现类似变化。

表 5‑12　2003—2007 年部分开发区相对产业集聚度和产业集聚指数比较

(单位:亿元)

	2003 年工业产值	2003 年工业集聚度%	2007 年工业产值	2007 年工业集聚度%	年均增速%	工业集聚指数
全部开发区	12957.13	100	38426.28	100	31.23	1.044
北京	450.00	3.47	2091.69	5.44	46.83	1.566
南京	347.40	2.68	1554.50	4.05	45.44	1.519
杭州	330.13	2.55	1237.75	3.22	39.15	1.309
昆山	852.11	6.58	2587.65	6.73	32.01	1.070
青岛	469.30	3.62	1403.35	3.65	31.50	1.053
苏州工业园	897.97	6.93	2642.14	6.88	30.97	1.035
广州	895.87	6.92	2451.34	6.38	29.14	0.974
天津	1251.40	9.66	3350.67	8.72	27.92	0.933
大连	598.20	4.62	1566.21	4.08	27.20	0.909
漕河泾	390.67	3.02	1013.57	2.64	26.91	0.900
上海金桥	1038.19	8.01	1594.56	4.15	11.25	0.376

资料来源:笔者根据各开发区统计数据整理。

(3)开发区工业区位商比较

根据有关开发区 2003—2007 年数据,计算部分开发区工业区位商,如表 5‑13,图 5‑4 所示。虽然相对于 2003 年比 2007 各开发区工业区位商有所下降,但明显高于全国,说明工业制造业在开发区的集聚程度高于全国,其地位依然处于绝对主导地位。

表 5‑13　部分开发区工业区位商比较　　　　(单位:亿元)

	2003 年GDP	2003 年工业增加值	2003 年工业区位商	2007 年GDP	2007 年工业增加值	2007 年工业区位商
全国	135822.8	54945.5	1	246619	107367	1
全体开发区	4985.01	3602.08	1.79	12695.96	9199.70	1.66
北京	85.43	74.70	2.16	481.51	320.49	1.53

续表

	2003 年GDP	2003 年工业增加值	2003 年工业区位商	2007 年GDP	2007 年工业增加值	2007 年工业区位商
南京	61.15	53.86	2.18	201.49	187.13	2.13
杭州	98.54	84.33	2.12	252.95	208.61	1.89
昆山	272.28	224.10	2.03	670.62	553.76	1.90
青岛	212.20	126.58	1.47	596.96	389.08	1.50
苏州工业园	365.10	211.80	1.43	836.01	537.10	1.48
广州	423.062	313.96	1.83	947.66	723.14	1.75
天津	445.23	351.17	1.95	938.70	764.85	1.87
大连	300.23	173.00	1.42	703.16	406.80	1.33
漕河泾	148.45	136.73	2.28	416.45	278.73	1.54
上海金桥	302.03	292.04	2.39	419.46	400.60	2.19

开发区工业区位商

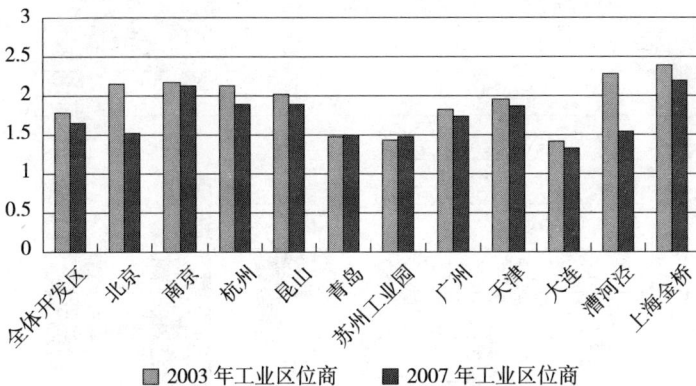

图 5-5　部分开发区工业区位商比较

资料来源:根据各开发区统计数据整理。

四、基本结论

1. 从全国角度看,开发区产业集聚水平在不断提高。

2. 从所在城市看,工业有向开发区集聚趋势。

3. 从产业角度看,相关产业表现为向开发区集聚。

4. 从各区域来看,东部产业集聚程度较高,但中西部集聚程度在加速。

第四节　国家级开发区产业集聚的特征

一、产业特征:工业制造业占据主导产业

国家级开发区一直坚持以工业项目为主的方针,近年来,工业制造业在国家级开发区的产业结构中一直占有 70％以上的比重,如表 5－14 所示。国家级开发区的产业特色鲜明,主导产业多集中于电子信息、交通运输设备制造、电气机械及器材、生物医药、化学原料及制品和食品饮料等行业。

表 5－14　2003—2008 年 54 家经济技术开发区工业增加值占 GDP 的比例

	2003 年	2004 年	2005 年	2006 年	2007 年	2008 年
GDP	4985.01	6601.44	8172.27	10136.90	12695.96	15313.01
工业增加值	3602.08	4855.62	5957.16	7414.24	9199.70	10971.94
占比	72.26％	73.55％	72.89％	73.14％	72.46％	71.84％

资料来源:商务部 2003—2007 年开发区经济指标统计。

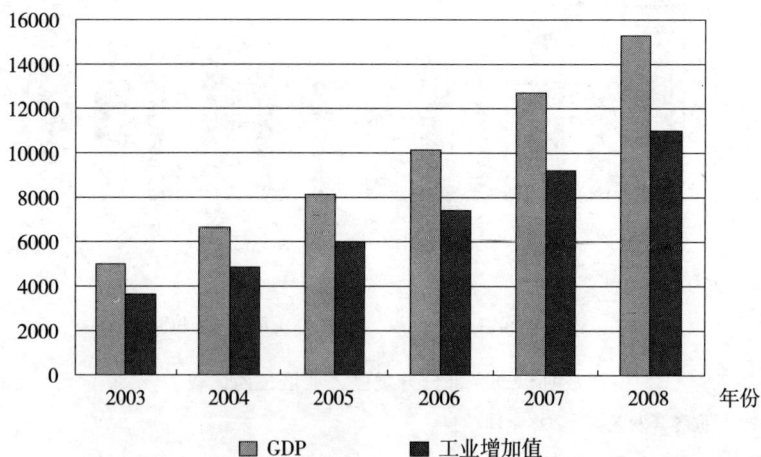

图 5－6　2003—2008 年 54 家经济技术开发区工业增加值与 GDP 的比较
资料来源:商务部 2003—2008 年开发区经济指标统计。

二、技术特征:高新技术占据重要地位

国家级经济技术开发区大力发展高新技术产业,已经成为现代制造业集

中、产业集聚效应突出、经济高速增长、带动力强的高新技术产业发展的重要基地。截至 2008 年底,54 家国家级经济技术开发区高新企业数达到 4116家,高新技术企业从业人员达到 173.89 万人,约占全区从业人员(609.61 万人)28.50％。2008 年,国家级经济技术开发区高新技术产业实现工业总产值21566.28 亿元,占全部工业总产值的 46.94％。其中:东部 32 家国家级经济技术开发区高新技术企业 2008 年实现工业产值 17443.66 亿元,占东部工业总产值的 47.07％;中部 9 家国家级经济技术开发区高新技术企业 2008 年实现工业产值 3070.43 亿元,占中部工业总产值的 52.93％;西部 13 家国家级经济技术开发区高新技术企业 2008 年实现工业产值 1052.18 亿元,占西部工业总产值的 34.20％。

表 5 - 15　2003—2008 年国家级开发区高新技术产值占工业总产值的比例

	2003 年	2004 年	2005 年	2006 年	2007 年	2008 年
高新技术产值	5681.36	8237.32	10860.90	14294.37	18897.99	21566.28
工业总产值	12957.13	17949.11	23376.88	30219.22	38426.28	45935.26
占比	43.85％	45.89％	46.46％	47.305	49.20％	46.94％

资料来源:商务部 2003—2008 年开发区经济指标统计。

三、企业特征:外资占据主导地位

在我国开发区的产业集聚区,外资始终发挥着主导作用,近年来,外资工业产值、外资工业产品销售收入一直占国家级开发区的 80％左右,部分开发区高达 90％以上,因此我国开发区的产业集聚是典型的嵌入型产业集聚。

表 5 - 16　2003—2008 年国家级开发区外资工业产值与工业总产值占比

	2003 年	2004 年	2005 年	2006 年	2007 年	2008 年
外资工业产值	9738.07	13905.68	18312.86	24371.63	30578.85	34902.07
工业总产值	12957.13	17949.11	23376.88	30219.22	38426.28	45935.26
占比	75.16％	77.47％	78.34％	80.65％	79.58％	75.98％

资料来源:商务部 2003—2008 年国家级开发区经济指标统计。

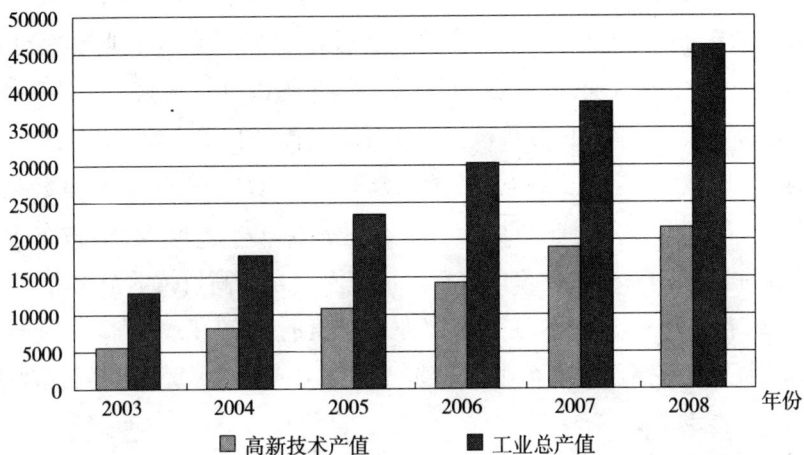

图 5-7　2003—2008 年国家级开发区高新技术产值与工业总产值的比较

资料来源:商务部 2003—2007 年开发区经济指标统计。

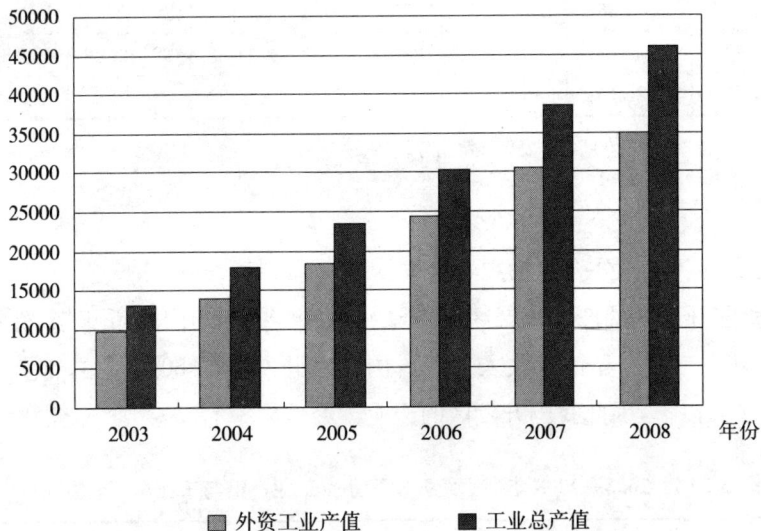

图 5-8　近年国家级开发区外资工业产值与工业总产值比较

资料来源:商务部 2003—2008 年国家级开发区经济指标统计。

四、区域特征:东部集聚度明显高于中西部

中西部的开发区大部分处于产业集聚的诞生阶段,东部大部分开发区则处于产业集聚的成长阶段,因此,三大区域开发区工业平均集聚规模差距较大,如下表和图所示。2008 年,东部、中部、西部工业平均集聚规模分别为1158.07 亿元、644.53 亿元、236.65 亿元,它们之间的比为:4.89:2.72:1,东部工业平均集聚规模是中部的 1.79 倍,是西部的 4.89 倍。但从发展速度来看,中西部要快于东部。2003—2008 年,西部开发区工业平均集聚规模增加了 311%,中部开发区工业平均集聚规模增加了 263%,而东部开发区工业平均集聚规模只增加了 236%。

表 5 - 17　三大区域开发区工业平均集聚规模　　　(单位:亿元)

	2003 年	2004 年	2005 年	2006 年	2007 年	2008 年
西部开发区工业平均规模	57.50	69.75	89.33	123.67	175.83	236.65
中部开发区工业平均规模	177.33	233.00	302.88	391.33	510.56	644.53
东部开发区工业平均规模	344.22	484.35	631.55	813.32	1023.22	1158.07

资料来源:根据商务部 2003—2008 年开发区经济指标统计整理。

五、政策特征:由自发无序向政府主导转变

我国开发区成立之初,由于没有现成经验可循,基本上是"摸着石头过河"。当时各开发区没有明确的产业发展方向和定位,在引进项目上缺乏基本的入园要求,"捡进篮里都是菜",进区企业规模普遍较小,传统产业和低层次产业的企业居多,区内普遍缺乏对产业发展具有带动辐射作用的龙头企业,进区企业的科技含量也不高,缺乏园区的集聚优势和规模优势。多数开发区产业无特色、企业无亮点、发展无差别,园区之间彼此差不多。90 年代中期以后,各开发区逐渐认识产业集聚的重要意义,开始有意识的实施产业集聚战略,进行各种"工业园"开发建设,在"三为主"(资金以外资为主、产业以新技术为主、市场以出口为主)宗旨指导下,一大批外向型工业园形成,为开发区经济

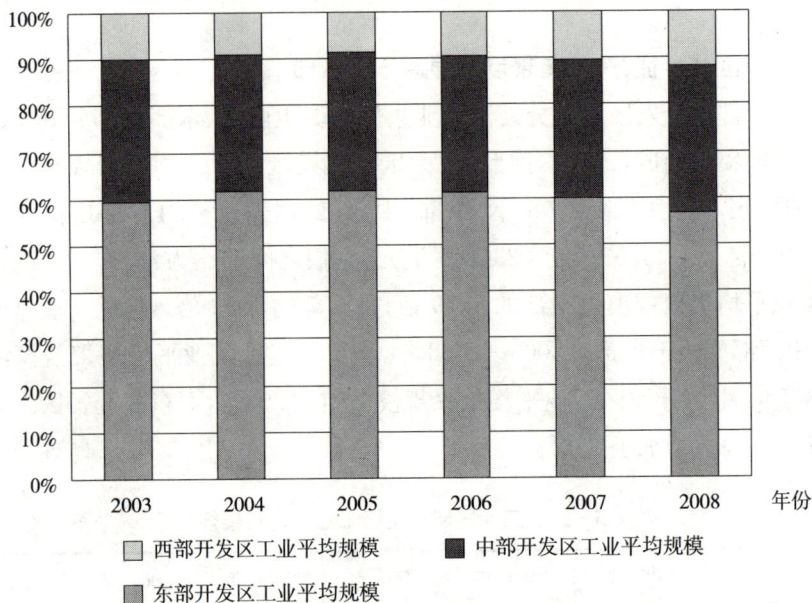

图 5 - 9　三大区域开发区工业平均集聚规模比较

资料来源:根据商务部 2003—2007 年开发区经济指标统计整理。

发展提供了基地和载体,为新一轮的经济增长奠定了基础。同时,开发区与周边区域前、后、侧向产业联系开始增强,开始带动周边产业的发展及产业结构的升级;开发区产业规模扩张和结构完善化过程中产生出的对生产性服务业及消费性服务业的内在需求,给当地产生的就业机会开始增多;开发区产业与人口的不断聚集,引发了开发区与周边之间人口与资源流动,相应产生社会活动与经济活动等,刺激开发区开始向二、三产业并行,内、外资并重方向转化。在开发区产业集聚发展中,已从无组织的集聚转向有组织的集聚,政府正发挥着越来越大的作用。

六、阶段特征:处于产业集聚初级发展阶段

奥地利经济学家蒂奇(Tichy,1998)借鉴佛农的产品生命周期理论,提出集群的能力应该放在一个相当长的发展周期中来考察。蒂奇将集群的生命周期划分成诞生期、成长期、成熟期、衰退期四个阶段。诞生阶段,即产品的产生和开发阶段,产品和生产过程还没有标准化,企业最初聚集在一起进行产品生

产,集群内企业基于信息网络、分工协作以及资源共享所产生的聚集经济获得竞争优势。成长阶段,集群发展迅速,增长率高,但也可能使得集群没有压力去创新,而往往只集中资源于最畅销的产品,并以日益增长的速度和规模扩大生产。集群内的资源(知识、信息、技能等)会日益集中,更多的投入到主导产业(或产品)。成熟阶段,生产过程和产品走向标准化,企业追求大规模生产,注重成本控制,本地同类产品企业间竞争加剧。衰退阶段,这一阶段集群中企业大量退出,只有少量新进入者。企业集群进入衰退阶段最重要的标志是失去对市场的灵活反应,缺少应变的内源力。

目前我国开发区产业集群的发展基本上处于诞生阶段和成长阶段,远没有达到成熟和衰退阶段。其中中西部的开发区大部分处于诞生阶段,东部大部分开发区则处于产业集聚的成长阶段。

目前中西部的开发区大部分处于诞生阶段。这些开发区设立时间较晚,正处于要素集聚、企业集聚阶段。政府通过给予进区企业土地、税收、信贷等方面的特殊优惠政策广泛引资,吸引人才、技术、资本等生产要素在地理空间的集聚,促使外资企业在开发区集聚,产生集聚效应。虽然这些外资企业可能同属于某个产业大类,如,电子信息产业、纺织服装业等,但它们的来源地、规模、实力差异较大,企业之间的产品关联度较低,企业犹如散兵,集体效率较低。这一阶段的开发区属于"第一次创业",主导作用力主要是政府的优惠政策所驱动。

东部大部分开发区则处于产业集聚的成长阶段。目前东部开发区产业集群聚已达到一定规模,形成良好的基础,部分开发区已形成较大规模的产业集群。开发区的发展动力将由前一阶段的外力为主转向外力与内力并举,即政府政策推动和 FDI 推动双重作用。开发区政府开始逐步建立自己的工业生产体系,结合所在地区的优势进行产业定位,确定支柱产业的投资导向。外商投资企业在开发区的稳定发展,引发示范效应,其他外商迅速"跟进",引发同一行业大量企业的空间集聚。企业的空间集聚,引发集聚效应,相关行业的企业根据市场的就近原则,纷纷进驻开发区,以便及时配套下游企业。同时跨国公司逐步实行本地化战略,在开发区及其周边地区发展配套厂商。此时,大量相关行业的厂商集聚于开发区,形成产业集群。配套企业的知识和技能的学习和转化能力不断加强。产业集群的外部经济效应吸引更多的外商企业,促成已投资企业的增资和扩资,产业集群扩大了 FDI 的投资规模和深度。产业集群和 FDI 形成了一定的良性互动。

七、驱动力特征:典型外资驱动

我国开发区的建设是在一穷二白的基础上发展起来的,外资驱动是开发区产业集聚的主导力量。主要表现在:一是大多数开发区主体由外资企业所组成,工业总产值、国内生产总值、税收、出口、就业等主要由外资企业贡献。二是外资企业进入,是产业集聚形成的初始动力和持续动力,同时带动更多地外资进入,也促进了当地配套产业和中介组织的发展。三是外资把开发区丰富的土地资源优势、廉价的劳动力优势等转化为现实的经济优势和集聚优势,从而实现工业园区的快速发展。四是外资带来的先进技术、先进观念、先进管理理念等信息,有利于当地企业家的成长,也推进了当地的技术革新、观念更新和政府职能转变等,为开发区产业集聚创造了良好的环境。

第五节　开发区产业集聚类型与模式

一、开发区产业集聚类型

根据以上对我国开发区产业发展和对外开放的考察研究,提出一个分类模型,如图 5-2 所示:横轴代表外向度,表示地方产业与全球经济的关联程度,有高低两个层次;纵轴代表集聚度,表示地方产业集聚程度,有高低两个层次。该模型将我国开发区的产业集聚分为四类:I 类,外向度和集聚度都较低,尚处于开发开放的初期,如中西部一些开发区;II 类,集聚度较高,但外向度较低,已形成一定的产业集聚,但以内资企业为主导,外资企业尚未成为主导力量;III 类,外向度较高,但集聚度较低,这部分开发区外资企业成为主导力量,但数量少,产业分散;IV 类,外向度和集聚度都较高。其中,本书将 II 类称之为"内源型产业集聚",而将 IV 类称之为"嵌入型产业集聚"。

根据本人的调研分析,目前看,我国开发区的产业集聚类型两类:一类为内源型产业集聚(II 类);另一类为嵌入型产业集聚(IV 类),如图 5-10 所示。

内源型集聚,由区域内部力量(或因素)驱动,依靠国内企业投资而形,区内主体由内资企业构成,主要面向国内市场。内源型产业集聚是依靠当地传

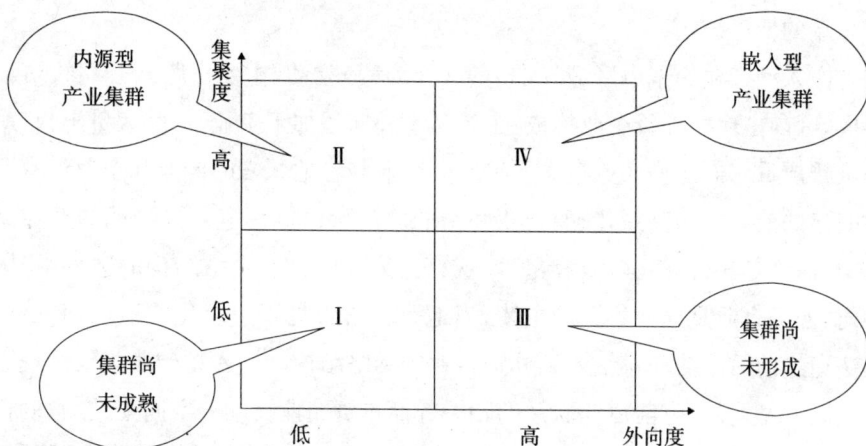

图 5-10 我国开发区的产业集聚分类

资料来源:笔者整理。

统产业、文化等历史特殊要素及资本的累积,通过内生发展而形成的,具有很强的地域根植性。形成与发展依赖的产业特定性要素可分为产业特定性知识、技术工匠、特质劳动力和产业氛围,它们在特定地理范围内不规则地分布并且固定下来,形成内源型产业集聚区。如青岛经济技术开发区的家电产业集聚,内蒙古呼和浩特开发区的乳业产业集聚,武汉高新区(光谷)的光电子产业集聚等等,国际上的"第三意大利"现象及我国浙江省的区域"块状经济"是这种内生式集群的典型。青岛开发区的家电电子产业集群的形成,首先是由于当地的历史文化底蕴和良好的外部环境。青岛开发区地处齐鲁大地,长期受儒家文化的影响,儒家的文化提倡"道义"、"诚信",倡导"以义求利",落实到企业则强调企业的经济行为应合乎诚信法则。所以才有张瑞敏率领海尔"砸掉不合格的冰箱"之举。其次,由于处于东部沿海地区,对外交流与合作频繁,国内外各种观念、技术、商品、文化等在这里交汇、碰撞,从而形成较好消化吸收国外技术的传统历史和基础条件,也促进了青岛开发区新兴家电电子工业的迅速崛起,出现了海尔、海信、澳柯玛等名牌。三是由于青岛政府大力扶持,缩短了名牌产品自我积累发展的过程,使海尔、海信等一批名牌,用最短的时间走完了外国名牌需要几十年乃至上百年才能走完的名牌之路。正是政府的顺势而为,构筑平台、提供环境、进行调控,推动着青岛开发区内源型集群演进更高端的价值链。

　　嵌入型产业集聚由区域外部力量(或因素)驱动,主要由跨国公司投资而形成,区内主体由外资企业构成,主要从事外向型加工工业,产品大量出口,对外依赖严重。嵌入型产业集聚所涉及的产业与当地原来的产业和企业没有非常明显的前后向的联系,新的产业和新的产品价值链是嵌入到当地的产业结构中,而不是融合,能够比较清楚地观察到集聚的企业网络结构的边界,跨国公司、外资企业是产业集聚的主体,当地企业常常处于边缘化的地位,开始时无法通过前后向的联系纳入到外资企业的网络结构。嵌入型产业集聚表现为大量同一产业的、有前后向联系的相关外商投资企业在同一空间集结,它们相互之间构成了相对完整、连续和独立的产业链条,本土企业参与配套生产的能力比较弱,中间产品的采购多从配套的外商投资企业购买,产品的研发和设计环节往往放在母国,生产的产品除满足东道国市场外,很大一部分是出口到母国或其他第三国,比较高的出口比例是它的特点之一。集聚的外商投资企业能够通过自己的网络完成中间产品和成品的生产,而与之相关的产业和经济组织也得以发展。

　　调研表明,从目前看,国家级经济技术开发区的产业集聚大多属于嵌入型产业集聚,而国家级高新区的产业集聚属于内源型产业集聚,不过二者的界限正逐渐模糊,呈现出日益融合的趋势。嵌入型产业集聚是本书研究的重点。这两种集聚的比较如表5-18所示。

表5-18　内源型产业集聚与嵌入型产业集聚的比较

	内源型产业集聚	嵌入型产业集聚
主要特征	内资企业为主;主要面向国内市场;依靠当地传统产业、文化累积,通过内生发展而形成的。	由跨国公司投资而形成的,主体由外资企业构成;主要从事外向型加工工业,产品大量出口。
主要优点	具有很强的地域根植性。	技术管理水平高,与国际市场接轨;规模大产业链条长,高度的分工和专业化水平;研发投入比例高,知识和创新能力强。
主要缺点	规模较小,技术管理水平较低,企业创新能力弱;路径依赖,集群较封闭。	地域根植性较弱;对外依赖严重,与当地企业联系较少。
典型	大多数国家级高新区。	大多数国家级经济开发区。

续表

	内源型产业集聚	嵌入型产业集聚
升级前景	增加其开放性,与国际接轨。	增加其对当地的嵌入性,与当地企业融合共生。

资料来源:笔者整理。

二、开发区产业集聚类型属性分析

为了确定各开发区产业集聚类型属性,根据上述嵌入型产业集聚与内源型产业集聚的界定,这里以外资工业产值占工业总产值之比代表外向度,将外向度 50％以上称为嵌入型,外向度小于 50％称为内源型集聚;以 2008 年各开发区实际数据为依据进行划分,如表 5-19,5-20,5-21 所示。从整体看,全部 53 家开发区①外资工业产值占工业总产值之比超过 50％,达到 75.98％,属于嵌入型产业集聚。从各区域看,东部 31 家开发区外资工业产值占工业总产值之比超过 50％,达到 83.32％,属于嵌入型产业集聚;中部 9 家开发区外资工业产值占工业总产值之比刚刚超过 50％,达到 53.67％,也属于嵌入型产业集聚;西部 13 家外资工业产值占工业总产值之比小于 50％,只有 29.61％,属于内源型产业集聚。

其中:我国东部 31 家开发区有 27 家外资工业产值占工业总产值之比超过 50％,属于嵌入型产业集聚,并且规模较大,只有青岛、湛江、南通、温州 4 家外资工业产值占工业总产值之比小于 50％,属于内源型产业集聚。

表 5-19　2008 年东部 31 家开发区产业集聚类型　　（单位:亿元）

	外资工业产值	工业总产值	外资工业产值占工业总产值之比	产业集聚类型
大连	1837.35	1911.20	96.14％	嵌入型
秦皇岛	332.21	439.78	75.54％	嵌入型
天津	3344.44	3730.00	89.66％	嵌入型

---

① 目前进入商务部国家级开发区统计的共有 54 家开发区,其中虹桥开发区以商贸为主,没有工业,本书主要讨论工业集聚问题,所以这里未包括虹桥开发区,以下讨论东部开发区产业集聚时也未包括虹桥开发区。

续表

	外资工业产值	工业总产值	外资工业产值占工业总产值之比	产业集聚类型
烟台	1784.07	1950.02	91.49%	嵌入型
青岛	994.66	2015.59	49.35%	内源型
连云港	252.26	351.72	71.72%	嵌入型
南通	352.71	720.59	48.95%	内源型
宁波	868.10	1241.85	69.90%	嵌入型
福州	358.23	474.84	75.44%	嵌入型
广州	2664.24	2944.79	90.47%	嵌入型
湛江	52.84	139.45	37.89%	内源型
闵行	471.63	471.63	100.00%	嵌入型
漕河泾	1093.09	1146.95	95.30%	嵌入型
温州	78.91	348.69	22.63%	内源型
萧山	349.97	501.50	69.78%	嵌入型
营口	235.33	442.97	53.13%	嵌入型
威海	148.38	284.26	52.20%	嵌入型
福清融侨	582.97	601.01	97.00%	嵌入型
南沙	864.43	1001.24	86.34%	嵌入型
惠州大亚湾	456.39	501.90	90.93%	嵌入型
昆山	3247.01	3317.45	97.88%	嵌入型
东山	22.73	32.48	70.00%	嵌入型
沈阳	1004.11	1772.26	56.66%	嵌入型
杭州	1086.57	1239.86	87.64%	嵌入型
北京	1904.60	2019.59	94.31%	嵌入型
南京	1085.18	1501.12	72.29%	嵌入型
宁波大榭	140.88	210.34	66.98%	嵌入型
海南洋浦	455.93	473.50	96.29%	嵌入型
苏州工业园	2793.72	2999.52	93.14%	嵌入型
金桥出口加工区	1573.10	1608.23	97.82%	嵌入型
厦门海沧	441.56	663.78	66.52%	嵌入型
东部开发区	30877.60	37058.11	83.32%	嵌入型

续表

	外资工业产值	工业总产值	外资工业产值占工业总产值之比	产业集聚类型
全部开发区	34902.07	45935.26	75.98%	嵌入型

资料来源:根据商务部2008年开发区经济指标计算整理。

中部9家开发区只有长春、武汉、合肥、太原4家外资工业产值占工业总产值之比超过50%,属于嵌入型产业集聚,其他5家开发区属于内源型。

表 5 - 20　2008 年中部 9 家开发区产业集聚类型　　(单位:亿元)

经济指标	外商投资企业	工业总产值	外资工业产值占工业总产值之比	产业集聚类型
哈尔滨	219.56	732.57	29.97%	内源型
长春	770.50	1037.48	74.27%	嵌入型
武汉	742.57	946.96	78.42%	嵌入型
芜湖	279.91	802.43	34.88%	内源型
合肥	586.67	808.26	72.58%	嵌入型
郑州	30.13	120.03	25.10%	内源型
长沙	136.69	665.92	20.53%	内源型
南昌	260.05	534.33	48.67%	内源型
太原	87.33	152.76	57.17%	嵌入型
中部开发区	3113.40	5800.73	53.67%	嵌入型

资料来源:根据商务部2008年开发区经济指标计算整理。

西部13家开发区只有重庆、银川2家外资工业产值占工业总产值的比超过50%,属于嵌入型产业集聚,其他11家外资工业产值占工业总产值的比小于50%,属于内源型生产,并且除西安、成都开发区外,其他开发区集聚规模较小,产业集聚正处于起步阶段。

表 5 - 21　2008 年西部 13 家开发区产业集聚类型　　(单位:亿元)

经济指标	外商投资企业	工业总产值	外资工业产值占工业总产值之比	产业集聚类型
重庆	387.68	686.27	56.49%	嵌入型
乌鲁木齐	68.20	250.94	27.18%	内源型

续表

经济指标	外商投资企业	工业总产值	外资工业产值占工业总产值之比	产业集聚类型
西安	150.18	684.84	21.93%	内源型
成都	63.01	300.78	20.95%	内源型
昆明	21.51	133.52	16.11%	内源型
贵阳	11.36	87.37	13.00%	内源型
石河子	10.72	118.07	9.08%	内源型
西宁	13.41	217.41	6.17%	内源型
呼和浩特	88.65	268.68	33.00%	内源型
南宁	33.31	139.77	23.84%	内源型
银川	59.33	108.22	54.83%	嵌入型
兰州	3.69	80.10	4.60%	内源型
拉萨	0.00	0.45	0.00%	内源型
西部开发区	911.06	3076.42	29.61%	内源型

资料来源:根据商务部 2008 年开发区经济指标计算整理。

再以工业总产值代表产业集聚程度,根据 2008 年各开发区实际数据,按照以下标准划分:将工业总产值按照 1000 亿以上、500 亿—999 亿、300 亿—499 亿、100 亿—299 亿,100 亿以下划分为产业集聚度高、产业集聚度较高、产业集聚度中等、产业集聚度较低、尚未形成产业集聚 5 个层次。综合外向度和产业集聚度两个维度,把全国 53 个开发区进行划分,如表所示。

表 5-22　2008 年国家级经济技术开发区产业集聚类型划分

	嵌入型	内源型
产业集聚度高	大连、天津、烟台、宁波、广州、漕河泾、南沙、昆山、沈阳、杭州、北京、南京、苏州工业园、金桥、长春(15)	青岛(1)
产业集聚度较高	南通、萧山、福清、惠州、厦门海沧、武汉、南昌、合肥、重庆(9)	哈尔滨、长沙、芜湖、西安(4)
产业集聚度中等	秦皇岛、连云港、福州、闵行、营口、海南(6)	温州、成都(2)
产业集聚度较低	宁波大榭、威海、银川(3)	湛江、郑州、太原、乌鲁木齐、昆明、石河子、西宁、呼和浩特、南宁(9)

续表

	嵌入型	内源型
尚未形成产业集聚	东山(1)	拉萨、兰州、贵阳(3)

资料来源:笔者整理。

三、开发区产业集聚模式

综上所述,目前,我国开发区的产业集聚类型两类:一类为内源型产业集聚(II类);另一类为嵌入型产业集聚(IV类),如图 5-10 所示。而从整体看,主要是嵌入型产业集聚,即由区域外部力量(或因素)驱动,主要由跨国公司投资而形成的,区内主体由外资企业构成。但这种分类还不够深入,必须将其进一步细化,本书将我国开发区的嵌入型产业集聚分为以下模式:轮轴式集聚、群落式集聚、链式集聚。

1. 轮轴式产业集聚

轮轴型产业区是以相当数量的关键企业或设施作为核心,在其周围有供应商和相关活动的区域,它的结构可以想象为轮子和轴。这种产业区的例子有美国的西雅图和底特律,日本丰田市。轮轴型产业区的特点:区域内由一个或多个大型垂直一体化企业支配,他们是企业群的轴心,也是区域经济的核心,供应商在外围。核心企业与外围的众多供应商之间存在密切的合作和交易关系,形成长期的契约。区域内围绕核心企业进化成独特的地方文化特质,核心企业控制资金源泉、专业技术、商业服务,地方政府在管理和促进核心工业发展中具有较强的作用,区域的长期增长前景取决于核心工业和轴心企业的战略前景。区域内的小企业之间的竞争主要围绕争取大企业的订单。大企业之间的合作是困难的,在该区域内,竞争者很少有共担风险、稳定市场和技术合作。大企业往往与区域外面的伙伴结成战略联盟。我国天津开发区、北京开发区、昆山开发区、苏州工业园、广州开发区、金桥开发区、南京开发区属于这种模式。天津经济技术开发区已经涌现出一批知名品牌:摩托罗拉手机、康师傅方便面、统一食品、雅马哈电子琴等产品,在国内市场具有很高的占有率。跨国公司强大的经济技术实力使其具备了强大的带动和辐射能力,这是天津经济技术开发区产业区形成和发展的基础。如摩托罗拉 1986 年开始与天津开发区接触,并于 1988 年投资建立天津摩托罗拉电子试验有限公司,经过长达4年的市场评估和社会调研之后,最终选定天津开发区为摩托罗拉在中国的生产基地。天津开发区摩托罗拉(中国)电子有限公司从1992年的1.2亿美元投资和几百名员工,发展到2006年的30多亿美元投资和1万多名员工,在天津建了亚洲通信产品和半导体集成生产中心两大基地,成为中国最大的外商投资企业。与此同时,摩托罗拉将大量先进通信技术带入国内,全国700多家供应商中,其中天津企业170家。随着摩托罗拉在天津开发区发展壮大,其协作配套企业大批跟入,如美国的绿点公司、模泰公司、英国的BOC集团、韩国富川、新加坡富裕、日本三井高科技等著名公司,为摩托罗拉提供零部件及相关配件。该区形成了以电子通信为主导的产业集群,由于该产业集群属于高技术含量的,随后众多的研发中心也"闻风而入"。在创新政策等一系列政策的刺激下,产品向价值链的高端移动(范虹,张青云,2006)。外源型品牌集群在全球价值链上不断向上攀升,形成了以外国品牌为主的产业集群。

2. 群落式产业集聚

群落式产业集聚是基地在外部的多个跨国企业的分支设施的集合。它往往是落后地区,在距城市有一定距离的地方,所建开发区基础上发展起来的。群落式集聚中既可能是生产型企业也可能是研究机构。该类型的产业集聚与国家发展水平无关。在美国北卡罗来纳州研究三角园,隶属不同跨国公司的研究中心集中在那里,而低级的例子是印第安纳州的厄克哈特,较低工资的劳动力吸引了相当数量的汽车相关分支工厂。群落式产业集聚的特点:总部在区域外的大型企业居于支配地位,关键的投资决策在总部,区域内的企业与母公司之间联系密切。它是生产性的集中区,区域内部企业之间缺乏上下游关系,缺乏与地方供应商长期的合作。资金、专门技术、商业服务主要由外部提供,区域的投资主要依靠在区域外的公司总部,行业协会几乎不存在,或者发挥的作用很小。在提供基础设施、减税和其他优惠条件中,政府起强有力的作用。可能中途转移到其他类似结构的平台去,使区域的增长不够稳定。我国开发区的产业集聚大部分属于此类,如昆山、大连、烟台。这些开发区主要是依托当地独有的区位条件与政策优势,依托外商直接投资所带入的出口加工业务,发展起来的以劳动密集型制造装配业为主导的产业集群。例如,台资IT企业在昆山的集聚属于垂直型FDI的集聚,这些企业主要通过台湾母公司承接境外定单,按境外的设计和技术贴牌生产(OEM),然后出口,昆山充当电脑出口加工基地。在现在的分工体系中,昆山的台资 IT 企业主要从事低附加值组装和标准元器件、配件的 OEM 生产,而营销和产品设计等高附加值的活动控制在台湾母公司总部。

3. 链式产业集聚

产业链型集聚就是以世界著名企业及其主导产品为龙头,联合产业链上下游伙伴企业,到一个大家选定的地区进行投资,"相互尊重,合作共赢",形成了产品及其零部件的研究开发、生产、销售等相关领域有机结合的产业链体系。它最为集中地体现了跨国公司全球生产网络联系以及全球价值链的整体复制与迁移这一典型特征。也就是说,它们的产生与发展并不必然地受当地化的知识溢出效应或者是基于当地根植性所产生网络联系的驱动,而主要体现了全球生产网络中跨国公司的战略意图,有学者把它们称之为"战略意图型集群"(王益民,宋琰纹,2007),即核心企业按照自己的战略意图要求,基于原有的关键供应商、业务合作伙伴所形成的全球网络联系,所塑造出的一种"战略性空间集聚"。在现实中,这种集群形式往往表现为全球生产网络中的供应商群体为了维持或强化长期的协作关系,追随核心企业或按照其战略意图在特定的地理区位组建供应链,形成产业链移植或产业链复制这一现象。

最典型的例证当属位于北京开发区的诺基亚星网工业园。星网工业园把手机整装厂和手机组件供应商纳入同一工业园区,整个园区围绕诺基亚手机的研究开发、生产和销售进行建设运营及其各项服务活动。其目标就是缩短工厂和工厂之间的距离,减少物流成本,并减轻库存管理压力,共同组建完整的手机产业链,整合资源,优化配置,提高物流的效率和产品竞争力,实现零库存运作和规模经济。实践证明,北京诺基亚星网工业园是非常成功的。2008年,星网工业园总产值突破 1300 亿元人民币,占北京电子信息制造业产值的一半,创造了 55000 个就业机会。在北京开发区,还有两个类似的工业园,一个是投资达 15 亿美元的"京东方"光电子产业园区,另一个是以台湾富士康集团为首的电子产业园区。北京开发区三个相关度强的产业基地,已形成相互支撑、共同发展的氛围。

福州开发区的显示器制造产业集群也属于此类。福州开发区以台湾中华映管为龙头,为中华映管配套的偏转线圈、阴罩片、电子枪和玻壳等四个环节的产品非常完善地布局在福州开发区,组成了一条龙式的配套生产合作体系。其上下游企业中有日本 NEC、JVC、韩国 LG 麦可龙、美国南方空气等十多家协作企业,他们前推后拉,互相配套,形成产业链,总产值已超 100 亿元。目前,福州开发区可年产显示管及部件 2 千万套,已成为全球最大的显示管制造业基地之一。

第六章 跨国公司嵌入与开发区产业集聚的实证分析

第一节 国家级开发区跨国公司嵌入与产业集聚的影响因素

一、开发区产业集聚的影响因素

1. 跨国公司嵌入因素

如前几章所述,近年来,外资工业产值、外资工业产品销售收入一直占国家级开发区的 80％左右,部分开发区高达 90％以上,因此在我国开发区的产业集聚中,外资发挥着主导作用,开发区的产业集聚是典型的嵌入型产业集聚,跨国公司嵌入是开发区产业集聚的最主要因素之一。跨国公司通过经济嵌入、技术嵌入、社会嵌入、体制嵌入等对当地产业集聚产生重大影响。其中跨国公司通过经济嵌入、技术嵌入对当地产业集聚产生直接影响,比如,跨国公司的大规模投资直接带动了当地的产业集聚,跨国公司的研发机构设立直接促进了当地的技术投资与进步。而跨国公司通过社会嵌入、体制嵌入等对当地产业集聚产生间接影响,比如,跨国公司通过与当地的社会联系、通过体制的示范效应有助于当地投资环境改善,从而间接影响产业集聚。

2. 开发区投资环境等方面的因素

开发区投资环境也是影响产业集聚的重要因素。具体来说,开发区的综合经济实力、基础设施配套能力、经营成本、人力资源及供给、社会与环境、技术创新环境、管理体制建设和发展与效率都对产业集聚有重要影响。一般而言,开发区的综合经济实力越强、基础设施配套能力越强、经营成本越低、人力资源及供给越充足、社会与环境越好、技术创新越活跃、管理体制建设越佳、发展效率越高,越有利于开发区的产业集聚。国家商务部每年都对开发区环境进行综合评价,其评价比较科学,有较高的权威性。除此之外,开发区地理位置、成立时间也是重要因素。

二、开发区跨国公司嵌入的影响因素

1. 产业集聚程度

产业集聚程度是影响跨国公司在当地嵌入扎根的重要因素。当地产业集聚程度越高,意味着当地的配套能力等各方面条件较好,企业的经营成本越低,因此产业集聚程度成为跨国公司区位选择的重要因素。另外跨国公司前期 FDI 集聚对后来跨国公司进一步集聚也会产生重要的示范效应。

2. 开发区投资环境等方面的因素

开发区投资环境也是影响跨国公司嵌入的重要因素。具体来说,开发区的综合经济实力、基础设施配套能力、经营成本、人力资源及供给、社会与环境、技术创新环境、管理体制建设和发展与效率都对跨国公司嵌入有重要影响。一般而言,开发区的综合经济实力越强、基础设施配套能力越强、经营成本越低、人力资源及供给越充足、社会与环境越好、技术创新越活跃、管理体制建设越佳、发展效率越高,越有利于跨国公司在开发区的嵌入与集聚。

第二节　研究假设

基于以上各章的分析,本书认为,跨国公司嵌入与开发区产业集聚具有互动耦合关系。第4章将跨国公司嵌入分有四个维度,即经济嵌入、社会嵌入、技术嵌入、制度嵌入,由于跨国公司的社会嵌入及体制嵌入难以客观测度,本书仅对经济嵌入及技术嵌入进行实证分析,为此提出以下假设。

假设 1:跨国公司嵌入对开发区产业集聚有重大影响

该假设可分解为以下几个假设:

假设 1.1:跨国公司经济嵌入对开发区产业集聚有重大影响

假设 1.1.1:跨国公司经济嵌入对开发区整体产业集聚有重大影响

假设 1.1.2 跨国公司经济嵌入对开发区内资产业集聚有重大影响产业集聚

假设 1.1.3 跨国公司经济嵌入对开发区外资产业集聚有重大影响产业

集聚

假设 1.2:跨国公司技术嵌入对开发区产业集聚有重大影响

假设 1.2.1:跨国公司技术嵌入对开发区产业集聚有重大影响

假设 1.2.2 跨国公司技术嵌入对开发区内资产业集聚有重大影响产业集聚

假设 1.2.3 跨国公司技术嵌入对开发区外资产业集聚有重大影响产业集聚

假设 2:开发区产业集聚对跨国公司嵌入有重大影响

该假设可分解为以下几个假设:

假设 2.1:开发区产业集聚对跨国公司经济嵌入有重大影响

假设 2.2:开发区产业集聚对跨国公司技术嵌入有重大影响

第三节　研究方法

一、变量选取及操作指标测度

1. 开发区产业集聚

对开发区产业集聚指标采用工业总产值、就业人数来表示,分别记做 GYZV,JYN。内资产业集聚指标采用新增内资企业数,新增内资企业注册资本数,分别计作 NZNM,NZZB,外资产业集聚采用新增外资企业数,新增外资实际投资,分别计作 WZNM,WZTZ。本书没有采用行业数据,主要是由于行业内的数据无法达到要求,因此,采用上述指标来替代。

2. 跨国公司经济嵌入采用历年经济嵌入,本年经济嵌入,分别记做 AFDI,BFDI;对跨国公司技术嵌入采用期末世界 500 强入区投资企业数与期末外商投资设立的研发中心数之和来表示,记作 TCES。

具体操作指标定义如下:

历年经济嵌入(AFDI)=历年累计实际 FDI,采用上一年(2005)数据

本年经济嵌入(BFDI)=本年(2006)实际 FDI

技术嵌入(TCES)=(2006)期末世界 500 强入区投资企业数(MN)+期末外商投资设立的研发中心数(RN)。

3. 开发区环境因素

　　本书根据国家商务部对国家级经济技术开发区的投资环境进行综合评价的分类,将开发区环境指标分为综合经济实力指标、基础设施配套能力指标、经营成本指标、人力资源及供给指标、社会与环境指标、技术创新环境指标、管理体制建设指标和发展与效率指标分别记作 JJSL,JCSS,JYCB,RLZY,SHHJ,JSCX,GLTZ,FZXL。

二、数据来源及说明

　　开发区产业集聚以及跨国公司嵌入各个指标数据来自于商务部公布的历年全国开发区的面板统计资料,本章主要采用全国开发区 2005—2006 的年报资料。

　　开发区的投资环境指标来自于国家商务部对国家级经济技术开发区的投资环境综合评价 2006 年度报告。自 1999 年始,国家商务部对国家级经济技术开发区的投资环境进行综合评价,并提出了国家级经济技术开发区投资环境综合评价分类指标体系,一共分为八大类 80 项指标,如表 6 - 1 所示。其中,综合经济实力指标(225 分)、基础设施配套能力指标(90 分)、经营成本指标(85 分)、人力资源及供给指标(90 分)、社会与环境指标(100 分)、技术创新环境指标(150 分)、管理体制建设指标(100 分)和发展与效率指标(160 分),总分 1000 分。

　　开发区的投资环境指标计算方法如下:

　　指数计算公式:

　　正指标:$Z_{ij} = [(X_{ij} - X_{imin})/(X_{imax} - X_{imin})] \times b_i$

　　逆指标:$Z_{ij} = [(X_{imax} - X_{ij})/(X_{imax} - X_{imin})] \times b_i$

　　总指数:$Z_j = \sum Z_{ij}$

　　其中,i 代表某项指标,j 代表某个国家级开发区,X 为该指标的实际值,X_{imin} 为该指标的最小值,X_{imax} 为该指标的最大值,b_i 为该指标的权重,Z_{ij} 为各国家级开发区的单项指标得分,Z_j 为各国家级开发区的总指数得分。分数越高,表明投资环境越好。该指标体系主要以各开发区经济社会发展的真实数据为依据,因此具有较高的客观性、公正性和权威性。

表 6‑1　商务部的国家级经济技术开发区投资环境
综合评价分类指标体系（2006 年）

投资环境综合评价分类	各类所含具体指标
综合经济实力指标	1. 地区生产总值　2. 其中:工业增加值　3. 税收收入　4. 其中:涉外税收收入　5. 可支配财力　6. 工业总产值（现价）　7. 工业销售收入　8. 其中:外资工业销售收入　9. 规模以上工业利润总额　10. 出口总额　11. 实际使用外资金额　12. 内资企业注册资本
基础设施配套能力指标	13. 历年累计固定资产投资　14. 历年累计基础设施投资　15. 已开发土地面积　16. 其中:工业用地面积　17. 供电能力　18. 供水能力　19. 供蒸汽能力　20. 供燃气能力　21. 程控电话装机容量
经营成本指标	22. 所在城市从业人员平均劳动报酬(当年)　23. 工业用水价格　24. 工业用电价格　25. 工业用燃气价格　26. 工业用土地价格(50 年)　27. 区 5 公里半径内高速公路和国道
人力资源及供给指标	28. 期末区内就业人数　29. 区内就业的大专以上学历人数　30. 区内就业的大专以上学历人数/区内就业人数　31. 区内就业的中级以上职称人数　32. 区内就业的中级以上职称人数/区内就业人数　33. 所在城市年度每万人在校大学生人数　34. 所在城市年度职业学校在校学生人数　35. 区内拥有人才交流服务机构数
社会与环境指标	36. 教育经费支出额　37. 农民养老保险参保率　38. 农民医疗保险参保率　39. 每亩土地征地补偿费/当地农民人均年纯收入　40. 已兑现征地补偿费/应兑现征地补偿费　41. 环境空气质量达到或好于国家二级质量标准的天数　42. 污水处理负荷　43. 全区是否区通过 ISO14000 认证　44. 全区是否通过 ISO14000 国家示范区认证　45. 期末通过 ISO14000 认证企业数
技术创新环境指标	46. 期末高新技术企业数　47. 高新技术企业产值　48. 高新技术企业工业增加值　49. 高新技术产品出口额　50. 创业投资服务中心(孵化器)建成面积　51. 期末世界 500 强入区投资企业数　52. 期末外商投资设立的研发中心数　53. 研究与试验发展(R&D)经费支出/地区生产总值　54. 历年累计支持科技发展资金总额　55. 区内企业拥用专利数　56. 期末高新技术企业大专以上学历人数/高新技术企业总人数　57. 期末现代服务业企业大专以上学历人数/现代服务业企业总人数　58. 服务外包企业数量
管理体制建设指标	59. 开发区管理机构是否通过 ISO9001 认证　60. 开发区是否有省级人大颁发的开发区条例　61. 开发区管理机构是否有省级外资审批权　62. 开发区管理机构是否与所在行政区合并(1)主要领导是否与所在行政区交叉任职(2)管理机构是否与所在行政区合署办公(3)开发区管理机构是否一级财政

续表

投资环境综合评价分类	各类所含具体指标
发展与效率指标	63. GDP 增长速度　　64. 税收增长速度　　65. 出口增长速度　66. GDP/已开发土地面积　67. 税收收入/已开发土地面积　68. 历年累计固定资产投资/已开发土地面积　69. 规模以上工业利润总额/工业用地面积　70. 工业增加值/工业用地面积　71. 工业用地面积/已开发土地面积　73. 高新技术企业产值/工业总产值　74. 高新技术企业工业增加值/工业增加值　75. 高新技术产品出口额/出口总额　76. 可支配财力/GDP　77. GDP/区内就业人数　78. 工业企业综合能源消费增长率/工业增加值增长率　79 工业企业综合能源消费量/工业增加值　80. 工业企业取水总量/工业增加值

资料来源:商务部国家级经济技术开发区投资环境指标(2006 年)。

三、分析方法

本书采用多元线性回归模型方法,应用 SPSS16.0 分析软件进行分析,以此验证产业集聚与跨国公司嵌入各变量之间的因果关系,并确定各变量的重要性。

1. 跨国公司嵌入对产业集聚的影响

回归模型:

$$GYZV = \alpha_0 + \alpha_1 AFDI + \alpha_2 BFDI + \alpha_3 TCES + \varepsilon \tag{1}$$

$$JYN = \alpha_0 + \alpha_1 AFDI + \alpha_2 TCES + \varepsilon \tag{2}$$

$$NZNM = \alpha_0 + \alpha_1 AFDI + \alpha_2 TCES + \varepsilon \tag{3}$$

$$WZNM = \alpha_0 + \alpha_1 AFDI + \alpha_2 TCES + \varepsilon \tag{4}$$

$$GYZV = \alpha_0 + \alpha_1 AFDI + \alpha_2 TCES + \alpha_3 JJSL + \alpha_4 JCSS + \alpha_5 JYCB + \alpha_6 RLZY + \alpha_7 SHHJ + \alpha_8 JSCX + \alpha_9 GLTZ + \alpha_{10} FZXL + \varepsilon \tag{5}$$

其中,GYZV,JYN,AFIDI,BFDI,TCES,NZNM,WZNM,JJSL,JCSS,JYCB,RLZY,SHHJ,JSCX,GLTZ,FZXL 分别表示工业总产值、就业总数、历年经济嵌入、本年经济嵌入、技术嵌入、新增内资企业数量、新增外资企业数量、综合经济实力指标、基础设施配套能力指标、经营成本指标、人力资源及供给指标、社会与环境指标、技术创新环境指标、管理体制建设指标和发展与效率指标,ε 是随机扰动项。模型(1)、(2)、(3)、(4)只考虑跨国公司嵌入对产业集聚的影响,模型(5)引入开发区环境变量后研究各因素对产业集聚的影响。

2. 产业集聚对跨国公司嵌入的影响

回归模型：$BFDI = \beta_0 + \beta_1 GYZV + \beta_2 JYN + \varepsilon$ （6）

$TCES = \beta_0 + \beta_1 GYZV + \beta_2 JYN + \varepsilon$ （7）

$BFDI = \beta_0 + \beta_1 GYZV + \beta_2 JYN + \beta_3 JJSL + \beta_4 JCSS + \beta_5 JYCB + \beta_6 RLZY + \beta_7 SHHJ + \beta_8 JSCX + \beta_9 GLTZ + \beta_{10} FZXL + \varepsilon$ （8）

模型(6)(7)只考虑产业集聚对跨国公司嵌入的影响,模型(8)引入环境变量后研究各因素对跨国公司嵌入的影响。其中,GYZV,JYN,AFIDI,BFDI,TCES,JJSL,JCSS,JYCB,RLZY,SHHJ,JSCX,GLTZ,FZXL 分别表示工业总产值、就业总数、历年经济嵌入、本年经济嵌入、技术嵌入、综合经济实力指标、基础设施配套能力指标、经营成本指标、人力资源及供给指标、社会与环境指标、技术创新环境指标、管理体制建设指标和发展与效率指标,ε 是随机扰动项。

第四节　实证过程与结果

一、跨国公司嵌入对产业集聚的影响

1. 跨国公司嵌入对工业总产值的影响

具体分析过程如下:首先,将方程(1)的所有变量都引入,结果如表 1 所示。回归模型拟合优度较好,AFDI、TCES 系数均通过 5％显著性检验,标准化系数分别达到了 0.327 和 0.475,但 BFDI 系数未通过 5％显著性检验,此模型说明跨国公司历年经济嵌入对开发区工业总产值有显著影响,但本年经济嵌入对开发区工业总产值影响不大。

表 6 - 2　跨国公司嵌入与开发区工业总产值回归结果

解释变量	Unstandardized Coefficients		Standardized Coefficients	t	F	Adjusted R Square	D - W	样本数
	B	Std. Error	Beta		125.287	0.880	2.021	52
Constant	39.898	43.537		0.916				
AFDI	8.281*	3.803	0.327	2.178				
BFDI	37.174	27.262	0.197	1.364				
TCES	6.712***	1.161	0.475	5.783				

注:＊＊＊表示在 0.1％水平上显著,＊表示在 5％水平上显著。

2. 跨国公司嵌入对就业影响

用上述同样方法分析跨国公司嵌入对就业影响,结果如表6-2所示,回归模型拟合优度较好,AFDI系数通过0.1%显著性检验,标准化系数分别达到了0.823,但TCES系数未通过5%显著性检验,此模型说明跨国公司历年经济嵌入对开发区就业人数有显著影响,但跨国公司技术嵌入对开发区就业人数影响不大。

表6‑3　跨国公司嵌入与开发区就业人数回归结果

解释变量	Unstandardized Coefficients		Standardized Coefficients	t	F	Adjusted R Square	D‑W	样本数
	B	Std. Error	Beta		74.571	0.743	2.302	52
Constant	3.968***	0.751		5.286				
AFDI	0.253***	0.037	0.823	6.932				
TCES	0.009	0.020	0.054	0.458				

注:***表示在0.1%水平上显著。

3. 跨国公司嵌入对内资企业集聚的影响

用上述同样方法分析跨国公司嵌入对内资企业数影响。结果如表6-3所示,AFDI系数通过0.1%显著性检验,标准化系数分别达到了0.657,但TCES系数未通过5%显著性检验,模型可决系数0.35显然太低,说明回归模型拟合优度较差,跨国公司经济嵌入与技术嵌入对内资企业数量的影响有限。

表6‑4　跨国公司嵌入与开发区内资企业数回归结果

解释变量	Unstandardized Coefficients		Standardized Coefficients	t	F	Adjusted R Square	D‑W	样本数
	B	Std. Error	Beta		13.843	0.335	1.706	52
Constant	161.906*	69.740		2.322				
AFDI	11.666***	3.391	0.657	3.440				
TCES	−0.711	1.894	−0.072	−0.375				

注:***表示在0.1%水平上显著,*表示在5%水平上显著。

4. 跨国公司嵌入对外资企业进一步集聚的影响

用上述同样方法分析跨国公司嵌入对新增外资企业数量的影响。结果如表4所示，回归模型拟合优度较好，AFDI系数通过0.1%显著性检验，标准化系数分别达到了0.711，但TCES系数未通过5%显著性检验，此模型说明跨国公司历年经济嵌入对开发区新增外资企业数集聚有显著影响，但跨国公司技术嵌入对此影响不大。

表6-5　跨国公司嵌入与开发区外资企业数回归结果

解释变量	Unstandardized Coefficients		Standardized Coefficients	t	F	Adjusted R Square	D-W	样本数
	B	Std. Error	Beta		64.521	0.714	2.088	52
Constant	4.366	7.878		0.554				
AFDI	2.174***	0.383	0.711	5.674				
TCES	0.286	0.214	0.168	1.339				

注：***表示在0.1%水平上显著。

5. 引入环境变量再进行回归分析

（1）首先，将方程（5）的所有变量都引入，结果发现，虽然此模型拟合较好，可决系数为0.965，调整的可决系数为0.956，同时模型在5%的显著性水平下通过显著性检验，但部分回归系数未通过检验，从共线性诊断来看，FZXL与RLZY，AFDI共线性，JJSL与TCES，AFDI共线性，TCES与SHHJ，JSCX共线性。

（2）剔除JJSL，SHHJ，FZXL，JSCX这几个变量后，采用同样方法重新进行回归分析。结果如表5所示，回归模型拟合优度较好，AFDI系数通过0.1%显著性检验，TCES、RLZY系数均通过5%显著性检验，JYCB、GLTZ均通过10%显著性检验，但JCSS未通过10%显著性检验。该模型说明跨国公司历年经济嵌入（AFDI）、技术嵌入（TCES）、经营成本（JYCB）、人力资源（RLZY）、管理体制（GLTZ）都对开发区产业集聚有重大影响。但从标准化系数看，AFDI、TCES和RLZY分别达到了0.415、0.286和0.210，说明跨国公司经济嵌入（AFDI）、技术嵌入（TCES）、人力资源（RLZY）对开发区产业集聚影响最大。

表6－6　引入环境变量后跨国公司嵌入与开发区工业总产值回归结果

解释变量	Unstandardized Coefficients		Standardized Coefficients	t	F	Adjusted R Square	D－W	样本数
	B	Std. Error	Beta		69.674	0.890	2.043	52
Constant	83.638	251.762		0.332				
AFDI	10.509***	2.471	0.415	4.253				
TCES	4.042*	1.594	0.286	2.537				
JCSS	1.475	3.503	0.034	0.421				
JYCB	−7.035#	3.836	−0.116	−1.834				
RLZY	15.396*	7.260	0.210	2.121				
GLTZ	3.123#	1.798	0.088	1.737				

注：* 表示在5%水平上显著，# 表示在10%水平上显著。

二、产业集聚对跨国公司嵌入的影响

1. 产业集聚对跨国公司本年经济嵌入的影响

用上述同样方法分析产业集聚对跨国公司本年经济嵌入的影响。结果如表6－6所示，模型较好的通过检验，可决系数为0.839，调整的可决系数为0.833，模型拟合优度较好，GYZV、JYN回归系数也以0.1%通过显著性检验，标准系数分别为0.465和0.491，说明产业集聚对跨国公司本年经济嵌入具有重大的影响。

表6－7　开发区产业集聚与跨国公司嵌入回归结果

解释变量	Unstandardized Coefficients		Standardized Coefficients	t	F	Adjusted R Square	D－W	样本数
	B	Std. Error	Beta		128.000	0.833	1.817	52
Constant	−.547#	0.300		−1.825				
GYZV	0.002***	0.001	0.465	4.449				
JYN	0.214***	0.046	0.491	4.698				

注：*** 表示在0.1%水平上显著，# 表示在10%水平上显著。

2. 产业集聚对跨国公司技术嵌入的影响

用同样方法分析产业集聚对跨国公司技术嵌入的影响，结果如表6－7所示,模型较好的通过检验,模型拟合优度较好,GYZV 回归系数通过 0.1% 显著性检验,标准系数分别为 0.977,但 JYN 回归系数未通过 5% 显著性检验,说明产业集聚因素(工业总产值)对跨国公司技术嵌入具有重大的影响。

表 6-8　开发区产业集聚与跨国公司技术嵌入回归结果

解释变量	Unstandardized Coefficients		Standardized Coefficients	t	F	Adjusted R Square	D-W	样本数
	B	Std. Error	Beta		95.829	0.788	1.614	52
Constant	7.151	4.506		1.587				
GYZV	.069***	0.008	0.977	8.299				
JYN	−0.598	0.686	−0.103	−0.873				

注:*** 表示在 0.1% 水平上显著。

3. 引入环境变量,探讨产业集聚对跨国公司经济嵌入的影响

首先,将方程(8)的所有变量都引入,结果发现,虽然此模型拟合较好,可决系数为 0.965,调整的可决系数为 0.956,同时模型在 0.05 的显著性水平下通过显著性检验,但部分回归系数未通过检验,从共线性诊断来看,GYZV 与 JJSL,GLTZ 与 FZXL,JYCB 与 RLZY 共线性,需剔除后进行回归分析。

剔除 JJSL、FZXL、RLZY 这几个变量后,重新进行回归分析。结果如表 6-8 所示,模型较好的通过检验,GYZV、JYN、JCSS 回归系数通过 5% 显著性检验,但 JYCB、SHHJ、GLTZ、JSCX 未通过 5% 显著性检验。从标准系数看,GYZV、JYN、JCSS 分别达到 0.351、0.326 和 0.245,说明引入环境变量后,产业集聚因素对跨国经济嵌入依然具有重大的影响,同时也是影响最大的因素。

表 6-9　引入环境变量后开发区产业集聚与跨国公司嵌入回归结果

解释变量	Unstandardized Coefficients		Standardized Coefficients	t	F	Adjusted R Square	D-W	样本数
	B	Std. Error	Beta		39.423	0.841	2.034	52
Constant	−1.527	1.722		−.887				
GYZV	0.002*	0.001	0.351	1.717				
JYN	0.142*	0.054	0.326	2.625				
JCSS	0.057*	0.023	0.245	2.445				

续表

解释变量	Unstandardized Coefficients		Standardized Coefficients	t	F	Adjusted R Square	D-W	样本数
JYCB	0.008	0.022	0.024	0.347				
SHHJ	−0.004	0.022	−0.018	−0.185				
GLTZ	0.000	0.012	0.002	0.029				
JSCX	0.014	0.025	0.101	0.556				

注:* 表示在5%水平上显著。

第五节　主要结论

通过构建回归模型进行实证分析,这里将上述实证分析结果汇总如下:

表6-10　本研究假设研究汇总

研究假设	假设内容	研究假设实证结果
假设1	跨国公司嵌入对开发区产业集聚有重大影响	支持
假设1.1	跨国公司经济嵌入对开发区产业集聚有重大影响	支持
假设1.1.1	跨国公司经济嵌入对开发区整体产业集聚有重大影响	支持
假设1.1.2	跨国公司经济嵌入对开发区内资产业集聚有重大影响产业集聚	不支持
假设1.1.3	跨国公司经济嵌入对开发区外资产业集聚有重大影响产业集聚	支持
假设1.2	跨国公司技术嵌入对开发区产业集聚有重大影响	支持
假设1.2.1	跨国公司技术嵌入对开发区整体产业集聚有重大影响	支持
假设1.2.2	跨国公司技术嵌入对开发区内资产业集聚有重大影响产业集聚	不支持
假设1.2.3	跨国公司技术嵌入对开发区外资产业集聚有重大影响产业集聚	支持
假设2	开发区产业集聚对跨国公司嵌入有重大影响	支持
假设2.1	开发区产业集聚对跨国公司经济嵌入有重大影响	支持
假设2.2	开发区产业集聚对跨国公司技术嵌入有重大影响	支持

资料来源:笔者整理。

概括而言,主要可以得出以下结论:

第一,跨国公司嵌入对开发区产业集聚有重大影响。一方面,跨国公司经济嵌入对开发区整体产业集聚有重大影响;另一方面,跨国公司技术嵌入对开发区产业集聚有重大影响。从经济嵌入来看,跨国公司经济嵌入对开发区产业集聚主要指标如工业总产值、就业人数以及外资企业数量与投资的进一步集聚都有重大的影响。从技术嵌入来看,跨国公司技术嵌入对开发区产业集聚主要指标如工业总产值、就业人数以及外资企业数量与投资的进一步集聚也有重大的影响,但技术嵌入的影响程度要小于经济嵌入。另外在与其他环境指标比较研究中,开发区跨国公司嵌入因素对产业集聚的影响程度要明显大于其他因素,这说明跨国公司嵌入是决定开发区产业集聚的主要因素。

第二,开发区产业集聚对跨国公司嵌入有重大影响。一方面,开发区产业集聚对跨国公司经济嵌入有重大影响;另一方面,开发区产业集聚对跨国公司技术嵌入也有重大影响。另外在与其他环境指标比较研究中,开发区产业集聚因素对跨国公司嵌入的影响程度要明显大于其他因素。这说明开发区产业集聚状况已成为跨国公司区位选择的主要因素,决定了跨国公司是否愿意在当地进一步嵌入和扎根发展。这也告诉我们,过去那种单纯依赖区域优惠政策,相互攀比优惠的招商引资思路已经行不通了。

第三,跨国公司经济嵌入和技术嵌入对开发区内资产业集聚有重大影响的假设并未得到支持,这一方面证明了目前我国开发区的产业集聚确实是嵌入性集聚,另一方面也说明跨国公司嵌入对当地内资企业的带动作用还非常有限,内资产业还未真正融入跨国公司的全球价值链中,这是未来应注重解决的问题。

第七章　跨国公司嵌入与开发区
产业集聚的动态演化

经过20多年的艰苦创业,国家级经济技术开发区按照国务院确定的"以发展工业为主、以利用外资为主、以出口创汇为主,致力于发展高新技术产业"发展方针,通过引进具有世界先进水平的现代制造业以及跨国公司的研发机构,已经发展成为中国土地集约利用程度较高、现代制造业集中、产业集聚效应突出、外商投资密集的外向型工业园区,在我国社会主义现代化建设中发挥着越来越重要的作用。国家级开发区的成功,是在全球一体化的背景下,中国顺应国际产业转移的潮流,实施改革开放政策,大力引进跨国公司投资的结果。从本质上看,国家级开发区的成功,是产业集聚的成功,是我们抓住了国际产业转移的契机,有效吸引跨国公司投资的结果。国家级开发区产业集聚的形成和发展,是以跨国公司嵌入为起点,并且随着跨国公司嵌入的不断加深而逐步从低级阶段迈向高级阶段。本章将从跨国公司嵌入与开发区产业集聚的动态演化过程、演化模式和演化机制等三个方面对此加以论证。

第一节　跨国公司嵌入与开发区产业
集聚的动态演化过程

跨国公司嵌入与开发区产业集聚的动态演化过程可以分为三个阶段。

第一阶段(1984—1991年)跨国公司零星嵌入,开发区产业散点发展。

早在1984年4月,党中央、国务院在总结我国对外开放工作经验的基础上,借鉴国外创办工业园区、自由贸易区的做法,决定举办经济技术开发区,批准兴建了大连、秦皇岛等11个经济技术开发区,这标志着我国开发区的正式诞生。此后,国家高新技术开发、保税区、台商投资区等各级各类开发区等如雨后春笋般发展起来。

在这个阶段,从国内看,推动开发区发展的最根本动力是经济体制改革。伴随着经济体制的转轨,在计划分工向市场分工转变的过程中,中国的对外开放和国际分工取得了长足发展。同时,对外开放又在很大程度上促进了计划分工体系的解体,推动了分工深化和专业化发展,加快了体制改革的进程。从国际上看,国际间要素流动增强、国际分工开始由产品分工向要素分工发展。随着外资的试探进入和逐步发展,劳动密集型产品出口转向由外资企业主导地利用我国劳动力资源进行"三来一补"的加工贸易,开始以要素形式(劳动力)参与国际分工。

这一时期,是我国开发区建设的起步和探索阶段,跨国公司进入的并不多。一方面,国家级开发区白手起家,发展基础薄弱,建设资金短缺,另一方面,外资进入中国总体上尚处于试探和观望阶段。截至1991年底14个国家级开发区累计利用外资13.74亿美元。外商投资主要以中国港台地区和东南亚华人投资为主,占我国外商投资总额的75%左右,特点是中小投资规模为主,较低的资本和技术密集、较高的劳动密集型产品为主,出口以加工贸易为主。引进项目主要是劳动密集型的中小企业,技术转让或技术转移较少发生。总体上看,这些企业的技术水平并不比我国企业特别是国有企业的平均水平高。美国、日本、欧盟等国家和地区的企业在华投资项目很少,也以中小型项目为主,除了德国大众和上海汽车工业集团1985年合资成立上海大众等少数企业外,大型跨国公司基本处于观望状态。

这一阶段,国家开发区产业发展也处于"广种薄收,开而不发"的状态,入住企业少,企业规模小,产业层次低。一些开发区没有明确的产业发展方向和定位,在引进项目上缺乏基本的入园要求,"捡进篮里都是菜",进区企业规模普遍较小,传统产业和低层次产业的企业居多,只是在园区内把企业归大堆。与此同时,园区内普遍缺乏对产业发展具有带动辐射作用的龙头企业,进区企业的科技含量也不高,缺乏园区的集聚优势和规模优势。多数开发区产业无特色、企业无亮点、发展无差别,园区之间彼此差不多。

第二阶段(1992—1999年)跨国公司蜂拥而至,产业集聚出现端倪。

1992年,邓小平同志第二次南方视察并发表重要谈话,确立了社会主义市场经济体制的改革方向,对外开放的力度明显加大,我国掀起了对外开放和引进外资的新一轮高潮,中国经济开始逐步全面融入国际分工体系。与此同时,随着经济全球化和一体化的发展,国际分工不断细化,跨国公司开始在全球进行战略布局并进行新一轮的国际产业转移,1993年因此成为跨国公司在华大规模投资的开始。这一年我国外商直接投资金额突然放大,合同外资达到了1114亿多美元,实际利用外资是270亿美元,几乎都是上一年的一倍。同年,国家开发区跨国公司投资大幅度增加,全年实际利用外资达14.65亿美元,比1992年增加88.3%。从1991年到1998年,国家级开发区实际利用外资从3.61亿美元迅速增加到47.29亿美元,年均增长率达到44.4%。

这一时期,跨国公司在开发区投资的特点是:其一,欧美日等发达国家对华投资大幅增加;其二,中小外资企业占主导地位,但大型跨国公司数量迅速增加;其三,投资领域主要集中在劳动密集型产业,主要目的是为了利用包括劳动力在内的廉价资源和政府给予的优惠政策进行出口生产,转移的技术也主要是适用性技术,几乎没有一流技术和研发技术进入中国。但也有相当数量的跨国公司,以占领国内市场为目标,从早期的劳动密集型的简单制造活动向资金技术密集型的制造活动升级,进入传统的技术资金密集型行业(如化工、化妆品、洗涤剂、通信产品),通过成熟技术的转移,带动了国内相关行业的发展。其四,投资开始呈现战略性、群居式集聚;其五,跨国公司提高零部件采购本土化,培植当地配套企业。总体来看,跨国公司由最初的试探性投资转向大规模投资,对开发区嵌入程度逐渐加深。

这一时期,开发区产业集聚出现端倪。由于跨国公司的群居式集聚以及采取提高零部件采购本土化,培植当地配套企业等战略措施,部分开发区产业发展呈现集聚化发展态势。如天津开发区形成以摩托罗拉为代表的电子信息产业集聚,东莞、昆山形成以台商为主的电子产业集聚,广州开发区形成以宝洁公司为代表的日用化工产业集聚,上海形成以大众汽车为代表的汽车产业集聚。

第三阶段(2000年至今)跨国公司积极扎根中国谋求发展,产业集群初步形成。

2000年以后,随着我国实施西部大开发战略以及加入WTO,跨国公司对中国市场更加关注,开始全面进入中国,与此同时跨国公司在我国开发区加大了投资规模,随着国家级经济技术开发区的综合投资环境进一步提高,国家级开发区日益成为跨国公司的聚集地。

这一阶段,中国已基本建立了社会主义市场经济体制,在大多数领域实现了市场化的分工和专业化生产。已经从短缺经济、卖方市场进入了过剩经济和买方市场,大部分产业的生产能力饱和并渐次出现过剩,同时国内储蓄能力增强,长期的资金短缺状况发生了改变,经济增长方式由粗放型扩张转向依靠技术进步和产业结构升级。中国已经形成了良好的开放型经济环境,在技术水平、生产能力、产业配套、专门化劳动力要素等方面具备了与跨国公司优势要素结合的基础,已经有能力参与较高层次国际分工,对外开放开始向纵深发展。

这一阶段,跨国公司战略发生了重大变化。跨国公司对华投资具有大规模、系列化和战略化特征,是从全球产业布局的战略高度实施的,融入了跨国公司一体化的生产体系。在投资动因方面,跨国公司看重的不是优惠政策和简单劳动力的廉价优势,而是中国市场的潜力和具有竞争力的人力资源的优势;在投资类型方面,跨国公司投资主要属于市场开拓型投资,从原来更多的把中国视为重要的制造基地,转向更多地把中国看做重要的销售市场;在投资方式方面,跨国公司投资主要采取独资企业或外方控股的投资形式;在投资的产业分布方面,从早期的劳动密集型的简单制造活动向资金技术密集型的制造活动升级,跨国公司主要投资于资本技术密集型、产业联系广泛而深入的产业,如汽车、石化、电子通信设备等;在投资的领域范围方面,从单纯的制造活动向服务领域扩展,从制造业转移向研发机构和地区运营总部扩展;在分工定位方面,从个别投资向系统化投资,不断整合企业集团,延伸产业链条,对华投资纳入跨国公司的全球供应链分工体系;在产业关联方面,对华投资呈现出显著的空间集聚特征;在投资的地区方面,从主要投资于东部逐渐向中西部转移。

具体来说,跨国公司在开发区投资有以下新特点:一是单项规模高。2000年诺基亚联合十多家合作伙伴在北京开发区建设星网工业园,总投资达到100亿元,2003年8月,英特尔决定在成都高新区投建其在全球的第五个芯片封装与测试厂。此项目首期投资金额高达3.75亿美元,超过上海的芯片厂,是成都改革开放以来的最大外资项目。2007年3月英特尔公司又决定在大连开发区投资25亿美元兴建当今最先进的半导体芯片项目,这也是我国改革开放以来跨国公司在我国投资的最大项目。二是一揽子合作或跨行业关联性投资明显增多。跨国公司新的投资策略是对一个产业的上、中、下游各个阶段的产品进行整个产业链的大规模投资，即纵向一体化、系统化投资。三是投资呈系统化、多功能，具有较强的战略意图。如跨国公司在北京开发区的投资不仅是立足北京，更是面向全国、放眼全球，其投资项目大多具备分销、研发、结算、管理等功能。四是跨国公司集聚投资成为新模式。跨国公司投资呈现出地域集聚态势，即跨国公司出于地缘、亲缘、商缘等原因集中在某地投资发展，以谋求共生共赢。如台资企业云集昆山开发区，欧美公司集聚苏州工业园区，日资企业集中在无锡开发区、大连开发区。最著名的是北京开发区的诺基亚星网工业园，被称为"星网模式"。五是世界 500 强企业的投资大幅增加。截止到 2008 年年底，54 家国家级经济技术开发区有世界 500 强外资企业 1641家，占全部外资企业（25239 家）的 6.50％。六是跨国公司在华设立研发机构势头日益迅猛，其中很多入驻开发区。截止到 2008 年年底，国家级经济技术开发区跨国公司设立研发中心达到 959 个。

与此同时，跨国公司基于中国市场的长远潜力和自身发展战略的考量，不断加强与当地政府、企业和社区的各种联系，他们希望与中国企业以及开发区共同成长，经过持续不断的努力与中国实现双赢。具体体现在几方面：一是扎根中国，服务地方社区。如摩托罗拉已经不是一个纯粹的外商投资企业，而是一个正在建设的地地道道的中国公司。二是履行社会责任，做社会好公民。如跨国公司在社会公益方面，比如教育、环保、援助弱势群体、捐款赠送等都有一定的投入和作为。三是从文化等方面与中国社会融合。跨国公司不仅从文化上与中国社会融合，而且从业务沟通及行事做事的方式方法上与中国文化融合，将中国建成全球的研发基地，研发更接近本土需求的产品。四是实施人才本土化战略等方面，如天津开发区的摩托罗拉公司、北京开发区的诺基亚公司、广州开发区的日本本田公司、大连开发区的东芝公司、三洋公司等都堪称楷模。五是加强与中国大学及研究机构的合作，与中国企业组成战略联盟。

跨国公司的进驻，对开发区现代管理体制的建立和制度变迁也起到巨大的推动作用。跨国公司的进驻，对开发区现代管理体制的建立和优化起到促进作用，使开发区的投资环境的进一步优化；跨国公司的投资也推动了开发区当地中介机构的发展；跨国公司对开发区形成多种所有制经济共同发展的格局,起到积极的推动作用,而这样的所有制结构正是社会主义市场经济的微观基础。跨国公司也加速了开发区当地企业制度变迁。

另外,跨国公司的进入,带动国际先进技术向开发区的技术转移,技术扩散与技术溢出,极大地推动了当地经济结构调整和升级。天津开发区的电子信息产业、昆山开发区的电子信息产业、北京开发区的手机产业、广州开发区的汽车产业等都是由于跨国公司的带动而迅速发展起来的。

总体来看,这一时期,跨国公司在国家级开发区经历了从经济嵌入逐渐向社会嵌入、体制嵌入、技术嵌入发展过程,呈现出不断深化的发展态势。由于跨国公司积极嵌入,国家级开发区产业集聚快速发展,呈现星火燎原之势,一些开发区出现颇具规模的产业集群。在国家级开发区产业集聚中,跨国公司的深度嵌入起到了巨大作用。其一,跨国公司把中国纳入了其全球供应链分工体系,真正使开发区的生产开始逐步成为国际生产体系的一个有机组成部分,国内专业化分工开始逐步发展为国际专业化分工,中国开发区在整个国际分工体系中的战略地位日趋重要。其二,大型跨国公司所处的产业,一般都是生产链长、生产工艺复杂、中间需求广泛的产业,这正是我国开发区实现经济结构调整升级所要大力发展的产业,跨国公司的投资带动了产业结构升级和经济结构转型。而且,通过产业的前向和后向联系,促进了整个产业链上各个环节(特别是中间环节)的分工细化和专业化发展。其三,跨国公司主导的国际化生产需要高质量的生产性服务业进行配套,在开发区自身努力和大型跨国公司投资的促进作用下,开发区服务业的分工和专业化发展也得到了显著的提高。其四,跨国公司贸易投资一体化所带动的产业集聚,使部分开发区在一些产业(如电子信息业)上建立了高度专业化的劳动力市场,并具有国际领先的竞争能力。最后,跨国公司投资中的先进技术转移、知识和技术的外溢效应以及经营管理等方面的示范效应,也间接促进了国家级开发区产业集聚水平的提高。

这一时期,开发区政府政策的导向以及城市功能的完善也对当地产业集聚形成起到了积极作用。一是政府实施产业集聚导向,积极创办特色产业园区,大力吸引跨国公司进驻,同时加强相关产业配套,开发区与周边区域前、后、侧向产业联系开始增强,开始带动周边产业的发展及产业结构的升级。如昆山开发区;二是城市化集聚效应开始显现。开发区向科、工、贸、商、住多功能复合发展方向转化,逐步进化成为初具规模的新城区。开发区增长已不再依赖于优惠性政策,而转向依靠自身的体制优势和创新源优势。开发区产业规模扩张和结构完善化过程中产生出的对生产性服务业及消费性服务业的内在需求,给当地产生的就业机会开始增多。开发区产业与人口的不断聚集,引发了开发区与周边之间人口与资源流动,相应产生社会活动与经济活动等,刺激开发区开始向二、三产业并行,内、外资并重方向转化。开发区在中心城市边缘的快速增长能够对城市外围组团和邻近城镇产生激活、引导效应,因而能够成为联结中心市区和外围城镇的空间纽带,促使都市区域空间"网络化"、"密实化"。在此过程中,促进了以区域为基础的城市化进程,使一直落后于工业化功能的城市化功能得到了发挥和释放。城市化集聚效应,使开发区逐渐摆脱了"孤岛效应"的限制,为产业集聚发展奠定了基础。三是跨国公司前期投资的示范效应以及当地产业的集聚效应,吸引跨国公司深度嵌入,进一步强化和加快了开发区产业集聚进程。

综上所述,在中国改革开放和全球一体化的双重作用下,在我国外资优惠政策渐进递推、制度变迁以及跨国公司投资战略等复杂互动过程中,我国开发区形成了一种独特的聚集经济,即基于跨国公司嵌入的产业集聚。跨国公司嵌入与开发区产业集聚的动态演化过程可用图7-1概括表示如下:上下横轴表示跨国公司嵌入、开发区产业集聚,左右竖轴代表中国改革开放进程、全球一体化进程。该图表明,随着中国改革开放进程、全球一体化进程,跨国公司在我国开发区的嵌入性不断深化,总的方向是按照成立办事处→进行试探性投资→加大投资力度→提高零部件采购本土化→引进配套关联企业,培训本地配套企业→系统化投资→积极履行社会责任→成立地区总部→建设专业园区→与科研机构合作→建立研发基地→与中国企业组成战略联盟的顺序发展,从经济嵌入逐渐向社会嵌入、体制嵌入、技术嵌入发展,呈现出不断深化的发展态势。与此同时,国家级开发区的产业集聚也呈现出由低级向高级的发展过程,即从散点式到初步产业集聚到现在发展为规模化产业集群。

通过以上分析,跨国公司嵌入与开发区产业集聚的关系可表述为:协同演化性与互动耦合性。

(1)协同演化性。所谓协同是指整个环境中的各个系统间存在着相互影响而又相互合作的关系。安德鲁·坎贝尔等(2000)在《战略协同》一书中说:

开发区产业集聚程度

低　　　　　　　　　　　　　　　　　　高

高

与中国企业组成战略联盟

与科研机构合作，建立研发基地

积极履行社会责任　　　　成立地区总部　　　建设专业园区

系统化投资

引进配套关联企业　　　培训本地配套企业

提高零部件采购本土化

加大投资力度

进行试探性投资

成立办事处

中国改革开放历程

全球经济一体化进程

低　　　　　　　　　　　　　　　　　　低

低　　　　　　　跨国公司的嵌入性　　　　　高

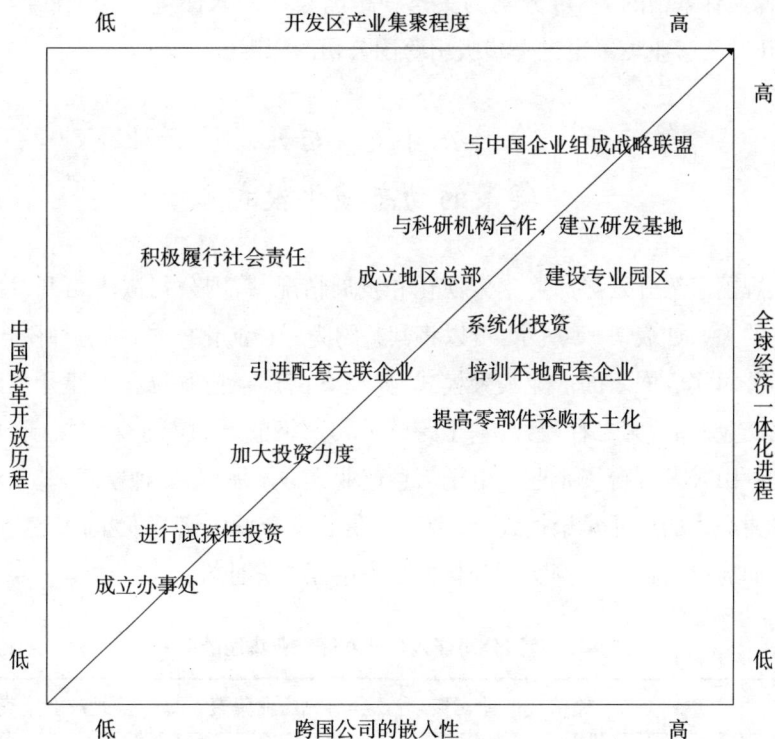

图 7-1　跨国公司嵌入与开发区产业集聚的动态演化过程

资料来源：笔者整理。

通俗地讲，协同就是"搭便车"。从协同效应分解的角度来看，邱国栋、白景昆（2007）提出"协同效应＝共用效果＋互补效果＋同步效果"。这里协同演化性是指跨国公司嵌入与开发区产业集聚具有共同演化、同步演化的特性，随着跨国公司嵌入性的不断加深，国家级开发区的产业集聚也呈现出由低级向高级的发展过程。

（2）互动耦合性。耦合（coupling）是物理学的一个基本概念，是指两个或两上以上的系统或运动方式之间通过各种相互作用而彼此影响以至联合起来的现象，是在各子系统间的良性互动下，相互依赖、相互协调、相互促进的动态关联关系。本书把跨国公司嵌入与开发区产业集聚两个系统通过各自的耦合元素产生相互作用彼此影响的现象，称为跨国公司嵌入与开发区产业集聚的互动耦合。具体表现为，跨国公司嵌入与开发区产业集聚互相促进、互相影响,二者具有紧密的、不可分割的关系。跨国公司嵌入促进了开发区产业集聚,而开发区产业集聚也进一步吸引跨国公司的深度嵌入。

第二节　跨国公司嵌入与开发区产业集聚的动态演化模式

纵观国家级开发区产业集聚演化和发展情况,跨国公司嵌入与开发区产业集聚的关系如表 7-1 所示,可以将其归纳为三种演化模式:第一种模式,基于跨国公司旗舰嵌入的产业集聚模式,典型案例是摩托罗拉和天津开发区电子通讯产业发展;第二种模式,基于跨国公司网络嵌入的产业集聚模式,典型案例是昆山开发区台资企业与电子信息产业集群发展;第三种模式,基于跨国公司联盟嵌入的产业集聚模式,典型案例是北京开发区诺基亚星网工业园模式。下面通过对典型案例实证分析方法来论证这三种模式。

表 7-1　跨国公司嵌入与开发区产业集聚的关系

	轮轴式产业集聚	群落式产业集聚	链式产业集聚
旗舰嵌入型	▲	△	▲
网络嵌入型	△	▲	△
联盟嵌入型	▲	△	▲

资料来源:笔者整理。

注:▲代表二者有密切关系,△代表二者关系不大。

一、基于跨国公司旗舰嵌入的产业集聚模式

跨国公司旗舰嵌入指作为全球行业领先者的大型跨国公司(旗舰企业)基于其全球化战略的需要,在某地进行投资并逐渐扩大投资规模,扎根于当地发展,同时带动国内外相关企业共同发展。如摩托罗拉、IBM、英特尔、通用汽车等在我国的嵌入属于此类。以摩托罗拉公司和天津开发区电子通讯产业集群为典型代表。

摩托罗拉公司是总部设在美国的无线通信产品、半导体器件、先进的电子设备生产及服务厂家,主要产品有移动电话通信设备、汽车电子部件、国防和航空电子器件以及计算机等,同时它也是移动电话、寻呼机、双向无线电和商

用 CDMA(码分多址)技术的开路先锋,其业务范围遍布全球。摩托罗拉公司于 1987 年进入中国,首先在北京设立办事处,于 1992 年在天津注册成立摩托罗拉(中国)电子有限公司,主要产品有手机、对讲机、无线通信设备等,产品销售到中国和世界其他市场。目前,在中国大陆有 1 家控股公司、3 家独资公司、5 家合资企业、18 个研发中心和 25 家分公司,员工 10,000 多人。截至 2006 年 12 月底,摩托罗拉公司在中国投资总额约为 36 亿美元,是中国最大的外商投资企业之一。其中,研发投入超过 8 亿美元。

在过去的十几年里,"天津经济看开发区,开发区看摩托罗拉"的口号几乎每个天津人都耳熟能详。摩托罗拉和天津开发区的发展息息相关。其设在天津开发区的摩托罗拉(中国)电子有限公司是其在华的最大企业,2006 年的销售额达到 100.96 亿美元,比 2005 年提高了 12%,现有员工人数一万多人。如今,它已成为中国电子领域最大的外商投资企业、美国在华最大的投资商和中国最成功的外商投资企业之一。在中国电子通讯事业的发展过程中,摩托罗拉创造的辉煌使之几乎成为手机的同义词。摩托罗拉的成功已经成为外资在华的榜样。

1. 谨慎初战,大获成功

摩托罗拉最初在天津的投资可以说是从探索开始。1986 年,摩托罗拉公司开始在中国寻求投资机会,并与天津开发区接触。1988 年投资 30 万美元建立了天津摩托罗拉电子试验有限公司,着手对中国市场进行调研,并开始将组装产品打入中国市场。经过长达 4 年的市场评估和社会调研,摩托罗拉公司最终选定天津开发区为摩托罗拉在中国的生产基地,第一期投资 1.2 亿美元,注册成立摩托罗拉(中国)电子有限公司,成为当时中国最大的独资企业。公司的设立得到了天津开发区、天津市和中央各有关部门的大力支持,所有审批手续在 14 天内全部完成,创下了轰动一时的速度奇迹。

在这一阶段,摩托罗拉公司在中国建立制造基地的动机主要表现在以下两方面:一是为进入具有巨大市场潜力的中国通讯产品市场,并规避中国政府对进口通讯产品的政策性限制;二是为了获取相对廉价的土地、劳动力及原材料资源,降低生产成本。其投资也主要采取了国内独立生产体系和简单一体化生产体系相结合的方式,在中国建立国外生产型企业,以便在存在贸易壁垒、生产要素及非贸易服务流动受到限制的情况下,将其生产价值链中的最终环节转移到中国,充分利用相对廉价土地和劳动力资源,并能够顺利进入中国市场。正是中国广大的市场潜力,促使摩托罗拉决定在中国投资,也正是天津的地理位置、基础设施、人力和自然资源、政府的办事效率及优惠政策等,促使摩托罗拉选择在天津投资建厂。1992年10月,摩托罗拉(中国)电子有限公司开始购置工业通用厂房进行生产,当年不到3个月就创造产值500万美元。第一期厂房竣工投入使用后,产值骤升到8.2亿美元,在天津开发区所有工业企业中独占鳌头。其后,该公司以天津开发区为基地,开始了其在中国事业的飞速发展。1995年,摩托罗拉增资7.2亿美元,在天津建设新厂生产芯片及对讲机。1996年公司实现工业总产值160亿元,销售收入160亿元,利润28.6亿元,出口6.9亿美元。同年,摩托罗拉名列中国500家最大外资企业中的第二位,在18000家中国工商企业中经济效益排名第7位。

2. 战略嵌入,扎根发展

随着摩托罗拉公司在天津的不断发展及其对中国无线通信市场未来发展的信心,摩托罗拉公司不断加大其在津投资。应该说,摩托罗拉在天津及中国的投资进入一种战略性调整和资源组合的新阶段,呈现多目标相结合投资动机,既具有市场寻求型投资动机,也具有效率寻求型和生产资源寻求型的复合型投资动机。主要表现在,该公司相继关闭在国外的一些制造基地,裁减工作人员,将其全球制造基地转入天津,不断增加在天津的投资,以实现规模化生产;鼓励在天津设立配套企业,以降低生产成本。同时,也与东方电讯等国内企业进行战略联盟,与科研机构和高等院校展开合作,建立研发中心等,提高竞争力;同时,通过增资和扩大生产与经营范围,在天津建立芯片生产基地,通过范围经济,进行多元化经营。至此,天津是摩托罗拉全球最大的制造基地所在地,摩托罗拉在中国34亿美元的投资中有30亿美元投在这里,建成了亚洲通讯产品生产基地和半导体集成生产中心,包括6家工厂,分别生产手机、对讲机、网络系统、能源电子产品和半导体产品,供应全球市场。目前摩托罗拉手机产量已占公司全球手机总产量的一半,在全球的发展中占有重要的战略地位。摩托罗拉除在天津开发区建立独资企业外,还注册了一个中国控股公司,下辖7家合资公司,并参与了4个合作项目和其他十几项重大投资,目前其在天津的投资已近30亿美元。按照摩托罗拉的规划,北京成为地区总部和研发中心所在地,而100多公里外的天津将成为其制造基地,包括亚洲最大规模的通信芯片工厂和手机工厂。

3. 产业集聚，谋求双赢

摩托罗拉在自身取得巨大成功的同时，也为天津开发区的发展作出了重要贡献，天津开发区电子产业集群的崛起，摩托罗拉居功至伟。其作用体现在：一是发展与本地合作伙伴的合作，建立完善的供应链体系。目前摩托罗拉在中国的 700 多名供应商中，有 170 多家坐落在天津。例如天津 3522 厂、天津中环电子、天津渤海键盘、天津 754 厂、天津津亚电子等国有企业都是其配套厂商。2001 年，摩托罗拉从天津本地的供应商中采购了价值 25 亿元的产品和服务，2002 年在天津的采购额更是高达 41 亿元。一大批天津本地企业因为摩托罗拉公司配套而获得迅速发展，并走向了国际市场。二是促进与本地合作伙伴的合资企业和合作项目的发展，随着中国不断融入国际市场，在中国寻找新的市场机遇。三是引进先进技术，促进产业升级。摩托罗拉将大量世界领先的通讯和半导体技术带入天津开发区，其产品、技术与其母国基本同步，大大提升了当地产业结构，促进了机群的健康发展。四是执行人才本土化的计划，已发展和培养一支出色的本土管理团队。摩托罗拉还为天津培养了一大批熟悉国际规则，通晓世界管理经验和先进技术的国际人才。五是推动当地的信息化进程。自建厂以来，摩托罗拉还一直致力于用自己先进的技术和解决方案，推动天津城市的信息化进程。如：津滨轻轨、天津地铁、开发区的社会应急联动系统，都采用了摩托罗拉的无线数字集群调度系统。天津开发区有线电视的数字化改造亦利用了摩托罗拉先进的家庭宽带接入技术和整体解决方案。

正是在以摩托罗拉为首的跨国公司的带动下，天津开发区的电子通讯产业获得了迅猛发展，成为我国最大的电子通讯产业集群。其中除了摩托罗拉外，还聚集了韩国三星、现代等著名跨国公司。三星通信技术公司不断在天津大规模增资扩产，投资总额由 2900 万美元增加到 1.97 亿美元，年产能力将由 2400 万部增至 4200 万部。现代电子（天津）多媒体有限公司是韩国现代电子在津投资最大的企业，年产各类显示器 300 万台，营业额 25 亿元人民币。2008 年天津开发区以移动通讯、新型电子元器件、视像设备、汽车电子和微电子为主体的电子通讯产业完成产值 1435.29 亿元，占全区工业总产值的 38.5%。围绕摩托罗拉、三星等龙头企业，形成了包括移动通讯、微电子、显示器、汽车电子、电子元器件和家庭视听设备等产品的实力雄厚的产业群。与此同时天津开发区已成为目前中国规模最大、发展速度最快、综合效益最好的经济技术开发区之一。2008年,天津开发区实现GDP1066.33亿元,工业总产值3730.00亿元,工业增加值852.01亿元,税收237.66亿元,出口171.42亿美元,多年来综合排名一直位居全国开发区之首。摩托罗拉与天津开发区堪称合作双赢的典范。

纵观摩托罗拉在天津开发区的发展历程,我们不难发现,短短十余年间摩托罗拉实现了从初始建立办事机构到制造基地再到研发中心最后到地区总部的产业扩张和升级过程,这是摩托罗拉产业链及其服务体系在中国市场不断嵌入的过程,也是当地电子通讯产业快速集聚的过程。

二、基于跨国公司网络嵌入的产业集聚模式

跨国公司网络嵌入指一些中小型跨国企业受优惠的政策和成本要素的吸引进入某地区,其他一些中小企业出于业务关系、地缘关系或亲缘关系相继跟随到同一地区投资设厂,使外资企业在较短时间内达到较大的数量规模,产生地理集聚现象。我国东莞、昆山属于此类,其中,昆山开发区台资电子企业集群是典型代表。

昆山地处长江三角洲太湖平原,东邻上海,西接苏州,是江苏的"东大门",浦东的"连接站"。昆山经济技术开发区创办于1985年,1991年1月被江苏省政府列为省重点开发区,1992年8月经国务院批准成为国家级开发区。经过十多年的开发建设,昆山开发区已基本形成一个具有现代化气息的综合园区。

截至2008年底,累计引进外资项目1564个,投资总额222.33亿美元,合同外资134.48亿美元,实际到账外资76.09亿美元;累计注册民资企业5538家,注册资本达80.9亿元,在全国54个国家级开发区中名列前茅。引进项目呈规模大、独资多、层次高、技术新的特点,进区项目平均投资规模达1422万美元,投资总额1亿美元以上的项目38个,世界500强企业在开发区投资企业达到54家,高新技术项目占总数的40%。

2008年,昆山开发区实现地区生产总值843.46亿元,增长25.77%,实现财政收入92.98亿元,其中地方一般预算收入35.88亿元,分别增长29.58%

和 26.05%。完成工业总产值 3317.45 亿元,比上年增 28.2%,其中工业产值超亿元企业达 230 家,完成工业总产值 2938.53 亿元,占总量的 88.59%;完成进出口总额 505.52 亿美元,比上年增 15.40%,其中出口 331.03 亿美元,同比增 19.81%;出口产品以电子信息产品为主,全年出口 304.39 亿美元,占全部出口额的 91.95%;出口额超过 1 亿美元的企业达 144 家,累计出口总额 292.34 亿美元,占全部出口额的 88.31%。

开发区产业从劳动密集型逐步向资金和技术密集型转变,如今已形成电子信息、精密机械和民生用品三大主导产业。特别是电子信息产业发展迅猛,已形成颇具规模的产业集群,在地方经济发展中发挥着越来越大的作用。

昆山开发区的电子信息产业经历了从无到有、由小到大、由低到高的发展过程,成为颇具规模、有较强竞争力的第一支柱产业。昆山开发区已成为全国乃至全球重要的电子产品生产基地。2008 年,开发区电子信息产业完成工业产值 2321 亿元,同比增长 42.9%,占全市电子信息产业工业产值的 82%,占开发区工业产值的 70%;全区规模以上电子信息产业完成工业总产值 2058.3 亿元,同比增长 41.3%,增速比规模以上工业产值的增速高 14.2 个百分点,占整个工业的比重从 2001 年的 18.3% 增长到 62.1%。截至 2008 年底,全区共有电子信息类外资企业 281 家,总投资 63.7 亿美元,分别占全市的三分之一和二分之一左右。在众多外资企业中,台资企业独领风骚,占总量的四分之三,目前台湾地区 10 大笔记本电脑厂商已有 8 家在昆山开发区投资建厂,相关产业关联度已达到 90%—95%,形成了从电子材料、零组件、系统部件到整机生产的一条完整的产业链,主要产品有笔记本电脑、数码相机、手机、光盘、液晶显示器等。2008 年,昆山开发区共生产笔记本电脑整机 3795 万台、数码相机 1418 万台,分别约占全球产量的四分之一、八分之一;微型电子计算机 4261 万台,显示器 219 万台,手机和 PDA 也形成一定规模。昆山开发区的电子信息产业集群是怎样打造的呢?

1. 跨国公司大项目嵌入是昆山开发区电子产业集聚的增长极

电子信息产业是昆山开发区初创时确定的主导产业,而电子产业是个关联度大、产业链长的产业,产业集聚是电子产业发展的最佳路径。产业积聚要有大项目带动、龙头企业引领,集聚大项目的关键是吸引跨国公司和大企业、大集团前来投资创业。昆山开发区建立以来,牢牢把握发展电子信息主导产业这个目标,始终把招商引资的重点瞄准投资规模大、科技含量高、发展前景好、拉动作用强的龙头型、园区型、基地型的大项目。特别是近几年,加大敲门招商力度,突出重点,主动出击,引来了一批大客商,兴办了一批大项目。

2000年6月,隶属于台塑关系企业的南亚塑胶工业股份有限公司与昆山开发区签约,投资25亿美元,创办电子材料垂直整合项目。首期斥资18亿美元,兴建南亚电子、线路板、铜箔、玻璃纤维、玻璃布、环氧树脂等7家企业。这是昆山开发区创办以来引进的最大项目,也是电子信息企业的龙头老大,这几家企业如今都已建成投产。南亚又斥资6亿美元,兴办第二期工程的4个项目,引起了不小的轰动,产生了很好的带动效应。

紧接着,投资1.5亿美元,主要生产新型电子元器件的浩腾电子(昆山)科技有限公司又落户昆山开发区。之后不久,这家企业又增资1.5亿美元,扩大生产规模。由台湾微星科技有限公司斥资2.5亿美元,在昆山开发区兴建的微盟电子(昆山)有限公司也紧紧跟进。这家企业的主要产品是电脑主机板,产量列全球第三位。建成投产后为昆山周边地区电子信息的发展,提供了强有力的支撑。

现在开发区内集聚了一大批上规模的电子信息企业,其中投资额上亿美元的龙头型、园区型、基地型的企业有20家,汇成了一支强大的生产力队伍,托起了昆山开发区电子信息产业基地的一片新天地。2008年,昆山开发区电子信息产业中销售收入超过20亿元的企业有18家,实现销售收入1973亿元,占电子信息产业全部销售收入的85%。销售收入50亿元以上的企业有9家,销售收入1691亿元,占电子信息产业总量的72.8%。纬新资通、仁宝资讯等6家企业的销售收入超过100亿元。仁宝资讯、纬新资通等7家电子信息企业2008年出口额超过10亿美元,为昆山电子信息产业出口增长做出了重要贡献。可以说,跨国公司大项目的嵌入是昆山开发区电子产业集聚的增长极。

2. 以出口加工区为载体,筑巢引凤,吸引跨国公司的深度嵌入

20世纪90年代中后期,台湾信息产业转移,国际产业资本加速流动,一位台商不经意地说了句话,要是昆山有个加工出口区就好了。一句话形成一条思路。昆山开发区迅速作出反应,率先提出创办出口加工区,筹建工作随即启动。

2000 年 4 月 27 日,国务院正式批文下达,全国首批设立 15 个试点出口加工区,昆山名列其中,是县级市的唯一。昆山开发区一鼓作气,在短时间内高标准完成了加工区的各项基础设施建设和海关监管设施建设,创造了昆山速度。9 月 6 日率先通过海关总署等中央 8 部委的联合验收,10 月 8 日投入运行,成为中华人民共和国历史上第一个封关运作的出口加工区。

占地 2.86 平方公里的昆山出口加工区,实行由海关监管的"境内关外"的管理模式,"一项申报、一次审单、一次验收",全封闭、24 小时通关,主要发展大进大出、快进快出、产品面向国际市场、以电子资讯为主的生产加工型企业。

经过 5 年多时间的开发建设,昆山出口加工区先前引进 89 家以出口为主的加工制造企业,总投资 15 亿美元,进区企业 70% 是电子信息类企业。仁宝科技、昆达电脑、纬创资通、翊腾平面、美昌科技、彩晶光电、沪铼光电都是响当当的品牌企业。2006 年,昆山出口加工区进出口总额 247 亿美元,其中出口154 亿美元,在全国已经封关运作的 46 个出口加工区中位居第二。当年生产笔记本电脑 2570 万台,数码相机 750 万台,分别占全球总量的 1/4 和 1/8。

3. 产业链招商,集群式发展

产业链是最具核心的竞争力,是产业集聚的支撑点。"链条式"招商,是昆山开发区打造电子信息产业基地的重要一招。就是每引进一家外资企业,就注意跟踪这家企业在海外的上下游企业,然后通过这家企业和他们取得联系,劝说他们前来投资。在开发区的电子信息产业中,笔记本电脑整机生产是个龙头,把这个龙头项目的产业链拉长了,整个电子信息产业也就活起来了。昆山开发区对配套笔记本电脑的主要零部件逐个进行剖析,哪些已经有了生产厂,哪些还是空白,而后有目的地出去招商,缺什么,招什么。现在开发区内生产笔记本电脑的零部件,在方圆 50 公里范围内都能齐备,这不仅为企业提供了方便,提高了生产效率,而且节省了成本,增强了竞争能力。

引进一个大项目,跟进一批小企业,是昆山开发区打造电子信息产业链的一大特色。1992 年,台湾高雄南梓电子投资 2900 万美元,在昆山开发区办起了一家生产多层路线板的沪士电子(昆山)有限公司,第二年就有十多家配套企业跟进。沪士电子现已增资至 1.56 亿美元,配套企业越聚越多。微盟电子落户开发区以后,带来了 20 多家配套企业进驻,产生了葡萄串效应。

向两头延伸,向高端发展。昆山开发区光电产业以产业链为基础向上下游延伸的特征十分明显。目前已有龙腾光电、康佳电视、奈普光电、元盛电子、太极能源、琉明光学等十多家企业入驻,投资总额 21 亿美元,注册资本 11 亿美元,光电产业链初步形成。龙腾光电有限公司注册资本 8.15 亿美元,总投资 15.69 亿美元,拥有目前国内最先进的第五代 TFT - LCD 生产线,是继北京京东方、上海上广电之后国内第三条 5 代薄膜晶体显示器生产线。康佳项目投资总额 8.86 亿元,建设 8 条生产线,年产能液晶电视 240 万台,电视模组 720 万套,年产值达 300 亿元。龙腾光电于 2006 年 6 月投入试生产后,运行情况良好。目前正抓紧引进与之配套的半导体、显示面板的上下游企业,加快光电产业的集聚度,推动光电产业和电子信息产业向两头延伸,向产业链接,向高端发展,力争经过 5 年的努力,形成一条总投资 100 亿美元、年产出 1000 亿元的光电产业链,成为昆山开发区最具活力的支柱产业。经过几年发展,昆山开发区光电产业得到了快速发展,规模不断扩大,成为电子信息产业发展的新亮点。2008 年,昆山开发区光电产业销售收入已超过 330 亿元,工业增加值 70 亿元,均比上一年增长 20% 以上,占昆山开发区电子信息产业销售收入的比重提高到 15% 左右,占昆山开发区地区生产总值的 8.3%,已经成为昆山开发区电子信息产业发展新的增长点,成为昆山经济发展新的支柱产业。

4. 民企配套,外企生根

组织民营企业与外资企业配套协作生产,是昆山开发区打造电子信息产业链的特点之一。市区两级为此专门成立了配套协作中心,政府搭台,企业唱戏,促进民营企业与外资企业广泛合作,共同发展。开发区以对外吸收、对内辐射为己任,先后帮助 10 个乡镇的工业配套小区引进外资项目 300 多个,合同外资 20 多亿美元,形成了一批专业特色小区。2006 年,昆山全市有配套内资企业 1020 家,配套项目 1600 多个,全年实现销售收入 250 亿元,其中相当一部分是电子信息类的企业和产品。通过外向配套,不仅推动了民营企业的发展,而且促进了外资企业的生根。

综上所述,昆山开发区之所以能在较短时间内形成颇具规模的电子信息产业集群,吸引跨国公司大项目嵌入是其关键,另外开发区政府长期坚持产业集聚发展战略,以出口加工区为载体筑巢引凤,以产业链招商促集群式发展,以民企配套促外企生根,不断吸引跨国公司的深度嵌入,最终实现了跨国公司与地方产业发展的双赢。实践证明,昆山发展道路是正确的。

三、基于跨国公司联盟嵌入的产业集聚模式

跨国公司联盟嵌入指大型跨国公司基于其全球战略和中国战略的考虑，以一个主导企业为核心（盟主），带动其全球相关配套企业进入，进行系统化的投资。北京开发区诺基亚星网工业园是典型代表，大连开发区英特尔 IT 产业园有可能成为其后继者。

1. 星网工业园概况

星网工业园是芬兰诺基亚公司联合供应链伙伴企业一起在北京经济技术开发区兴建的移动通讯工业园。诺基亚在 2000 年提出了"星网模式"即把手机整装厂和手机组件供应商纳入同一工业园区，缩短工厂和工厂之间的距离，用以减少物流成本，并减轻库存管理压力，目标就是共同组建完整的手机产业链，整合资源，优化配置，提高物流的效率和产品竞争力，实现零库存运作和规模经济。该模式的提出，立即得到了国内外 10 多家主要手机零配件厂商和服务供应商的积极响应。星网工业园自 2000 年 5 月开工建设，园区一期占地50 公顷，由 15 家企业组成，总投资超过 6 亿美元。其中有很多全球著名的跨国公司，如生产手机电池的三洋公司，全球最大的物流企业英国的英运公司、美国的威讯公司、芬兰的艾科泰公司和贝尔罗斯公司，我国台湾地区最大的公司之一富士康，全球最大的印刷线路板企业揖斐电公司等等。2001 年 12 月20 日，占地 50 公顷的星网工业园一期建成，诺基亚与日本三洋能源、台湾富士康等 14 家有配套合作关系的知名企业入驻。同一天，诺基亚集团董事长兼首席执行官约玛·奥利拉与北京市市长刘淇签署合作备忘录，同样规模的"星网"二期建设开始启动。2002 年星网一园销售额达 250 亿元左右，占全区总销售 600 亿元的 40％左右。2005 年 5 月 27 日，星网工业园一期增资扩建和二期正式启动，有 5 家星网一期企业增资扩建，4 家企业入驻星网二期。这些项目投资总额为 3 亿多美元，可提供 5000 多个就业机会。入驻二期的企业是揖斐电电子（北京）有限公司、芬兰的贝尔罗斯公司、韩国 Mirae 公司和中国的正元集团等。目前，园区已经聚拢了包括芯片、集成电路板、机壳、显示屏等移动通信产品各个环节的 20 多家生产厂入驻，使作为手机组装厂的诺基亚拥有源源不断的元器件供应，"移动通讯"产业集群初步形成。在政府 24 小时通关服务和区内 24 小时物流监管运作的配合下，星网工业园实现了区内企业"零

库存"的神话。目前在园区的 20 多家配套供应商中,有 50％以上设立了研发机构,累计带动投资超过 130 亿元人民币。2008 年,星网工业园总产值突破 1300 亿元人民币,占北京电子信息制造业产值的一半,创造了 55000 个就业机会。同年,以诺基亚总部以及研发中心为主的诺基亚中国园落成。诺基亚中国园和以诺基亚为龙头的星网工业园一起,在北京经济技术开发区形成目前世界上最大的集地区总部、科研开发、产品设计、手机生产、零配件供应和物流于一体的移动通信高科技产业园区,组成世界上最完整的手机产业链。

2. 星网工业园模式的基本特征

"星网"是全球竞争的必然产物,它有助于降低园区企业间的交易成本,提高对市场需求的反应能力,缩小产品更新换代的周期,根本提高市场竞争能力。与原有意义上的托拉斯不同的是,诺基亚及其配套商之间互为市场,是真正意义上的强强联合。星网工业园模式的出发点着眼于全球的竞争,建立世界一流的生产运营和快速灵活的经营管理模式,使园区具有全球强大竞争力的国际化高新产业园区。其基本特征有如下几个方面。

(1)以著名跨国公司为龙头和盟主

星网工业园是以世界著名企业诺基亚及其主导产品移动通信设备手机为龙头。整个园区均围绕诺基亚手机的研究开发、生产和销售进行建设运营及其各项服务活动。作为"园中之园",首先要有一个效益好、发展前景好、市场潜力大的龙头产品。移动通信是现代信息通信技术领域最重要、发展最为迅速的产业。在我国确立了以信息化带动工业化、现代化的方针,移动通信是重点发展的高新技术产业。龙头产品不仅应是有发展前景的高新技术产品,而且应是世界的知名品牌产品。以诺基亚这样的世界著名企业和世界知名、品牌产品为星网工业园的龙头企业和龙头产品是确保园区良好发展前景和形成园区优秀产业链体系的基础。

(2)产业链集聚

目前在星网工业园内共集聚了 20 多家企业,都是围绕诺基亚手机这一龙头产品配套服务所需要的零部件供应商以及房地产开发、物流服务等服务提供商。20 多家企业中有不少是国际知名企业,它们互为市场,强强合作,形成了手机及其零部件的研究开发、生产、销售等相关领域有机结合的产业链体系。园区内除诺基亚龙头企业外,许多配套厂商同样为全球著名的跨国公司,如生产电池的日本三洋能源有限公司、生产电子组合件的中美合资北京金长科国际电子公司、生产手机主板的台资富士康公司、生产集成电路产品的美国威讯联合半导体公司等等。这些来自欧洲、美洲和亚洲各地的公司将其技术、人才、信息等全球各地的资源优势集聚于北京开发区,并与当地的各种资源优势相结合。通过园区内各企业之间密切配合的星网模式的运作,对这些资源进行合理配置、有效利用,形成整个园区的资源和生产要素方面的强大优势和企业强强合作的巨大的集聚效应。

(3)供应链整合

园区内物流的全新整合是星网模式关键和最重要的特征。星网工业园的十几家企业都是不同的独立法人,按原来的物流管理模式,所有企业之间的零部件结转交易都是出口行为,每一次交易都必须办理出口通关手续。这样园区内几十家企业之间频繁而大量的交易,企业所需要的通关时间之长也难以想象,根本无法适应星网工业园生产快速高效的要求。星网工业园应用现代物流管理模式,引入"第三方物流"。开发区海关大力进行海关监管模式改革,将整个园区视为一个整体,企业之间的深加工结转交易通过统一物流中心,视为园区内部的运作,允许货物在园区内自由流动。并应用网络信息技术建立园区公共信息平台,对园区实行"24 小时×7 天"的联网监控。这样各企业不必设零部件和成品仓库,实现了企业的零库存。星网工业园内十几家厂商间的产品深加工结转两小时一次完成,早晨进口料件上线生产,晚上产品就进入国际零售市场。这就是星网工业园物流全新整合后效益的描述。另外为了适应园区新的管理模式和运行机制,园区内各厂商,包括开发区的政府管理部门及服务部门对其机构设置及人员安排进行相应的调整,以实现人力资源的合理配置和整个园区的高效运作。星网模式通过优化产业链和现代物流体系的建立以及海关监管模式的创新,实现了企业的产品的零库存,减少了资金沉积。同时,由于产、供、销各环节运转速度加快,显著提高了企业资金周转效率。通过建立先进的产业链和物流体系,减少流通成本是提高经济效益重要途径。据估计星网工业园通过上述优化快捷的产业链及物流体系运作,可使产品成本降低 20%—25%。另外由于产品生产销售过程中资金周转速率提高,也会使企业的年利润显著提高。

(4)相互尊重、合作共赢的理念

在星网工业园,来自五湖四海的企业平等相处,"相互尊重,合作共赢"的理念深入人心,并落到了实处。主要表现在:一是各家企业独立自主。在星网工业园项目推广的初期,诺基亚只是将这个创新性的发展蓝图告知于有多年亲密合作关系的供应商,入园与否由各个供应商自己决定。星网工业园是开放的园区,供应商是不受诺基亚限制的,他们可以毫无顾忌地向诺基亚的竞争对手供货。整个项目的风险由供应商和诺基亚共同承担,对诺基亚本身来讲意味着降低了风险,又能提高合作伙伴入园的积极性,促进项目的早日成功;而对于入园的供应商来讲,能自主地选择市场、尽可能地在本地实现对各自领域市场的占有,增强了投资星网的信心和动力。二是民主协商制度。星网工业园内各企业、商家通过民主协商,并依据中华人民共和国法律共同制定了《星网(国际)工业园成员守则》。《成员守则》明确了园区守则和宗旨、成员协调管理办法、成员的承诺以及成员撤出星网工业园的有关规定等。在《成员守则》中还规定设立星网工业园的咨询委员会,园区各成员和开发区管委会均有资格加入咨询委员会。咨询委员会将定期举行例会,对可能影响园区发展及各成员公司业务经营情况和问题进行讨论和咨询,对重要问题进行研讨和商定,对成员之间的关系进行协调。做到及时通报情况、交流信息、协调关系、解决问题。三是协调沟通机制。园区成员之间还经常就园区内技术研发、生产销售各环节有关问题进行不同层次的协商和交流,做到信息共享、互相促进、共同提高。为了方便交流信息、协调关系,在星网园内还专门建设一栋建筑面积约1万平方米的大楼,名叫"同协楼",楼内设有会议室、餐厅等功能,为园区内各成员公司的管理人员及全体员工交流、协商、联谊提供活动场所,该楼对星网工业园所有企业开放,价格也是一视同仁。人性化的设想和实践使星网工业园的成员在一个大家庭中分工协作。即使有问题、有矛盾也在这种"相互尊重"的氛围中得到解决、化于无形。正如星网工业园总经理彭京所说,星网工业园的名称,寓意深远,是群星灿烂的意思,大家在一个理念下,各自发展,蒸蒸日上,没有众星捧月,没有"地球围着太阳转",寓指众多巨头平等、合作。

(5)国际化与本土化的融合

从诺基亚1985年在中国建立第一个办事处到现在20年间,一直将"诺基亚致力于在中国的长期发展并成为最佳的合作伙伴"这句话作为他们的"共赢"理念而恪守。星网工业园的建设,是诺基亚信守对中国市场的承诺,坚定实施本地化战略,加强与中央和地方政府、运营商、中方合作伙伴及供应商的携手合作,共创未来的具体体现。在星网工业园,既有来自海外的著名企业,也有来自国内的中小企业,充分体现了诺基亚本地化的承诺。比如正元集团是一个土生土长的国内企业,主要业务是提供印刷包装材料,诺基亚把其纳入全球供应链体系,该企业投资5000万美元在星网建厂。

3. 结论与启示

星网工业园的建设,带动了北京开发区移动通讯产业集聚的快速发展,形成了由数十家著名跨国公司和知名企业组成的强强合作的大型企业集群,形成强大规模效益和集聚效应。至2006年,开发区已经开发建设产业项目占地共计达7km²左右,星网一园、二园占地约1km²。在占产业用地15%的园区内产生了对开发区50%左右的经济效益的贡献率。星网工业园的建立极大地增强了开发区的经济实力和社会经济效益,使开发区的经济实力跃升了一个台阶,为提升开发区知名度和综合竞争力起到了有力地促进作用,同时也为开发区实现跨越式发展奠定了基础。

星网工业园的建设,有效地实现了要素集聚与产业集聚的良性互动。星网工业园是由其生产基地和配套供应服务商在一个经过精心挑选的区域内共同建设园区,因而有效集聚了北京人才、信息、劳动力等生产要素。同时,将世界知名企业联合在一起,强强合作,集聚了全球的技术和资源优势。并且建立了园区内高效、快捷的物流和经营管理模式,这样集聚了本地的和全球的资源和生产要素的优势,创建了世界一流的独特、高效、优化的生产运营和经营管理模式,使整个园区成为具有全球强大竞争力的国际化的高新产业园区。

星网工业园的建设体现了链状集聚的经济优势。所谓链状经济是指在前后相互关联的纵向经济活动中,由于合理安排经济主体之间的经济活动而带来的成本降低或收益提高效果,即价值链合理配置和高效运行所带来的经济效应。价值链联盟能够产生链状经济效应主要是基于联盟能够产生协同效应,即由于价值链中各企业结成联盟而使价值链的总成本降低或总收益提高的效应。价值链联盟作为一种中间经济组织,其链状经济效应产生的内在机理是企业之间交易费用的降低。(1)减少机会主义威胁。建立在联盟的价值链由于拥有共同的利益和价值体系,有效地控制了原纯粹市场关系的经济主体之间由于专用性投资带来的机会主义威胁。(2)减少交易的不确定性。价值链联盟有利于建立降低交易成本所必须的信任机制,企业之间可以共享相关的交易信息,避免了隐蔽信息而带来的风险,由此降低搜寻成本、签约成本和履约成本。(3)提高理性程度。价值链联盟基础上相对稳定的交易伙伴和交易关系,有利于形成竞争所需的知识体系,这些知识会沿着价值链流动,从而提高各企业对不确定性环境的认知能力,减少因有限理性而产生的交易成本。(4)增加交易的频率。联盟中的企业具有责任分担、利益共享、相互信任、信息交流的合作伙伴关系,因此企业之间的交易是一种长期重复的交易,这就在价值链内部创造出抑制机会主义的大数条件,培育出企业之间相互控制的能力,一旦某个企业不够诚信甚至违约,则将被逐出价值链。

综合而言,这三种模式的共同特点是:以跨国公司嵌入为基础,以国内外企业协同配套为手段,以现代工业园区为载体,坚持"地理集中、产业集聚"的发展理念,坚持"协同竞争,合作共赢"的竞合思想而形成的现代产业生态系统。这三种模式集中代表了我国开发区的产业发展之路,体现了块状经济与链状经济相融合的发展趋势,因而具有较强的竞争优势和强大的生命力,是在经济全球化条件下我国新型工业化道路的有效路径之一。

第三节　跨国公司嵌入与开发区产业集聚动态演化机制

通过以上分析,跨国公司嵌入与开发区产业集聚之间确实具有动态演化性质,那么其发生的机制是什么? 本节将从跨国公司嵌入对开发区产业集聚的影响和开发区产业集聚对跨国公司嵌入的影响这两个方面进行分析。

一、跨国公司嵌入对开发区产业集聚的促动效应

本书把跨国公司嵌入划分为经济嵌入性、体制嵌入性、社会嵌入性和技术嵌入四个分析维度并展开对本问题的分析,跨国公司的本地嵌入对地方产业全球价值链嵌入的促进作用表现为以下四个效应。

1. 经济关联效应

跨国公司的经济嵌入性是指跨国公司与本地企业之间持续而稳定的产业关联性,包括原材料采购供应及其上下游产品供应的本地化程度、与本地产业

的接口、人力资源的本地化程度等等。跨国公司的经济嵌入会促进地方产业集聚的迅速形成。首先该跨国公司会投资于该产业的一系列环节,以实现内部配套。如重庆的五十铃汽车公司专门投资兴建了8个配套企业。日本东丽公司在南通市投资的9个企业,生产从化纤合成纤维到最后涤纶布的系列产品。其次,大型跨国公司的嵌入会吸引更多的外资企业尤其是全球产业链伙伴整体到当地投资从而进一步拉长地方产业链,从而形成群聚效应。例如,为了给上海大众汽车公司配套,德国大众在全球的配套企业中,已有100多家前来我国投资。美国通用汽车公司投资伊始,就吸引了44个相关的汽车零部件配套项目前来投资,投资总额高达22.3亿美元。再如重庆与五十铃公司合资建立了庆铃汽车公司后,吸引了其原有的国外配套企业来重庆投资,包括日本的发条株式会社、兴亚株式会社、自动车铸物株式会社、香港银建公司以及东京锻造等,吸引配套投资的数量和比例都很可观。更为重要的是,大型跨国公司的嵌入有利于提高当地企业的生产配套能力。这主要表现在外商采购的当地化对上游供应网络的培育上。目前,很多在华投资的外资企业实现不同程度的采购当地化,并对当地供应网络的培育有相当影响。一方面为当地中小企业提供了市场机会,吸引了中小企业进入当地的生产链(赵蓓,2004)。另一方面提高了当地供应商的素质,引进了新的管理文化和经营理念,提高了生产技术。例如,摩托罗拉入驻天津开发区,带动了相关配套企业发展,其中仅为摩托罗拉配套的企业就达170多家,信息产业集聚效应十分突出;诺基亚及其配套企业入驻北京开发区,对北京信息产业集群发展起到了巨大的推动作用;众多世界五百强企业在苏州工业园投资,促进了当地产业集群的发展与演化,使苏州工业园区迅速成为IT产业集聚地,2006年,园区实现电子信息产业销售收入1388亿元,其中,在集成电路产业方面,集聚了和舰、中科、晶方等一批具有自主知识产权的先进企业,形成了从IC设计、芯片制造到封装测试的完整产业链。

2. 社会资本效应

跨国公司的社会嵌入性是指企业间的人际关系与社会联系的密切程度。跨国公司的社会嵌入有利于形成新的产业氛围创新文化与社会资本。一方面,外资的进入为当地带来了新的文化,另一方面,在一定程度上也会冲击了当地的文化,打破了原有的相互熟悉和信任的人际关系,建立了新型的基于产业网络的人际关系。例如,CLUB文化是硅谷的标志之一,现在这种文化也逐渐在北京中关村兴起。再如东莞的台资几乎都是台湾厂的外包,管理方式和生产方式完全模仿台湾厂。在台商进驻过程中,台湾在外向型加工制造业发展中形成的产业网络和人脉网络整体移植到了东莞。外资对集群文化的影响还体现在示范效应上。中国产业集群内的企业多是家族式管理,在企业发展到一定程度后,这种管理模式往往会阻碍企业的创新和壮大。在集群内的外资企业的管理模式和研发活动较为先进,可成为当地企业学习的内容,激励当地企业改革企业制度和文化,使其观念更加开放,融入全球价值链和世界经济大潮。萨克森宁(Saxenian,1994)关于硅谷的研究,为我们理解社会性嵌入与产业集聚与集群发展提供了最佳范本。在《地区优势》一书中,她认为,与波士顿128公路地区相比,硅谷密集的社会网络和开放的劳工市场弘扬了不断试验探索以及开拓进取的创业精神;各公司之间在展开激烈竞争的同时,又保持着良好的信任、合作关系;松散联系的班组结构鼓励着公司各部门之间以及部门与外部供应商、消费者进行横向的交流。由此,她认为战略关系地方化、面对面交流尤其是鼓励冒险、善待失败以及乐于合作的硅谷文化是硅谷优势的真正来源。正是在这种文化氛围下,硅谷成员自发地进行合作、自我组织。此外是,这种商业文化也具有强烈的融入性,它能在区域内迅速传播,确保被内部企业、公司充分理解与接受。正是这种独特的区域文化与思维方式,为硅谷集群的创新和良性演化提供了不断衍生的土壤和持续动力。[1]

3. 体制变革效应

跨国公司的体制嵌入性是指跨国公司与其他社会机构包括大学、研究机构等的联系程度。跨国公司的体制嵌入会带来体制变革效应。首先,跨国公司的体制嵌入提高了对当地中介网络的要求,从而推动了当地金融、物流等服务体系的发展,长江三角洲和珠江三角洲就是典型的例子。这两个地区集聚经济程度高,同时金融也发展得较快。在目前国有银行尚不能满足非国有企业资金需要时,外资银行无疑促进以非国有为主的集群产业的发展。外资的进入也推动了物流等服务体系的发展。以深圳为例,世界零售业巨头沃尔玛

---

① Saxenian A. ,1994,*Regional Advantage : Culture and Competition in Silicon Valley and Route* 128,Harvard University Press,Cambridge,MA.

的落户,促使数十家大型商场在竞争中崛起,推动了深圳商业零售业的发展。日本三井、伊藤忠等大型综合商社的进入,也为深圳服务业的繁荣起到了多方面的促进作用。其次,跨国公司的体制嵌入促进当地的研发活动。目前在中国的很多跨国公司纷纷建立研发机构,其中很多是和高校进行合作,外资研发活动的当地化趋势日益明显。例如跨国公司已不再把苏州仅作为通讯设备制造基地,目前已有15家跨国公司在苏州设立了研发中心。外资研发活动的当地化,对我国技术人员的开发起到了一定的作用,有利于这些地区高科技行业未来的发展。第三,跨国公司的体制嵌入加强了产业协会和当地政府及企业的联系。例如,东莞台商协会在组织台商联谊、增强沟通的同时,还协调政府办事机构与台湾厂商的联系,并且配合政府,组织台商参加与本地企业家的座谈。

4. 技术溢出效应

跨国公司的技术嵌入是指跨国公司与地方企业间技术关联性,包括对本地企业的技术转移和技术溢出效应、对地方产业结构升级的促进作用(Andersson 1996)。[①] 由于许多行业技术复杂程度的不断提高,跨国公司与其上下游企业存在着密切的技术关联。虽然说大型跨国公司掌握着行业发展的核心技术,不可能自愿把先进技术转让给当地公司或合资公司,即存在所谓的"技术锁定"(technology lock-in)现象,但是在其生产经营过程中,在和相关企业与人员的互动中,不可避免地产生种种技术溢出。所谓技术溢出是通过技术的非自愿扩散促进东道国的技术水平和生产力水平的提高,是技术扩散的外部效应。这种外部效应主要通过三种主要途径来实现:一是示范与模仿作用。对于东道国企业而言,跨国公司的进入提供了在东道国的社会经济条件下某种生产方式和组织方法可能会成功的一种示范,跨国公司与当地企业之间的近似性可能会鼓励后者通过逆向工程、签订个人合同等方法模仿跨国公司所使用的技术。二是通过人员流动实现。跨国公司一般都会对当地雇员给予多方面、多层次的培训以便使当地雇员迅速提升专业知识和技能。显然,当受过专业培训的当地雇员由跨国公司向其他当地企业流动时,其在跨国公司学到的专业知识和技术就会随之外流,从而使得本地企业从中受益。三是

---

① Andersson, U. , Forsgren, M. 1996, "*Subsidiary Embeddedness and Control in Corporation*", the Multinational International Business Review, Issue 5, pp. 487 - 508.

通过产业链前向联系与后向联系而实现。由于许多行业技术复杂程度的不断提高,跨国公司与其上下游企业技术关联非常密切,跨国公司出于自身利益的考虑,在培养产业上下游合作伙伴方面往往表现出较高的积极性,因此跨国公司的产品设计思想、工艺技术诀窍以及机器设备的使用方法等,通过相关技术要求、培训和机器设备源源不断地外溢到本地企业中(Blomstrom,Magnus and Ari Kokko,1997)。① 技术溢出效应的产生是跨国公司间接的、无意识的、非主观性的一种行为,从本质上说是经济外在性的一种表现,但却可以引致当地企业技术和生产力的提高,促进相关企业的成长和新企业的衍生,从而推动了当地的产业集聚。

二、开发区产业集聚对跨国公司嵌入的促动效应

产业集聚对跨国公司嵌入的促动效应主要是通过产业集聚的外部经济性对跨国公司的经营绩效与竞争力产生影响,进而促进跨国公司的嵌入。

1. 外部经济性

集群内的企业可以从专业分工和协作中分享到高效率以及由此带来的外部规模经济和范围经济。规模经济包括“地区规模经济”与“零部件规模经济”。地区规模经济主要是指东道国优质的集群区及其强烈的辐射能力能提供跨国公司投资某一产业所需要的足以取得成本优势的地理范围。而零部件规模经济是指在集聚区域内跨国公司能非常方便地采购到生产所需的原材料、零部件,并能轻松地找到合格的半成品、零配件的委托加工企业,不仅可以节约流动资金的占用,而且也可大大节省物流成本。范围经济为企业节省大量的成本。相关企业的“联合需求”将形成规模需求和专业化的生产或服务企业群增加了需求量,可以营造新的市场,为专业化的服务提供可能。集聚的企业可以共享销售网络,享受营销方面的外部规模或范围经济。产业集聚营造了一个品种齐全的大市场,专业化企业不必通过创建自己的商标、品牌、厂牌来扩大自己的知名度从而扩大市场,而可以靠集聚经济或专业市场的整体营销宣传,扩大集聚地知名度来为每一个企业开拓市场,集聚和专业市场把大量

---

① Blonrstrom, Magnus, Kokko, Ari. 1997, “*How Foreign Investment Affects Host Countries?*”, Policy Research Working Paper, The World Bank.

的买卖者集中在某一个固定的地点从事生产和交易活动,可以节省搜索交易对象的费用,并可以大大降低买卖双方因量和质信息不对称造成的交易失败的概率。显然参加这种集中性生产和市场交易活动越多,成交率越高,交易成本的节约就越大。产业集聚产生了许多辅助性的服务并形成规模性和集中性的需求,可以给企业提供共享的辅助性服务方面的外部规模或范围经济。而且大量的创新型企业为风险投资提供了广阔的活动空间,这是因为第三产业及其设施本身就有很高的规模要求,从而带来集聚经济效益。

2. 网络组织优势

在威廉姆森看来,产业集群是一种介于纯市场和科层之间的中间性经济组织,这种组织比市场更有效、比企业更灵活地协调生产。每个企业都根据自身能力从事分工活动中的某个阶段,因而在生产上存在相互依赖的企业需要进行合作与协调;企业在生产活动中依赖很多的资源,企业从企业外部获取资源需要同其他企业进行合作与协调,以降低竞争和市场的不确定性。企业间交易的不确定性、交易频率和资产专用性的不同匹配,决定了产业集群组织存在的效率边界。产业集群具有组织制度优势,主要表现为,产业集群从整体上说是介于企业与市场之间的一种新型的空间组织形态,它具有一种特定的制度意义:微观层面有规范的合约和产权关系,宏观层面有政治、社会与文化的因素。集群中盛行着诚信与合作的文化氛围,促进着社会资本的形成和积累,集群内企业合约签订和执行的交易成本较小。产业集群相对松散的网络组织结构有利于成员企业保持规模经济和范围经济优势,从而使集群实现产业规模经济效应和企业规模经济效应的兼容以及规模经济效应和范围经济的效应的交融。而且作为制度的重要供给者,政府会通过政策制订选择合适的企业进驻,维护集群秩序,并通过特定产业政策来促进集群发展。产业集群出现后,为寻求最大生产效益,一个国家的经济资源会远离单打独斗的产业,改为产业集群集中。当一国产业的国际化程度越高,资源流向这个产业集群的速度也会越快,因此,无论个别产业还是产业集群,都是凝聚国家竞争优势的基地。[①]

3. 区域创新环境

大批产业相关的企业聚集在一个地区,既加强了彼此的竞争,又可能产生

---

① 袁阡佑:《东北产业集群研究——三角产业集群的经验》,复旦大学博士论文,2006年。

互相学习的效应,使原来基于资源秉赋的比较优势,发展为创新优势,大大加快了企业技术创新步伐。其具体原因在于:(1)创新的激励效应。由于在较小的区域内汇集了大量的竞争对手,形成"争先恐后、你追我赶"的局面,无情的竞争规律形成强大的压力,并转而成为多数企业的强烈创新动力,迫使企业加快技术创新步伐,或者提升产品质量与产业层次,改善服务;或者将同质性竞争转变为差异化竞争,另辟蹊径,开发新的产品品种和工艺。(2)创新的学习效应。由于区位接近、经济联系频繁、信息交流便捷,产业集群免不了发生企业之间的知识和技术扩散,提供了较多的学习机会,即人们所说的"比有同行,学有对门"。这些企业之间,有的有正式的分工协作关系,为共同提高产品的质量和开发新产品,经常固定地交流信息;有的属于一般的贸易来往,在彼此接触之间自然地产生信息和技艺的交流。无论何种方式,都能促进产品信息和技术的传播,进而为集群的升级创造了良好的环境。(3)创新的文化氛围。众多企业集聚在一个地区,互相竞争又互相学习,使协作创新、加强地区竞争力成为产业集群的共同愿望。想创新、讲创新、争创新构成了一种特有的文化氛围,成为创新的重要催化剂,激励集群企业不断追求和积累新知识和新技术。(4)创新的服务体系。产业集群的发展壮大吸引了大量的服务企业及提供研究开发和技术支持的机构,如学校、科研单位、管理咨询机构、培训教育组织、技术开发机构、行业协会等。这些机构加强技术的研发、交流和扩散,为企业创新提供了广泛的机会,又便于企业人员的学习提高,有利于知识和信息的传播和积累,有力地支撑了集群企业的创新。(5)创新的人际环境。集群区地域相对较小,区内人员联系紧密,容易互相了解,人际关系的信任度较高,有利于形成长期配合、合作攻关的稳定创新环境。显而易见的是,这些知识的溢出和传播,是与企业在空间上的距离成反比的,在空间上集聚的企业更容易获得正效应,而一旦离开这个产业集聚区就会迅速丧失。

综合而言,产业集聚区能够通过集聚效应产生外部经济,通过降低交易成本提高合作效率,通过产业文化有利于技术创新与扩散,由此形成跨国公司嵌入的内在动力。因此,东道国的产业集聚有利于提高跨国公司子公司对当地的嵌入性。发展中东道国内围绕着跨国公司直接投资子公司而建立的上下游配套产业以及东道国颁布的吸引外资的优惠性区域政策固定了跨国公司子公司投资的区位选择,使之在外部环境没有产生剧变的情况下,不会轻易离开原先选择的投资区域。因为跨国公司已经意识到，当代复杂技术系统的建立需要扎根于当地的社会文化，密切接近目标用户，要考虑当地原有的技术基础和联系的界面，适应当地的法律、法规，需要建立一系列的标准和规范。一些学者研究也表明，嵌入性与跨国公司子公司的经营绩效正日益呈现正相关。安德森等研究表明产业集群广泛而有效的外部网络是跨国公司子公司重要的战略性资源，有助于通过技术嵌入性来提高区域范围内子公司在技术产品和工艺能力方面的发展，从而对跨国公司子公司的经营业绩产生积极的影响，并且子公司最终会把在东道国获取的能力转移到跨国公司其他部门，从而提升跨国公司的整体竞争能力。[①]

综上所述，跨国公司嵌入对开发区产业集聚的促动效应，开发区产业集聚对跨国公司嵌入也有促动效应，二者互动耦合机制见图7－2。

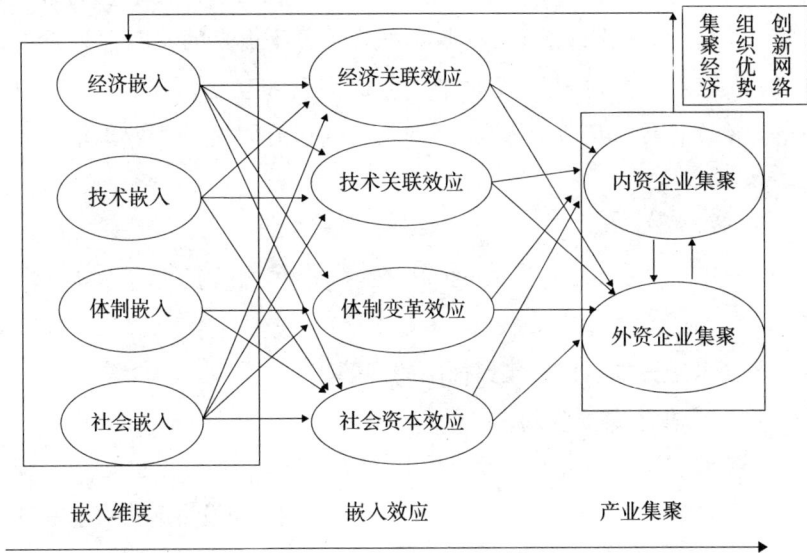

图7－2　跨国公司嵌入与我国开发区产业集聚的互动耦合机制
资料来源：笔者整理。

---

① Andersson，U.，Forsgren，M. Pedersen，T. 2001，"*Subsidiary Performance in Multinational Corporations：the Importance of Technology Embeddedness*"，International Business Review，Vol. 10，Issue1，pp. 3－23.

第八章　双向嵌入视角下开发区产业集聚与升级路径

经过20多年的建设发展,我国国家级开发区产业集聚取得了巨大的成就,奠定了良好的基础,具有极大的发展潜力。但我们也应看到,我国开发区大部分属于嵌入性产业集聚,对跨国公司依赖严重,缺乏产业集聚发展的内生动力与机制,因此,其发展和升级面临着诸多困难和挑战,需要着力解决。本书认为,在经济全球化背景下,要实现开发区产业集聚的不断深入发展和升级,应努力实现跨国公司与地方产业的双向嵌入和互动融合。本章将以全球价值链理论为指导,以"双向嵌入"的视角来探讨开发区的产业集聚发展与升级问题。

第一节　国家级开发区产业集聚面临的问题和挑战

一、国家级开发区产业集聚面临的问题

1. 区内产业集聚度较低

从整体看国家级还处于产业集聚的初级阶段,一些开发区集聚了较大数量的企业群,初步实现了企业在空间布局上的集中,却没有解决产业关联上的离散状态,使得园区企业之间的关联程度较弱,分工协作关系不明显,企业聚集却难以实现产业集聚。因为,一是经济开发区最初的发展背景就是为了筑巢引凤,企业之间不一定是有联系的,这也是很多经济开发区不能发展或者较难发展产业集群的原因所在;二是许多企业尤其是跨国企业所需的零配件特别是关键性的配件依赖于国外进口,区内的企业之间在业务上的关联度不高,中小企业在某些产业环节上为大企业提供专业化供应配套的也少。为高新技术产业服务的咨询服务相当缺乏,更是缺乏足够的风险投资企业集聚在开发

区内。而国外高新技术产业集群的成功在很大程度上有赖于其相互结网、相互依存的产业体系,但我国很多开发区都没有做到这一点。跨国公司为了利用当地廉价的劳动力资源,而并没有在当地形成较为完整的产业链,从而进行合理的分工协作,集而不群。

2. 开发区之间产业同构性问题突出

我国在继彩电、冰箱和汽车产业重复建设后,近年来,在发展高新技术产业的旗号下以电子信息、新材料、生物医药为代表的高新项目重复建设的"第三次浪潮"正在掀起。经济开发区之间重复建设严重,同构性问题越来越突出。根据笔者调研,在全国54个经济技术开发区中有40多个开发区将电子信息作为优先发展为支柱产业,有20多个开发区将汽车及其零部件作为优先发展的支柱产业,而在54个高新技术开发区中,绝大多数开发区都将电子信息作为主导产业。一些开发区在只追求数量增加的思维模式的影响下,对区内企业持续竞争力和区域特色产业优势的培育并没有给予应有的关注,不考虑自身特点,盲目趋同,亦步亦趋。这种重复建设的弊端已显现出来。它造成严重的资金浪费,同构性问题突出,缺少特色产业,严重影响了经济开发区的持续发展。而且许多开发区争项目、相互效仿,使得有限的资源被稀释,造成人才集聚程度低,创新能力更弱,核心技术更少,产业强度就更弱的局面。

3. 产业集聚的脆弱性

我国的开发区大多是通过依靠提供土地和优惠政策来吸引企业进区而形成企业的空间集聚的,由于这种模式对企业的集聚并不重视其内在机制的建立而使得这些在空间上已形成一定集聚的企业并未显现出强烈的植根性。随着改革开放的进一步深入以及中国加入WTO,地区政策上的差距日益缩小,这种空间上的集聚就表现出很大的脆弱性。当某开发区的土地成本、劳动力价格等区位优势及税收优惠政策发生变化时,区内的一些企业就可能会再次向其他政策更优惠的地方发生流动,即所谓"松脚性"。网络外移可以包括市场销售网络,研发网络,生产网络等的外移。这里,我们着重讨论的是生产网络的外移问题。生产网络外移方式一般表现为三种情况:第一种是子公司逐渐减少与当地的经济社会联系,而改为与外地企业或组织建立关系。第二种是子公司离开本地,并且停止了与当地的往来关系。第三种是子公司离开本地,但仍然保留着与当地的往来关系。第一种情况属于本地交易关系变为一种跨地域贸易关系,而第二、三种则涉及子公司自身区位转移及其带来的网络外移问题。一个明显的例子是,前些年到广东与福建开发区投资的台湾1T企业,或是后续投资或是连根拔起迁往苏州科技园,这其中的一个重要原因是苏州出台了更加优惠的政策。2004 年,全球 IT 四强之一的台湾鸿海集团投资 100 亿美元将位于深圳的富士康部分搬至烟台,在烟台建设大陆最大的生产基地,目标是至 2009 年,实现出口 100 亿美元目标,更是这一现象的明显案例。这种流动最终导致了各开发区产业结构乃至形态上趋同,以及各开发区之间在低水平上的恶性竞争。

4. 缺乏产业集群的机制

按照波特的定义,产业集群的内涵是包括一群对竞争起重要作用的、相互联系的产业和实体。比如,包括零部件、机器及服务等专业化投入的供应商和专业化基础设施的提供者。集群还经常向下延伸到销售渠道和客户,并从侧面扩展到辅助性产品的制造商,以及与技能技术投入相关的产业公司。许多集聚的群体还包括提供专业化培训、教育、信息研究和技术支持的政府和其他机构,如大学、标准制定机构、智囊团、职业培训提供者和贸易联盟等。在我国的开发区真正的产业集群尚未形成。这主要表现在以下三个方面:一是相互支援、相互依存的专业化分工协作的产业网络尚未形成。大多数的区内企业尤其是跨国企业所需的零配件特别是关键性的配件现大多是从国外进口。区内的企业之间在业务上的关联并不多,中小企业在某些产业环节上为大企业提供专业化供应配套的也少。为高新技术产业服务的咨询服务相当缺乏,更是缺乏足够的风险投资企业集聚在开发区内。而国外高新技术产业集群的成功在很大程度上有赖于其相互结网、相互依存的产业体系。二是"产学研"合作机制不完善。我国大多数的开发区邻近一些相关的大学或研究机构,这些研究机构也都有相当的研究开发能力,但由于缺乏良好的合作机制,除了中关村等少数开发区外,这些大学或科研机构并未较好的成为开发区创新之重要的外溢来源。许多的开发区内,大部分具有竞争力的项目都不是来自邻近的大学或科研机构。究其原因,一方面与大学和科研机构的管理体制改革的滞后大有关系,另一方面则是合作机制中的各方之间的互动模式尚未建立。三是开发区内外资企业的技术溢出效应不明显。外资企业在我国开发区内进行投资多以独资的形式出现,为了保持对先进技术的垄断,外资企业往往竭力避免核心技术在当地外溢,一般情况下核心技术都是在其本国研究开发,然后直接移植到我国的开发区进行生产。他们的技术创新与改造仅与本国的母公司发生纵向联系,而不与当地企业发生横向联系,仅仅将部分技术单项、分散地传给中方技术人员。这种过度的"核心技术锁定"既影响了外资企业在我国的深度扩展,又制约了外资企业"当地化"进程。

5. 跨国公司当地嵌入性较差

(1)本地不结网。跨国公司本地嵌入的产生,前提是必须发生本地结网行为。没有建立本地网络关系,本地嵌入是非常有限的。本地不结网现象,从不同角度有不同的表现。从网络连接对象的不同来看,可以分为两种情况:一种是与上下游、同行、相关行业等企业之间极少发生网络连接关系。一个典型例子就是"三来一补"企业。这种类型企业,原材料、图样设计和生产配件依靠进口,完成生产后产品出口,基本与当地产业网络很少发生关系。另一种是与政府部门、科研院校、中介机构等非企业组织之间极少发生网络连接关系。除了与政府间关系外,与科研院校和行业协会等联系更少,这在我国比较普遍。大多数跨国公司即使在上下游关系本土化上已经迈出了一大步,但是在与本地机构的技术合作关系很少,尤其是来自台湾、香港等地区的中小型外资企业。(2)网络封闭。从地方的角度来看,子公司的网络封闭主要体现在以下三个层面上:第一,局限于投资前母公司原来的合作网络成员。如前文提到的群体投资行为比较容易形成这样现象。对于核心厂商来说,则表现供应商网络封闭;对于上游协力厂商来说,则表现为顾客网络封闭。第二,局限于同国籍企业间的网络合作关系。即尽管子公司没有维持跟原来网络成员的合作关系,但是在寻求新的合作伙伴时,偏向于跟相同国籍企业建立合作关系。这种情况常见于日本和台湾生产型企业的海外投资行为中。第三,局限于外资企业间的网络合作关系。则子公司的网络成员很少纳入本地企业,而愿意跟其他外资企业打交道。(3)网络学习效应差。尽管子公司的网络关系一定程度上已经实现本土化,并且纳入了本地企业。但是企业之间的关系可能仅仅停留在生产分工和市场交易的投入产出关系上,彼此间的学习效应不明显,网络整体创新能力差。子公司对当地关系的依赖更多是出于降低成本的考虑,而非出于学习创新的考虑。简单地说,就是仅仅停留在生产交易网络,而非创新网络。子公司与本地企业的结网是出于降低成本,而非通过技术、信息的交流进行产品的增值,跨国公司与本地企业间等级分明,甚至关系敌对而非合作,地方供应商企业没有参与到产品的开发过程中。这种联系往往加深了本地企业对跨国公司的技术依赖,而跨国公司对本地的依赖性是有限的。[①]

6.产业集聚被锁定在价值链低端,面临升级的困难

我国开发区的大部分产业逐步被纳入跨国公司主导的全球价值链分工体系,但多处在价值链的末端,价值创造有限。以电子信息产业为例,各开发区该产业都发展较快,但大多处在价值链低端的组装、零部件生产阶段,如图所示,因此集群在国际市场上控制能力差,在全球价值链中处于被支配的地位。在信息设备制造领域中,美国、日本和欧洲公司凭借垄断计算机硬件生产的核心技术 CPU 和存储器及其关键材料单晶硅的制造独占该行业利润的绝大部分,落户开发区的跨国公司企业只是处于生产环节,而将研发、设计和销售等业务留在其母国内,为跨国公司配套的国内企业只是国外公司的"协作厂",并非真正意义上的高新技术企业。

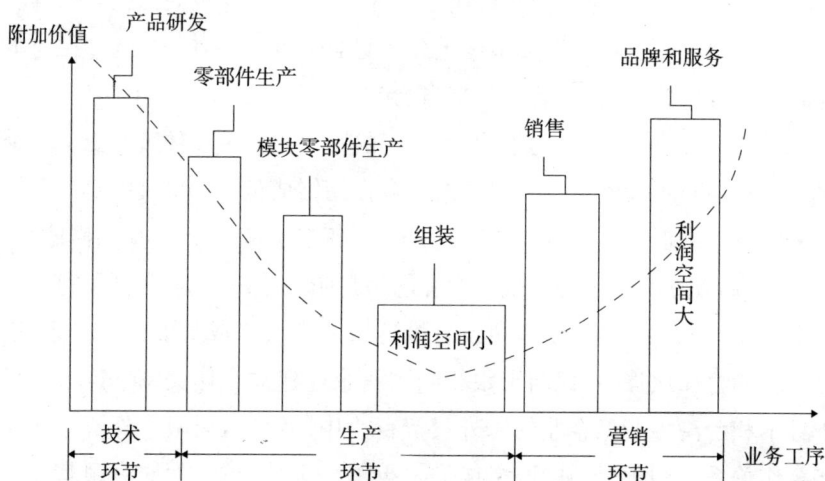

图 8-1 全球价值链各环节

资料来源:张剑、袁洪飞:《全球价值链视角下中国制造业地位的提升》,《企业经济》2007 年第 6 期。

长期从事低端的生产环节可能导致"锁定效应"(lock-in effect),所谓"锁

---

① 叶庆祥:《跨国公司嵌入过程机制研究》,浙江大学博士论文,2006 年。

定效应"，是指长期从事低附加值、低利润的生产加工，使得企业无力向设计、研发和营销等环节升级；或者企业原本具有的这些功能也会逐步消失，最后只保留生产加工业务。被锁定在生产环节的企业竞争力非常脆弱，一旦有成本更低的企业加入竞争，势必引发价格战，更加无力向高端环节升级，形成恶性循环，走上不可持续的发展道路。

7. 对跨国公司依赖严重，国内企业发展不足，区域创新严重不足

我国开发区产业集聚是在跨国公司主导下形成的，因而往往形成对跨国公司的严重依赖，而本地企业间联系匮乏，自主创新动力缺失，自主创新严重不足。长此发展下去，极有可能沦为跨国公司全球网络中一个丧失自主性的节点，面临最终在激烈的国际竞争中被淘汰的威胁。以信息产业为例，中国是集成电路使用大国，占世界使用量的七分之一，可自主生产的集成电路产品，仅占国内市场份额的四分之一。本土企业积极与跨国公司联系，模仿和转化技术和知识，然而绝大多数厂家没有自己的创新能力，无非是在做芯片封装等低级附属生产。同时，中国超大规模集成电路及软件等重大关键技术与产业没有取得突破性进展，如彩电、VCD、手机的芯片，计算机 CPU 和存储器都大多数需要进口，而这些元器件的价值往往占到产品价值的 80％—90％以上，利润都流向国外。从全球产业链地位看，中国开发区 IT 产业在国际分工体系中的地位仍较低端，产业的国际竞争优势主要在加工组装环节。产业的薄弱环节主要表现在三个方面：一是在技术结构方面，产业的自主创新能力较弱；二是在生产组织结构方面，缺少具有国际影响力的本土化跨国公司；三是在产品结构方面，高端产品少，基础类产品（集成电路、基础软件等）能力弱。这些薄弱环节的一个主要根源是自主创新能力较弱。目前中国 IT 产业总量的大幅提升主要是合资和欧美跨国公司的投资，本地 IT 企业的大部分盈利点都是海外和跨国公司的合资项目。

二、国家级开发区产业集聚面临的挑战

国家级开发区的产业集聚是基于跨国公司嵌入而形成的，在全球经济一体化与区域竞争的形势下，其发展过程面临着严峻挑战。一是面临着其他国家的挑战。近年来，越南、印度等国家以其良好的基础条件、人才优势对跨国公司的吸引力越来越大，已出现向这些国家产业转移的新趋势，这对我国开发

区进一步吸引外资,发展集聚经济形成巨大的压力。二是面临国内其他开发区的挑战。目前,我国国内各种级别、类别的开发区很多,其优惠政策、自然条件等甚至超过了国家级开发区,有些开发区甚至公开搞恶性竞争,这对国家级开发区进一步发展是十分不利的。三是招致反倾销诉讼。国际上对"中国制造"的抵制日趋严重,单纯依靠劳动力成本低的优势,大力发展劳动密集型产品出口的方式,已经招致对我国产品出口的反倾销诉讼越来越多,这对于开发区产业的可持续发展造成巨大威胁。四是国家级开发区政策优势不断弱化。随着国家改革开放的不断深入,目前,国家级开发区的政策优势已不明显,甚至出现弱化的趋势,其对跨国公司的吸引力逐步缩小。五是国家级开发区制度创新进展不大,形成对跨国公司嵌入与产业集聚发展的桎梏。

综合而言,当前国家级开发区的产业集聚还存在着很多问题,面临着进一步发展与升级的挑战。那么,应如何实现我国开发区的产业集聚发展与升级,其路径是什么,其政策取向是什么,下面以全球价值链理论为指导,以"双向嵌入"的视角来探讨开发区的产业集聚发展与升级问题。

第二节　全球价值链与地方产业升级

一、全球价值链理论

全球价值链理论源于波特的价值链理论。哈佛大学的迈克尔波特教授于1985年在其所著的《竞争优势》一书中首次提出了价值链概念。[①] 波特认为,公司的价值创造过程主要通过基本活动(含生产、营销、运输和售后服务等)和支持性活动(含原材料供应、技术、人力资源和财务等)两部分来完成,这些活动在公司价值创造过程中是相互联系的,由此构成公司价值创造的行为链条,这一链条就称为价值链。在《竞争优势》中,波特还突破企业的界限,将视角扩展到不同企业之间的经济交往,提出了价值体系(value system)概念,这是全球价值链概念的基础。波特认为企业的价值链不是孤立的,它与供应商价值链、渠道价值链以及买方价值链都有密切的关系,它们共同构成一个更大的价值体系(value system)。而全球价值链是指为实现商品或服务价值而连接生

---

① 迈克尔·波特:《竞争优势》,华夏出版社 2005 年 8 月,第 57—59 页。

产、销售、回收处理等过程的全球性跨企业网络组织,涉及从原料采集和运输、半成品和成品的生产和分销直至最终消费和回收处理的整个过程,实际上是企业价值链在全球的延伸。

同期,寇伽特(Kogut)对全球价值链理论的发展作出了重要贡献。寇伽特(1985)在《设计全球战略:比较与竞争的增值链》中用价值增值链(value added chain)来分析国际战略优势。[①] 他认为,价值链是由技术与原料和劳动力的融合而形成的各种投入环节,然后通过组装把这些环节结合起来形成最终商品,最后通过市场交易、消费等最终完成价值循环过程。与波特强调单个企业竞争优势的价值链观点相比,寇伽特的观点更能反映价值链的垂直分离和全球空间再配置之间的关系。把价值链的概念从企业层次扩展到了区域和国家,因而对全球价值链理论的形成产生了非常重要的作用。[②]

进入 20 世纪 90 年代以后,以美国杜克大学(Duke University)格里芬(Gereffi,1994)教授为代表的不少学者提出了全球商品链理论,集中探讨了包括不同价值增值部分的全球商品链的内部结构关系,研究了发达国家的主导企业如何形成和控制商品链的问题。[③] 在全球商品链理论的基础上,格里芬等学者进一步提出了全球价值链(Global Value Chain,或 GVC)概念,并从全球价值链的治理、演变和升级等多个角度对全球价值链进行了系统的探讨,由此建立起了全球价值链基本概念及其基本理论框架。

自全球价值链的概念提出以来,不少专家和学者都对此进行了大量的研究和分析,理论成果主要集中在全球价值链的治理、驱动力和创新等方面。由于集群在各国及地区经济发展中作用日益重要,一些学者将全球价值链理论作为分析地方产业集群发展和升级的重要工具,集群被放在广阔的全球产业背景下进行升级分析,大大拓展了地方产业集群的研究视野,这些研究工作取得了很有价值的成果。格里芬(Gereffi,1999)根据全球价值链条的驱动力将

① Kogut, B. 1985, "*Designing Global Strategies: Comparative and Competitive Value-added Chains*", Sloan Management Review, Vol. 26, Issue 4, pp 321–328.
② 池仁勇、邵小芬、吴宝:《全球价值链治理、驱动力和创新理论探析》,《外国经济与管理》2006 年第 3 期。
③ Gereffi, G. & Korzeniewicz, M. 1994, *Commodity Chains and Global Capitalism*, New York: Praeger.

全球价值链分为生产者驱动(producer-driven value chain)和购买者驱动(Buyer-driven value chain)两种模式①,认为全球价值链条的驱动力基本来自生产者和采购者两方面。哈默雷(Humphrey)和施米茨(Schmitz)(2002)提出了产业集群嵌入全球价值链的四种方式,还从全球价值链的价值创造环节提出了企业集群升级的四种途径:产品升级、工艺流程升级、功能升级和跨产业升级。②

表 8-1　基于全球价值链的产业集群升级方式

升级方向	概念	具体内容
工艺流程升级	过程变得更加有效率 过程创新	处于全球价值链低端的产业集群通常是以较低的生产成本、运输成本与规模经济作为竞争优势。在这个阶段的产业集群可以通过增进传输体系,引进工艺流程的新组织方式,提升价值链某个环节的生产效率,实现集群的升级与发展
产品升级	更快的研发 质量提升 产品创新	集群引进、研发新产品或改进现有产品的效率,比竞争对手更快的质量提升。新产品、新品牌及其市场份额的不断增加,将带动产业集群的产品不断升级,增强开拓国际市场的能力
功能升级	改变在价值链中所处位置 功能创新	产业集群的功能升级是指集群在实现产品升级后,逐步重新组合价值链的优势环节或战略环节,调整嵌入价值链的位置与组织方式,专注于产业价值链某个或某几个优势环节,放弃或外包原有的低价值环节,弱化或转移非核心业务,通过拥有该产业价值链的"战略性环节",最终获得该产业价值链的治理权
价值链升级	移向新的、价值高的价值链 价值链创新	价值链的升级是指在原有价值链的基础上延伸至价值量更高的相关产业价值链,在相关的产业领域获得较高的收益率;或者移向新的、更有利可图的价值链;或者使一些企业得到数条全球价值链。从而促使企业和地方产业集群提高到一个新的绩效和质量水平,提高区域产值

资料来源:任家华:《基于全球价值链理论的地方产业集群升级机理研究》,《西南交通大学博士论文》,2007年,第39页。

① Gereffi, G. 1999, "*International Trade and Industrial Upgrading in the Apparel Commodity Chains*", Journal of International Economics, Vol. 48, pp. 201-212.
② Humphrey J., Schmitz H. 2002, "*How does insertion in global value chains affect upgrading in industrial clusters?*", Regional Studies, Vol. 36, Issue 9, pp. 27-36.

二、地方产业嵌入全球价值链的升级效应

格里芬等人（Gereffi,1999）根据全球价值链条的驱动力将全球价值链分为生产者驱动（producer-driven value chain）和购买者驱动（buyer-driven value chain）两种模式，认为全球价值链条的驱动力基本来自生产者和采购者两方面。生产者驱动指由生产者投资来推动市场需求，形成全球生产供应链的垂直分工体系，投资者可以是拥有技术优势、谋求市场扩张的跨国公司，也可以是力图推动地方经济发展建立自主工业体系的本国政府。采购者驱动指拥有强大品牌优势和国内销售渠道的经济体，通过全球采购和 OEM 等生产组织起来的跨国商品流通网络，形成强大的市场需求，拉动那些奉行出口导向战略的发展中地区的工业化。我国学者张辉（2004）对生产者和采购者驱动的全球价值链进行了比较，如表 1 所示。

表 8-2 生产者驱动价值链与采购者驱动价值链的比较

项目	生产者驱动的价值链	采购者驱动的价值链
动力根源	产业资本	商业资本
核心能力	研究与发展、生产能力	设计、市场营销
进入障碍	规模经济	范围经济
产业分类	耐用消费品、中间商品、资本商品	非耐用消费品
典型产业部门	汽车、计算机、航空器等	服装、鞋、玩具等
制造企业的业主	跨国企业，主要位于发达国家	地方企业主要在发展中国家
主要产业联系	以投资为主线	以贸易为主线
主导产业结构	垂直一体化	水平一体化
辅助支撑体系	重硬环境轻软环境	重软环境轻硬环境
典型案例	Intel、波音、丰田、海尔、格兰仕等	沃尔玛、国美、耐克、戴尔等

资料来源：张辉：《全球价值链理论与我国产业发展研究》，《中国工业经济》，2004 年第 5 期，第 40 页。

生产者驱动的价值链往往是以大型跨国生产者为中心，来协调价值链各环节的活动。这种价值链常常指向资本密集和技术密集型产业。如生物医药、飞机制造产业等。掌握关键技术和研发能力的跨国集团在价值链中占支配地位，制定和监督规则的实施，获取了价值创造的绝大部分。购买者驱动型

价值链往往是以大的零售商、市场批发商和品牌拥有者为中心,来协调价值链各环节的经济活动。发展中国家的产业集群,大多嵌入价值链的低端环节中。这种贸易指向的产业集群往往从事劳动力密集型、消费型工业的生产制造,获取的价值量少、而且容易流失。如:服装、制鞋、玩具、陶瓷、消费类电器产业等。而那些发达国家的集群,因为掌握了稀缺的设计能力、专利、品牌和市场资源而获得对价值链的管制权,获取价值创造的大部分。

国内外学者的研究表明,地方产业嵌入全球价值链可获得一定程度的产业升级效应。

1. 嵌入购买者驱动型价值链的升级效应

当地制造商如果进入购买者驱动型价值链,就可从全球购买者那里学到大量的提升生产流程、提高生产连续性和产品质量,以及对客户订单反应速度的知识,有助于工艺流程和产品升级甚至功能升级。格里芬等人(G. Gereffi and O. Memdovic,2003)通过对服装产业全球价值链(GVC)的研究发现,为美国采购商(包括大型零售商、营销商和品牌制造商)生产的东亚国家供应商都处于一个从代工生产(OEM)到委托设计制造(ODM)、甚至到自有品牌商(OBM)的升级轨迹或过程。虽然升级主要由采购商的需要来驱动,但他们乐观地认为,进入GVC的发展中国家以及新兴工业化国家的制造商,在生产方面有较好的升级前景,而且随后会进入到设计、营销和建立自有品牌的阶段。这也意味着进入购买者驱动型,不但可以实现流程和产品升级,也可以实现功能升级。格里芬把这种效果归功于干中学和组织演替(organizational succession)。干中学是指在与采购商的互动中,制造商知识水平和生产能力的提升。而组织演替则是指制造商从满足低端市场购买者需求的生产,转向满足高端市场购买者需求的生产的过程,国外采购商的这种演替使制造商能力得到升级。

2. 嵌入生产者驱动型价值链的升级效应

其实现机制是嵌入全球价值链的企业与同在该链中主导企业建立起合作关系,在此过程中,利用价值链治理产生的信息流动、知识溢出和动态学习效应,通过与跨国公司合作创新,或通过技术引进、消化吸收,提高企业的自主创新能力,实现从工艺升级向产品、功能升级的延伸,最终攀升到全球价值链的高端。以台湾IC产业(集成电路产业)为例,台湾分包商与主导厂商之间的关系从代工生产(OEM)到委托设计制造(ODM)、设计、制造、售后服务(DMS)

再到工程、制造和服务(EMS),充分体现了分包商和零部件制造企业自主知识产权和创造性的逐步提升。台湾的宏碁集团从 PC 的委托制造开始,通过垂直整合、建立自有品牌,并涉足零部件制造、营销渠道等领域,最终建立了从上游集成电路制造到下游 PC 销售的一体化企业,成为知名的国际品牌制造商,成功地实现了企业的能力升级和经营转型。我国学者文嫮和曾刚(2005)的研究表明,上海浦东 IC 地方产业网络在与全球的领先公司互动过程中,的确实现了一些"过程升级"(快速获取国际上成熟的制程技术),领先公司为了自身的利益,会推动地方产业网络实现不侵犯其核心权益的非关键性升级。[①]

　　综合而言,无论是嵌入生产者驱动型价值链或是购买者驱动型价值链,都在一定程度上促进了地方产业的升级,而产业升级的本质就是企业的生产能力以及竞争力的提高。在地方产业生产能力不断强化的过程中,核心企业对地方产业的经济社会技术联系进一步加强,相互信任增加,形成了地方产业和核心企业的共同成长与演化。

第三节　双向嵌入视角下的开发区产业集聚与升级路径

一、双向嵌入观:跨国公司与地方产业的互动耦合

　　前面我们就跨国公司本地嵌入效应以及地方产业嵌入全球价值链效应进行了探讨,但是这只是一个"单向嵌入"的视角,而在经济全球化背景下,跨国公司与本地产业的联系越来越密切,这种"单向嵌入观"将跨国公司本地嵌入与地方产业全球价值链嵌入二者割裂开来,以至于要么专注于地方产业嵌入全球价值链研究而忽视跨国公司本地嵌入问题,要么专注于研究跨国公司本地嵌入而忽视地方产业全球价值链嵌入,这与现实世界是不相符的,实践中是有害的。例如,在我国不少开发区往往看到一些独立的大型外资企业的"堡垒式"建筑,它们往往只与海外母公司发生联系,而与本地企业联系很少,甚至是"两头(采购与市场)在外"。这种现象不仅存在于工厂型企业,即使一些研发

---

　　① 文嫮、曾刚:《全球价值链治理与地方产业网络升级研究——以上海浦东集成电路产业网络为例》,《中国工业经济》2005 年第 7 期。

中心,也可能很少与当地其他机构发生联系,二者互动适应的局面没有产生。究其原因,一方面是跨国公司本地嵌入性不强,另一方面,当地企业不能积极主动嵌入跨国公司的产业链。当然地方政府也有不可推卸的责任,只注重引进跨国公司,而不重视建立联系平台和地方产业培育,重外部联系,轻内部联系,以至于当地企业不能近水楼台嵌入跨国公司全球价值链,而不惜舍近求远,对外严重依赖。因此有必要将原有单向嵌入的研究视角变为双向嵌入,深入挖掘其中的内在联系,这不仅是关于研究嵌入问题的新视角,也必将大大拓展全球价值链与企业集群问题研究的视野,是一个很有意义的研究取向。

实际上,在经济全球化背景下,跨国公司与地方产业联系越来越密切,二者存在着内在的、有机的、不可分割的关系,是一种相互嵌入、双向嵌入、你中有我,我中有你的关系,如图8-2所示。首先,跨国公司本地嵌入过程恰恰也是地方产业全球价值链嵌入的过程。一般而言,跨国公司本身往往是全球价值链的主导者或治理者,跨国公司本地嵌入也是其全球价值链的嵌入,不仅其本身有配套企业,而且其全球价值链配套企业也会跟进。在其本地嵌入过程

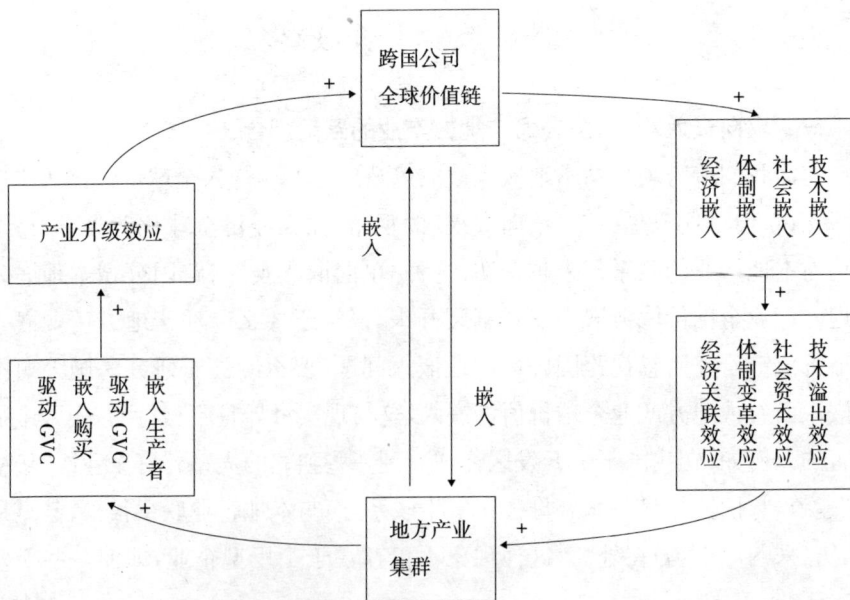

图 8-2　跨国公司与地方产业的双向嵌入与互动耦合

资料来源:笔者整理。

中,跨国公司及其全球价值链伙伴要与地方产业网络发生经济、社会、制度、技术的联系,也即经济嵌入性、体制嵌入性、社会嵌入性和技术嵌入性,而地方产业网络通过这些联系,可直接或间接地嵌入跨国公司及其全球价值链。其次,跨国公司本地嵌入为地方产业全球价值链嵌入提供了契机与平台。全球化背景下企业集群的发展,不仅要挖掘区域的内部资源,强调内部联系,更要获取外部资源,注重外部联系。如果单纯从企业集群内部角度研究区域产业的竞争优势,就很难把握区域间产业重塑的动态竞争。地方产业全球价值链嵌入的方式虽有多种,但是如能借助跨国公司本地嵌入的时机而一举融入全球价值链,这无疑是一条捷径,可以说搭上了全球经济自动扶梯,步入发展的快车道。第三,二者具有互动耦合关系。一方面跨国公司本地嵌入可以促进地方产业嵌入全球价值链,实现当地产业升级。另一方面,地方产业全球价值链嵌入也有利于促进跨国公司本地嵌入的深化。比如,我国汽车工业的发展就是很好的佐证。改革开放之初,德国大众公司与我国几家企业合资,嵌入了中国汽车产业,从而使中国汽车产业的发展搭上全球产业链的快车,技术及管理水平得以迅速提高,之后国际上一些汽车巨头纷纷转向我国市场,进行大规模的合作,甚至在我国建立高层次的研发等机构,对我国的汽车工业的嵌入不断加深,同时,推动中国汽车工业向全球价值链高端嵌入,2004 年以来,一汽、上汽、长安、哈飞等国有企业相继推出了新一代自主品牌轿车,奇瑞、华晨等国有汽车企业相继签署了整车出口和海外建厂协议,先后打入国际市场。跨国公司通过 FDI 来实现全球价值链中生产环节的空间垂直转移,同时,中国渐进式的制度改革导致汽车生产中的 FDI 深深嵌入了中国的制度环境(聂鸣和周煜,2007)。[1] 可以说,我国汽车工业的发展是一个跨国公司与地方企业双向嵌入、互动耦合的过程。国外有学者(Victo、Liu,2002)也曾把中国汽车工业的发展描述为"嵌入式的全球化过程",制度环境的变化和以外国直接投资流入为特征的全球化推动了中国汽车工业在空间上的转移和重组。[2] 总之,双

---

① 聂鸣、周煜:《全球价值链背景下国有汽车企业的发展路径》,《改革》2007 年 4 期。

② Victor F. S. & Weidong, Liu. , 2000, "*Restructuring and Spatial Change of China's Auto Industry under Institutional Reform and Globalization*", Annals of the Association of American Geographers, vol. 90, Issue 4, pp. 653 - 673.

向嵌入反映了经济全球化与地方化相互融合的现实,反映了跨国公司与地方产业互动耦合的本质。"双向嵌入观"也为我们在现实与理论之间架设了一条桥梁,是系统解决全球化背景下地方产业发展问题的新视角。[①]

二、双向嵌入视角下的开发区产业集聚与升级路径

当前经济全球化背景下的世界经济体系好比"一串串珍珠","珍珠"就是地方产业集群,将"珍珠"串起来的条条"金线"就是全球价值链。地方产业集群(珍珠)是块状经济,全球价值链(金线)是链状经济。从单向嵌入到双向嵌入,其实质就是跨国公司与本地产业相互融合的过程,也是块状经济与链式经济的有机融合过程。这种有机融合块状经济与链式经济的经济形态,本书将其称之为"新全球经济模式",是经济全球化与地方化融合的必然趋势。

近年来,世界各国地方产业集群化趋势日益明显,产业集聚开始成为经济发展的主流,通过产业集聚促进经济增长已经成为世界很多城市的长期发展战略。但是,在经济全球化的背景下,集群已经不能在封闭和孤立中发展,而必须积极加强外部联系,在升级中求得发展,那种封闭式的块状经济——地方集群,或没有黏性节点的链状经济——全球价值链都是没有发展前途的。而这种有机融合块状经济与链式经济的新全球经济模式集全球价值链的开放性、地方产业集群的集聚经济性于一身,有助于克服跨国公司松脚性和胶性不足问题,将地方经济与跨国公司紧紧黏合在一起,因而具有强大的生命力,也向我们展示了未来全球经济的美好图景。

实际上这种新全球经济模式已初现端倪。例如,美国硅谷的电子信息产业、台湾的新竹的集成电路产业,英国伦敦及中国香港的金融产业、意大利的陶瓷产业、印度班加罗尔的软件产业等等。

从我国的实践来看,块状经济与链式经济的有机融合取得了十足的进展。改革开放以来,东南沿海地区经济得到快速发展,其秘诀就在于较好地将块状经济与链式经济有机融合在一起,例如我国天津开发区的手机产业、北京开发区的诺基亚星网工业园的通讯产业、苏州工业园和昆山开发区的电子信息产

---

① 陈景辉、邱国栋:《跨国公司与东道国产业集群的"双向嵌入观"》,《经济管理》2008 年第 11 期。

业、广东东莞的电脑产业、浙江传统产业集群等。从理论上总结其发展规律，可将其发展模式归纳为两种：以浙江省以及青岛开发区为代表的传统产业发展模式（简称浙江模式），以广东以及苏州、昆山为代表的外向型产业发展模式（简称广东模式）。浙江模式可概括为产业集群全球化，即：依据当地实际选取特定优势产业，促进产业集聚化发展，初步形成产业集群，同时加强外部联系，嵌入全球价值链（购买者价值链），由此形成新经济活跃区，带动地方经济发展；广东模式可概括为全球价值链本地集聚化，即：充分发挥区位与政策优势，大力吸引外商投资，促进外向型经济发展，这些外向型企业一开始就嵌入全球价值链（生产者价值链），并逐步形成外向型产业集群，由此形成新经济活跃区，带动地方经济发展。

　　根据以上对我国沿海开发区以及世界其他国家地区产业发展道路的考察研究，本书提出一个开发区产业集聚路径模型，如图8-3所示：横轴代表外向

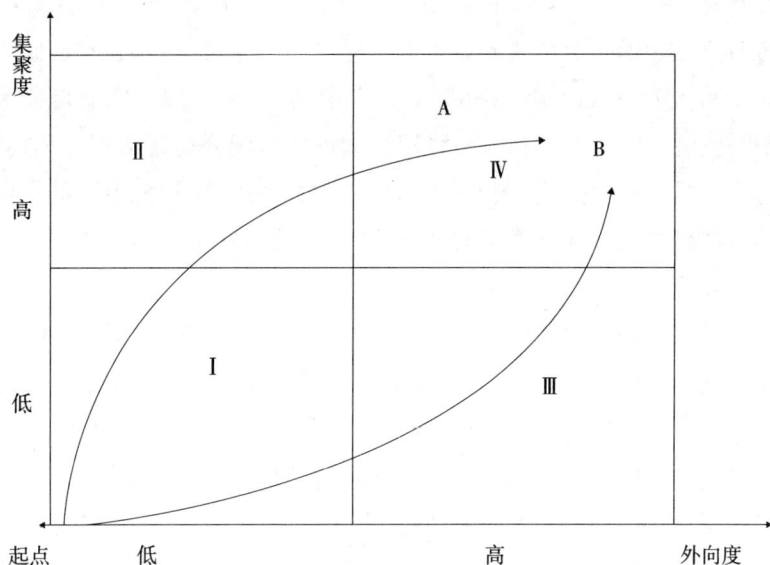

图8-3　我国开发区产业集聚发展与升级路径模型

资料来源：本书总结整理。

度，表示地方产业与全球价值链关联程度，有高低两个层次；纵轴代表集聚度，表示地方产业集聚程度，有高低两个层次。该模型指出了开发区地方产业的

两条发展路径:路径 A,即 I→II→IV,率先发展地方产业集群,并逐步嵌入全球价值链,扩大其开放性,典型代表是青岛开发区模式。路径 B,即 I→III→IV,优先发展外向型经济,外资企业嵌入当地,逐步实现地方产业集聚化,最终实现区域经济发展,典型代表是苏州工业园区、昆山开发区。虽然路径不同,但二者可以说殊途同归。不过,从双向嵌入的视角看,无论是跨国公司本地嵌入以及地方产业全球价值链嵌入,二者还存在较大差距,在跨国公司与地方产业的互动融合方面还有很多工作要做。

第四节　双向嵌入视角下的跨国公司在华嵌入战略

一、嵌入中国:跨国公司在华发展的战略选择

跨国公司在华发展的历程表明,跨国公司实施嵌入中国战略,一方面可以应对全球化的挑战,另一方面可以最大限度地分享中国改革开放的成果,同时可以提升其在中国乃至全球的竞争力。毛泽东同志说,风物长宜放眼量。越来越多的跨国公司认识到,只有深度嵌入中国,扎根中国才能取得最大的绩效,获得持久的竞争力。因此,一些富有远见的跨国公司逐渐摒弃早期"撇油式"、"短平快"的短见战略,嵌入中国,与中国共发展,做地地道道的中国企业已成为一些跨国公司在华战略的共同选择。当前,跨国公司在华嵌入战略应实现三个转变:

一是从被动嵌入向主动嵌入转变。早期跨国公司在中国的嵌入行为,比如原料采购本地化、零部件本地化等是在中国政府外资政策的压力下促成的,跨国公司本身是不情愿的。而在经济全球化、市场竞争白热化的今天,跨国公司唯有主动嵌入中国,扎根中国才能获得最大的利益,赢得持久的竞争优势。

二是从表层嵌入向深度嵌入转变。跨国公司在中国早期的嵌入行为是一种表层、虚浅的,随着中国改革开放和经济地位的提升,跨国公司嵌入应逐渐向深度发展,未来发展方向是从战略嵌入走向战略融合。即要从劳动密集型产业向资本密集型产业和技术密集产业发展;从制造基地到研发中心最后到地区总部的建立;从单纯的经济嵌入向经济和社会、技术与制度的全方位的嵌入,实现在当地扎根发展,全面融入当地社会。

三是从单向嵌入到双向嵌入转变。一方面,跨国公司要主动嵌入到当地

经济社会网络中,另一方面要促进当地中小企业主动嵌入跨国公司的全球价值链,搭上跨国公司的全球价值链的快车,实现与国际市场的对接,从而推动跨国公司与本地企业的双向嵌入与互动融合。

二、跨国公司在华嵌入战略取向

未来跨国公司在华嵌入应着眼于区域提升、组织整合与文化融合三大战略。

1. 区域提升战略

改革开放以来,中国经济持续快速发展,国家综合实力日益壮大,中国十几亿人口的大市场已成为为世界上最大的市场之一。因此,跨国公司应大力提升中国在其全球战略的地位,在全球战略布局中将中国视为其优先战略区位加以重点发展。

2. 组织整合战略

就是要对跨国公司在华组织机构进行系统整合,发挥其协同优势,提升其在中国的竞争力。目前跨国公司应提升中国总部的地位,强化其中国总部的指挥控制力,对其在中国的生产组织、市场管理、战略布局等进行统筹协调。

3. 文化融合战略

跨国公司不仅要从文化上与中国社会融合,而且从业务沟通及行事做事的方式方法上与中国文化融合。文化融合战略可以使跨国公司与中国市场更加贴近,与客户更加贴近,对于市场的需求反应更加迅速。同时也会受到合作伙伴、中国政府以及当地社会的认可与支持,也可吸引大批本地的优秀人才。

三、跨国公司在华嵌入的具体策略

1. 强化企业社会责任。目前跨国公司在中国承担社会责任的情况可谓是喜忧参半,一方面是一些跨国公司在华承担社会责任不断加强,如进行跨国公司在华发布社会责任报告、慈善捐赠;另一方面是部分跨国公司在华社会责任的弱化,呈现了和其在母国不同的双重标准。一些跨国公司在中国不愿承担社会责任,压低采购价格,缩短交货期,对中外雇员和消费者实行双重标准,有些外资企业为规避母国的法律限制,更是把我国当成"排污避难所",还有逃税、商业贿赂等问题时有发生,这些行为的发生,固然与我国监管不严有关;但更主要的是部分跨国公司有意逃避社会责任。近年来,我国对跨国公司承担社会责任的呼声日益高涨,实际上,一个不愿承担社会责任的跨国公司在中国已越来越不受欢迎,因而其在华的发展也是没有前途的。

2. 深入推进本土化进程。跨国公司的本地化经营主要表现为原料本地化、人力资源本地化、研发中心本地化、管理本地化和营销本地化5种形式。目前看原料本地化,营销本地化做得较好,今后应加强人力资源本地化、研发中心本地化、管理本地化进程。一是加强人力资源的本地化。人力资源的本地化是跨国公司本地化中最关键也是最重要的一环。二是加强研发中心本地化。跨国公司一方面要大力发展在华独资研发中心,同时也要积极同当地的大学、科研机构合作成立研发中心,充分地利用投资区域本地的人员力量、科研基地。三是加强管理本地化。一方面要在中国设立具有管理中心性质的地区总部,同时要将管理权很大程度地下放给中国子公司,充分发挥其作用。

3. 加强与当地政府社会关系。"关系"是一种十分重要的社会组织资源。跨国公司加强与当地政府社会关系可使他们赢得中国政府和民众的信任,保障其在中国的投资战略的成功。

4. 积极与当地企业建立战略联盟关系。由于当地企业对中国市场需求的特点是有较为深入的了解,积累了较为丰富的市场经验,建立了比较完善的销售网络和售后服务体系,对跨国公司而言是难得的价值资源。跨国公司应积极选择合适的中国当地企业作为战略合作伙伴,从而实现优势互补。一是要与当地中小企业建立基于生产关联的联盟关系,二是要与科研院所建立研发型联盟。

5. 发挥在产业集聚的核心作用。产业集聚对跨国公司竞争力有重大的提升作用。因此,跨国公司应努力推动地方产业集聚的形成。一方面,跨国公司应与其全球价值链伙伴密切合作,共同到某地投资,以便迅速形成产业集聚效应,另一方面,跨国公司应努力培植当地企业,把当地企业纳入其产业网络之中,充分发挥集聚的外部规模性,获得特殊的竞争优势。

6. 扩大技术转让和技术溢出,推动地方产业升级。一般认为,技术溢出是技术的非自愿扩散,并非是跨国公司的主动性行为,一些跨国公司往往对自己的技术实施严格的技术封锁和技术垄断。实际上,跨国公司通过技术转让和技术溢出,对东道国同行业企业及其他企业的技术进步产生积极的影响,反过来对跨国公司本身竞争力也有重要的提升作用。美国通用、德国大众与日本汽车在中国发展历史可以对此做一生动的佐证。因此,当前跨国公司除保留必要的技术机密外,应自觉破除对东道国的技术封锁和技术垄断意识,主动进行技术转移和扩散,不断促进当地企业的技术进步和技术升级,优化当地产业结构。

第五节　双向嵌入视角下的开发区产业集聚与升级对策

应该说,国家级开发区产业集聚已初见成效,对经济增长的贡献和提升开发区核心竞争力的作用日益显现,但仍然处于发展的初级阶段,面临着发展和升级的艰巨任务。开发区未来产业集聚发展与升级的政策取向应着眼于三个方面:一是增强跨国公司嵌入性和集聚性;二是强化本地企业集群性;三是推动跨国公司与本地企业的双向嵌入与互动融合,合作共赢,而具体措施应着眼于环境的创新。

一、政策取向

1. 增强跨国公司的嵌入性和集聚性

开发区地方政府要重视跨国公司嵌入性与集聚性在地区经济建设中的重要性。要改变以往"重招商轻安商","重引进轻扎根","重规模轻集聚"等行为,政府制定的产业政策、区域发展规划时要突出跨国公司嵌入与空间集聚的特征。要以产业集聚的理念吸引跨国公司,努力营造良好的商业生态环境,以特定产业上下游关系链形成牢固的企业网络体系形成地区在全国乃至世界产业分工的特色。在优惠政策上,应该由原来的地区倾斜逐渐转向对集聚的技术倾斜和产业倾斜,在跨国公司集聚的地区加强跨国企业与当地企业间的联系,使外资成为本地产业集聚发展的"苗床"。

2. 强化本地企业在开发区集聚

目前,我国大多数开发区是外资集聚区,本地企业不仅数量少,而且经济实力、技术水平都很低,这是开发区长期"重外资、轻内资"的政策结果。昆山、东莞、大连等地开发区的实践证明,如果没有当地大量中小企业的协同配合,就不可能形成产业集聚的良好发展态势。大量的中小企业以"灵活的专业化"在相联系的部门中群集、竞争和合作,有利于跨国公司获得外部规模经济效应,对当地产业集群形成具有重要作用。

　　3. 推动跨国公司与本地企业的双向嵌入与互动融合

　　在经济全球化的背景下,跨国公司与东道国地方产业联系越来越密切,跨国公司本地嵌入与地方产业全球价值链嵌入存在着内在的、有机的、不可分割的关系,是一种相互嵌入、互动耦合的关系,双向嵌入观有助于在现实与理论之间架设一条桥梁,是系统解决全球化背景下地方产业发展问题的新视角。因此,一方面,我们要重视跨国公司在全球商业网络的重要性,充分发挥其连接世界经济的桥梁作用;另一方面要促进当地中小企业大力提升其生产技术水平,主动嵌入跨国公司的全球价值链,搭上跨国公司的全球价值链的快车,实现与国际市场的对接,不断提升其国际竞争力,从而推动跨国公司与本地企业的双向嵌入与互动融合。

二、具体对策

　　要实现开发区的产业集聚与升级目标,应该集中力量进行平台建设、载体建设和机制建设。具体来说,就是要建设三个平台:基础平台、中介平台和创新平台;建设一个载体:现代工业园区;建立五种机制:跨国公司嵌入扎根机制、招商配套机制、互动双赢机制、竞争合作机制和区域创新机制。

　　1. 平台建设

　　一是基础平台。产业集聚的基础平台,既有硬件层面的,也有软件层面的。硬件层面上,开发区应当为产业集聚发展提供现代化的基础设施、便利的交通通讯、配套的生产服务设施等。软件方面,需要园区管理机构搭建园区良好的信息、服务平台。要紧紧围绕产业集聚所需要的企业外部的生态系统(政策变化、产业变迁、客户、竞争对手、供应链、突发事件、社会责任和社会文化)信息平台,加强配套、协调,不断完善招商、审批、服务等各项规章制度,为产业集聚和企业集群创造良好氛围。

　　二是中介平台。要强化行业协会、咨询机构、智囊团体等中介机构建设。社会中介机构是市场经济关系深化发展和社会分工在市场领域细化的必然产物,是市场体系的一个重要组成部分,它的完善与否是市场体系成熟与否的一个重要标志。社会中介组织作为政府、企业、市场之间联系的纽带和桥梁,既是企业走向市场的向导,也是企业权益和社会经济秩序的维护者,具有政府行政管理不可替代的服务、沟通、协调、自律、公正、监督等方面的职能和作用,是保证开发区社会经济健康快速发展的必不可少的重要组织。开发区行政管理部门要学会按照市场经济规律办事,适应"入世"要求与国际惯例接轨,要把资源配置的事交给市场;把生产经营权交给企业;把社会服务的事交给事业单位、群众组织和中介机构。因此,要大力发展社会中介组织和行业协会,把大量的具体的社会协调、经济服务事务交给或委托给他们来做。

行业协会作为政府和企业两者之间的民间性的非官方中介组织,是企业和政府之间的联系桥梁与纽带。在西方发达国家,各种行业协会都有多年的发展历史,而且在各自行业的发展和参与国际竞争中的过程中都起到过举足轻重的作用,它已与政府、企业一起被看作拉动经济增长的"三驾马车"之一。而在我国开发区行业协会的发展还处于低级阶段,还很不健全与完善,还没有起到在国际贸易和其他事物方面应有的作用。因此,经济开发区的行业协会建设将为经济开发区企业交流搭建平台。活跃的行业协会不仅维护园内企业的利益,还打通同类企业间的联系以及与外部联系的规则,制定重要的行业标准与信息,沟通园区企业与区外伙伴的联系,将园区企业凝聚成一个整体,同时将园区与外部产业链、创新链相联结,促进企业的产业升级和内源性增长。此外,在我国大多数经济开发区中,行业协会还必须发挥市场规范的效能,建立一定的行业标准或园区技术质量标准,以技术监督、质量评定和价格协调等手段,驱逐以低质量维持低价格、并以低价格抢夺市场的恶性竞争,最终维护经济开发区企业间的公平竞争。对于我国经济开发区而言,从园区企业的需求出发,逐步分阶段地导入中介服务机构及服务项目,将使企业在园区中自发性地形成集群,并在经济开发区每一发展阶段中获得新的动力,持续性地处于集群发展的上升周期。同时要充分重视咨询机构、智囊团体的作用,积极引进行业内竞争力较强的一些咨询机构、智囊团体,搭建高层次的智力服务平台。

三是创新平台。创新对于产业集聚发展至关重要。要积极引进高水平的大学以及相关研究机构进驻开发区,建立高水平研发和科研成果转化平台。区内大学和科研机构,是区域创新的源泉,不仅能使企业不断学习、提高效率,还能促进科技的产业化,从而有利于在区内营造一种竞争合作、协同创新的

"空气"。同时建立高水平人才合理流动平台,促进知识扩散和人才的流动。

2. 载体建设

要以现代工业园区作为产业集聚的有效载体,以产业集聚的理念进行工业园区的规划、建设、招商。开发区实现集聚发展首要的是园区的产业规划建设。要做好产业发展的空间规划,使相关产业在一定地方集聚"扎堆"。在园区规划初期,就必须形成较为明确的产业导向。缺乏产业导向、盲口引资的园区发展只能形成企业的扎堆,无法有意识地协调产业结构,从而难以有效避免大量同类园区的低水平重复。无法培育企业间的产业关联和竞争协作关系,从而难以形成园区产业集群。同时还应当注意,产业导向的制定,必须在深入调查、论证的基础上,综合考虑产业基础、产业特性、区位条件、自然条件、历史渊源、市场发展、人力资源和政策措施等影响开发区集聚的因素,以辅助集群内生发展作为基本依据,而不能脱离本地现实,单纯依靠政策手段强制产业集群的发展方向。其次,要按照产业集聚理念进行招商,充分考虑企业间的产业关联和竞争协作关系,努力实现由项目招商向产业招商的转变,有针对性地进行横向产业群或纵向产业链招商。

3. 机制建设

一是建立跨国公司深度嵌入当地,扎根开发区的机制。首先,开发区行政管理部门要以高效服务"亲商、安商";其次,以产业集聚为导向,鼓励跨国公司"以商招商",吸引其全球价值链伙伴在开发区集聚;第三,鼓励跨国公司进一步建立研发中心,以实现生产中心、研发中心一体化,增强其根植性。第四,加强引进国内外相关配套协作企业,努力协助其配套,促进了其在当地的扎根与结网。第五,要突破行政地域概念,允许或鼓励某一或某几个产业龙头跨国公司与"产业团地"的企业建立分工协作关系,甚至可以搞产业协作区,实现多方共赢的目的,真正做到招得进、留得住、配好套、形成链,扎下根。

二是建立新型招商配套机制。开发区要紧紧抓住世界经济结构新一轮调整的战略机遇,努力实现由项目招商向产业招商的转变。要围绕开发区区位优势、资源优势、经济基础和社会文化条件,突出抓好跨国公司大项目的引进,并充分利用外资大项目的产业关联效应,加强对其上下游产品和产业的跟踪研究,"倒逼"配套加工企业跟进,形成"块状经济火链状经济"效应,推动开发区产业集聚发展。

　　三是建立跨国公司与当地企业互动互联、合作双赢得机制。首先,要努力促进跨国公司及其全球价值链伙伴的深度嵌入,与开发区本地建立各种经济社会联系,融入到本地的经济社会网络,培植当地企业,把当地企业纳入其产业网络之中。其次,要促进当地中小企业大力提升其生产技术水平,主动嵌入跨国公司的全球价值链,搭上跨国公司的全球价值链的快车,实现与国际市场的对接,不断提升其国际竞争力,最终实现园区企业之间的良性互动。第三,引导企业之间形成或紧密或松散的产业协作,促进园区各企业间的信息交流与资源共享,也可协助企业的外部联系,从外部引入配套机制,使得园区企业能够集群为一个整体,充分发挥集聚的外部规模性,获得特殊的竞争优势。

　　四是建立区域内竞争合作机制。产业集聚区具有明显的合作竞争特性。在生产者(包括中间产品制造商)之间,存在着明显的既竞争又合作的关系。为了共同的市场,生产者和需求者之间也进行着激烈的竞争,但为了某种需要,这些单位之间又存在着一定的合作。传统的竞争一直体现为一种你死我活的激烈竞争,一方的胜利必然意味着另一方的失败,结果往往导致两败俱伤或多败俱伤。大量的企业实践已经证明,那种以消灭竞争对手为目标的低层次做法不但不能给企业带来最大的效益,而且还会造成社会资源的巨大浪费,不利于集聚的可持续发展。在当今及未来的时代,越来越多的企业逐渐认识到,任何一个实力强大的企业都不能完全依靠自己的力量就可以在国际上叱咤风云,若要在竞争中取胜,需要既有竞争又有合作,而竞争合作的成功必须以双方或多方的受益为前提。从竞争走向竞合不仅是一种双赢战略思维,而且是产业集聚发展的新趋势。因此,开发区内跨国公司与跨国公司之间、跨国公司与当地企业之间建立一种新型的竞争合作机制是很有必要的。首先,要建立互信互赖机制,鼓励企业在区域内相邻结网,加强企业间的信任和合作;其次,鼓励良性竞争,避免恶性竞争;第三,共同维护区域品牌和产业品牌。

　　五是建立区域创新机制。创新是开发区持续发展的动力。首先,应当充分宣扬鼓励创新、互信合作、宽容失败的环境,通过文化为手段引导区内企业共同价值观的确立和传播,形成区域创新“空气”;其次,建立企业与大学、研究机构合作创新的机制,打破区内创新主体间的联系阻隔,加强彼此间的交流合作,促使企业的创新活动产生协同,提高园区的创新活力和创新效率,鼓励研发成果及时转化;第三,充分发挥企业家在创新中的作用。大力弘扬开发区企业家追求创新、勇于创业的价值取向和行为理念,推动开发区产业集聚的持续成长。

第六节　个案研究:基于英特尔嵌入大连
开发区 IT 产业发展战略探析

2007 年 3 月,全球 IT 产业的领导者——英特尔公司宣布将在大连开发区投资 25 亿美元建设一个现代化的芯片工厂。该信息一经宣布,立即引起广泛的轰动效应。对英特尔的到来,人们更怀有一种极大的期待。大连市长夏德仁曾满怀豪情地说,英特尔的到来,为大连及辽宁嵌入了一颗动力澎湃的创新芯片,将彻底改变辽宁及东北 IT 产业多年徘徊不前的局面。那么英特尔到底会给我们带来什么? 如何利用这一契机使大连开发区成为中国、亚洲 IT 产业集聚的中心,带动整个辽宁乃至东北地区的发展? 本书将根据前面的研究,结合大连开发区实际,对此作深入分析。

一、英特尔投资与大连开发区 IT 产业集聚:现实性与可能性

通过对跨国公司与产业集聚机制的理论分析以及对我国苏州工业园区的考证,我们认为英特尔大连投资能够引发大连开发区 IT 产业集聚,大连开发区成为中国、亚洲 IT 产业的中心是完全可能的。

1. 大连开发区城市环境、政府效能与 IT 产业集聚

大连之所以能够在全球 20 多个城市中脱颖而出,最终赢得英特尔公司的青睐,究其原因,夏德仁市长解答了这个问题:"我们所给出的优惠条件都是以国家法律法规允许为前提,而与这样的国际大公司合作,光有优惠条件是不够的。大连市政府用一个相对较小的代价换得了一个好的项目,是大连市政府高效廉洁的风格和大连投资环境可持续性以及我们的真诚换取了英特尔的投资。"多年来,大连市政府持续不断地改善基础设施,着力提升政府行政效能,大力完善人居环境和城市功能,投资环境受到了国内外投资者的广泛赞誉。特别是作为神州第一开发区的大连开发区,近年来更是取得了骄人的成绩。开发区是大连基础设施最健全、条件最好的工业园区,其基础设施在全国也处于非常领先的地位,开发区的各级领导干部具备国际化的视野,业务素质好,

服务意识强，为引进英特尔项目以及信息产业发展，他们前期做了大量的准备，双 D 港的北部早已规划好做集成电路。英特尔选中大连投资，也从另一个侧面说明了大连投资环境的良好。美国学者巴穆尔和艾文思(Bahrml & Evans)在总结美国硅谷的高科技产业发展时指出，城市基础设施、大学研究机构以及高素质人才是产业集聚的最主要因素(如图 8 - 4)，据此分析，大连已经具备 IT 产业集聚成长的基本条件和城市效应。

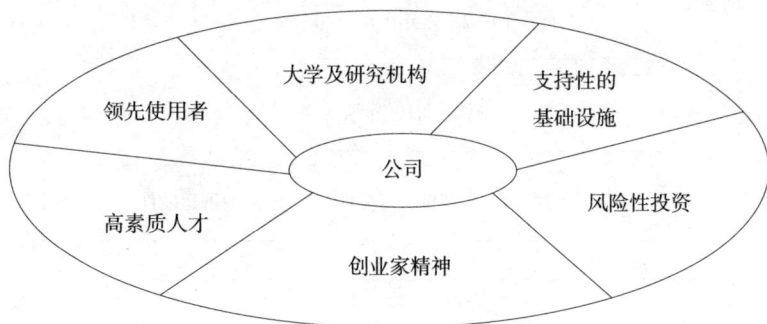

图 8 - 4　美国硅谷的高科技产业集聚因素

资料来源：盖翊中：《IT 业空间集聚、产业网络与厂商行为的关联性研究》，暨南大学博士论文，2004 年。

2. IT 产业特征与产业集聚

与传统产业相比，信息产业产业链长，信息产业具有较高的产业关联性，因而具有较强的产业集群形成倾向。关于产业集群条件分析，2002 年德国学者克劳斯·斯坦利(Claus Steinle)和豪尔格·斯坦利(Holger Schiele)提出了一个产业集群形成倾向的系统分析框架(图 8 - 5)。现在我们用此分析工具来看一下信息产业的集群倾向。

(1)必要条件分析：生产过程可分性与产品可运输性。电子设备的制造从电子浆料、敷铜版等基础材料生产到彩色显像管、线路板、电脑磁头、CPU、内存和硬盘等零部件加工，再到计算机整机制造，电脑所需要的全部零部件均能由单独厂商生产，并且电脑外设包括显示器制造、扫描仪制造、音箱制造都是可以进行分割生产。软件的制造通常是在一个系统架构的基础上，分模块编码，因而这个生产过程也是可分的。信息产业最终产品包括：软件、电脑设备、网络产品等等，这些产品都极易运输。因此，信息产业的技术经济特性完全满足集群产生的必要条件。

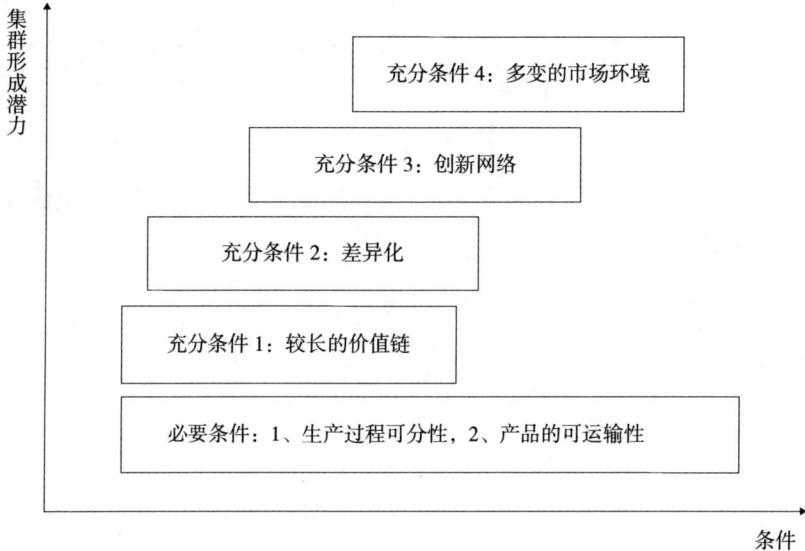

集
群
形
成
潜
力

充分条件 4：多变的市场环境

充分条件 3：创新网络

充分条件 2：差异化

充分条件 1：较长的价值链

必要条件：1、生产过程可分性，2、产品的可运输性

条件

图 8‑5 集群形成的条件

资料来源：Claus Steinle，Holger Schiele. *"What to Industries Cluster? A Proposal on How to Assess an Industries Propensity to Concentrate at a Single Region or Nation"*，. Research Policy，2002，Vol. 31，pp. 849‑858.

(2)充分条件分析：

——较长的价值链。电子信息产业内涵非常丰富，包括微电子、光电子、电子元器件、软件、计算机、通信、网络、消费电子以及信息服务业等众多行业，涉及制造业和服务业两大领域。根据这些产业间的上下游关系和功能作用，可以把电子信息产业分为四大类：一是基础产业，包括微电子、光电子和其他电子器件产业；二是核心产业，主要分为计算机和软件产业；三是信息应用基础产业，包括通信、网络产业，它们能为信息应用提供基础设施平台；四是信息应用产业，包括消费类信息产品、信息咨询业以及与各行各业相结合的信息服务业。电子信息产业价值链最一般的分析框架可以抽象为原材料生产与供应——芯片及元器件生产——初级产品生产——整机生产与组装四个主要环节，其中每个环节又涉及研发/设计、采购、生产、销售和服务五大价值创造活动，各个环节之间通过信息流、物流和资金流联系在一起。

——差异化。信息产业组织结构是垄断竞争的市场结构,产品具有差异化。针对不同的消费者,信息企业有着自己的地位,在产品外观、形状、音质等方面呈现差异化。

——创新网络。信息产业中的软件业属于知识密集型产业,一项软件的开发往往需要集中众多开发人员,在开发过程开发人员经常交流并且还与其他同类企业人员讨论,这就形成了一个创新网络。

——多变的市场环境。信息产业是一个技术不断创新的产业,导致了其市场变化莫测,产品更新换代快,消费者对信息产品选择非常挑剔。总而言之,信息产业完全符合集群形成的必要和充分条件,并且具有很高的集群倾向。信息产业的经济技术特性决定了信息产业对区位的独特要求,并进而形成了信息产业集群的独特规律性。我国学者严华和李平在对中国 IT 制造产业集聚的实证研究中也充分证明了这一点,如表 8-3 所示。其中:电子及通讯设备制造业"五省市"集聚度(CR_5)达 78.92%,传真机"五省市"集聚度达98.69%,微机"五省市"集聚度达 91.35%。

表 8-3　2003 年中国电子及通讯设备集聚情况

	CR_1	CR_2	CR_5	前五位集聚区
电子及通讯设备	36.43	52.97	78.92	广东、江苏、上海、北京、福建
传真机	73.02	90.91	98.69	广东、山东、辽宁、上海、天津
载波通讯设备	66.77	93.43	100	广东、江苏、山东、四川
程控交换机	39.78	65.99	96.42	广东、北京、上海、山东、江苏
微型电子计算机	27.39	50.38	91.35	广东、上海、江苏、北京、福建
移动电话机	29.37	47.64	87.2	广东、北京、天津、上海、浙江

资料来源:严华、李平:《中国 IT 制造产业集聚的实证研究》,《科技经济市场》2007 年 2 期。

3. 英特尔的领导地位与 IT 产业集聚

英特尔公司作为全球最大的半导体芯片制造商,当之无愧成为数字时代的领袖企业之一。它在 1971 年推出的全球第一台微处理器,对全球工业产生了深远的影响。可以这样说,英特尔及其微处理器所带来的计算机和互联网革命,改变了整个世界。创新是英特尔的灵魂,也是其竞争优势的主要来源。公司从创立初期就十分注重创新,英特尔的创始人摩尔从 70 年代起就构筑了

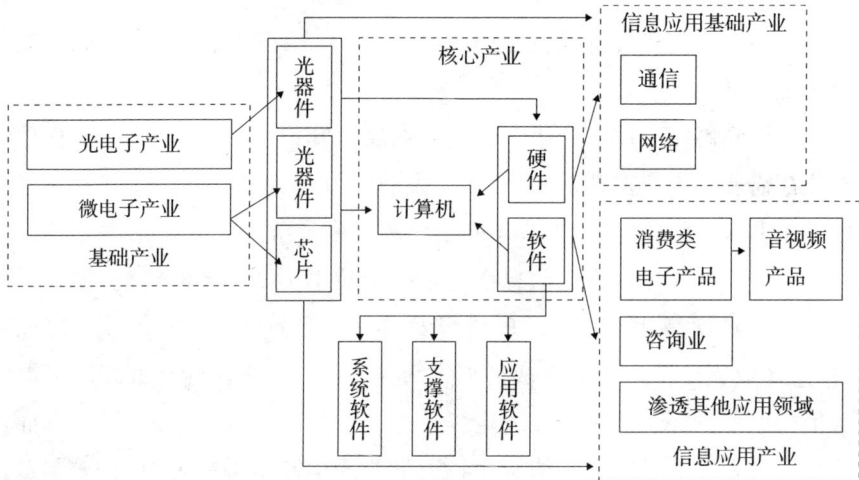

图 8-6　电子信息产业基本过程

资料来源：卢明华、李国平：《全球电子信息产业价值链及对我国的启示》，《北京大学学报》（社科版）2004 年第 4 期。

其赖以成功的商业模式——不断改进芯片的设计，以技术创新满足计算机制造商及软硬件产品公司更新换代、提高性能的需要。摩尔提出，计算机的性能每 18 个月翻一番，只有不断创新，才能赢得高额利润并将获得的资金再投入到下一轮的技术开发中去。可以说，英特尔公司在 IT 业领导地位无人可及，对 IT 产业集聚具有广泛的影响力、驱动力和亲和力。

4. 英特尔的中国战略与 IT 产业集聚

英特尔决定在大连投资建设技术密集的芯片工厂，不是一时之需，而是基于其全球战略思维和中国战略的考量。其一，英特尔公司大连投资与我国振兴东北战略高度吻合。这从 1985 年进入中国，到如今在大连设立芯片工厂，英特尔在中国的投资先后出现三次高潮，这三次高潮的波峰都刚好与中国政府的国家开发开放战略吻合。而且，从在华投资建厂的布局来看，英特尔每一步都紧扣中国政府的区域发展战略。投资上海，配合"浦东崛起"，投资成都，呼应"开发西部"，投资大连紧跟"振兴东北"，与中国区域经济发展的三个台阶"先提速东部、再提升西部，后复兴东北部"保持同步。每当国家出台一项具有重要意义的发展政策，英特尔总能看到历史的机遇，让自己在中国的成长和中国经济的发展紧密融合，以投资带动中国经济建设，从而得益于中国经济的整体增长,实现互动和共赢。其二,英特尔公司大连投资带来的是引进世界芯片领域主流的先进制造工艺的芯片工厂。这家工厂不只是芯片的封装与测试,而是当代最先进的 12 英寸晶圆,完全超越了"国际产业结构转移"的范围,因此其联动效应与集聚效应是其他投资项目难以比拟的。

5. 英特尔的全球价值链嵌入与大连产业集群的互动耦合

信息产业价值链内涵丰富,包括微电子、光电子、软件、计算机、通信、网络、消费电子以及信息服务业等众多领域,大致可分为设备、软件和服务业三大部分,而英特尔所控制的正是全球信息产业价值链的上游关键环节——芯片,即所谓"产业七寸",其所占的份额高达 80% 以上,处于绝对垄断地位。而大连作为东北老工业基地的龙头,其装备制造业、造船业、石化产业都有很好的基础,产业集群初步形成,目前迫切需要以信息技术改造传统产业,实现产业集群的升级,因此与信息产业必然发生良好的互动关系。特别是大连作为我国软件产业名城,发展非常迅猛。1998 年至 2008 年的 10 年间,大连软件产业销售收入从 2 亿元增长到 306 亿元,总量增长 150 倍;软件出口从 1000 万美元增长到 10.5 亿美元,增长了 100 余倍;软件企业总数从不足 100 家增加到 800 家,增长了 8 倍;从业人员从 3000 人发展到近 7.3 万人,增长了 25 倍。随着产业环境的逐渐提升,一大批企业的自身规模实现了快速增长。人员规模超过 1000 人的企业数量 10 家,人员规模超过 100 人的企业 60 多家。大连市先后被国家授予"国家软件产业基地"、"国家软件出口基地"、"中国服务外包基地城市"等称号,全国唯一的国家级软件交易会落户大连。但是,大连软件产业的发展主要以外包出口为主,缺少应用软件产品。究其原因,最重要的是大连市缺少重量级的硬件厂商。无论从规模,还是档次上看,大连市电子制造业的相对弱小都与软件和信息服务业的迅猛发展极不协调,已成为大连软件业"硬"不起来的关键因素。而英特尔芯片项目的落户与嵌入,将使大连市一举拥有了世界先进的电子信息生产技术和企业,必将促使电子制造业在工业总产值中的比重大幅提高,最终形成软硬件共同发展、以硬件促进软件产业发展的态势。而这种由先进的电子制造业带来的对高端应用软件的需求,将促使大连软件业实现跨越式发展,从技术水平较低的阶段跃升到新的层次。因此,英特尔的硬件与大连的软件的互动耦合,必将形成大连信息产业的比翼齐飞局面。

　　通过以上分析,我们可以肯定:英特尔投资与大连及开发区城市效应的完美结合,开辟了大连开发区电子信息产业成功发展之路,大连开发区 IT 产业集聚已经具有足够的向心力,如图 4 所示。但我们也应清醒地认识到,大连 IT 产业特别是半导体产业基础薄弱,新的产业与当地产业结构嵌入程度低,或耦合性差。统计数字表明,大连与其他信息产业发达城市存在着很大的差距。以 2006 年为例,大连信息产业总产值为 596 亿元,大连开发区信息产业工业总产值仅 223 亿元,而苏州市为 4658 亿元,苏州工业园为 840 亿元,昆山开发区工业产值为 1338 亿元,天津开发区为 1861 亿元,可见差距是非常巨大的。另外,大连市创新网络不足,人才瓶颈问题比较严重,跨国公司的根植性弱,这些问题是制约大连 IT 产业集聚的离心力,必须采取有效措施予以解决。

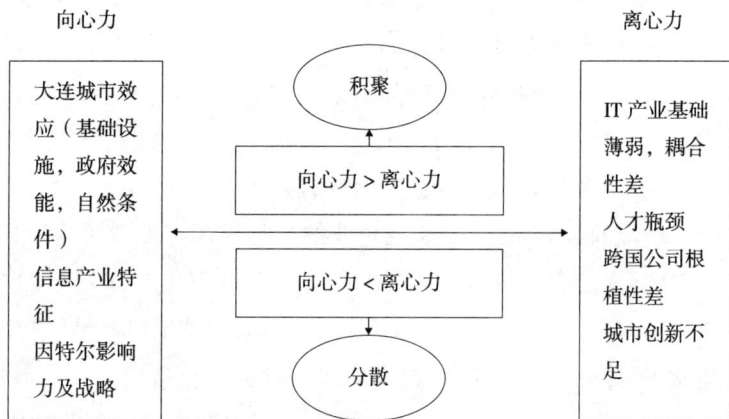

图 8-7　基于英特尔大连投资的产业积聚分析:向心力与离心力

资料来源:笔者整理。

二、基于英特尔嵌入的产业集聚战略

　　英特尔斥巨资投在大连开发区,对于正准备振兴的东北及大连而言,不仅是一份高质量的外资,而且为当地产业集聚提供了难得的契机,实施基于英特尔嵌入的产业集聚战略是大连开发区及东北信息产业发展的最佳路径。

　　1. 基于英特尔嵌入的大连开发区信息产业集聚战略构想:以英特尔投资为契机,大力优化区域创新环境和政策环境,制定与实施区域产业政策,促进英特尔公司及其全球价值链的嵌入,形成区域产业集聚效应,推动信息产业集聚发展,经过5—10年的努力,力争使大连开发区成为中国、亚洲IT产业的中心,带动老工业基地产业结构的调整改造与复兴。

2. 战略设计重点

一是要充分发挥政府的作用。政府在跨国公司本地嵌入乃至地方产业集聚发展上充分发挥作用不仅是必要的,而且是必须的。这是因为,其一,跨国公司和地方发展的目标可能存在冲突,导致其在本地嵌入问题上态度消极。例如,从地方角度来说,如果跨国公司产业网络中纳入更多本地企业,这显然更有助于地方经济发展,但却不一定对跨国公司的经营绩效有正面影响,因为大连本地企业可能难以达到其严格的要求;其二,大型跨国公司往往是技术垄断者,为了技术保密,它不愿意将技术嵌入当地产业系统之中,本地嵌入可能弊大于利。其三,大型跨国公司嵌入所需的行业中介、地方产业氛围以及区域创新环境等靠其自身力量是难以做到的,而这往往是政府应承担的责任。

二是要找准政策着力点。政策着力点不是提供优惠政策,而是当地产业配套网络和创新环境的培育;政策着力点不仅是要如何把外资"引进来",而更重要的是如何促进跨国公司在当地建立各种经济社会联系,并且融入到本地的经济社会网络,从而对当地发展产生影响的相关问题。

三是要从促进跨国公司本地单向嵌入向促进跨国公司与本地双向嵌入发展。不仅要促进跨国公司在当地建立各种经济社会联系,融入到本地的经济社会网络,而且要促进当地中小企业主动嵌入跨国公司的全球价值链,不断提升其国际竞争力。

3. 基于英特尔嵌入的大连开发区信息产业集聚战略的路径

根据以上的分析,我们可以设计基于英特尔嵌入的大连开发区信息产业集聚战略的路径(如图8-8所示)。

三、基于英特尔嵌入的大连开发区信息产业集聚与区域发展政策取向

英特尔巨资投在大连开发区,对于正准备振兴的东北而言,不仅是一份高质量的外资,非常有助于老工业基地产业结构的调整改造与复兴,英特尔的芯片工厂,让大连这个老工业基地看到复兴与新兴的希望。我们应以此为契机,借助大连的区位优势和辐射效应,实施产业集聚战略,建设创新城市,进一步

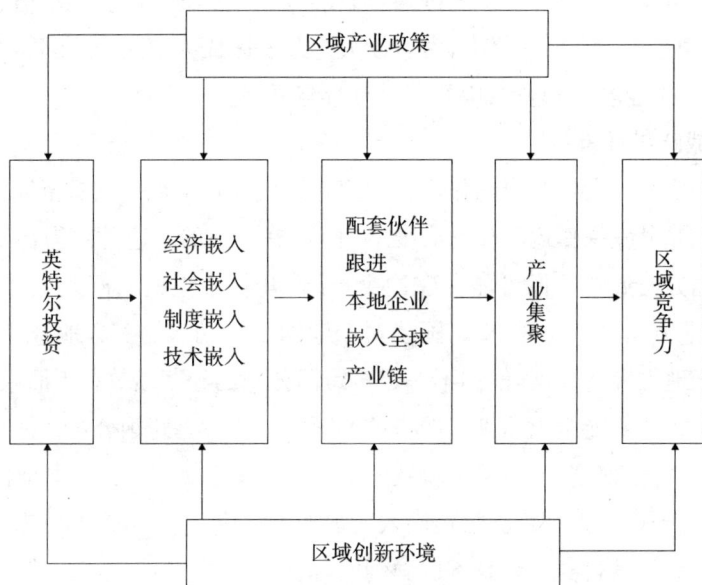

图 8 - 8　基于英特尔投资的大连开发区 IT 产业发展路径

资料来源:笔者整理。

形成产业集聚以及产业集群效应,使大连开发区以及大连成为中国、亚洲 IT 产业的中心,带动整个辽宁乃至东北地区的发展。但是这只是一个美好的蓝图,要将其变成现实,还有很多工作,为此建议如下。

1. 充分发挥政府在产业集聚形成过程中的作用,努力营造产业集聚形成的前提条件和区域磁场

产业集聚这种介于市场与企业之间的产业组织,和市场一样,在自由竞争的环境下,追逐利润也可能导致失灵。因此,我们说政府的参与是很有必要的。20 世纪的增长极理论积极倡导政府对产业集聚的干预,认为政府可以通过投资培育主导产业,带动产业的集聚,从而促进区域经济的增长。波特在他的钻石模型中也强调政府的作用。世界各国的发展经验表明,产业集聚的发展离不开政府的支持。由于政府的主动积极参与,印度的班加罗尔软件产业集聚仅用 10 年的时间就发展成为具有国际竞争力的产业集聚。政府在产业集聚形成过程中的作用,关键在于政府在产业集聚形成路径上的策略安排,努力营造产业集聚形成的前提条件和区域磁场。具体来说,政府要进一步改善

基础设施,提供高效服务、提高人力资源素质,积极培育本地企业发展,以及实施倾斜性产业政策。

2. 充分发挥英特尔的增长极和孵化器作用

英特尔的到来,意味着大连开发区 IT 产业集聚的增长极或发动机已经形成,这是大连开发区 IT 产业集聚成长的极好机遇,我们应充分利用英特尔公司在 IT 业的领导地位以及其对 IT 产业集聚广泛的影响力、驱动力和亲和力,通过极化作用,创造一切条件,以促进"跨国公司投资——增长极——产业集聚——产业集群"的自我积累强化机制和产业集群的良性互动机制,使其真正成为引进、培育新企业的"苗床"、孵化器和增长极,以实现区域——产业规模经济和范围经济,促进大连 IT 产业集聚和成长。具体讲,一是为英特尔创造一切条件,争取早日投产,早出效益。二是鼓励其进一步建立研发中心,以实现生产中心、研发中心一体化,增强其根植性。三是加强引进国内外相关配套协作企业,努力协助其配套,促进了其在当地的扎根与结网。

3. 坚持招商引资的产业集聚导向,实施产业集聚战略

政府在制定产业政策、区域发展规划时要突出空间集群的特征。要以产业集聚的理念吸引外资努力营造良好的商业生态环境,以信息产业上下游关系链与企业网络体系形成自己在全国乃至世界产业分工的特色;在优惠政策上,应该向 IT 产业倾斜,加强引进相关的配套协作企业;要加强跨国企业与当地企业间的联系,使外资成为本地产业集聚发展的"苗床";要重视产业内中小企业的发展,特别是内资企业的发展,提高它们的生产水平和配套能力,形成大中小企业紧密配合的专业化分工与协作体系,对有发展潜力的内资企业给予更多的扶持,使其与外商投资企业具有相对平等的竞争条件。

4. 构建创新文化和创新网络平台,推动区域创新与产业集聚

如果跨国公司的本地化程度不深,根植性不强,这样就存在跨国公司迁出的可能性。而要想吸引住跨国公司,必须有相应的创新化的网络。要形成创新化的网络,应该从以下几个方面着手:一是加强大学科研院所与跨国公司之间的联系,促进他们之间合作与交流;二是建立中介组织,为提供市场需求的信息,促进当地企业与跨国公司之间的交流;三是利用产业集聚自身的优势加快产业集聚中的企业快速发展;四是创设整合集聚经济新载体,充分发挥高新技术园区、出口加工区等作用;五是制度创新,搭建企业网络关系互动竞合平

台,强化企业间合作和提高创新网络的本地根植性,进一步推动区域创新。只有这样,才有可能实现跨国公司的技术溢出效应促进产业集聚升级的目标。

5. 鼓励双向嵌入,推动 IT 产业集聚与升级

在经济全球化的背景下,跨国公司与东道国地方产业联系越来越密切,跨国公司本地嵌入与地方产业全球价值链嵌入存在着内在的、有机的、不可分割的关系,是一种相互嵌入、互动耦合的关系,双向嵌入观有助于在现实与理论之间架设一条桥梁,是系统解决全球化背景下地方产业发展问题的新视角。因此,大连开发区 IT 产业集聚发展应站在全球经济发展的高度,从单向嵌入视角转为双向嵌入的视角。具体来说,一方面,要努力促进英特尔及其全球价值链伙伴的深度嵌入,即促进英特尔及其伙伴公司不仅仅是在当地投资,实现初步产业集聚,而且要与当地建立各种经济社会联系,融入到本地的经济社会网络,从而带动当地 IT 集聚发展,这是跨国公司对地方的嵌入。另一方面,要促进当地中小企业特别是信息产业的中小企业大力提升其生产技术水平,主动嵌入跨国公司的全球价值链,搭上跨国公司的全球价值链的快车,实现与国际市场的对接,不断提升其国际竞争力,这是地方产业对跨国公司全球价值链的嵌入。双向嵌入有助于迅速实现大连开发区 IT 产业的集聚发展,是大连开发区 IT 产业发展的最佳路径。

综上所述,英特尔投资对于大连及东北 IT 产业集聚与成长意义重大,也给正处于发展中的中国 IT 制造业提供了前所未有的良机。因此我们应充分利用经济全球化发展所带来的新一轮产业结构调整机遇,发挥英特尔等跨国公司的增长极和孵化器作用,实施集聚经济战略,一方面要大力鼓励跨国公司嵌入,同时积极引导当地企业或产业集群与跨国公司及其全球价值链主动对接,将块状经济与链式经济有机融合,不断改善自身在全球价值链中的地位,培育地方产业在核心环节的竞争优势,促进产业集群持续不断升级,这将是未来大连开发区 IT 产业发展的重要取向和国际竞争力提升的有效路径。本书认为,基于英特尔嵌入的大连开发区信息产业集聚战略一定会成功,大连开发区成为中国、亚洲 IT 产业的中心,带动整个辽宁乃至东北地区的发展,这一目标是一定能够实现的。

第九章　产业集聚、开发区发展与新型工业化

工业化是现代化的基础和前提,高度发达的工业社会是现代化的重要标志。中国共产党第十六次全国代表大会报告指出:"坚持以信息化带动工业化,以工业化促进信息化。走出一条科技含量高、经济效益好、资源消耗低、环境污染少、人力资源优势得到充分发挥的新型工业化路子"。新型工业化是为了迎接世界信息化的潮流而提出的我国工业化发展的新方向,走新型工业化道路体现了中国21世纪经济发展战略的新选择。但是,新型工业化道路到底应该怎样走? 其发展路径是什么? 至今尚未有明确的结论。本书将结合我国开发区的实践对此问题进行探讨。

第一节　中国特色的新型工业化
道路内涵、指标与路径

一、新型工业化道路的内涵

新型工业化道路的内涵深刻而丰富,范围极其广泛。国内学者对中国新型工业化道路的"新"含义进行了深入挖掘,并形成了系统的认识。

任保平(2005)认为,与发达国家的工业化相比,中国新型工业化的"新"表现为:中国的新型工业化是以信息化带动的跨越式的工业化,它以充分就业为先导,以可持续发展为基础,把公有制经济与非公有制经济相结合,以政府为主导。① 与中国传统工业化相比,新型工业化的"新"表现为:在实现机制上强调市场机制的作用,以政府职能得到切实转变为前提,以可持续发展为基础,以集约型经济增长方式为主要的经济增长方式,以完成工业化的任务和实现

---

① 参见任保平:《中国21世纪的新型工业化道路》,中国经济出版社2005年11月。

工业的现代化为双重目标,整个过程伴随着农业的工业化过程,以对外开放为典型特征。

黄范章(2003)认为,从世界经济历史上看,我国的新型工业化道路跟发达国家在历史上所经历的传统工业化道路相比较,有着新的历史条件所赋予的时代特点。[①] 第一,中国的新型工业化是属于以发展中国家为主体的第二轮世界工业化进程中的一员,与发达国家过去经历的传统工业化相对而言,我国和其他发展中国家所进行的工业化,则是迟到的工业化。第二,我国新型工业化是在信息化时代进行的工业化。当今世界已进入信息化时代,一些主要发达国家早已进入后工业化社会,并以信息产业为代表的高新科技产业为主导产业。第三,利用后发优势,大力引进发达国家(地区)提供的过剩资本和先进技术,跟我国所固有的比较优势——丰富的劳动资源结合起来,以加快我国的经济发展。第四,吸取发达国家在传统工业化过程中破坏自然资源和环境的教训,决不走对自然资源进行破坏性开采、对环境实行"先污染、后治理"的老路,而要在经济发展中合理地开发资源、高效地利用资源、保护和治理环境以造福子孙,走出一条资源消耗低、环境污染少的可持续发展的新路子来。

陈佳贵、黄群慧(2003)认为,如果传统工业化是指一国或地区的经济结构由农业占统治地位向工业占统治地位转变的经济发展过程,那么新型工业化就是在这个转变过程中叠加了信息化过程;如果说传统工业化过程是以牺牲资源和环境为代价的,那么新型工业化则注重经济的可持续发展;如果传统工业化强调发展中国家要学习发达国家以前推进工业化进程的经验,新型工业化则重视将工业化规律与本国自然和制度条件有机结合;如果说传统工业化强调在工业化进程中重工业数量的扩展,而新型工业化过程则重视工业化过程中依靠现代科学技术提升工业质量。[②] 总体而言,一个国家推进工业化进程,实现经济现代化,可以认为是将经济多元结构转为一元结构的"同质"的经济发展过程;而新型工业化战略则是基于时代"特质"(如信息化)和国情"特质"(如中国的人口资源)的"同质化"经济发展战略。传统工业化战略由于过于强调工业化对经济发展的"同质化",被认为具有忽视各国现实条件和多样

---

① 黄范章:《从世界的视野看我国新型工业化道路》,《中国工业经济》2003 年 6 期。

② 陈佳贵、黄群慧:《论新型工业化战略下的工业现代化》,《当代财经》2003 年 9 期。

化道路、损害农业和服务业的发展等缺点;而新型工业化战略由于对"特质"的充分考虑则可避免这些问题。

　　吕政(2003)认为,新型工业化道路与传统工业化道路的区别:第一,在所有制结构的安排上,我国传统工业化采取单一的公有制形式。新型工业化道路必须坚持公有制为主体、多种经济成分并存的方针。第二,在经济运行方式上,传统工业化实行高度集中的计划经济。新型工业化的道路必须发挥市场机制在资源配置中的基础作用,通过市场供求关系、价格杠杆和优胜劣汰的竞争机制调节和优化生产要素的配置,以提高资源利用效率。第三,传统工业化的道路片面强调优先发展重工业,并以牺牲农业和消费品工业的发展为代价。第四,传统工业化道路过分强调经济增长的高速度,因而导致经济增长过程中大起大落。新型工业化道路坚持实事求是、解放思想的方针,既积极进取又量力而行。在遵循客观经济规律的基础上,实行有效的宏观调控,努力实现国民经济持续、稳定和适度的快速增长。第五,传统工业化道路以资金的高投入和大量消耗自然资源为代价,新型工业化道路将高度重视科学技术进步,重视人力资源的开发。通过自主研究开发和引进、消化国外先进技术,努力缩小与工业先进国家的差距。在科技进步的机制上,坚持以企业为主体,以产业化、市场化和增强国际竞争力为目标,从体制上和运行机制上改变科学技术研究与生产和市场脱节的状况。第六,传统工业化道路通过行政的手段限制农村劳动力的流动与转移,并通过工农业产品的剪刀差为工业发展积累资金,进一步强化了城乡分割的二元经济结构矛盾,延缓了城镇化的进程。第七,传统工业化道路片面强调自力更生,加之当时东西方冷战的环境,从而限制了对国外资金和技术的引进。新型工业化道路在发扬自力更生、艰苦奋斗精神的同时,要努力抓住当代和平与发展的有利机遇,积极扩大对外开放,广泛参与国际分工、国际交换和国际竞争,尽可能多地利用外资,学习和吸收国外的先进技术和先进的经营管理经验。①

　　综合而言,中国新型工业化道路的内涵有狭义和广义之分。狭义的工业化是就新型工业化谈新型工业化,即以信息化带动工业化,以工业化促进信息化,走出一条科技含量高、经济效益好、资源消耗低、环境污染少、人力资源优

---

　　①　吕政:《我国新型工业化道路探索》,《经济与管理研究》2003 年 2 期。

势得到充分发挥的经济发展之路。广义的新型工业化从更深层面上探索走新型工业化道路的本质,在体制、机制和增长方式、发展战略上根本解决新型工业化发展面临的问题。[①]

二、新型工业化的指标体系与评价标准

长期以来,各国均用传统评价指标体系评价工业化进程,该指标体系的突出优点是指标含义清晰、便于度量,突出缺欠是把工业化视为目的,没有体现可持续发展的原则,特别是忽视了工业化进程中环境质量、资源消耗等重要指标,容易产生片面追求工业化速度,忽视经济效益和社会效益的倾向。新型工业化则应强调科技含量高,经济效益好,资源消耗低,环境污染少,人力资源优势充分发挥。新型工业化水平的评价应当既包括传统工业化评价中的经济发展水平、产业结构、就业结构和城镇化水平等合理指标,又要反映新型工业化的特征。

陈佳贵、黄群慧(2003)提出了以工业增长效率、工业结构和工业环境三个方面作为工业现代化的标志,构造了一套评价工业现代化水平的指标体系,并依据这套指标体系对我国工业的现代化水平进行了初步评价。[②]

陈元江(2005)提出了工业化进程质量分析指标体系,由6个子体系、18个具体指标构成。(1)反映信息化带动工业化的量化特征主要有:工业领域信息产业固定资产投资占工业固定资产投资的比重、信息产业增加值占国内(地区)生产总值的比重、信息产业增长对国内(地区)生产总值增长的贡献率;(2)反映工业化科技含量指标工业研究与发展经费占国内(地区)生产总值的比重,工业就业人数中高、中级工程技术职称人员所占比重,新产品增加值占工业增加值的比重;(3)反映工业经济效益可选择资产利税率、工业企业人均劳动生产率;(4)反映资源消耗指标,每万元产值能耗、能源消费弹性系数、人均耕地减少(增加)量;(5)反映环境保护指标,工业废水排放达标率、工业废气治理率、工业固体废物综合治理率、森林覆盖率4个指标;(6)反映人力资源利用指标,工业领域从业人员增长率、工业增加值增长率与工业从业人员增长率之

---

① 杜晓君、麻嫒:《中国新型工业化道路研究综述》,《经济纵横》2004年第2期。
② 陈佳贵、黄群慧:《论新型工业化战略下的工业现代化》,《当代财经》2003年第9期。

比、城镇登记失业率 3 个指标。①

杨杰、罗志恒、张春元(2005)在对传统工业化水平评价指标体系分析基础上，建立了新型工业化水平评价指标体系基本构架，参考美国的现行标准和国内有代表性的省市数据，整理后得到新型工业化单项指标的标准值。② 该指标体系主要包括下列指标：

(1)国际通行的工业化评价指标。

——经济发展水平指标。用人均国内生产总值描述，反映一个国家的经济实力。

——产业结构指标。包括工业部门增加值占商品生产增加值的比重，制造业增加值占工业增加值比重和信息产品增加值占工业增加值的比重。这样既考虑了传统指标中制造业增加值比重又能兼顾信息产业增加值比重，体现新型工业化的特征。

——就业结构。用工业生产领域中劳动力占全部劳动力比重描述。

——城镇化水平。用城镇人口比重描述。

(2)反映工业化进程中科技贡献的指标。用技术进步对工业化进程的贡献率描述。

(3)反映经济效益的指标。

——成本费用利润率。成本费用利润率＝利润总额/(产品销售成本＋产品销售费用＋管理费用＋财务费用)，反映不同行业的盈利能力。

——总资产贡献率。总资产贡献包括利润、税金和利息，总资产包括固定资产和流动资产。该指标突出体现了资源投入的效果，反映资源消耗和占用的情况。总资产贡献率＝(利润总额＋税金＋利息支出)/资产总额。

(4)资源消耗指标。反映资源消耗节约的指标，选择部分重要原材料、能源品种统计其消耗量并分行业计算单位总产值的消耗，如万元产值综合能耗，从而反映资源消耗和节约情况。

(5)环境指标。主要指三废(废水、废气、废渣)的排放量和三废回收再利

① 陈元江：《工业化进程统计测度与质量分析指标体系研究》，《武汉大学学报》(哲学社会科学版)2005 年 6 期。

② 杨杰、罗志恒、张春元：《新型工业化评价指标体系研究》，《吉林大学学报》(哲学社会科学版)2005 年第 3 期。

用情况。

(6)人力资源利用与劳动生产率指标。

——工业领域从业人员增长率。反映工业领域吸纳劳动力就业的情况,体现人力资源利用程度。

——劳动生产率指标。用工业领域人均劳动生产率描述。工业领域劳动生产率=工业总产值/工业领域从业人员平均人数,反映劳动者的生产效率,也可用行业人均工业增加值指标度量,后者更能反映真实劳动生产率。上述指标分别从不同侧面反映工业化进程和增长质量,利用这套指标可对国家或地区进行纵向比较,并可分析工业化进程中的薄弱环节,及时提出调整方向。如图所示。

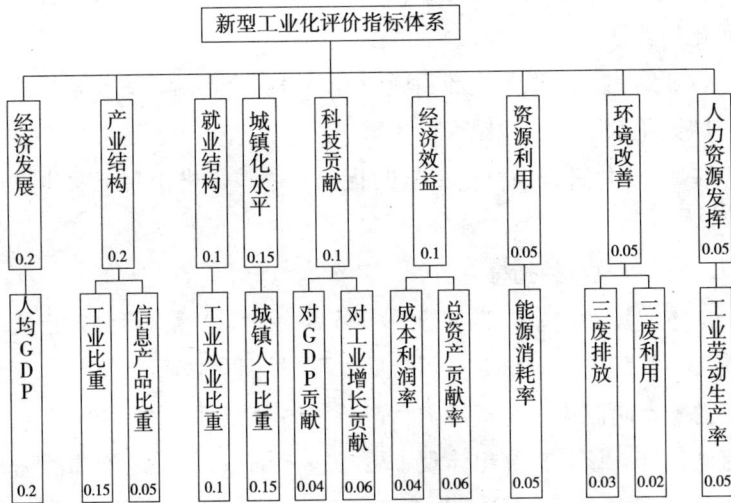

图9-1 新型工业化评价指标体系

资料来源:杨杰、罗志恒、张春元:《新型工业化评价指标体系研究》,《吉林大学学报》(哲学社会科学版),2005年3期。

表9-1 新型工业化指标的标准值

序号	1	2	3	4	5	6
指标	人均GDP	工业比重	信息业比重	工业从业比重	城镇化率	科技对GDP贡献
标准值	4万元	30%	25%	30%	60%	25%
序号	7	8	9	10	11	12

续表

序号	1	2	3	4	5	6
指标	科技对 工业贡献	资产利润	能源消耗	三废达标	三度利用	工业劳动 生产率
标准值	65%	18%	0.8吨/万元	90%	90%	20万元/人

资料来源：杨杰、罗志恒、张春元：《新型工业化评价指标体系研究》，《吉林大学学报》（哲学社会科学版）2005年第3期。

三、中国特色新型工业化道路的基本途径

怎样走新型工业化道路？任保平（2005）认为，在信息化时代的发展目标与工业化时代的发展目标叠加在一起的背景下，要以新型工业化推进我国工业化路径的转型；要加快工业技术进步，促进工业经济结构的优化升级；进行制度创新，创造新型工业化的制度条件；加快技术进步，推动农村工业的现代化；发挥民间工业化的作用，缩小区域之间的工业化差距；提高产业集中度、企业经济规模和企业的创新开发能力。[①] 曹建海、李海舰（2003）从所有制结构、经济运行方式、工业与国民经济其他部门关系、信息技术改造传统产业、企业生产组织的社会化、工业可持续发展、发展科技与教育、利用国际国内两个市场等8个方面论述了新型工业化的路径。[②] 一是调整所有制结构，形成国有经济为主导、混合经济为主体、多种经济成分共同发展的新格局；二是转换政府职能，资源配置由政府配置为主转向市场配置为主；三是努力实现工业与国民经济各产业的协调和稳定增长；四是以信息化带动工业化，推动产业结构优化升级；五是逐步实现企业生产组织的社会化，集群发展，这是当今时代我国新型工业化道路的重要方式；六是正确处理人口、资源与环境的关系，实施可持续发展战略；七是大力推动科学技术进步和发展教育；八是积极利用外资和引进先进技术，充分利用国际国内两个市场，优化资源配置。

赵树宽、姜红（2003）[③]提出四种区域新型工业化模式：（1）信息技术提升

[①]　任保平：《中国21世纪的新型工业化道路》，中国经济出版社2005年11月。

[②]　曹建海、李海舰：《论新型工业化的道路》，《中国工业经济》2003年第1期。

[③]　赵树宽、姜红：《区域新型工业化的一般特征与模式研究》，《吉林大学学报》（社会科学版）2003年第4期。

模式。这是针对能矿资源富集区所采取的区域新型工业化模式,它主张以地区主导资源的开发为基础,形成地区的主导产业或主导产业群。用最先进的高新技术和先进适用技术武装、改造、提升传统产业,重视基础产业、制造业的作用,把传统产业、信息产业相结合,全面推进工业结构调整和产业结构升级。在资源富集区应重视生态环保型产业发展,以现代成熟技术为基础,使资源消耗水平降低,环境污染程度减小。信息技术提升模式是要建成一个产业关联度高、生态环保型、可持续发展的经济核心区。(2)信息技术密集模式。这是针对成熟区所采取的区域新型工业化模式,它主张一个现代化的经济区域,其空间结构必须同时具备三大要素:一是"节点",即各级各类城镇;二是"域面",即节点的吸引范围;三是"网络",由商品、资金、技术、信息、劳动力等生产要素的流动网及交通、通讯网组成。强化网络和已有点轴系统的延伸,提高区域各节点间、各域面之间,特别是节点与域面之间生产要素交流的广度和密度,促进区域经济一体化。(3)新型产业——经济带波及模式。这是针对成长区所采取的区域新型工业化的模式,它主张工业总是集中在少数条件较好的城市或企业的优势区位,成点状分布。这种发展模式是以抓住能够在某个区域起骨干作用的新型产业经济带和新型产业经济带上发展潜力最大的增长点作为发展该区域的基础,以该产业为依托而展开的。充分发展信息产业和高新技术产业,提高管理水平,率先实现经济跨越式发展。(4)新型工业与劳动密集型产业并重的增长极模式。这是针对贫穷落后区所采取的区域新型工业化的模式,它主张根据区域的有利条件,在适当地点,配置几个规模较大、增长迅速、技术水平较高、波及效果较大的工业企业,形成地区的增长极。在增长极上要强调高新技术的含量,跟踪发展有动态比较优势的高新技术产业,充分发挥其创新和高速增长的特性以及强有力的扩散效应,促进区域产业结构高度化,逐步带动地区经济的发展。

　　新型工业化战略提出以来,全国各地联系各自经济发展的实际,将其作为社会经济发展的重要指导思想,并开始了新型工业化的实践。虽然各地具有不同的经济社会发展背景,但总体上也表现得具有较强的一致性。诸如:以市场化加速工业化;以集约化支持工业化;实行积极的产业组织政策;扩大地域分工、集约经营区域,包括强化农业区域布局、培育城市产业群落、协调区域布局政策。加快城市发展、集约有效需求等。另外,各地还主张以绿色化保障工业化。表现为:加强监督管理、发展产权交易、有效利用资源促进清洁生产,发展绿色农业、推进绿色制造、开发清洁能源培育绿色产业,建设环保设施、治理自然灾害、增加绿色植被加强生态保护。①

第二节 国家级开发区发展与新型工业化道路的契合

国家级开发区通过引进具有世界先进水平的现代制造业以及跨国公司的研发机构,集约利用资源,促进产业集群发展,大大提升了我国的产业结构和在国际分工中的地位,走出一条在开放条件下实现新型工业化的道路。实践证明,基于产业集聚的开发区发展模式是我国实现新型工业化的有效路径,国家级开发区的发展建设体现了与新型工业化道路的高度契合,具体表现为:

1. 工业制造业占据主导产业

国家级开发区一直坚持以工业项目为主的方针,近年来,工业制造业在国家级开发区的产业结构中一直占有 70% 以上的比重。国家级开发区的产业特色鲜明,主导产业多集中于电子信息、交通运输设备制造、电气机械及器材、生物医药、化学原料及制品和食品饮料等行业。

2. 信息产业占据重要地位

按照"三为主,一致力"的原则,国家级开发区致力于发展以信息产业为代表的高新技术产业,并成为我国信息产业发展的重要基地。随着越来越多的跨国公司落户国家级经济技术开发区,信息产业逐渐成为国家级经济技术开发区企业的主导产业之一。如天津开发区、北京开发区、大连开发区、广州开发区、昆山开发区、苏州工业园区等很多开发区信息产业都占据极其重要的地位。而国家级高新区的情况也大致如此,以 2006 年为例,电子信息领域,产品销售收入达到 10060.7 亿元,占全部产品销售收入的 37.1%,大大高于其他领域,处于绝对领先地位。

3. 产业集聚效应明显

国家级开发区的产业特色鲜明,经济技术开发区的主导产业多集中于电

---

① 李斌、陈军:《中国新型工业化研究综述》,《特区经济》2007 年第 8 期。

子信息、交通运输设备制造、电气机械及器材、生物医药、化学原料及制品和食品饮料等产业,高新区的主导产业主要是电子信息、生物医药、新材料、新能源、环境保护等产业。国家级经济技术开发区将承接国际制造业转移作为重点,不断优化外资结构,在促进产业链条迅速延伸的同时,产业聚集效应日益突显,成为国际产业分工和国际市场循环的重要环节。不同国家级经济技术开发区结合区域特点,大力引进龙头企业,带动产业集群发展。产业集群将国家级开发区产业与区域经济和产业升级紧密联系起来,例如,摩托罗拉在全国有700多家配套企业,其中170家在天津市,主导企业与配套企业之间的信息共享、技术支持,大大提升了配套企业的技术水准。国家级开发区产业集群的形成,又进一步对新的同业企业产生强大的吸引力,使之将研发与生产制造活动迁移过来,从而以国家级经济技术开发区为核心,形成一些具有国际竞争力的产业集群。目前,在长三角地区、京津地区形成的具有国际水平的IT产业集群,国家级经济技术开发区功不可没。据本人对国家级经济技术开发区的实地调研及综合分析表明,除少数开发区尚未形成产业集聚之外,绝大多数开发区都形成了一定的产业集聚,部分起步早、发展快的开发区已形成较大规模的产业集群,并呈现出良好的发展态势。在一些技术含量较高的新兴制造业和高新技术领域,国家级开发区在全国占有重要地位。

4. 技术创新优势突出

创办开发区,是学习国际上先进技术和管理经验的重要途径。外商进区投资设厂,要生产出具有国际竞争能力的产品,必然要相应地带进一些较为先进的机器设备、工艺技术、管理经验以及掌握先进技术与管理经验的外籍人员,按照标准化、规格化的要求进行生产经营。这为当地企业提供了一种学习和培训的极好机会,促进了生产技术与管理经验向设区国的转移,而这种转移及其引起的连锁反应对发展中国家实现工业化是必不可少的。2008年,54家经济技术开发区高新技术产业产值21566.3亿元,占工业总产值比重达46.8%,实现出口1372.7亿美元,占全部出口的比重为67%,高新技术企业4116家。2008年,54家国家级经济技术开发区科技活动经费支出总额达到543.02亿元,其中:研究与发展经费(R&D)投入总计464.03亿元,达到全区地区生产总值(15313.01亿元)的3.03%。2008年54家开发区专利申请数为25567件,专利授权数34286件,其中,发明专利授权数6077件。期末外商投资设立的研发中心数 820 家,期末研发机构数达 1372 家,企业技术中心数量 362 家,研发人员数 19.18 万人。

5. 工业化和城市化同步推进

国家级开发区的建设走出了一条在开放环境下利用国际资金、利用市场机制高效率推进工业化和城市化的新道路。在给定的有限条件下实行特殊的优惠政策,集中人力、财力、物力以达到效益迅速提高的目的,开发区实行资金和要素的集中投入,连片开发,这种集聚经济所产生外部经济使得它对于经济发展的效果明显优于以往"村村点火"、"遍地开花"的乡镇企业。国家级开发区通过工业化推进城市化。自建设之初,国家级开发区就坚持将开发区建设纳入所在城市的总体规划,努力将国家级开发区建设成以现代化工业为主要功能的城市新区。开发土地中工业用地已基本摆满已投入运营或在建工业项目;国家级开发区同时又走了一条通过城市化进一步推进工业化、工业化与城市化良性互动的新道路。国家级开发区在推进工业化的过程中,不断完善城市功能,改善城市环境,通过完善的基础设施、优美的城市环境和综合的城市功能和高效的管理,进一步增强了对国内外投资者的吸引力,工业化水平不断提高,产业结构不断升级。时至今日,一些国家级开发区早已不是单纯的工业园区,已经成为当地一个现代化的新城区,如大连开发区、青岛开发区等。

6. 集约化利用资源

国家级经济技术开发区注重集约经营和合理开发利用土地等资源,利用产业集聚的优势,在资源消耗方面远远低于全国平均水平,取得较大经济、社会和环境效益,成为我国土地集约利用程度最高的区域之一。实践证明,在土地、能源日趋紧张和环境保护日益迫切的新形势下,国家级经济技术开发区的集中开发、集中管理、集中供应的园区发展模式具有重要的现实意义。

(1)土地开发形成良性循环,工业用地占绝对比重。国家级开发区坚持"节约用地、集约用地"的原则,建立高效和"公平、公正、公开"的用地机制,科学规划、合理利用每一寸土地,走"滚动开发、成片开发"的路子,形成了"开发一片,建成一片,收益一片"的良性循环。截至 2008 年年底,国家级经济技术开发区经国务院批准的规划用地面积 1024.23 平方公里,已完成规划内工业用地面积 798.91 平方公里,占规划用地面积的 78%。

(2)投资强度和投资密度加大,土地集约程度不断提高。国家级经济技术开发区最大限度地完善区域社会配套,增强土地承载力,提升土地的整体价值,有效地提高了集约用地水平。截至 2008 年年底,54 家开发区平均每平方公里已开发土地企业数达到 81.46 家,其中外商投资企业 17.72 家,累计吸收外资 1.08 亿美元,累计基础设施投资 4.32 亿元,累计固定资产投资 22.23 亿元。其中东部 32 家开发区平均每平方公里已开发土地累计基础设施投资 4.56 亿元,累计固定资产投资 22.38 亿元。

(3)单位土地面积产出增长,投入产出效益明显。2008 年,54 家经济技术开发区平均每平方公里已开发面积地区生产总值(GDP)10.75 亿元;平均每平方公里工业用地实现工业增加值 13.73 亿元人民币,工业总产值 57.49 亿元人民币。其中:东部 32 家开发区平均每平方公里已开发面积地区生产总值(GDP)11.04 亿元,平均每平方公里工业用地实现工业增加值 14.97 亿元人民币,工业总产值 65.39 亿元人民币。

(4)集约节约利用能源。2008 年,国家级经济技术开发区单位 GDP 能耗为每万元 0.45 吨标准煤,只占全国同期单位 GDP 能耗(1.10 吨标准煤)的 40.9%。2008 年,国家级经济技术开发区工业企业实现工业增加值 10971.94 亿元,工业企业综合能源消费量为 5807.64 万吨标准煤,万元工业增加值综合能为 0.53 吨标准煤,只占全国同期万元工业增加综合能耗(2.19 吨标准煤)的 24.2%。其中:东部 32 家国家级经济技术开发区实现工业增加值 8445.12 亿元,工业企业能源消费量为 4443.22 万吨标准煤,其万元工业增加值综合能耗为 0.52 吨标准煤。中部 9 家国家级经济技术开发区实现工业增加值 1620.49 亿元,工业企业能源消费量为 892.19 万吨标准煤,其万元工业增加值综合能耗为 0.55 吨标准煤。西部 13 家国家级经济技术开发区实现工业增加值 906.33 亿元,工业企业能源消费量为 472.23 万吨标准煤,其万元工业增加值综合能耗为 0.52 吨标准煤。

第三节　案例研究:大连开发区产业
集聚与新型工业化

大连经济技术开发区是 1984 年 9 月经国务院批准设立的第一个国家级

开发区,有"神州第一开发区"之美称。从 1984 年的 3 平方公里起步区发展成
为规划面积 405 平方公里、建成区面积 120 平方公里、社会总人口 55 万人的
现代化新城区,改革开放为这块昔日沉寂的土地带来了翻天覆地的变化,成为
大连市经济发展的火车头和东北经济全新的增长极。20 多年来,大连开发区
从原来金县大孤山乡的几个小渔村起步,已发展成一个工业化、现代化、国际
化的新城区。其区域生产总值、工业总产值、经济发展速度、招商引资、出口创
汇等经济指标,不仅位居全市各县市区首位,而且在辽宁省的经济发展与对外
开放中也占据着不可替代的重要位置。如果把大连开发区看做一个独立的经
济体,其经济总量在全省将排名第 4 位,仅次于历史悠久的工业重镇大连、沈
阳与鞍山。同时,在全国 54 个国家级开发区中,大连开发区的主要经济指标,
均可跻身前十位。可以这样说,大连开发区用二十几年艰苦卓绝的努力,走过
了发达国家百年工业化历程,创造了"小渔村变成现代化新城区"的不朽奇迹。
大连开发区的发展堪称我国工业园区建设和新型工业化的典范。

一、基本概况

　　大连开发区地处辽东半岛东南端,北依大黑山（大和尚山）,与金州区
接壤;南濒黄海,与长山列岛隔海相望;东与大连金州区登沙河镇相连;西
接金州蜂腰部与甘井子区大连湾镇毗邻。目前大连开发区区域管辖面积 405
平方公里,建成区面积 120 平方公里,社会总人口 55 万,其中户籍人口 24
万。截至 2008 年底,大连开发区累计实现地区生产总值 4563 亿元,工业总
产值 9416 亿元,出口创汇 507 亿美元,实际使用外资 92 亿美元,税收收入
505 亿元,各项指标年均增长超过 40％。根据商务部统计数据,2008 年大连
开发区在全国 54 个国家级开发区中,地区生产总值排名第四位,实际利用外
资排名第三位,工业总产值列第七位,工业增加值列第五位,税收收入列第九
位,出口创汇列第八位,进口总额列第八位。2008 年,大连开发区实现地区生
产总值 833.24 亿元,比上年增长 18.50％。完成税收收入 88.41 亿元,同比
增长 24.4％。

表 9-2　2008 年大连经济技术开发区主要经济指标　　（单位：亿元）

单位	国内生产总值	工业增加值	工业总产值	税收收入	进出口总额	其中：出口	实际利用外资（亿美元）
54 个开发区	15313.01	10971.94	45935.26	2480.91	3855.11	2050.95	195.38
同比增长	20.61%	19.26%	19.54%	21.81%	15.99%	15.17%	12.8%
大连开发区	833.24	490.19	1911.20	88.41	181.84	77.31	13.10
同比增长	18.50%	20.50%	25.00%	24.52%	21.88%	14.53%	21.97%
占全部开发区比重	5.44%	4.46%	4.15%	3.56%	4.71%	3.77%	6.69%

资料来源：2008 年大连经济技术开发区发展报告。

二、发展历程

大连开发区经过二十多年的发展，大体可分为三个阶段。

第一阶段（1984—1991 年），是大连开发区的初创阶段。在这个阶段中，大连市政府组建了开发区管委会，明确了开发区管委会是市政府的派出机构，开发区引入了现代管理理念，实现部分管理程序与国际惯例接轨，但开发区的管理功能相对比较单一，管理机构把更多的精力投入到开发区的开发建设。这个时期大连开发区白手起家，发展基础薄弱，建设资金短缺，在建设之初，大连开发区以仅有的 1000 万元财政资金和 2.3 亿元银行贷款起步。这个阶段引进外资尚处于起步阶段，外商投资主要以港台和东南亚华人投资为主，中小投资规模为主，较低的资本和技术密集、较高的劳动密集型产品为主，出口以加工贸易为主。开发区产业发展也处于"广种薄收，开而不发"的状态，入住企业少，企业规模小，产业层次低。缺乏对产业发展具有带动辐射作用的龙头企业，进区企业的科技含量也不高，缺乏园区的集聚优势和规模优势。

第二阶段（1992—2000 年），是大连开发区的探索阶段。1992 年，邓小平同志第二次南方视察并发表重要谈话，我国掀起了对外开放和引进外资的新一轮高潮，跨国公司开始在全球进行战略布局并进行新一轮的国际产业转移。这个阶段大连开发区在管理体制方面也做了许多改革和探索，经济管理权限不断扩大，为开发区营造宽松的创业环境，与此同时大连开发区的经济发展已初具规模，其主要功能由开发建设为主转为开发建设与管理服务并重。这一阶段,管委会把招商引资工作摆在"重中之重"的位置,针对招商引资工作中所面临的困难与挑战,注重投资环境的建设,用一流的投资环境和高水准的服务,吸引国际资本进入。良好的内外部环境,使大连开发区因此成为跨国公司在华大规模投资的重要基地。截至 2000 年年底,大连开发区累计批准来自36 个国家和地区的外商及港澳台投资企业 1384 家,项目合同金额 105.8 亿美元,合同外资金额 71.9 亿美元,实际使用外资金额 32.4 亿美元,项目平均投资规模 764 万美元。其中投资规模超过 1000 万美元的项目达到 281 家,一大批国际著名跨国公司如法国道达尔、美国辉瑞、日本佳能、伊藤忠商事、丸红、韩国浦项、大宇、现代等已经成为大连开发区的投资主体。这些跨国公司的进入,使大连开发区的工业经济保持快速增长。2000 年,全区实现工业增加值 104.4 亿元,比上年增长 26.3%,占全区国内生产总值的 62.8%。全区实现工业总产值(现价)360.2 亿元,比上年增长 26.1%,其中外商及港澳台投资企业完成 347.3 亿元,增长 27.5%。其中,大连西太平洋石油化工有限公司首次突破百亿元大关实现产值 125 亿元,增长 91.4%,三菱电机大连机器有限公司、大连吉田拉链有限公司、东陶机器(大连)有限公司等产值增幅均超过 80%,佳能大连办公设备有限公司、斯大精密(大连)有限公司、TDK 大连电子有限公司,产值增幅均在 30% 以上,成为拉动全区工业经济的一支生力军。

第三阶段(2000—至今),大连开发区快速发展阶段。这个阶段大连市委、市政府针对开发区管理运行中出现的问题,进一步调整对开发区的授权,管委会则加强了区内的各项管理事项的理顺工作,基本上形成了精简、高效、低成本的行政机构体系,外商以及一些权威机构对开发区的整体投资环境评价较高。2004 年,大连市政府决定将金石滩国家级旅游度假区、大连出口加工区与开发区合并,实行一个机构三块牌子,同时进一步扩大了大连保税区的管辖面积,将原归属开发区管理的大窑湾港区划归保税区管理。在三区合并的基础上结合开发区发展的实际情况,进一步完善了开发区的社会事业功能,使开发区城市功能进一步完善。这一阶段大连开发区培育重点项目和特色产业集群、实施"产业招商"的策略,招商引资取得了重大进展。其中,具有世界领先水平的英特尔芯片项目于 2007 年 3 月正式落户开发区,一期投资超过 25 亿美元。除英特尔芯片外,大众变速箱、道依茨发动机、美特捷成平衡轴、蒂森二期、英可镍合金、THK 辽宁精密等项目均具有较高的技术水平。目前已初步形成石油化工、电子信息、装备制造、汽车零部件、修造船产业等五大产业集群。目前大连开发区一直保持着全国开发区中基础设施与生活配套设施最好的开发区之一的地位。

三、跨国公司投资情况

建区以来,大连开发区一直努力改善投资环境,大力吸引外商投资,取得了丰硕的成果。截至 2008 年末,全区累计批准来自 48 个国家和地区的外资项目共有 2298 个,项目投资总额 268.3 亿美元,合同外资金额 160 亿美元,实际使用外资 91.9 亿美元。项目平均投资规模 1167 万美元,其中投资规模超过 1000 万美元的项目 527 个,投资规模超过 1 亿美元的项目 18 个。截至 2008 年末,世界 500 强企业有 52 个落户大连开发区。其中,具有世界领先水平的英特尔芯片项目于 2007 年 3 月正式落户开发区,一期投资超过 25 亿美元。除英特尔芯片外,大众变速箱、道依茨发动机、美特捷成平衡轴、蒂森二期、英可镍合金、THK 辽宁精密等项目均具有较高的技术水平。

2008 年,全区克服金融危机的不利影响,实际利用外资达到 13.1 亿美元,同比增长达 22%。

截至 2008 年末,跨国公司投资占前十位的国家和地区是日本、韩国、中国香港、美国、维尔京、法国、德国、中国台湾、新加坡、马来西亚。

截至 2008 年末,跨国公司投资的领域主要集中在电子电器、机械设备、石油化工、金属制品、食品加工和服装纺织。

四、产业集聚情况

近年来,大连开发区在结合先期自发形成的产业优势基础上,对照大连"四大基地"建设,明确重点发展石化、装备制造、造船、IT、汽车等五大集群产业,围绕大项目引进,创新招商手段,实行有针对性的产业招商,集中实施产业集聚战略,产业集聚呈现快速发展之势。目前大连开发区每平方公里土地投入 1 亿元,实现利用外资 6 亿美元,工业产值 208 亿元,税收 6 亿元。已初步形成石油化工、电子信息、装备制造、汽车零部件、修造船产业等五大产业集群,实现产值占全区规模以上工业总产值的 80% 以上,成为推动经济发展、拉

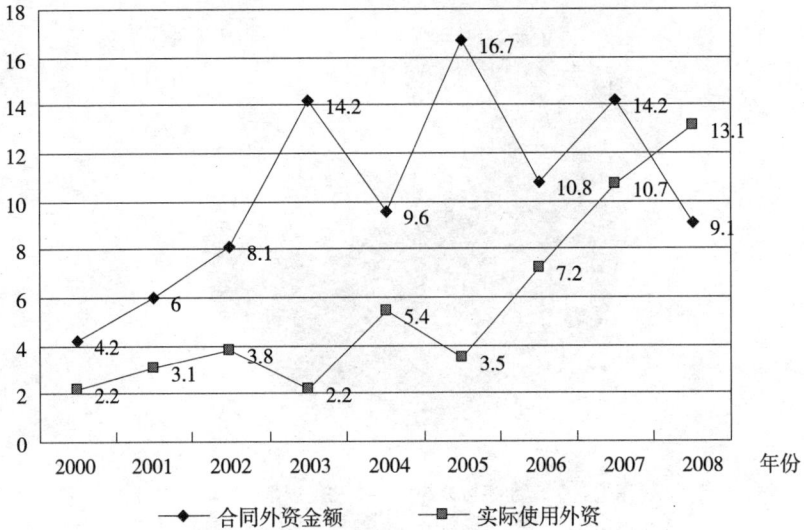

图 9-2　2000—2008 年大连开发区跨国公司投资情况

资料来源：大连开发区发展报告。

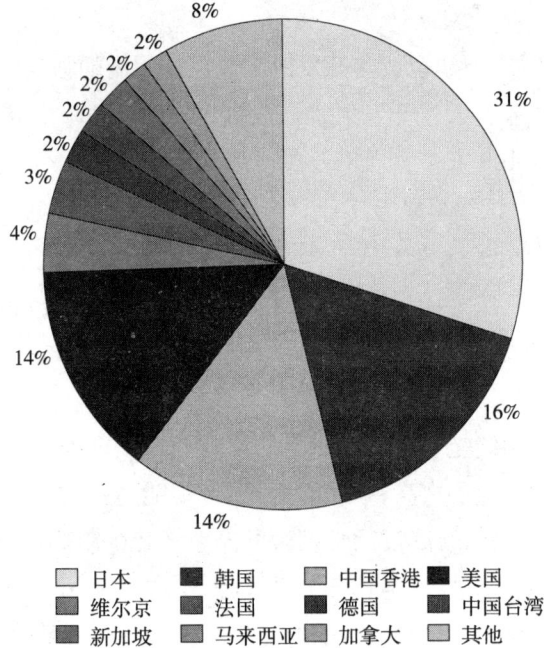

图 9-3　截至 2008 年年底大连开发区跨国公司 FDI 来源地（按合同外资额计算）

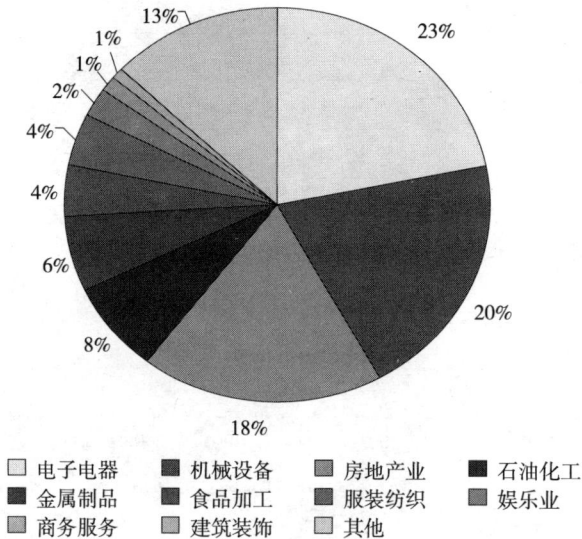

图 9-4　截至 2008 年年底大连开发区跨国公司 FDI 投资行业分布
（按合同外资额计算）

动产业集聚的重要力量,也成为开发区工业加速发展的强大引擎。

电子信息产业是大连开发区重点发展的工业部门,2008 年规模以上电子信息企业已达 109 家,实现工业总产值 325.81 亿元,占全区工业总产值的 17.05％,占全区规模以上工业总产值的 22.36％,从业人员达到 6 万多人。2008 年大连开发区电子信息产业各行业的收入构成为:电子元器件销售额比重最大,其次为计算机制造及相应设备,两者合计占到电子信息产业的 68％以上;其余依次为光电子、通信、工业电子、汽车电子、数字视听及软件领域。

大连开发区始终把引进世界知名的装备制造企业作为招商引资的重点,先后引进了一批产业层次高、市场潜力大、带动能力强的项目,并逐渐形成了工程机械、轴承、数控机床等产业集群,世界著名装备制造企业利勃海尔 2004 年投资 2200 万欧元成立了利勃海尔机械(大连)有限公司,生产高品质的大型工程机械。近两年,来自瑞典、有着近百年历史的世界最大轴承制造企业斯凯孚集团投资 5500 万美元成立的斯凯孚大连轴承与精密技术产品有限公司以及全球最大直线导轨生产商日本 THK 株式会社投资 9000 万美元建设的帝业技凯(辽宁)精密工业有限公司的相继投产,大连开发区将逐渐发展成为全球重要的轴承生产基地。德国因代克斯(INDEX)、日本丰田工机等世界著名数控机床制造商也先后到大连开发区投资建厂,与斯大精密、三菱电机等进区较早的外资企业一道提升了大连开发区数控机床的整体水平,使大连开发区成为国内数控机床出口的重要基地。目前大连开发区装备制造业初具规模,2008年规模以上企业达180家,实现工业产值242.42亿元。其中专用设备企业55家,实现工业产值37.58亿,通用设备企业125家,实现工业产值204.84亿元。

大连开发区汽车及其零部件创业近年发展很快,2008年规模以上企业达43家,实现工业产值120.78亿元,随着一汽大众30万台发动机、道依茨一汽15万台卡车发动机项目、一汽新能源汽车、博格华纳汽车双离合器自动变速箱项目以及奇瑞汽车项目的投产,汽车产业集群将迅速成长起来。

大连开发区石油与化学工业颇具规模,聚集了以西太平洋石油为主的石油与化学规模企业38家,2008年工业产值443.96亿元,已占大连开发区工业总产值的30.4%。随着年产值100亿的福佳大化70万吨对二甲苯(PX)项目,年产值120亿的逸盛大化120万吨精对苯二甲酸(PTA)项目,年产值200亿元的200万吨聚酯切片项目的投产,石油与化学集群规模将翻一番以上。

大连开发区充分利用大孤山半岛港口岸线优势,相继引进了大洋船舶、斗山船机、东方精工造船资材、凯克斯等船舶配套重点项目,同时充分利用这些龙头企业积极引进配套项目,修造船产业在大孤山半岛日益集聚。以东方精工配套园、斗山发动机、三荣斗山、欧伦船业、大洋商船、卡斯柯等重点项目为支撑,大孤山船舶配套产业园修造船及船舶资材产业取得了快速发展,该园区可以形成100亿元左右的工业产出规模。

五、工业园区建设情况

工业园区是产业集聚的有效载体。近年来,大连开发区坚持以工业园区为载体实施产业集聚战略,取得了突出的进展。目前,大连开发区正在大力建设六大工业园区,其中部分已经初具规模,对未来大连开发区产业集聚和经济发展将发挥巨大的推动作用。

1. 大孤山临港工业园区。该园区规划用地面积 5.84 平方公里,由石化产业园和船舶产业园组成,目前入住企业 27 家。在这里,依托西太平洋石化等企业,正在建设的福佳大化 PX 项目、逸盛大化 PTA 项目等石油化工下游企业,将有效拉长大连石油化工产业的产业链。2009 年,两个项目将全部投产。除西太平洋石化外,聚集了年产值 100 亿的福佳大化 70 万吨 PX 项目,年产值 120 亿的逸盛大化 120 万吨 PTA 项目,年产值 200 亿元的 200 万吨聚酯切片项目,将改变大连石油化工产业"只有油头没有化尾"的状况。大孤山石化园将成为大连市重要的化工产业园区。未来 5 年内,一条从炼油到 PX 到 PTA 再到聚酯切片的"黄金产业链"将在这里形成。除了石化产业,船舶工业园区起步更早。开发区充分利用大孤山半岛港口岸线优势,相继引进了大洋船舶、斗山船机、东方精工造船资材、凯克斯等船舶配套重点项目,同时充分利用这些龙头企业积极引进配套项目,修造船产业在大孤山半岛日益集聚。以东方精工配套园、斗山发动机、三荣斗山、欧伦船业、大洋商船、卡斯柯等重点项目为支撑,大孤山船舶配套产业园修造船及船舶资材产业取得了快速发展,该园区可以形成 100 亿元左右的工业产出规模,成为大连市造船产业规模化发展的重要补充。

2. 中心工业园区。该园区规划用地面积 13.38 平方公里,产业定位于电子信息、芯片制造、光通讯电子技术、数控技术、通信设备和集成电路等高新技术产业项目。目前入住企业 24 家,进驻园区的代表性项目有英特尔芯片项目和正在发展中的光电子、IT、IC 产业、日本中小企业工业科技园,如路美芯片科技、汉信生物等。其中,英特尔项目的主厂房已经完成,正在进行设备材料的运输和安装,以确保英特尔大连项目 2010 年正式投产。开发区管委会紧抓英特尔项目带来的上下游配套企业和供应商大批进驻的机遇,积极引进、扶持国际知名公司进区发展 IC 设计、半导体封装、测试等项目,力争尽快形成开发区的电子信息产业链。目前围绕英特尔项目配套的大连金石光电(OE)产业园和大连金石 IT 产业园建设已基本完成,正在招商中。大连金石光电(OE)产业园是国家五个半导体照明工程产业化基地之一,大连国家半导体照明工程产业化基地的核心产业区,占地 2.51 平方公里。承载着光电、半导体照明各类项目的研发、孵化、中试、规模生产及产业配套服务的功能。大连金石 IT 产业园规划总用地面积 3.8 平方公里。金石 IT 产业园将致力于打造中国半导体设备与材料重要的生产与集散基地,打造中国半导体制造业的服务产业中心,同时发展以 IT 产业为代表的高新技术产业。根据大连市半导体产业发展规划,大连开发区将在半导体生产、封装、测试产品之外,继续发展半导体行业的设备加工制造、原材料生产等相关产业。这些项目的逐步引入将形成电子信息产业的新一轮投资热潮,进一步确立大连开发区半导体产业核心地位。

3. 汽车零部件配套园区。该园规划用地面积 1.24 平方公里,产业定位是汽车发动机等配套项目。目前开发区的汽车产业配套项目已经具有了一定的基础和规模,开发区管委会正在积极推进大众变速箱项目、赛迈道依茨农机建设投产,一汽大众 30 万台发动机、道依茨—一汽 15 万台卡车发动机项目尽快达产形成规模,为促进发动机的配套项目进区发展打下基础。同时管委会抓住博世收购泛泰汽车的良好契机,成功争取到了博世项目的落地。开发区汽车关键零部件集聚效应的形成,已经为整车项目引进打下良好的基础。随着一汽大众发动机、汉拿空调、蒂森凸轮轴、蒂森二期、泛太刹车系统、三菱汽配、利优比、大众变速箱等汽车零部件项目相继开工投产,成为开发区新兴产业的领军企业,并为开发区整车项目的发展奠定了坚实的基础。

4. 模具工业园区。该园规划用地面积 0.64 平方公里,由 22 号、26 号、41号、44 号四个模具园区组成,产业定位是为现代制造业提供基础性的产业支撑,目前模具园标准厂房建筑面积约 25 万平方米,园区建设初具规模。2007全年新增模具生产企业 25 家,模具企业总数达到 152 家,对吸引电子、机械加工和汽车产业大项目入驻起到了很好的促进作用。主要有:鸿圆精密、銮光模塑、柴田精密、松材汽车磨具。这些企业不仅为大连及东北地区家电、汽车、电子工业配套,更有 30% 的模具打入日本、欧美市场。今后,管委会将进一步做好模具园区公用设施配套、道路建设、空间布局整合和环境整理,项目引进也将进一步提升产品档次,向专用性、高档化方向发展,优先发展新型高分子材料、高端产品设计的模具制造业,为促进全市装备制造配套能力与水平的不断提升奠定基础。

5. 新材料工业园区。该园规划用地面积 4.7 平方公里,是开发区"十一五"时期为登沙河大钢项目进行产业配套的新型工业区。在新材料领域,开发区早已有了以浦金钢板、通世泰建材、高丽焊接等为代表的产业体系。未来,这个区域将集聚一大批具有当代技术水准的新材料企业并逐步形成集聚的产业集群。

6. 城北工业园区。该园规划用地面积 17.33 平方公里,是为"十一五"后半期以及未来主导产业发展预留的产业空间。这个产业预留空间将承载着开发区最具影响力和带动辐射力的以汽车整车产业为主的当代制造业。以科学规划的整车生产区域城北工业区和与之相呼应的配套区域汽车零部件配套园为依托,开发区在不久的将来很有希望形成一个完整的汽车产业集群,在全省"五点一线"汽车产业布局与发展中发挥更大的作用。

开发区六大园区规划总面积 43.13 平方公里,占大连市"五点一线"区域总规划面积的 16%。目前,这些园区大多已经具备规模,与辽宁沿海经济带其他区域相比已经是较成熟的开放区域。据初步测算,开发区正在建设和即将建设的项目全部投产后,将为开发区新增 1600 亿元以上的工业产值。连同区域已有的生产规模,大连开发区在未来 3 至 5 年的时间里将发展成为东北地区产业集聚度最高,产出能力最强的新型工业园区,成为推动大连市工业总产值超万亿、实现率先振兴目标的重要增长极。

六、大连开发区新型工业化指标分析

大连开发区虽然建区仅仅二十几年,却走过了发达国家百年工业化历程。目前看,无论从经济发展还是城市建设等方面,其新型工业化指标水平远远超过了我国平均水平,达到甚至超过了一些发达国家的水平。如表所示,2001年大连开发区的各项指标远远超过了我国平均水平,除信息业比重外的其他指标都超过了新型工业化标准。从 2007 年看,大连开发区各项指标都远超过新型工业化的标准,其中,人均 GDP 是全国的 15.52 倍,劳动生产率(用GDP/全部从业人员代表)是全国的 12.44 倍,单位 GDP 能耗仅为全国的31%。但在一些指标如人均 GDP、工业比重、信息业比重等方面,同昆山开发区、苏州工业园区还存在一些差距。

表 9-3　大连开发区新型工业化指标对比

指标	2001 年			2007 年				
	大连开发区	全国	标准值	大连开发区	昆山开发区	苏州工业园区	全国	标准值
人均 GDP(万元)	15.34	0.77	4	29.35	51.31	26.66	1.89	4
工业比重%	62.76	44.00	30	64.07	83.68	64.25	43.06	30
信息业比重%	21.16	4.70	25	14.46	62.56	39.87	12.00	25
工业从业比重%	79.33	5.00	30	86.5	85	80.00	26.79	30
城镇化比率%	74.40	37.70	60	70.31	90	92.50	43.90	60
三废排放达标率%	95	87.30	90	100	100	100	90.70	90
劳动生产率(GDP/全部从业人员)	20.35	1.31	—	39.81	20.02	16.65	3.20	—
单位 GDP 能耗(吨标准煤/万元)	—	—	—	0.36	0.31	0.36	1.16	0.8

资料来源:根据各开发区年报整理。

注:三废排放达标率采用工业废水排放达标率代替。

七、主要经验

大连开发区在短短二十多年时间取得如此巨大的成就,不仅是大连改革开放的一个标志,也是中国改革开放事业的一个缩影。大连开发区发展经验可概括为以下几点:

1. 打造最佳投资环境

大连开发区从建区之初就提出了"建设全国最佳投资区"的目标。2002年,在全国开发区中首开"一站式"办公先河,将审批权限下放到一个大厅内的各个窗口办理;2004 年,进一步深化审批改革,将 393 项审批事项缩减为 140项;2007 年,在"行政效能年"建设中,将现行 140 项审批事项削减、调整为 83项,其中及时办理事项接近 40%,走在国家级开发区前列。审批事项与办结时限的不断缩减,体现了大连开发区管委会改善投资软环境、创建项目投资绿色通道的决心,让各国投资者感受到了精简、高效的投资区的魅力。如今的大连开发区,"人人都是投资环境、人人都是开发区形象"已不仅是努力的目标,更是切实的行动。"一站式"办公大厅迁入新址后,22 个部门设置的 56 个窗口能够办理 258 项业务。与之相呼应的是公务人员普遍树立的"六不让"意识：不让领导交办的工作在我手中延误，不让工作职能在我的岗位上削弱，不让工作差错在我的身上发生，不让来办事的人员在我的接待中受到冷落，不让不文明行为在我的身上出现，不让部门形象因我受到损坏。在全区上下想事、谋事、干事的氛围下，一个个在常规下的"不可能"变成了"可能"，一个个新的奇迹在这片热土上创造。世界级大项目英特尔公司的落户，是对大连开发区优良投资环境的最有说服力的证明。在全球多个国家、中国多个城市进行选址的过程中，英特尔项目考察人员每次到大连开发区考察时都会收获不一样的惊喜：上一次来时还未动迁的土地，再来时已成为一个大工地；上一次还在挖方填方，这一次已成为一片开阔的场地。英特尔公司一位高管感慨地说，中国大连的团队是最有效率的。良好的投资环境使大连开发区成为中国外资企业最集中、投资密度最高的地区之一，也成为世界各国投资的首选地区之一。2006 年，区域城市竞争研究课题组和中国社科院工业经济研究所发布的最新跨国公司眼中最具投资价值的城市中，大连开发区进入了综合吸引力 20 强。

2. 以工业园区为载体，培育特色产业集群，实施"产业招商"的策略。

近年来，大连开发区提出培育重点项目和特色产业集群、实施"产业招商"的策略，使其招商引资实现了质的转变，一艘艘具有巨大产业承载能力的"产业航母"为大连开发区经济的又好又快发展奠定了基础。近两年来，大连开发区新批外商投资项目近 500 个，其中投资规模上千万美元的项目 522 个。英特尔、大众发动机、东方精工、THK 直线导轨、IMC 刀具、英可镍合金、大化 PX、PTA 等项目，不仅规模大，还以居于世界领先水平的科技含量，成为大连开发区经济发展的新引擎；而中远总部、THK 投资公司、通世泰 IT 中心、辉瑞亚洲财务中心等的落户，则进一步优化了招商引资结构，使"总部经济"的概念逐渐具化。这些重大项目的引进，使石化、电子信息、装备制造、汽车零部件、修造船等产业迅速在大连开发区形成新的集聚能力，产业集聚效应日益凸显。为更有效地实现产业集聚，大连开发区正在规划和建设中的六大产业园区，总面积达 43.13 平方公里，分为大孤山临港工业区、中心工业区、汽车零部件配套园区、城北工业区、模具工业区及新材料工业区 6 个核心功能产业区。这 6 个园区以开发区 24 年来形成的产业集群为基础，前瞻性地结合国际产业分工与梯次的路径，代表着大连开发区乃至全市经济的发展方向。预计这六大工业园区建设和重点项目的建成,将再造一个大连开发区。

　　3. 坚持城市化与工业化同步的发展理念。

　　大连开发区建区伊始,就明确了坚持工业化与城市化同步发展的思路。20多年来,随着工业经济的快速发展,大连开发区的城市化发展日新月异,目前是我国最具城市化特点的开发区之一。

　　早在1984年建区时,大连开发区仅有1000万元财政资金和2.3亿元银行贷款起步资金,开发区的决策者们高瞻远瞩,以绝对超前领先的意识,毅然决定规划建设控制红线宽度达到100米的金马路,在当时看来几乎有些"惊世骇俗"。他们的指导思想是:大连开发区的基础设施和城市建设,要几十年甚至一百年都不落后,要对得起发展,对得起后人。时至今日,大连开发区经过了25年的高速发展,而金马路没有拖城市发展的后腿,并且随着开发区城市功能的提升而变得越来越美丽。正是这种高瞻远瞩的超前思维,让大连开发区在基础设施建设上敢于投入、善于投入,从而让大连开发区一直保持着全国开发区中基础设施与生活配套设施最好的开发区之一的地位。很多长期在这里工作和生活的外商表示,大连开发区不仅以一流的硬件条件而适宜投资兴业,同时也因城市功能完善而适合于在这里生活居住。如今,这里高楼林立,商铺琳琅,童牛岭满目流翠,金石滩风情万种,白石湾碧波荡漾。作为崛起中的新城区,如画的风景宛若她美丽的衣裳,高起点规划、高标准建设的现代、完备的基础设施则是她挺拔的骨架。经过25年的开发建设,大连开发区在通讯、能源、环保等各个方面为投资项目提供高质量的保障。开发区的城市面貌还在日新月异地变化着:按国际标准建设的大剧院,藏书丰富、环境一流的图书馆,以及以群众健身为主的网球中心先后建成,提升了新城区高尚的文化品位;设备先进、共享全市最高标准医疗资源的大连医科大学附属第一医院三部投入使用,提高了新城区的医疗能力;能够提供纯正美国教育和韩国教育的美国学校、韩国学校开学,解除了外商的后顾之忧。与此同时,标志性主干道金马路两侧矗立起幢幢现代化的高楼,风光旖旎的金石滩十里黄金海岸全面升级,国际沙滩文化节、国际冬泳节以及发现王国主题公园的异国风情无不演绎着海滨之城的浪漫。

　　4. 坚持城乡统筹发展,推进社会和谐进步。

　　大连开发区一直坚持城乡统筹发展的理念,努力建设和谐开发区,让每个开发区人都能从开发区的发展中受益。比如,为了避免大批失地失海农民在城市化的过程中失去生活保障,开发区结合实际制定出台了《被征地人员社会保障办法》、《农民新型合作医疗办法》等制度,使大连开发区全方位的社会保障体系日益完善。近两年时间,大连开发区动迁农民总量达近 2 万户,超过大连开发区此前建设 20 多年的总和,而开发区全部失地失海人员直接与城市居民接轨,不需缴纳一分钱,在达到法定退休年龄后就能享受到养老保险、医疗保险和生活补助,彻底免除失地失海的后顾之忧。

用 20 多年的时间走过了发达国家百年工业化历程的大连开发区,今天并没有停止或减缓发展的脚步。今年,随着辽宁沿海经济带上升为国家战略,大连开发区又迎来了新的发展机遇,其发展势头十分迅猛。目前,开发区正在大力建设六大工业园区,已初步形成石油化工、电子信息、装备制造、汽车零部件、修造船产业等五大产业集群,并倾力打造石油化工、电子信息、先进制造三个千亿元产业集群,未来几年大连开发区的产业规模将在现有基础上翻一番,实现再造一个开发区的宏伟目标。展望未来,大连开发区的目标是:要把大连开发区建设经济繁荣,最具发展优势的先导区;环境优美,最适宜创业居住的新城区;开拓进取,最具创新活力的试验区,相信这一目标一定能实现。

第十章　结论与展望

本书立足于我国重点开发区中跨国公司嵌入与地方产业集聚这一独特的经济现象,以跨国公司理论、全球价值链理论、战略管理理论、产业集聚理论、嵌入理论为指导,在大量实地调研的基础上,运用科学规范的研究方法,力争取得富有创新价值的理论成果,为地方政府、相关企业科学决策提供理论依据。从理论层面上,通过对跨国公司嵌入性以及开发区产业集聚问题的研究,深刻反映当代跨国公司的本质,揭示跨国公司嵌入与地方产业集聚的互动耦合关系和演化机制,凝练全球化背景下基于跨国公司嵌入的地方产业集聚理论,同时提炼工业园区建设理论,并将其上升为中国特色的新型工业化理论;从实践层面上,通过大量案例分析与实地调研,对现实中存在的一些理论困惑和实践难题进行科学解释,提出可行性建议,为地方政府的外资政策、产业集聚政策、新型工业化政策的制定与实施提供理论依据。

第一节　本书主要结论

1. 国家级开发区的主要成就与不足。20多年来,国家级开发区按照"三为主,一致力"和"三为主,二致力,一促进"的发展方针,积极引进国外先进的资金、技术、管理经验,在经济发展、产业培育、科技进步、土地开发、城市建设、增加出口、创造就业等等诸多方面都取得了显著成绩,成为中国经济最有活力、最具潜力的经济增长点。在自身发展的同时,通过产业链延伸,带动传统产业改造,促进了所在城市产业结构调整和经济实力的增强,给国家和所在地区做出了相应的财政贡献。国家级开发区土地资源与人力资源利用集约程度处于国内领先水平。其发展成就主要体现在:在我国对外开放中发挥着先导作用;是我国经济发展的新增长极;产业集聚效应明显,成为我国现代制造业的重要基地;是我国高新技术产业化的重要基地;繁荣地方经济,促进区域发展;成为技术创新的源泉;创造就业机会,成为高科技人才的聚集地;走出了一条新型工业化和城市化道路。这种基于外生型产业集聚的工业园区发展模式是中国特色的新型工业化道路的典型模式之一,也是发展中国家实现新型工业化的有效途径之一,在当代世界经济发展中具有典型意义。

我国开发区发展取得了举世瞩目的成就,受到国际社会的高度重视。但与世界先进开发区相比,仍存在较大差距,还面临一些紧迫的问题需要解决。主要问题与不足是:对外资依赖严重;产业集聚程度不高;发展不平衡;优惠政策作用弱化。

2. 跨国公司在我国开发区的嵌入性

本书在国内外学者研究的基础上,将跨国公司嵌入为三个层次和四个维度,三个层次是宏观层次、中观层次、微观层次,四个维度是经济嵌入、社会嵌入、技术嵌入、制度嵌入,据此确定跨国公司嵌入的分析框架。总体来看,跨国公司在我国开发区的嵌入呈现出不断深化的趋势。从嵌入的深度看,从劳动密集型产业向资本密集型产业和技术密集产业发展;从嵌入的力度看,从初始建立办事机构到制造基地再到研发中心最后到地区总部的建立;从嵌入的范围看,从单纯的制造活动向服务领域扩展;从嵌入的地区看,从主要集中于东部逐渐向中西部转移。从嵌入的维度看,从单纯的经济嵌入向经济和社会、技术与制度的全方位的嵌入,实现在当地扎根发展,全面融入当地社会。

跨国公司在华嵌入战略演化路径是:从战略连接向战略嵌入转变,最终发展趋势是战略耦合。

当跨国公司进行 FDI 初始,也就是在建构其与国外的战略连接关系。从我国利用外资的实际看,20 世纪 90 年代中期以前,大量跨国公司到我国沿海地区投资设厂,看重的主要是当地的廉价劳动力资源和本地市场。因此,跨国公司当地嵌入性较差。其表现为:一是本地不结网。跨国公司与上下游、同行、相关行业等企业之间极少发生网络连接关系。二是网络封闭。局限于投资前母公司原来的合作网络成员,同国籍企业间的网络合作关系,或外资企业间的网络合作关系,很少纳入本地企业。

20 世纪 90 年代以来,特别是进入 21 世纪以来,跨国公司基于中国市场的长远潜力和自身发展战略的考量,逐步将中国纳入其全球战略之中,他们希望与中国企业以及当地社会共同成长，以实现其持久发展目标。这种嵌入不是一时之需，而是一种战略性选择，因此称之为战略嵌入。

跨国公司在华发展最终发展趋势是战略耦合。跨国公司的战略耦合是指跨国公司嵌入与地方产业系统两个系统通过各自的耦合元素产生相互作用、互动融合的现象，具体表现为，跨国公司嵌入与地方产业系统互相促进、互相影响，二者具有紧密的、不可分割的关系，从而形成一个完整的产业生态系统。这种产业生态系统具有以下特征：一是企业集群化。二是价值链高端化。

跨国公司之所以在华嵌入呈现不断深化的趋势，既有外在力量的驱动，也有其内在动力的推动。从外在力量看，一是经济全球化的驱动，二是中国改革开放的拉动；从内在动力看，主要是跨国公司基于其自身发展战略使然。

经济全球化驱动。经济全球化为跨国公司提供了广阔的空间，但也给其带来严重挑战。跨国公司追求利润的内在动力和争夺世界市场的强大压力，迫使其不断调整其全球战略，不断适应经济全球化所带来的挑战。具体表现在全球化与本地嵌入化的协同发展：一是战略目标全球化。二是淡化跨国公司原籍国地位，采取"世界公民"战略。三是实施全球化战略与本地化战略协同发展。四是实行"温特制"的生产方式。

中国改革开放的拉动。表现在：一是中国改革开放政策；二是中国经济发展和市场潜力；三是中国投资环境；四是中国产业集聚。

跨国公司自身战略的推动。主要体现在：一是跨国公司 FDI 战略动因：从优势利用到优势创造。跨国公司利用原有优势还不能完全适应中国市场的竞争，它必须针对中国市场的特点创立新的竞争优势。跨国公司 FDI 的战略动机已从传统的优势利用转向优势创造，而本地嵌入是跨国公司优势创造的主要源泉之一。二是跨国公司的中国战略：从竞争我赢到合作共赢。中国需要跨国公司，跨国公司也需要中国。要想在中国这个大市场中发展，必须从以往那种单纯牟利的我赢思维转向合作双赢思维，只有实施"积极扎根中国，与中国共同发展"战略才会得到我国政府和人民的支持，才能真正赢得长远的利益。因此"嵌入中国"成为一些跨国公司的共同选择，合作制胜的战略思维使跨国公司从竞争我赢走向合作双赢。三是跨国公司在华嵌入性对其竞争优势有重要的提升作用。主要表现为：一是降低综合成本。二是获得政府认同和支持。三是扩大市场份额。四是提升公司及其产品的形象和竞争力。

3. 我国国家级开发区的产业集聚

国家级开发区通过引进具有世界先进水平的现代制造业以及跨国公司的研发机构,集约利用资源,促进产业集群发展,大大提升了我国的产业结构和在国际分工中的地位,走出一条在开放条件下实现新型工业化的道路。据笔者对国家级经济技术开发区的实地调研及综合分析表明,除少数开发区尚未形成产业集聚之外,绝大多数开发区都形成了一定的产业集聚,一些起步早、发展快的开发区已形成较大规模的产业集群,并呈现出良好的发展态势。宏观层次看,国家级开发区工业集聚程度明显高于全国平均水平;从中观层次看,即从东部、中部、西部三大区域来看,产业集聚在东部较明显,但中西部也呈现出快速发展的势头;从微观层次看,国家级开发区产业集聚主要集中在电子信息、交通运输设备制造、电气机械及器材、生物医药、化学原料及制品、食品饮料等六大产业上,初步形成了较大规模的产业集群。同时国家级开发区高新技术产业也形成了集聚态势,在软件、集成电路、网络通信、生物医药、环保新能源等重点产业形成了相当规模的产业集群。概括而言,从全国角度看,开发区产业集聚水平在不断提高;从所在城市看,工业有向开发区集聚趋势;从产业角度看,相关产业表现为向开发区集聚;各区域来看,东部产业集聚程度较高,但中西部集聚程度在加速。

国际级开发区产业集聚的特征表现为:工业制造业占据主导产业,在产业结构中占有70%以上的比重;高新技术占据重要地位,已占据全部工业的半壁江山;外资占据主导地位,外资工业产值、外资工业产品销售收入一直占国家级开发区的80%左右;东部集聚度明显高于中西部,中西部的开发区大部分处于产业集聚的诞生阶段,东部大部分开发区则处于产业集聚的成长阶段;产业集聚由自发无序转向政府主导转变,政府正发挥着越来越大的作用;典型外资驱动,外资驱动是开发区产业集聚的主导力量。

我国开发区的产业集聚类型两类:一类为内源型产业集聚;另一类为嵌入型产业集聚,而嵌入型产业集聚占据主导地位。我国东部31家开发区有27家外资工业产值占工业总产值的比超过50%,属于嵌入型产业集聚,并且规模较大,只有青岛、湛江、南通、温州4家外资工业产值占工业总产值的比小于50%,属于内源型产业集聚。中部9家开发区只有长春、武汉、合肥、太原4家外资工业产值占工业总产值的比超过50%,属于嵌入型产业集聚,其他5家开发区属于内源型。西部 13 家开发区只有重庆、银川 2 家外资工业产值占工业总产值的比超过 50％，属于嵌入型产业集聚，其他 11 家外资工业产值占工业总产值的比小于 50％，属于内源型生产，并且除西安、成都开发区外，其他开发区集聚规模较小，产业集聚正处于起步阶段。

我国开发区的嵌入型产业集聚模式可归纳为：轮轴式集聚、群落式集聚、链式集聚。轮轴型产业集聚是以相当数量的关键企业或设施作为核心，在其周围有供应商和相关活动的区域，它的结构可以想象为轮子和轴。群落式产业区是基地在外部的多个跨国企业的分支设施的集合。产业链型集聚就是以世界著名企业及其主导产品为龙头，联合产业链上下游伙伴企业，到一个大家选定的地区进行投资，"相互尊重，合作共赢"，形成了产品及其零部件的研究开发、生产、销售等相关领域有机结合的产业链体系。

4. 跨国公司嵌入与开发区产业集聚的实证分析

通过实证分析表明：第一，跨国公司嵌入对开发区产业集聚有重大影响。一方面，跨国公司经济嵌入对开发区整体产业集聚有重大影响；另一方面，跨国公司技术嵌入对开发区产业集聚有重大影响。从经济嵌入来看，跨国公司经济嵌入对开发区产业集聚主要指标如工业总产值、就业人数以及外资企业数量与投资的进一步集聚都有重大的影响。从技术嵌入来看，跨国公司技术嵌入对开发区产业集聚主要指标如工业总产值、就业人数以及外资企业数量与投资的进一步集聚也有重大的影响，但技术嵌入的影响程度要小于经济嵌入。另外在与其他环境指标比较研究中，开发区跨国公司嵌入因素对产业集聚的影响程度要明显大于其他因素，这说明跨国公司嵌入是决定开发区产业集聚的主要因素。

第二，开发区产业集聚对跨国公司嵌入有重大影响。一方面，开发区产业集聚对跨国公司经济嵌入有重大影响；另一方面，开发区产业集聚对跨国公司技术嵌入也有重大影响。另外在与其他环境指标比较研究中，开发区产业集聚因素对跨国公司嵌入的影响程度要明显大于其他因素。这说明开发区产业集聚状况已成为跨国公司区位选择的主要因素，决定了跨国公司是否愿意在当地进一步嵌入和扎根发展。这也告诉我们，过去那种单纯依赖区域优惠政策，相互攀比优惠的招商引资思路已经行不通了。

第三，跨国公司经济嵌入和技术嵌入对开发区内资产业集聚有重大影响的假设并未得到支持,这一方面证明了目前我国开发区的产业集聚确实是嵌入性集聚,另一方面也说明跨国公司嵌入对当地内资企业的带动作用还非常有限,内资产业还未真正融入跨国公司的全球价值链中,这是未来应注重解决的问题。

5. 跨国公司嵌入与开发区产业集聚的动态演化

在中国改革开放和全球一体化的双重作用下,在我国外资优惠政策渐进递推、制度变迁以及跨国公司投资战略等复杂互动过程中,我国开发区形成了一种独特的聚集经济,即基于跨国公司嵌入的产业集聚。国家级开发区产业集聚的形成和发展,是以跨国公司嵌入为起点,并且随着跨国公司嵌入的不断加深而逐步从低级阶段迈向高级阶段。跨国公司嵌入与开发区产业集聚的动态演化过程可以分为三个阶段。第一阶段(1984—1991年)跨国公司零星嵌入,开发区产业散点发展;第二阶段(1992—1999年)跨国公司蜂拥而至,产业集聚出现端倪;第三阶段(2000年至今)跨国公司积极扎根中国谋求发展,产业集群初步形成。跨国公司嵌入与开发区产业集聚的关系可表述为:协同演化性与互动耦合性。

跨国公司嵌入与开发区产业集聚的互动演化模式可归纳为三种演化模式:第一种模式,基于跨国公司旗舰嵌入模式,典型案例是摩托罗拉和天津开发区电子通讯产业发展;第二种模式,基于跨国公司网络嵌入的产业集聚模式,典型案例是昆山开发区台资企业与电子信息产业集群发展;第三种模式,基于跨国公司联盟嵌入的产业集聚模式,典型案例是北京开发区诺基亚星网工业园。

跨国公司嵌入与开发区产业集聚互动演化机制。跨国公司的本地嵌入对地方产业全球价值链嵌入的促进作用表现为四个效应:一是经济关联效应,二是社会资本效应,三是体制变革效应,四是技术溢出效应。而产业集聚对跨国公司嵌入的促动效应主要是通过产业集聚的外部经济性、网络组织优势和区域创新环境对跨国公司的经营绩效与竞争力产生影响,进而促进跨国公司的嵌入。

6. 双向嵌入视角下的开发区产业集聚与升级路径

当前国家级开发区产业集聚面临的问题是:区内产业集聚度较低;开发区之间产业同构性问题突出;产业集聚的脆弱性;缺乏产业集群的机制;跨国公

司当地嵌入性较差;产业集聚被锁定在价值链低端,面临升级的困难;对跨国公司依赖严重,国内企业发展不足,区域创新严重不足。面临的挑战是:一是面临着其他国家的挑战。二是面临国内其他开发区的挑战。三是招致反倾销诉讼。四是国家级开发区政策优势不断弱化。五是国家级开发区制度创新进展不大,形成对跨国公司嵌入与产业集聚发展的桎梏。综合而言,当前国家级开发区的产业集聚还存在着很多问题,面临着进一步发展与升级的挑战。本书以全球价值链理论为指导,以"双向嵌入"的视角来探讨开发区的产业集聚发展与升级问题。

当前经济全球化背景下的世界经济体系好比"一串串珍珠","珍珠"就是地方产业集群,将"珍珠"串起来的条条"金线"就是全球价值链。地方产业集群(珍珠)是块状经济,全球价值链(金线)是链状经济。从单向嵌入到双向嵌入,其实质就是跨国公司与本地产业相互融合的过程,也是块状经济与链式经济的有机融合过程。这种有机融合块状经济与链式经济的经济形态,本书将其称之为"新全球经济模式",是经济全球化与地方化融合的必然趋势。

从我国的实践来看,块状经济与链式经济的有机融合取得了十足的进展,可将其发展模式可以归纳为两种:以浙江省以及青岛开发区为代表的传统产业发展模式(简称浙江模式),以广东以及苏州、昆山为代表的外向型产业发展模式(简称广东模式)。浙江模式可概括为产业集群全球化,即:依据当地实际选取特定优势产业,促进产业集聚化发展,初步形成产业集群,同时加强外部联系,嵌入全球价值链(购买者价值链),由此形成新经济活跃区,带动地方经济发展;广东模式可概括为全球价值链本地集聚化,即:充分发挥区位与政策优势,大力吸引外商投资,促进外向型经济发展,这些外向型企业一开始就嵌入全球价值链(生产者价值链),并逐步形成外向型产业集群,由此形成新经济活跃区,带动地方经济发展。

根据对我国沿海开发区以及世界其他国家地区产业发展道路的考察研究,本书提出一个开发区产业集聚路径模型,该模型指出了开发区地方产业的两条发展路径:路径A,优先发展外向型经济,外资企业嵌入当地,逐步实现地方产业集聚化,最终实现区域经济发展,典型代表是苏州工业园区、昆山开发区;路径B,率先发展地方产业集群,并逐步嵌入全球价值链,扩大其开放性,典型代表是青岛开发区模式。虽然路径不同,但二者可以说殊途同归。

在经济全球化背景下,跨国公司在华嵌入的战略取向应实现三个转变:一是从被动嵌入向主动嵌入转变;二是从表层嵌入向深度嵌入转变;三是从单向嵌入到双向嵌入转变。为此,本文提出了跨国公司在华嵌入的三大战略:即区域提升战略、组织整合战略和文化融合战略,同时指出了六项具体策略,即强化企业社会责任、深入推进本土化进程、加强与当地政府社会关系、积极与当地企业建立战略联盟关系、发挥产业集聚的核心作用、扩大技术转让和技术溢出。与此同时,本文提出了促进跨国公司嵌入与开发区产业集聚的政策取向应着眼于三个方面:一是增强跨国公司嵌入性和集聚性;二是强化本地企业集群性;三是推动跨国公司与本地企业的双向嵌入与互动融合,合作共赢。具体举措是:应该集中力量进行平台建设、载体建设和机制建设。即建设三个平台:基础平台、中介平台和创新平台;建设一个载体:现代工业园区;建立五种机制:跨国公司嵌入扎根机制、招商配套机制、互动双赢机制、竞争合作机制和区域创新机制。

7. 产业集聚、开发区发展与新型工业化研究

党的十六大提出中国要走新型工业化道路。新型工业化是我国工业化发展的新方向,走新型工业化道路体现了中国 21 世纪经济发展战略的新选择。国家级开发区的发展实践证明,通过引进具有世界先进水平的现代制造业以及跨国公司的研发机构,集约利用资源,促进产业集群发展,提升了我国的产业结构和在国际分工中的地位。国家级开发区的发展建设体现了与新型工业化道路的高度契合,基于产业集聚的开发区发展模式是我国实现新型工业化的必然选择,是在开放条件下实现新型工业化的有效路径。来自大连开发区的案例进一步证明这一观点。大连开发区用二十几年艰苦卓绝的努力,走过了发达国家百年工业化历程,创造了"小渔村变成现代化新城区"的不朽奇迹。大连开发区的发展堪称我国工业园区建设和新型工业化的典范。

第二节　主要创新

1. 研究范式和方法的创新性

一是基于动态演化的过程探索。我国开发区的产业集聚是在我国外资优

惠政策渐进递推、制度变迁以及跨国公司投资战略等复杂互动过程中而形成的一种独特的聚集经济,因此本书运用动态演化方法从三个方面对此问题进行研究。

二是基于"嵌入性"的新视角研究跨国公司与产业集聚的关系。"嵌入"一词最早是由"新经济社会学"提出来的,目前在社会组织、经济地理和区域发展、管理学等研究领域得到广泛的运用。本书以"嵌入性"理论研究跨国公司与产业集聚的关系,对本问题的深入研究提供了一个新视角。

2. 理论创新

其一,在深入探讨跨国公司嵌入内涵的基础上,将跨国公司嵌入为三个层次和四个维度,三个层次是宏观层次、中观层次、微观层次,四个维度是经济嵌入、社会嵌入、技术嵌入、制度嵌入,凝练出跨国公司嵌入问题的分析框架,并结合我国开发区的实际情况,深入剖析跨国公司嵌入模式、影响因素、嵌入驱动力,是对当代跨国公司理论的创新。

其二,从我国开发区的伟大实践中开发区分析产业集聚的类型、总结产业集聚特征、提炼产业集聚模式,并与国内外产业集聚模式进行比较分析,是对传统中小企业集聚研究的有益补充,丰富和发展了产业集聚理论和工业园区建设理论。

其三,运用案例分析和实证分析方法,论证了跨国公司的嵌入性与开发区产业集聚的互动关系,揭示了跨国公司的嵌入性与地方产业集聚的动态演化过程、演化模式和演化机制,是对跨国公司理论、产业集聚理论、区域经济发展理论的创新和发展。

其四,本书以全球价值链理论为指导,以"双向嵌入"的视角来探讨开发区的产业集聚发展与升级问题,提出有机融合块状经济与链式经济的经济形态"新全球经济模式",并将其归纳为两种模式:即浙江模式和广东模式,在此基础上,本书提出了一个产业集聚路径模型,该模型指出了开发区产业升级的两条发展路径,并提出了在经济全球化背景下,未来我国开发区产业集聚与升级政策取向和具体对策,即建设三个平台:基础平台、中介平台和创新平台;建设一个载体:现代工业园区;建立五种机制:跨国公司嵌入扎根机制、招商配套机制、互动双赢机制、竞争合作机制和区域创新机制。

第三节　研究不足与展望

综上所述,本文从跨国公司嵌入视角探讨了中国开发区产业集聚问题,并进行了一些创新性研究,但由于时间、精力以及本人学识方面的局限,本书还存在一些不足,需要在以后的研究中逐步完善。

1. 案例研究和实证研究不足。本书虽然针对我国开发区建设的伟大实践和成功经验进行了一些案例研究,但仍显得不足,其中很多开发区的成功经验尚未得到总结。在实证研究方面,对跨国公司嵌入的测度还不够完善,如对社会嵌入和体制嵌入的测度还没有找到比较科学的测度指标;对跨国公司嵌入与产业集聚关系的实证分析还比较粗浅,这应在未来研究中努力攻克。

2. 对跨国公司在华"嵌入性"与跨国公司在华战略的研究尚不够深入。如对跨国公司嵌入与跨国公司战略的关系,对跨国公司在华战略演进过程和机制,对跨国公司嵌入与工业园区发展的关系,对跨国公司嵌入、产业集聚和与中国特色的新型工业化道路的关系还缺乏深入的论述。

3. 对如何进一步增强跨国公司的"嵌入性",推动跨国公司与地方产业的互动融合,实现地方产业的集聚与升级,打造具有国际竞争优势的产业集群,本文的研究还不够深入,所提出的政策主张、对策措施还不够具体。

展望未来,可以围绕上述问题和不足展开进一步的深入研究,这是很有意义的研究取向。相信这一领域的研究将有很大的发展空间,必将出现更多更好的研究成果。

附录:中国国家级开发区名录

(截至 2009 年 9 月底共 241 家)

序号	目录代码	开发区名称	批准时间	核准面积 (公顷)	主导产业
(一)经济技术开发区(共 56 家)					
1	G111001	北京经济技术开发区	1994.08	3980	电子信息、生物医药、装备制造、汽车
2	G121002	天津经济技术开发区	1984.12	3300	电子通讯、食品加工、光机电一体化、机械制造、生物医药
3	G131003	秦皇岛经济技术开发区	1984.10	690	食品加工、汽车及零部件、重大装备制造、冶金及金属压延
4	G141004	太原经济技术开发区	2001.06	960	电子、机电、生物制药、煤化工、新材料
5	G151005	呼和浩特经济技术开发区	2000.07	980	乳制品加工、生物医药、电子信息、新材料、食品、精细化工、机械
6	G211006	沈阳经济技术开发区	1993.04	1000	装备制造、汽车及零部件、医药化工
7	G211007	大连经济技术开发区	1984.09	2000	石油化工、电子及通讯设备、电气机械、金属制品
8	G211008	营口经济技术开发区	1992.10	560	矿产加工、粮食加工、木材加工、皮革加工、服装加工
9	G221009	长春经济技术开发区	1993.04	1000	汽车零部件、光电信息、生物制药、粮食深加工、新型建材

序号	目录代码	开发区名称	批准时间	核准面积（公顷）	主导产业
10	G231010	哈尔滨经济技术开发区	1993.04	1000	汽车及零部件、医药、食品、电子、纺织
11	G311011	闵行经济技术开发区	1986.01	308	机电、医药、食品饮料
12	G311012	虹桥经济技术开发区	1986.08	65.2	信息咨询、商业服务、会展服务、外贸
13	G311013	漕河泾新兴技术开发区	1988.06	1330	信息技术、新材料、生物医药
14	G321014	南京经济技术开发区	2002.03	1137	电子信息、生物医药、机械、新材料
15	G321015	昆山经济技术开发区	1992.08	11000	信息技术、精密机械、生物科技
16	G321016	南通经济技术开发区	1984.12	2429	精细化工、纺织纤维、新材料、造纸
17	G321017	连云港经济技术开发区	1984.12	300	纺织、电子、医药、机械、食品
18	G331018	杭州经济技术开发区	1993.04	1000	机械电子、生物医药、纺织化纤、食品
19	G331019	萧山经济技术开发区	1993.09	920	电子信息、机械制造、精细化工、建筑建材
20	G331020	宁波经济技术开发区	1992.10	2960	化工、不锈钢、修造船、汽车、现代纸业、机电、轻纺
21	G331021	温州经济技术开发区	1992.03	511	电子信息、机械电子、新材料、生物医药
22	G341022	合肥经济技术开发区	2000.02	985	家用电器、汽车及工程机械、化工、食品
23	G341023	芜湖经济技术开发区	1993.04	1000	汽车及零部件、电子电器、新型建材
24	G351024	福州经济技术开发区	1993.01	1000	电子、光机电一体化、生化制药、建材
25	G351025	福清融侨经济技术开发区	1992.10	1000	电子、汽车配件、塑胶、食品、建材
26	G351026	东山经济技术开发区	1993.01	1000	电子、食品、新型建材

续表

序号	目录代码	开发区名称	批准时间	核准面积（公顷）	主导产业
27	G361027	南昌经济技术开发区	2000.04	980	机械、电子仪表、食品加工、新兴材料
28	G371028	青岛经济技术开发区	1984.01	1250	电子家电、建材、石油化工、机械、医药
29	G371029	烟台经济技术开发区	1984.10	1000	机械设备、汽车及零部件、电子信息、化纤纺织、精细化工、生物制药
30	G371030	威海经济技术开发区	1992.01	572	汽车、机械、电子、纺织、化工、医药、建材
31	G411031	郑州经济技术开发区	2000.02	1249	电子信息、电力器材、印刷包装、食品加工
32	G421032	武汉经济技术开发区	1993.04	1000	汽车、电子信息、食品饮料、造纸印刷包装、电气机械及器材、生物医药
33	G431033	长沙经济技术开发区	2000.02	1200	机械加工、电子信息、建筑材料、食品饮料、印刷
34	G441034	广州经济技术开发区	1984.12	3857.72	化学原料及制品、电气机械、食品、电子及通信设备
35	G441035	广州南沙经济技术开发区	1993.05	2760	塑料、化工、电子、食品加工、船舶制造
36	G441036	湛江经济技术开发区	1984.11	920	特种纸业、电子电器、通讯器材、生物医药、建筑机具、石油化工
37	G441037	惠州大亚湾经济技术开发区	1993.05	998	电子信息、钢铁、能源、纸品、石化、港口储运
38	G451038	南宁经济技术开发区	2001.05	1079.6	电子、通信电缆、精细化工、制药
39	G501039	重庆经济技术开发区	1993.04	960	电子信息、生物医药、汽车摩托车、精细化工
40	G511040	成都经济技术开发区	2000.02	994	机械、电子、冶金、建材、医药及食品
41	G521041	贵阳经济技术开发区	2000.02	955	机械、电工电器、飞机配件、汽车、摩托车零配件

续表

序号	目录代码	开发区名称	批准时间	核准面积（公顷）	主导产业
42	G531042	昆明经济技术开发区	2000.02	980	烟草及配套产业、电子设备、生物医药、食品、新材料
43	G541043	拉萨经济技术开发区	2001.09	546	机械电子、医药、新型材料、农畜产品及工艺品加工
44	G611044	西安经济技术开发区	2000.02	988	机械电子、生物医药、新材料
45	G621045	兰州经济技术开发区	2002.03	953	电子、建材、机械、医药
46	G631046	西宁经济技术开发区	2000.07	440	机械加工、特色资源开发、中藏药、食品
47	G641047	银川经济技术开发区	2001.07	750	医药、机电一体化、信息产业
48	G651048	乌鲁木齐经济技术开发区	1994.08	430	家具、石材、电缆、纺织、环保设备、农副产品深加工、酿酒
49	G651049	石河子经济技术开发区	2000.04	1120	食品、饮料、纺织
50	G326023	苏州工业园区	1994.02	7000	电子、通讯设备、精密机械、医药
51	G314013	上海金桥出口加工区（南区）	2001.09	280	电子信息、光机电、精密机械、精细化工
52	G336027	宁波大榭开发区	1993.03	1613	物流、临港石油化工、能源中转
53	G356028	厦门海沧台商投资区	1989.05	6316	精细化工、电子、港口物流
54	G466032	洋浦经济开发区	1992.03	3000	油气化工、林浆纸
55		扬州经济技术开发区	2009.07	1110	半导体照明、太阳能光伏、电子信息，汽车装备和现代物流
56		廊坊经济技术开发区	2009.07	1449	电子信息、汽车零部件、新材料、机械加工、食品加工

（二）高新技术产业开发区（共 56 家）

序号	目录代码	开发区名称	批准时间	核准面积（公顷）	主导产业
1	G112001	中关村科技园区	1992.11	23252.29	软件、集成电路、计算机、网络、通信
		其中:中关村科技园区海淀园		13306	电子信息、光机电一体化、新材料
		其中:中关村科技园区德胜园		864	电子信息、新材料、光机电一体化
		其中:中关村科技园区昌平园		1148.29	新能源及高效节能、电子信息、新材料
		其中:中关村科技园区丰台园		818	光机电一体化、电子信息、新材料
		其中:中关村科技园区电子城		1680	电子信息、光机电一体化、新材料
		其中:中关村科技园区亦庄园		4128	电子信息、光机电一体化、生物医药与医疗器械
		其中:中关村科技园区石景山园		345	电子信息、新能源及高效节能、光机电一体化
		其中:中关村科技园区大兴生物医药基地		963	生物医药与医疗器械
2	G122002	天津新技术产业园区	1991.03	5524	机电一体化(IT和光机电一体化)、生物医药、新能源
3	G132003	石家庄高新技术产业开发区	1991.03	1553	新能源、高效节能、电子信息、生物、医药
4	G132004	保定高新技术产业开发区	1992.11	123	新材料、光机电一体化
5	G142005	太原高新技术产业开发区	1992.11	800	新材料、电子信息与光机电一体化、新能源与高效节能
6	G152006	包头稀土高新技术产业开发区	1992.11	956	光机电一体化、新材料(以稀土为主)、生物、医药技术
7	G212007	沈阳高新技术产业开发区	1991.03	2750	电子与信息、光机电一体化、生物、医药
8	G212008	大连高新技术产业园区	1991.03	1300	软件和信息服务业、生物技术与医药产业、新材料

续表

序号	目录代码	开发区名称	批准时间	核准面积（公顷）	主导产业
9	G212009	鞍山高新技术产业开发区	1992.11	790	光机电一体化、新材料、电子与信息
10	G222010	长春高新技术产业开发区	1991.03	1911	光机电一体化、生物、医药技术、电子与信息
11	G222011	吉林高新技术产业开发区	1992.11	436	光机电一体化、生物医药、化工
12	G232012	哈尔滨高新技术产业开发区	1991.03	2370	光机电一体化、生物、医药、电子与信息
13	G232013	大庆高新技术产业开发区	1992.11	1430	石油及天然气产品精深加工、新材料、电子与信息
14	G312014	上海高新技术产业开发区	1991.03	4211.7	电子与信息、生物及医药、光机电一体化
15	G322015	南京高新技术产业开发区	1991.03	1650	电子信息业、光机电、化工新材料、生物医药
16	G322016	无锡高新技术产业开发区	1992.11	945	电子与信息、光机电一体化、新能源、高效节能
17	G322017	常州高新技术产业开发区	1992.11	563	光机电一体化、电子与信息、生物、医药
18	G322018	苏州高新技术产业开发区	1992.11	680	电子与信息、光机电一体化、医药精细化工
19	G332019	杭州高新技术产业开发区	1991.03	1212	电子与信息、光机电一体化、生物、医药技术
20	G342020	合肥高新技术产业开发区	1991.03	1850	光机电一体化、电子与信息、生物、医药技术
21	G352021	福州市科技园区	1991.03	550	计算机外设、新型显示器、数码印刷机、新型电池、固体废弃物处理设备
22	G352022	厦门火炬高技术产业开发区	1991.03	1375	电子信息、光机电一体化、生物、医药
23	G362023	南昌高新技术产业开发区	1992.11	680	生物、医药、光机电一体化、电子与信息
24	G372024	济南高新技术产业开发区	1991.03	1590	电子信息、生物、医药、光机电一体化
25	G372025	青岛高新技术产业开发区	1992.11	980	电子与信息、生物医药技术、新材料

续表

序号	目录代码	开发区名称	批准时间	核准面积（公顷）	主导产业
26	G372026	淄博高新技术产业开发区	1992.11	704	新材料、生物与医药、先进制造
27	G372027	潍坊高新技术产业开发区	1992.11	860	电子与信息、生物医药技术、光机电一体化
28	G372028	威海火炬高技术产业开发区	1991.03	1510	电子与信息、新材料、生物、医药技术
29	G412029	郑州高新技术产业开发区	1991.03	1132	无机非金属和金属材料及制品、生物技术产品与制药、以通信设备及计算机网络和软件产品为主的电子信息产业
30	G412030	洛阳高新技术产业开发区	1992.11	547.9	光机电一体化的先进制造设备、机电一体化机械设备和机电基础件、新材料的金属材料、无机非金属材料和有机高分子材料及制品
31	G422031	武汉东湖新技术产业开发区	1991.03	2400	光电子与信息、生物及医药、环保和资源综合利用
32	G422032	襄樊高新技术产业开发区	1992.11	750	光机电一体化、新能源、高效能源、新材料
33	G432033	长沙高新技术产业开发区	1991.03	1733.5	光机电一体化、电子与信息、新材料
34	G432034	株洲高新技术产业开发区	1992.11	858	新材料产业、先进制造业、电子信息
35	G442035	广州高新技术产业开发区	1991.03	3734	电子与信息、生物、医药技术、新材料
36	G442036	深圳市高新技术产业园区	1991.03	1150	电子与信息、光机电一体化、生物、医药技术
37	G442037	珠海高新技术产业开发区	1992.11	980	电子与信息、生物工程与新医药、光机电一体化技术
38	G442038	佛山高新技术产业开发区	1992.11	1000	光机电一体化、电子与信息、新材料
39	G442039	惠州仲恺高新技术产业开发区	1992.11	706	电子与信息、光机电一体化、高新技术产业

序号	目录代码	开发区名称	批准时间	核准面积（公顷）	主导产业
40	G442040	中山火炬高技术产业开发区	1991.03	1710	电子与信息、生物、医药技术、新材料
41	G452041	南宁高新技术产业开发区	1992.11	850	生物及医药、电子信息、先进制造技术设备
42	G452042	桂林高新技术产业开发区	1991.03	1207	电子与信息、生物、医药技术、光机电一体化
43	G462043	海南国际科技工业园	1991.03	277	生物医药、微电子、光机电一体化
44	G502044	重庆高新技术产业开发区	1991.03	2000	信息（光传输设备、数字移动通信产品、网络设备为主）、生物及医药、先进制造
45	G512045	成都高新技术产业开发区	1991.03	2150	以微电子技术为主导的电子信息、以中药现代化为重点的生物医药、以先进制造技术为特征的精密机械制造
46	G512046	绵阳高新技术产业开发区	1992.11	579.9	电子信息、新材料、生物、医药技术
47	G522047	贵阳高新技术产业开发区	1992.11	533	电子信息、光机电一体化、生物、医药
48	G532048	昆明高新技术产业开发区	1992.11	900	新材料、生物医药技术、光机电一体化
49	G612049	西安高新技术产业开发区	1991.03	2235	电子与信息、光机电一体化、生物医药
50	G612050	宝鸡高新技术产业开发区	1992.11	577	先进制造产业、新材料产业、电子信息产业
51	G612051	杨凌农业高新技术产业示范区	1997.07	2212	现代生物技术（制药）产业、农牧良种及环保农资产业、农副产品精深加工产业
52	G622052	兰州高新技术产业开发区	1991.03	1496	新材料、生物、医药技术、电子与信息
53	G652053	乌鲁木齐高新技术产业开发区	1992.11	980	生物、医药技术、光机电一体化、新能源、高效节能

序号	目录代码	开发区名称	批准时间	核准面积(公顷)	主导产业
54		宁波高新技术产业开发区	2007.01	1000	新能源、半导体与光电、新材料
55		湘潭高新技术产业开发区	2009.04	1170	电子信息、生物医药、先进制造和新材料
56		泰州医药高新技术产业开发区	2009.05	2500	医药
(三)保税区(共15家)					
1	G123001	天津港保税区	1991.05	500	油品、电子、机械加工
2	G213002	大连保税区	1992.05	125	通用设备、金属制品、化学原料加工
3	G313003	上海外高桥保税区	1990.06	1103	自由贸易、出口加工、物流仓储及保税商品展示交易
4	G323004	张家港保税区	1992.12	410	化工物流、纺织加工、粮油加工
5	G333005	宁波保税区	1992.11	230	贸易、电子信息、加工制造
6	G353006	福建福州保税区	1992.11	180	国际贸易、保税仓储、出口加工
7	G353007	厦门象屿保税区	1992.10	60	国际贸易、出口加工、转口贸易
8	G373008	青岛保税区	1992.11	250	转口贸易、过境贸易、服务贸易
9	G443009	广东广州保税区	1992.05	140	国际贸易、保税仓储、出口加工
10	G443010	广东沙头角保税区	1987.12	20	外向型工业、贸易、仓储、运输
11	G443011	广东福田保税区	1991.06	135	出口加工、仓储、物流、金融、商贸
12	G443012	盐田港保税区	1996.09	85	转口贸易、仓储、国际物流
13	G443013	广东珠海保税区	1996.11	300	加工制造、保税仓储、国际贸易
14	G443014	广东汕头经济特区保税区	1993.01	234	仓储物流、出口加工

续表

序号	目录代码	开发区名称	批准时间	核准面积（公顷）	主导产业
15	G463015	海南海口保税区	1992.01	193	生物制药、汽车制造、电子信息、机电
(四)出口加工区(共60家)					
1	G114001	北京天竺出口加工区	2000.04	272.6	工业自动化设备、电子信息、生物医药
2	G124002	天津出口加工区	2000.04	254	电子信息、通讯设备
3	G134003	河北秦皇岛出口加工区	2002.06	250	粮油食品加工、汽车及零部件、重大装备制造、新型建材
4	G134004	河北廊坊出口加工区	2005.06	50	在建
5	G154005	呼和浩特出口加工区	2002.06	221	在建
6	G214006	沈阳出口加工区	2003.03	68.6	在建
7	G214007	辽宁沈阳(张士)出口加工区	2005.06	62	在建
8	G214008	辽宁大连出口加工区	2000.04	295	电子、机械、塑料、家用电器、仓储物流
9	G224009	吉林珲春出口加工区	2000.04	244	服装加工、木材加工、新型基础材料加工、物流
10	G314010	上海漕河泾出口加工区	1992.08	300	微电子、光电子、软件、新材料
11	G314011	上海松江出口加工区及B区	2000.04、2002.12	596	新型材料、精细化工、生物医药、轻工机械、食品
12	G314012	金桥出口加工区	2001.09	2738	电子信息、光机电、精密机械、精细化工
13	G314014	上海青浦出口加工区	2003.03	300	汽车及汽车零部件、电子信息、新型材料、精密机械、装备工业
14	G314015	上海闵行出口加工区	2003.03	300	机械、电子信息、光机电、精密机械
15	G314016	上海嘉定出口加工区	2005.06	300	在建
16	G324017	江苏南京出口加工区及南区	2003.03、2003.07	270	电子、汽车、食品、新型建材
17	G324018	江苏无锡出口加工区	2002.06	298	电子信息、光机电一体化及精密机械、新材料
18	G324019	江苏常州出口加工区	2005.06	166	在建

续表

序号	目录代码	开发区名称	批准时间	核准面积（公顷）	主导产业
19	G324020	江苏苏州工业园区出口加工区及B区	2000.04、2004.05	290	电子、通讯、机械、新材料
20	G324021	江苏苏州高新区出口加工区	2003.03	270	电子、精密机械、新材料
21	G324022	江苏吴中出口加工区	2005.06	300	在建
22	G324023	江苏常熟出口加工区	2005.06	94	在建
23	G324024	江苏昆山出口加工区	2000.04	286	电子信息、光半导体、办公机械、汽车零配件
24	G324025	江苏吴江出口加工区	2005.06	100	在建
25	G324026	江苏南通出口加工区	2002.06	298	电子、生物制药、精密机械、高档服装
26	G324027	江苏连云港出口加工区	2003.03	297	机电、食品、家具
27	G324028	江苏扬州出口加工区	2005.06	300	在建
28	G324029	江苏镇江出口加工区	2003.03	253	电子信息、光电子及通讯元器件、光机电一体化、精密机械、汽车零部件
29	G334030	浙江杭州出口加工区	2000.04	292	电子、家电、通讯产品
30	G334031	浙江宁波出口加工区	2002.06	300	信息家电、集成电路、精密机械
31	G334032	浙江慈溪出口加工区	2005.06	200	在建
32	G334033	浙江嘉兴出口加工区	2003.03	298	机电、电子、精密仪器仪表
33	G344034	安徽芜湖出口加工区	2002.06	295	电子电器、新型材料
34	G354035	福建福州出口加工区	2005.06	114	在建
35	G354036	福建福清出口加工区	2005.06	81	在建
36	G354037	福建厦门出口加工区	2000.04、2001.10	240	电子信息、生物制药、精细化工、精密机械
37	G354038	福建泉州出口加工区	2005.06	300	在建
38	G364039	江西九江出口加工区	2005.06	281	在建
39	G374040	济南出口加工区	2003.03	320	在建
40	G374041	山东青岛出口加工区	2003.03	280	电子信息、精密机械、新型材料、精细化工

序号	目录代码	开发区名称	批准时间	核准面积（公顷）	主导产业
41	G374042	山东烟台出口加工区及B区	2000.04、2003.09	296	生物工程、电子、医药、精细化工、机械、新材料
42	G374043	潍坊出口加工区	2003.12	300	在建
43	G374044	山东威海出口加工区	2000.04	260	电子信息、精密机械、医药、新材料、食品
44	G414045	河南郑州出口加工区	2002.06	270	电子、服装、新型材料
45	G424046	湖北武汉出口加工区	2000.04	270	机械、电子、医药、生物工程、食品饮料
46	G434047	湖南郴州出口加工区	2005.06	300	在建
47	G444048	广东广州出口加工区	2000.04	300	光电子、生物医药、精细化工
48	4 G 44049	广东南沙出口加工区	2005.06	136	在建
49	G444050	广东深圳出口加工区	2000.04	300	电子信息、装备制造
50	G444051	广东惠州出口加工区	2005.06	300	在建
51	G454052	广西北海出口加工区	2003.03	145.4	电子信息、精密机械、生物制药、精细化工、新型建材
52	G504053	重庆出口加工区	2001.06	300	电子信息、生物医药、汽车摩托车、精细化工
53	G514054	四川成都出口加工区及西区	2000.04、2003.03	300	电子信息、航空航天零部件、光电元器件、精密机械、医药
54	G514055	四川绵阳出口加工区	2005.06	56	在建
55	G534056	昆明出口加工区	2005.06	200	在建
56	G614057	陕西西安出口加工区	2002.06	280	电子、精密机械
57	G654058	乌鲁木齐出口加工区	2003.03	300	机械、电子、建材、化工、医药
58		淮安出口加工区	2008.03	136	在建
59		赣州出口加工区	2007.05	293	在建
60		南昌出口加工区	2006.05	100	在建
（五）边境经济合作区（共14家）					
1	G155001	满洲里市边境经济合作区	1992.03	640	边境贸易、进口木材加工、精细化工加工

序号	目录代码	开发区名称	批准时间	核准面积（公顷）	主导产业
2	G155002	二连浩特市边境经济合作	1992.03	100	边境贸易、木材和建材加工、食品及畜产品加工
3	G215003	丹东市边境经济合作区	1992.07	630	设备制造、电子、医药
4	G225004	珲春市边境经济合作区	1992.03	500	纺织服装、林产品和矿产品加工、农副产品深加工
5	G235005	绥芬河市边境经济合作区	1992.03	500	边境贸易、服装、木材加工
6	G235006	黑河市边境经济合作区	1992.03	763	边境贸易、木材和轻工产品加工、农副产品加工
7	G455007	凭祥市边境经济合作区	1992.09	720	出口加工型工业、边境贸易、国际物流
8	G455008	东兴镇边境经济合作区	1992.09	407	边境贸易、产品进出口加工、边境旅游
9	G535009	瑞丽市边境经济合作区	1992.06	600	边境贸易、农副产品加工、边境旅游
10	G535010	畹町市边境经济合作区	1992.06	500	商贸物流、木材加工、农副产品加工
11	G535011	河口瑶族自治县边境经济合作区	1992.06	402	边境外贸、农副产品加工、国际物流
12	G655012	博乐市边境经济合作区	1992.12	783	食品（番茄）加工、建材加工、国际物流
13	G655013	伊宁市边境经济合作区	1992.12	650	亚麻纺织、绿色食品工业、粮油加工
14	G655014	塔城市边境经济合作区	1992.12	650	实木加工、边境贸易、仓储
（六）国家旅游度假区（共12家）					
1	G216001	大连金石滩国家旅游度假区	1992.10	1360	滨海运动、娱乐、文化体验型旅游
2	G316002	上海佘山国家旅游度假区	1995.06	6408	市郊娱乐、休闲、教育型旅游
3	G326003	无锡太湖国家旅游度假区	1992.10	1350	青山、绿水、内陆亲水运动型度假
4	G326004	苏州太湖国家旅游度假区	1992.10	1120	太湖山水、古越文化、内陆亲水运动型度假

续表

序号	目录代码	开发区名称	批准时间	核准面积（公顷）	主导产业
5	G336005	杭州之江国家旅游度假区	1992.10	988	休闲、娱乐、体验观光型市郊滨湖度假旅游
6	G356006	武夷山国家旅游假区	1992.10	1200	内陆观光、体验、休闲型度假旅游
7	G356007	湄州岛国家旅游度假区	1992.10	1350	海岛生态、休闲、感受体验类度假旅游
8	G376008	青岛石老人国家旅游度假区	1992.10	1080	海洋生态、滨海运动、文化体验型旅
9	G446009	广州南湖国家旅游度假区	1992.10	1500	城郊休闲、娱乐、运动型度假旅游
10	G456010	北海银滩国家旅游度假区	1992.10	1200	海洋生态、民族风情、康体型度假旅游
11	G466011	三亚亚龙湾国家旅游度假区	1992.10	1860	滨海休闲、康体、运动型度假旅游
12	G536012	昆明滇池国家旅游度假区	1992.10	1000	民族文化风情观光、高原体育训练、康体型度假旅
(七)保税物流园区和保税港区(共18家)					
1	G126013	天津保税物流园区	2004.08	150	物流、仓储
2	G326015	张家港保税物流园区	2004.08	153	物流、仓储
3	G336016	宁波保税物流园区	2004.08	95	物流、仓储
4	G356017	厦门象屿保税物流园区	2004.08	70	物流、仓储
5	G376018	青岛保税物流园区	2004.08	100	物流、仓储
6	G446019	深圳盐田保税物流园区	2004.08	96	物流、仓储
7	G316014	洋山保税港区	2005.07	814	物流、仓储
8		钦州保税港区	2008.05	1000	国际中转、国际采购、国际配送、国际转口贸易、出口加工
9		天津东疆保税港区	2006.08	1000	国际中转、国际配送、国际采购、国际转口贸易和出口加工
10		宁波梅山保税港区	2008.02	770	国际中转、国际采购、国际配送、国际转口贸易和保税加工

续表

序号	目录代码	开发区名称	批准时间	核准面积（公顷）	主导产业
11		大连大窑湾保税港区	2006.08	688	港口作业、中转、国际配送、国际采购、转口贸易、出口加工、展示
12		海南洋浦保税港区	2007.09	920	国际采购、国际配送、保税仓储、保税加工
13		重庆两路寸滩保税港区	2008.11	837	国际中转、国际采购、国际配送、国际转口贸易和保税加工
14		厦门海沧保税港区	2008.06	950	货物的国际中转、国际配送、国际采购、国际转口贸易和出口加工
15		青岛前湾保税港区	2008.09	972	国际中转、国际采购、国际配送、国际转口贸易和保税加工
16		深圳前海湾保税港区	2008.10	371	国际中转、国际采购、国际配送、国际转口贸易和保税加工
17		广州南沙保税港区	2008.10	706	国际中转、国际采购、国际配送、国际转口贸易和保税加工
18		张家港保税港区	2008.11	410	港口作业、中转、国际配送、国际采购、转口贸易、出口加工、展示
（八）其他类型开发区（共10家）					
1	G156020	满洲里中俄互市贸易区	1992.04	20.96	轻工产品、旅游纪念品、小商品等民间贸易
2	G236021	东宁—波尔塔夫卡互市贸易区	2000.09	275.4	民间贸易、轻工产品和木材加工、金属冶炼
3	G216022	沈阳海峡两岸科技工业园	1995.09	500	计算机及软件、汽车及零部件、环保产业
4	G326024	南京海峡两岸科技工业园	1995.09	500	电子信息、生物医药、新材料
5	G356025	福州元洪投资区	1992.05	1000	粮油加工、饲料、民用玻璃制品
6	G446026	珠澳跨境工业区	2003.12	29	电子机械、医药、纺织品、服装出口加工、仓储、运输

续表

序号	目录代码	开发区名称	批准时间	核准面积（公顷）	主导产业
7	G356029	杏林台商投资区	1989.05	2521	化工、机械、纺织
8	G356030	福州台商投资区	1989.05	180	电子、轻工、食品加工
9	G356031	集美台商投资区	1992.12	685	工程机械、汽车、摩托车及零部件、医学工科等文教业
10	G316033	上海陆家嘴金融贸易区	1990.06	3178	金融、保险、证券

参 考 文 献

[1]蔡秀玲、林竞君:《基于网络嵌入性的集群生命周期研究——一个新经济社会学的视角》,《经济地理》2005 年第 3 期。

[2]曹建海、李海舰:《论新型工业化的道路》,《中国工业经济》2003 年第 1 期。

[3]陈佳贵、黄群慧:《论新型工业化战略下的工业现代化》,《当代财经》2003 年第 9 期。

[4]陈建南:《经济全球化中的国际直接投资研究》,厦门大学博士论文,2002 年。

[5]陈景辉、邱国栋:《跨国公司与东道国产业集群的"双向嵌入观"》,《经济管理》2008 年第 11 期。

[6]陈景辉、王玉荣:《跨国公司嵌入与我国开发区产业集聚的实证研究》,《国际贸易问题》2009 年第 4 期。

[7]陈莉平:《嵌入社会网络的企业竞争优势探源》,《经济管理》2006 年第 14 期。

[8]陈元江:《工业化进程统计测度与质量分析指标体系研究》,《武汉大学学报》(哲学社会科学版)2005 年第 6 期。

[9]陈文敬:《经济全球化与跨国公司》,《全国政协 21 世纪论坛论文》2000 年 8 月。

[10]池仁勇、邵小芬、吴宝:《全球价值链治理、驱动力和创新理论探析》,《外国经济与管理》2006 年第 3 期。

[11]池仁勇:《意大利中小企业集群的形成条件与特征》,《外国经济与管理》2001 年第 8 期。

[12]仇保兴:《企业集群化与科技园发展》,《规划师》2002 年第 2 期。

[13]楚永生:《跨国公司在华投资控股独资化趋势研究》,西北大学博士论文,2005 年。

[14]杜晓君、麻媛:《中国新型工业化道路研究综述》,《经济纵横》2004 年第 2 期。

[15]樊增强:《浅析跨国公司技术扩散及溢出效应》,《科学学与科学技术管理》2003 年第 4 期。

[16]范虹、张青云:《我国开发区产业集聚模式初探》,《商场现代化》2006 年第 6 期。

[17]范剑勇:《产业集聚与地区间劳动生产率差异》,《经济研究》2006 年第 11 期。

[18]方勇、张二震:《长江三角洲跨国公司主导型产业集聚研究》,《世界经济研究》2006 年第 10 期。

[19]盖文启:《产业柔性集群与区域竞争力》,《经济理论与经济管理》2001 年第 10 期。

[20]盖翊中:《IT 业空间集聚产业网络与厂商行为的关联性研究》,暨南大学博士论文,2004 年。

[21]贺灿飞、魏后凯:《信息成本、集聚经济与中国外商投资区位》,《中国工业经济》2001 年第 9 期。

[22]黄爱华、姚英杰:《跨国公司在产业集群中的诱因导向作用》,《特区经济》2006 年第 12 期。

[23]黄范章:《从世界的视野看我国新型工业化道路》,《中国工业经济》2003 年第 6 期。

[24]黄中伟、王宇露:《关于经济行为的社会嵌入理论研究述评》,《外国经济与管理》2007 年第 12 期。

[25]江小娟:《我国对外投资的战略意义与政策建议》,《中国外汇管理》2000 年第 11 期。

[26]江小娟:《中国的外资经济——对增长、结构升级和竞争力的贡献》,中国人民大学出版社 2002 年。

[27]李斌、陈军:《中国新型工业化研究综述》,《特区经济》2007 年第 8 期。

[28]李小建、李二玲:《产业集聚发生机制的比较研究》,《中州学刊》2002年第4期。

[29]李依然:《跨国公司社会责任的历史变迁》,《辽宁师范大学学报》2007年第11期。

[30]李屹:《国际开发区发展的历程及对我国新时期开发区建设的启示中》,《中国发展观察》2006年第8期。

[31]梁琦:《产业集聚论》,商务出版社,2004年第10期。

[32]梁琦:《跨国公司海外投资与产业集聚》,《世界经济》2003年第9期。

[33]卢明华、李国平:《全球电子信息产业价值链及对我国的启示》,《北京大学学报》(社科版)2004年第4期。

[34]罗汉春:《跨国公司为中国经济提速》,《中国外资》2005年第2期。

[35]吕政:《我国新型工业化道路探索》,《经济与管理研究》2003年第2期。

[36]马宗国、张咏梅:《产业集群竞争优势的来源——企业合争机制》,《科学学研究》2006年第8期。

[37]毛新雅、王桂新:《FDI区位决策中的产业集聚因素——基于长江三角洲的实证研究》,《财经科学》2005年第5期。

[38]毛蕴诗、蒋敦福、曾国军:《跨国公司在华撤资:行为、过程、动因与案例》,中国财政经济出版社2005年10月。

[39]毛蕴诗:《跨国公司战略竞争与国际直接投资》,中山大学出版社2001年6月。

[40]聂鸣、李俊、骆静:《OECD国家产业集群政策分析和对我国的启示》,《中国地质大学学报》2002年第1期。

[41]聂鸣、周煜:《全球价值链背景下国有汽车企业的发展路径》,《改革》2007年4期。

[42]钱平凡:《实施产业集群发展的战略思路》,《宏观经济管理》2003年第11期。

[43]乔尔·布利克、戴维·厄思斯特:《协作型竞争》,中国大百科全书出版社1998年8月。

[44]丘海雄、于永慧:《嵌入性与根植性——产业集群研究中两个概念的

辨析》,《广东社会科学》2007 年第 1 期。

　　[45]邱国栋、白景坤:《价值生成分析:一个协同效应理论框架》,《中国工业经济》2007 年第 6 期。

　　[46]任保平:《中国 21 世纪的新型工业化道路》,中国经济出版社 2005 年 11 月。

　　[47]任胜钢:《跨国公司投资与苏州产业集群发展》,《中国软科学》2005 年第 1 期。

　　[48]任胜钢:《论跨国公司与集群的互动关系》,复旦大学博士论文,2004 年。

　　[49]邵剑兵、王蕴:《从嵌入性视角解读丰田公司》,《中国人力资源开发》2009 年第 3 期。

　　[50]孙俊:《跨国投资与服务贸易比较优势》,《国际贸易问题》2002 年第 9 期。

　　[51]唐华东:《中国开发区 30 年发展成就及未来发展思路》,《国际贸易》2008 年第 9 期。

　　[52]唐慎:《论中国开发区的聚散功能及在中国经济转型中的复制作用》,《探索》2005 年第 2 期。

　　[53]汪宇瀚:《我国企业如何应对跨国公司的"集聚生存"》,《商业时代》2007 年第 18 期。

　　[54]王缉慈、罗家德、童昕:《东莞和苏州台商 PC 产业群的比较分析》,《中国地质大学学报》2003 年第 2 期。

　　[55]王缉慈、王可:《区域创新环境与企业根植性——兼论我国高新技术企业开发区的发展》,《地理研究》2000 年第 4 期。

　　[56]王缉慈:《创新的空间:企业集群与区域发展》,北京大学出版社 2001 年 5 月。

　　[57]王剑、徐康宁:《FDI 区位选择、产业聚集与产业异质——以江苏为例的研究》,《经济科学》2005 年第 4 期。

　　[58]王恺伦:《全球经济一体化中的国际生产组织研究》,浙江大学博士论文,2007 年。

　　[59]王雷:《基于跨国公司的区域集群技术演进路径及优化措施——以广

东东莞 IT 制造业集群为例》,《当代经济管理》2007 年第 3 期。

[60]王连森:《跨国公司海外子公司竞争优势及其来源的衡量与判别:基于产品获利性的研究》,山东大学博士论文,2007 年。

[61]王益民、宋琰纹:《跨国公司理论前沿进展:全球战略——地理空间内生互动视角》,《亚太经济》2007 年第 4 期。

[62]王益民、宋琰纹:《跨国公司在华直接投资的地理空间集聚:总体特征与演化趋势分析》,《未来与发展》2007 年第 7 期。

[63]王志乐:《2002—2003 跨国公司在中国投资报告》,中国经济出版社 2003 年 1 月。

[64]王志乐:《2004 跨国公司在中国投资报告》,中国经济出版社 2005 年。

[65]王子龙、谭清美、许箫迪:《产业集聚水平测度的实证研究》,《中国软科学》2006 年第 3 期。

[66]韦伯:《工业区位论》,商务印书馆,1997 年。

[67]魏后凯:《中国制造业集中状况及其国际比较》,《中国工业经济》2002 年第 1 期。

[68]文嫮、杨友仁、侯俊军:《嵌入性与 FDI 驱动型产业集群研究——以上海浦东 IC 产业集群为例》,《经济地理》2007 年第 5 期。

[69]文嫮、曾刚:《全球价值链治理与地方产业网络升级研究—以上海浦东集成电路产业网络为例》,《中国工业经济》2005 年第 7 期。

[70]吴先明:《本土化的本质是全球化——跨国公司当地化:动因、特征与影响》,《中国外资》2002 年第 10 期。

[71]吴丰:《外商直接投资的聚集效应分析和吸引外资的新取向》,《外国经济与管理》2001 年第 11 期。

[72]吴秋明、陈捷娜、聂柯渐:《产业集群形成机理的集成论假说》,《华东经济管理》2006 年第 3 期。

[73]冼国明、陈建国:《国际直接投资规制框架:进展与问题》,《国际经济合作》2003 年第 9 期。

[74]冼国明:《车间遍及全球——跨国公司与国际一体化生产体系》,《瞭望新闻周刊》2000 年第 16 期。

[75]向世聪:《基于产业集聚的园区经济研究》,中南大学博士论文, 2006 年。

[76]项后军:《外资企业的迁移及其根植性问题研究——以台资企业为 例》,《浙江社会科学》2004 年第 3 期。

[77]谢洪明、蓝海林:《战略网络中嵌入关系的决定因素及其特征和影 响》,《管理科学》2003 年第 4 期。

[78]谢建国:《外商直接投资与中国的出口竞争力——中国的经验研》, 《世界经济研究》2003 年第 7 期。

[79]谢立新、戴广平:《关于核心竞争力理论的实证研究》,《商场现代化》 2005 年第 9 期。

[80]徐海洁、叶庆祥:《跨国公司本地嵌入失效的表现和成因研究》,《浙江 金融》2007 年第 8 期。

[81]徐康宁、陈奇:《外商直接投资在产业集群形成中的作用》,《现代经济 探讨》2003 年第 2 期。

[82]徐康宁:《开放经济中的产业集群与竞争力》,《中国工业经济》2001 年第 11 期。

[83]徐娜:《WTO 后时代跨国公司在华投资战略变迁》,《商业研究》2005 年第 22 期。

[84]徐强:《产业集聚因何而生——中国产业集聚形成机理与发展对策研 究》,浙江大学出版社 2004 年 12 月。

[85]许罗丹、谭卫红:《外国直接投资集聚效应在我国的实证分析》,《管理 世界》2003 年第 7 期。

[86]薛军:《跨国公司全球一体化条件下的当地化战略研究》,人民出版社 2008 年 3 月。

[87]亚当·斯密:《国民财富的性质和原因的研究》,商务印书馆 1981 年 6 月。

[88]闫二旺:《跨国公司与天津经济技术开发区产业群的发展》,《世界地 理研究》2004 年第 3 期。

[89]杨飞:《"嵌入型"集群中外资企业扎根失效机理分析——以珠三角东 莞市清溪镇 ICT 产品集群为例》,《改革》2004 年第 4 期。

[90]杨杰、罗志恒、张春元:《新型工业化评价指标体系研究》,《吉林大学学报》(社会科学版)2005年第3期。

[91]杨友仁、夏铸九:《跨界生产网络的在地化聚集与组织治理模式:以大苏州地区信息电子业台商为例》,《地理学报》2004年第36期。

[92]杨友仁、夏铸九:《跨界生产网络之在地镶嵌与地方性制度之演化:以大东莞地区为例》,《都市与计划》2005年第3期。

[93]叶庆祥、徐海洁:《基于知识溢出的集群企业创新机制研究》,《浙江社会科学》2006年第1期。

[94]叶庆祥:《跨国公司嵌入过程机制研究》,浙江大学博士论文,2006年。

[95]叶素文:《论影响跨国公司国际迁移战略选择的因素》,《商业时代》2005年第33期。

[96]易先桥:《跨国公司与产业集聚》,中南财经政法大学博士论文,2006年。

[97]殷华方、鲁明泓:《中国外商直接投资政策"渐进螺旋"模式:递推与转换》,《管理世界》2005年第2期。

[98]俞毅:《论东道国产业集群与跨国公司的直接投资:相互影响及政策建议》,《国际贸易问题》2005年第9期。

[99]袁阡佑:《东北产业集群研究——基于长三角产业集群的经验》,复旦大学博士论文,2006年。

[100]詹姆斯·穆尔:《竞争的衰亡——商业生态系统时代的领导与战略》,北京出版社1999年1月。

[101]张峰、黄健、陈卫斌:《外资生根民资升级》,《农村经济》2005年第8期。

[102]张辉:《全球价值链理论与我国产业发展研究》,《中国工业经济》2004年第5期。

[103]张辉:《全球价值链下西班牙鞋业集群升级研究》,《世界经济研究》2006年第1期

[104]张剑、袁洪飞、吴解生:《全球价值链视角下中国制造业地位的提升》,《企业经济》2007年第6期。

[105]张小蒂、王焕祥:《论跨国公司 FDI 中基于垄断优势的并购及其效应》,《国际贸易问题》2004 年第 2 期。

[106]赵蓓、莽丽:《外资与中国产业集群发展:从嵌入性角度的分析》,《福建论坛》(人文社会科学版)2004 年第 7 期。

[107]赵蓓:《产业群嵌入性和竞争力:计量分析》,《厦门大学学报》(哲学社会科学版)2005 年第 2 期。

[108]赵蓓:《嵌入性与产业群竞争力:理论研究与分析框架》,《东南学术》2004 年第 6 期。

[109]赵蓓文:《跨国公司在华投资战略演变与中国的外资政策调整》,《世界经济研究》,2008 年第 5 期。

[110]赵红梅:《社会网络嵌入性视角下 R&D 联盟形成动因研究》,《科技管理研究》2009 年第 8 期。

[111]赵景华:《跨国公司在华资子公司成长与发展战略的实证研究》,《管理世界》2002 年第 10 期。

[112]赵景华:《跨国公司在华子公司战略研究》,《经济管理出版社》2002 年 8 月。

[113]赵娟:《集聚经济与 FDI 的流入——对珠三角制造业的实证分析》,《特区经济》2005 年第 2 期。

[114]赵树宽、姜红:《区域新型工业化的一般特征与模式研究》,《吉林大学学报》(社会科学版)2003 年第 4 期。

[115]郑胜利、黄茂兴:《从集聚到集群——祖国大陆吸引台商投资的新取向》,《世界经济与政治论坛》2002 年第 3 期。

[116]朱华晟:《基于 FDI 的产业集群发展模式与动力机制——以浙江嘉善木业集群为例》,《中国工业经济》2004 年第 3 期。

[117]朱英明:《产业集聚研究述评》,《经济评论》2003 年第 3 期。

[118]庄晋财:《企业集群地域根植性的理论演进及政策含义》,《安徽大学学报(哲学社会科学版)》2003 年第 7 期。

[119]祖强、孙军:《跨国公司 FDI 对我国产业集聚和产业升级的影响》,《世界经济与政治论坛》2005 年第 5 期。

［120］Alfaro,L. ,Rodriguez-Clare,A. 2004,*"Multinationals and linkages:an empirical investigation"*,Economia,Vol. 4,Issue 2,pp. 113 – 56.

［121］References and further reading may be available for this article. To view references and further reading you must purchase this article.

［122］Andersson,U. &Forsgren,M. 2005,*"Managing subsidiary knowledge creation:The effect of control mechanisms on subsidiary local embeddedness"*,International Business Review,Vol. 14,Issue 5,pp. 521 – 538.

［123］Andersson, U. &Forsgren, M. 2000, *"In Search of Centre of Excellence:Network Embeddedness and Subsidiary Roles in Multinational Corporations"*,Management International Review,Vol. 40,Issue 4,pp. 329 – 350.

［124］Andersson, U. , Forsgren, M. 1996, *"Subsidiary Embeddedness and Control in Corporation"* , the Multinational International Business Review,Issue 5,pp. 487 – 508.

［125］Andersson,U. ,Forsgren,M. Pedersen,T. 2001, *"Subsidiary Performance in Multinational Corporations: the Importance of Technology Embeddedness"*,International Business Review,Vol. 10,Issue1,pp. 3 – 23.

［126］Andersson, U. , Forsgren, M. &Holm, U. 2002, *"The Srategic Impact of External Networks: Subsidiary Performance and Competence Development in the Multinational Corporation"*, Strategic Management Journal. Vol. 23,Issue 11,pp. 979 – 986.

［127］Andersson, U. , Forsgren, M. and Pedersen, T. 2001,*"Subsidiary Performance in Multinational Corporations:the Importance of Technology Embeddedness"*,International Business Review,Issue 1,pp. 3 – 23.

［128］Audretsch, D. &Feldman, M. 1996,*"Knowledge Spillovers and the Geography of Innovation and Production"*. American Econonuc Review,Vol. 86,Issue 3,pp. 630 – 640.

［129］Baptista R. , Swann G. M. 1998,*"Do firms in clusters innovate more? Research Policy"*,Vol. 27,pp. 525 – 540.

［130］Birkinshaw J. M. , Hood, N. 1998, *"Multinational subsidiary evolution: capability and charter change in foreign-owned subsidiary* companies", Academy of Management Review, vol. 23, Issue 4, pp. 773 - 779.

[131] Birkinshaw, J. 1995, "*Is the Country Manager an Endanger Species*", Journal of Business Strategy, Vol. 16, Issue 3, pp. 20 - 32.

[132] Birkinshaw, J. 1997, "*Entrepreneurship in Multinational Corporations: The Characteristics of Subsidiary Initiatives*", Strategic Management Journal, Vol. 18, pp. 207 - 229.

[133] Birkinshaw, J. 2000, *Entrepreneurship in the Global Firm: Enterprise and Renewal*, Sage Publications Ltd.

[134] Birkinshaw, J. 2000, "*Upgrading of industry clusters and foreign investment*", International Studies of Management and Organization, Vol. 30, pp. 93 - 113.

[135] Birkinshaw, J., Bresman, H & Håkanson, L. 2002, "*Managing the Post-acquisition Integration Process: How the Human Iintegration and Task Integration Processes Interact to Foster Value Creation*", Journal of Management Studies, Volume 37, Issue 3, pp. 395 - 425.

[136] Birkinshaw, J. 1996, "*How Multinatinal Subsidiaries Mandates are Gained and Lost*", Journal of International Business studies, Vol. 27, Issue 3, pp. 467 - 495.

[137] Blonrstrom, Magnus, Kokko, Ari. 1997, "*How Foreign Investment Affects Host Countries?*", Policy Research Working Paper, The World Bank.

[138] Brandenburger, A. M. Nalebuff, B. J. 1996, *Co-opetition: A Revolutionary Mindset That Combines and Co-operation: The Game Theory Strategy That's Changing the Game of Business*, Publication Pre. June.

[139] Braunerhjelm, P., Svensson, R. 1996, "*Host country characteristics and agglomeration in foreign direct investment*", Applied Economics, Volume 28, Issue 7, July, pp. 833 - 840.

[140] Brusco. 1990, *The Idea of the Industrial District: the Experience of Italy*, London, Groom Helm.

[141] Buckley, P. J. & Casson, M. C. 1976, *The future of multinational enterprise*. London: Macmillan.

[142] Capello R, 1999, "*Spatial Transfer of Knowledge in High Technology Milieus: Learning Versus Collective Learning Processes*", Regional Studies, vol. 33, pp. 353 - 365.

[143] Capello, R. &Nijkamp, P. 1996, "*Regional Variations in Production Network Externalities*", Regional Studies, Vol. 30, pp. 225 - 237.

[144] Chen, H. &Chen, T. J. 1998, "*Foreign Direct Investment as a Strategic Linkage*", Thunderbird International Business Review, Vol. 40, pp. 13 - 30.

[145] Chen, T. J. , Chen, H. &Ku, Y. H. 2004, "*Foreign Direct Investment and Local Linkages*", Journal of International Business Studies, Vol. 35, pp. 320 - 333.

[146] Cheng, L. K. , Kwan, Y. K. , 2000, "*What are the Determinants of Location ofForeign Direct Investment? The Chinese Experience*", Journal of International Economics, Vol. 51, pp. 379 - 400.

[147] Czamanski S. 1971, "*Some empirical evidence of the strengths of linkages between groups of related industries in urban-regional complexes*", Regional Science Association, Vol. 27, Issue 1, pp. 137 - 150.

[148] David, Finegold, Wong, Poh-Kam and Cheah, Tsui-Chern. , 2004, "*Adapting a Foreign Direct Investment Strategy to the Knowledge Economy: The Case of Singapore's Emerging Biotechnology Cluster*", European Planning Studies, issue 7, pp. 921 - 941.

[149] Dicken, P. *Global Shift* , 1998, 3rd edition. New York: Guilford.

[150] Dunning, J. H. 1993, "*Multinational Enterprises and the Global Economy, Wokingham England and Reading*", Mass: Addison Wesley.

[151] Dunning, J. H. , 1979, "*Explaining Changing Patterns of International Production: In Defence of the Eclectic Theory*", Oxford Bulletin of Economics and Statistics, Vol. 11, pp. 256 - 289.

[152] Dunning, J. H. , 1981, *International Production and the Multinational Enterprise*, London, UK: Allen and Unwin.

[153] Dunning, J. H. , 2002, "*Relational Assets, Networks and*

International Business Activity". In Contractor, F. J. &Lorange, P. (eds.). Cooperative Strategies and Alliances, Pergamon: New York, pp. 569 - 594.

[154]Dunning, J. H. 1998, "*Location and Multinational Enterprise: A Neglected Factor?* ", Journal ofInternational Business Studies, vol. 39, Issue1, pp. 45 - 65.

[155]Dunning, J. H. , 2000, "*The Eclectic Paradigm as Envelope for Economic and Business Theories of MNE Activity*", International Business Reviews, Issue 9, pp. 163 - 190.

[156]Enright, M. , 2002, "*Regional clusters: what we know and what we should know*", paper presented at the Kiel Institute International Workshop on Innovation Clusters and Interregional Competition, May, pp. 1 - 28.

[157]Enright, M. 1998, *Regional Clusters and Firm Strategy*, in Alfred D. Chandler (eds.). , The Dynamic Firm: The Role of Technology, Strategy, Organization, and Region. Oxford University Press.

[158]Enright, M. , 1990, *Geographic concentration and industrial organization*, Harvard University.

[159]Fletcher, R. , 2001, "*A Holistic Approach to Internationalization*", International Business Review, vol 10, issue 1, pp. 25 - 29.

[160] Forsgren, M. , 2005, "*Managing Subsidiary Knowledge Creation: The Effect of Control Mechanisms on Subsidiary Local Embeddedness*", International Business Review, issue 14, pp. 521 - 538.

[161]Forslid, R. , Haaland, J. and Midelfor, K. K. 2002, "*A U-shaped Europe? A Simulation Study of Industry Location* ", Journal of International Economics, Vol. 57, pp. 273 - 297.

[162] Fujita, M. , Krugman, P. , Venables, A. J. 2001, The Spatial Economy: Cities, Regions, and International Trade, The MIT Press.

[163]Garcia, Q. and Velasco, B. 2002, "*Co-opetition and Performance: Evidence from European Biotechnology Industry*", Proceedings of the EURAM Conference "Innovative research in management", Stockholm, Sweden, May.

[164] Gereffi, G. & Korzeniewicz, M. 1994, *Commodity Chains and Global Capitalism*, New York: Praeger.

[165] Gereffi, G. & Hamilton, G. , 1996, "*Commodity Chains and Embedded Networks: the Economic Organization of Global Capitalism*", Paper Presented at the Annual Meeting of the American Sociological Association Meeting, New York City, August.

[166] Gereffi, G. and Memdovic, O. 2003, "*The Global Apparel Value Chain: What Prospects for Upgrading by Developing Countries*", United Nations Industrial Development Organization, H ttp://w w w. Unido. org.

[167] Gereffi, G. & Kaplinsky, R. 2001, "*The value of value chains*", IDS Bulletin, Vol. 32, issue 3, pp. 1 - 81.

[168] Gereffi, G. 1999, "*International Trade and Industrial Upgrading in the Apparel Commodity Chains*", journal of International Economics, Vol. 48, pp. 201 - 212.

[169] Gourevitch, P. , Bohn. R and Mckendrick, D, 2000, "*Globalization of Production: Insights from the Hard Disk Drive Industry*", World Development, Vol. 28, issue 2, pp. 301 - 317.

[170] Granovetter, M. 1985, "*Economic Action and Social Structure: The Problem of Embeddedness*", American Journal of Sociology, Vol. 91, Issue 3, pp. 481 - 510.

[171] Granovetter, M. 1992, "*Problems of Explanation in Economic Sociology*", In Nitin Nohria and Robert G. Eccless, Netyvorks and Organizations: Structure, Form, and Action, Boston: Harvard Business School Press, pp. 25 - 56.

[172] Hagedoorn, J. & Narula, R. , 1996, "*Choosing Organizational Modes of Strategic Technology Partnering: International Sectoral Differences*", Journal of International Business Studies. Vol. 33, pp. 265 - 284.

[173] Halinen, A. & Tornroos, J. 1998, "The Role of Embeddedness in the Evolution of Business Networks", Scandinavian Journal of Management, Vol. 14, Issue 3, pp. 187 - 205.

［174］Hamel,G. ,Doz,Y. L. and Prahalad,C. K. 1989,Collaborate with Your Competitors,and Win,Harvard Business Review,Vol. 67,Issue1,pp. 133－139.

［175］Hayter,R. ,1997,*The Dynamics of Industrial Location：The Factory,the Firm and the Production System*,John Wiley,Chichester.

［176］Henry,Wai-Chung. ,Yeung,Wei-Dong and Peter,Dicken. ,2006,
" *Transnational Corporations and Network Effects of a Local Manufacturing Cluster in Mobile Telecommunications Equipment in China*",World Development,Issue 3,pp. 520－540.

［177］Hermes, N. , Lensink, L. , 2003, "Foreign direct investment, financial development and economic growth ", Journal of Development Studies,Volume 40,Issue 1,pp. 142－163.

［178］ Hess, M. , 2004, " *Spatial relationships? Towards a reconceptualisation of embeddedness* " Progress in Human Geography,Vol. 28,Issue 2,pp. 165－186.

［179］Hochtberger,K. ,Zademach,H. M. &Grimes,S. 2003,"*Aspiring Affiliates,Global Project Networks and Local Embeddedness——Evidence from Bangalore,India*",CISC Working Paper No. 7 October.

［180］Hoover E M. ,1975,*An Introduction to Regional Economics*,NewYork McGraw-Hill.

［181］Hoover,E M. ,1937,*Location Theory and the Shoe and Leather Industries*,Harvard University Press.

［182］Hummels, D. , Ishii, J. and Yi, K. M. , 2000, "*The nature and growth of vertical specialization in world trade*",Journal of International Economics,Vol. 54,Issue 1,pp. 75－96.

［183］Humphrey J, Schmitz H. 2002, "*How does insertion in global value chains affect upgrading in industrial clusters?*", Regional Studies, Vol. 36,Issue 9,pp. 27－36.

［184］Hymen,S. H. ,1976,*The International Operations of National Firms：A Study of Direct Foreign Investment*,MIT Press.

[185]Jessop,B. 2001,"*The Social Embeddedness of the Economy and its Implications for Economic Governance*", Journal of International Economics,Vol. 54,Issue 1,June,pp. 75 - 96.

[186] Johannisson, B. , Marcela, R. P. , Karlsson, G. , 2002, "*The institutional embeddedness of local inter-firm networks: a leverage for business creation*" Entrepreneurship & Regional Development, Vol. 14, Issue4,pp. 297 - 315.

[187]Kindleberger,C. P. 1969,*American Business Aboard :Six Lectures on Direct Investment* ,NewHaven: Yale University Press.

[188] Knicherbocher, F T. 1973, *Oligopolistic Reaction and the Multinational Enterprise* ,Harvard University Press.

[189]Kogut,B. 1985,"*Designing Global Strategies : Comparative and Competitive Value-added Chains*", Sloan Management Review, Vol. 26, Issue 4,pp. 321 - 328.

[190] Kogut, B. , ventures: 1988, "*Theoretical and Empirical Perspectives*",Strategic Management Journal,Vol. 9,Issue 4,pp. 319 - 332.

[191] Krugman, P. "*Increasing Retures and Economi Geography*", Journal of Political Economy,1991,Vol. 99,pp. 183 - 199.

[192]Kumar, N. , Scheer, L. K. , &Steenkamp, J. M. "*The Effect of Perceived Interdependence on DealerAttitudes*", Journal of Marketing Research,1995,Vol. 32,pp. 348 - 356.

[193] Lall, Sanjaya, 2004, "*Industrial Success and Failure in a Globalizing World. International*", Journal of Technology Management and Sustainable Decelopment,Issue 3,pp. 189 - 213.

[194] Leahy, D. Pavelin, S. 2003, "*Follow-my leader FDI and Tacit Collusion*",International Journal of Industrial Organization,Vol. 21,pp. 439 - 453.

[195]Liesch P W,G A Knight. 1999,"*Information Internalization and Hurdle Rates in Small and Medium Enterprise Internationalization*", Journal of International Business Studies,Vol. 30,pp. 383 - 394.

[196]Luger,M. S. ,1985,"*Determinants of Foreign Plant Start-ups in*

the United States：Lessons for Policy Makers in the Southeast，Vanderbilt"，Journal of Transnational law，Vol. 6，pp. 223 – 45.

[197] Luo，Y. D. 2002，"Contract, Cooperation, and Performance in International Joint Ventures"，Strategic Management journal，Vol. 23，pp. 903 – 919.

[198] Makki，S.，and Somwaru，A.，2004，"Impact of Foreign Direct Investment and Trade on Economic Growth：Evidence from Developing Countries"，American Agricultural Economics Association，Vol. 86，pp. 795 – 801.

[199]Markusen，A.，1996，"Sticky places in slippery space：a typology of industrial districts"，Economic Geography，Vol. 72，pp. 293 – 313.

[200]Martin，H.，2004，"Spatial relationships Towards a re-conceptualization of embeddedness" [EB/OL]. GPN Working Paper，http：//www. art man. ac. Uk/ Geog / gpn/pdfs/gpnwp5. pdf.

[201]McCann，P.，Arita. T.，Gordon，I. R.，2002，"Industrial clusters, transactions costs and the institutional determinants of MNE location behaviour"，International Business Review，Vol. 11，pp. 647 – 663.

[202] Mytelka，L. and Farinelli，F. 2000，"Local Clusters, Innovation Systems and Sustained Competitiveness"，Presented at the Meeting on Local Productive Clusters and Innovation Systems in Brazil：New Industrial and Technological Policies for their Development. Rio de Janeiro，September pp. 4 – 6.

[203]Nachum，L. &.Keeble，K. 2000，"Foreign and Indigenous Firms in the Media Clusters of Central London，ESRC Centre for Business Research"，University of Cambridge Working Paper，No. 154，March.

[204] Nigel，D. 2000，"Industrial Performance, Agglomeration, and Foreign Manufacturing Investment in the UK"，Journal of International Business Studies，Vol. 31，Issue 1，pp. 21 – 37.

[205]Nohria，N. &.Garcia-Pont，C. 1991，"Global Strategic Linkage and Industry Structure"，Strategic Management Journal，Issue12，pp 105 – 124.

[206] Park S. & Markusen，A，1995，"Generalizing new industrial districts：A theoretical agenda and an application from a non-Western

economy", Environment and Planning, Issue 5, pp. 65 - 72.

[207]Peters E, Hood N. 2000, "*Implementing the cluster approach:
some lessons from the Scottish experience*", International Studies of
Management & Organization, Vol. 30, Issue 2, pp. 68 - 94.

[208] Phelps, N. , MacKinnon, D. , Stone, I. &Braidford, P. , 2003,
"*Embedding the Multinationals Institutions and the Development of
Overseas Manufacturing Affiliates in Wales and North East England*",
Regional Studies, Vol. 37, Issue1, pp. 27 - 40.

[209]Philippe,G. , Serge,B. , 2007, "*FDI Effects on National Competi-
tiveness: A Cluster Approach.*", International Advances in Economic
Research, Vol. 13, Issue 3, pp268 - 284.

[210]Polanyi,K. *The Great Transformation*, New York: Farra, 1944.

[211]Porter,M. , 1980, *Competitive Strategies*, NY: Free Press.

[212] Porter, M. , 1998, "*Cluster and the New Economic of
Competition*", Harvard Business Review, Vol. 76, Issue 6, pp. 77 - 90.

[213] Porter, M. , 1985, *Competitive Advantage: Creating and
Sustaining Superior Performance* , New York: The free Press.

[214]Porter,M. 1986, "*Competition in Global Industries: A Conceptual
Framework*", In Porter, M. (eds). Competition in Global Industries, Boston,
MA: Harvard Business School Press.

[215]Quince,T. &Whittaker,H. 2002, "*Close Encounters: Evidence of
the Potential Benefits of Proxinuty to Local Industrial clusters*"[EB/OL].
http://ideas. repec. org/p/cbr/cbrwps/ wp235. html.

[216]Ricart,J. E. , Caldart, A. A. , 2004, "*Corporate strategy revisited:
a view from complexity theory*", European Management Review, Issue 5,
pp. 126 - 135.

[217] Rugman, A. M. , 2000, *Multinationals as Flagships Firms:
Regional Business Network* , Oxford University Press.

[218] Rugman, A. and Verbeke, A. , 2003, *Multinational Enterprises
and Clusters: An Organizing Framework* , Working Paper.

[219]Saxenian A. ,1994,*Regional advantage:culture and competition in silicon valley and route* 128,Harvard University Press.

[220] Saxenian, A. &·Hsu, J. Y. , 2001, "*The Silicon Valley-Hsinchu Connection:Technical Communities and Industrial upgrading*", Industrial and Corporate Change,Vol. 10,Issue 4,pp. 893 – 920.

[221]Schmitz,H. 1995,"*Collective Efficiency:Growth Path for Small-Scale Industry*",Journal of Development Studies,Vol. 31,Issue 4,pp. 529 – 566.

[222]Scott, A. J. 1998,*Regions and the World Economy:the Coming Shape of Global Production*, *Competition and Political Order*, Oxford University Press.

[223] Scott, A. , 1993, *Technopolis:High-Technology Industry and Regional Development in South California*,Berkeley:UC Press.

[224] Scott, A. , 1992, "*The Role of Large Producers in Industrial Districts:A Case Study of High Technology Systems Houses in Southern California*", Regional Studies: The Journal of the Regional Studies Association,Vol. 26,Issue 3,pp. 265 – 275.

[225] Shapiro, D. M. , Eric, G. and Erdener, C. , 2003, "*The Chinese Family Firm as A Multinational Enterprise*",The International Journal of Organizational Analysis,Issue 11,pp. 105 – 122.

[226] Smith, D. , Florida, R. , 1994, "*Agglomeration and Industrial Location:An Econometric Analysis of Japenese-affiliated Manufacturing Establishment in Automotive-related Industries* ", Journal of Urban Economics,Vol. 36,Issue1,pp. 23 – 41.

[227]Storper,M. ,1992, "*The Limits to Globalization:Technology Districts and International Trade*",Economic Geography,Vol. 68,pp. 60 – 96.

[228]Storper,M. , 1993,"*Regional 'Worlds' of Production:Learning and Innovation in the Technology Districts of France*,*Italy and the USA*", Regional Studies:The Journal of the Regional Studies Association, Vol. 27, Issue 5,pp. 433 – 455.

[229]Storper,M. 1997,*The Regional World:Territorial Development*

in a Global Economy,New York:Guilford Press.

[230]Thompson. E. R. 2002,*"Clustering of Foreign Direct Investment and Enhanced Technology Transfer: Evidence from Hong Kong Garment Firms in China"*,World Development,Vol. 30,Issue 5,pp. 873 – 889.

[231] UNCTAD, 2001, *World Investment Report*, New York: United Nations.

[232] Venables, A. J. , 1996, *"Localization of industry and trade performance Oxford Journals Social Sciences"*,Oxford Review of Economic Policy,Vol. 12,Issue 3,pp. 52 – 60.

[233]Victor F. S. & Weidong, Liu. ,2000,*"Restructuring and Spatial Change of China's auto Industry under Institutional Reform and Globalization"*,Annals of the Association of American Geographers,vol. 90, Issue 4,pp. 653 – 673.

[234]Whitel, M. C. , 2003, *"Inward Investment, Firm Embeddedness and Place: An Assessment of Ireland's Multinational Software Sector"*, CISC Working Paper,No. 1,www. nuigalway. ie/cisc,October.

[235]Williamson,O. E. , 1975,*Markets and Hierarchies: Analysis and Antitrust Implications*,New York:Free Press.

[236] Yeung, W. C. H. , Liu, W. , Dicken, P. , 2006, *"strategic agglomerations: Transnational corporations and network effects of a local manufacturing cluster in mobile telecommunications equipment in China"*, World Development,Vol. 34,Issue 3,pp. 520 – 540.

[237] Yeung, H. W. C. 1998, *"The Social-spatial Constitution of Business Organisations: a Geographical Perspective"*, Organization, Vol. 5, Issue 1,pp. 101 – 128.

[238]Yeung, H. W. C. 2000,*"Local Politics and Foreign Ventures in China's Transitional Economy: The Political Economy of Singaporean Investments in China"*,Political Geography,Vol. 19,pp. 809 – 840.

[239] Yeung, H. W. C. , Poon, P. & Perry, M. 2001, *"Towards a Regional Sstrategy: the Role of Regional Headquarters of Foreign Firms*

in Singapore", Urban Studies, Vol. 38, Issue 1, pp. 157 – 183.

[240] Young S, Hood N and Peters. E. , 1994, " *Multinational Enterprises and Regional Economic Development"*, Regional Studies, Vol. 28, Issue 7, pp. 657 – 677..

[241]Zukin, S. & Dimaggio, P. , 1990, *Structures of Capital : The Social Organization of the Economy* , Cambridge University Press.

后　记

　　改革开放的 30 年,是我国不断发展壮大和取得辉煌成就的 30 年。而我国开发区的建立和发展,无疑是其中最华美的乐章之一。大连开发区被称为"神州第一开发区",她从昔日荒凉的小渔村迅速变成了一个生机勃勃的现代化新城区和跨国公司的集聚地。作为其中的一员,有幸亲身经历了她沧海桑田般的变迁,兴奋之余,每每感慨良多。饮水思源,寻根探奇,两种情绪交织在一起,一种对开发区发展的研究热望常常萦绕心中,挥之不去。然而,直接引发我研究欲望的是英特尔的投资。2007 年 3 月,全球 IT 产业的领导者——英特尔公司宣布将在大连开发区投资 25 亿美元建设一个现代化的芯片工厂。该信息一经宣布,立即引起广泛的轰动效应。英特尔巨资投在大连开发区,不仅让大连这个老工业基地看到复兴与新兴的希望,也为大连开发区的二次腾飞提供了难得的机遇。如何利用这一契机使大连开发区形成 IT 产业集聚效应,使之成为中国乃至亚洲新兴的 IT 产业中心,进而带动整个辽宁乃至东北地区的发展? 这引起了我的深思,也促使我下定决心对此进行研究。我愿通过此书将自己多年的思考及感想反映出来,如果能对开发区发展有所裨益的话,将是本人的最大荣幸。

　　多年来,我一直以孔子的"学而不厌"为座右铭,博览群书,孜孜以求,以书为友,以书为师,以书为乐,先后涉猎理、工、经、管、法等五大学科,虽历尽艰辛而不悔,每每为书中的思想智慧所折服,对著作者更是怀有景仰之情,常常幻想有一天自己也能出一本书。作为一个"学者"来说,如果只是"学而不作",也是令人遗憾之事。本书的出版将实现自己多年的愿望,也弥补了此生的遗憾,尽管它还有很多不足之处。

　　本书是在博士论文的基础上修改而成的。读博的三年,不仅使我有机会接触到了当代最先进的理论方法,而且对自己的知识进行了系统整合,同时结识了众多良师益友,可以说收获多多,感激多多。感谢东北财经大学艾洪德校长的亲切关怀并亲自为本书作序,感谢夏春玉教授、卢昌崇教授、高良谋教授、林忠教授等众多名师的教诲和指导,他们严谨的治学风格、谦逊豁达的为人风范为我树立了人生楷模,这将使我受益终生。特别要感谢我的导师邱国栋教授,是他在繁重的教学科研之余,对我的论文及书稿给予精心指导。

感谢李宇博士、李依然博士、李福成博士、白景坤博士、姜英来博士、马鹤丹博士、张媛媛博士、赵淑惠博士、邵晓琰博士、赵聚辉博士、汪寿成博士、薛睿博士、郭英博士等学友的热情帮助,与这些青年博士的交流给了我很多灵感和人生动力。

感谢大连开发区解学慧局长、赵盛相主任、张秀花处长、李明哲女士的大力支持,感谢北京开发区、天津开发区、昆山开发区、苏州工业园区、上海漕河泾开发区、上海金桥出口加工区等有关开发区领导的无私帮助,感谢对外经济贸易大学王玉荣教授、江西财经大学康静萍教授、内蒙古大学冯福林教授的热情帮助。

感谢我所在的大连民族学院各位领导的大力支持,感谢大连民族学院经管学院马林院长等领导的热心帮助,感谢大连民族学院高等教育发展研究中心李鸿主任的关心指导,感谢刘秀玲教授、李桂荣教授、戴向平教授、郭京福教授、田玉萍副教授、谭会萍副教授,张顺副教授、于成学博士、郑时博士的热情支持,特别要感谢我的家人给予我的无私关爱和帮助。

感谢本书借鉴或引用过的各位专家学者,他们的著作、他们的智慧,给了我许多思想的火花。对于引用部分,本书尽可能注明其准确出处,但难免有一些纰漏之处,在此表示歉意。

在本书出版过程中,人民出版社鲁静女士给了我大力的帮助,并做了大量细致的工作,特此致谢!同时对责任编辑、装帧设计及责任校对等各位老师的辛勤劳动表示衷心的感谢!

本书获得了教育部人文社科规划基金项目的资助,使本书得以顺利出版。感谢评委们客观公正的评审,感谢专家们对学术新人的呵护,我决心沿着这一方向继续研究下去,以不负众望。

陈景辉

2009 年 12 月 26 日晚于大连开发区松海庄园

责任编辑:鲁　静
责任校对:湖　催

图书在版编目(CIP)数据

中国开发区产业集聚研究——基于跨国公司嵌入视角/陈景辉　著.
　-北京:人民出版社,2010.2
ISBN 978－7－01－008857－0

Ⅰ.中… Ⅱ.陈… Ⅲ.经济开发区-产业经济学-研究-中国 Ⅳ.F127.9

中国版本图书馆 CIP 数据核字(2010)第 067236 号

中国开发区产业集聚研究
ZHONGGUO KAIFAQU CHANYE JIJU YANJIU
——基于跨国公司嵌入视角

陈景辉　著

人民大版社 出版发行
(100706　北京朝阳门内大街 166 号)

北京集惠印刷有限责任公司印刷　新华书店经销

2010 年 2 月第 1 版　2010 年 2 月北京第 1 次印刷
开本:700 毫米×1000 毫米 1/16　印张:22.75
字数:363 千字　印数:0,001—3,000 册

ISBN 978－7－01－008857－0　定价:42.00 元

邮购地址　100706　北京朝阳门内大街 166 号
人民东方图书销售中心　电话 (010)65250042　65289539

赵俊超 /著

中国留守儿童调查

ZHONGGUO LIUSHOU ERTONG DIAOCHA

人民出版社

目　　录

中国留守儿童调查

中国留守儿童调查

自　序

　　时间回溯到 2007 年。

　　2007 年 9 月 14 日，星期五，我随同蓝毛伟姐弟俩一起回家。这是我第一次走入留守儿童的生活，在此之前，5800 万留守儿童在我头脑中还仅仅是一个数字，一个符号。这一次，我真切地感受到了他们的感情世界、生存环境和生活状况。我震惊了。

　　当天晚上，在昏黄的灯光下面，我试图把自己的所见所感记录下来。然而，一天跋涉劳碌之后，实在没有精力即时整理。最大的难题还在于我当时没有相机，无法让大家和我同样感受当时的情景。如此穷僻之地，到哪里去借个相机呢？事有凑巧，学校里有个黄老师，当时刚好新买了一个相机。他连夜骑摩托车回到县城家里，把自己的新相机取回来给我用。"天赐良机"，成为这本报告的开端。

　　第二天一早，我对毛伟家的镜头进行了补拍，并去了更多的留守儿童家里。一个个故事，一个个孩子就此跃然纸上。韦丁生，一个漂亮的花季少女，独自带着弟弟生活，家里的房子却没有门，令我担心不已；周国荣，他的叔伯 7 人同去江西煤矿打工，因为矽肺病几乎全部病殁，留下一堆孤儿寡母；雯雯，由于缺乏父母保护而遭受性侵害，此后家里灾连祸结；更多的留守儿童是孤寂和想念，在我问起父母时潸然泪下……

从2007年至今，我已经10次到广西都安开展工作。如果仅按我进入留守儿童家庭的调查计算，也已经有4次，在这本书里按时间顺序将其编为上篇、中篇、下篇。随着时间的延伸，原来对留守儿童生活的描述已经变成对他们成长的记录。我第一次去时，周国荣还在上小学三年级，现在已经上了初中；韦排、潘天众、余明孟已经上了技校，袁丽妮、韦暖浪考上了在广西富有盛名的高中——都安高中；走得更远的，袁彩妮已经去广东深圳打工4年，韦丁生、韦妹也已去了1年多；这还不是走得最远的，走得最远的应该是王宁肖，她已经嫁人并且有了一个7个月大的男孩，当年的留守儿童已经升级为留守儿童的父母……

我国现有留守儿童超过5800万，对应的进城务工农民有2亿多，他们是我们社会主要物质财富和服务产品的创造者。支撑中国奇迹的不是爆炒的城市房地产，那些虽然数额动辄百亿、千亿，但仅仅是账面符号而已，影响的是财富分配而不是财富创造，并不能使社会增加哪怕是一个烧饼的财产。留守儿童家庭以他们的辛勤劳动和骨肉分离为代价，换得了中国经济的增长，理应得到我们的关注、关爱。这也将最终影响到我们每一个城市人自身的生活。政策层面应该采取措施来解决这种状况，在本书最后一个部分，作者提出了自己的建议，供读者指正。

需要补充的是，随着对当地了解不断加深，观察范围不断扩展，本书视角也相应扩大。除了对留守儿童之外，对当地的自然环境、农业生产、风土人物等也进行了描述。这有助于我们理解为什么他们的生活会与我们如此不同，也有助于我们理解为什么中国农村父母会那么狠心抛下孩子进城打工。同时，我也十分希望能实现人与自然的和谐，希望保护美丽的都安山水，希望城里人不要吃、当地人不要捉野生动物，希望把属于自然的东西都还给自然。

最后，向所有关心和帮助我的朋友们表示感谢。感谢我的工作单位中国发展研究基金会，为我提供各种机会和条件，使我能够有机会到都安进行调查，感谢王梦奎理事长的关注、推荐，感谢卢迈秘书长的指导、崔昕副秘书长的帮助和各位同事的支持和鼓励；感谢我的母校清华大学，我在这里度过12年求学时光，更有部分报告内容是在清华博士后在站期间完成的；我在广西时，得到当地教育部门、校长、老师们的大力支持，更得到了当地壮族、瑶族等各族农户家庭和孩子的积极配合和深情厚爱，在此向他们一并感谢。

谨以此书献给所有关心中国发展和留守儿童问题的人们。

赵俊超

2012 年 3 月 29 日

1.
农村孩子和他们的梦想

古山小学全景

　　上面的照片就是古山小学，全称"广西壮族自治区都安瑶族自治县古山中心小学"。2007年初，中国发展研究基金会与广西教育厅合作，在都安县几所农村学校开展"贫困地区寄宿制小学学生营养改善"项目，成为国内最早开展的学生餐项目。9月11

日，基金会派我到都安检查项目进展情况，古山小学是我的第一站。

这一次，我住在了学校里。借助这段时间，我着手准备一个更大的课题，对当地留守儿童状况开展调查。中国留守儿童已达5800万，这是一个令人震撼的数字，他们的状况令政府关注，也令每一个热心人士关心。此前在7月份，我曾来过这里一趟，可惜的是当时没有住下。来去匆匆，了解不深。利用非常有限的2个小时时间，我和古山小学的几个孩子进行过简单的交流。随行来采访学生餐项目的中国教育电视台记者为我留下了弥足珍贵的几张访谈照片。

石敏娟访谈

右边的照片记录了当时的情景。7月的广西，骄阳似火，酷热难耐，每个人的脸上都是汗涔涔的。访谈的这个女孩名叫石敏娟，今年13岁，就读于古山小学六年级2班。其时她已经算是毕业，过了这个暑假即将去乡里读初中。她告诉我，家里共有6口人，包括父母、奶奶和两个弟弟。她的爸爸在家务农，而妈妈去了广东打工，每月寄钱回来补贴家用。她的校园生活似乎过得不错，脸上总是洋溢着微笑。石敏娟很爱美，上身是雪白的上衣，领口和袖口都有些微喇叭，显得别致而优雅，下身着一条浅蓝磨白的牛仔裤，凸显青春时尚。仅从外观来看，她和城市女孩差别不大。和城里的孩子一样，她也喜欢追星，说自己喜欢超级女声里的何洁，希望将来与何洁一样成为歌星。说到这里，周围的孩子发出一阵哄笑，她也很羞涩地笑起来。

这是我第一次接触到留守儿童问题。加上在其他两所学校——三只羊小学和隆福小学访谈的孩子，总共30个孩子，都是随机抽取的，有男孩也有女孩，有大一些的也有很小的。令我震惊的是，在这30个孩子里面，父母双方或单方在外打工的共23人，比例达到76.7%。我没有想到，在这么闭塞的山区，留守儿童问题竟会如此普遍。在留守儿童中，父母双方外出的占到26.7%，这部分留守儿童完全由祖辈或者其他亲朋好友照看。务工人口年回家次数为2.2次，也就是说，留守儿童一年中只能与父母短暂团聚2次，而其他大部分时间里都属于留守状态。平时，他们寄宿在学校里生活、学习，周末则回到家里由父母单方、祖辈或其他亲戚照看。这就是他们生活的基本状态。

古山小学生群像

我对这种调查方式和深度很不满意。和小学生谈话的时候，由于环境喧闹，人多口杂，很难进行深入交流。而且，学校生活总是大同小异的，他们和我们平时所见的城市孩子并没有什么两样，都是相似的校园生活，相似的天真快乐，相似的爱蹦爱跳，相似的孩童梦想；得益于现代教育的发展，他们在学校里享受到了平静而有保障的生活。然而，他们的家庭生活是怎样的，他们的父母为什么要抛下他们去城里打工，他们是否想念父母？他们在生活中遇到哪些困难和问题？有哪些不为人知的故事？对这些问题，仅仅通过简单的校园问答是难以获取答案的。

我萌生了一个想法，就是到小学生们的家里去做家访，了解他们的家庭生活。这将是一个很艰难同时也是很有意义的工作。说它艰难，是因为这里是大山区，居住分散，交通不便，到农户家去往往需要翻山越岭，吃苦受累不说，还有某种危险性。曾经有一个来都安支教的大学生，在走山路时失足坠崖而死，现在他的塑像就矗立在县城里，成为我的前车之鉴。说它有意义，是因为家访可以使我了解到很多第一手的情况，具有真实性、全面性和深刻性。我计划在周末的时候，与小学生们一起放学回家，了解他们生活的全貌。

周五下午，很快就要到来了。

2.

艰难放学路

9月14日是周五，也是我来古山小学的第3天。这一天有些阴天，没有毒辣的太阳，只是，空气湿热沉闷，让人有些有汗发不出的感觉。考虑到一些学生家住得远，为了确保他们能在天黑之前走到家里，学校在周五这天没有安排午休和下午课。吃过午饭，各班集合起来由班主任强调一下安全事宜，学生们就可以回家了。

我决定和"小尾巴"一起回家。"小尾巴"是我结识的一个小男孩，今年才8岁，正在读一年级。他的名字叫蓝毛伟，我听见别的小同学戏谑地喊他"蓝猫的尾巴"，而且他对我这个外来的大朋友一点也不见生，整天跟在我身后，因此我亲切地称他

"小尾巴"——蓝毛伟

"小尾巴"。这个小孩性格非常活泼,有些淘气,但非常可爱。他热情地邀请我去他家里,于是我就接受了。除此之外,我选择去他家里还有另外一个原因,就是与他的一次谈话打动了我的心。他告诉我,自己的父母都在外做工,爸爸在玉林做服装裁剪工作,妈妈在桂平做铁水浇注工人。他看到我随身携带的指南针,就急切地问道:"博士,你能告诉我桂平在哪里吗?"我先是一愣,为什么会问桂平呢?随即我马上就明白了,他是想妈妈了啊。妈妈在桂平,找到了桂平,也就找到了妈妈,在他眼里,"桂平"就是妈妈。稚嫩的童心令我心颤。我很想知道,这个没有妈妈在身边的小孩,他在家里过得怎么样。我要去看一看。

"小尾巴"让我等一会儿,他要去找姐姐一起回家。他的姐姐正在读三年级,名字叫做蓝梅花。我以为只有他和姐姐两个人,没想到等了一会儿之后,竟叫来了五六个,加上其他同路的孩子,大概有20多人,在盘山公路上形成了一串长长的队伍。我们这一队人都是沿公路回家的,沿着从学校上方的柏油路,向县城方向走。更多的人是呈放射状,经羊肠小道向其他方向而去。此时,走山路的人多已从公路旁的小路上山,一时间,从山脚到山腰,石阶上草丛中,随处都是时隐时现的孩子身影,构成一幅壮观的场景。遗憾的是,和孩子们回家的这一次我还没有相机,他们回家的景象没能拍下来。这是个很大的缺憾。有感于此，我第二天千方百计借到一部相机（在这种山区，借到数码相机并不容易，这部相机是古山小学黄老师跑回县城，找他的未婚妻借的），在此之后的访谈都有了照片，并对"小尾巴"家进行了补拍。

我们沿着公路向前走。小男孩们都比较活跃，总是窜来跳去，一会儿去摘山葡萄，一会儿去追飞虫，一会儿又捧些山泉水来喝；小女孩们则比较稳重，一路只管低着头往前走。一个小男孩不知何时捉到一只大蜈蚣，约有十几公分长，红褐色的身体，张着钳状的大嘴，扭来扭去地要去咬小男孩的手。我的头皮都吓得发麻，喝令他立即扔掉，他却不以为意，听旁边的同学讲，这样的一只蜈蚣可以卖二到三元钱，这对小学生来讲是不小的收入，所以肯定是不能扔掉的。过了一会儿，在其他同学的帮助下，小男孩用石块砸掉了蜈蚣的硬嘴，这下蜈蚣彻底咬不到他了；而他的胆子也更大，把蜈蚣攥在手心里，上下左右地摆弄，还不时拿去吓唬小女生。

"小尾巴"一直在我前后左右，像只小兔子一样窜来蹦去。一路倒是平安无事，只是我觉得孩子们在这样的公路上走路不够安全，狭窄的公路上车来车往，而孩子们的天性却是贪玩好动，缺乏交通安全的意识；除此之外，这条路非常陡峭，有的路段下面就是悬崖，而有些男孩还伸手去够山葡萄。这都让我对他们的安全有些担心。女生们告诉我，那些男生都习惯了，不会有事的，我心里稍安。然而，后来了解的一些情况证明我的担心并非完全多余。

队伍中有个小姑娘引起了我的注意。她叫覃柳素，今年才5岁，是全校最小的几个学生之一，个子只有一点点。这么小的孩

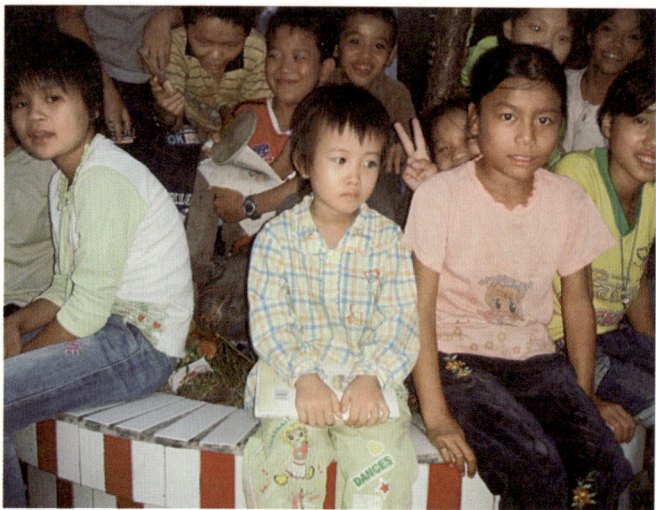

忧郁的覃柳素

子，脸上却总是写满了忧郁，和操场上其他喧闹的孩子们形成了鲜明的对比。她读学前班，也是个住校生。有一天晚自习的时候，我到教室看他们。只见小柳素一动不动地坐在小椅子上，双肘撑着课桌，脸颊深埋在小手里。我发现她的两只大眼睛里噙满了泪水，像是受了天大的委屈一样。我问，"谁欺负你了?"她只是摇头，一句话也不说。旁边的同学告诉我，小柳素刚到学校，还听不懂普通话；她哭是因为想妈妈了。我安慰了她一会儿，大概是看很多人都在陪她说话，她不再那么孤独害怕，渐渐止住了眼泪。后来我才得知，她想妈妈也是无用，因为她妈妈抛下她和别人跑了，她对老师说："老师，我没有妈妈了……我妈妈嫁人了……"而今天，她背着一个和她的身材很不相称的大书包，走在回家的队伍里。离开校门大约20分钟之后，公路边出现了一条往下的小路，指向山谷中的村庄，那里就是小柳素的家，其实，那个村庄只有几栋房子而已。她随着几个大点的孩子下了路。放眼望去，小柳素走在草丛中，小小的身影几乎完全被野草遮没。

就这样，学生队伍走在公路上，每过一个村庄（确切地说应该是"屯"），就有一批人走下路，而我们的队伍也越来越小。有时候，我们也会走下公路，这是由于坡度太大，公路弯曲很多，比如这段"九曲十八拐"的下山道，如果沿着公路走，走的路就太长。在这种情况下，我们会从公路边上走山路直接下去，跨过弯曲部而直接走到下面的公路上。路固然是短了，但却十分陡峭，稍一失足就会跌落下去。他们走起来似乎很习惯，穿着塑料凉鞋还能健步如飞，而我则走得很慢，影响了队伍的行进速度。

走啊走，道路却始终不见尽头。我走得两腿酸痛，几次问

"九曲十八拐"的盘山公路

通往"小尾巴"家的路

他们是否已经快到家了，而他们总是摇头。问得多了，我便不再问，只是跟着他们走。孩子们告诉我，要歇息只能到家门口，否则一歇脚可能就更加没有力气走路了。这是他们长期走路的宝贵经验。我们的队伍越来越小，最后只剩下"小尾巴"姐弟和韦丁生姐弟，他们两家是邻居；紧接着，我们看到一座尖尖的山，他们说等到了那里就算是到了家；再走了一阵，终于到了这座小山的脚下，有一个老太太背着一个孩子正在那里迎候，"小尾巴"姐弟异口同声地喊道："外婆!"谢天谢地，"小尾巴"的家终于到了!

然而，这仍然不算是到了"小尾巴"家，仍然有一段路程要走。公路边有一个简易的石阶，我们从公路走到石阶上，从两块大石头之间穿过去，这之后经过一段乱石滩小路，再穿过几块玉米和红薯地，最终到达了"小尾巴"的家里。简单推算一下，从学校出发起到"小尾巴"家止，大约用了3个小时的时间。

3.
"小尾巴"家里

尽管心理有所准备，"小尾巴"的家里仍然让我有些吃惊。

这是我第一次到广西山区农户家里来。这是一栋典型的壮族风格的房子，灰色石头和空心水泥砖构筑的墙体略显破旧，整体为双层结构，地下的一层比较简易，四面透风，是用来堆放柴火、养猪、养牛的圈棚，上面的一层用作人的居住和生活。我们踏上陡峭的门前石阶走进房间，迎面是

"小尾巴"家

供奉着"天地君亲师"的神灵牌位，四下里是一些杂物。

我顾不上参观房间，甚至顾不上和主人谈话，进门就坐在小椅子上，因为我走了 3 个小时，实在是累坏了。小梅花递过来一把扇子，我用力地扇起来。天气湿热难耐，这一路下来，我已经是满头大汗，汗水甚至几度流进眼睛里，酸涩不适。

我刚坐定，"小尾巴"的外婆已经叽里呱啦地讲了起来。她说的是壮话，我听得如同云中雾里。随行的黄老师（他是骑摩托沿公路过来的）告诉我，老太太讲的是"毛伟的父母离婚，爸爸什么都不管，日子过得很艰难"，我大吃一惊。"小尾巴"一直说他的爸爸在玉林做工，没想到居然父母早已离婚了。我盯着"小尾巴"，他也看看我，很不好意思地说："老师，我没有对你说实话，因为我怕同学们知道了会笑话我……"原来如此！孩子出于自尊编制了善意的谎言，我又怎忍心为此而责备他呢？情况大体是这样的：在"小尾巴"还很小的时候，他的父母就离了婚，自那时起，他从未见过自己的父亲，他的父亲也很少尽过抚养的义务。

11

　　我不知道"小尾巴"的父亲如何舍得抛弃这么可爱的儿女，如果见到他，我一定要问问他到底是为什么。这又让我想起小柳素，那个全校最小的、人还没有书包大的小姑娘，她是被妈妈抛弃了。一个基本事实是，由于务工者的工作、生活都很不稳定，从而导致他们的婚姻和家庭也比普通人群更加脆弱，家庭破裂的情况更为常见。除了婚姻之外，他们的生活也充满了变数。黄老师告诉我，"小尾巴"是这学期才转到古山小学的，在此之前，他跟着妈妈颠沛流离，辗转玉林、桂平等城市，前后换过几所学校，上了三次学前班，到现在才上一年级，这可怜的孩子！

　　正说话间，"小尾巴"的外婆已经到门外逮了一只鸡，提着翅膀直奔后堂而去。我吃了一惊，感觉她似乎是要杀鸡招待我们，赶紧让黄老师劝止。黄老师跟进厨房，片刻之后，回来说鸡已经杀了。山里的人就是这么好客，如果有老师来到家里，是一定要杀鸡吃饭才让走人的。黄老师说，即使你真的是没有时间吃，也必须把鸡带走。这是这里的风俗。"小尾巴"家的邻居，就是那个漂亮的六年级女孩韦丁生，已经过来帮厨。

　　鸡下锅了，丁生帮着烧火，"小尾巴"的外婆出来继续和我说话。我了解到，他们家总共有6亩地，但现在退耕还林已经退了一大半，只留下一点用来种玉米。由于旱灾，今年收成非常不好，全年收获玉米只有1000多斤，根本不够吃。我看到屋顶正在晾晒玉米，摊开的这小小的一片，再加上几个箩筐里盛放的，就是他们今年全部的玉米了。"小尾巴"的妈妈和两个舅舅都在外面打工，寄钱回家买大米吃。有时候家里实在没钱了，"小尾巴"外公和外婆还会去卖血，一次可以得到100多元。"小尾巴"的妈妈确实在桂平打工，做倒铁水的工作，也就是将液态的铁水倒在模具里，以制作各种铁制用具。这项工作每月工资600元，每3个月发一次，除去吃住余下的钱基本都寄回家来抚养孩子。两个老人的身体都已经不好了，加上家里这么困难，

"小尾巴"家的玉米

实在没有精力照顾两个孩子，但是如果给人家寄养又舍不得，只好留在身边。

　　离"小尾巴"家较近的地方本来有一个教学点（村以下的简易小学称为教学点），但这个教学点近年撤销了。本来，这里属于六里小学的片区，"小尾巴"姐弟应该到六里小学去上学，但六里小学离这里很远，而且它是个走读小学，没有宿舍，每天来回上下学非常不安全，权衡之下，他们家把孩子送到古山小学，这种情况被教育部门称作"跨村就学"。于是，"小尾巴"和他的姐姐开始了在古山小学的寄宿生活，平时住在学校，周末的时候回到家里。只是，"小尾巴"这学期没有能领到免费教科书，这是因为他本学期才转学进来，而免费教科书的名单是上学期末确定的，所以他缴纳了课本费。黄老师当即表态说，这样的家庭是符合减免条件的，到下学期"小尾巴"就可以领到免费的教科书了。这让我感到一些安慰。

　　这时，饭好了，于是我们围坐在一起开始吃饭。说老实话，要我吃下这样的饭菜很是有些困难，因为它和城市里的卫生、饮

食习惯都不一样。鸡只煮了十几分钟，肉根本不烂，更糟糕的是，由于他们家里并不经常炖鸡，所以除了盐之外没有任何调料，鸡的腥味都没有除去；鸡汤上面飘着一层沫，我们称之为"脏沫"，通常都要撇去倒掉的，而他们都留着；鸡血和鸡肠也舍不得扔，都一起炖在里面。除炖鸡之外还有两盘炒肉，可能是腊肉，但从表面看来很不清洁；他们还特地拿出米酒来招待我，酒具却是小孩喝水用的塑料杯，上面覆盖着一层黑黑的油泥不说，塑料味大得呛人。因此，对于城市社会来的我来说，吃下这样的饭菜有些困难。然而，我深知，这顿饭菜虽然未必可口，但却是他们全家的一片心意，我没有理由拒绝。如果真的将他们视为亲人，他们可以吃下的，我也一定能吃下。于是，我端起碗来，吃了一顿饱饭。

吃饭的时候，除了"小尾巴"一家、黄老师和我之外，韦丁生姐弟也过来了。他们两家是邻居，丁生姐弟的父母都去广东打工了，只有过年的时候才会回来。"小尾巴"的外婆有时候会叫丁生姐弟过来吃饭，但丁生非常腼腆，一般不愿意过来，即便在没有米的时候也不愿意过来吃饭。在饭桌上我特意观察了一下，丁生弟弟的表现还算可以，丁生则非常客气，低头只是吃米饭，很少去夹菜夹肉。匆匆吃了一小碗米饭，她就跑去刷锅洗碗了。

4.

令我放心不下的姐弟

　　在"小尾巴"家里吃完饭，我去韦丁生姐弟家拜访。韦丁生正在上6年级，皮肤很白，是个很清秀的小姑娘，按这里的女生平均身高来说，她算是比较高挑的；她的弟弟叫韦善通，正在上5年级，身材则显得瘦小。在回家的路上，我对丁生提出要去她家里看看，她显出一副很难为情的样子。小梅花悄悄告诉我说，那是因为丁生觉得家里太乱，实在无法见人。经我再三劝慰，终于得以成行。

　　丁生家和"小尾巴"家的后院是连在一起的。所以，去丁生家不用出前门下台阶，可以从后门直接串过去。一进门，看到的景象着实让我大吃了一惊，原来，丁生家的房子，居然已经塌了一半了！

　　这个房子实在是破烂不堪了，除了塌去一半之外，剩余的一半也多处漏雨。丁生的父母曾经维修过几次，

韦丁生在洗衣服

韦丁生家全貌

但每次过后不久就会坏，甚至一次暴风雨使房子塌了一半，他们一气之下也就不再进行维修。房间里的电表已经坏了几个月，所以电灯只是摆设，姐弟俩只能摸黑睡觉，他们甚至连手电筒都没有一个。丁生的父母都远在广东打工，只有到每年春节的时候才能回来一次。丁生姐弟俩就是常年生活在这样的环境之下的。

春节的时候，丁生的父母会撒一些菜籽，春天菜长出来，供姐弟两个食用。耕地交给邻居耕种，邻居会分给他们一些玉米。丁生姐弟平时在家主要吃玉米饭，其实就是比较稠的玉米粥，这是他们的主食；有时候丁生还会炸玉米饼，这是姐弟俩难得的美味，但油不够，所以很长时间才能吃到一顿。有时候实在没有粮食了，他们还会挨饿。丁生说，外公外婆待他们姐弟很好，钱都是由外婆代管，有时他们也会住在外婆家，但外公外婆已经老了，丁生不愿意麻烦他们，因此，平时还是住在自己家里。

丁生很愿意到父母身边去上学。以下是我们的对话：

"想父母吗?"

"想。"

"很想吗?"

"很想。"

"会哭吗?"

令我始料未及的是，她的眼圈马上就红了，然后开始啜泣。我再问她任何问题，她都只是摇头，什么话都不讲。我知道，这是触到了她的伤心之处。为了宽慰她，我把事先准备好的文具送给她，把我自己用的手电筒送给她，都止不住她的哭泣。没有办法，我只好转过头来，问她的弟弟善通。善通说姐姐给他做饭，对他很好。他想父母时也会哭，但从不和姐姐一起哭。我看着这对姐弟，一时有些默然。

房间里摆设很简单，没有电视，没有任何像样的家具。里间是一大一小两张床，外间是空荡荡的屋子，杂乱地摆放着一些简单的家具。墙角有一辆小木车，那是韦善通的杰作。说是小车，其实就是一块长条木板，下面装了四个轮子，前轮上装有方向盘，通常是两个小孩一起坐在木板上，而需要有另一个小孩在后面推以提

韦善通的小木车

供动力。这辆简易的小车是他们整个暑假的快乐，他们经常推着小车在房间里跑来跑去，也许，这将成为他们童年记忆里的最大亮点。

临别，我为丁生姐弟拍摄了下面这张照片。在照片里，他们倚靠着门框，注视着远方，似乎正在盼望着过年，正在等着他们的父母从远方回来。这也许是所有留守儿童生活的缩影吧。

从丁生家里出来，我们又到"小尾巴"家里道了个别，然后离开了这个只有三户人家的屯。我们走到公路上，黄老师骑上摩托车，载上我回到了学校。然而，我的心里却隐隐有些不安，为什么会不安呢？到了晚上回想的时候，我才明白这种不安的缘由，原来，韦丁生家里居然没有门，似乎前后门都没有；丁生已

期盼父母的丁生姐弟

经出落成一个亭亭玉立的少女，家里又没有大人，而她的房子居然没有门，这种情况，怎能让人放心?！也许我的担心是多余的，也许这里社会治安状况很好，即便如此，我仍然放心不下，惦念了很久。

5.
跌破心理底线（上）

第二天是周六，我准备去周国荣家里去。周国荣是一个三年级的小男孩，他的皮肤很白皙，眼睛很大很亮，头发有点黄且卷曲，紧紧地贴在额头上。我第一次看见他是在古山小学的斜坡上，这条斜坡也是连接主要生活区（男生宿舍、食堂）和教学楼之间的通道，当时他手里拿着一个大馒头，正从斜坡上走下来。他的左胳膊吊在绷带上，这引起了我的兴趣，上去和他攀谈。原来他的胳膊骨折了，是暑假的时候随奶奶在地里干活，从梯田边上跌下去摔伤的。这孩子很伶俐，普通话说得很好，性格又开朗，一副乐天派的样子。

然而，和他谈话的结果却令我大吃一惊。他说，自己的爸爸已经去世了。虽然他说得很平静，在我心里却掀起了巨大的波澜，

吊胳膊的周国荣

这么小的孩子就失去了爸爸，妈妈又在外地打工；他说家里有奶奶，还有个患病的叔叔，这是一个怎样的家庭呢？由于周五下午我已安排好去蓝毛伟家里，所以只能周六去他家。周五下午的时候，看着他小小的身影走出了校门，我特地叫住他说："周国荣，明天上午我去你家里看你！"他似懂非懂地点了点头。

今天就是周六了。很早我就起床并吃了饭，之所以起这么早是有原因的。周国荣对我说他和奶奶、叔叔一起生活，叔叔得病正躺在床上；随行的黄老师正是周国荣的班主任，对情况比较了解，他告诉我说，周国荣的叔叔病得非常严重，"可能也就是这几天的事了"。我听懂了黄老师的意思，由此更想起早去。因为，以山里村民的热情好客，是一定要留我们吃饭的，而我又怎忍心给这样的家庭再带来麻烦？尽管我事先已经准备给他们一点钱表达心意，但我仍不忍心给他们制造麻烦，所以早饭一过就马上出发，争取早去早回。

仍是黄老师为我带路。我眼见他向操场边的洗手池走去，心中有些困惑，他却示意我跟上。原来，在这洗手池的后面居然暗藏了一条小路，直接通到山上。我也曾在这里洗脸，却并未发现背后的秘密。正是早秋时节，朝露未退，石头表面湿滑。这一段是"野路"，没有平整的石阶，而且十分陡峭，更加难走。黄老师是当地人，他穿着皮鞋，走起来似乎还并不费力；我特地穿上了耐克登山鞋，却仍十分笨拙，不时打滑，甚至有时需要手脚并用。一不小心，我踩到一块松动的大石头上，差点把自己掀下去，我紧急挥舞双臂，加上脚下的好鞋也帮了点忙，终于有惊无险地站稳了。

就这样攀爬了一阵子，终于不再陡峭难行。我们已经上到了山腰上，我们需要沿着这个山腰行走，只消绕过一个山角再下到谷底就可以到达周国荣的家里。这一段山路虽然已不陡峭，甚至有了石阶，但也十足危险，因为旁边就是悬崖，如果一不小心摔倒而又不幸倒在外侧的话，就会滚落下去。悬崖边上长满了茂盛的藤类植物，边沿向外侧延伸，使它看起来没有那么恐怖，然而，这种藤蔓承载不了人的重量，如果掉在上面，瞬间就会飞落而下，直达谷底。

下方照片上的这一处是最危险的，总共路面也就两尺多宽，路面外侧是百米悬崖，掉下去非死即伤。路面外缘矗立着一块扁形的大石头，似乎是为了防止人不小心掉下去。黄老师说，可能这块石头主要防的还不是人，而是牲畜，驮运货物的骡马。不管怎样，对有些恐高症的我来说，走这样的路的确是个考验。

转过山角，再绕行一阵，我们就开始往下走。半山腰有一户人家，我们问路的结果是，谷底第一家就是周国荣家。这户人家很热情，邀请我们到家吃饭，我们婉拒了。往下走的这一段有比较规整的石阶。走着走着，路上蹿出一只蜈蚣，红褐色的，大约有十几公分长，和前一天小男孩抓获的是同一种类，黄老师说这样的一只大约可以卖到2元钱，我识相地放弃了这赚2元钱

扁石头外侧就是悬崖

的机会；忽而又游出一条小蛇，鲜艳的绿色，像是竹叶青，它动作很快，在我没有还看清它的样子之前已经没入草丛。黄老师提醒我小心，说这里的蛇多数都有毒，白天还好，危险性不大，可以拿根棍子"打草惊蛇"，把它赶走。晚上走夜路危险就大了，一不小心踩到蛇身上，它本能地会咬你一口。咬上了就很麻烦。

走过石阶路，走过泥路，再走过一段陡峭的乱石路，终于到达谷底，看到了一栋房子。"周国荣……周国荣……"我和黄老师一起喊。终于，一个小脑袋从门边探出来，没错，就是他，那个吊着胳膊的、漂亮的小男孩周国荣。

6.
跌破心理底线（中）

周国荣的奶奶接待了我。谈话的结果令我大吃一惊，原来，周国荣的父亲有兄弟7人，都去江西煤矿打工，因职业病已经死掉了5个！剩下两个，其中一个还在卧床，虽然看上去气色还可以，但据称也很难活过今年。所以，这家的基本情况就是，一个老太太带着一大帮孤儿艰难度日，在家的孩子共有7个，另外有五六个在外面。老太太很苦，脸上满是皱纹，似乎已

孩子们的奖状和父亲遗像

经被生活折磨得麻木；她穿着破旧的蓝色上衣，袖子和下摆上油迹斑斑；没有袜子，光脚穿着一双黄胶鞋，鞋底已经多处开裂。我给他们照了相。

奶奶和在家的 7 个孩子

在照片里，周国荣仍然是一副神气活现的样子，和奶奶的忧郁麻木形成了鲜明的对比。他年纪还小，还不知道什么是忧愁和困苦。我和他的奶奶谈话，当说到煤矿方面没有任何赔偿时，他居然插嘴说："他是自己愿意下井的。"的确，他的爸爸和伯伯、叔叔们都是自愿下井的，没有被谁逼迫，他说得没错。我感动于他的质朴和天真。然而，周国荣还小，他不知道在被迫与否之外，还有欺骗和伤害。孩子的天空总是晴朗的，他们还想不到社会有那么多的阴暗面。也许此时开朗乐观是最好的生活态度，不宜向他过多地灌输"世道凶险"的道理，所以我不知道该怎么向他解释这件事，只好缄默不语。

这家孩子的基本情况是：外面五六个，其中有 3 个在上学，两三个因无钱读书已经开始打工，其中最大的一个约有十七八岁；家里 7 个，其中 1 个上初二，1 个上初一，1 个在家附近的教学点（因太小），其余的 4 个都在古山小学寄宿读书。这个家里的孩子一般上到 14 岁就不上了，这是因为父亲们纷纷去世，而妈妈们又不养或者缺乏经济能力，无法供养他们读书。这一大家人总共只有两三亩地（老太太无法说出准确数字），种植玉米、红薯和黄豆，一年大概可以收获1000多斤玉米，这些玉米远远不够喂饱这么多张嘴。家里的主要收入来源是外面的打工，孩子的妈妈们会寄钱回来，用来买米和各种生活用品。周国荣的妈妈是来宾县人，她现在还在江西打工，有时会回来看看孩子，大约每年一两次。由于家里负担实在太重，用钱非常紧张，实在没钱的时候也到邻居家去借。这种困难可想而知。

周国荣的奶奶告诉我，她的身体时好时坏，一个人照顾这么多孩子实在是非常困难。孩子们去学校寄宿以后，她省了不少心。周国荣的胳膊是暑假的时候在地里摔伤的，完全恢复可能要几个月。幸好在学校参加了保险，据说可以报销医药费的70%。这还是一个不错的情况。

"乐天派"周国荣

我给孩子们分发了文具。也不是什么高级文具，都是在当地小商店买的，一板签字笔（1支笔加5个笔芯）才2、3元钱。我自以为今天带来的文具是充裕的，没想到这家的孩子这么多，给他们发完之后已经所剩无几。这时房间里已经多了两个成年男性，他们是周国荣家的邻居。周国荣的叔叔卧病在床，无法饮酒，他们担心陪不好我，于是请来邻居作陪。我提出要走，却被这些好客的村民紧紧拉住，看来，这顿饭又逃不掉了。

周国荣家的环境

　　我走到门外，仔细观察这里的环境。这里四面都是高山，约有三四百米高，其实，翻过南边这座山就可以到古山小学，但这一路太过陡峭，只有体力强悍且熟悉地形的人才能走，所以，我和黄老师这次过来，以及周国荣他们的上下学，都是一路走山腰绕过来，这样走虽然绕了远，但要好走很多。高山的底部是一块狭长的谷地，这是村民们的耕地，耕地的边上就是他们居住的房子。房子仍采取双层结构，底层用来养猪、养鸡，上层用来住人。底下的一层既可以隔潮，又可以避免蛇虫进入房间。但这种结构也有它的问题，那就是人居住在猪圈、鸡圈之上，非常不卫生，而且气味不好。我看到一些条件比较好的家庭已经不再采用这样的房间结构，避免了人畜混居的尴尬。但周国荣家是无力整修房子的，所以仍然是这样的结构。

　　我把周国荣叫出来，在门外的台阶上继续同他谈话。他爸爸和妈妈是在江西打工期间相识结婚的，他在江西出生，在江西读的一年级。也就是这一年，他的爸爸因肺病回家休养，半年之后去世。他也无法在江西上学，妈妈把他送回了老家。

"想爸爸吗?"

"想。"

"想妈妈吗?"

"想。"

"妈妈对你好吗?"

"在这里,她就对我好;在江西,我爱玩,她就对我不好……"

"妈妈多久回来一次?"

"记不得了……"

"对爸爸还有印象吗?"

"……小时候爸爸带我上街,让我骑在他的脖子上……他说,等我上学的时候,给我买一块电子表……"

"爸爸去世你哭了吗?"

"爸爸去世我不在,妈妈叫我去上学了……回到家里,我看见妈妈一直哭……"

他是一个很乐观的孩子,平日里只知道玩闹。但在说出上面这些话的时候,他似乎也变得有些沉重起来,皱着眉头,撅着小嘴,连声音都很低。

饭做好了,孩子们招呼我去吃饭。总共两桌,我、黄老师、两个男性邻居和周国荣那个卧病的叔叔坐一桌,奶奶带着一帮孩子坐另一桌。桌上有两盘酱鸭,还有两盘煮白菜,有

周国荣回忆爸爸

米酒，照例是黑乎乎的塑料杯。这顿饭菜比昨天蓝毛伟家更难下咽，毕竟，到蓝毛伟家我走了3个小时，肚子已经很饿，不容我讲究；而今天本没打算在这里吃饭，刚吃过早饭就赶过来，现在还完全不饿。但我依然喝了一杯酒，吃了一碗米饭和一碗玉米饭；酱鸭我基本没有动，吃了些白菜，感觉有些腥。周国荣的叔叔看起来很虚弱，他不能喝酒，也不能吃油腻，只能吃些白菜和米饭。另一桌的孩子们则吃得狼吞虎咽的。

吃完饭我和周国荣的叔叔谈了。他是在江西煤矿打工的时候患病的。在那里工作一个月工资为1200元，每天工作8—10小时，过年可以回家一次，他在那里做了13年，致命的13年。他们工作的时候也戴口罩，但没有用，仍然会吸入粉尘，这导致了严重的矽肺病（矽肺病，尘肺的一种，是严重的职业病。游离的二氧化硅粉尘通过呼吸道在人的肺泡上发生堆积，影响气体交换，最后人的肺泡失去作用，肺组织全部纤维化）。他们兄弟7人，都是在那里的煤矿打工，现在已经死去了5个，他第6个发病。煤矿方面没有给任何赔偿，甚至没有支付医疗费，"一丁点都没有"。在去打工之前，他根本不知道这对身体不好，如果知道会送命，谁会去干这个呢？现在他已经在床上躺了两年，打工积攒的钱都已花光，病情仍不见好转。他的妻子在外面打工，一个月能寄回五六百

和周国荣的叔叔谈话

元，但这些钱连他的药费都不够。

他有一儿一女，因为在务工地读书很贵，一学期至少要四五百，而且不管吃住，所以从来没有带出去过，一直都在家乡读书。女儿名叫周春吉，正在上初一，我问她对爸爸的病是否担心，她惨然地反问："世上哪有女儿不关心爸爸的死活呢？"是啊，血浓于水，骨肉相连，爸爸要死了，女儿怎能不揪心？我看到春吉为爸爸倒水、按摩、扇凉，她做得很勤快，眼神里期盼着奇迹的发生。我也希望他能够好起来，但现实往往是残酷的。春吉的爸爸对此心知肚明，现在他已经别无所求，只是希望孩子能够好好读书。孩子们也很懂事，吃完饭他们就开始做作业，于是就有了下面的镜头：

在这幅照片里，周国荣（右一）被一道数学题难住了，这道题目是：

$$409 + 394 = ?$$

三个孩子在做作业

周国荣一直弄不明白，在这道加法题中，进位之后为什么中间的数字应当是"0"而不是"1"。正在上四年级的姐姐周春莲（中间）给他讲，他仍不明白；上初一的姐姐周春吉（左一）过来给他讲，讲了半天，他终于明白了。春吉的爸爸躺在床上，静静地看着三个孩子，眼里尽是不舍。

7.
跌破心理底线（下）

在周国荣家吃饭的时候，有两个作陪的邻居，家离这里很近。我想，出来一趟很不容易，于是顺便去他们家里看看。

果然很近。这家有三个女儿，都在读小学，最大的女儿名叫周曼，正在读五年级。本来，男主人是在外面打工的，但现在

周曼家外景

正值农忙，所以他临时回家住一段。家里有2.7亩地，种植玉米、黄豆和红薯。玉米亩产只有500斤，所以，用钱都是靠打工，南宁、柳州、广东他都去过。地里的活由女人做，孩子们现在也能帮着干一些，如种玉米、拔草之类。总体来说，这户人家由于劳力健全，过得比周国荣家要好一些，这一点从房子和房内的摆设也可以看得出来。他们家有电视机和电磁炉。

孩子的教育是一个大问题。在打工的城市孩子可以入学，但

29

周曼和两个妹妹

要收学费，一学期要200元，这还是几年前的标准，现在更贵；而且如果双方都上班就更没有精力管孩子，因此，打工是没法带孩子的，只好扔在家里。孩子的外婆已经老了，根本照顾不过来，于是只好是男人出去打工而由女人在家里带孩子。其中有一年，夫妻双方都出去打工了，把大女儿留在家里，结果女儿在家触电，手掌上留下了一个很大的疤，而且两个手指再也不能伸直，万幸的是命保住了。有了这件事，妻子再也不敢出去，一心一意留在家里照顾孩子。

但这样也有问题。男人在外面打工很辛苦，加上生活没有规律，患上了严重的胃病。打工一个月可以挣700—800元，而他现在吃药就已经花了几万元，而且还治不好，吃药已经成了一项最大的花销。为打工而得病，为治病而打工，这可真是一个辛酸的讽刺。如果女人也一起出去，他可以过得舒服些，而且两个人都可以挣钱，但现在由于要照看孩子，只能选择这种分居的方式。现在三个孩子都住校，他们说，如果孩子周末也能住校就好了，这样他们夫妻就可以双双出去打工，挣钱会增加一倍。

周曼的爸爸跟我说里面还有一户人家，问我愿不愿意去。原来，这个屯子总共只有三户人家（按大家庭算），只差最里面的那一户没有去。于是，由他们带路，到了这最后一户人家。

大人都不在，只有孩子在家。她们是一对双胞胎女孩，名字叫做覃李丽、覃丽苗。问她们父母哪里去了，她们很默然地回答：不知道。周曼的爸爸告诉我，两姐妹的爸爸已经在打工时亡故了，不知道是在哪里死的，不知道葬在何方，也没有得到任何赔偿，甚至连死在哪一年都不知道。大概是在都安的采石场工作时被石头炸死的，当时她们还小，所以没有什么记忆。她们的妈妈在那之后不久就改嫁了，再也没有回来过，只有奶奶照顾她们，叔叔伯伯在外面打工，也会带回一些钱来养活她们。

这是两个苦命的孩子，过早承担了不该承担的责任。她们才仅仅十二三岁，但所有的农活都要做，包括种玉米、拔草、砍柴等。岁月的沧桑已经刻在她们的脸上，尤其是姐姐覃李丽更为明显，这种老相令人心酸。所幸奶奶仍然健在，而且对她们很好，总算是有个可以依靠的支柱。我很想和她们的奶奶谈谈，可惜的是她出门了，我等了好一阵子也不见她回来，只好悻悻离去。

在回去的路上，我的心情一直不能平静。这个屯子总共只有三户人家，在务工的过程中，第一户7个男人死了5个，还有一个只剩最后一口气，留下一堆孤儿无人照顾；第二户

覃李丽、覃丽苗姐妹

人家女孩触电受伤；第三户则爹死娘改嫁沦为失依儿童。作为一名研究农民工问题的学者，我对相关情况已经有所了解，知道"农民工"两个字背后的艰辛苦难，即便如此，这种情况仍然跌破了我的心理底线。这个屯是我随机抽取的，也许碰巧赶上这里的情况非常糟糕，因为不可能所有的务工者都这么悲惨，但它至少可以说明，在我们国家城市化或者说农民进城务工的过程中，付出的代价是相当大的，而且这种代价可能被低估了。逝去的已然逝去，残疾的已然残疾，我们现在能够做的，就是要采取有力的措施，让这些情况以后不再发生，或者尽可能地减少发生，给逝者以交代，为生者免除后顾之忧。

8.
不外出务工 = 懒惰？

也有一些过得不错的留守儿童。至少，韦校长家里的那几个看起来气色都很好。我住在学校"办公楼"的二楼，一楼的四个小家伙经常过来找我玩，他们是校长家的孩子，或者更确切地说，他们是校长亲戚的孩子。韦校长说，他的兄弟姐妹们都出外打工了，而他又做校长，所以把孩子都寄养在他的家里。也许因为父母双外出对生活的改善作用更大，也许因为在校长家里可以获得更好的看护，这些孩子看起来气色很不错，他们都穿得很整洁，其中两个小女孩还戴着顽皮的小墨镜。他们真是顽皮，孙悟空一样腾云驾雾的，玩了一会儿，一转眼又都不见了。

古山小学有学生 438
人，其中 88.1% 为寄宿
生。在周五、周六两天的
家访中，访谈对象都是寄
宿生，这些学生家离学校
比较远，每天上下学很不
方便，所以采取了寄宿在
学校的方式；另有少部分
学生是走读生，他们由于
离家比较近，可以每天回
家，并不在学校吃住。今
天是周日，我想对走读的
学生进行一下家访。这样

寄养在韦校长家里的孩子

安排的另一个原因是，周日是返校的时间，住校生们可能已经陆
陆续续在返校途中，我怕扑空。所以选择去走读生的家里。

从学校出发，沿着古拉公路和屯级公路走了大约半个小时，

谭永飞

我们来到谭永飞家里。
永飞是个聪明的男孩，
成绩很不错，一进门就
可以看见满墙的奖状，
其中多数都是永飞的。
他的爷爷接待了我们。
永飞父母都出外打工，
在南丹大厂一带做洗矿
工，每年回来一次，他

33

和妹妹由爷爷带着生活。家里还有一个可爱的小女孩，名字叫做蓝海丹（左一），正在上 4 年级。她是永飞的表妹，爸爸在修路的时候被炸伤，得了破伤风而死，现在她的妈妈也出去打工，把她寄养在外公家。蓝海丹穿了一件粉红色的连衣裙，头发上还别了一个小蝴蝶结作为发夹，显得非常可爱。永飞的爷爷奶奶带了这好几个孩子，真够他们闹的。

永飞一家

永飞家离学校只有半个小时的路程，爷爷让孩子每天回家，说是回来可以教育一下。我看这只是个托词，因为永飞很聪明，成绩也好，他的爷爷文化程度不高，恐怕没有能力指导他。之所以让他回来，一是出于亲情，舍不得让这么小的孩子住在学校里，觉得在家里可以照顾得更好；二是永飞非常懂事，每天做完作业后还可以帮家里干活，减轻老人的负担；三是他们倾向于认为住校需要花更多的钱，尽管与走读相比两者花费差别并不大。老人并不亲自掌管永飞的零花钱，通常是父母过年回来的时候给永飞两三百元，他自己留着这些钱用一年，用来购买学习用品、零食和其他生活用品。这也正说明了永飞的懂事，尽管才五年级，但他已经学会了如何打理自己的生活，可以作出长达一年的安排。由于永飞不住校，他每天中午放学后都要返回家中来吃饭，和当地其他家庭一样，他们家一日三餐都是玉米饭，再加上一些青菜，肉是难得见到的。

　　从永飞家出来，我们又经过一段陡峭的山路，来到了谭春菊家。他们家共有 3 个孩子，其中 2 个在古山小学读书，一个姐姐到了 14 岁就辍学在家，据说精神有点问题。房子里很热闹，可能是邻居们过来串门聊天。但男主人不在家，说是给人帮忙去了，当然，通常会有一顿酒饭。3 个孩子里也只有春菊在家。这孩子长得非常秀气，弱柳扶风似的，她身体不好，总是得病，今天又在生病，医生说是上呼吸道感染。家里为她买了一些感冒药和消炎药，还有一瓶念慈庵枇杷膏。"就这一瓶要 25 元"，她的妈妈指着瓶子对我说。

　　春菊也没有住校，但与永飞不同的是，她一日三餐都在学校里吃。现在学校里提供营养餐，早晨有甜馒头和豆浆，中午、晚上都有菜和肉；如果在家里，则一天三顿都是玉米饭。学校比家里吃得更好，而且免费，所以父母让她在学校吃饭。但是，她比较恋家，不愿意在学校里住宿。家里有意让孩子住校，只是春菊体弱多病，他们有些不放心，而且家和学校离得近，似乎住校没有太大的必要。因此，他们选择了这种在学校吃饭而不在学校住宿的方式。

　　看得出，这一家的生活比较贫困。春菊的父母从来不给她零花钱，因为家里根本就没有钱。他们家基本靠种地的收入，总共只有 3 亩地，主要种植玉米，一年种两季，春玉米亩产 400—500

谭春菊

斤，冬玉米只能种其中的 1 亩平地，而且产量不高。我粗算了一下，他们家的人均年纯收入大概还不到 400 元。春菊的父母都没有出去打工，据说是她的父亲不想出去，至于原因，由于他不在家，我没有问到。我的总体感觉是，这一家的大人比较看重亲情，他们安于贫困但温馨的家庭生活，这是与大多数家庭不一样的地方。

生活贫困而不出去打工，到底应该因懒惰而受责备，还是应该因重亲情而得表扬呢？

9.
香蕉虽好，吃到不易

古山小学所在的地方叫做自成村。以前，这里设置了古山乡，辖自成、万茂、德雅、双加、旁禾共 5 个村，1.1 万人口。作为乡政府驻地，这里盖了一些大大小小的楼房，虽然相比发达地区的政府大楼显得非常寒酸，但它总归是水泥楼板结构，相比当地村民的木质结构来说已经算是"现代建筑"了。不巧的是，古山乡在 2005 年并入了澄江乡，政府机关和"七站八所"都迁走了。这给这里带来的变化首先是房子的闲置。原来乡政府的房子没人住了，有些给了村里，有些给了学校，有些则空置无人住，孤零零、黑魆魆的，像是鬼屋。另一个变化是"商业"的衰落。原来这里还有一个很小的集贸市场，现在已经人去市空，连顶棚都塌落了。虽然自成村有 2000 多人，是个很大的村，但吃工资的人都走了，商业自然也就难以支撑。

　　村里只剩下几家村民开的小卖部，以及一家肉铺兼小吃店。肉铺的生意很兴隆，因为在这大山里，猪肉是改善生活、接待客人必不可少的商品，属于生活必需品。这家肉铺还兼营米粉，它自家有肉，切一些炒一炒，加水，放入青菜、米粉，就是一碗米粉。米粉的主顾以学校里的学生为主，这 2.5 元一碗的极普通的米粉，是他们难得的美味，也许会成为他们对童年的美好记忆。小卖部的生意也不错，卖的都是学生用的文具、零食、大米，总是有成队的学生来买。古山初中门口的那一家是最大的，唯一可

村里最大的商店

以称得上"商店"的级别，除了学生用品，这里还有洗衣粉、塑料盆、毛巾等家庭生活用品。我经常到这家店买学生文具，与这家老板混得很熟。

然而，所有这里卖的都是"生活必需品"，如果你有更高层次的追求，那就要抓狂了。我很快受到了困扰。在古山小学住得久了，我很想吃水果。毕竟，天气炎热，又总是跑来跑去，脾胃生火，还是要吃些水果才好。没想到，这成了一个很大的难题。因为，根本没有卖的。

广西属于亚热带地区，水果丰富。远处不说，就在古山小学旁边的村民家里，房前屋后，种了不少芭蕉。这里的村民对香蕉和芭蕉不太区分，一律都称为"芭蕉"。我第一次看到了芭蕉树。其实，芭蕉和香蕉长得样子差不多，都是长长的、绿油油的大叶子，上部的叶子总是被风雨打得稀烂。学校的老师告诉我，这芭蕉的茎并非木质，而是类似黏胶的东西。芭蕉一生只结一次果，结果时间并不固定，结果之后必须从根部砍掉芭蕉茎，砍掉之后，它还会长出新的，以后才能再结果。其中一户村民家的芭蕉正在结果，只见从芭蕉茎秆的正中长出一条软茎，在重力的作用下弯折向下。软茎的尖端长出一个红黑色炮弹样的东西，这是芭蕉花。芭蕉花会不断地绽开，它每绽开一层，就长一层芭蕉，随着芭蕉花不断延伸向下，芭蕉一层一层长出来。多的时候，芭蕉可以长到五六层，被称为"一弓"。一弓芭蕉的重量可以达到五六十斤。

然而，此时别说一弓，我连一个都吃不到。村民种的芭蕉，是自种自吃的，不会拿到市场来卖。村里的小卖部里，因为水果属于"非必需品"，没有人愿意买，也没有人买得起，他们也就

芭蕉树和树上结的芭蕉

不进货。孩子们只能在家里芭蕉成熟的那几天里，才可以吃到芭蕉，吃得嘴上发腻、肚里胀满，直到再也吃不下一点点，而在平时，他们却连哪怕一根芭蕉也没得吃。此时我就遇到了这个问题。这就像是一个四面环水的岛，在岛上却是荒漠。这样的生活实在是太贫瘠和不便了。

　　看我一脸诚意的样子，最大的那家商店的老板对我说，他明天要去县城进货，如果我要得多，他可以顺便为我采买，10 斤起。于是，我拿出 30 元，订购了 10 斤。第二天，我终于吃到了香蕉，吃不完的，分给了可怜的孩子们。

10.
周老师的转正梦（一）

教学点这个词对很多人来说可能非常陌生。我们通常认为村小学是最基层的小学，而在这种山区情况有所不同，由于居住过于分散，有些孩子即便到村小学入学仍然太远，于是，在村小学之下又开设了教学点，又称校点，作为村小学的"分校"。教学点一般都很小，学生数在十几名到几十名之间，教师往往只有一名，只开设低年级课程，到了高年级之后，这些学生就可以转到寄宿制小学去就读。随着农村撤点并校的教育资源整合，教学点的数量正在不断减少，古山小学在上学期还有5个教学点，而到了这学期，由于又裁撤了一个，目前还剩下4个教学点。

周一早晨，和学生们一起吃过了早饭，我和潘老师一起出发去红星校点。我对这一方向非常满意，因为从周五开始的这四天里，每天的方向都不一样，将四个主要的方向都走一遍，有助于调查的全面

危险的山路

性。上次去周国荣家是翻越学校左侧（以站在校内面向大门为基准）的山，这次去红星校点则是翻越学校右侧的山。这次的山路是最险峻的一次，超过了上次去周国荣家的路。让我们看一下第40页的照片，这是一条很窄的石阶小路，而路的外侧直接就是几百米落差的悬崖，这种危险如此直白，令我胆战心惊，走起路来十二分的小心。好在这一段路只有大约300米，过了这一段，转过山角，就不再有这种路。路仍然不好走，只是不复有这样的险境。

　　走了大约1个小时，终于到达了红星校点，原来只是山坳里孤零零的一座房子而已。这里的老师姓周，今年56岁，教学点里共有13个学生，其中2年级3个，1年级5个，学前班5个；今天来上课的有10个学生。学生们的家多数在附近，但最远的走路也要半小时。周老师的教龄已有31年，从1976年9月开始当民办教师，1985年开始被称作代课老师。他读过高中，通过函授学习获得了中师文凭，不幸的是，教师招聘考试总是通不过，所以到现在都没有正式的教师编制。古山小学的周副校长当年正是周老师的学生，也是他最出色的学生。学生

红星校点

周老师和他的学生

做了副校长，老师却还没有迈进教师的门槛，这着实有些令人尴尬。

周老师说教学上没有困难，只是生活上有困难。以前他的工资只有 9 元、12 元、18 元，现在虽然已经涨到 200 元，但终究水平不高。除了当代课老师之外，他也种地，家里有 4 亩耕地，主要种植玉米，上半年收了 2000 斤，下半年的还没有收，估计只有 300 斤左右。他的三个孩子都在上大学，开销大，经济非常紧张。随行的潘老师告诉我，古山小学一直在试图解决周老师的编制问题，这样他的工资就可以上去。他已经 56 岁，看来通过教师资格考试的希望已经不大，只能寄希望于县里出台一些政策来给予特殊照顾。

周老师是一个勤勉踏实的代课老师，他投身山区教育数十年，精神实属难能可贵。不过，话也不能完全这样说。凡事都有两面，做代课老师仍然比做单纯的农民好得多，每月 200 元的收入虽然很不高，也已是当地人均水平的两倍多，而且同时仍可兼业从事农业生产，因此，周老师选择做代课教师也是一个理性的选择，不存在什么牺牲个人利益的问题。所以，任何道德拔高式的评判（这也是人们经常犯的一个认识误区）是没有必要的。至于能否转正，那取决于当地教育部门的政策，做到公正、公平、公开即可。

由于长期在山里教学，周老师的普通话很不标准，和我交流存在极大困难。我很为他的语文教学而担心。不过，问题也不是很大，教学点的象征意义大于实际意义，它可以保证每个孩子都获取教育的机会，至于质量则无从谈起，聊胜于无而已。从无到有固然是一个飞跃，但教育产品质量的提高应当成为更高层次的追求，这也是时代发展的必然要求。

11.
贫困的陷阱（一）

也许因为我是"从上面下来的"，周老师一再邀请我到他家里吃饭。我们时间很紧，只好婉拒。反正进了山，我希望在附近多走一走，去了解更多的留守儿童家庭。我向潘老师提出，找几户"正常"的留守儿童家庭吧。

为什么要找"正常"的留守儿童家庭呢？因为先前所做的几户家访，情况都太"惨"了。蓝毛伟父母离异，韦丁生姐弟境况堪

周锦恋家远景

忧，周国荣家令人落泪，周曼的手被电击致伤，覃李丽姐妹沦为孤儿……当然不可能所有的留守儿童都这么凄惨。按照正常的分布，差的、好的都应该是有的。我希望找几户不那么惨的、比较正常的留守儿童家庭，尤其是父母单方外出的。

我们来到周锦恋家。她们姐妹两个都在红星校点上一年级。锦恋的爷爷接待了我们。他共有四个儿子，老大在家，老二在广东，老三在柳州，老四还没有结婚留在家里。他在家照看4个孙子孙女，而老伴去了柳州带孙子，那是周锦恋叔叔家的孩子，是个男孩。周锦恋的父亲排行第二，锦恋只知道父母在广东，却不知道他们在广东的哪里，连老人也不知道。这么一个大家庭却只有5亩地，总共产出1000多斤玉米，其困难可想而知。老人带了4个孩子，所幸他的身体不错，虽然有一点皮肤病，但手脚硬朗。他表示，等孩子再长大一些，就送孩子去古山小学住校学习，那边教学水平高，而且学费什么都是免的，只是每周多出2元的零用钱而已。

这个屯以周姓人家为主。我们又来到周珍吉、周小莉家，她们是姐妹俩，正在上三年级，从这学期开始去古山小学寄宿。今天是周一，所以现在她们都不在家里。她们的妈妈接待了我，她的怀里抱着一个很小的婴儿，那是她的小儿子。家里7口人（包括爷爷、奶奶），只有3亩地，一年收1000—2000斤玉米，生活相当地困难。珍吉的爸爸已经外出打工，在都安县城做建筑工，每天可以挣30—40元。

村民日常主食——白玉米饭

根据我的经验，由于这种工作劳动强度太大，每月是无法做满30天的，所以估计月工资在1000元左右。

　　我去看了他们的锅灶。厨房地面支着一个简易的炉灶，灶旁一口锅，里面一些玉米饭，大概是早晨吃剩下的。当地一般家庭的主食都是这种饭。所谓玉米饭，实际就是玉米粥，比城市里常见的玉米粥稍微稠一些而已。玉米粉有个特性，就是当它遇水加热的时候会膨大，如果添一个人，只要多加一瓢水，一碗两碗地吃，大家混个水饱。这样地糊弄肚皮，却无法糊弄营养，里面的干物质太少，不仅饿得快，而且热量也不足。连干活都没有力气。

　　"为什么您不跟孩子爸爸一起出去打工呢?"我问道。她回答说自己其实一直想出去，只是小儿子才出生一年零四个月，实在是太小，不忍抛在家里，所以她暂时不出去;她准备在大后年，等小儿子稍微大些了再出去。如果出去，她希望去广东做，而不是到都安。此外，孩子的爷爷、奶奶都有病，这也是需要考虑的问题。

　　他们都希望孩子多读点书，以便将来出去打工的时候可以做得好一点，工资也可以高一些。孩子奶奶说，如果能考上的话，她想支持孩子读到大学毕业。理想固然够远大，但眼下已经遭受了现实的危机。珍吉姐妹到古山小学寄宿读书后，用钱比以前多了一些，除了每

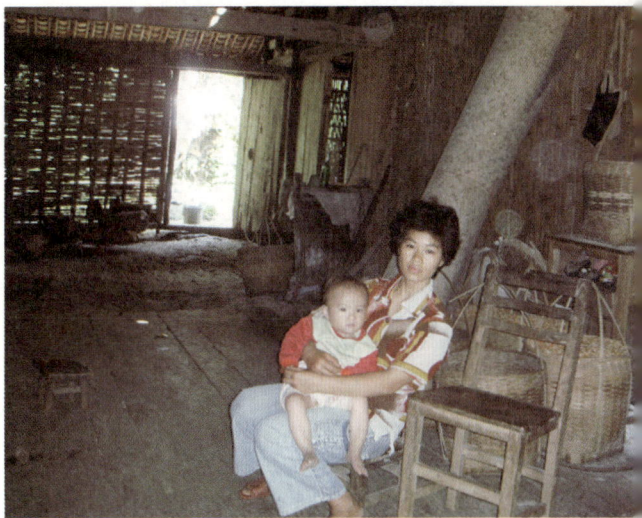

周珍吉的妈妈和弟弟

学期 45 元的柴火费之外，每人每周还需要 5 元的生活费（包括买米的钱在内），但这一周由于家里实在没有钱，就没有给她们。做妈妈的感到对孩子非常愧疚，说着说着，眼泪不自觉地流了下来。

支持孩子上学是好事，只是，孩子这么多、收入这么少，拿什么去支持呢？希望到了下一年，她的小儿子不那么占手，她能和丈夫一起出去打工，赚钱来支持孩子获得更好的教育，使这个家庭走出贫困的阴影。

12.
雯雯的悲剧

这是一个悲剧，它令我感到心痛。留守女孩的性安全问题，这不是一个小问题，也不是什么难以启齿的问题，而是值得我们全社会都高度关注的大问题。为了保护当事人的隐私，在本节不提及她的名字、学校等信息，但我对此一事件的真实性负责。

雯雯是一个活泼快乐的女孩，她的成绩一般（据说这是受了家务劳动的拖累），但她长得很可爱，而且很善良，与同学关系融洽。她的父母都在外地打工，她留在家里照顾弟妹。去年（2006年）5 月的一天，她被同村的一个老头强奸了。当时，雯雯只有13 岁。雯雯的父母都不在家，这助长了那个老头的邪念，于是，悲剧发生了。我看过雯雯的控诉材料，我的判断是，那个老头是早有预谋的，他判断雯雯会被他吓住，不敢把此事讲出去。

　　当雯雯茫然失措地跑回家的时候，恰好被堂嫂碰见，追问之下讲出了这件事；堂嫂打了几天的电话，终于联系到雯雯的父母，他们闻讯火速赶了回来；商量的结果是选择报案，于是那个老头被判了 4 年。强奸幼女罪，只判 4 年，实在是太轻了。轻判的理由是，据说那个老头作案后给了雯雯 100 元钱且雯雯收下了。雯雯一家坚持辩称根本就没有什么 100 元钱的事，是某个参与办案的人逼她承认的，而此人和那老头沾亲带故。捎带提一下民事赔偿的问题，雯雯的父母为了女儿奔波数月，来往医院（自治区）、公安局、检察院和法院之间，花了不少钱，雯雯也被几次三番地检查、讯问，最终只判得总计 461.5 元的赔偿。这还只是判决而已，要想真正拿到这笔赔偿，还要先支付 200 元的执行费，于是他们放弃了。这件事成为雯雯全家难以启齿的伤痛。

　　强奸犯罪自古有之，即便女孩生活在父母的荫护下也不能绝对地避免；但不可否认，当女孩的父母远离的时候，这种危险发生的几率会大大提高。当一个女孩日渐成长为一个漂亮的姑娘，而她又没有任何保护时，怎能不引起坏人的邪念？而且，女孩的父母很可能半年或一年之后才能回来，她受到侵害后连个诉说的机会都没有，往往只能吃哑巴亏。所以，这种情况下罪行更容易发生，善恶仅在一念之间。强奸雯雯的那个老头，也是带着孙女在家的留守老人，本也是我们同情的对象，但在特定的情况之下，他就变成了坏人，做出了禽兽之举。所以，留守女孩更容易受到侵害，这种事情在近年来已屡屡见于报端。在这种封闭保守的农村地区，性侵害不仅伤害女孩的身心，更会严重损害其名节，甚至影响其一生的生活。正是因为这个原因，受害女孩一般会选择忍气吞声，暴露出的是雯雯一起，我相信，没有暴露出的可能会更多。

这件事给雯雯带来了沉重的影响。事情发生之后，她改换了名字，连姓都改掉了，从此世上再也没有雯雯。我不知道，她还能否像以前那样开心快乐，那样单纯善良，那样正常地成长。她转了学，不再回到村里，彻底改换了环境。在亲戚的精心照料下，过了一年多的时间，她恢复了原来的体重；但心理的创伤似乎更难愈合，她开始怕黑，有了莫名的恐惧，下面是她写给表哥的信的片段：

雯雯的信

雯雯现在已经辍学了。情况是这样的：她离开家乡所在片区到另一个小学上学，但在一年后小学毕业的时候，这里的初中没有录取她。不是成绩的原因，因为义务制教育阶段是不要求成绩的；也不是因为招生政策的问题，因为没有政策禁止这种就学方式。可能是由于这里不是她家所在片区，学校具有一定的选择权，于是拒绝她的入学。她的班主任老师前去求情，对方也不接纳。听老师讲，当时雯雯脸上充满了绝望和无助的神情。又不能回家乡去上学，于是，她辍学了。

我和她的妹妹谈过。一提到姐姐，妹妹的眼泪刷的一下子涌了出来，她哭着问我："老师，我想问你一件事，为什么姐姐以前在这里上小学，成绩也考上初中，可是为什么不录取？"她说自己很想父母，夜里害怕。我问她有什么心愿没有，她说最大的心愿是让姐姐找到学校读书。我送给她两份文具，说一份是给她的，一份是给姐姐的。她再次哭了。后来，她特地打电话来，告诉我说，她的姐姐收到文具后也哭了。

然而，我的帮助也没有起到什么作用。很遗憾。雯雯现在已经去了广东。这件事说起来比较复杂，雯雯出事后，她妈妈悲痛欲绝，并逐渐不满于她爸爸的窝囊，这个家庭终于事实解体；学校固然是不要雯雯，妈妈那里也不便收留，无奈之下，她只好去广东投靠爸爸。她这个爸爸也实在不成器，孩子要求打工，他居然就同意了，由于年龄不够，还找人给她做了一张假身份证。我和她通了电话，她还是个孩子，但话语中已经有了一些她的年龄不该有的玩世不恭。也许，经历了这么多，她觉得一切都无所谓了。挂下电话，我的头脑一阵眩晕。事情本不该这样的，不该啊。

在获悉雯雯的事情之后，我对丁生更加担心起来。韦丁生，就是前面提到的那个漂亮的小姑娘，父母都远在广东打工，一年回来一次，而她家的房子居然没有门！我可以分明地感受到她对男性的疑惧和排斥。怎么办呢？我作为男性，不便料理此事，这时我已经要离开古山小学了，于是临行前把这件事情托付给一位德高望重的女老师。我给她的嘱托是，保护丁生的安全，至少把门装上，所需费用由我和我的朋友们共同支付，尽管我们在城市里作为"房奴"也不宽裕，但无法容忍眼看一个女孩面临危险而袖手不管。

女老师很快找韦丁生谈了，其实不止找了丁生，还有另外一对留守在家的姐妹。谈完之后她给我短信说："有些话她也说不出口，可我有预感，像这样的境况早晚会出事的，不管怎么样，我会想办法找个木工在周六把侧门、窗修好，她说正门已腐烂了，家里又没木板，那就由木工去县城买回再装上，你说这样可以吗？"我回复说可以。

女老师很负责，她今年52岁，而且已是尿毒症晚期，但她居然在周末的时候随同韦丁生姐弟一起回家，并且当晚住在了那里。她实地考察后认为，由于房子实在残破，装门也起不到安全的作用；而且这是个彻头彻尾的危房，一阵暴风雨就可能使整个房子倒塌。最后商定的解决办法是，经由韦丁生父母书面同意，她将丁生姐弟安置在自己身边的空房子里，而我和我的朋友们支付了安家的费用。他们很高兴出这点钱，的确，这件事很值得做，如果我们没有做，而丁生又真的发生了什么危险，我们会为此愧疚一辈子。

雯雯，以及由此引发的丁生的故事就此告一段落了。我在这里仅仅只有几天的时间，了解的范围十分有限，我相信，受侵害的不止雯雯一个，而处于危险境况中的也不止韦丁生一个。"亡羊补牢，犹未为晚"，愿雯雯的悲剧不再重演。

13.

在学校大家庭里

　　我在古山小学住了 7 天。这期间我住在办公楼二楼的教师宿舍，而吃饭就和小学生一起。得益于基金会的项目，我们吃得不错，每天早晨领取早餐，每周一、三、五是豆浆加甜馒头，二、四是肉粥。每天中午和晚上，我和学生一样蒸饭，然后在食堂领取一份免费供应的菜。食堂的工作人员对我比较照顾，他们说我是大人吃得比较多，会给我多盛一些菜。

　　负责给我蒸饭的是个五年级的小男孩，名叫黄兴棚，是一个长得非常精神的小男孩。每天早餐后，他会在我的饭盒里装上米，灌上一些水，交到食堂，码入蒸箱里。到中午的时候饭就蒸好了，他需要在堆积如山的饭盒里找出我们的饭盒。学生们的饭盒多用带子绑在一起，而且上面做着不同的记号，这是为了寻找的方便。午餐后，同样是装米、灌水、交给食堂，然后到晚上又可以领餐。黄兴棚不是留守儿童，因为他的父母都在家，只是姐姐在外面打工而已。她已经一年多没有回家了。这张照片里靠左的男生就是黄兴棚。他的衣服有点湿，

为我蒸饭的黄兴棚

因为这天他值日，负责在食堂里刷洗餐具。

古山小学是一所管理很严格的寄宿制小学，这里的小学生有着很高的自治水平。吃饭前，他们要整队集合，然后依照次序到食堂领取自己的饭菜；领到饭之后，他们拿着饭菜回到宿舍，或者围坐在床边，或者趴在柜子上，或者就在走廊里热火朝天地吃饭；吃完饭，有人负责收集餐具，并交由值日生统一洗涤；宿舍里，床铺和个人物品的摆放都有严格的规定，盛放个人物品的柜子要排成一条直线；宿舍、楼道、卫生间、洗手池都由学生轮流打扫，地面干净整洁；到了午休时间和晚上熄灯以后，没有人大

古山小学生活剪影

声喧哗，学生们可以安静地休息。以下是他们生活的场景：

这里很穷。古山小学所在的村名叫自成村，据自成村村主任介绍，全村共 496 户，2143 人，有耕地 1680 亩，其中有 581 亩已经退耕还林。共有 42 个屯，人均年收入仅 696 元，今年由于旱灾和猪瘟，可能连这个数都不到。当地主要作物是玉米，分春、冬两季，春玉米平均亩产 400 斤，而冬玉米不仅产量更低，播种面积也只有区区 500 亩。一般的家庭都只能吃玉米饭。由于贫穷，这里的人们纷纷外出打工，平均每户有一个以上的务工人口。在如此贫穷的地方，古山小学的孩子可以获得这样水平的义务教育，他们在学校里可以感受现代文明的熏陶，实在是殊为不易。不可否认，这里的教育水平已经超越了其经济发展的水平，孩子们在学校里获得了教育和健康成长的机会。这是令人欣慰的。

分别的时刻终于到来了。在相处的 7 天里，我和这里的孩子们结下了深厚的友情。我最熟悉的是学前班和一年级的小朋友。我给他们上课，让他们区分 "z, c, s" 和 "zh, ch, sh"，这对他们这里的人来说并不容易；我和他们一起在黑板上涂鸦，画鱼，画房子，画小鸭子；在小柳素想妈妈的时候，我和别的小朋友一起逗她玩，终于让她破涕为笑；晚上和他们在操场上跑着玩，一起捉萤火虫；记得我晚上要去高年级那边工作，"小尾巴" 缠着非要去，说自己只是跟着，不插嘴说话，我说这样也不行，他就送我到高年级的楼梯口，然后就在那里等我；至今仍记得他们的名字：蓝毛伟，蓝万，蓝祥宝，陆飞雪，韦香竹，覃柳素……

我和孩子们道别，孩子们哭作一团。韦丁生的眼圈红红的，她哭不是因为我给她找了新家，因为那件事是我走之后好几天才办的。黄荣兰也在哭，这个孩子自一出生就被父母遗弃，寄养在外婆家里，从来就没有见过父母的面；我给她100元钱（这是朋友委托我的善款），她说自己从来没有拿过这么多的钱，后来这些钱使她度过了一个很大的难关。蓝梅花哭得泪花飞溅，身体颤抖，黄桃和黄凤吉则掩面而泣。这些孩子有的我去过家里，有的没有去过，对她们关爱十分有限，甚至有的都不太熟悉，只是说了说话而已，她们怎么也落泪了呢？

哭泣的韦丁生　　　哭泣的黄荣兰　　　哭泣的蓝梅花　　　哭泣的黄凤吉

我顾不得照相，询问起她们的情况。黄桃，三年级，父亲出去打工，大概是在海上造桥，结果大桥垮塌，掉下海淹死了，现在跟着爷爷奶奶生活；莫圣兰，三年级，父亲被人打死，现在跟着爷爷奶奶生活……我明白了，哭泣的这些女孩，除了黄凤吉是受环境感染所致之外，其余的都是没有爸爸或者爸爸不在身边的孩子。她们渴望父爱，渴望得到那种安全、踏实和可以依靠的感觉，所以，一旦身边出现一个关爱她们、让她们感到信任的成年男性，她们就十分感动，竟然至于声泪俱下。非是为我而哭，实是为自己的父亲而哭啊。至于"小尾巴"，他当时没有哭，而在

我走后，拿出我送给他的名片，一边抚摸，一边流泪，把他的老师都感动了。

之所以记录下孩子临别的眼泪，是想让大家理解和体会这些孩子的内心世界，了解他们所承受的现实和心理的重负。在我们国家城市发展的过程中，数以亿计的农民进入城市成为农民工，他们的孩子大多数留在农村成为留守儿童，这种亲情的割裂、关爱的缺失所带来的现实和心理的重负是难以估量的。由于劳动保护不力，工伤、事故等原因，其中一些孩子还永远失去了自己的父亲，造成终生无法弥补的伤痛。

14.
三只羊？

9月19日，我离开古山小学回到都安县城。经过短暂的休整，第二天一早，在县教育局的安排下，我乘车前往三只羊小学。

三只羊小学是一所乡小学，也就是三只羊乡的中心小学。三只羊乡是都安最偏远的乡镇之一，这个名字非常怪，从名字也似乎可以看出它的偏远。7月份我已经去过三只羊小学一次，知道有一段路很危险，那次坐的是面包车，我刚好坐在车窗边，透过车窗看下去，这一看不要紧，顿时让我胆战心惊，受了很大的心理煎熬。这一次，听说那里正在修路，道路更为难走。在上路的头一天晚上，我在笔记本中对有些未尽的事情预作了交代，虽然出事的概率很低，但要做到有备无患，以防万一。

从都安县城到三只羊的这一路程大约可以分为四段：第一段是国道二级路，公路上车来车往，与我们平常看到的并无二致；第二段是恬静和谐的田园风光的乡村公路，道路有些颠簸，但并不艰险，忽而走过一段土路，忽而经过一个集市，在大多数的时候，路边是成片的稻田，在阳光下闪耀着悦目的绿色，而远处的缓坡上，时而出现一些灌木和茶树；第三段是风光旖旎的沿河公路，这一段的景色最为秀美，右边是高耸的山，山上草木葱茏，左边是一条弯弯曲曲的河，河水没有受过污染，显得碧绿而清秀，河边是茂密的芦苇和水草。走在这样的公路上，犹如进入美丽的山水画中一般，再呼吸一下山里的清新空气，令人顿觉神清

刁江沿岸风光

最艰难的一段路

气爽。

　　沿河走了一阵，到达一座小水库，我们从坝顶穿过，到达河的对面。这时，最难走的第四段路开始了。道路确实难行，起始的一截路面堆积了很多大块的石头，那是上面修路滚落下来的。我们的车左扭右转地避开石头，一路挣扎着沿着山势向上攀爬。越往上走路面越窄，大约也就一个半车身的宽度，由于无法会车，在上坡前需要先鸣笛确认上面没有车开下来，以防两车顶头；路基是用石头和碎石子铺成的，凹凸不平，汽车走在这样的路面上就像是喝醉了酒一样摇来晃去；路的外侧是几百米落差的悬崖，而且峭壁向内倾斜，车子如果滚落，会按自由落体运动直坠谷底；在拐弯比较急的地方，路边拉起了一条细绳，绳子上拴着一些红色的塑料袋，以提醒车辆注意拐弯，以免掉落。这就是我来之前非常畏惧的那一段路程。

　　然而，这次过路我却没有感到丝毫恐慌。主要原因是这次开车的司机比较好，他是县教育局的专职司机，姓黄，我称他为"卷头发小黄"。小黄正值年富力强，又经常跑这一段，对这条路已经非常熟悉，车开得非常稳当。上次我之所以害怕，大概也是因为那时候车开得不够稳当，给我留下了心理的阴影。这次换了个有经验的司机，我心里就非常踏实，甚至还不时地往路下方张望。

开过这一段，又绕山行驶一段，下坡，终于到达了三只羊乡。看看时间，大约用了2个半小时。乡中心学校的袁校长（并非是三只羊小学的校长，而是全乡所有小学的大校长，相当于乡教育组组长）接待了我们。在吃饭的时候，我终于弄明白了"三只羊"名称的来历。

原来，在很久以前，这里都是由当地土司所有的，政府为了宣示对这一地区形式上的管理权，要求该地每年进献三只野羊。那个时候这里人烟稀少，野羊成群，捉几只并不困难。当时这里共有三个片区，刚好一个片区一只，凑足三只之数。后来，野羊被猎捕光了，政府允许土司将进献的野羊改为家羊，但数量仍是三只。于是，在建国后划定行政区域的时候，就将这一地区命名为"三只羊"。原来如此！但由于年代实在太过遥远，现在当地的年轻人也多不知三只羊名称的来历了。袁校长开玩笑说，当地人天天说"三只羊"已经习惯，不再感到奇怪，但要换成"一头牛"或者"两头猪"，就连他们也会觉得很稀奇。

15.
生计 VS 亲情

三只羊小学是一所乡小学，现有学生488人。这里的情况和古山小学差不多，大部分学生都是留守儿童。当然，我这里所说的留守儿童是按照广义定义，只要父母当中有一方外出就算；而在当地学校，他们采取狭义定义，认为父母双方都外出的才算是留守儿童。按照他们的定义，留守儿童比例会低很多。如果作一个粗略的估计，那么，广义留守儿童的比例约为80%，而狭义留守儿童的比例约为25%。

在三只羊小学，我一边开展学生餐检查工作，一边继续对留守儿童进行访谈。在学校里，我着重考察的是留守对儿童心理的影响。因此，在调查问题中我增加了一项"你有什么想对爸爸妈妈说的话吗?"对天天和父母在一起生活的孩子来说，可能没有太多特别想对父母说的话，但对留守儿童来说，由于他们和父母每年只能见一两次面，往往在心底深处已经积攒了很多话要说，只是无处诉说而已。就让我替他们来记下来吧。

袁彩妮，六年级民族班学生。她的家在建良龙坵，离学校非常远。她说了半天，我也没能弄明白到底有多远，看来只有待我亲自去一趟才能知道了。彩妮的个子在同学当中算是比较高的，已经有151公分，看起来挺拔、健康。她的性格很活泼，和同学关系都很亲近，甚至敢和老师开玩笑。她的父母都外出打工了，在广西合浦县（有个成语叫作"合浦珠还"，指的就是那个地方）做木工。她和奶奶一起生活，同时还要照看1个弟弟和2个妹妹。奶奶的腰有点疼，但还可以种地。暑假她要帮着干活，拔草、收玉米，什么都做。她很想父母，有时候会哭。在

袁彩妮

家时她从不害怕，因为她是老大，还要照顾弟弟和妹妹。

"有什么想对爸爸妈妈说的话吗?"

"以前经常怨恨他们，为什么要丢下我们? 现在想对他们说对不起……"

是啊，彩妮长大了，成熟了，终于可以体谅父母了。父母辛辛苦苦出去打工，就是为了他们可以过得更好些。如果父母不出去，他们身上的牛仔裤和塑料凉鞋都会没有着落。记得在来广西的飞机上，坐在我旁边的一个乘客问我去哪里，我说去都安。他说:"哦，都安，那地方穷啊，几年前，那里十几岁的女孩子都没有裤子穿……"来都安后我问过，大概在90年代以前，穷得没裤子穿的情况还是有的，但现在这种情况已经绝迹，就是因为年轻人可以外出打工。用打工挣的钱，买回了T恤衫、裤子和凉鞋，虽然只是极廉价的化纤制品，但终于穿得有个样子了。

韦桂项、韦桂刁姐妹

韦桂项、韦桂刁姐妹，姐姐为四年级普通班学生，妹妹上二年级。需要说明的是，这里的民族班、普通班的划分和民族成分并没有关系，大家都是少数民族，唯一的差别在于民族班每人每月可以获得50元补助而普通班没有。这对姐妹给我留下的印象很深刻，一是因为她们两个长得很像，我经常认错人;二是因为妹妹的名字居然叫作"刁"，真不知道她们的父母怎么想的。

　　韦桂项家离这里很远，走路居然要一天时间，所以周末回外婆家而不是自己家。外婆家离这里还算近，走路只要两个小时。她们家里只有姐妹两个，本来上面还有个姐姐，但两年前姐姐掉在水里淹死了，于是就剩下她们两个。她们的父母都在外面打工，一年大概回来四五次。但很不幸，最近妈妈发生了工伤事故，失去了一只脚，可能要做假肢。她们说，妈妈这次回家以后就不再出去了。

　　她们由外公外婆负责照看，外婆身体不好，经常咳嗽个不停。暑假她们要帮着外公外婆干活，种豆子、拔草、收玉米，什么都做。在家天天吃玉米饭，有时候没有菜，而且玉米饭太稠了，她们就用水来送玉米饭下咽。

　　"有什么想对父母说的话吗？"

　　"我希望妈妈的脚能好起来。"

　　是啊，希望妈妈的脚能好起来。但是脚已经没有了，又怎么可能好起来呢？我明知这只是美好的想象，也和她们一起，心里盼望着奇迹的发生。

　　覃袁威，六年级民族班学生。他家离学校有点远，需要3小时的路程。与其他人不同的是，他是独生子女，这是很少见的，因为这里一般每家都有好几个孩子。他的父母都在外打工，他由外公外婆照看。他的爸爸在金城江打工，而妈妈在东兰县打工，都是一年回来一次。这一点令我有些困惑，因为金城江

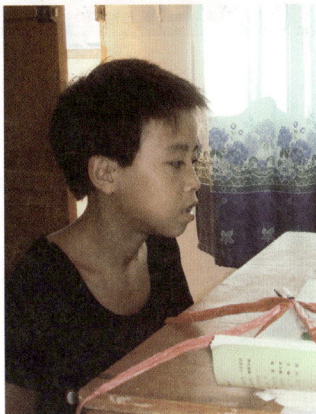

覃袁威

距三只羊只有 50 公里路程，而他的爸爸一年才能回来一次，大概是因为没有假期吧。

"有什么想对父母说的话吗?"

"爸爸妈妈在外面，一定要注意身体，祝他们在外面身体健康!"

袁凤媚，五年级民族班学生。她的家离学校不远也不近，大概 2 个小时的路程。她家里共 4 口人，上面有个哥哥。她爸爸在家，而妈妈出去打工了，她也不知道去了哪里。由于她的妈妈是第一次外出打工，所以袁凤媚一直非常担心，总是害怕妈妈发生什么危险。她想对妈妈说:"谢谢妈妈一直支持我学习。"她说这话埋在自己心里好久了。

袁凤媚是个很乖巧的女孩，她喜欢学习，成绩也很好，在班上一直都是数一数二的。她也很喜欢校园生活。

袁凤媚

在她的描述中，她的家庭也是个温馨和睦的家庭。以前，他家里是爸爸出去打工，妈妈在家，但现在爸爸腰痛，无法再出去，准备在家休息一两个月;于是换作了妈妈出去打工。她的父母最不放心孩子，所以家里总是要留下一个大人来照料他们。

这个地方太穷了。如果留在家里，人多地少，收获有限，生活会非常贫困，甚至连吃饭问题都无法解决。为了生计，他们选择出去打工，但是，要打工就必然要割舍亲情，以及放弃对孩子的监护照顾。所以，几乎所有的父母都需要在生计与亲情之间做选择，有的选择夫妻都留在家里受穷，有的选择夫妻都出去打工，将孩子丢给老人，有的则选择一人外出一人留在家里照顾孩子，方式多种多样，而无论做出哪种选择，都是一种无奈的权衡之举。

16.
又一次放学路

　　转眼又是周五，下午，学生们要照例放假回家。与古山小学不同的是，这里的学生更加分散，于是在放假上采取了更加灵活的方式。下午上完两节课才放假，路近的学生可以当天回家；路远的学生可以在学校住一晚，然后周六一早（或坐车或走路）回家；路实在太远或者回家也没有什么去处的，可以选择不回家。

　　我随学生一起回家。这次选择去袁江家。袁江是六年级民族班的学生，非常帅气的一个小男孩，唯一的缺点是瘦小了些。我每到一个学校，都是和学生搭伙吃饭，在古山小学是黄兴棚，而在三只羊小学是袁江，他负责给我蒸饭吃。蒸饭的过程和在古山小学时是完全一样的。我跟他比较熟悉，所以选择去

周五放学后的校门口

他家里家访。他的班主任韦老师陪同我一起去。

下午第二节课的下课铃响了，学生们回到宿舍稍微收拾了一下东西，就开始陆陆续续走出校门。与古山小学不同的是，这里出校后是一条南北向的龙英街，学生们回家的队伍都比较集中，成群结队的，而不是像古山小学那样一出校门就成辐射状四面散去。照片显示的是学生们走出校门的情景。像这样的队伍是一批一批从学校里出来的，出校门，走过三只羊乡短短的街道——龙

这样的路已经算是不错的了

英街，然后沿山路往上走。这一段山路主要是为了能抄近路赶到村级公路上。山路上有石阶，比较好走，也没什么危险；只是其中有一处要攀爬上一个比较高的土坡，令我们颇费了一些力气。

　　走过了这段路，下面的一大段路程就比较容易了，都是村级公路，这是在山区比较常见的一种低等级公路，大概每公里造价为5万元（不含人工费）。路仍然在修，据说是以后要把这段路改造成柏油路，可以直通河池市所在地金城江，为了修路，路边堆了很多石子等材料，路面变得很窄，每当有汽车和三轮车通过的时候，我们必须躲到石子堆上为它们让路。学生们对我很照顾，他们抢着为我背包，这让我很感动，也觉得让孩子为自己背包有些说不过去。但他们人多，轮流着背包，应该不至于累到。

　　我们的队伍就这样向前走着。孩子很活泼，一路上叽叽喳喳说个不停。和城里的孩子一

修路用的石子堆

道别

样，他们也喜欢动画片，现在正在流行奥特曼，我也不知道这是一种什么怪兽；他们还喜欢明星，有个女孩的绰号叫作"明道"，据说是一个香港影星的名字；马上就要到中秋了，韦老师正好负责营养餐，他们向老师提出中秋时能不能发月饼，还要大苹果，韦老师答应了，他们高兴得又蹦又跳。孩子们天真可爱，跟他们一起走路，连疲劳都忘记了。也不知走了多远，到了一个大路口，一些同学走下了路，剩余的人继续向前，我们的队伍顿时小了很多。

渐渐地，陈艳娟他们下路了；袁彩妮他们也下路了；路上只剩下我们去往龙防村的一队人。这时我发现前面一个小男生的头上有好大一块疤，他说是以前摔的。韦老师告诉我，山里的孩子多半身上都有疤，走山路磕磕碰碰，有点伤疤很正常。是啊，山里的孩子也是孩子，尽管他们走山路健步如飞，尽管他们比我走得都快都稳当，但毕竟也是有危险的；这种安全问题之所以没有被人提出并加以重视，仅仅是因为他们命"贱"而已。如果安全

遥望龙防村

标准得以提高，那么，这种安全也应该被纳入考虑的范围。

又转过一个山角，走过一块巨石，终于，我们看到了此行的目的地——龙防村。这是一个比较大的村子，大约有几十户人家，一派田园农家的景象。我们在巨石下休息了一会儿，然后一鼓作气下到山谷，穿过几幢密密挨挨的房舍，走过几株油绿油绿的芭蕉树，终于到达了袁江家。看看手表，总共用了 1 小时 40 分钟。

17.

踏夜归来

我们到达袁江家的时候，时间大概是 6 点半，太阳已经下了山。山里天黑得早，我跟韦老师商定，到了袁江家，抓紧时间访谈，访谈结束之后立即返回学校。这是为了避免摸黑走夜路，夜里走山路可能会有一些危险。

袁江还有个姐姐，名叫袁潇，也在三只羊小学就读，她是女童班的。女童班是由世界宣明会捐助开设的，已经办了两届，每届招收一个班，班里都是女孩，每人每月可以得到 90 元的补助，其中 40 元存入个人账户供将来之用，50 元当月下发。所以，进入女童班的这

女童班

些女孩都是比较幸运的。我去女童班参观过，并给她们照了相。袁潇也是和我们一路回来的，只不过她跑得比较快，早早就到了家。

他们的叔叔接待了我。这个叔叔35岁了，尚未结婚，从谈话的情况来看，他可能智力有点问题，问了些问题他也说不清楚。于是我转而和袁江姐弟谈。父母都在广东打工，他们很想念父母，晚上经常会害怕。他们说，希望父母快点回来。然后突然就哭了起来。他们哭得很伤心，袁潇哭得梨花带雨，而袁江的泪水则顺着脸颊流成了一条线。他本来个子就小，这下更像个幼童一样。这令我心里沉甸甸的。我不想因为我的访谈令他们伤心，只是，我必须反映他们内心深处的真实情感。就让他们哭这一次吧。

待他们稍微平复一些，我继续询问他们。他们说，奶奶和叔叔对他们很好，父母很放心，也会经常打电话回来。父母每年只有在过年的时候才可以回来一次。他们在家每天都吃米饭，而且每顿都有青菜吃，这还是不错的。他们还有个姐姐，今年18岁，

袁江和袁潇

初中毕业后就去打工，也是在广东，但没有和父母一起。我问他们是否愿意随父母一起读书，他们说不愿意，先是说因为太远，随即告诉我说主要原因还是花钱太多，家里负担不起。他们对父母很理解，知道父母在外面辛勤工作都是为了孩子。

这时候，袁江的奶奶回来了，于是我和她又说了几句。她说自己耳朵不灵，腿也疼，身体很不好。

所幸两个孩子都已经长大，而且很懂事，没有给她造成很大的困难。与其他孩子不同的是，袁江姐弟不用下地干活，地里的活都是由奶奶和叔叔做的。

在和袁江的奶奶谈过之后，我们谢绝了吃饭的邀请。此时天色已经黑了一半，我担心路上的安全，决定立即回程。此时，我发现身边依然还有三个小男孩。韦老师说，他们不是放学回家的孩子，而是跟着我们一起出来玩的。原来，这三个男孩的家离学校非常远，他们选择周末留在学校，而在学校也没有什么事情好做，于是干脆和我们一起来龙防村了。现在正好，我们一共有 5 个人，路上倒也不寂寞。

我们只有一把手电筒，是韦老师带的。我在古山小学曾经买过两个手电筒，一个送给了韦丁生，一个被"小尾巴"花言巧语"骗"去了：

"叔叔，你这个手电筒多少钱买的？"

"八块五。"

"带电池吗？"

"不带。加电池 11 块。"

"我也想买一个这样的手电筒。"

"不用。叔叔把这个送给你。"

"那，你没有钱再买了怎么办啊？"

"没关系。叔叔有钱可以再买。"

就这样，我的手电筒就成了"小尾巴"的了。当时没有想到今天要走夜路，不然可以提前再买一个，想到这里，心中不免有几分懊悔。

所幸的是，今晚的月亮非常好。快要中秋节了，月亮又白又圆，高高地挂在天上。月光柔和地洒下来，给大地披上了一层银霜。屯级公路泛着浅灰色的反光，从我们脚下蜿蜒地伸向远方。路虽然不宽，但对我们几个行人来说已经是足够宽阔。我总是担心走夜路会不安全，看来这次又多虑了。用相机仅剩的最后一点电量，请韦老师给我们照了一张相，孩子们左起分别是：韦愿、潘天众、蓝安相。没办法，我们用的是普通相机，只能照出这样的效果。

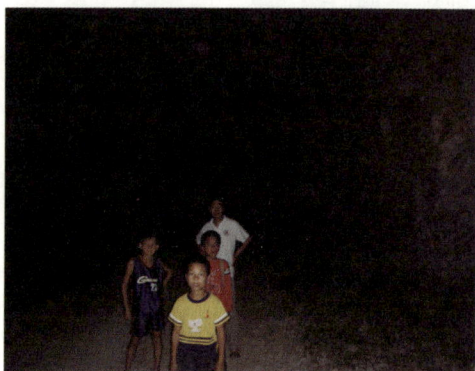

夜路

当我们回到学校的时候，已经是 9 点 10 分，乡里仅有的几个小饭馆都关了门。于是，我买了一些方便面、火腿肠、蛋糕、饮料之类，请韦老师和这些患难与共的小朋友们吃了一顿饱饭。吃完饭，韦老师给我烧了一大桶热水，还加了点盐，让我好好地泡了一下脚。这天下午走了 4 个小时，已经很累；而明天，按照计划，还有更远的路程等着我。

18.
不适合人类居住的地方（一）

在这天下午去袁江家的路上，我拍下了这张照片：
这口"大锅"是山里的梯田。我的相机太不专业，加上选取

"大锅"——梯田

的角度有些偏，效果完全没有出来。如果从正上方照下来，它应该活像一枚巨大的指纹。从照片来看，这里的坡度似乎还算平缓，而实际上，这个梯田非常陡峭，至少有七八十度，如果我们站在路边往下看，会有头晕目眩的感觉。这哪里是梯田，明明就是在悬崖上种地。梯田里种的是黄豆，长得怎么样我看不出来，也不敢过去看。这可真是人类征服大自然的杰作。

　　然而，"好看不好吃"，在这样的坡地上种庄稼，收成注定不会好。坡度那么大，无法浇水施肥，完全地靠天吃饭。如果不下雨，这些庄稼会旱死；但如果下雨太大，坡上的庄稼会被水冲坏，而谷底则会形成一片汪洋。所以，稍有农业常识的人一眼就可以看出，这决不是一块种庄稼的良田。

当地流传着一个典故。说是有一年，外国（应为澳大利亚）官员曾到这里考察，看过之后评价说，这里是"不适合人类居住的地方"。我完全同意他的观点。这里虽然风光不错，年降雨量也不小，但总体来说，山势险峻，土层薄而贫瘠，不是发展农业的好地方，可承载的人口数量非常有限。然而，人类繁衍得太快，为了自身生存需要的土地资源越来越多，适合耕种的土地率先被开发了，接着，不那么适合耕种的土地也被开发了，最后，完全不适合耕种的土地也被部分开发了。由于这些土地产率很低，所以农民们付出了很多辛勤的劳动，所得却非常的少，甚至血本无归。

这里曾经有野羊出没，这也正是"三只羊"名称的来历。然而，人类把自然开发到这样的程度，已经几乎完全侵占了野生动物的活动空间，野羊早已亡群灭种；其他大型动物也杳无踪迹。地上偶尔窜过一只野兔，天空偶尔掠过一只雀鹰，它们还在顽强地生存在人类之外的保留区域，毕竟，庄稼不可能覆盖所有的山谷，而人类也无法占领所有的山顶。但总体来说，人类已经大大侵占野生动物的地盘，把自然开发到无以复加的地步；在一定程度上，已经形成只有人类的单调世界。

应当把人类从不适合生存的地区迁移出去，把这些地方还给它原有的主人——野生动物。这样，人可以过得更好，野生动物也可以得到生存空间，可谓是各得其所，实现人与自然的和谐发展。一些有识之士已经看到了这一点。上次来都安的时候，同车的一位陈主任就曾说过，他琢磨了几十年终于明白一个道理，这样的地区除了把人迁移出去之外没有别的出路。扶贫、修路、农技推广之类都没有太大的意义。

人口迁移，说起来容易，实施起来却很难。现在当地大部分劳动力已经外出打工，在付出重大代价（工伤、职业病）之后，已经在一定程度上改善了生活条件。然而，这却不是真正意义上的人口迁移。他们并不能真正地融入城市社会，他们最终还是要回到这片土地；更糟糕的是，他们还在大量的繁衍（少数民族地区生育政策有所宽松），根据我的调查，平均每个家庭的子女数约为 2.79 人。人与资源的矛盾仍在继续恶化，旧的贫困没有根除，新的贫困因子又在滋生酝酿。这种情况令人忧虑。

这里，我想提出一个构想，供大家参考。应当支持和鼓励已转移的劳动力不再回到这穷僻的山区；对已出生的儿童，应当为他们提供尽可能高质量的现代教育，使他们接受现代社会的熏陶，那种简陋的教学点是不堪用的；在九年制义务教育的基础上，最好再加上数年职业教育，使他们成长为现代社会所需的合格劳动力；新劳动力在城市就业、婚育，不再回到家乡，在城市社会的大环境下，这部分人会自然而然地选择少生优生，留下的群体部分被带出，部分自然消亡，人口迁移出来了，贫困也就从根本上消除了。与此同时，我们把这个"不适合人类居住的地方"还给了大自然。

19.
两个没妈的孩子

第二天，我们准备去上年村。除了我和韦老师，还有两位女老师——黄老师和小苏老师相陪。小苏老师才 23 岁，是刚刚分配到这里的英语老师，她很想去自己学生家里看看。

这次路途确实很远，大约是昨天路程的两倍。韦老师叫了几辆摩托车来送我们过去，而回程就只有靠我们的双脚了。韦老师和两位女老师坐的是街上的"摩的"，给我安排的是学校里蓝老师的摩托车。韦老师他们早早上了路，我在后面等蓝老师，却迟迟不见他的身影，好不容易来了，他又跑去慢条斯理地吃米粉。我心里暗想：这个蓝老师可真是个"懒老师"。等他吃完饭，又加满了油，才开动摩托载上我向上年村进发。

上了路我才明白韦老师这样安排的用意。到上年村的一路上都在修路，有很长一段路上都是大大小小的石块，坑坑洼洼的，摩托车犹如在上面跳舞，走走停停，速度比走路快不了多少。蓝老师的摩托车轮胎比别人的宽得多，而且他的性格又十分沉着，所以车开得很稳当。这正是韦老师如此安排的用意，他是为了我的安全。蓝老师也不是真的懒惰，在这样的路上开摩托，犹如整路和人较臂力，不吃饱饭能行吗？就这样一路颠簸着向前。沿途风景不错，偶尔还飞过一只小鸟。可惜我屁股快被颠成八瓣，又总担心被甩出去，哪有心思欣赏风景。

摩托开了 47 分钟，终于到达了上年村。村民递上了一个类似红薯的东西，据说这是当地孩子们的水果。我剥开皮吃了起来，比红薯脆，有些甜味，不是很好吃。黄老师说，他们小的时候经常吃这种东西。我吃了一大半，实在吃不完，顺手扔到了猪圈里。这是农村的好处，什么东西吃不完都可以喂猪，不会造成浪费。

韦排已经在等我们了。他是六年级普通班的学生，穿着很朴素，朴素到破旧的程度，都是表哥剩下的衣服；这孩子说话也很礼貌，礼貌到谦卑的程度。他在前面带路，把我们引到了家里。这是一座破旧的木房，四壁是竹席编成的，不挡风雨；屋顶是木板搭建的，上面铺着一层薄薄的瓦片；房子内部也是用竹席隔开的，我们进去的是个"客厅"，杂乱地摆放着箩筐、粮食、脸盆、衣服和炉灶等。一眼便知，这是个生活比较困难的家庭。

黄老师和村民在一起　　　　　　　　　　　　　　韦排

　　韦排的爷爷和奶奶都在家。他的奶奶一见到我们就叽里呱啦地说了起来，她拉着我的手，越说越激动，甚至流出了眼泪。我听不懂她的话，借助黄老师的翻译才能大致明白。原来，在韦排两岁的时候父母就都去世了，韦排是由爷爷奶奶带大的。老人的三个儿子都已患病去世，这个病和打工无关，而是遗传病，肝病。具体什么病老人也说不清楚。我看看两位老人，总怀疑是近亲结婚所致，但没敢多问。韦排还有一个活着的叔叔，但这个叔叔有些神志不清，清醒的时候可以干活，发病的时候就会乱跑乱爬。房间上方有两根竹梁都是光溜溜的，据说就是叔叔在上面攀爬所致。因为叔叔有病，韦排的婶子跑了。现在叔叔在广东打

韦排的奶奶

工，因为有病工作也不好找，大约每月有800—900元的工资，有时打电话给他，他就寄一点钱回来。这真是个可怜的家庭。

他们家总共有5亩地。韦排的爷爷74岁，奶奶72岁，身体倒还健康，还可以下地干活。主要种玉米，收成好的时候可以达到2000斤，今年有1000多斤，算是中等年景，在有些不好的年景，总共还收不到300斤。这两年情况都还不错，粮食够吃。除了种地，韦排的爷爷还编背篓卖，一天可以做一个，每个挣15元，前提是能够卖得出去。现在韦排去乡里上学，花钱比以前多了，大概一个学期要多花50多元。这是个不小的压力。明年如果上了中学，用钱会更困难，因为中学肯定比小学花得更多。

韦排非常懂事。别的同学每周有三五元的零花钱，韦排没有。他每周只有一两元钱，用于购买学习用品，根本没钱买零食。现在学校提供了免费的营养餐，不然会更加困难。他周末、暑假都要干活，收玉米、锄地、砍柴、挑水、放牛，什么都干。这样的劳动强度比一般的留守儿童要大得多。韦排在学校里混得不错，是学校的三好学生和优秀学生干部，以满票当选为班长。

他的心愿是读完中学。他也想上大学，但家里这么困难，他不敢奢望。

结束了访谈，韦排的奶奶拿出芭蕉请我们吃。这是我第一次吃芭蕉。在古山小学的时候，眼看着树上的芭蕉，却没有吃到，吃的还是从县城买回来的香蕉。这次吃到的是真的芭蕉。从味道上来说，芭蕉和香蕉有些不一样，香蕉是香甜味，而芭蕉没有香味，还有些发酸。从口感上来说，香蕉是软的、糯的，而芭蕉略有些发硬、发脆。看我吃得很香甜，韦排奶奶的脸上露出了难得的笑容。吃完芭蕉，我们起身告别了。

仍由韦排带路，我们来到了卢勋家。卢勋和韦排是同班同学，都是六年级普通班的学生。两个人的命也很相似，卢勋也是在两岁的时候失去了妈妈，她是得癌症死的，卢勋和韦排一样都是没妈的孩子。不同的是，卢勋的爸爸还健在，可以养活他。我们到卢勋家的时候，他出去放牛了，不在家。他的爸爸接待了我们。

韦排的奖状

卢勋家有 2 亩地，种植玉米，年景好的时候可以收 1500 斤；如果遇到灾害，也就是几百斤的样子，500、600 斤的时候都有。他的爸爸采取兼业的方式，在农闲的时候出去打工，农忙的时候就回家干活。算下来，一年中约有 4—5 个月在外面工作。他在罗城县打工，从事建筑业，月工资为 500—600 元。从居住来说，卢勋家仍然和奶奶、叔叔在一起，这是个大房子，里面隔出好几个房间，卢勋和爸爸住一间，奶奶住一间，尚未结婚的叔叔住另一间。虽然仍在一起居住，但已经分家单过，平时各种各的地，各吃各的饭。

卢勋的爸爸以前也很爱读书，只是家里穷，读到小学三年级就辍学了。大概是为了弥补自己当年的缺憾，他很重视孩子的教育问题，希望孩子多读书，读完小学还要读中学，以便在将来打工的时候能够跟得上别人。在破旧的竹苇墙上，两根竹条别着一张奖状，上面写着卢勋上学期被评为三好学生。卢勋还爱好书法，曾在县里拿过优秀奖。他在家里也干活，主要是家务活和放牛等轻活。当我们结束访谈离开的路上，正好遇见卢勋放牛归来。他个子不高，瘦瘦小小的，和自家的小牛一样。他的性格很内向，见到我和韦老师，腼腆得不知说什么才好。

卢勋的奖状

这是两个苦命的孩子，卢勋没有妈妈，而韦排是孤儿。在古山小学我已遇见几个孤儿和失去爸爸的孩子，可以称之为"城市化孤儿"，因为他们失去亲人是由于打工亡故；韦排的父母和卢勋的妈妈都是自然亡故，或者可以称之为"自然化孤儿"？但不管哪一种，没有父母的孩子都会生活得更加沉重，也需要我们更多的关爱。

20.
一个最幸福的留守儿童

上年村是一个很大的村庄。在我的印象里，这里的村落都相当分散，甚至很多只有几户人家。上年村有上百户人家聚集在一起，所以算是一个很大的村庄了。这个村对绿化比较重视，村周围的山林一直受到保护，村民砍柴必须到很远处的山上，这虽然给他们的生活增加了不便，但同时也使这个村的居住环境更美，从远处看，村周围一片郁郁葱葱，很有生气。

我们在街上走，随便选取了一户有小孩的家庭进行了访谈。没想到，他居然成了我遇到过的最幸福的留守儿童。这个男孩名叫袁东浪，在上年村小学读四年级。

这个孩子的幸福可以看得出来。他很精神，虽然皮肤不算很白，但很有光泽和弹性，唇红齿白，身形匀称，穿的衣服也非常整洁。从房间摆设来看，虽然旧一些，但收拾得井井有条。他是独生子女，父母都在广东打工，一年才能回来一次。幸运的是，他的爷爷、奶奶都在，而且身体很好，没有病，照顾孩子没有什么困

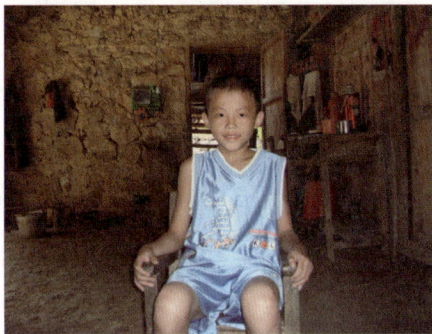

幸福的袁东浪

难。他的外婆也健在，而且就在本村，这样一来，三个老人的爱都落在这一个孩子身上。爷爷、奶奶照顾他的吃饭，而外婆负责给他洗衣服。过年的时候，他的父母会从广东回来，同时也把钱带回来。他的生活条件比较好，在家每顿都可以吃到白米饭，每顿都有青菜。家里有6亩地，主要种植玉米，好的年景可以收到2500—2700斤。去年由于受灾，只收到1100斤，今年估计可以达到2000多斤。他在家也可以帮着干一点活，比如收玉米和家务活，但干得很少。

在零花钱方面，他也是比较宽松的，他的爷爷说从来不给他零花钱，但随即又补充说，他的外婆会给，一天给2元。这已经是很高的水平了，随行的小苏老师担心地问："用得完吗？"他回答说用得完，主要用来买糖吃。

这是我遇到过的一个最幸福的留守儿童。父母出外打工挣钱，改善了经济条件；老人们都健在，可以给他提供无微不至的照顾。他也想父母，但缺失的父母之爱在祖辈那里得到了相当的弥补。需要补充的是，他的爷爷早年在外面混过，会说普通话，如果不是耳朵背了一点，和我交流不存在障碍；他的普通话水平甚至超过了前面提到的古山小学红星校点的周老师。如果所有的留守儿童都能过上这样的生活，那我们的留守儿童问题就没有那么突出了，至多只是个稍待改善和调整的问题，但很遗憾，像这样幸福的留守儿童，我只遇到了这么一个。

袁东浪就读的上年小学是个村小学。在上年村，共有128个小学生，其中多数去了乡小学就读，在本村小学就读的只有47个，其中一年级以上35个，学前班12个。这里共有4个老师。由于是周末，学校里没有什么人，显得很冷清。主体结构是一座两层教学楼，老师宿舍、教室都在楼里，我数了一下，大概总共是 10 个教室。二楼正中有一块黑色的匾额，上书"上年村希望小学"，落款是"自治区财政厅预算处捐建"。这里最高到四年级，五年级以上就必须去乡里上，需要统一寄宿。袁东浪现在是四年级，还可以在村里上，一年后就要去乡里。到时候他的生活会有些改变，没法再依赖外婆洗衣服了。

我们中午被安排在袁万丈家里吃饭。他是韦排的姑父，是上年村委会的副主任。他介绍说，上年村共 1073 人，有 932 亩耕地，共有 16 个自然屯，9 个生产队。村民主要种植玉米、黄豆，人均年纯收入 1470 元。农民们喜欢吃大米饭，种的玉米主要用来换大米，大部分家庭吃的都是大米饭，很少吃玉米饭。看

上年小学

来，上年村比古山小学所在的自成村的情况要好得多。上年村出去打工的人也很多，全村 237 户人，有 250 人外出打工，平均一户有 1 人以上。这个村出去打工的人情况还好，没听说有什么职业病和工伤亡故的情况。如果父母双方都外出，会把子女留给老人照顾，如果老人也不在了，还可交给学校寄宿。看来他对本村小学的教学质量很不满意，言语之间多有不敬。但同时表示，去乡里面上学肯定多花不少钱，大部分承受不了，尤其是上中学。

饭做好了。大家围坐在一起吃饭，出席午餐的除了袁万丈的家人和我们一行人之外，还有上年村小学卢校长，以及给我们带路的韦排。照例杀了一只鸡，这次鸡煮得不错，很香，而且不再有腥味，似乎是加了姜；有两个素菜，炒得很入味；仍然有酒，但主人也没有强逼劝酒。总之，这顿饭吃得很舒服，我吃了两大碗米饭。饭后，我在笔记本上记下两行字：午餐100元，吃得最好的一顿农家饭。韦排吃得比较拘束，随便吃了一碗米饭就说吃饱了。这没娘的孩子，总是要守规矩的。

饭后发生了一件让我隐隐不快的事。在袁万丈家里，我看到两个鸟笼，其中一个笼里是竹鸡，另一个笼里是鹧鸪，都是在附近的山上捉的。鹧鸪很漂亮，叫声也很好听，喜欢诗词的人都知道有个词牌叫做"鹧鸪天"，大概取其鸣唱悦耳之意。但现在这只漂亮的鹧鸪被人捉住，关在笼子里，整天不吃也不喝，显然不再有歌唱的兴致。它看我走近，以为要吃它，吓得花容失色、乱飞乱跳，扑撞在笼壁上砰砰作响，折断的羽毛四散飞扬。为了避免再伤害它，我赶紧跑得远远的。我不明白，这么漂亮的鸟，为什么要捉它呢？我很想向袁万丈求情，把这两只可怜的鸟放生。但毕竟是做客，我怕破坏主宾尽欢的气氛，嘴唇动了几次，始终没有说出口。事后，我为自己的懦弱感到很后悔。

笼子里的鹧鸪

21.
哪里才是小志鹏的家

　　从袁万丈家里出来，走不多远，透过篱笆，我看到了一株木瓜树，而且上面居然正结着木瓜。我是北方人，虽然吃过木瓜，却从未见过长在树上的。原来，这木瓜同我们的苹果、梨不一样，它不是长在树枝上，而是直接长在树的主干上，而且，木瓜的个头很大，直长到将近一尺还不罢休。可惜这时木瓜还没有成熟，颜色还非常青绿，不然我真的要去讨一个来尝尝。

木瓜树

　　木瓜树的对面有个房子，房门口有几个孩子在玩耍，其中有个孩子叫付志鹏。他的父母在广州打工，已经有好几年没有回家了。由于父母过年无法回家，小志鹏每年暑假去广州和父母一起生活，在那里住2个月。我国有5800万留守儿童，这是指被父母留在家里的；另有约2000万流动儿童，是指被父母带到打工地生活的儿童。小志鹏暑假去找父母，而平时在老家生活，可以说兼有留守儿童和流动儿童的性质，而以留守为主。像他这样的孩子在都安不多见，但在有些地区非常普遍，以至于在每年暑假刚放假和即将开学的日子里，有些火车车次车厢里都是儿童。由于孩子太多，都要半票，一度还引起了铁道部门的意见。

小志鹏说，自己喜欢去广州，那里很好玩。

"广州好还是家里好？"我问。

他很认真地想了半天，告诉我说："我们这里好，因为这里有山有水，有很多朋友，广州没有……"

我明白他的意思，广州虽好，无奈那里不接纳他。他家里也曾考虑过让孩子去广州上学，但是用钱太贵，供养不起，所以还是让他回家来上学。现在他在乡小学寄宿上学，周末就回外婆家来住。他每年都去广州，所以对父母的情况也很了解，他告诉我，父母的月工资大约都是一千几百元，爸爸是拉煤气的，妈妈做清洁工。

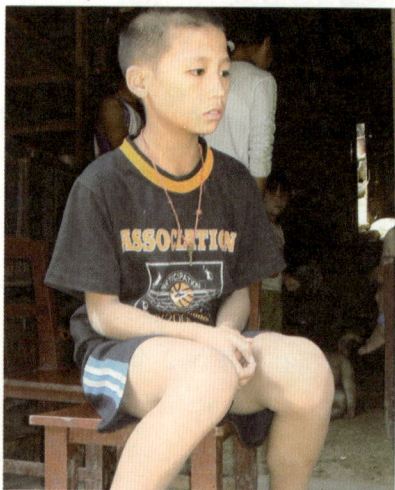

竭力压抑眼泪的小志鹏

"想父母吗？"

"想"，神色马上黯然。

"害怕吗？"

"不怕"，摇头，坦然。

"会哭吗？"

"有时候会……不知道……"

"有什么愿望吗？"

"希望他们能回来……"

他一副失魂落魄的样子，忽而又变得狂躁不安，站起身，走到外面，狠狠地擤了两把鼻涕，回来又一屁股坐在椅子上。他是用这种方式来压抑自己的眼泪，泪水已经在他眼眶里打转，这样动作大些，可以使眼泪不至于落下来。作为一个男孩，又是做哥哥的，还当着这么多外人的面，怎么能落泪呢？所以他强忍住了。

我不忍再折磨这可怜的孩子，和他说了几句轻松的，结束了问话。

22.
放羊的女孩

离开上年村的时候，大约是午后两三点钟，太阳用它的毒辣欢送着我们。好在我们事先准备了充足的饮用水，渴了、热了就喝水，走在山间，一度有点旅游的感觉。

我们走着，太阳也走着，到阳光开始有些柔和的时候，我们已经走出上年村的地界。从屯级公路望下去，山谷中出现了一个村庄，确切地说，那是一个屯，属于龙英村。三只羊乡政府和三只羊小学所在地就是龙英村，那里是"本部"，而这里是它

上年村道

的一个屯，叫做甲除屯。这个屯不大也不小，大概有七八户人家的样子。苏老师和黄老师很想下去看看，因为屯子里有她们的学生。韦老师有些不同意，他怕天黑之前回不到学校。我支持了苏老师和黄老师，于是三比一提议获得通过，我们走下屯级公路，来到了甲除屯。

袁丽妮是韦老师的学生。她在六年级民族班。丽妮今天出去放羊了，我们坐定的时候，她恰好赶着羊回来。这一群羊大概有七八只，两只大的，其他几只是它们生的小羊羔。这些羊一直都是丽妮在放，看得出她和这些羊很熟，羊们很听话地被赶到圈里。这里的羊不管是黑的还是白的，一律被称作"黑山羊"，价格不菲，毛羊就可以卖到十几元一斤。如果她能将这一群羊养大，大概可以卖几千块钱，这对家庭是个不小的贡献。丽妮的手里捧着一把野花，这是她放羊时无聊采的，紫色和白色相间的小花虽然不起眼，但开得很灿烂。她把野花送给我这个远方来的客人。我欣然接在手中，感受着这田野的芬芳。

这是一个单方外出的家庭，丽妮的妈妈在家带孩子。他们家里共有 3 个孩子，丽妮是老大，读六年级；丽赟——这个"赟"字很难写，也很难念，不知道他们怎么起的——是老二，读学前班；还有个小弟弟，才 3 岁左右，爬得满身是泥。丽妮的爸爸在云南昆明打工，据说那里气候很好。他的工资不低，一个月大约1500 元左右，除了自己吃住都给家里，去年往家带了 1.4 万元。不幸的是，丽妮的妈妈有病，一直在看病吃药，去年花了 1 万多元。加上超生被罚了将近 4000 元，又结了扎，因此，家里的经济条件并不宽裕。今年丽妮妈妈的病有所好转，已经可以下地干点农活。她说，如果自己的病好了，家里将会好过很多。

丽妮和爸爸的关系并不融洽。爸爸在外打工13年，聚少离多，没有给她留下多少印象。每次爸爸回来都要骂女儿，说她太爱看电视，做爸爸的以这种方式来体现对女儿的关爱，而女儿却未必接受。

袁丽妮和妈妈、弟弟

丽妮说："每次回来我都觉得好像陌生人一样……从小的时候起他回来我都很怕……"

"那你盼着爸爸回来吗?"我问道。

"希望他回来?……我也不知道。只希望妈妈病好，爸爸也不用那么辛苦地工作……"

尽管如此，从心底来说，丽妮还是忍不住想念爸爸。在学校里，她想爸爸的时候会偷偷地哭。在家的时候，她倒不那么想念爸爸，而且也不害怕，因为毕竟还有妈妈可以依靠。

丽妮的妈妈说，小儿子也认为"爸爸不好"，在他眼里"奶奶好，大叔、小叔都好，妈妈也好，就是爸爸不好"，大概是因为长年见不到爸爸的缘故，搞得孩子们和爸爸都非常陌生。实际上，她爸爸是个家庭责任感非常强的人，每天都要打电话回来，怕孩子读书不好，怕孩子有病。每天要花1元钱的电话费，这对他们来说是个不小的支出。他一年回来两次，一次是过年时，一次是农忙季节，他要回来给家里干活，收玉米，种黄豆，这次回来还给家里买了一头小猪。回来就没钱用，出去就想孩子，而孩子居然还不领情,这父亲可当得够难的。

丽妮不仅羊放得好,而且上学也很好。她思维敏捷,语言表达能力好,成绩很出色,是学校的三好学生。更早一些的时候,大约在 2001 年左右,丽妮还曾经去广西陆川上学,那时她爸爸在那里打工,还没有去昆明。这大概是丽妮普通话这么好的原因之一。在陆川上学的时候,丽妮还学会了白话,可惜现在已经全都忘记了。

天边只剩下一脉余晖,韦老师催着赶路。丽妮送给我们很多花生,还有那种我不知道叫什么名字的"红薯"。她还指给我们一条小路,那是她放羊的路,我们沿着这条路可以到达屯级公路上,然后顺着它一路走回。等到学校的时候,天早已黑透了。

23.
一个大胆的就地供菜计划（一）

周日,我准备去沙沟屯访谈菜农。为什么忽然想起种菜?话说来就比较长了。头一天的早晨,我在乡政府门前那个"迷你型"的菜市场门口等待那位"懒老师"的时候,详细问了一下这里的蔬菜和肉类的价格。结果如下:

猪肉:12 元 / 斤;

大白菜:1.8 元 / 斤;

青椒:2 元 / 斤;

豆角:2 元 / 斤;

三只羊乡的菜市场

黄瓜：2 元 / 斤；

小白菜：1.5 元 / 斤。

这让我很吃惊。为什么蔬菜会这么贵呢？记得我离开北京的时候，在我家附近的菜市场里，黄瓜才 1 元 / 斤，大白菜才 0.8 元 / 斤，算下来，这里的菜价居然高出同期北京价格一倍以上。要知道，这里可是非常贫困的山区，人均年纯收入才 1000 多元，蔬菜价格居然如此之高，简直是骇人听闻。

我随即也就明白了其中的缘故。这里虽然也是个农业区，但基本是一种自给自足的自然经济形态，农民们家家都种菜，种什么吃什么，没有菜的时候就以盐水黄豆为菜。农民们是不会来市场买菜的，也根本没有钱买菜。来市场买菜的主要是两类人：一类是乡小学和中学的老师，另一类是乡政府的工作人员，包括邮局、移动服务站、卫生院在内，他们都是领取国家工资的人。可以说，这里的蔬菜是专为"上层社会"服务的，卖的菜很多都是从 86 公里外的都安县城运来，都安县城的菜又是远从南宁运来，山高路远的，自然蔬菜价格也就特别高。猪肉的情况有些不同，除了"上层社会"之外，十里八乡的农民也要到这里来买肉，猪肉走得很快，一个摊位每天可以卖半头猪，生猪也是在当地收的，所以猪肉并不算贵，它的价格和我在北京菜市场看到的一样，都是 12 元 / 斤。

唯有商品经济，通过大批量生产、社会化运送、市场化销售这些方式才可以有效降低价格；在自然经济中，自产自用的部分固然不值钱，供商品化的那一部分却会很昂贵。这是一个简单的同时也是很容易被人们忽视的经济学道理。在三只羊乡仅有的几个日用品商店里，如以同种类同规格商品而论，其价格也高于城市的水平。另一方面，尽管价格很高，这些商人赚的钱却并不多，他们在这里卖菜，一个摊位一天只能卖出几十斤菜，满打满算也赚不到几块钱。所以，利润率高、销售量小、流通慢、赚钱少是这种地区商业的基本面貌。

发展商品经济是一个很大的问题，可以暂时不去管它。我关心的是基金会正在三只羊小学推行的儿童营养改善试验项目。作为项目的一部分，基金会给这里的孩子建起了食堂，并提供每人每天 5 元的营养补助。可是，现在孩子们吃的菜都是从外地运来的，由于价格太高，孩子们每顿只能吃到小半碗白菜，数量和质量都大打折扣，有没有什么改进的办法呢？

我产生了一个想法：从本地进菜，把菜价降下来。农民们现在种玉米，把两季都算上，每亩地也就 800 斤的产量，假设每斤玉米 0.8 元，不过是 640 元的产值；而种菜，由于菜的全身都可以吃，产量将大大超过粮食，亩产可以达到几千斤，种得好的还可以上万斤（这是华北平原大白菜的产量，估计这里达不到），不仅如此，这里气候温暖，蔬菜一年四季都可以生长。如果能够从本地进菜，那么，不仅孩子们可以吃到更多便宜的蔬菜，而且农民们也可以获得丰厚的回报，可谓是一举两得。

学校老师们说，这里缺水，农民根本无法种菜。这一说法无法令我信服，为什么农民自己吃的菜都可以种得出来呢？难道他们可以种出自己吃的菜，却无法种出用于上市出售的菜？即便由于缺水种菜存在绝收的风险，但由于种菜与种玉米之间存在十倍以上的收益差，种菜仍然是合算的。至于技术，我相信这里的人既不傻也不笨，只要把他们引入市场的轨道上，他们可以逐步学习和掌握，产量也会不断提高。我的初步判断是，农民并不知道学校现在开设了营养餐，没有看到市场的机会；同时，农民的观念仍然滞后，总有种一些玉米供食用的习惯，所以，他们才没有种菜来卖给学校。只要加以引导，通过当地农民种菜来满足学校所需是可行的。但我的判断尚待证实。

在我昨天去上年村的路上，我还一直在琢磨着这个问题。回程的时候，在距学校不远的地方，韦老师指着一个村庄对我说："下面的村庄有种菜的传统，乡政府曾经在这里推广过大棚蔬菜，但没有成功……我们明天可以到那里看一看。"韦老师的提议与我一拍即合。而且，学生家访的任务已经基本完成，该了解的都已了解到，似乎可以告一段落。于是，这事就这样定了下来。

今天去沙沟屯的仍然是 4 个人：韦老师、黄老师、小苏老师和我。路确实很近，这一路我们走过来大约是半个小时，而当地人走山路比我们快得多，大约 15 分钟就可以到。如果骑摩托车，可以一路沿着屯级公路过来，用的时间会更少一些。

我们正在巷子里徘徊找人，一个妇女挑着担子从外面回来。她姓廖（或者她丈夫姓廖），大约 40 岁的样子，显得精明干练，我们称呼她为"廖队长"。其实准确来讲，她的丈夫才是队长，现在正在上面修路。她刚才去三只羊的集市上送菜了。他们确实是菜农，我们找对人了。

"廖队长"有两个孩子，都去广东打工了。他们家每天都是吃大米饭（这被我看作是富裕的标志），生活条件是不错的。有时间的时候，他们就种菜。种菜很辛苦，没有水管，都是人挑水来灌溉。她家里有一大一小两个水池（水窖），没有长流水源，都是靠夏天下大雨的时候积蓄水，在旱季的时候舀出来用于生产和生活。种菜都是人工淋粪，从不施用化肥，只有玉米才上化肥。她说，靠种菜赚钱是不成的，因为还要种玉米、红薯，不能单纯地种菜。经我再三追问，她坦承最主要的问题还是山区销量不大，每天两担就足够卖了，多了也卖不出去。所以一直以种玉米为主，间或种一点点蔬菜。

"廖队长"畅谈种菜经

这里气候温暖，一年四季都可以种菜，只是，各个季节的情况差别较大。每年的3—4月份是种菜的黄金季节，这一段蔬菜长得最快最好；8—10月也非常好，利于蔬菜生长；6—7月因为天气太热，不太适宜种菜；在冬天最冷的那一两个月里，由于天气太冷，蔬菜会长得比较缓慢。总体来说，一年中的大部分时间都适宜蔬菜的生长，种菜没有什么难度。只有在不适宜种菜的那几个月里，种菜才存在难度。如7月份太阳太大，虫害多，下雨太多菜又会烂。她表示，大棚可以解决这些问题，如果我们和她签订购菜协议，她可以去都安县城附近学习大棚栽培技术。她很有信心。

种菜的收益是比较高的。去年她种了 0.5 亩菜地，卖了 2000元钱，而且只用了 3 个月，即 8—10 月。这比种玉米的收益要高得多。她说，现在只有 0.5 亩菜地，如果需要可以扩大到 2 亩，产量是不成问题的。至于蔬菜的种类，现在除了种西红柿还有困难之外，其他各类蔬菜都可以种出来。全屯共有 17 户人，总的耕地亩数她说不上来，可能达到的蔬菜产量也无法推算。我的乐观判断是，如果和农户签订购菜合同，在这个屯推广种菜，产出的蔬菜足够供全校学生的食用。当然，就算这个屯的蔬菜无法满足学校所学，也不是什么大问题，因为我们还可以扩大到其他屯。

在她身上，我感到了想赚钱的强烈愿望和对市场的把握能力，这让我感到很放心。有赚钱的愿望是一种美德，在这种愿望的驱使下，很多辛苦和困难都可以克服。她表示"虽然辛苦，但

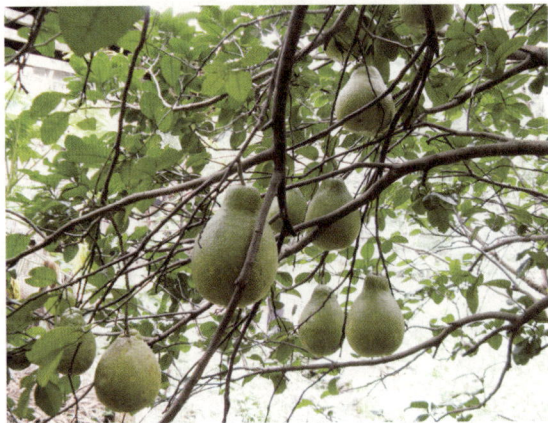

"廖队长"摘柚子招待我们

这种辛苦是值得的"、"水不够的问题也可以想办法解决"，很乐意签订合同承接向学校供货的任务，甚至表示希望能趁眼下的好时节抓紧时间开始耕种。她对我们也很殷勤，跑到后院去，到树上摘下几个柚子，亲手剥开来招待我们。

我考察后认为，就地供菜这件事是值得尝试的。农民种菜的

瓶颈在市场，而我们现在推行的营养餐项目正是注入了一个外部市场，农民可以趁此契机扩大蔬菜生产。这样，农民可以得到丰厚的回报，而学生们也可以吃到更多价格低廉的蔬菜，实现一举两得。当然，要想成功实现这一目标仍然需要做一些细致扎实的工作，如与农民签订协议免除其后顾之忧、克服利益受损者（如目前的供货商及代理人）的抵制、选择适合的蔬菜品种等。我想，只要用心去做，这些困难都是可以克服的。

24.
喝牛奶的韦愿

在三只羊期间，我住在乡政府里，就在小学对面不远的地方。住的是一个简易的单元房，里面有两个房间。经常停水停电，晚上到处一团漆黑。我向学校申请，能不能让几个孩子过来陪我住，他们住其中的一间，我住另一间。正好有六年级民族班的韦愿和潘天众等几个男孩跟我很亲近，周五时就是他们陪我和韦老师一起去了龙防村，学校就让他们来陪我。

潘天众告诉我，他家离学校非常非常远，走回家需要6个小时。

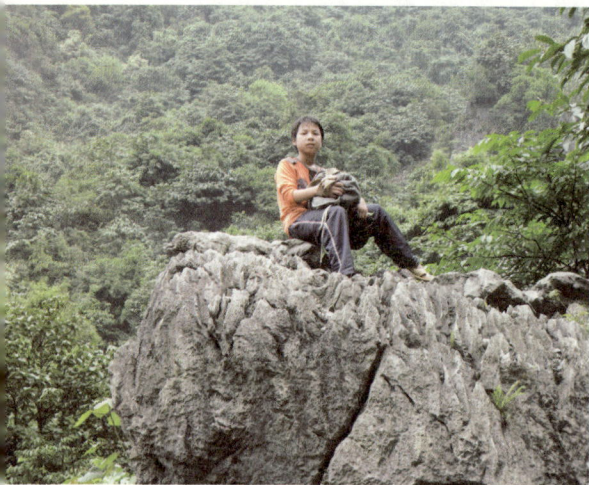
老实的潘天众

如果坐车，需要 1 个小时的车程，然后再走路 1 个小时。他家里有 6 口人，哥哥小学毕业就去广东打工，其他都在家里。他的弟弟很不幸，由于晒太阳导致精神疾病，现在十几岁了还不会说话，吃饭也要人喂。与多数家庭不同的是，他们家过年没有杀猪，因为今年猪贵，没有舍得杀，而是扛到集市上卖掉了。因为来回需要 12 元的车票钱，而且坐车颠簸得难受，他周末往往不回家，留在学校里。

　　韦愿的家庭条件相对好一些。他的耳垂又厚又大，昭示着他的福气。发型也很新潮，前额处留了很长的一绺，直垂到眉心。韦愿总是一副笑嘻嘻的模样，从来不会一本正经。就在和我谈话的时候，他也不肯老实坐着，而是像猴子一样蜷缩在沙发的上边沿上。韦愿的回家路程和潘天众几乎完全相同，也是非常遥远。

　　韦愿是家中的独子，父母都在广东打工。父母每年回来一次，一

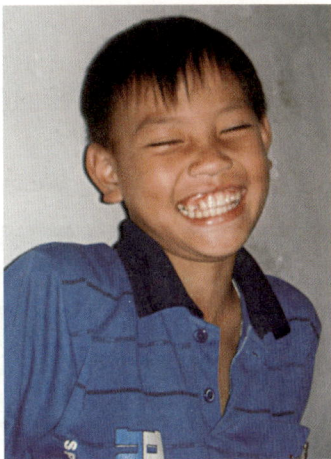

调皮的韦愿

般是过年的时候；但有时候生了病在广东医不好，他们也回家来养病。他平时由奶奶负责照看，但奶奶身体不好，最近腰疼得厉害。他非常想念父母，希望父母能够快点回来。去年过年的时候，他的父母从广东回来，在家里住了 30 几天，那是他最幸福的日子。后来，到了他"还有 6 天就来学校的时候"，父母终于启程回了广东。

　　这两个孩子由于家庭条件的不同，生活习惯也有所不同。学校有时早餐会发牛奶，一种"甲天下"牌子的纯牛奶。韦愿很喜

欢喝，因为"爸爸以前给我吃过"，叼起吸管，"滋滋"几下就吸完了。而潘天众喝得很不习惯，皱着眉头，很不自信地，像是在喝药一样。看来，家庭条件对生活习惯还是有不小影响的。

25.

三只羊生活点滴

下午，我赶到学校的时候，正值学校食堂的供货商来送货，

小学生们帮着搬运食堂原料

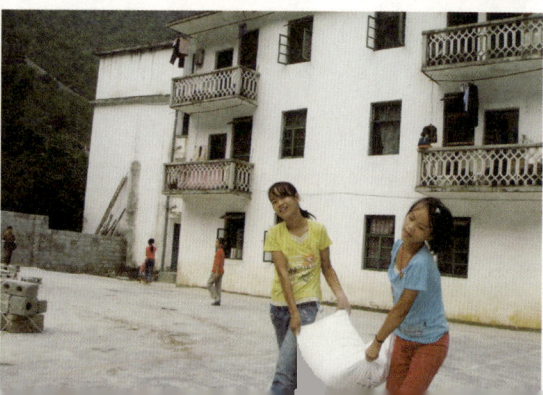

一辆厢式货车停在学校门口。三只羊小学建在山坡上，学校门口是高高的台阶，虽然在台阶的右侧有个斜坡，但这个斜坡坡陡弯急，汽车无法开上去，只好在这里卸货，让学生们搬上去。学校是层进结构，食堂在最里边也是最上面，搬货的学生需要穿过整个校园，大约有100多米的距离。

于是我看到了一派热闹的景象。来送货的胖胖的老板娘把蔬菜、水果和肉类的包装箱打开，化整为零，让小学生们搬运上去。小学生们有的抱着一个大青瓜，有的手拿一串香蕉，有的搬着一个箱子，还有的高年级的学生则抬着面粉，干得不亦乐乎。此时正是周日下午，学生们还没有全部返校。一些学生来来回回搬运了很多趟，小脸累得通红。还有的学生刚从家回来，放下书包就加入了搬运货物的行列。我对货物的数量和质量进行了检查。

我在三只羊小学的4天里，和这些可爱的孩子们结下了深厚的友情。他们虽然家庭条件普遍很不好，也从未走出大山看到外面的世界，但和城市里的孩子一样热情、开朗，在学校里健康快乐地成长着。记得我到三只羊的第一天，晚上自习的时候停电了，这些孩子没有抱怨，他们默默地拿出蜡烛，就在烛光下学习，点点烛光映红了孩子们的小脸，他们是那样的恬静可爱，而当终于来电的时候，教室里爆发出一阵欢呼；他们对外面的世界充满了好奇感，我给他们讲天安门的布局，说人民大会堂在西侧，国家博物馆在东侧，告诉他们每周五下午的时候国家博物馆对学生免费开放，他们听得入了迷，眼神中充满了憧憬和期待；我和他们一起参加升国旗仪式，少先队员们对国旗行队礼，虽然动作不是很标准，但小手扬得很高，显得认真而肃穆。这样的场

三只羊小学生活剪影

景，反复在我的头脑中回映。

我住的地方没有水，也没有洗衣盆，就把衣服拿到学校里，请六年级的男生余明孟帮我洗衣服。我的想法是，他给我洗衣服，我给他一些钱，各得其所。我还开导他：为人提供服务收取回报是很正常的事。活很好地干完了，可他就是不肯收钱。我感到为难，就给他买了一些文具，知道他个子大吃得多，特地又给他买了一袋10公斤装的香米。他问我："老师，我能分一些给同学吗？"我说当然可以。于是，他给班上的每个同学都分了一顿饭的米，还认真地用暖瓶盖作为量器舀出来。那种认真的样子让我既好笑又感动。

当我离开的时候，收到很多孩子们的礼物。韦暖浪送给我一张她亲手制作的很精美的贺卡；覃艳送给我一个大柚子；还有同学送给我一些当地的那种"红薯"。就这样，在孩子们的深情厚谊和依依惜别中，我告别了三只羊小学。

26.
吃黄豆饭的孩子们

冒着濛濛细雨，我来到最后一站——隆福小学。

隆福小学的校长也姓韦，叫韦仕权。韦校长的额头很高而且向前凸，一副很聪明睿智的样子。他告诉我，隆福小学共有373人，大部分家长出外打工，父母双方都外出的学生占总数的30%，单方外出的没有统计，但如果也加上的话，留守儿童比例"肯定超过70%"。

隆福小学的学生都是"吃黄豆饭的孩子"。在操场的边上有一所孤零零的小房子，是学生们的食堂，这个

雨中的隆福小学操场

食堂非常简陋，有效的设施只是一个蒸箱而已。学生们每周从家里带大米来——当然，少数学生家庭实在困难，只好带玉米面来——装在饭盒里，交给食堂蒸熟；菜基本都是黄豆，同样装在饭盒里蒸，加上一点盐、猪油，作为吃饭时的配菜。顿顿如此，天天如此，月月如此，年年如此。至于早餐，学校没有安排，绝大多数学生只能饿着，少数家庭条件好一些的可以买一包方便面吃。在都安县的 172 所寄宿制小学里，绝大多数都是和隆福小学一样，只有学生营养改善项目的两所试点学校也就是古山小学和三只羊小学可以享受到吃菜的待遇。

晚上，雨仍然在蒙蒙地下着，一点没有消停的意思。又停了电，到处一团漆黑。这一段时间实在是太累了，我躺在学校宿舍的床上，只觉四肢酸痛。窗外是蒙蒙的细雨，间或有点潺潺的水声，真是睡觉的好天气哪。很快，我就沉沉入睡了。

为我蒸饭的黄兰婷

第二天一早，我准备了两个饭盒，和学生们一起蒸饭。这次给我蒸饭的是个小姑娘，名叫黄兰婷，正在上五年级，她是我随机选中的。后来翻翻记录本，才发现我 7 月份来隆福小学的那一次，已经和她谈过话了。当时的记录显示，黄兰婷家里有 7 口人，除了父母、爷爷、奶奶，下面还有两个很小的

隆福小学生的黄豆饭

弟弟。父母都在广东打工，而且把两个小儿子带去了。黄兰婷很想念父母，希望趁暑假的机会到广东去探望父母。这次确认的结果是，她没有去成。她的嘴角都有白色，听中国疾控中心的专家讲，这叫口角炎，是缺乏维生素所致。

上午最后一节课的下课铃声响了，学生们走出教室，纷纷去领取自己的饭盒。这次，我终于可以仔细观察和品尝孩子们的黄豆饭了。

米饭配盐水黄豆是这些孩子的午餐。有的家庭条件好的会加一些豆腐皮之类，过年的时候还有腊肉，当然这个时节是没有的；有的孩子以方便面做菜，这对我们来说有些不可思议，但在这里却很常见；有些孩子还蒸豆角，主要是一些女孩，她们把豆角或掰或切，弄碎之后装在饭盒里，加上盐和猪油拿去蒸；有的孩子连黄豆都没有，只是吃些白饭，里面也许加了盐，也许没有。各种情况都有，但总体来说，大多数孩子都是采用米饭加黄豆的模式，以米饭为主食，以黄豆为菜。"黄豆饭"是这里的标准正餐。

黄兰婷对我很照顾，她把自己所有的豆角都蒸了，里面加了猪油和盐，另外还蒸了黄豆。这样的饭菜在这里算是好的。豆角很老，这是因为，老的豆角才耐放，嫩的容易腐烂，所以带到学校里来蒸着吃的豆角都很老，都有丝。即便如此，也只是前半周才可能有豆角，而在后半周就只有黄豆，因为再老的豆角也存放不了 5 天时间。能够吃到这样的饭菜，已经很不错了，感谢黄兰婷的照顾。这也是因为我来得巧，当天是周二，属于前半周。

黄豆，在壮族语言里发音为"拉杜"，只是音调有些怪，"杜"字要拉长而且要往下降。我学了很久，也没有学得很像。和黄兰婷她们一起吃饭的时候，我说了一句"拉杜"，她们都笑翻了。总的来说，这顿饭虽然不算丰盛，但吃得很舒心，和孩子们在一起总是能够使人感到幸福和满足。

黄兰婷很开心

天天吃黄豆会腻吗？这个问

题我问了不少孩子，回答因人而异，有的说会吃腻，有的则说不会。黄豆固然是一种很有营养价值的食品，但如果天天只吃米饭和黄豆，未免过于单调，不利于孩子的生长发育。比如，黄豆饭里不含动物蛋白，也不含维生素 C 和其他一些微量元素，因此，从营养学的角度来说这肯定是不合格的。试想，哪个城里的孩子会天天吃这样的饭菜呢？又有哪个城里的父母不是千方百计为孩子提供各种营养？所以，如果有条件，还是应当加以改进，为孩子提供全面均衡的营养。要知道，他们正是长身体的时候。

27.

泪水的阀门

我在隆福小学停留时间很短，连一天都不到。

按照约定，教育局派来接我的车应该在下午 3 点以后到达，离现在还有一段时间。想想我就要离开广西返京了，我越发珍惜和这些孩子在一起的时间，希望对他们了解更多一些。

黄芙柳，四年级二班女生。她家到学校只有 20

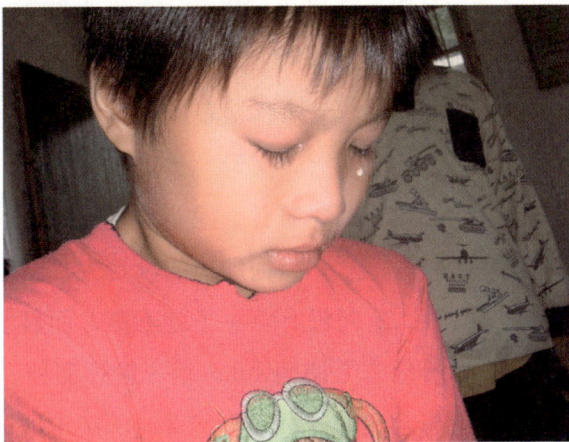

黄芙柳

分钟路程，不过仍然选择了住校。家里6口人，下面有3个弟弟。爸爸外出打工，妈妈在家照顾孩子。她很想爸爸，希望爸爸能回来陪她。说着说着，她的眼泪就大滴大滴地涌了出来，这一路上，眼泪我已见得很多，但黄芙柳的眼泪和别人不同，她的泪珠很大，照片里清晰可辨，而且落在地上，居然能听到"吧嗒"的声音，犹如静夜里的雨打芭蕉。

黄柯

黄柯，六年级一班男生。这是一个很帅气也很高的男生，他最近身高长得很快。他家离这里远一些，大约需要1.5小时的路程。他是家中的独子，条件比较好，这从他的衣着可以看出来，浅蓝色T恤外面还套着个深蓝色的小背心，在同学中算是比较时尚的。从他小的时候起，父母就去广州打工，一年才能回来一次。父母把他托付给邻居照看。他能够理解父母的难处，不愿意跟随父母到广州去上学，因为那边的学费太贵。他每天蒸饭，主要是大米和黄豆，有时没有黄豆了就不蒸，而且黄豆早已吃腻，不蒸也罢。早晨他吃方便面，0.5元一包的那种。邻居对他很照顾，但他仍很想念父母，一周和父母通一次电话，总觉得有很多心里话想对父母说，但往往话到嘴边又说不出口。说到这里，他的眼圈已经红了。

黄慧，四年级一班女生。她家离学校大约半小时的路程，家里有4口人，下面有一个弟弟和一个妹妹。她是个不幸的孩子，爸爸打柴的时候从山上掉下来，摔

黄慧

死了。她的妈妈在福建打工，非常辛苦，一年才能回来一次。她由爷爷、奶奶照看。她在学校吃得比其他同学还差，同样是黄豆饭，别人配的是白米饭，而她只能配玉米饭，也就是玉米粥。可能是为了节约电话费，她的妈妈从不打电话回来。她能理解妈妈，也非常想念妈妈，夜里会害怕，有时候会哭。"我盼着过年，这样妈妈就可以回来了"，她说道。

黄慧是我此次访谈的最后一个留守儿童。谈了这么多，我对他们的感情、情绪已经非常了解。我发现，在一个安静的环境中，只要问及父母，他们的情绪就会马上波动起来。如果再问得细腻一些，如问"很想妈妈吗?"或者"有什么心里话要对妈妈讲吗?"几乎所有的孩子都会马上落泪。

这是他们泪水的阀门。只是，我再也不忍把它打开。

中篇
再作调查
（2008年4—12月）

28.

再下都安

今天是 2008 年 11 月 29 日，时隔一年零三个月之后，我再次有机会到广西都安，对留守儿童进行第二次家访。

在过去两年时间里，我曾五次到都安开展项目工作。但单就留守儿童家访工作来说，这是第二次。此前是在 2007 年 9 月，利用检查项目实施情况的机会，我在当地蹲点半个多月，对一些留守儿童进行了家访，形成本书上篇的文字。根据上篇内容摘选出《留守儿童家访札记》，基金会为我印制了小册子。刊出后，由于其真实性、一手性得到很多研究者和热心人士的关注。基金会王梦奎理事长对这部小册子非常推崇，还特地推荐给有关领导同志。

人们关注留守儿童问题，其出发点可能是各异的。有的人是基于研究的心态，想了解这一中国特有的社会生态并探讨其解决之道；有的人是基于质朴的同情心，他们被山区留守儿童的生活现状所震撼，本

《留守儿童家访札记》封面

能地想为他们做些什么；有的人是作为"忆苦思甜"的教材，把它拿给自己的儿女，对他们说："看看山里的孩子，生活得那么苦，仍在刻苦求学，你们还有什么不满足的呢？"我想，不管出于什么目的，只要大家关注，对解决留守儿童这一事关几千万人生存面貌和国家前途命运的重大经济社会问题总是有益处的，或多或少地。关注本身就是力量，这是我乐于看到的，也是我继续研究这一问题的动力所在。

从上次留守儿童家访至今，已经过去了 15 个月。我很想知道，在这 15 个月里，那些孩子的生活发生了怎样的变化，可喜的，抑或是令人担忧的变化。"小尾巴"、韦丁生、周国荣、覃柳素、雯雯、韦排、袁东浪、付志鹏……孩子们，你们过得好吗？

第一站仍然选在古山小学，第一个访谈对象选为周国荣家。

29.
似曾相识的山路

仍然是黄老师为我带路，他是周国荣的班主任，也是我非常倚重的朋友。这次的路线和上次略有不同，我们没有选取在古山小学水池后面的隐秘小路出发，而是走到小学上面古山初中门口的商店，从那里买好东西后直接沿山腰出发。这样走的优点是避过了最难走的上山一段。

路边下方有一个圆形的蓄水池，那是古山小学的水窖。都安县属于大石山区，在这种地区，由于山体全部是石头，缺乏地下

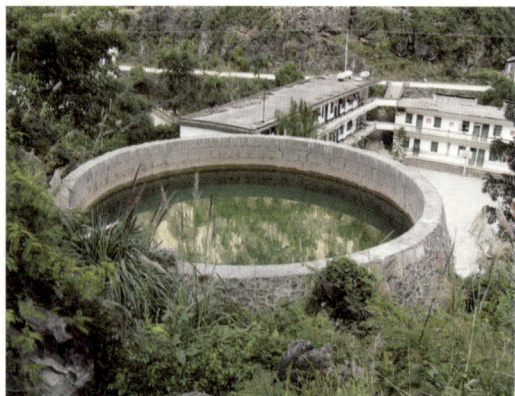

古山小学的水窖

含水层，是打不到地下水的。虽然地处亚热带，每年的降雨量并不小，但降下的水很快流走，难以留下一分一毫。为了解决吃水问题，古山小学修建了几个水窖，这是其中最大的一个。上方还有一个，但那一个质量不好，有些漏水，所以这个算是"主力水窖"了。通过水窖底部的水管，学校将水引到校内，供师生吃饭、洗衣等生活之用。由于学校定期对水窖进行清理，所以水窖里的水很清澈，比山里普通人家的水窖洁净很多。我曾在一些人家的水窖里看到过枯枝败叶，以及活的和死的小动物，他们终年就喝那样的水。由于久旱无雨，古山小学水窖里面的水已经所剩不多，看来他们需要细水长流了。

另一个可以储存水的地方是新建的教学楼的楼顶，就是图片中最左侧的这一栋教学楼，它是由"国家贫困地区义务教育工程"的经费建造的，由于楼顶的防渗漏功能较好，在施工时特意将楼顶的四边加高，构成一个长方形的蓄水池。旧楼由于防渗性能不好，不具备此项功能。不过，教学楼顶的水由于底部铺的是化学防渗物

古山小学用于蓄水的楼顶

质，又经过长期日晒，不能用作饮用水，只能用来洗衣或者浇菜。

这里的土质很差

　　这里缺的不仅是水，还有土。指着路边几个刚刚刨出来的土坑，黄老师告诉我说，为了降低学生餐成本，他们组织高年级学生用花盆种菜，由于校园里没有土，一些学生就到这里来刨坑取土。他们刨一个坑，分拣出乱石，将土装进花盆用来种菜。然而，学生们种下菜后"很受伤"。因为这里取的土黏性太大，一下雨就成为一摊烂泥，而一旦干了就板结成一个硬块，青菜根本没法扎根和生长。黄老师说，他们准备让学生到更远一点的地方去取土。

　　山路仍和去年差不多，不过也发生了一些细微的变化。一个变化是，在最险峻的那一段路上，路的外侧的那一块扁形的大石头不见了。也许是被哪个淘气的孩子推了一把，也许是被疲惫的骡马绊了一下，那块石头终于跌落山崖修成正果。另一个变化是，在拐过山角绕行的这一段，路面已经得到了修葺，虽然仍然不足 1 米宽，但相对以前来说毕竟是好走了很多。这种修路并不容易，我在一块石头上发现有模糊的字迹，上面写的是："大好立加发地别等队合作修路乙巳年九月一日开工同月廿二止共 585 天"，就这么一小段路，几个屯合力修建了近两年

刚修好的石阶路

才完成。

毕竟已经是深秋，蛇虫的活动性都大大减弱，大蜈蚣没有出现，竹叶青也没有再游出。一路上，我的心情比较放松。快到周国荣家的时候，迎面走来一队扛木头的人，这是一对中年夫妇和他们的儿子，每个人肩膀上都扛着一段圆木。他们是被周国荣家请来帮助伐木的。本来山里人家栽种的树木都是自己伐，但周国荣家没有男劳力，只好出些报酬，请他们来做。他们把木头锯倒，切成段，刮去树皮，然后就这样沿着我们来时的山路扛到外面的公路上卖掉。我很佩服他们的力气，在这样的山路上，我只身走路都觉得辛苦，而他们肩扛沉重的木头，脚着塑料凉鞋，亦步亦趋地爬上去，真是件苦差事。

扛木头的村民

30.
在孤儿寡母家吃饭（上）

我已经想好，这次家访，一定要在周国荣家吃上一顿饭。

上一年去周国荣家的时候，我是极力避免在他家吃饭的。这有两个原因，一是因为他叔叔"也就是几天的事了"，在那种时候不应该去给人家添麻烦；另一个是因为我对山里农户家的卫生

再次来到周国荣家

和饮食习惯还很不适应，吃不下。但那次我没能推托掉，还是被留下吃了饭。当时来看，他的那个叔叔气色还可以，似乎没有性命之虞。然而，就在我那次离开之后的 3 个月后，我获悉他已经不在人世了。

我将这一不幸的消息告知了基金会的卢迈秘书长，他指示我立即送去 1000 元，作为他个人的捐赠。我理解领导的心意。几百元、一千元这样的数额固然不能解决实际问题，但多少可以慰藉一下他们破碎的心，尤其是，我们不能在孩子幼小的心灵里仅仅留下伤害和仇恨。

　　周国荣的叔叔去世后，这个大家庭的 7 个男人，已经死掉了 6 个，家里不复有男人的身影。在农村家庭，男人是家里的顶梁柱，顶梁柱的几乎全部坍塌，会给这个家庭造成怎样的影响？实在难以想象。我不知道他们如何春种秋收，也不知道他们如何苦挨时光。所以这次，我早就打定了主意，一定要在周国荣家吃一顿饭。一定要尝一尝，这孤儿寡母家的饭，到底是怎样的滋味。

　　进门的时候，孩子们正在看电视。

周国荣叔叔的床已经空空如也

我四下打量着，周国荣的叔叔不见了，床上的被褥陈设也不见了，上方的蚊帐卷作一团，已经积了一些灰尘。事情已经过去了一年多，孩子们已经渐渐淡忘了悲伤和忧愁。他们正挤在破旧的沙发上看电视。电视机右下角的位置有一块焦黑色的凹陷，据说是电视机曾经着了火，从那之后就只能收到一个广西台，而且还不清晰。里面正在演的是《至尊红颜》，一部关于武则天的历史题材泡沫剧。不一会儿开始了没完没了的电视购物栏目，孩子们仍然在耐心地看，因为他们只有这一个台，别无选择。

我开始和他们说话。令我没有想到的是，我们谈及的第一个话题，却是周国文的失踪。周国文是男孩，也是这群孤儿中最大的一个孩子，他已经升入初三，半只脚已经踏入了"男人"的门槛，可就在这个时候，却突然离家出走了。这是10月下旬的事情，具体日期不可考，大概已有一个多月时间。他是从学校出走的，离开家到学校去上学，然后就不见了。学校通知了家里，家里很担心，到处找也找不到，只好作罢。直到几天前，周国文的姐姐给家里打来电话，说周国文已经到了自己处，并正在向自己要钱。家人这才知道了周国文的下落。

老太太已然麻木，几个年小的孩子还不懂事，正在读初二的周春吉成为"当家大姐"。她告诉我，周国文的出走，直到现在他们都不知道原因。因为周国文对谁都没有说，甚至连个纸条都没有留下。我知道，青春期的男孩有着很强的叛逆心理，在这个年纪，既需要父母的迁就呵护，也需要父母的教育引导，然而，在这样的家庭中，周国文什么都没有，他甚至连个叛逆的对象都没有。也许他感到太压抑，或者是想提前自立，于是出走了。当然这仅仅是我的推测，由于他连个纸条都没有留下，真正的原因也就不得而知。

　　我把周春吉喊了出去，坐在门外的台阶上，了解他们家的情况。春吉比周国荣大，知道得也更多一些。从上一辈来说，这个大家庭共有 7 个儿子和 1 个女儿，周春吉的父亲排在第六，而周国荣的父亲排在第四。他们出外打工已经有很长的历史，如周春吉的父亲在十三四岁就出去，至三十六七岁去世，已打工 20 多年。其他人也差不多。长兄如父，周春吉的大伯非常疼爱弟妹，诸兄弟中只有他分了家，但他从不去新家住，仍然和大家庭生活在一起。然而，大伯也是第一个去世的，是在周春吉上小学三年级的时候。此后，几乎是一年一个，四年级一个，五年级两个，六年级一个，初一时一个，男人一个接一个地离世，家里只剩下老太太和孩子们。

　　笼统地说周春吉的父亲和叔伯们死于矽肺病，是没有错的，但并不确切。比如他的五伯，并没有得矽肺病，或者说虽然得了但还没有到致命的程度，他是在

坚强的周春吉

井下被石头砸断了脊背，并发矽肺病，只住了三天医院，由于煤矿方面不肯再出医疗费，只好出院，几天后因病情恶化而死。家人要告煤矿，但人家不理会，只好不了了之。我想，他还不如直接在井下被砸死，反正同样是个死，那样还可以得到一笔赔偿金。而现在，什么都没有落下。

　　父亲的去世给这个女孩留下难以磨灭的印象，那是去年过年

父亲坟前的周春吉

父亲坟前的周国荣

前一个月的事情。星期日返校时，她看到父亲脸色通红，已经想到可能会发病。但父亲说"没关系"，还是让她去上学了。结果第二天，他们都被叫回了家。当时父亲还在，只是呆呆地坐在那里，身上只穿了秋裤，她问父亲为什么不穿外衣，父亲说："我如果能穿早就穿了！"一大家人就这样等待着最后时刻的来临。到了晚上11点的时候，孩子们有些耐不住，开始闹腾，结果挨了骂："如果我死了你们就都做乞丐！"此时，周春吉的父亲还可以发出声来，这大概是他的最后一句话。他才36岁，身体主要器官都是很年轻和新鲜的，只是，他的肺里积满了粉尘污垢，已经无法再进行氧气交换。到了夜里两点半的时候，他终于窒息而死。春吉的爸爸就这样走了。

　　我让几个孩子带路，去看看他们父亲的坟。先去看的是周春吉父亲的坟，就在他们家的地边上，只是一个用石头堆砌包边的圆形土丘，没有墓室，也没有墓碑。她的爸爸就静静地躺在里面。周国荣父亲的坟则比较远，是在对面的山腰上。他的坟除了简单的墓室之外，还曾经用木头、竹篾和芦席搭建了一个小屋，不过，由于已经过去了两三年，顶棚和四壁都已经不见，只留下光秃秃的构架，架下的野草已经有一人多高。这一路之上，荆棘杂草丛生，周国荣小小的身影几乎被完全湮没。我远远地跟着他，深一脚浅一脚地走。穿行中，一束坚硬的草茎在我的脸颊上狠狠地戳了一下，刺痛的疼。

31.

在孤儿寡母家吃饭（中）

　　在我和周春吉的整个谈话过程中，她没有流一滴眼泪。这一方面是因为我比较注意，不愿去触动她最伤心的地方。父母儿女，生离死别，这种感情难道还要用眼泪来证明吗？另一方面，也是因为她的坚强。她下面还有5个弟弟妹妹，如果连她都坚持不住，又让他们来依靠谁呢？

　　这就是生活给这个女孩带来的沉重的改变。以前，父亲在的时候，尽管他只是个病秧子，但春吉还好歹还有个依靠，"花钱也不怕，也很能说"，但现在情况不同了，她已经深刻体会到了那种

今年的收成很差

塌天的感觉。竹子要自己砍，修电灯要请邻居帮忙，家里的小牛已经长大了，却没有办法使活，因为驯牛的工作是她和奶奶不会干也干不了的……由于家里连连死人，除了她之外，其他孩子都变得胆小怕黑，晚上连上厕所都不敢，每次都要她陪着。所以，她只能坚强，没有别的选择。"孤儿寡母"、"怎么过"这样的字眼，频频从她的口里冒出来，我想，对这些词的含义，她的理解比我们深刻得多。

在周春吉的父亲叔伯中，硕果仅存的只有三伯。他大概是下井比较少，所以没有得病。然而，三伯和兄弟们不和，也很少回来看他们。他仅仅在周春吉父亲去世的时候回来一趟，除此之外就没有再回来。家里只有 2 亩地，一年总共也就七八百斤玉米，连喂猪都不够。生活来源主要靠外面的寄钱。现在这一大家子都在吃大锅饭，钱都交给奶奶，由她统一分配。周春吉的母亲在外打工，她在广东，或者也许在桂林，每个月会寄 200 或 300 元回家；周国荣的母亲每个月会寄 400 元回来，据说，这可能是他们以前在江西打工时攒下的，治病没有花完，剩下的都由她掌管；姑姑有时候也会寄 100、200 元过来，每次回家也会买不少东西，现在家里的洗衣粉还是上次姑姑回家时买的。这样算下来，一年总共大约可以寄来几千元甚至上万元。然而这些钱并不足够家用。孩子多，开支很大，除了吃喝之外，他们还要买药。这一大家子人，只有周春吉身体比较好，其他人包括老太太在内，都是体弱多病，每年为买药要花掉不少钱。

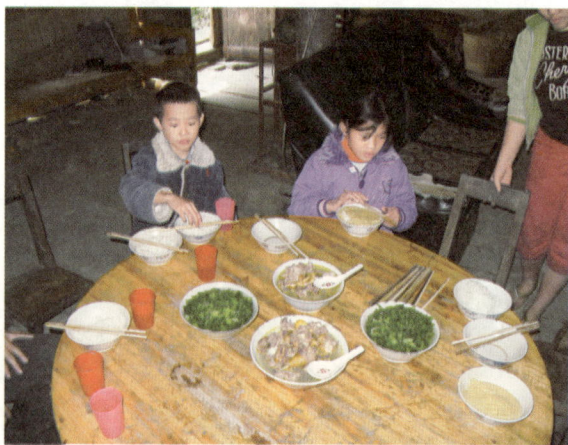

因为有客人，今天的饭菜很丰盛

开始吃饭了。桌子上摆了两样菜，一个是炖鸡，一个是煮青菜，各盛了两大碗，摆在桌子的中央。主食是大米饭和玉米饭。由于有鸡肉，今天孩子们吃得很高兴。

32.
周曼的爸爸也中招了

周国荣家所在地被称作"自成地别"，即自成村地别屯，是一个只有三四户人家的小村庄。总共三四户人家，却像被诅咒了一样，每家都有自己的不幸，此前我以"跌破底线"为题对这里的状况进行了描述。然而，我没有想到的是，已经跌破底线之后，这次还要再往下跌。

周曼家的情况本来看起来挺好的。我们到她家的时候，他们正在做豆腐。豆腐刚刚做好，包裹在屉布里，还蒸腾着热气。他们见到我很高兴，像老朋友一样把我迎到屋里，热情地招呼我坐在去年曾坐过的躺椅上。一年不见，周曼的变化很大，她的个子明显长高了很多，皮肤变得润泽，举手投足之间既显羞涩，又不失稳重大方，浑身洋溢着青春的气息。尽管她的左手手指仍然不能伸直，那将是终身性的小残疾，但总体来说，她的身体很健康。这次学校里体测，她的跳远居然跳出了 1.8 米，这对一个六年级女生来说算是比较远的。我为她的成长感到高兴。

周曼的爸爸说，从去年至今，他一直没有出去打工，原因是生病。他告诉我，他有胃病，是慢性胃炎，这是由于打工生活太辛苦所导致的。他出外打工已经有十几年，"哪里都去过"，主要是干建筑活，先后干过砌砖、绑钢筋、架木板等行当。在打工的时候，每周工作 6 天，大概一个月可以得到 800—900 元；花得也不少，每个月光医药费就要几百元。现在在家照顾孩子，对孩子成长和自己的身体都有好处，然而却没有了收入。经营农业是没有什么收入的，每年也就 1200 斤玉米和 100 多斤黄豆而已，养了 2 头猪，由于染病还都死掉了。所以肯定还是要出去，等过完年就出去找新的工作。

很多东西不忍深究。周曼的爸爸说自己每个月打工收入才八九百元，而仅医药费就要几百元，到底是个什么病需要这么多钱呢？恐怕不仅仅是胃病那么简单。黄老师悄悄对我说："我看他的眼睛那么红，别是也得了周国荣叔叔那种病吧？"我心里大骇。趁着没人的时候，我把周曼拉过来问，这才知道，原来她的父亲居然也是矽肺病。他和邻居周国荣一家的男人一起，都去过江西煤矿打工，一样中了招。只是，他的病相对轻一些，还没有到达急剧恶化的节

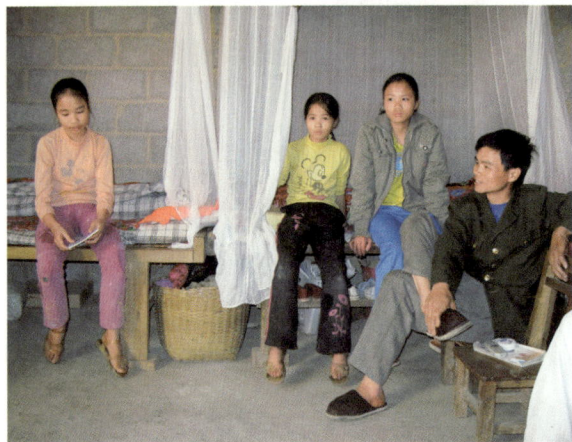

周曼的爸爸竭力避免谈及病情

点。现在，由于吃药，他以前的积蓄已经快花光了，效果也不见好。眼见得邻居家连死了 6 口，他知道这种病的凶险，非常忌讳，所以没有和我说。

底线的底线，又跌破了。

33.

在孤儿寡母家吃饭（下）

太阳已过正午，正是一天中最温暖的时间，准确地说，是有些热。这是 11 月末广西山里的气候特点，清晨和傍晚的时候，天气颇有些凉，甚至是冷，需要穿毛衣；而从上午开始，在太阳热力的作用下，温度开始迅速上升，到午后的时候就很热，这个时候即便穿短袖短裤也不会觉得冷。

我们准备顺路在周国荣家打个招呼就回去。孩子们还在看电视，老太太却不见踪影，说是到地里去了。他们的地就在房子的附近，于是我让孩子带我到地里看看。房后有一个圆形的窖池，上面覆盖着水泥板，据说那是一个沼气池，不过由于家里没有人清理，早已经弃置不用。水泥板上积了一层泥，鸡们在上面印下了自己特有的"米"字状脚印。

旁边就是地。此时，玉米早已经收获，正是翻地和施肥的季节。论纬度上来讲，这里一年种两季庄稼应该是没有问题的；然而，由于这里山高谷深，缺乏光照，且早晚较凉，所以大多数的地块都只能种一季，春天播种，夏天收获。收

废弃的沼气池

焚烧杂草作肥料

获完玉米之后，到了深秋，就要为来年做准备，施肥、翻地，这样待来年春暖之际，只要有适当的天气条件，比如说下了雨，就可以及时播种，进行下一年的种植和收获。

这里的施肥很有特点，他们不用化肥，而是将杂草、秸秆等收集起来，堆成一堆，上面盖上一些土，像小山似的，然后点火焚烧，以燃烧后的草木灰作为基肥。也许有人会推崇这种比较"生态"的施肥法，但其实它是一种非常落后的耕作方式。一是这种方式得到的草木灰数量太少，很多地块根本得不到施肥；二是草木灰的肥力非常低，它仅仅是一种"二等钾肥"，没有作物生长所必需的氮，磷的含量也很低。因此，这里的土地产量很低，一般玉米不超过500斤，不足平原区的一半。人多地少，亩产又低，吃都吃不饱，还奢谈什么"生态"呢？

老太太正在翻地。这里的翻地，全靠人力。他们使用一种特有的农具，当地人称之为"犁"，但和我们通常理解的牛拉犁却截然不同。它大致呈"L"形，上半部分是一个直立

奶奶在翻地

的钢管杆，钢管杆的最上端有一个扶手，下端有一个踏脚；下半部分是一块长方形的铁片，与上半部分套接在一起。使用的时候，用力蹬踏，将铁片插进土里，再用力撬动，就可以将一大块土翻起来。铁片由于经常插入土中，被磨得锃亮，前端也显得很锋利。老太太正在努力地翻着地，她的身边围了一群鸡，"咯咯咯"地叫着，每当刨出一条蚯蚓之类的蠕虫，鸡们就很欢快地上去抢食。

周春吉是跟我们一起过来的。她带了犁，也开始干活。她小心地用锄头把杂草除去，露出地面，然后开始翻地。这项工作有些难为她，毕竟年纪还小，她干起来很是吃力。她的犁的踏脚本来是为左脚设计的，但她左脚有些蹬不动，有时需要用右脚用力踏。不一会儿，她的脸上就沁出了汗珠。突然，她刨出几个小小的红薯，这一块地原来应该是红薯地，它们是秋天收获时落下的。虽然这几个

春吉收起刨出的红薯毛子

红薯非常小，只能算是"红薯毛子"，但总算是意外的收获，她蹲下来，高兴地把它们捧起来，收集在一起，然后继续翻地。

再见了，春吉！

许久，我还回头张望，直到她们的身影完全被树丛遮挡。

34.

"妈妈不爱我"

从自成地别回到古山小学，已经是午后时分。按照计划，我们还要到覃柳素家里去。在我第一次到古山小学的时候，曾经抱着这个可爱的小女孩照了一张相。当时，小柳素才5岁，正在上学前班，是全校最小的学生。这次过来发现小柳素个子长高了一些，胆子也大了许多，敢和我说话了。

小柳素已经升入一年级，刚刚学会了写字和作文。我在讲台的课桌上看到了她的作文本，翻开第一页，作文的题目赫然是《妈妈不爱我》。

小柳素人生的第一篇作文

这篇作文很短，连同题目和标点符号，总共只有42个字。字写得不太工整，妈妈的"妈"字，颇有几分像"猪"，内容也缺乏逻辑，然而它表述的意思却是明确和强烈的，可以让人一下子就读懂。我知道，柳素是自小就没有了妈妈的，所以，她想妈妈，盼妈妈，极度渴望母爱，同时又对妈妈感到陌生和畏惧。这样的情绪在这篇42

字的作文里体现得淋漓尽致。谁能想到，一个不满 6 岁的小女孩，在她刚学会写字、生命中的第一篇作文里，写下的却是"妈妈不爱我"！所以这次过来，我对黄老师说，有时间我们一定要到覃柳素家去看一看。

覃柳素家并不远。她家就在离学校不远的地方，从公路上沿一条小路下去，向下，再向下，最深的山谷中就是。黄老师骑着摩托，带上我，大概只花了 10 分钟，就到达了去覃柳素家的路口。放好摩托，我们走下公路。一路下行，穿过一片竹林，竹林里正是蝴蝶的盛会。当天是 2008 年 11 月 29 日，如果在北方，已经是万物肃杀的初冬时节，而在这里，昆虫还很活跃。竹林里，成群的蓝色彩蝶翩翩起舞，正在演奏它们生命的最后乐章。不过，这些彩蝶似乎很害羞，看见我举起相机，立刻四散奔逃，倏地不见了。

一路向下，穿过几个小自然村落，终于到达位于谷底的覃柳素家。柳素的爸爸、奶奶在家，她和哥哥正在房间里玩耍，听说我来了，赶紧跑了出来。他们没有穿鞋，小脚丫上都是泥土；柳素的小脸也脏脏的。这怎么能行呢？一会儿还要照相呢。我赶紧掏出纸巾，给小柳素擦脸。小脸擦干净了，漂亮的模样就又回来了。这次过来的时候，小柳素正在换牙，洁白的小门牙少了一颗。柳素的哥哥名叫覃显尚，正在读五年级。他长得也非常清秀，而且一副很懂事的样子。

小柳素收到文具很高兴

此前的信息不假。柳素的爸爸身体确实有残疾，他没有右手，是在很小的时候，被火烧掉的。在照相的时候，他将左手放在前面，遮住光秃秃的右腕部，这大概是一种习惯性的掩饰动作。因为手有残疾，没法干重活，当然也没法出去打工。这足以让我理解，为什么柳素的妈妈会出走。柳素的妈妈是附近村里的，1996 年，经人说合与柳素的爸爸结婚，婚后陆续生下显尚与柳素两个孩子。算起来，当年结婚时，柳素的爸爸 28 岁，而妈妈只有 18 岁。女方年龄小，也没有见过世面，就这样稀里糊涂嫁了过来，也许只是为了一点彩礼。她大概还不知道嫁给一个残疾的、部分丧失劳动能力的男人意味着什么。出去打工后一接触外面的世界，她马上知道了自己过去的生活是多么艰辛和不值，于是，毅然选择了另外的生活。她给家里寄了 1600 元钱，这是她第一次也是最后一次给家里寄钱。用这 1600 元，她了断了与这个家的一切关系，也了断了母女亲情。

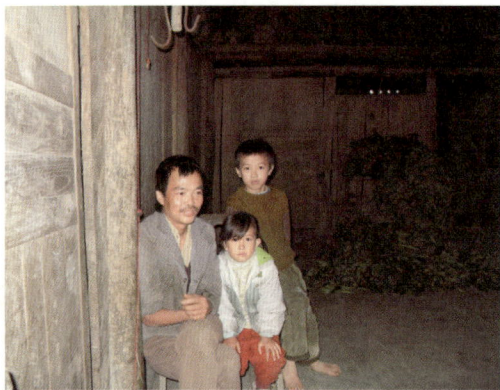

小柳素一家

我问柳素的爸爸："你怨她吗？"

回答："肯定怨，肯定骂，只是她听不到。"

我又问："你去她娘家找过吗？"

回答："找过两次，她家说不知道。"

柳素妈妈的娘家人是否真的不知道，这就不得而知了。就她出走这件事来说，我很难评判是非对错。对家庭来说，抛下两个

孩子出走，是不负责任的行为；但对她自身来说，也算是大胆追求个人幸福的行为。毕竟这个家实在是太穷了，在这里是全家人受穷，离开了至少还有她一个可以过得好些。当年她只是个懵懂少女，稀里糊涂嫁到这里，本能地生了两个孩子，难道就应该一辈子因此而受苦吗？这是一场糊涂官司，有道是"清官难断家务事"，真的是没法评判。

柳素妈妈留下的照片

但就两个孩子来说，却是无辜的受害者。尤其是小柳素，3岁多就没有了妈妈，这种伤害是无法弥补的。妈妈刚走的时候，她天天捧着妈妈的照片看，期盼她能够回来，然而终至淡忘，现在她已经不怎么看那张照片了。从她的作文可以看出她受到的心理煎熬，也许，无数次地，她在梦里呼唤母亲的归来，又在绝望中对母亲且怨且恨。而显尚有些不同，他已经上了五年级，已经懂了很多道理。以下是我和显尚的对话：

"想妈妈吗？"

"不想了……以前想。"

"怨妈妈吗？"

"不太怨。"

"为什么？"

"因为妈妈以前曾经养过我。"

多懂事的孩子啊。也许，在妈妈出走这件事上，显尚和我想的是一样的。对他来说，这是一个艰难的、痛苦的认识过程。

他们的生活很艰辛。谈话间，柳素的爷爷从地里回来，他背了一箩筐的红薯藤，那是准备用来喂猪的。箩筐很大，红薯藤垒得又很高，像是一座绿色小山，似乎要把他掩埋。他们家总共有6亩地，地虽然不少，但这个地方是一个山谷，恰似一个大锅的锅底，每年都要闹水灾，以致通常年份大部分的庄稼都收不到。

房间里留下的水线

今年的灾情尤其重，在春天和秋天闹了两次水灾，锅底的地都淹完，只收了一点坡地的庄稼。全年总共只收到1000斤玉米和300斤黄豆，这就是他们全部的收入。洪水不仅影响庄稼的收成，还威胁到他们的生活。他们家的房子建在地势很高的半坡上，但在秋天的那场洪水中，积水上涨，居然淹没了房子的底层，登堂入室，现在房间里的木柱上还留着清晰的水线痕迹。

柳素上学一年多，进步是显而易见的。她的胆子大了许多，也学会了普通话。显尚的学习成绩中等，他的理想居然是成为篮球运动员，这让我忍俊不禁。别的不说，他的个子太矮小了，比同龄的城市孩子矮一头还多，既矮且弱，怎么做得篮球运动员呢？他也笑了。

35.

雄心壮志价几何

　　从柳素家出来往回走，路过一个小村庄，眼见天色尚有余光，我随便走入一户人家。没想到，一进门就看到一个很熟悉的小面孔，他叫蓝祥宝，古山小学一年级的小学生。覃柳素兄妹清秀、娇弱，相比之下，蓝祥宝则显得比较壮实、憨厚。家里只有他一个人看家，静静地坐在小椅子上，脚边蜷缩着一只很可爱的、刚出生才一个多月的小花猫。灶里的柴火在烧着，房间里烟熏火燎。在学校的时候，蓝祥宝是个不怕生的孩子，和我很熟悉。可现在家里，他却只是害羞地笑着，不怎么说话。问他家人去哪里了，他也说不清楚。

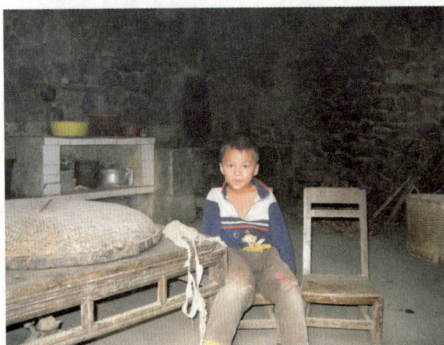

蓝祥宝

　　正在此时，蓝祥宝的家人回来了。她的奶奶向我介绍了家里的情况。蓝祥宝的父母都在南宁打工，每年只是在过年的时候才能回来，在家住十几天。他们一个做建筑工，一个在砖厂干，也不知道能挣多少钱。每月往家寄 100 元钱，之所以寄钱这么少，是因为蓝祥宝的爸爸有病，矽肺病。我的心里又咯噔了一下，唉，又是这吃人的病。和周国荣的爸爸一样，蓝祥宝的爸爸原来也在江西煤矿打工，干了十几年。打工的时候不知道会得病，知道工友发病的事之后赶紧回来了。一检查，是矽肺病。煤矿方面没有给任何赔偿，别说赔偿，工资还差了2000多元没有给。为了治病，将打工时积攒下的钱都花光了。现在只好和妻子去南宁，一边打工一边攒钱治病。

蓝祥宝的爷爷已经双目失明，左手残缺，却能非常熟练地卷烟。只见他从怀里摸出一张巴掌大的纸片，搓起一些烟丝在纸上摊好，卷成桶状，小心地用舌尖将边缘舔湿，粘成一支香烟的样子；又不知从哪里摸出打火机，"吧嗒"一声，烟被点着。他坐在躺椅上，一边喷云吐雾，一边向我讲述他跌宕起伏的人生。

蓝祥宝双目失明的爷爷

他是个老村干部。从文书做起，当过会计、主任、村支书、民兵营长。50年代里，他去南宁支援过水利建设，到马山县参加过大炼钢铁。1968年，正值"文化大革命"的高潮，凤山、巴马两县武斗不止，社会秩序崩溃，他又被抽调到宣传队，到凤山县落实毛主席"七三布告"，宣传"要文斗不要武

蓝爷爷当年修的梯田

斗"。70 年代，他响应县里的号召开展农田基本建设。1974 年，在全县组织的水土保持工程大会战中，他带领群众夜以继日地开山炸石，砌地造田。我看到他家附近的梯田，边缘有一丈多高，石头每一块有几百斤重，那是他们架在木棒上运来，又用绳子拉着一块一块垒起来的。有一次炸石的时候，炮点着之后 6 分钟都不响，以为是哑炮，他作为现场指挥，上前去查看。就在这时，炮响了，他只见眼前一闪就失去知觉了。第二天，他被众乡邻抬到县城，昏迷中做了手术。他的眼睛失明了，捎带失去右手的两根半手指。至今他已经失明整整 34 年了。由于闲着无聊，养成了抽烟的习惯。

蓝祥宝的爷爷虽然失明，但头脑仍然很活跃，普通话讲得也不错，比山里一般的老人精神得多。虎死有余威，尽管眼瞎了，但他在家里仍然是说一不

蓝爷爷还少了两根半手指

二，老伴对他很敬畏，几乎是无条件服从。别人的床都是乱七八糟的，他的床却时刻保持干净整洁，板板正正。照过去来讲，他是个英雄；按今天的标准来说，他算是精英。然而即便这样的英雄和精英，生活困顿却依然如故。在他当村干部的头两年里，曾领取过 31 元 / 月的工资，随着后来改为"集体统筹"，就什么都没有了。好不容易养大了儿子，出去打工，还患上了矽肺病。直到这两年，随着国家加大农村最低生活保障制度，村里也考虑到他以前做过的贡献，将他列为五保户，每个月可以领到 50 元钱。

"雄心征服千层岭，壮志压倒万重山"的标语

这算是对他唯一的慰藉。

"雄心征服千层岭，壮志压倒万重山"是形成于六七十年代的都安精神。至今，在县城里，在一些山头上，这样的标语还可以见到。战天斗地，改造自然，这样的雄心壮志固然可贵，但未必可行。这里是大石山区，纵然垒起梯田，也还是没有土；纵然从石缝里抠点土来运到地里，也还是很难长庄稼；垒了高处的，低处的也还是照样被淹。虽有雄心壮志，但在自然面前，人类往往败下阵来，空留下一身的伤痕。事实已经证明，过去几十年试图改造自然的实践已经失败。

愚公移山，只是个象征意义，如果真的那样去做，就太蠢了。

36.

合亦难，离亦难

　　第二天一大早，我们赶往"小尾巴"家。家里只有两个孩子，说是大人都上山干活了。远处山上传来噼噼啪啪的爆响，像是过年的爆竹，在空旷的山谷中格外有穿透力。那是"小尾巴"的外公在放火烧荒。"小尾巴"到山上找外公，我跟在他的身后。他跑得很快，一边跑一边喊"外公——外公——"他家的一条大黄狗跑在他的左右，这是一条母狗，刚刚产下一窝可爱的小狗崽。

我跟不上他的脚步，只好停在山腰等着。过了一会儿，"小尾巴"飞奔下来，说是已经告知了外公。我们先行下山回到家里。

　　过了一会儿，"小尾巴"的外婆先出现了。这次，我们谈得最多的是"小尾巴"的父母。上次来时曾提到"小尾巴"的父母离婚的事情，这次我才知道，"离婚"一说并不确切，因为他们既未办理结婚手续，也未办理离婚手续，大概只是"同居"和"分居"而已。"小尾巴"的妈妈出生于 1980 年，也算是个 80 后，1996

山路上飞奔的"小尾巴"

年左右她去县城卖血，在那里遇到了同是来卖血的、来自菁盛乡的"小尾巴"的爸爸，两人一见钟情，当年就结婚了。说是"结婚"，其实没有办任何手续，只是在后来补办了酒席。1997年，他们的第一个孩子、"小尾巴"的姐姐梅花出生，又过了2年，"小尾巴"也来到人世。

这段婚姻一开始就存在隐患，因为两个人结婚的时候都未成年，各自身心发育都不成熟，婚前生活磨合也不够，加上16岁结婚，17岁生育，两次剖腹产，对"小尾巴"妈妈的身体伤害很大，再加上工作艰辛、家庭压力沉重，使她的性格变得敏感脆弱。矛盾终于在2006年的一天彻底爆发。这一天，男方在外面和朋友喝得大醉回家，女方强烈不满，由吵架迅速升级为打架，甚至动起刀子。还好"小尾巴"的爸爸没有砍人，他抓过一只活的鸡，一刀斩下了鸡头。梅花告诉我，当天她拼死拉住妈妈，手指被掰得生疼。说着说着，小梅花的眼泪就成串地滚落下来。推算一下，当时她才9岁。接着，夫妻矛盾又上升为双方家庭的矛盾，女方的兄弟也掺和进来，终于造成同居关系的解体，"小尾巴"和小梅花沦为单亲儿童。"小尾巴"尚小，对这些还不能充分认识；小梅花已经开始懂事，对这些已经有了自己的看法，她说当然希望父母在一起，但没有办法，必须分开，因为"水火不能相容"。

梅花说起往事伤心又无奈

离婚并不一定就是定局。"小尾巴"的父母虽然分开了，但双方都没有再组织新家庭。这次过年的时候，"小尾巴"的妈妈回到家里，带着孩子去县城逛街，正好碰见"小尾巴"的爸爸。他们一起逛街，没有吵架，还和和气气地说话，给孩子各买了一身新衣服。两个孩子回忆起这件事，脸上重新露出了笑容，也燃起了对父母复婚的希望。不仅如此，他的爸爸和两个舅舅还有来往，据说他们还共同投资在县城买了地基，准备起房子。如果这件事成真，则家庭复合的可能性就更大。不过，起房子这件事并不容易实现，买地基花了3万多，其中2万多是借来的，现在借的钱都没有还，又拿什么去起房子呢？所以，这场婚姻以后如何发展，谁都不得而知。

"小尾巴"姐弟和外公、外婆

　　"小尾巴"的外婆说，孩子的爸爸一直没有支付生活费。他说待他们考上初中再付，但这是没影的事。"小尾巴"的妈妈一个女人养活2个孩子，生活着实艰辛。由于开刀两次，体力不足，在桂平倒铁水的工作做不动了。她现在已经辗转到了玉林，在那里，她到一家生产牛仔裤布料的织布厂工作。外公外婆在家带孩子，压力仍然很大，为了生活，两个老人每人每月去卖两次血，每次可以得到150元钱。

　　前一段，"小尾巴"的妈妈刚刚回家为两个孩子办理了户口，我看了他们的户口簿，家庭人口3人，户主是妈妈的名字，婚姻状况："已婚"。这让我很纳闷，既未结婚，何来已婚？如果承认结婚，就该同时承认离婚才是。只能说，这里的派出所办事很人性化，用这种写法保全了"小尾巴"妈妈的面子。

37.
人祸

"小尾巴"家隔壁，韦丁生家里已经很久没有人住了。去年9月，考虑到安全问题，他们已经搬到蒙老师为他们提供的住所。

家里久无人住，加剧了它的衰败。我去的时候，房子比去年坍塌得更厉害，也就只剩下卧室保存还算完好，其他部分已经塌得差不多了。地面被水流冲出几道深深的沟壑，整个房体已经变形。卧室的门口被水泥砖封了起来，据说是为了防盗，这令我觉得几分好笑。这个家已经残破成这个样子，家徒四壁的，还怕人偷吗？

丁生今天在外公家。地名有点怪，叫做万茂三郎，就在去古山小学的公路下方。我们顺路去拜访了一下。上次过来的时候，我一

丁生家已经快塌光了

直以为丁生只有姐弟两个，而实际上，他们上面还有不止一个姐姐，下面还有个小妹妹。丁生的妹妹名叫韦雨露，以前在三郎校点，现在到了古山小学。上次我没有见到她，是因为她一直在外公外婆家住。雨露长得和丁生就像是一个模子出来的，唯一不同的是小了几号。

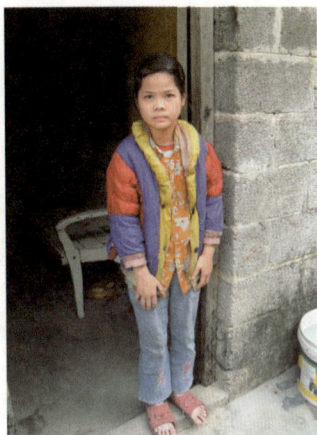

丁生的妹妹雨露

　　丁生父母的结合是二婚。丁生的爸爸离过一次婚，离婚的原因无非是为了要个男孩。他和前妻生了两个女儿，离婚时各自抚养了一个，就是丁生同父异母的姐姐；丁生的妈妈曾经被拐卖到河南，那是大约 20 年前的事情，丁生外公追到河南，在警方的帮助下将女儿解救了回来。一个离异，一个曾遭拐卖，门当户对的两个人走到一起，又陆续生下丁生姐弟 3 人。现在，丁生的父母都在广东打工，在一个皮鞋厂里做皮鞋，由于总共出去才 1 年多，手也不够熟练，所以工资不高，月工资才 700 元，除去自身的吃用所剩不多，每 2、3 个月才能往家寄一次钱，每次寄得也不多。他们家也想在县城起房子，但只是想法而已，没有钱，什么都没有做。

　　丁生的外公名叫银有先，从名字来看，应该是仫佬族人。"银"是一个典型的仫佬族姓氏，在当地，姓银的都是仫佬族人，当然，其逆命题未必成立。他今年 72 岁，一副离休老干部的样子，穿着很整洁，戴着一副黑框眼镜，家里也收拾得井井有条。他现在已经不再种田，主要靠女儿赡养。他有三儿四女，但几个儿子家生活都非常困难，而且二儿子家还遭受了变故，所以赡养的责任主要落在女儿身上。他的生活看似养尊处优，优哉游哉，

丁生的外公银有先

银爷爷的平反书

而实际上，他的身上背负了太多的伤痛。随着他对我敞开心扉，我了解到这位老人曾有过的一段不为人所知的历史。

他也是老村干。从1956年到1980年的24年里，他在万茂大队担任卫生员和团支部书记。也正是在此期间，刚好赶上那个疯狂的岁月，他被诬为"反共救国团城郊纵队参谋部长兼万茂支队队长"，遭受了残酷的折磨。今天看来这是一件多么荒唐的事，因为当时这种深山还不像现在，它的交通极为不便，属于"鸟不拉屎"的地方，外面的人进不来，里面的人更不知道外面的事情，什么党啊派的，完全超出了他们的理解能力；然而就是在这种背景下捏造出来一个什么"反共救国团"。丁生外公告诉我，当时他被人绑住两个大拇指吊起来，然后在脚上再挂上一个20斤重的石头，怎一个惨字了得。很多人就这样被折磨死了，他比较幸运地活了下来，当那场运动完全过去的时候，他得到了一纸平反通知书。说到这里，他小心翼翼地从柜子里取出那张通知书，只是一个折页，红彤彤的封面，正文后面落着鲜红的印章。他把平反通知书宝贝一样地捧给我看，似乎没有这张纸片他仍是反革命一样。

这纸通知书不能说是全无用处，至少，凭借这个通知书，他在两年前找到县民政，成功地为自己和老伴争取到了农村低保指标。进入低保之后，每人每月可以得到 35 元，两个人全年就是 840 元。然而，除此之外，别的也就什么

与银爷爷一家道别

都没有了。这场浩劫给他留下一身内伤，天天吃止痛药，而且经常会呼吸困难。他解开外衣，胸腹部贴满了膏药，就像是被一大片白布包裹起来，令人炫目。以前我只知道都安缺水少土，生存条件恶劣，现在我又了解了它背负的沉重的历史包袱，先天不足之外，又平添上人祸，真是令人唏嘘不已。先天不足很难改变，但后天之人祸却是完全可以避免的，也是不应该发生的。虽然历史的那一页已经翻过，但至今仍足以值得人们反思警醒。

38.
奇异的石头

丁生外公家位于公路下方，这里也是一个交叉路口，公路从这里延伸出一条碎石砂路，远远望去，就像是在山腰上画的一条

通往万茂村的村级公路

白线，那是通往万茂村的村级公路。

在都安，公路指的是柏油路或是水泥路，具有平整的硬化路面，连接的是县城与乡镇所在地，目前全县22个乡镇，除了三只羊乡有一小段还没有修好之外，已经全部贯通了公路；村级公路并非是公路，而是碎石砂路，连接的是乡镇所在地与行政村所在地，目前村级公路也已经基本全部贯通；此外还有屯级公路，连接的是行政村所在地与各自然村，它只能算是碎石子路，而且它比村级公路更窄一些，更软一些，边基的稳固性也更差一些。从造价上来说，如果不算人工费，村级公路是5万元/公里，而屯级公路是3万元/公里（2007年的标准）。别小看这屯级公路，也是很多山里人可望而不可得的，很多屯里连屯级公路都不通，只能走山路，也就是高高低低的羊肠小道，崎岖艰险，如果腿脚不灵便，就会一辈子都出不来。

这里涉及到一个名词"屯"。在全国多数农村地区，都把村作为最小的居住单位，人们在提到"村"时，一般不会刻意区分它是行政村还是自然村，以一个"村"字一以概之。但在这里情况很不一样。都安山大谷深，居住极其分散，一个行政村往往由十几个或几十个自然村组成，这时就很有必要把行政村和自然村区分开来，于是将自然村称为"屯"。屯是一个基本的居住单位，人数较多的屯可以达到五六十户人家，而最小的屯只有两三户人家。不过，上了年纪的人更习惯把屯称作"队"，那是生产队时代的遗物，那时候一个行政村就是一个大队，一个屯就是一个小队。但不管称呼如何变动，"县—乡—村—屯"的基本格局从来都没有改变过。在这里的农村，人们在表示自己所在村庄的时候，往往将村名和屯名一同说出，如"万茂三郎"、"万茂弄万"、"万茂不烈"等，指的都是万茂村下面的不同的屯。

此外还有一个名词"弄场"，在当地也是经常提到的。在很多当地老百姓看来，弄场就是屯，两者没有差别。但如果仔细考究，两者还是存在一定的差别。弄场更重要的是一个生产性概念，是依据山林、土地等划分的，大概一个相对独立的生产地域就是一个弄场。一个屯往往包括好几个弄场，而一些比较大的弄场也可以分作几个屯，但一般来说还是屯的范围更大一点。都安全县 71 万人口，包括了多达 1.5 万多个弄场，其中 8000 个有人居住。古山小学所在自成村包括了 89 个弄场，42 个屯。从弄场的数量可以看出，这里的生产活动是极其分散的。不过，由于我在都安的家访工作主要是进入农户家庭，和其生活活动关系大而和其生产活动关系相对较小，因此，在我的工作中主要是考察"屯"，而不用去管弄场。

我们从万茂三郎出发，沿着村级公路，走了大约 2 公里，到达了万茂村本部，这里是万茂

自成村概况

村委会所在地，也是丁生外公所称的"万茂大队"所在地。万茂村现有人口2268人，47个屯。其中本部大概有五六十户人家的样子，这里有几个小商店和电器维修部，比一般的屯要热闹许多。这时正有一辆小型厢式货车来收猪，几个男人手执木棍，试图把几头生猪赶进车厢。而猪们似乎很不情愿，四处乱窜，动辄回头，然而终究猪算不如人算，它们还是被赶进车厢，到了该去的地方。我往车厢里望去，里面已经有不少猪，白花花、肥滚滚地挤在一起。

收购生猪的货车

黄老师问了路。我们此行的目的是要到万茂弄凡，离这里大概还有不到5公里的路程，都是屯级公路。从万茂三郎到万茂本部这一段，是黄老师骑摩托带我过来的，而从这里到弄凡屯，由于屯级公路刚刚修好，地面的石子还很松软，黄老师就不敢骑摩托了。这主要是出于对我的爱护，怕伤了远方来的贵客。我非常理解和感谢黄老师对我的关爱。但这样一来，我们的双脚就要吃些苦头了。

此时已近中午，太阳已经高高地升了起来，虽然是冬季，但晒得久了也让我们感受到它的热力。走了大概一半的路程，我的目光被前面的路面吸引住了。这一段正在修路，山体上的石头被炸了下来，石子散落堆积在路面上。有石子并不稀奇，稀奇的是这一片路面的石子不是通常的青灰色，而是红褐色。再仔细看，大大小小的石头都是五花肉的样子。我以前在市场上见过这种石

酷似五花肉的石头

头，是作为工艺品卖的，打磨得很光滑，再穿上一个眼，系上绳子，活像一块腊肉。一块这样的"腊肉"要卖到几十块钱。没想到，在这里竟然找到了它的发源地。我趴在地上，端详着一块块石头，虽然未经打磨，还没有光泽，但纹路非常清晰，瘦肉与肥膘相间，甚至连肉皮都有，真的像是一块五花肉呢，这可真是大自然的造化。路边大片山体，都是这种石头，蕴藏量极其丰富。亏我以前还把它视作奇石，在这里竟然如此普通。

39.
荣兰的身世

此行目的是到黄荣兰家。黄荣兰就是那个在我上次离开古山小学时落泪的小姑娘，她自小就被父母遗弃，寄养在外婆家里，从来没有见过生身父母的面。前不久，古山小学的蒙老师告诉我说荣兰的父母回来认她了，这可是一件喜事，于是我过来看看她。

黄荣兰

屯级公路并不能通到荣兰家门口，我们需要从屯级公路下去，走一段山路，才能到达位于山谷中的荣兰的家。荣兰正在屯级公路下方等我们，她正是生长发育的年龄，个子比一年前长高了不少。她上穿一件蓝白色相间的运动衣，这应该是她的校服，下身是一条深色牛仔裤，大腿至膝盖的部位都有磨白，脚上穿着一双白色帆布鞋，浑身洋溢着青春的朝气。看到我们到来，她有几分羞涩，打了招呼就带着我们下路，沿小路走了大概七八分钟的样子到了家。

没想到家里聚了不少人。除了荣兰的外公外婆，还有舅舅、舅妈、表姐、表弟等，加起来不下十口人。荣兰的外婆热情地陪我说话，她面相很慈祥，穿着整洁，头上戴了一顶毛线织的帽子。她的身体不好，患有高血压，需要经常吃药，就在前不久她还住了院，现在刚回到家里休养。今年的收成很糟糕，家里的3亩多地，上半年由于水灾没有收成，下半年总共收了三四百斤粮食。生活主要靠儿子和女儿的赡养，他们都在外面打工。今天家里人多，主要是因为受国际金融危机的影响，农民工在广东打不到工，只好返回家乡。如荣兰的表姐，名叫黄春颂，原来在东莞石龙镇打工，现在由于工厂倒闭而提前返乡过年。

荣兰的外婆说，荣兰的父母都在广东廉江县，早年荣兰的妈妈去那里打工，在当地嫁了人，荣兰是第三个孩子，生下才两个月就送回老家抚养。这话并不完全符合事实。我事先已经知道，荣兰的妈妈是遭拐卖而落到广东的，因为有了孩子，且丈夫对她也不错，于是也就接受了命运的安排。对这一段情况，荣兰的二舅妈进行了佐证，她和荣兰的妈妈当年是同学，所以她的话具有很高的可信度。广东人重男轻女，找媳妇就是为了传宗接代，但很不巧的是，荣兰的妈妈连续

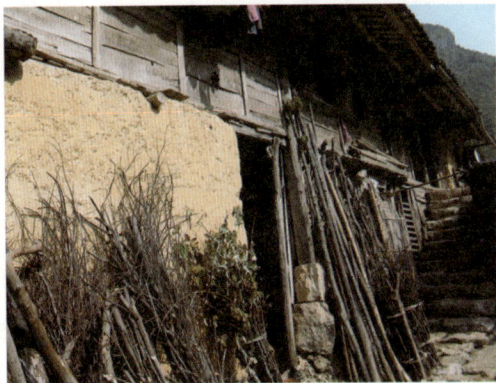

荣兰外婆家

生了 3 个女孩，荣兰是第三个。据说当时荣兰的奶奶要把她抛下海溺死，荣兰的妈妈很不舍，这才偷偷跑回老家，将荣兰交给外婆抚养。从那以后，荣兰从来没有见过自己亲生父母的面，他们也没有出过钱来养她，她是在外婆和几个姨妈的呵护下长大的。尤其是几个姨妈，她们也是去广东打工，挣钱回来交给外婆做荣兰的上学和生活之用。

　　荣兰现在已经上了初中。她没有选择在古山初中，而是到了安阳镇初中。安阳镇是县城所在地，教学质量更高一些。不过这样一来，花费也要高很多。荣兰现在不用交学费，但要交住宿费和饭费，吃饭都是用饭卡买，丰俭由己，一般早晨需要 1 元或者不吃，中午 2—2.5 元，晚上 2—2.5 元，平均下来一天大概 5 元钱。加上其他费用，一个月需要 200 元，这不包括买衣服的钱，如果买衣服会更多，算下来一年总计需要 2000 元以上。一开始上初中她有些不适应，但很快也就好了，现在她成绩不错，期中考试在全班排在第 4 名。她们的学习生活非常忙碌，每两周才放一次假，周六放假，周日返校，只能在家住一个晚上。她很少回

家，因为回家需要花钱，每次回来往返大约要花15元的车费，这对她来说是笔不小的开支。这次，是听说我要到家里来，才特地赶回来的。

我一直有个心愿，就是希望荣兰和亲生父母相认，父母与子女总是血浓于水，亲情难以剪断，另外，父母也可以尽到抚养的责任，让荣兰过得好一些。所以问起了她妈妈回家时的情况。荣兰说，年前的时候，她见到了妈妈，如果不算出生时的那两个月，这是她平生第一次见到妈妈。想妈妈，盼妈妈，但当真正见到妈妈的时候，她却不知该说些什么。

我问："怪妈妈吗？"

荣兰回答："以前怪，但现在已经不怪了。"

我又问："愿意和父母一起去广东生活吗？"

荣兰回答："不愿意。我现在生活挺好的，很幸福。"

荣兰的外婆告诉我，荣兰的爸爸家也在农村，过得也不好。他们没有出钱养荣兰，因为他们自己也非常困难，家里有3个孩子，而荣兰的爸爸又有病，肝部肿瘤，光住院就花了一两万。原来他在建筑工地打工，现在由于身体原因连这个工作也做不得了。看来我又一次想错了。我原以为广西穷而广东富，荣兰跟了亲生父母就可以去享福了。然而，我从未动脑筋认真想一想：这买媳妇的家庭，条件能好到哪里去呢？看来，仅凭美好的想象是不行的，我的愿望不靠谱。

荣兰和外公、外婆

40.

穷家万贯

　　今天的最后一站是万茂不烈，我要到那里去探望银华圣姐妹。这也是我在古山小学期间认识的朋友，她们姓银，是仫佬族人。从万茂弄凡出来，我们一路走到万茂村部，取了摩托车，一溜烟地直奔万茂不烈。

　　又是一个难去的地方。摩托车在公路上行驶了一阵，在拐过一个山角之后下到屯级公路上，这时看到左下方的山谷中有一个小村庄，有几栋深色瓦片的房子，隐约有人在向我们招手，那应该就是银华圣姐妹了。我们锁好摩托车，一路下山进入山谷中。这又是一口大锅，锅底边上散落的是住房，而锅底中央是耕地。由于正是冬天，很多地块都已撂闲，有些地里种着一些蔬菜。一路奔行，等我到达银华圣家的时候，已经出了不少汗。银华圣迎了上来，一句"老师，您辛苦了"使我备受感动，所有疲倦顿时烟消云散。

　　姐妹两个给我倒了一杯热水，招呼我坐下，一副主人的模样。她们的父母都在都安县城打工，平时都不在家，只有

万茂村不烈屯全景

银华圣、银春亮姐妹

过年过节的时候才回来。爸爸在都安蹬三轮车为人送货，非常辛苦，月收入不足400元；而妈妈进厂工作，实行计件工资制，每个月收入大概在400—500元之间。他们共有4个孩子，另外两个孩子在上高中，正是用钱的时候。在县城打工，工资水平没法和广东比，不过也有一些好处，就是回家比较方便，逢年过节都可以回家，而且还不耽误种地。到了播种的时候，华圣的父母会回来把地种上，而平时田间管理工作主要就由小姐妹两个来做了。今年很不幸，由于水灾，庄稼全部淹死了，颗粒无收。姐妹俩在家中生活，平常只能吃到玉米饭，由于这时种的菜还没有长起来，所以吃不到青菜，只能以黄豆加一点盐、水和猪油煮熟了做菜，这和她们以前在学校里吃的"黄豆饭"是一样的。

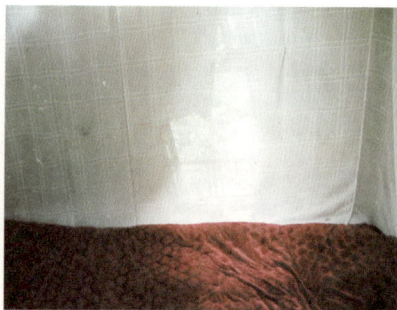

她们家已经很破旧了

　　她们的房子依山势而建，一多半的房子悬空出来，下面靠一些木柱作为支撑。下层的空间本来应该是饲养牲畜的地方，但由于她们家的人多数时间都不在家，也就没有养，只是在里面堆放了一些柴火。这个房子已经盖了20多年，在姐妹俩还没有出生的时候就有了，经历了这么多年，已经是残破不堪。她们小时候地板还是严丝合缝的，但现在由于缩水、腐朽，已经出现了很多裂缝和缺损。最夸张的是她们床边的墙壁，上面有很多裂缝和破洞，最大的一个破洞，直径将近一米。山里的冬天，由于昼夜温差很大，夜里还是很凉的。尤其是每年都有十天左右的时间，寒流来袭，滴水成冰，真不知道她们怎么挨得过去。除此之外，我还很担心她们的安全问题，毕竟是两个少女独自居住。我问她们是否害怕，她们摇了摇头，说已经习惯了，就算是很黑也不怕。

　　这个山谷里居住的都是一个大家庭的人。细问的结果让我更吃惊，原来，这里就是我上午刚去过的丁生外公银有先老人的儿子家，银华圣姐妹和韦丁生是姑表姐妹。老人说自己有三儿四女，但儿子家生活都很困难，指的就是这里。

　　谈完话，我们该走了。孩子们和我们一同上路返校。华圣带上门，并挂上一道锁。我觉得这有些多此一举。因为这个家没有什么像样的家具，只有一台缝纫机，还老旧得连轮子上的传动带圈都没有了，早已不能用；而且，这个家四壁残破不堪，随处都可以钻进去，并不是一道门

这样的门还用锁吗？

可以保护的。锁门，也许只是个象征意义而已。但华圣还是很认真地把它锁上。唉，穷家值万贯，纵然再残破，追究是她的家。

41.

雏鹰起飞

到了公路上，我和黄老师骑上摩托车，先行一步回到了学校。

很多学生已经返校，学校里一片欢腾的景象。古山小学大概有 438 名小学生，之所以说"大概"，是因为每个学期的学生数目都会有些微小的变化。它是原古山乡小学，在古山乡并入澄江乡以后，成为一所介于乡小学与村小学之间的中心小学。学生主要来自附近 5 个村：自成、双加、万茂、德雅、旁禾，这都是以"村"（行政村）为单位的，如果按"屯"算数量就会更多，一共是 221 个屯。他们都是山里的孩子，平时他们在家的生活和周国荣、蓝毛伟、韦丁生他们都差不多。在学校里，他们进入集体的大家庭，享受着这个年龄应该享有的无忧无虑的生活。

校园位于群山之间，由四五排楼房构成。第二排楼房和第三排楼房之间有一个凹陷式的操场，操场并不大，划分作两个并排的篮球场。两个篮球场中间是一个国旗杆，上面飘扬着鲜艳的五星红旗。旗杆两侧是两个花坛，作为两个篮球场的分界。其中一个花坛里种的是一品红，这一品红在北方也很常见，顶端是一簇簇鲜红的叶子，托着嫩黄色的小花苞，煞是可爱。不过，在北方

古山小学生的幸福生活

我见到的都是盆栽，而在这里的一品红是乔木。篮球场是孩子们的乐园，男生、女生都喜欢，他们在篮球场上奔跑、运球、投篮，玩得不亦乐乎。尽管我不喜欢篮球，也被他们的气氛感染了。在操场的上方有一片空地，在黑板报前建有一个简易的乒乓球台，那是孩子们的另一个锻炼之所。很多孩子在排队打乒乓球，由于僧多粥少，他们采取一球轮换制，只要输一个球就要下台，有些孩子运气不好，刚在台边站了一下就失误了，连球都没有碰到，只好自嘲地笑笑，放下拍子走人。

　　校园和我上次过来有点变化的是，他们正在试图自己种菜，

学生们尝试自己种菜

来满足一部分吃菜的需求。校园里有几片空地，在原来这些空地有的是花圃，有的则是杂草丛生的荒地，现在都被改造成了菜地。但古山小学的校园很小，菜地仍然太少。于是学校给每个学生买了一个塑料桶，让他们种盆栽蔬菜。这很有意思，每个学生一个桶，装上土，种上各种蔬菜，种的最多的是当地的一种绿叶菜，他们称之为芥（音 gai）菜，此外还有小葱等菜。每个学生都在桶上写上自己的名字，以便比较种菜的成果。这些桶在台阶上摆成几排，煞是壮观；在过道两侧也都摆满了菜桶。一些学生刚从家里回来，就很勤快地给自己的菜浇上了水，蔬菜马上嫩绿地抖起了精神。有些桶里的蔬菜长势并不好，甚至有的已经打蔫。原因是选取的土质不好，都是黏土，水多时会把蔬菜泡烂，水少时会板结成一个硬块，非常不利于蔬菜的生长。我想，靠种菜来完全满足师生所需是不可能的。不过，通过种菜活动可以培养学生的责任心，以及增长他们的植物知识，还是一项很不错的活动。

　　晚上是另一番景象。高年级的学生们走进教室，开始上晚自习，他们有老师辅导。而低年级的学生，尤其是一年级和学前班（共 23 人，他们在一个教室里上课），则没有老师来辅导，他们的任务就是自己玩。这真是一个幸福的任务。我走进教室，他们高兴得站起来。教室里的灯光显得非常昏暗，这是为了省电，考虑到晚上他们不用学习，灯泡的瓦数非常小，高年级的教室里比这里要亮得多。过了一会儿，几个男生拿出一个气球，奋力把它

低年级学生的晚自习

升旗、早操和早餐

打向空中，教室里顿时喧闹起来。女生们则文静得多，覃柳素和她的同桌拍起了花巴掌，一边拍一边嘴里唱着什么。

我想考考他们，为他们出了几道题：

第一道题是问家庭所在地和日期。他们基本都答不上来，别说屯名，就连自己所在的乡和村都不知道。这让我很担忧，万一他们迷路了或者被人拐走，连家都回不了。看来他们的老师以后应当加强这方面的教育。

第二道题是唱歌，他们会唱《国歌》和《快乐的节日》，这道题答得不错。

第三道题是画画，记得我上次曾教给他们怎么画小鸭子，这次让他们到黑板上来画，结果有的画成了公鸡，有的画成了小鸟，还有的像猪，真有想象力。

就这样，我和孩子们度过了一个愉快的夜晚。虽然灯光昏暗，中间还经历了停电，但我感到很幸福，孩子们也很高兴。

第二天，天还黑作一团，早起的铃声就响了。孩子们忙乱地起床。今天是星期一，与平时相比多了一个升旗仪式。在嘹亮的国歌声中，孩子们举起右手，向国旗行少先队礼，注视它冉冉升起。升旗仪式后是做早操，这是新施行的一套广播体操，名字叫做"雏鹰起飞"。这套广播体操是和以前的几套相差很大，孩子们舒展身体，时而前进，时而后退，时而下蹲，时而跳跃，动作的幅度很大，活动范围也比以前扩大了许多，只见孩子们伸展小手，真的像是一只只雏鹰，煞是可爱。美中不足的是，这套体操显然过于复杂了，如此花哨、繁复的动作，连成人学起来都非常困难，更别说这些孩子，他们做得很吃力，可还是跟不上节奏，而且动作都不到位。

广播操结束后是早餐。孩子们集合起来，按照从低年级到高年级的顺序，排队走上台阶，到食堂领取早餐。这个顺序是随机的，有的时候也会从高年级开始。在有些时候，比如大家都很饿的时候，先领取的学生还会爆发出一阵欢呼。今天是星期一，按照食谱，今天的早餐是甜馒头加豆浆。炊事员们打开蒸笼，整个食堂弥漫着氤氲的热气。孩子们拿到馒头，再去领取半碗豆浆，在食堂外站着吃馒头，喝豆浆。吃饱喝足之后，开始了他们新一周的学习生活。

42.
不适合人类居住的地方（二）

我和孩子们一起吃的早饭。吃完之后，按照原定的计划，今天到红星校点去。真是巧合，上一次去红星校点就是在周一早晨，这次仍然是。不同的是，上次是潘老师带我去，而这次，是

山路依然令我胆颤

黄老师。

依然是那段险峻的山路。虽然随着在这里的时间越来越多，我对这里的生活已经越来越适应，但对这里的险路仍然不适应。这是我唯一不适应的地方。道路窄，旁边就是很陡的悬崖，这样的路总是让我想起那个坠崖身亡的支教大学生。头皮发麻，小腿发紧。我尽量靠近路的内侧，手扶着石头，小心地走过了这段几百米的险路。

都安县属于大石山区，全县 89% 的面积是石山。在原古山乡的这五个村，则还要加上一个"纯"字。这是因为，都安的其他乡镇如安阳、高岭、下坳，好歹是有一些平地的，虽然非常少。比如去三只羊的那一路上有一段"田园风光"，那里属于下坳乡和板岭乡，尽管绝大部分也都是山，但至少在公路沿岸的这一小段狭长地带，还有那么一点点平地，还可以种水稻，可以让这一小部分群众得以吃饱。而在古山，却连哪怕一小片平地都找不到。"纯大石山区"意味着"纯贫穷"、"纯苦难"。这里通常的地形都是四周高山，中间凹下去一块锅底，人们在锅底种地和生活。我先前去的几家，"小尾巴"、周国荣、覃柳素、银华圣等家都是这样的。在大石山区还有一种土地，是在石头缝里、山林缝隙里种地，就是我今天在路上看到的这种。

我不知道这应该称作一片树林还是应当称作一片耕地。树木

石缝、山林中极其细碎的耕地

生长于石缝里，在树根周围有巴掌大的土地。于是他们将这片土地开垦出来，作为耕地。远远望去，在灰色的石头群中，星星点点地分布着零散的红色耕地，加上绿色的树林，构成了一幅斑驳陆离的插画。我好奇地问黄老师，像这样细碎的耕地如何计算面积。黄老师回答我说，当地一般不丈量，而是以播下种子的数量作为依据，推算出耕地的大概面积，比如下了 10 斤种子，就算是一亩地。这只是一个概算，也正因为这样，当地对亩产的计算也是高高低低很不准确。大石山区土地贫瘠，即便是只种树木，长得也非常慢，10 年都长不到碗口粗。树丛中间插种粮食，不仅缺乏水、肥，而且还没有阳光，其产量也就可想而知了。能收回种子就不错了。

　　当地流传一个笑话，说是一个山里人收庄稼，数来数去，总是少两块地，后来掀开草帽一看，原来，那两块地都在草帽底下压着呢。这个笑话对于平原生活惯了的我来说理解起来有些困难，而到这里看过之后，我完全能够理解了。在这里我见到的最小的一块地，是从石头窝里掏出的一个洞。这块地有多大呢？由于是冬天，这块地里已经没有庄稼，而且周围生长着一些杂草，

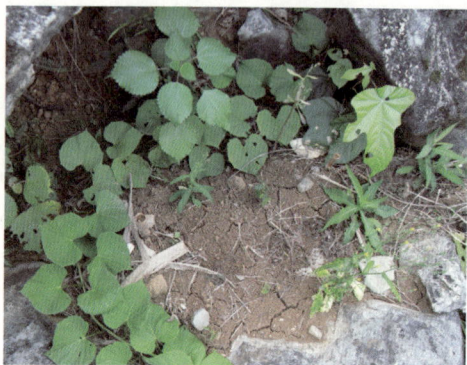

只能种两棵玉米的一小块地

不大容易看出来。如果仔细分辨，可以看见这块地里有两根玉米茬，原来，这块地只种了两棵玉米，一个草帽完全可以把它遮盖起来。"盆大的一块地种 3 棵，锅大的一块地种 2 棵，碗大的一块地种 1 棵"，这样的情况在这里并不少见。

　　交通极度不便，生产条件极度恶劣，生活水平极度低下，是大石山区的基本面貌。外国专家称这里是"不适合人类居住的地方"，我再一次深有同感。

43.
周老师的转正梦（二）

　　终于到了红星校点。这个校点有一大一小两个房间，大的是教室，小的是周老师的办公室。周老师就站在办公室前迎接我

周老师和他的红星校点

们，与上次不同的是，这次周老师没有打赤脚，而是穿着鞋。

上次已经知道，周老师是一个具有 20 多年教龄的老民办老师，待遇非常微薄。这次我一进门就知道了一个好消息，周老师的工资涨了，一个月可以拿到 405 元了。这是乡里为关心山区教师采取的新政策，平地上的老师一个学期交 50 元工会会费，然后用这笔钱按几个等级补给山区的老师们，最偏远、条件最差的学校每个老师每个学期可以得到 500 元，周老师自然是按照最高等拿，而古山小学的老师们每个学期只能拿到 150 元。工资涨了，我很替他高兴。他家里的情况也好了些，大女儿已经在巴马县工作，大儿子也已经在广东雷州工作。但他的家庭负担仍然很重，因为老三还在广西民族大学读书，老四还在江苏工业大学读书，仍然需要不少钱。

周老师一直渴望转为公

校点的孩子们

办教师。如果能够顺利转正，他的工资可以提高好多倍。其实周老师并不乏转正的机会，按照他的教龄，本来县里曾经一刀切地全部转正的，但那次天赐良机被他自己耽误了。县里要求转正必须同时做结扎手术，但他拒绝结扎；后来等他想通了，做了结扎手术，却为时已晚，名单已经上报了。他只耽误了一天，如果乡教育组的领导肯出面帮他应该也是可以通融的，但他没有极力去争取，就这样错过了。后来就不再有这样的好机会，要转公办一律要经过统一、严格的考试。而考试他又不擅长，并且总是疏于准备，连下发的资料都不肯背，结果年年考试，年年落榜，屡考屡败。今年他又参加了考试，据说现在成绩已经出来，可以上网去查了。但他一直没有去查。很明显，他这次考得肯定又不理想，不然早就去查了。的确，他已经 57 岁，临近退休的年龄，老年时学习就如同在沙滩上作画，谈何容易。

照常理来推测，周老师的转正梦，实际已经破灭。

44.

矽肺病阴谋（上）

红星教学点所在的村庄是自成村弄青屯，我们去了一户姓韦的人家。男人不在家，家里只有婆媳两个和一个一岁大的婴儿。起初，他们并不热情，我和这家媳妇说话，她却忙于看护儿子，不怎么回答。不经意间，她告诉我家里人曾去江西煤矿打工，这让我的心里陡然一凉，不会又有矽肺病吧？

说起去江西打工和矽肺病的情况，婆婆马上激动起来。她告诉我，这里确实有人因为去江西打工得了矽肺病，说着说着，她的语气和语调都变得极为夸张，绘声绘色地，就像是向我描述一个让她恐惧战栗的魔鬼；她说起来就不停，完全不管我是否听得懂。我只好耐心地听她说完，再让黄老师把大意告诉我。原来她说的是，这里去江西打工的人很多很多，那里的石头有毒，结果染上了矽肺病。这个屯子里有一个人刚刚去世，这个人已经去柳州兴城县（应该是忻城县，原属柳州地区，现属来宾市）做上门女婿，因患矽肺病在今年初死去。除了这一户之外，附近自成、德雅、旁禾各村都有人死去，万茂村也有。由于不断有人死去，引起了村民的极大恐慌。她的丈夫和孩子都曾在江西煤矿打工，作为妻子和母亲，她怎能不恐惧揪心？所以我很理解她的激动情绪。

很幸运，她的丈夫未染矽肺病

她共有 4 个孩子，当年，为了让孩子读书而欠了债，为了还债从 1990 年开始她的丈夫外出打工，辗转到了江西。她的三个儿子只读到六年级就随父亲去了江西，同在新余的煤矿里打工。她说这些人都是"一个一个介绍去的"，在那里做"打窿道"的工作。按照我的理解，"打窿道"指的应该就是做巷（音 hang，去声）道的工作，或者称之为掘进，在小煤窑里这同时也是找煤的过程。

我可以想象这一工作过程：首先是打眼，放炮，不待硝烟散尽，工人们一拥而上，清理和搬运碎石，然后继续打眼掘进。这个工作很辛苦同时也很危险，石头随时可能掉落下来，而且到处都是爆炸后产生的毒烟，即便戴着口罩也不能阻隔，粉尘和毒烟就是在这时侵入工人的肺里，日积月累，将肺泡堵塞甚至烧烂。她告诉我说，在江西的煤矿里，都是广西人开巷道，而湖南人做采煤工，江西本地人就算是想做这一工种也不给做。这就非常耐人寻味了。从广西到江西，相隔数千里，即便是发了病，也很难找上门来；而且，这些工人往往是每过一段时间就要换一个煤矿，其中有主动的原因也有被动的原因，当几年后工人发病的时候，他们甚至不知道该找哪个煤矿、哪个矿主，连个告的对象都没有。这就是那些黑心矿主的如意算盘，让我深刻地理解什么是"恶毒"。

矽肺病是单向发展，它只可能加重，而不可能康复，即便是手术和洗肺也无济于事。如这个屯里死去的那个人，他先是咳嗽，然后一天天消瘦、胸闷、无法动弹，最后活活憋死，和周春吉爸爸的症状是一模一样的。这个婆婆告诉我，起初当地人对这种病一无所知，在县里甚至自治区的一些医院里都查不出来，后来到了南宁医科大学才查出来。再到后来，这个病引起了县里的重视，组织去江西打过工的人体检，每家去一个，免费检查。借此机会，她家的男人去县里做了检查，谢天谢地，他们由于打工时间不长，都没有得上。

现在，他们家的男人再也不敢去江西煤矿打工了。她家媳妇告诉我，丈夫在江西时每个月少则2000多，多的时候可达3000元，虽然那里挣钱多，但再也不敢去了。他们现在正在附近的双加村做公路，一天只有30元。尽管挣钱少，但这样的生活毕竟安全、踏实。他们已经成了惊弓之鸟。

　　"现在这里还有得病的吗?"我问道。

　　"有",她指着隔壁说,"那家还有一个,得了病,已经到了晚期,知道治不好了,现在就在家里躺着。"

　　我决定过去看看他。

45.

矽肺病阴谋（下）

　　隔壁的男人叫韦克勇。准确地说,这只是个男孩,因为他还没有结婚。我进门的时候,他正坐在凳子上看电视。这是一个爱美的男孩,梳着整齐的分头,上身穿一件浅棕色西服,里面是一件白色衬衣,下身一条蓝色裤子,脚上穿着拖鞋,手里拿着遥控器,正在专注地看电视。

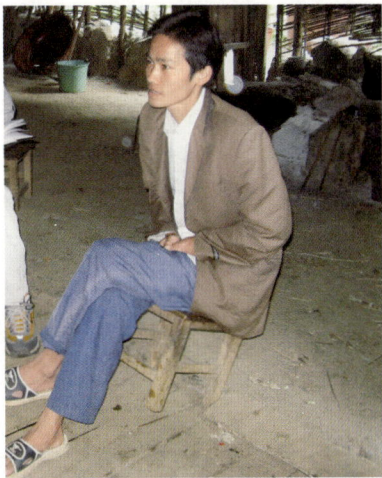

整天看电视的韦克勇

　　他今年30岁,以前曾在江西打工4、5年。他说自己在江西做打隧道的工作,很危险,有时候会落石头。他也坦承自己有职业病,现在经常胸闷,干不了重活,但吃饭不受影响,仍然是正常的。他去都安人民医院做过检查,还去了一次南宁,去的是职业工人医院(这是老称呼,应为自治区职防所),医生告诉他说肺部有损伤,而且损伤很重。对他的病情,我不忍多问。

"你在那边干活时一个月有多少钱?"我问。

"看活多活少,一个月干20多天,没有几千那么多,平均一个月也就1200元。"

我知道他没有完全说实话。打隧道的工作确实工资比较高,黄老师告诉我,挣十几二十万的也有,在都安县城起房子的也有。最早去那里工作的人把这视为好工作,他们回到家里,穿得好、吃得好、抽的烟也好,神气得很;别人问他在外面做什么工作,因为怕别人来抢饭碗,他还不说,只是私下里告诉自己最亲近的亲戚朋友。然而,最早去那里工作的人,也是死得最早的人。他们把好消息告诉亲戚朋友,也带着亲戚朋友走进了坟场。至于攒的钱,一场病下来,就什么都没有了。为了治病花光积蓄,最后也难逃一个死字。韦克勇检查、看病花的都是以前攒下的钱,现在已经基本放弃了治疗。他的哥哥以前和他一起打工,不知道是否也受到了影响,因为他没有去检查。

现在韦克勇每天的生活就是看电视。他还没有结婚,还没有感受过妻子的体贴,儿女的依偎,人生之路走了还不到常人的一半,却已接近终点。什么都来不及了,来不及了……在征求他的同意之后,我叫黄老师给我们照了很多照片,很多很多,有给他的单人照,也有我们的合影。我紧紧搂着他瘦削的肩膀,久久不愿松开。我知道,这很可能是最后的机会了。现在还是温热的躯体,风华正茂

和年轻的韦克勇告别

的青年，而等下次我再来这里的时候，也许等待我的只是一座孤零零的、冰冷的坟茔。

克勇老弟，一路走好。

46.
贫困的陷阱（二）

离开了韦克勇家，一路向前走，我的心里一直无法平静。他那黯淡的眼神，对生命的眷恋，深深地刻在我的脑海里，挥之难去。我甚至忘了我们此行的目的。此行的目的是回访，即到去年已经去过的儿童的家里，探访他们的新变化。

去年的时候，我曾去过周珍吉、周小莉家。那个时候，她们的妈妈正怀抱一个婴儿，是她的小儿子。记得她那时正在伤心落泪，因为她没有钱给上学的两个孩子买米。她还说等怀里的孩子再大一些，不占手的时候就去广东打工挣钱。如果她和孩子的爸爸一起出去打工，可以使家里的收入状况得到很大的改善。今年她出去了吗？

一进门，却让我大吃一惊，因为就像是穿越到了去年一样，她的怀里仍然抱着一个婴儿，和那时的一样大，或者还要更小一

周珍吉又多了个小弟弟

些。对这副景象，只能有一个解释：她又生了，天哪。果然，这是她的老四。她紧紧地抱着它，表情漠然，已经不记得我这个曾经的访客。她的老三，去年的那个儿子，已经会走路了，正在外面由奶奶带着玩耍。

这让我惊愕，也让我感到有些悲哀。这里是个很穷的地方，人均耕地已经不足一亩，而且还极其贫瘠。然而，人口却仍然在增加。我不知道人口增加的速度，只知道在我到过的这些人家，平均子女数是 2.79 个。生这么多，拿什么去养活他们？又怎么去给提供他们良好的教育条件？为了逃避计划生育，这里曾经有人跑到临近的环江县的深山里去生孩子，直到孩子 6、7 岁的时候，县里得知后才派人去把他们接出来。据说他们刚出来的时候，孩子都没有衣服穿，而且连话都不会说，真是造孽。越穷越生，越生越穷，成为一个打不破的恶性循环。

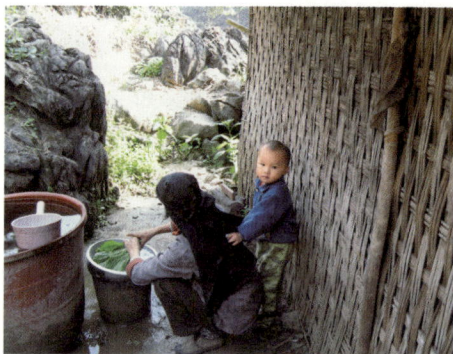

去年的那个婴儿已经会走路了

然而，细想之下，我对这些人又有些理解。在这样的山里，干的都是体力活，有些是女人做不来的，必须要男劳力；没有任何保障，也只有靠儿子来养老。而且，在这里养活孩子的成本很低，吃的都是玉米饭，只要多加一瓢水，多添一双筷子一个碗，就能养活一个孩子。因此，在进行成本收益分析之后，他们多生孩子就成为一个理性的选择。只有在城市里，有自己的养老金，不用生儿子来养老，同时养育孩子的成本大幅提高，少生才会成为自觉自愿的选择。眼下，城乡隔绝政策依旧，这些农民即使进城打工也无法真正进入城市生活。既然我们城市的大门仍然对他们紧闭，既然他们注定要世代在这穷僻的大山里生活，那么，又有什么权利指责他们多生呢？

震撼而无奈。

47.

春菊爸爸运气真不好

我们并不走回头路，而是按顺时针方向绕着大山转一个圆圈，从另一面回古山小学去。这一大圈都属于自成村，是自成村下面不同的屯。

永飞家在成兴屯。永飞是留守儿童，平常家里除了老的就是小的。然而今天他们家很热闹，爸爸回来了，姑姑也来了，是全家团圆的日子。他们这次回来是因为老人病了。不过老人病得不重，现在已经好转，所以过几天他们又都会走。永飞的姑姑就是蓝海丹的妈妈，她印证了我上次听到的情况。蓝海丹的爸爸是6年前死去的，当时他在南丹建公路，炸石头的时候被砸死，出事后得到总计1万多元的丧葬费。现在蓝海丹的妈妈在南丹县的大厂一带打工，工作很不稳定，什么都做，还帮人卖过衣服，一个月只能拿

蓝海丹的妈妈

到 500、600 元，而且不是每月都能拿到。现在，她把女儿放在外公这儿，而把儿子放在孩子姑姑家里，分别抚养。她每隔几个月就探望一下儿女，但由于自己收入低，所以也给不了多少钱，每次从几十元到 200 元不等。她独自拉扯一双儿女，非常吃力。

永飞的爸爸也是在大厂打工。他在一家名为"高峰"的铅锌矿打工，需要下井工作。2002 年，就是在大厂矿区，发生过举国震惊的"南丹矿难"，成为中国矿业史上一段难以抹去的、里程碑式的印记。永飞的爸爸说，自从出事以后，那里得到整治，安全水平已经有了很大的提高。现在的问题是工资不高，有

和永飞的爸爸谈话

时多，有时少，平均下来只有 700、800 元的样子。永飞的妈妈也在大厂，但她没有工作，有个 4、5 岁的孩子要带，这是他们家的老三。如果没有带孩子肯定也要打工。现在工资的使用状况大概是：3 口人在大厂租房子生活，一个月房租加水电费共 210 元；老大在县城瑶族中学

读初二，每个月需要 200 元。给永飞的很少，过年的时候也才给个几十元。他们这个地方人均只有 5 分地，还经常遭受灾害，今年这里遭遇了风灾，收成很少，所以必须靠在外面打工来贴补家用。永飞的爸爸说，不打工，连饭都吃不饱。

离成兴屯不远是加郎屯，是个只有几户人家的小屯子，春菊家正在这里。和临近的永飞家一样，今年他们也遭了风灾，玉米都被刮倒了，全年总共才收了 700、800 斤，再加上 50 斤黄豆，

就是一年的全部收成。在这种山里，旱灾、水灾、风灾是最主要的三种灾害，因年景、地势、方位的不同，每块地每年遭的灾害种类和次数有所不同，但是，不闹灾的时候却是没有的。今年的粮食根本不够吃，还要用钱到外面去买。春菊的身体也还是不好，这几天又感冒了，医生说是肺炎和慢性支气管炎，一周就要40元的药费。这使他们的生活更加困顿。我到他们家的时候，一个男孩正在做饭，一口锅里煮了些青菜。旁边还有两个锅，一个锅里是玉米饭，另一个锅里是米饭。玉米饭已经基本吃完了，那是大人吃的；而米饭还没有动，是留给放学回来的孩子吃的。

上次的时候，她的父母都没有出去打工，我甚至还觉得她的父亲有些懒惰。这次过来我没有看到他，他已经去广东打工了，是姐夫的孩子带他去的，去了大概才一个月。然而，春菊的爸爸刚过去就遇到了金融危机。他的工作是在东莞的一家工厂里做板子，一个月只能拿到500元。按广东的水平

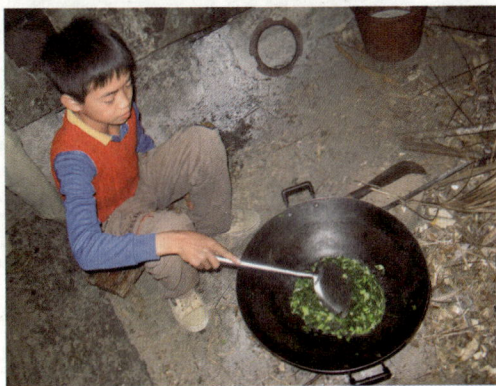

春菊的哥哥正在炒菜

来说，这个工资实在是太低，以前在家附近做公路一天也有30元呢，在广东这些钱甚至还不够他自己用的。但没有办法，既然已经过去了，车费都花了那么多，只好硬着头皮做下去。此前的十几年，别人都出去打工，春菊的爸爸不出去；现在，他刚刚出去，就遭遇到了金融危机，被迫在裁员大潮中寻找工作机会，他这运气着实是不好。

48.
错过的花季

一条公路从古山小学上方穿过，这条公路从县城出发，过（原）古山乡、拉烈乡、九渡乡，直到最远的拉仁乡，在那里与邻县宜州市的公路网相连接。以前我走的都是从县城到古山这一线，以及周边各村。下午，黄老师骑上摩托车，沿公路带我往更远处，也就是拉烈乡方向去看一看。当然，我们只是沿这个方向，并未超出原古山乡的范围，这一片有德雅和双加两个村。

古拉公路上的隧道

行不多久，前面出现一个隧道。隧道是不得已而为之，这一大片山体都是石头，外侧非常陡峭，绕也没法绕，炸也没法炸，只好开出了一条隧道。这个隧道并不长，做工也非常粗糙，内壁甚至没有磨平。不过已经很不错了，至少给公路的通行带来很大的便利。我们从这里穿行而过。

走了大约7、8公里的样子，路的右上方出现一个小村庄，那是双加村内单屯。双加村共有53个屯，比自成村还要多出11

个。这个屯里有大量的梯田（确切来说应是梯地），一个农妇正在上面的梯田里劳动。这里的梯田很窄，它是一条一条的，每条的宽度不过几米。如果从下方看上去，很难看到田，看到的都是堆砌起来的灰色石堆。这个时候庄稼都已经收完，她在田里主要

内单屯的梯田

是翻地，也就是我在周国荣家里看到的那个工作。翻地的同时顺路烧掉杂草，用草木灰作为来年的肥料。

村里有一户人家的房子就要倒了，这里是蓝等家。这个房子简直就是个比萨斜塔，甚至更斜，支撑它的其中一根木柱底端是一个石基座，而现在这个石头基座都翘了起来，一侧已经离开了地面。看来，这老房子的确是大限已至。不过，庆幸的是，他们家已经盖起了新房子，而且是用水泥混凝土砖做的现代房子。蓝等的妈妈就在新房子里接受了我的访谈。她告诉我，原来的房子太旧，就要塌了，于是他们盖了这个新房。建这个房子政府给补贴了 3000 元，其余的 2.4 万元自筹。这 2.4 万元的来源如下：

　　向南宁的姑姑借款 5000 元；

　　向宜州的姑姑借款 5000 元；

　　向小舅子借款 5000 元；

　　向妹妹借款 4000 元；

　　自有资金 5000 元。

蓝等家"比萨斜塔"式的老房子

这样，他们总共有了1.9万元的外债。这些亲戚都是在外地打工，攒些钱也很不容易，所以还是要尽快想办法把欠他们的钱还上。为了还债，蓝等的爸爸已经去南宁打工，在建筑工地上做小工，每天有30—40元的收入。他刚去了两个月，都不知道怎么往家里寄钱。他的妹妹也在南宁打工，于是他发了工资就让妹妹收起来，待过年的时候一并带回家来。家里总共有4亩地，种玉米，每年只能种一季，今年总共收了1000斤玉米。另有1.1亩退耕还林，每年可以得到230元。所以必须去打工，不然根本无法还债。

家里有3个孩子，蓝等和妹妹正在古山小学读书，而他的姐姐就待在家里。看见我来了，她害羞得躲到里屋去，不过还是被妈妈喊了出来。她叫蓝梦娜，一个很好听的名字。人如其名，她长得也很漂亮，一双乌黑的大眼睛，浓密的长发，总是带着羞涩的微笑。额头和左侧脸颊上起了几颗青春痘，显示出她的豆蔻年华。她是1993年出生的，到今年正好是15岁。她只上到小学三年级，当时是2003年，上学还要交学费，由于爸爸身体有病，甚至还要借钱吃药，家里实在困难，于是她就辍了学。辍学之后，她一直在家里，帮父母做饭。地里的活她干得少，也不会干。也曾有人要带她出去打工，但由于她不识字，家里不放心，

梦娜把自己的名字写错了

没敢让她出去。

　　蓝梦娜会说普通话，这主要归功于电视，她天天在家看电视，普通话自然也就比较流利。但她真的是不识字。我在记录本上写下"蓝"字，让她在后面补齐自己的名字，她拿起笔，想了一会儿，然后歪歪扭扭地写下了"梦那"两个字，她的妈妈在旁边很焦急地提示她应该还有个女字旁，她才在"那"字前加了个小小的"女"字。

　　"想继续上学吗?"我问道。

　　她不好意思地笑起来，似乎这个问题从来没有想过。过了一会儿，她告诉我说自己现在年龄太大了，去上学怕人家笑话。是啊，该上学的时候没有上，等现在上学都免费了，她却错过了季节。

　　唉，梦娜可惜了。

蓝梦娜

49.
一个弃婴的曲折人生

　　梦娜不上学，在很大程度上也是由于重男轻女。农村地区这种陋习到现在都还存在。而在十几年前，这种情况更加严重。当时，由于计划生育罚得紧，女孩有时甚至会被扔掉。几天后，到隆福小学时，我特地去看望了一个当年的弃婴，她的名字叫韦敏。

韦敏在隆福小学读六年级，是中国教育电视台曾南杰记者的"女儿"。这事说起来话就长了，中国教育电视台是基金会的合作单位，曾记者奉命到广西采访基金会的项目，由于事先看过《留守儿童家访札记》，所以对这些孩子的生活也给予了特别的关注。当时我没有陪他去，等到他回来的时候，向我问道："你知道隆福小学的韦敏吗？"我说不知道。然后他就给我讲起来，告诉我这是一个有着怎样身世的女孩。我当时解释说，我和他的方法有些差别，做记者的总是追逐热点，那些凄凉的故事总能唤起大众的爱心，所以很关注这些；而我是个学者，我关心的是反映生活全貌，采取的是随机抽访的方法，碰上了也就碰上了，碰不上的

落泪的韦敏

也不去刻意追求感人的故事情节。这是我们的差别，如此云云。自从广西之行后，曾记者开始了对韦敏的资助。因此，我将韦敏戏称为曾记者的"女儿"。每次我来隆福小学，都会顺便看看她。

韦敏长得非常秀气，而且成绩也好，在班上总是在前3名。我一提起父母，她的眼泪刷地一下子就涌了出来。她是一个弃婴，1996年的时候，她的养父母在卫生院门口发现一个女婴，也就是韦敏，把她抱回了家。她的身上没有任何身份证明，因此不知道她是哪里人、哪个民族，也不知道生于何时。她的生身父母遗弃她的最合理的解释是他们想再要一

个男孩。韦敏很不幸，收养她几年之后，她的养母因病去世，又过了几年，在她6岁的时候，养父也撒手而去。这之后韦敏由哥哥（并不是亲哥哥，而是养父养母的儿子，按照收养法的规定来说，这种收养关系是不合法的，存在很多隐患）抚养了一阵子。再往后，哥哥到贵港去打工，就把她寄养到了亲戚家。

　　我准备到韦敏的家里去看看。我让教育局的同志开车，带上韦敏，在公路上行驶了大概10分钟时间，到了寄养她的亲戚家。这户人家就住在公路边，开了一个小卖部来维持生计。他们告诉我，韦敏的哥哥以前每年过年的时候都回来，但上次过年时没有回，现在已经近2年没有回来了。韦敏的哥哥

韦敏寄养的亲戚家

主要做扛水泥的工作，费力但赚钱不多，一直没有寄钱回来。看来，他们接收韦敏，多少有些被迫和无奈。

　　平时韦敏住在学校里，周末的时候回到亲戚家住，在二楼的房间里有她的一张床。现在韦敏的生活已经有了保障，曾记者每年给她1000元，足够用了。而且现在学校有生活补助，所以这笔钱基本都没有动，存起来待她上中学的时候再用。在这个家里韦敏很拘谨，像个大人似的，是啊，亲戚再好，总比不过自己的父母，更何况亲戚家也不宽裕，孩子又多，不太照顾得过来。不管怎样，能有这个安身落脚的地方已经很不错了。

　　我还让韦敏带我去了她自己的家，离这里并不远，只要几分钟就可以走到。这个房子和韦丁生家的房子一样破败，它周围已经

韦敏养父母家的老房子

长起了没膝的野草，房子四壁的木板和芦席已经腐烂，屋顶也大面积坍塌，房间内空空如也。这里实在无法再居住了。不过，现在这些已经无所谓，反正她也不会再回来。曾记者有情有义有担当，我相信韦敏的路会越走越好。

50.

三只羊：大水的记忆

完成了古山和隆福的工作，我来到水灾后的三只羊。

三只羊乡（确切说应该是三只羊乡政府所在地）在今年夏天遭遇了一场大水。水灾的原因并非是山洪暴发、泥石流或者大河溃堤，而是由于"内涝"。这里是一个小盆地，面积比我通常所称的"锅"要大些，当然也大不到哪里去，包括了乡政府、学校、市场、居民点和为数不多的耕地。由于这里地势低洼，当持续降雨的时候，比如说连续下雨达到 3 天以上，附近山里的水都往这里流，于是形成了洪涝灾害，这就是内涝。山里的水往这里流的途径并不是翻山越岭，而是通过一些"水洞"。这里是喀斯特地貌，地下多有一些暗河水道相连，有的暗河水道会在地面露出头

三只羊小学门口的水洞

来成为水洞。有些水洞平时不干涸，可以为居民提供饮用和生活水源。在三只羊乡，主要的水洞有两个，一个在小学门口，另一个在小学里的半山坡上。

　　三只羊小学门口的水洞是村民们最主要的水源。我这次来的时候，水位已经很低，露出了一级一级的水泥台阶，这些台阶是新砌的，我以前来时没有见过。水洞里的水清澈见底，甚至还有一些小鱼在里面游动。这些鱼很小，通体透明，显然不是人养的，而是长期生活在地下河里的野生鱼。几乎天天都有村里的妇女来这里洗衣服，小学生们有时也会过来，每到那时这里就显得一片喧哗。为了洗衣的方便，他们甚至在水洞的上方建了一个很大的、固定式的石盆，在石盆的底部有孔和塞子，洗衣的时候，把塞子塞上可以浸泡衣服，而洗完衣服只要一拔起塞子就可以把水放掉。真是一个精巧的设计。此时，一个村民正来挑水，他左右晃动水桶，将两只水

小学里半山坡上的水洞

三只羊乡水灾景象
（由三只羊中学提供）

桶都灌满，然后挑回了家，看他小心的样子，挑的应该是做饭用的水。

另一个水洞在小学里面。三只羊小学依山而建，从下往上依次是教学楼、教师宿舍楼和学生宿舍楼三排楼房，教学楼与教师宿舍楼之间有一个平台，被开辟为篮球场。就在篮球场旁边的山体上，有一个黑魆魆的洞口。这就是小学里面的水洞。水洞被水泥修葺成长方形，上面还有一个铁门，上着锁。韦老师告诉我说，上锁是为了防止学生进去玩发生危险。我站在铁门的门口往里看，洞口处还有些光亮，可以看到很清澈的水源。由于水洞就在校内，所以三只羊小学的学生和老师们吃水很方便，几乎从来不缺水，这使他们的生活比古山小学要便利得多。

然而，此时平静安详的水洞，在发大水的时候却成为祸害的根源。今年6月，它就像暴怒发狂的恶龙，吐出汹涌的大水，将整个三只羊化作一片汪洋。三只羊初中的袁校长为我提供了一些照片，在照片里，一股大水正从小学里的水洞喷涌而出，尽管排水非常通畅，整个篮球场上还是积了一尺深的水，这股大水一路奔腾咆哮，从三只羊小学门前一跃而下，平时的

台阶全不见了，整个成了一个白色
的瀑布。水再往下流去，冲入了三
只羊的街道、市场，使三只羊遭受
了灭顶之灾。三只羊乡中心学校的
袁校长（相当于乡教育组组长）家
就在这个市场里，他的卧室在二楼，
半夜发现涨水，下到一楼查看时，
发现门已经完全被封住了，他只好
从二楼的窗户跳窗逃跑。在这场洪
水中，所幸没有人员伤亡。

中考期间只能用船运送物资
（三只羊中学提供）

　　在 6 月大水期间，三只羊乡积水最深的地方达到十余米。居
民区、市场、医院和政府都被水浸泡，三只羊小学和初中由于在
山坡上，幸免于被淹没的命运，并成为灾民的避难所。很多灾民
住到学生宿舍，基金会为三只羊小学援建的食堂也发挥了重要的
作用，县里把救灾物资运到这里，他们就在学校食堂里开伙做
饭，度过了那段艰难的日子。不过，事后清点，三只羊小学发现
少了不少不锈钢碗，大概是居民将它们顺走了。

　　在这个时候还发生了一件险事。当时正值中考，三只羊中学
是中考的考点，县教育局梁仁国局长带队前来检查和慰问。由于
到处都是水，他们在山口换乘橡皮艇到三只羊中学去。艇上除了
梁局长，还有办公室陆主任和两名武警战士。当时水位很高，他
们头上就是高压线，可以拉着高压线走，当然此时都已经断电
了。然而，就在他们碰到高压线的时候，突然身上一阵酥麻，四
个人顿时失去知觉落入水中。几秒钟后，在冷水的刺激下，他们
都清醒过来，赶紧狼狈地爬上橡皮艇。在这次落水中，梁局长丢

失了两部手机和钱包，陆主任也丢失了手机，所幸人没事。事后大家推想触电的原因，高压线固然已经是断电了，但在这个高压线上面几十米高处，还有过境的更高压的电线，那是从龙滩水电站输往广东的 500 千伏高压电，可能是上方过境的高压电流在下方的高压线上产生了感应电，造成了这个事故。不过，没有人员伤亡已经很幸运了。

洪灾留下的水线

灾后重建

这场大水造成的主要损失是很多房屋的倒塌。大体上，近年建的新房子由于多是水泥建筑，地基也较深，所以没有什么问题，大水退后照常使用，只是在室内外各处留下了洪水浸泡的痕迹。在袁校长的家里，水线位置在离一楼顶层 1 尺的地方，这以下都泡得斑驳陆离，以上还是粉刷的白色。老房子基本都倒了。我在街上看到，村民们正在紧张地起房子，有些已经接近封顶，有些刚刚打了一个地基，街道两边堆满了建筑材料。在这里建一栋房子大概需要几万元，政府对倒房子的居民给予补助，标准是每户 5000 元，其余的部分需要他们自筹。这里的人很乐观，他们没有哭泣抱怨，而是默默地劳作自救，尽力恢复到灾前的生活轨道上去。

51.

电池，电池！

　　就在我到三只羊的当天晚上，发现一个非常严重的问题：相机电池用完了。自从 2007 年 9 月第一次到广西进行留守儿童家访工作，我就意识到了相机的重要性，那时我还没有自己的相机，是借用古山小学黄老师的。回到北京后我买了一部佳能 A720 相机，成为下乡的随身必备工具。这部相机使用的是 5 号干电池，我对这一点很满意，因为这使我摆脱了充电的限制，只要带够电池，可以敞开拍摄。但这次到了三只羊以后，我突然发现带的电池已经用完了。

成为"瓶颈"的电池

　　没有电池就买呗。这话说得很轻巧，但在这里却没有那么容易。先前在古山小学工作时，我去学校附近的小卖部买过电池，老板问我："你要真的还是要假的？"我一愣。他对我解释说，他店里的南孚电池有真的也有假的，真的 2.5 元一节，假的 1.5 元一节。他还教给我区分的办法，乍看起来，真的南孚电池和假的南孚电池一模一样，但如果仔细观察，真货比假货的金色更亮一些，假货有些雾蒙蒙的。我当然要买真货，因为相机是高耗能的电器，只能用真的南孚电池，假货根本没法用，不仅假南孚电池不行，当地其他杂牌子的电池也没法用，电力都不足。古山老板店里的真南孚电池数量不多，我把它都包了圆。尽管如此，由于我照的照片实在太多，这些电池很快也用得差不多了，后来过县城时我又忘记了补充，这样，等我再到三只羊的时候，电池已经用完了。

我到街上去买，然而担心的事发生了，逛遍龙英街上的几家商店，也没有买到我想要的东西。这里的南孚电池都是假的，还有一些其他杂牌子的碳性电池，我的相机都没法用。谁能想到，在偌大的一个乡里，居然买不到真的南孚电池呢？真是一节电池难倒英雄好汉，我一时愁眉不展。"没事"，三只羊中学的袁校长对我说，"明天我们到宜州去买。"这次到三只羊来，袁校长对我多有照顾，他把我安顿在一个老师的家里，这个老师家里有个空房间，于是我就住在那里。此外在工作、生活的各个方面，都是袁校长提供便利。袁校长说，这里就和宜州接壤，十几公里的路程就可以到宜州市龙头乡，那边肯定有电池卖。我心稍安。

第二天一大早，我们坐上面包车，到宜州龙头去买电池。这条公路我上次来的时候走过，不过只走了一小段就下路到上年村和龙防村去了。这次我们走得比较远，大概走了十几分钟，转过一个山角，我的眼前顿时一亮，就像是到了另一个世界，风景截然不同。原来，公路的右前方，赫然出现一片平原。都安多是崇山峻岭，山高谷深，很少有平地，而右前方居然有了一大块平地。确切来说，这块平地只能算是丘陵，因为它上面也有一些小山，像是一个个馒头一样四处点缀着，但和都安的大山相比，已经足可以称为平地了。右前方的这片平地正属于宜州市龙头乡。都安县和宜州市大致以公路为界，公路的左边属于都安，而公路的右边则属于宜州。

宜州地如其名，真的是一个风光宜人的地方。远远望过去，嫩绿的田野上点缀着翠绿色的小山包，田野衬托出山的突兀和奇秀，而山衬托出田野的舒展和温柔。我们右转深入宜州界内，风光更是秀美，一条蓝色的小河如衣带般飘过田野，河岸边是一丛丛的凤尾竹，郁郁葱葱，摇曳娉婷，展示着她们的丰姿。如画的景色令我赞叹，这里真不愧是刘三姐的故乡。在传说中，刘三姐正是生于宜州，后来才到桂林阳朔生活并在那里遇见了阿牛哥。由于没有了电池，才跑到这里来，结果看到这样的风光，也算是因祸得福了。

宜州因为平地比较多，相对来说也就比较富裕，比都安和

宜州风光

飘带般的小河

附近几个县的条件都好得多。这让我想起自治区教育厅黄老师给我讲过的一个真实的故事，那是60年代的时候，湖南一所师范院校的两个学生毕业分配到广西支边工作，一个分到宜山县（宜州市旧称），一个分到罗城县。结果分到宜山的那一个很犯愁，那个时候人的见识非常有限，这些地方他们都没有去过，只能从地名来判断好坏，他一看到"山"字就感觉不好，他找到另一个人说："我家就在山区，山我看多了，现在一看到山就头晕，你能不能和我调换一下？"另一个很仗义，一口答应下来，于是两个人就调换了。结果到了地方才知道，宜山县的山并不多，而罗城县虽然有个"城"字，却都是大山。一心逃避山的人，到最后还是摆脱不了山的命运，这可真是令人啼笑皆非。

扯得有些远了，我这次出来的目的是为了买真的南孚电池，不是为了看风景和听故事。行驶了一阵子，在龙头锰矿（这个锰矿开采对河流造成了污染，不过现在已经枯竭废弃）附近发现一个日用品商店，我进去一问，还是1.5元一节的南孚电池，立马转身就走；继续向前，到了龙头乡政府所在地，这里果然比三只羊乡要热闹得多，居然还有一家小超市。我在这个小超市一问，南孚电池2.5元一节，拿出货来一看，明光闪闪的，就是它了，我一下买了20节，然后赶紧上车回三只羊开展家访工作。

然而，我万万没有料到的是，等我装入新电池并按下快门的时候，镜头一下子自动关了机，黑屏幕上出现 6 个白色小字"电池电量不足"。我一下子懵了。再仔细端详电池，才发现自己仍然上当受骗了，原来，是我辨别真伪的本事还没有到家，真的南孚电池的金色比较亮，假的比较模糊，但这是需要带着塑料薄膜包装看的，如果取掉包装，两者就看不出什么差别。费尽心机，结果还是上当受骗了。多花钱并不怕，怕的是没有电池，我的工作怎么开展呢？我的后背凉飕飕的。

我的大脑飞快地转着，突然我想到一个办法，我问袁校长："今天学校有没有老师到县城去办事的？"袁校长说，巧了，刚好有一个。于是我让袁校长给那个老师打电话，让他给我捎 20 节南孚电池回来。并再三叮嘱他一定要买真的，要到照相馆去买，要买 2.5 元一节的，并且是金色很光亮的。

到了晚上的时候，我终于拿到了金灿灿的南孚电池。就像是大旱多年盼到了甘霖一样。

52.

路啊路（上）

第二天我到建良龙坵去，这话说起来很简单，实现起来却很不容易。它位于三只羊乡大山腹地，交通极为不便，除了本屯的人，外面的人是很少去的。一大早，韦老师骑上摩托车，带着我就出发了。我们沿着公路一直向北，这也是昨天那条作为都安三只羊乡与宜州龙头乡交界的那条公路。摩托车开了大约 40 分钟，

丁峒村肉铺很多

到了三只羊乡北部最大的村——丁峒村。

丁峒村看起来比三只羊乡所在的龙英街都要热闹。如果从卖肉摊的数量来看，龙英街上才3家，而这里有7、8家之多。我在这里偶然遇到了两个朋友——覃百志和韦妹，她们都住在这个街上。她们以前在三只羊小学上学，因而与我相识，现在她们都已升入初中，覃百志的家里比较正常，而韦妹的身世非常可怜。她2岁多的时候，爸爸因车祸去世，紧接着妈妈由于悲伤过度疯病而死，前后不过15天的时间。韦妹由二伯养大，现在丁峒街上和二伯一家一起生活。他们家靠在街上摆摊维持生计，主要是卖水果和土特产。

这里离龙圪屯还很远。按照昨天的约定，龙圪屯的几个孩子——袁彩鸾、余红运和另外两个女孩，正在丁峒村西头的亭子里等我们。与覃百志和韦妹这些住在丁峒街上的学生相比，龙圪屯由于路途遥远，那里的学生多数会选择在周六上午回家，而不是周五下午。这样可以避免走夜路。这4个女孩是一早坐汽车回来的，已经等了我们很久。本来同行的还有几个男生，但他们耐不住性子，等了

从丁峒村出发往龙圪走

一会儿就走了，只剩下这 4 个女孩。从丁峒村开始的这一段是村级公路，我们可以骑摩托车过去，于是让女孩们先走，我们从后面跟着。

　　沿着这条村级公路大概走了 2 公里，右前方的山腰出现一条白线，这是一条羊肠小道，正是通往龙垱屯的山路。它犹如一条游蛇，蜿蜒曲折，一直没入远处的山中不见踪迹。我们下了摩托车，与彩鸾她们一起走上山路。这条山路非常难走，起点时还算平坦，渐渐地坡度就大了起来，上了一个坡，接着又是一个坡，我的双腿有些吃不住劲，呼吸也越发沉重，坚持着走完最陡峭的一段之后，我们就开始坐在岩石上休息。这里已经很高了，一眼望下去，竟然有些眩晕。这一坐下来我就不想再动，一直歇了很久。

　　这时从后面上来一位挑着担子的村民。这是一位龙垱屯的村民，和彩鸾她们认识。走近后我才知道他挑的是啤酒，以及一些做菜的调料。这些都是在丁峒村的集市上买的，啤酒一共两箱，每箱 12 瓶，每瓶 2.5 元，箱子上写着"专销广西，珠江啤酒"的字样。啤酒在我们的生活中是很平常的东西，而在这里却是

通往龙垱屯的山路

这一段很陡峭

挑啤酒回家招待帮忙的村民

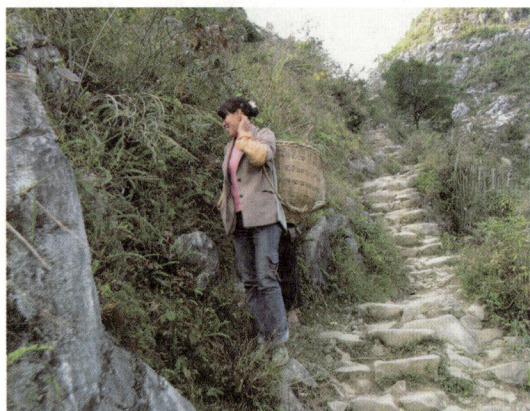

帮忙背水泥的村民

非常不平常。为了这些啤酒，他需要先下山，走两个小时，到丁峒村，买好啤酒，用双肩挑上，再在崎岖的山路上走上两个小时，才能将啤酒挑回家里。这一路上还要务须小心，因为有些地段很陡峭，一个闪失就有可能将啤酒全部摔破。这时我观察了一下他的脚，只是穿了一双黄色的塑料凉鞋，真是难为他了。在这里，喝一瓶啤酒竟是如此的不易！

眼见得挑啤酒的村民也超到我们前面去了，我只好招呼彩鸾她们继续赶路。我们翻过了一个坳口，这才算是走了一半的路程。这时迎面走过一些村民，上至70多岁的老爷爷老奶奶，中至三四十岁的妇女，下到十几岁的男孩，他们或者身背竹篓，或者手持扁担，络绎地和我们擦肩而过。他们是去挑水泥的，我们在路口看到的那辆车是来送水泥的，村民们需要通过肩背手扛的方式将水泥如蚂蚁搬家一样运进来。原来，那个挑啤酒的人家里要起房子，买了水泥，村里的人是为他帮忙的。这种帮忙是属于互助性质的，不需要付钱，只是，既然请人家来帮忙，总是要请顿饭吃的。于是，他只好花 4 个小时下山到丁峒村的集市上去挑酒，做好饭来招待村民。这多少有些令人哭笑不得。

终于，当我们再翻过一个坳口的时候，我看到了龙垱屯。这是一个位于深山谷中的一个有五六十户人家的

龙垱屯全景

小村庄，四周被大山环抱。我看了一下手表，除去公路和村级公路的时间不算，仅在这一段山路上我们就用了一个半小时。

53.
从留守女童到玩具女工

我不畏山高路远来到龙垱屯，并非是为了自讨苦吃，而是为了寻访一个女孩，她就是彩鸾的姐姐彩妮。

上次来三只羊的时候，彩妮正值六年级上学期，从当时的照片来看，她是一个洋溢着阳光快乐的女孩。然而，到了转年春季学期的时候，我收到了他们班上一个同学的来信，信里说："这学期我们班有 3 个女孩不来上学了"，其中赫然就有彩妮的名字。再后来，我听说彩妮出去打工了，非常替她担心，因为她不仅小

学没有毕业，而且才只有 14、15 岁的样子，怎能应对纷繁复杂的城市社会？这次再到三只羊，听说她已经打工回来，我对陪同的韦老师说："就算再远，彩妮家也是一定要去的。"这才来到了龙圹屯。

辍学前的彩妮

我们来到彩妮家。一进大门，在正厅的一角，就是她的床铺。她的床铺整洁而浪漫，粉红色的帐幔，蓝色带有卡通图案的床单，炫彩的被子，床上还躺着一个戴着粉红色帽子的白色毛绒布娃娃，真是充满了青春少女的天真与梦想。在床铺旁边的小桌上，放着一个带有格子条纹的行李箱，正是她打工时的行囊。这个行李箱随她一起漂泊到广东，现在又随她一起回到了家乡。她坐在自己的小床边，接受了我的访谈。

彩妮的床铺

彩妮是 1993 年 6 月出生的，这样算下来，她年初出去打工的时候，才只有 14 岁。"为什么不上学了？"我开门见山地问道。她说，自己并非是因为上不起学，因为现在上学基本不花钱；也不是因为自己不喜欢上学，因为她的成绩不错，在班上考前几名，没有什么学习压力；也不是父母不让她上，而是她自己的决定。那到底是什么让她决定不上学了呢？经过我前后再三地追问，方才获知答案。原来，她看到父母为了一点点钱而吵架，心生烦闷，

平安归来的彩妮

为了缓解家里的压力，才和同村的人一起出去打工的。真是一个懂事的女孩。

　　她到了广东深圳，到一家名叫"益合兴"的玩具厂打工。这个厂不大，总共只有不到 200 人。她们厂主要生产布娃娃，用布料手工缝制，她的具体工作是负责检验产品是否合格。这一工作并不复杂，只要认真一点，完全可以做得来。她们一周工作 6 天，如果不赶货，一天只上 8 小时的班就行，如果赶货，则需要上 12 小时。实在紧张的时候，还会加班到天亮，但如此紧张的情形很少发生。包括加班费在内，她一个月的工资在 1300 元左右，这个厂不管吃也不管住，吃住要花去 230 元，剩下的 1000 多元中，她花了一半，带回了一半。她是 4 月份去的，到 10 月底回来，总共工作了 7 个月，这样算下来她积攒了大概不到 4000 元钱。这个厂并没有受到金融危机的影响，现在还在做，她回来是因为实在太想家了。

　　虽然外面很乱，但她没有遇到什么坏人和危险，因为她非常

小心，晚上从来不敢出门，只有白天买东西的时候才敢出去。这个厂85%以上都是年轻女工，最大的是1988年出生的，最小的就是她。她在那里没有找男朋友，因为觉得自己还小，容易受骗上当。听到这里，我悬着的一颗心终于放下了。2006年，当我在浙江做农民工调查的时候，已经了解到这种年轻小女孩出门的危险。在城市里有一批无良少年，他们利用小女孩出门后的孤寂和对新事物的好奇心，利用小恩小惠诱骗她们失身，然后将她们送到色情场所，成为自己的摇钱树。这样的悲剧绝非一个两个。所以，当我得知彩妮去广东打工的时候，一直很为她担心。现在，彩妮凭着自己的勤劳、谨慎和好运，不但平安归来，而且还带回了4000元钱，实在是令人欣慰。幸甚，幸甚。

但打工毕竟是辛苦的。如果仔细端详，她和去年相比还是发生了一些变化，脸上多了一丝沧桑。彩妮很有感触地说，在家干活的时候，想休息就休息，而打工则不管你愿意不愿意、身体舒服不舒服，都必须按时上工，只有辛苦才能赚得多。打工对她来说未免太早了些。在访谈的时候，她一直怀抱着一个布娃娃，这并非是他们厂里的产品，而是她自己在路上买的，花了35元。我想，以她的年龄，应该正是抱布娃娃的时候，而不是生产布娃娃。

我还有一个疑问，就是她这么小，按理工厂是不能招收

彩妮和她的布娃娃

的。她回答说是拿小姑的身份证去的，工厂里面也盘问，但被她蒙混了过去。不过，这是在小厂，如果是在大厂就很难混过去。她准备等过了年以后，如果同村的姐妹再去深圳，就仍同她们一起回去做工。我告诉她，那边的形势已经不比去年，很难再找到好的工作，建议她不要再出去打工，而是去上学。我深知，花季只有一次，如果她现在去上学，正当季节；而一旦错过，就注定永远失去上学的机会了。她说这需要和爸爸商量一下。我非常希望，下次再见到她的时候是在校园里。

54.
连续三顿午饭

我刚和彩妮谈完，余明孟来就来喊我。余明孟，就是我在上篇里提到的那个懂事的男孩，当时由于他为我洗衣服，我送给他一袋米，他将米分给班上的每个同学，而且还很认真地用一个暖瓶盖做量器。他家正是龙圢屯的，过来喊我到他家去吃饭。

于是我就跟他去了。这个村子算是比较大的，和大多数山

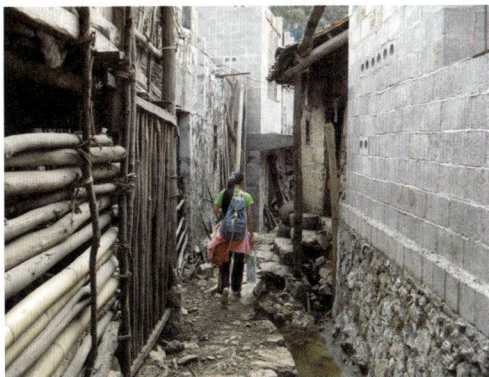

龙圢屯的街道

余明孟的爸爸和他的地图

区村庄一样，村庄建设没有什么规划，想怎么建就怎么建，道路犬牙交错，歪七扭八，而且到处都是积水和猪屎牛粪之类，散发着一股浓郁的乡村气味。由于见得多了，我对这些已经习以为常。

余明孟的爸爸正在家里，我和他谈了。家里墙上贴着两张地图，一张是深圳城区图，另一张是广州城区图。我有一个习惯，就是每到一地必收集当地的地图，没想到他也有这样的习惯。有此习惯的农民工并不多见，看来他应该是个很有头脑的农民工。他拿起一根竹条，给我介绍他打工的地方，说起这些地方他如数家珍。深圳的宝安区、南山区他都去过，住得比较多的是南山区的一个村，他还在这个村的名字处用铅笔画了一个圈。对广州地图他不熟悉，因为没有在那里打过工，仅仅是去游玩，但他似乎连珠江都没有去看。

说了一会儿，他就去给我准备午饭，明孟也过去帮忙。为了招待我，他们杀了鸡，不一会儿，饭菜好了。对我来说，这是一顿非常奇特的饭。正中摆了一个支架，支架上放了一口菜锅，锅里煮了一些青菜，鸡肉事先已经盛在一个钢盆里，他们就把这个钢盆直接放到青菜上；桌子的样式更古怪，他们不是方桌，而是用两个"L"型的折线长板凳将锅围起来，就算是桌子了，我们的饭碗就放在这两条长板凳上；而且他们家的筷子非常长，那不

在余明孟家吃第一顿午饭

是买的，而是自己用竹棍削的，长度达到普通筷子的 1.5 倍，不
过不太直。虽然有些怪，但主人的盛情我是非常强烈地感受到
了。他还拿出一个鲜橙多瓶子装的米酒，频频向我劝酒。我也很
不客气，敞开肚子吃了不少。

　　更奇怪的还在后面。这次吃饭，余红运的爸爸也参加了，等
吃完了饭，他对我说："有空到我家里吃饭。"（大意如此，具体原
话记不清了）我说好。本来这是个客套话嘛。然而他接着又说：
"那就跟我走吧。"然后就作出带路的样子。我一下子就急了，这
不是刚吃过饭吗？韦老师向我解释说，我是来自远方的客人，他
们都很热情，都想招待我，总之是要过去吃饭的，如果我已经吃
饱了，可以稍微再吃一点。原来是这样，山民们都非常热情，在
这里是不兴讲客套话的。这和我们北方不一样，存在文化差异。

于是我只好又到余红运家吃饭。在吃饭之前，我抓住一点时间问了一下他在广东打工的情况。我有些后悔在余明孟家吃得太多，当时考虑的是下午还要走山

在余红运家吃第二顿

路，一定要吃饱，结果现在肚里一点空间都没有了。这家的饭桌和余明孟家差不多，都是折线型的长板凳，但吃饭习惯和余明孟家又略有差别，他们的菜和鸡肉是一起煮的。还多了一个小碗装的调料，他们将这个小碗直接放到锅中间，也是很奇特的一种吃法。还有一点不同的是，他们家有自酿的酒，用水瓢从缸里舀出来招待我。他们的这种酒是小米酒，不同于我在其他村民家喝的那种米酒（米酒是大米做的，大约22度，他们称为土酒或者"土茅台"）。从个人口味上来说，我很不喜欢先前的米酒，因为它

在袁彩妮家吃第三顿饭

的辣味有余而香味不足，尤其是用塑料桶装得久了还会有一股刺鼻的塑料味。但余红运家自酿的这种小米酒很不错，酒香浓郁，而且带点甜味。可惜我下午还要赶路，没法喝酒，只是象征性地饮了一小杯，吃了几块鸡肉。

在余红运家吃饭的时候，彩妮就在旁边等着。天哪，

看这个样子，她家肯定还有一顿。果不其然，吃完了这一顿我们就被彩妮带到了他们家，开始吃第三顿午饭。彩妮家的条件看来比余明孟家和余红运家都要好一点，有一张方桌，除了鸡肉之外，还有一碗荷包蛋和一碗腊肉。彩妮的爸爸不在家，她的妈妈把饭做好，请彩妮的叔叔来作陪。的确很丰盛，他们居然还拿出了啤酒，请我喝啤酒，而他们喝米酒。我先前已经见过挑酒的艰辛，知道这一瓶啤酒对他们来说很不容易，而且我确实也太饱了，于是就没有喝酒，只是让彩妮帮我盛了半碗玉米饭。

连续三顿午饭，以前还从来没有这样吃过。山里的人热情，而且越是深山，村民就会越热情。这一半是因为他们的淳朴，另一半也是因为他们平日生活的艰辛单调，所以来个客人他们就很高兴地招待。这个屯非常闭塞，别说是县里，就是乡里的人也难得来一趟。我远道而来，而且还是从北京来的，他们就更加格外的热情，这其中还包涵了对中华大家庭的认同感在里面。民族团结万岁！

55.
路啊路（下）

龙垱屯是一个有 56 户人家的村庄，算是一个比较大的屯。

村民们都是瑶族，尽管他们已经不会说瑶话。这个小山谷是他们的居住区，这里没有耕地，他们的耕地都在附近的几个山谷里。论起来，他们比我在古山去过的那些家庭要富裕一些，古山的那些农户很多是属于吃不饱饭的，而这里基本可以吃饱饭。比如余明孟家，他们家里有 4 口人，3 亩地，每年种一季玉米，撒下 20 斤种子，可以收获 2000 斤玉米。彩妮的邻居家劳力比较多，在年景好的时候可以打 6000—7000 斤玉米，除了让人吃饱之外还可以喂 4 头猪。所以这里不算是最穷的。也许，他们住在这深山里，就是为了多一点土地可以吃饱饭。

这里最大的问题是太闭塞，交通太不方便，给他们的生产、生活带来极大的困难。从这里到最近的丁峒村要 2 个小时（这是用我的脚量出来的，村民们会快很多，至多用 1 小时），其中还有 1 个半小时是山路，什么车都不通。在这里，如果想卖一头猪，必须要用人力扛到最近的市场上去，仅这一趟的花费就要近

村民自制水泥空心砖

200 元。就算是乡亲们帮忙不用付工钱，也总要请人家吃酒，算下来成本也低不了多少。再比如建房子，砖倒是可以在本村做，村里有制砖机，将碎石、水泥和水混合在一起，就可以压制成一块内部有圆柱形空洞的长方体水泥混凝土砖块；但水泥必须从外面运进来，于是这就有了全村男女老幼一起背水泥的场面。这里只有山路，所有的东西都靠肩背人扛，非常不方便。

　　这甚至也影响到男青年们的婚姻大事。由于这里太闭塞，生活不方便，很少有女孩愿意嫁到这里来。彩妮的邻居家有个男青年叫余荣华，今年 24 岁了，已经到了谈婚论嫁的年龄。在广东打工的时候，他谈了一个女朋友，他想过和女友一起在广东打工生活，但那里显然留不下。如果要回家，麻烦就更大，因为这里没有路，每次

余荣华正在"筑巢引凤"

进来都要走这么长的时间，只要她来看一下准跑掉。就这样一直拖着，最后无疾而终。现在余荣华正在家里盖房子，希望在家里"筑巢引凤"。但这并非易事，因为现在的女孩都越来越重视生活的品质，有谁愿意嫁到这么闭塞的地方来生活一辈子呢？

　　所以村民们都热切盼望能有一条路，一条两米多宽的、碎石子铺就的简易的屯级公路，一条把他们的生活和现代文明联接起来的路。他们几度向乡里打报告，请求修路，但都没有回音。听说我从北京过来，他们都把我当作了救星，希望我向县里反映他

们的请求。村民们说，钱、工、力都可以由他们自己出，只是炸药属于管制物品，在市场上买不到，必须要政府立项才行。我认为，村民们的请求是合理的，一条路固然不足以使这个村脱贫致富，但是，既然我们城市的大门仍然对他们紧闭，既然他们在相当长的时期内仍然要生活在这深山冷坳里，就应当满足他们最基本的生活诉求。

56.
惊心动魄为访谈

午饭后我们就离开了龙圵屯，踏上了回程的路。在回来的路上，韦老师向我指认了一块石头，上午过来的时候，他和周老师比我们稍落后一点，结果看到村民在这里捉住了一条大蛇。捉

村民捉蛇的地方

蛇的是龙圵屯的村民，可能就是背水泥的队伍里的某个人。这条大蛇大概是出来晒太阳，一看到人，赶紧钻到石头下面，然而为时已晚，村民奔过来，掀开石头，将它扯了出来，当场生擒活捉。这是一条白花蛇，当地最常见的一种无毒蛇，他们把它拿到丁峒村的集市上，

一称，2.5 斤，当即得到 130 元，发了一笔意外之财。我们走过的时候，还可以看到这几块石头周围的土的颜色与别处不同，依稀可以想见几小时前的一场人蛇大战。蛇是冷血动物，在冬季的活动性非常差，行动迟缓，攻击力差，又是无毒蛇，在这时捉它易如反掌。

我们下了山，取了摩托，经村级公路、丁峒村，终于到了公路上。公路上骑摩托还是很惬意的，尤其是正值下午 4 点钟的时候，不冷也不热，迎面有微风，太阳非常柔和，将道路两侧绿色的甘蔗地涂上了一层金黄色。路的左边下方就是可力加查，这是一个比较大的屯子，甚至还分做了两个队，覃艳家就在这里，公路下方的一栋土房就是她的家。我对韦老师说，既然路下面就是覃艳家，也不用他绕路下去了，我直接从公路上下去便是。于是一个人下了摩托车。

我从公路跳下来，走过几栋房子和一条小巷，正要继续前行，突然眼前出现了 3 条龇牙咧嘴的黄狗。我的心猛地一惊。我已经不小心闯入了它们的领地，而且明显激怒了它们。只见它们排成"品"字阵型，夹紧了尾巴，头部前倾，嘴里发出低沉的"呜呜"声，露出尖利的犬牙，向我的方向逼过来。我非常恐慌，如果仅仅是一只狗，也许我还可以对付，但眼下是三只，而且个头都不小。我的头脑

差点被狗咬了

霎时掠过一幅血淋淋的场景，全身每一根神经都紧绷起来。

我不能跑，因为如果我回身跑的话，狗们肯定会追上来咬我；我也不能继续前进，那样肯定要激化矛盾。怎么办呢？紧急之中，我想起小时候大人教的一个法子，只好勉为一试。我猛地一弯腰，这时狗们本能地认为我要捡石头砸它们，后退了几步；我也趁机后退几步；狗们见我没有石头，又逼上来；我赶紧再弯腰，狗们又本能地后退……如此经过几个回合，我且战且退，终于离开了狗的攻击范围，安全了。此时已经惊出一身冷汗。

房后闪出一个孩子，大约有10岁左右，他大概是狗的主人，3条狗看到他都服服帖帖地恢复了常态，不再咆哮，而且欢快地摇起了尾巴。我向孩子说明了来意，他已经上过学，能听懂我的话，但他不知道谁是覃艳，以及覃艳家在哪里。可能我下来的地方不够准确，离覃艳家还有一点距离。不管怎样，有了可以沟通的主人，我自然可以顺利通过这凶险的狗阵了。

我终于找到了覃艳家，她却不在家，只有她的奶奶在家。她不会说也听不懂我的话。我这时充分感受到了韦老师的重要，没有韦老师，我不仅要受狗的欺负，而且无法和当地的老人交流。过了一会儿，覃艳闻讯回来了；韦老师也到了，他见我一直不上去，就骑着摩托车绕路下来找我。现在我不用害怕，交流也不成问题了。谢天谢地。

覃艳

覃艳家所在的是可力加查

二队，是一个风光秀丽的村庄。这个村子有一片长条形的平地，多数庄稼已经收获，只有一些零星分布的甘蔗还没有收，显出一片片规整的绿色。多数村民住在远处山脚下，那里呈现出一个村落的模样；但覃艳家的房子却是孤零零地矗立在公路下的山坡上，距离公路的直线距离不过 10 多米，从公路上可以看到她家的屋顶。覃艳今年已经上初一了，她还有一个 5 岁的弟弟，随父母一起生活。父母都在金城江

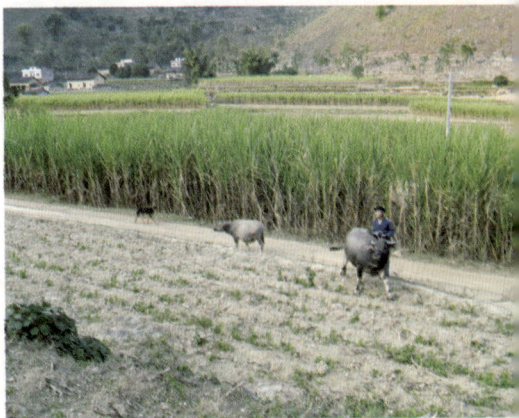

风光秀丽的可力加查

打工，妈妈的工作是洗袋子，爸爸的工作是给人家修车。她的爸爸出去打工已经两年多，修车技术都是自学的。老板觉得他修车水平高，非常器重他，每个月给他 1500 元，现在可能还要更多。不过，这是一个很小的修车行，干活的也就覃艳爸爸一个人而已。老板还有两个儿子，但他们什么都不做，把活都推给他。这样一来覃艳的爸爸工作就非常累，尽管金城江离这里并不远，大概只有几十公里路程，但他只有过年和办事的时候才回来，加起来一年才可以回家 10 次左右。

　　覃艳的爸爸供养她困难并不大。他每周给覃艳 50 元钱，多数时候是通过客车司机带给她。有时候没能及时得到钱，覃艳就向村里人借，到时候再让爸爸还给人家。她每周从学校回家一次，往返车费大概是 8—10 元，如果坐客车就是 8 元，如果坐"柳微"（当地对柳州牌微型面包车的习惯说法）就是 10 元。她的弟弟在金城江读书，那里读书很贵，一个月要 700—800 元的生活费。覃艳对这一点感觉很委屈，因为父母带走了弟弟，而把她留

下。她每一两个月就去金城江看一次父母，到那里的单程车票需要 13 元。

我看了覃艳的房间。房间很简陋，也很狭小，一张大床和一个大柜子几乎占据了所有的空间。这个大柜子是当初为她弟弟做满月酒的时候外婆送的。四周都是土墙，由于房子经常漏雨，他们用塑料帆布将床和整个蚊帐包裹起来，这使得房间显得更为狭小。这个房间同时也是覃艳父母和伯父的房间。如果他们回来了，覃艳就到外婆家去住。她的外婆家也在本屯，大概就在另一端的山脚下，离这里并不远。另一个房间是覃艳奶奶的，我没有进去看。覃艳告诉我，奶奶今年已经 70 岁，身体很不好，现在走路都困难，而且总是咳嗽，还吃不下饭。有的时候，她半夜醒了听见奶奶一直咳嗽和呕吐，让她担心不已。

我问覃艳晚上是否害怕，她使劲点头，说了一会儿甚至涌出了泪水，两只眼睛红彤彤的。她害怕的对象非常多，除了害怕奶奶咳嗽发生意外，还害怕老鼠，这里的老鼠很多，而且个头很大，一听见老鼠的声响她就吓得不敢动。当然，她更担心坏人。覃艳住在这里离公路太近，直线距离不超过 20 米，公路上车来人往的，难保没有一些坏分子。覃艳告诉我，有一次她和奶奶白天出门，回来以后发现后门（也就是靠近公路的门）被捅破了；而且前一段他们家的狗在晚上被人偷走了，有狗的时候，狗可以帮着看家护院，听见声音就吠叫，现在没有了狗，心里就更没胆了。害怕的时候，她只好蜷缩在

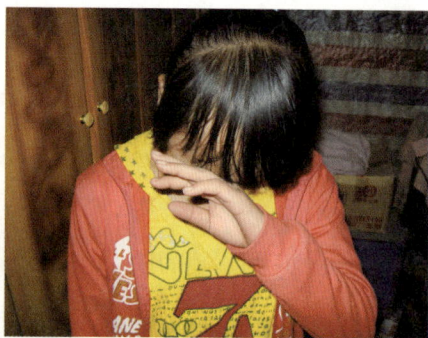
覃艳说："晚上很害怕。"

被子里，紧紧闭上眼睛不敢睁开。我告诫她说，如果奶奶不在家，她一个人时千万不要在这里住，去外婆家住好了。

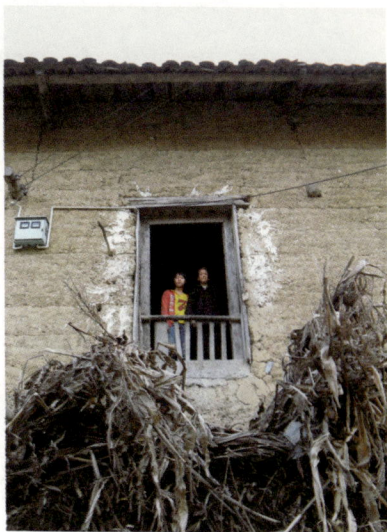

期盼亲人的覃艳和奶奶

覃艳急切地盼着父母回来。但父母要在金城江打工，不打工就没法养活他们，显然又不可能回来。在可以想见的未来，她还只能像现在这样生活下去。以前在学校里的时候，在我的印象中，覃艳是个开朗、活泼的女孩，在上篇"三只羊生活点滴"一节，有覃艳的一张资料照片，当时她还在上小学六年级，正和韦妹两个人一起抬着一袋50斤重的面粉。她们非常吃力，但干得热火朝天，脸上写满了青春的笑容。没想到在家里，她却有这么多的忧愁和恐惧。临走，我给覃艳和奶奶照了很多张照片，上面的这一张最贴切地体现了她的家庭生活。她和奶奶在厚重的墙壁和门槛中探出身来，脸上是淡淡的忧愁和浓烈的期盼。

57.
收甘蔗的季节

从可力加查上来，我们沿公路回三只羊去，路上经过可力龙敢，遇到袁清纯一家。袁清纯是三只羊中学的学生。在照片里，左边是袁清纯，中间是她的奶奶，右边是她的堂妹袁佳纯。这也是一个留守家庭，清纯和佳纯的父母都出去打工了，她们在奶奶的照料下生活。奶奶的身体比较好，她背着一个竹篓，刚从地里回来。由于天色已晚，我在这里停留很短暂。不过我听懂了一句壮话，她说"爸佳佳"，其意思就是"佳佳

袁清纯、袁佳纯和她们的奶奶

的爸爸"，壮话有倒装的习惯，这可真是有点意思。

太阳已经落山，我们需要尽快赶回三只羊去。半路上，突然看到前方停着一辆大卡车，还聚集了一群人，那是蔗农在收甘蔗。收甘蔗，这对我来说是一件新奇的工作。

这公路两旁种的都是甘蔗，这些甘蔗属于白甘蔗，不同于我们平常吃的那种。我们平常吃的那种是黑甘蔗，在广西又被叫做"果蔗"，外皮是黑色的，比较软，可以用牙齿剥开了吃。白甘蔗则不同，它的外皮是白色的，非常硬，蔗体含糖量比黑甘蔗更高，是用来榨糖用的。现在正是收获甘蔗的季节，因为此时甘蔗的含糖量最高，所以必须在这个季节就收割并送到榨糖厂，太早或者太迟都不好。早了甜度不够，晚了会发酵。这也是榨糖厂的榨季，在这个时候

收甘蔗的大货车

才开机生产。据说以前由于榨季集中，榨糖厂生产能力不够，有卖蔗难的现象，蔗农为了及时把自己的甘蔗榨掉会受到榨糖厂工作人员的刁难和勒索。现在随着生产能力的提高，这种情况已经很少了。

今天的工作是收甘蔗，这些干活的人是蔗农雇来的。他们需要把甘蔗砍倒，剥去外表的叶子，然后打捆装车。虽然甘蔗长得和没有抽穗的玉米很像，但它们的叶子很不一样，玉米叶是软的、薄的，而甘蔗叶是硬的、厚的，所以人在玉米地里可以乱钻，而如果在甘蔗地里这样做就会被划得体无完肤。因此种甘蔗也是需要不少技术的。

雇工们干得热火朝天

我和蔗农聊了一会儿。他的这片甘蔗地向别人租的，在这里租了两个小片，总共 5 分地，租金是 50 元／年。甘蔗的播种和田间管理都是夫妻两个做，只是在收甘蔗的时候忙不过来，需要雇短工帮忙。他们有 4 个儿子，但都在广东打工，没有和他们一起种甘蔗。种甘蔗的效益好于种水稻，但今年水灾比较多，甘蔗被淹，产量也受到影响，亩产可能也就 4 吨。一般好的年景可以达到 7 吨，在更好的时候，10 吨以上也可能达到，比如他曾经有 4 分多的地就收了 5 吨多甘蔗。这些甘蔗运到榨糖厂以后，糖厂根据货色给钱，如果水分多价格就会低一点。今年的价格是 260 元／吨，这也是国家的最低保护价格，比去年低了 20 元。他告诉我，今年总共大概可以收获 40 吨甘蔗，纯利润约在 4000 元左右。

看来，种甘蔗比种玉米合算多了，只是，只有平地才种得，而且也需要技术。和他谈完，我们骑上摩托车重新上路。等回到三只羊乡里的时候，天已经黑透了。

58.
韦排的一天（上）

第三天，我准备到上年村去看韦排。去年我曾去过韦排家

上年村的村级公路已经修好了

一次，他自幼父母双亡，跟爷爷奶奶一起生活，是个苦命的孩子。在今年夏天小学升初中的时候，韦老师告诉我说韦排不想上学了，让我感到非常惋惜。我当时让韦老师做他的思想工作，动员他继续上学，但没有什么效果，韦排还是没有去上中学。这一次，我一定要去韦排家看看，最好能说服他再去上学。

　　于是我又踏上了去上年村的路。现在我已经知道，"去上年村"的说法是不确切的，确切地说应该是"去上年龙朗"，它是上年村的一个屯，同时是村委会的所在地，也就是村部。在上年村，除了上年龙朗之外，还有上年龙香、上年建岭、上年八姑等 15 个屯。去年的时候去上年的路正在修，很不好走，是蓝老师的宽轮摩托车带我去的，今年这条路已经修好，是标准的村级公路。今天有两位韦老师陪我过去，一个是小学的韦嘉奇老师，也就是我通常所说的韦老师，另一个是中学的韦红波老师，他是今天才来陪同的。我们从三只羊中学骑摩托车出发，不用半个小时，就到了上年龙朗韦排家。

　　韦排家里静悄悄的。我们在门外喊门，韦排的奶奶开门出来。她系着一个围裙出来，先是惊讶，随即就紧握着我的手开始说话。她是用左手握住我的右手，因为她刚喂完猪，右手上都是猪食，当然左手上也沾了一些，只是少一些，相对比较干净，所以她用左手握，而将右手藏在身后。其实，我并不介意这些，农户家里去得多了，对这些早已经习以为常。猪食并不脏，怎么说也是猪的食物呢。她用粗糙的手握着我的手，激动地说个

韦排的奶奶和我握手

不停。韦老师翻译说，她说的是我去年来过，今年又来了，对她这么好，她看到了我，就像是看到了自己的儿子一样。她一面不停地说着，一面流下了激动的眼泪。

韦排却不在家，他和爷爷一起去地里干活了。韦老师建议我先去别的孩子家里，等韦排回来我们再过来。我考虑了一下说，既然韦排在地里，我们就直接去地里看他好了，看一看他生活的全貌。但在去地里之前，韦排的奶奶需要先做饭，做好之后给韦排他们送过去。所以我们需要略等一会儿。

他们家的炉子很简单，也就是一个铁支架而已。韦排的奶奶拿出一小把捆扎好的柴草，这是做引火用的；她将一个带有红火星的木柴放在柴草下面，用力吹了一阵子，突然"哄"地一下从

韦排的奶奶在做饭

柴草上窜出一团火苗；她又拿来一捆竹篾，那大概是韦排爷爷做竹筐后剩下的余料，放在柴草上面，火就这样点了起来，黑魆魆的房间一下子也变得亮堂起来；她用炊帚略微刷了一下锅，将它放在炉子上，用一个铝勺舀了一点猪油放在里面；不待猪油化尽，她又用塑料瓢舀了一瓢冷水倒在锅里；她事先已准备南瓜尖，包括茎秆、叶子和花，都已经掰碎并装在塑料筐里，她将这些都倒进锅里；又加了点盐，煮开锅以后，菜就做好了。她将菜装入塑料桶里。

今天的主食是白米饭，在我们到来之前已经蒸好了。她掀开锅盖，用勺子

将米饭小心地盛入一个塑料小桶里，脸上露出了幸福和满足的神情。这个塑料桶本是白色的，但现在外壁结了很多污垢，已经快变成黑色了。韦老师告诉我，由于今天韦排和爷爷都在地里干活，所以吃得比平时要好得多。在平时，他们都是吃玉米饭，而且一天只能吃到两顿。今天的这些大米，是修村级公路的时候，从山腰上往下滚路石头压坏了他们的庄稼，给他们的补偿。修路是公益事业，他们并没有索要补偿，政府主动给他们，他们也就收下了。一共补偿了3袋米，总共是90斤。猪油也不是买的，而是他们的女儿送来的。在没有猪油的时候，他们也没有植物油吃，而是在菜里加一些黄豆，就算是放了油。

她将装有米饭的塑料桶放进背篓里，又拿出了三双筷子和三个碗，原来她也要到地里去和韦排他们一起吃。她甚至还用筷子戳了一点辣酱，装在一个铝制碟子里（这只是一个圆形铝制饭盒的盖子），平放在米饭上。她将米饭和碗筷在背篓里码好，拿到屋外，回身将门锁好，背上背篓走下台阶。她左手提着装菜的小桶，这是怕放在背篓里会洒掉。可能

做好饭出门

送饭的路上

这样还是不能令她放心，于是她扯下了一些芭蕉叶子，放在菜桶里面，将菜遮盖住。就这样出了门。

她向东沿街道走到村头，然后在水塘边向南。起初路还比较平坦，当绕过山角的时候，突然折而向下，原来他们的地在山谷下面。确切地讲，这只是他们家的地之一，他们有好几块这样的地。路两边都是梯田，用石头围起来的小块耕地，地边有一些零星的树木。她就这样往下走着，随着她一步步地向下迈，背篓里的碗碟不时发出哐里哐当的撞击声。她走得有些吃力，因为她的腿有风湿病，不容易打弯，而且下坡路走久了还会很疼。她有些步履蹒跚，遇到旁边梯田比较高的地方，还本能地用手扶着石头走。走了一阵子，她突然停下脚步，走到路边的地里，捡起一个干枯的树枝，用力将它折断，做成了一个简易的拐杖，然后拄着它继续向下。

她就这样一路走着，我们就这样一路跟着。走了大概20多分钟，我们看到山谷中冒着一股烟，那是韦排和爷爷烧荒的烟火，看来已经快到了。又走了大概10分钟，终于到了韦排家的地里。

59.
韦排的一天（下）

　　韦排就站在那里迎接我们，脸上露出羞涩、欣喜的神情，他显然没有想到我们会到地里来，一时有些不知所措。

　　我仔细打量着韦排，他没有穿鞋，而是赤脚站在地面上。我

又惊又喜的韦排

想时间久了一定会脚冷，尤其是早晨刚出来的时候，山里还是很凉的。他还穿着小学时的校服，里面穿了一件红色的 T 恤衫，但校服明显已经很小了，套在外面就像是只有半截一样。他的腰后别着一把柴刀。他和爷爷今天天不亮就出来了，已经干了 3 个多小时的活。今天的工作，是除草，然后将草在地里烧掉作为来年的肥料。

韦排家共有 5 亩地，分布在不同的地方。我们走到这一块地用了半个多小时，但这不是最远的，在山的另一边他们还有一块地，大概是 1 亩。今年韦排家的收成不错，差不多是历史最好的一年。今年奇迹般地没有遭灾，风调雨顺的，5 亩地收了 4000 斤玉米，这和往年相比简直是产量倍增。这些玉米不仅够人吃，还喂了几头猪。刚刚卖了两头猪，得到 1500 元。当然这只是毛收入，成本也比较高，如果不算家里的玉米，光买饲料就花了 500元。他的叔叔还在广东，一直没有回来，只是前一段刚打回一个电话。不管怎么说，今年韦排家过得不错，我为他们感到高兴。

不过，韦排在今年吃了不少苦头。这个十几岁（不知确切的出生年份）的男孩，在家里种地、打柴、放牛，什么活都干。我在他家看到院子里有很多柴火，按粗细长短堆放得整整齐齐，有的还打成了捆，这些都是韦排砍来的。我还以为他砍这么多柴是为了卖，他告诉我说不是，是用来自家烧的，只是多存了一些。但他也为此付出了代价。我

韦排手上的伤口

看到他的手上有多处伤口，有的到现在还没有愈合，他告诉我，那些都是打柴时不小心砍伤的，当时出了很多血。

韦排和爷爷在地里吃饭

等他们吃完饭，我就切入正题，谈起了让韦排继续上学的事情。我问韦排有没有想过将来，有没有想过这样下去可能连媳妇都娶不到。韦排很坦诚地告诉我，他也怕自己将来娶不到媳妇。他原来只是想种地，做个勤劳的农民，因为爷爷奶奶都老了，想为他们减轻一些负担。但现在他对未来想得更远一些，也想将来能为家庭和社会做出一些贡献。他曾想过出去打工，但因为自己年龄太小，力气不够，还没法去，如果年龄大些可能早就出去打工了。打工比在家里干农活赚得更多，他希望去广东打工。我告诉他现在正是长知识的年龄，要打工以后有的是时间，而上学的机会，一旦失去就再也不会有了。其实对这个道理，我想韦排已经很清楚了。在 9 月份的时候，他回小学去领补助（寄宿生生活补助政策的一个很大问题是下发得太晚，韦排小学毕业几个月后才领到六年级下学期应得的补助，汗），当时韦老师已经跟他把道理说得很明白。他已经回心转意想上学了，但那时已经是开学第三周，他不好意思自己去找校长，也怕同学笑话，最终还是没有去中学报到。

给韦排的爷爷做工作

上学的最大障碍并不在韦排这里。他以前的学校生活过得不错，做过班长，和同学关系都很好，现在也很想念同学们。他是想上学的。障碍主要来自他的爷爷。于是我向他的爷爷宣讲政策，告诉他们现在上学不用交学费，而且住校国家还给补助，初中生的补助标准比小学更高，每年有 750 元。韦排的爷爷说，他们也知道半途而废对不起孩子，也可以自己劳动，也知道国家政策，知道现在上学用钱很少，只是，他又莫名其妙地说道："如果一直扶持也行，但就怕你们半路不管了。"我告诉他国家的政策不会变。同时也告诉他们，三只羊初中的袁校长是我的朋友，我可以到校长那里去说情，给韦排补办各种手续并尽可能给以照顾。我当着韦排爷爷奶奶的面，从钱包里取出 200 元交给韦老师，对他们说："这些钱作为韦排的过渡之用。由于我很快就要回北京了，这些钱由韦老师保管，如果韦排去上学，就给他；如果韦排不去，一分钱也不给他。"

谢天谢地，我终于说服了韦排的爷爷，他答应让韦排去上学，而且做到了。当天晚上，当我很晚才和老师们一起回到中学的时候，看到围墙外面有两个人在游荡，起初还以为是晚自习偷跑出来的学生，照亮一看，原来是韦排。旁边的那个是他的同学，正陪他一起等待老师回来。我把韦排交给袁校长（右边照片正中）。袁校长是个非常热情、办事认真的人，他向我表示感谢，接纳了韦排，答应解决韦排的住宿、生活补助、校服等问题，给他一个"中英西发"项目（英国政府赠款、世界银行支持中国西部发展项目，参与这个项目的学生每天可以吃到一顿免费的早餐）的名额，还安排老师和同学对韦排进行辅导，让他尽快跟上课程。到第二天早晨，韦排已经坐到宽敞明亮的教室里，和同学们一起上课。

这，就是韦排的一天。

袁校长收下韦排并答应给予照顾

韦排回到了教室里

60.
又一个独居女孩

当天下午，辞别了韦排一家人，我们就上山去了。他家的地在山谷里，我们必须爬上去才能回到村里。唉，这下山用半个小时，上山时可绝不止，大概用了50多分钟才爬上去。韦嘉奇老师身体比较好，一路走在前面，连走带跑地上去了。我却比较艰难，毕竟累了几天，腿开始酸痛起来。韦红波老师带着我在中间歇了一阵子，我将带的水全部喝完，这才坚持着到了上面。

村头有一个水塘，是村民们用石头和水泥砌起来的，可以蓄积雨水供作生活之用。一个女孩正在水塘边洗衣服，她叫袁柳婵，一个很好听的名字。她1992年出生，今年刚好16岁，正在上初二。她的父母都去广东打工了。平时她住在学校里，现在是周末所以回到家里。她对父母的工作并不了解，只是知道他们在广东，不知道他们在哪里、做什么工作和挣多少钱。父母每个月会寄给她200元钱，用于买鞋、衣服和生活用品。她平时在大伯家吃饭，而在家里自己一个人

村头洗衣服的袁柳婵

住。这引起了我的关注，自从知道了雯雯的事以后，我对这些独居的女孩都多了一份担心，所以决定去她家里看看。

她家里是两层楼的新房子，是2007年2月份建成的，刚建成不到2年。自从建好之后，她的父母一天都还没有住过。她住在二楼，房间里很干净，有电视和音响，里面是一张床，她把这张床收拾得很温馨很整洁。她的姐姐在都安三高读高中，一个学期才回来2、3次，所以主要是她自己在住。她说自己有点怕黑，更怕坏人，虽然她从来没有见过坏人长什么样。她很理解父母，说"他们在外面打工都是为了我们"，但仍然会很想父母。她每

袁柳婵的房间

两周和父母通一次电话，每次都是先拨过去，然后让父母再打过来，几乎每次打电话的时候她都会哭。她年龄还小，对于将来还没有考虑，只是说一定要孝敬父母。

　　我最担心的是安全问题。她家的一楼是个铁门，还算比较结实。有点隐患的是二楼她房间的窗户，到现在窗户上还没有安装窗棂，在外面只要有一个梯子就可以爬进来。我看了看，这个窗户高度大概是 6 米，但愿它足够高吧。

61.
幸福的依然幸福

　　还记得去年那个"最幸福的留守儿童"吗？我在村里又找到了他。

　　现在东浪已经不在爷爷家住，而是到了外婆家。他说，由

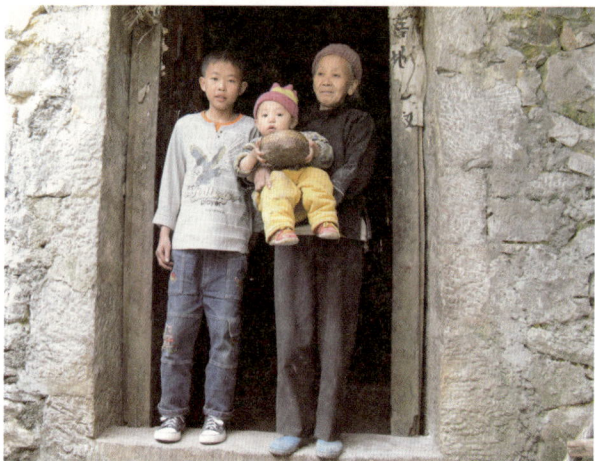

袁东浪和外婆、妹妹

于他家的地太远了，为了方便种地，他的爷爷奶奶到地里去住了，所以他住在外婆家。不过，他现在已经到龙英小学读书，并且住了校，只是在周末才回来。他已经学会了自己洗衣服，毕竟这不是什么难事，只要不能再依赖外婆，自然也就学会了。他的气色和去年一样，而且明显长高了很多，个子已经快赶上外婆。他的外婆怀里抱着一个婴儿，那是他新出生的妹妹，已经一岁半了，也由外婆抚养。这一次，他已经不再是独生子女了。

此时正值广东遭受国际金融危机影响、农民工大量返乡的时期。此前一天我在学校里做的调查显示，这里的农民工返乡比例已经达到21.7%。农民工失业返乡，势必对他们的整个家庭生活带来严重的影响。我来东浪家里之前，心里一直惴惴不安。这是我走过的诸多留守儿童家庭中最幸福的一个，如果连他家都受到影响……那可真是太残酷了。同时，由于东浪父母在外工作时间长，工作也比别人稳定，如果连他们都受到影响，也说明金融危机影响的广度和深度。我获知的结果是，东浪的父母还好，没有受到金融危机的影响，没有失业返乡之虞。他的父母将在春节时如往常一样回来过年。我长长地舒了一口气。

希望他能一直这样幸福下去。

62.

金碧花园的快乐记忆

　　根据去年的经验，在街边应该有棵木瓜树，木瓜树的对面就是付志鹏家。找来找去，却找不到木瓜树，原来，它已经死去了。

　　付志鹏是我在去年偶遇的一个留守儿童，他的父母都在广州打工。这次我看到他的时候，他正带着另外三个孩子一起玩。他们有一辆很漂亮的粉红颜色的儿童单车，饶有兴致地推着它到处跑来跑去。这辆单车不是付志鹏的，而是他表妹（照片中左二）

付志鹏和弟弟、妹妹们

的。付志鹏家有三个男孩，他是大哥，最小的弟弟才 3 岁。付志鹏和稍大一些的弟弟在老家生活，他们都在三只羊小学上学，分别上六年级和四年级。平时住校，回家后由外婆照顾他们。父母每个月会给他们寄 300 元钱，供他们上学之用。由于现在住校都有补助，这笔钱绰绰有余，花不完的他们就用来买零食和学习用品。父母带着最小的男孩在广州生活，他们在广州租了一间房子，房子不大，我让付志鹏比划了一下，大概是加上厨房有15—20平米，月租金是200元。此外，付志鹏的小弟弟还在广州上幼儿园，一个月需要800元，这是全家最大的一笔开支。在这样的山区，足以令大家咋舌。

付志鹏为弟弟烧水煮面

付志鹏的外婆出门了。付志鹏作为孩子中的大哥，需要照顾好弟弟和表妹。他点着火，准备为他们煮面。他家的炉子和韦排家差不多，都是简易的铁三角架炉子。他在锅里加满了水，呈放射状摆好木柴，然后开始点火。在吹火的时候，他的右前额和耳朵上蹭到了不少白灰，好在火不一会儿就点着了，他开始非常用心地续柴，烧火。然而，他这样的烧火简直是儿戏，满满的一大锅水，这么小的火焰，到什么时候才能把它烧开呢？

与当地多数留守儿童相比，付志鹏家选择了不同的团聚方式。他的父母几乎从不回家，就连过年期间也不回；他们的团聚是在夏天，到每年的暑假，付志鹏和弟弟过去找父母生活两个月。尽管广州租的房子很小，很热，而且要打地铺才能睡下，但付志鹏觉得那两个月的生活是最幸福的，毕竟能和父母一起生活了。在广州期间，他没有去过珠江，因为没有人带他去。但他去过公园，一个叫做"金碧花园"的地方，我觉得它更像是一个高

级住宅小区的名字，
一时不太敢相信，他
拿过笔，在我的记录
本上涂涂抹抹地写下
了"金碧花园"四个

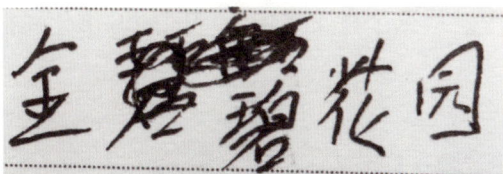

付志鹏在广州去过的公园

字。他说，当时是自己骑车去的，而且骑的是表弟的减震单车。
说到这里，他的脸上露出了幸福、自豪的神情，我能想象到他当
时神气的样子。

　　付志鹏的父母已经出去9年了。爸爸在那边拉煤气，妈妈做
清洁工，他们在那里的生活已经相当稳定，所以采取了这样的团
聚方式。然而，我总觉得还少了点什么。如果城市的大门向他们
敞开，我想这家的生活很可能会是另一个样子：付志鹏的父母有
能力将孩子带到城市里生活，他们将像城市人一样共享天伦之
乐，再也不用离多聚少；他们的孩子将在城市里获得教育，学习
现代生产和生活的各种知识，成为适应城市社会需要的劳动者；
孩子在城里生城里长，对家乡不再有印象和感情，他们会自认
为是所在城市的人，和城市彼此都认同和归属；他们家的小弟弟

逐渐成长的付志鹏

也许根本就不会出生，因为
在城市里养孩子的负担太大，
会自然地选择少生优生；当家
乡的祖辈自然离世之后，他
们一家人将脱去与穷僻家乡
的最后瓜葛……这些过程都
加总起来，才能算是城市化。
　　然而，这一切都没有发

生。从这个意义来说，中国的城市化还很不充分，很不完全。

63.
卢老师家的腊肉

　　已经接近中午两点，我们还没有吃到饭。由于对去年鹧鸪的事仍然心存芥蒂，我表示不愿意再到袁万丈家里吃饭。正好遇到本村的卢老师，热情地邀请我们到他家里吃饭。这个卢老师是上年小学的校长，去年吃饭的时候他也在场。

　　我希望随便吃一点，哪怕不吃都可以，赶路要紧，千万别误了事。我对卢老师说："您千万别麻烦，给我们下点挂面就行。"我的想法是，下点挂面，扔几个菜叶下去，这样最简单快捷。他一口答应，然后开始忙活。然而，却迟迟不见开饭。原来，这里的风俗热情好客，客人远道来了家里，是肯定要隆重安排的。人家是好意，我再着急，也不能强拗过来。就这样，他热火朝天地忙活，我却像热锅上的蚂蚁一样踱来踱去。

　　卢老师是教师，领取国家工资，他家的条件自然是比一般村民要好得多。在他家房屋后面的山脚边，正在挖一个很大的圆柱形的沼气池。准确来说，应该是"凿"而不是挖。一个年轻的小伙子正在里面干活，他是卢老师的儿子。我对他非常同情，因为他的工作实在是太辛苦了。他手持一个长柄大铁锤，正在一下一下敲石头。旁边有一个小簸箕，是用来清理碎石的。原来，这个池子是用铁锤一下一下生敲出来的。只见他站好马步，把大锤抡圆了，猛烈敲击着地面，然而石头很坚硬，在我观察的几分钟里，一块石头都没有掉下来，只是掉了一些粉末。他还必须小心自己的手，因为这样的砸法，一不小心就可能震裂虎口。看着他如此艰难地干活，我的心绪反倒平静了很多。唉，做什么事都要有个过程，如果万一耽误了下午的访谈工作也是天意，顺其自然吧。

　　卢老师一直在不停地忙做饭。炉子上放着一个高压锅，在高压锅的上方密密丛丛地吊着很多肉条，那是腊肉。在这个地区，通常的习惯是在过年的时候杀一头猪，一时吃不完的，用腊肉的方式把它保存下来。我仔细询问了腊肉的做法。制作程序是：在杀猪的时候，在开水里褪毛之后，不待猪肉冷却，就将它切成一块一块的，每块从一斤到三五斤不等，为了便于悬挂，多数是切成像图片里这样的长条状；切好后，将肉块码放到盆里，放一层肉，撒一层盐，并将肉的表面都涂抹上盐，比例大概是每10斤肉用1斤盐，盐可以多加，但不能少于此数，而且在此过程中不能加水；将盆放置在阴凉处腌渍两三天；待腌渍好后，烧半锅热水，将肉在锅里焯一下，这主要是为了把肉里的盐洗掉一些，不过一定要注意，水千万不能烧开，如果

开凿沼气池

腊肉

水太开把肉烫熟了就腊不出味了；然后将肉块取出，穿上绳子，悬挂在炉灶的上方；这就可以了，让每天做饭的烟火自然将肉熏干即可。想吃的时候，只要将肉取下来，切片加热后就能食用。

慢工出细活，这顿饭果然吃得很好。挂面，炒青菜，还有腊肉（正中我的下怀），确切地说，是腊排骨。猪是卢老师自家养的，腊肉是自己熏的，与鲜肉相比，它没有那么油腻，也没有什么腥味，咸香得非常纯正，而且还有一种松木的香气在里面，十足美味。

狼吞虎咽地吃完饭，我拿出100元钱给卢老师，这是惯例。山里群众们招待我都非常热情，我知道他们肯定不是为了钱，但他们生活那么困难，我不能白吃他们的。一般是以"给孩子上学"之类的名义，把钱硬塞给他们。卢老师却怎么都不肯收，眼看100元钱都快揉烂了，我只好作罢。反正，他是有工资的人，就领受他的美意吧。

看来，在农村居住也并非不可以接受，至少腊肉地道，空气清新。但前提是，你得有钱。

64.
不成气候的四月桃

回程时，我们顺便到龙英甲除屯看袁丽妮。

一年多不见，丽妮变化很大，已经从去年的小女孩变成了青春少女。她这个年纪正是变化最快的时节。今年 9 月，丽妮升入了三只羊初中，被分在 50（2）班。她对中学生活很适应，成绩也不错，只是英语成绩不太理想。丽妮思维非常活跃，语言表达能力尤其出众，所以我对她很有信心，相信她一定能把英语学好。丽妮家里的情况比去年好了很多。丽妮妈妈的身体已经恢复得差不多了，气色和精神状态明显好于去年。她已经可以种地，今年地里收成不错，收了 3000—4000 斤玉米。丽妮爸爸的情况也不错。他在云南的一家塑料厂打工，7 月份的时候他回来过一趟，带回了 8000 元钱，估计过年的时候还能带回来 5000、6000元。加上孩子上学都有补助，也不用花钱，所以感觉日子比去年好多了。

他们家的地非常多，总共有几十亩。这一点显得非常特别，因为村里其他人家都只有几亩。除了在本屯，丽妮家在"山那边"还有不少地，也就是在被我赞叹风光的宜州，大概还有两亩多的地。那边的地好，比较平，可以种甘蔗，但他们没有种甘蔗的技术，而且那边是公路沿线，种的玉米、黄豆在成熟的时候会有人偷，于是他们将那些地租给别人种，1 亩地可以得到 100 元 / 年的租金。这和那天蔗农告诉我的价格是一样的，也许那个蔗农的甘蔗地就租自丽妮家。

丽妮长大了许多

为什么丽妮家的地会比别人多呢？这是因为当年丽妮的爷爷非常勤劳，四处开荒，甚至到宜州去买地。这样一来，他家留给儿子的地就比别人多。看来，前人栽树后人乘凉，上一代的勤劳总是能让下一代过得更好一些。不仅如此，丽妮的妈妈还是宜州人——当年丽妮的爷爷到宜州干活的时候，顺便也给自己的儿子找了个媳妇。这在三只羊来说是件很荣耀的事。因为宜州比三只羊的条件好得多，宜州媳妇的身价也高得多，如果能娶到一个宜州媳妇，那在十里八乡足可以神气一阵子了。

丽妮家在今年种了 7 亩四月桃。这是乡里提倡的一个种植品种，顾名思义，它在 4 月成熟，此时其他水果都还没有上市，这是它的卖点所在。今年村民们种了不少四月桃，在甲除屯除了丽妮家，几乎家家都有种，袁秀化家种了 2 亩，韦巧苗家种了 1 亩多。然而，今年的四月桃收成很不好，由于雾大桃子不长，亩产连 100 斤都不到；销路更是问题，挑到乡里市场上，鲜有人问津，一斤只卖 1 元钱。丽妮家这 7 亩四月桃，总共也就卖了三四百元而已。倒是便宜了韦老师，丽妮带了好几袋桃子到学校去，送给了他。

看来，乡里这次的农业产业结构调整并不成功。比较可靠的挣钱方式，还是到外面去打工。

65.
一个大胆的就地供菜计划（二）

沙沟屯是今天的最后一站，我要到这里查看种菜的情况。

去年的时候，我看到三只羊市场上的蔬菜价格高质量差，想到就地供菜的可能，专门跑到沙沟屯和农户谈签约种菜的事。回到北京之后，我就此事向基金会作了专门的汇报，领导对此事非常重视，指示我继续关注，积极促成。再后来，我得知在乡政府的见证下，小学和他们签订了供菜合同，并且合作得很好。学生们吃到了价格低廉又新鲜的蔬菜，而农民们也得到了实惠。我对此一直不敢全信。因为我的心里有些"阴暗"，做一件事，如果人家告诉我说出现了什么什么问题，我会相信；如果人家告诉我说一切顺利，皆大欢喜，我反倒不敢相信了，心里总会画上一个大大的问号。

两天前的清晨，我在三只羊小学校园里曾遇到

三只羊小学和村民签订的供菜合同

三个喜悦的菜农

送菜的农户。那时候，沙沟屯的 3 个妇女正挑着菜到学校来送菜，照片中最右边那个就是我去年谈话的对象——廖队长的妻子。这 3 个人挑着担子，脸上洋溢着丰收的喜悦，甚至连一路挑担跋涉的倦容都没有。当时攀谈之后，我得知他们的种菜确实是成功了，农民们得到了不少实惠。这才敢于相信。不过，我还是非常希望有机会能到他们家里去看看，尤其是看看他们的菜地。我要见证一下他们的成功，分享他们的喜悦。

到达沙沟屯的时候，太阳已经落山，天色正在一点点地暗下来。我们直接到了廖队长家。这一次，廖队长还是不在家，仍然是他的妻子接待我。她很高兴地告诉我："种菜好，比以前好多了。"他们是从 2 月份开始种菜的，3 月份就开始给三只羊小学供菜，已经将近一年。一共有 8 户农户签约为小学供菜，种的菜完全可以供应小学所需。按照小学给我提供的数字，在春季学期，8户签约农户总共为小学提供蔬菜2.2万斤，按平均价格0.7元/斤收购，8户签约农户收入最高的为2400元，收入最低是763元，平均为1614元。廖队长家是收入最高的，因为他们家投入的地最多，总共种了2亩多地。秋季学期现在还没有结束，截至我来

廖大嫂对我们很欢迎

的这天，本学期他们家已经从小学领取1400元，预计整学期可以得到2000元以上。这样全年就是4400元。我们把种菜与种玉米做个比较。这里每年种两季玉米，但冬玉米收得很少，加起来每亩地一年只能收玉米600斤，如果按市价0.8元/斤计算，两亩地的产值只有960元。种菜与种玉米相比，收入至少提高了3倍。怪不得廖大嫂一见到我就那么高兴，脸上堆满了笑容呢。

我让她带我到地里去看看。出门不远就是他们的地，这里的地都是一小片一小片的。为了防止家畜对庄稼的破坏，他们将每片地都用篱笆围了起来。这些篱笆在我上次来的时候已经有了，不能算是为种菜多加的投资。她热情地指给我看，这里种有上海青、大白菜、芥菜、芥蓝、萝卜、葱等，夏天的时候他们还会种

菜地

黄瓜、雪瓜等。我仔细观察着，发现他们的菜的根部刚施了肥，不是化肥，而是羊粪。他们种菜从来不施化肥，也不打农药，这让我有些羡慕，我对韦老师说："这种有机蔬菜我在北京都吃不到呢，学生们比我吃得好。"

种菜并非一帆风顺。起初的时候，有些人家不太愿意，因为种菜辛苦一些，需要挑粪、挑水，后来得了钱大家就都没话说了。学校从不拖欠他们的钱，每个月和他们结账。他们对价格很满意，甚至提出说能不能不按月结，而是每个学期结算一次，这样他们每次拿到的多一些，可以存起来，不容易一下子花掉。这真是个愉快的烦恼。现在遇到了金融危机，出去工也不好打，就更显得这份钱的可观了。目前，这 8 户人家的积极性都非常高。另有几户人家刚开始的时候不愿意加入，后来想加入的时候已经没有机会了，因为这 8 户刚好差不多可以供应小学的需要，已经饱和了。

他们现在回想起来，觉得种菜的困难比当初想象得要小得多。这里也曾遭受过气候的影响，比如春天雨水太多两个月菜才长成，比如 6 月份下大雨地势低的地都被水泡了，比如前一段还是由于雨水多使蔬菜烂了根，但总体来说还是顺利的。也根本不需要建什么大棚，当初把困难想得太大了。的确，这里是亚热带地区，总体来说降雨充沛，气候温和，种菜哪有那么困难。就地供菜的构想得以实现，学校和农户实现双赢，对这一点我感到非常欣慰。

66.

流落城市的雯雯

　　我已经完成了在都安的工作，周一上午乘车返回。不过，这次我没有直接从三只羊回都安，而是拐了一个大弯，经由河池市金城江区回程。我到金城江不是为了欣赏城市街景，而是为了一个重要的任务，就是到那里去看望雯雯，那个遭受性侵害而辍学的女孩，她现在正在那里。为了保护她的隐私，我让陪同的县里同志回避，我一个人去见她。

　　金城江是河池市政府所在地，在都安北面142公里，雯雯此时正在那里。2007年9月，她因为不能入学，去广东寻找父亲。她的父亲找来一张假身份证，让她进工厂学做工。雯雯那时才15岁，学又学不会，做工不得，而且她还梦想着能回学校上课。在一些亲人的帮助下，她逃离广东回到家乡。然而，入学的事终究没有办成。她的妈妈在金城江打工，于是她转而来投奔妈妈。但在妈妈那里住又没法住，吃又没法吃，后来一直借住在姑姑家里。其实这只是个亲戚而已，并不是亲的姑姑。这个亲戚正要开一个药店，于是收留下她，准备让她在店里协助卖药。

　　我先到了她所在的药店里。这家药店距市中心大概有2公里，就在最繁华的主干道上，但店面并不大，大概有30多平米的样子。果然是新开张，店里从墙壁，到货架，到药品，全都是新的。雯雯的亲戚，也就是本店的老板，正在指挥几个店员

上货。我和她寒暄了几
句。她显然对雯雯的工
作很不满意。她说，每
个月给雯雯 500 元钱，其
实主要是给她一碗饭吃。
雯雯文化水平低，对那
些复杂的药品名记不住，
总是出错。"唉"，她感
叹道，"没办法……没办
法……"我不知道该站在
哪一边，只好点头听她

雯雯工作的药店

说着。我告诉她我想带雯雯出去说一会儿话，她同意了，于是雯
雯穿好外套，跟着我走出门去。

　　我带她到了市中心的一家肯德基。在那里，我了解了她一年
来的经历：

　　1 月，开始打工，第一份工作是卖米粉。她做服务员，端碗
的，月工资 500 元。她的弟弟妹妹用钱很多，一个月总共要 300
元，妈妈让她寄钱给他们，可是她也不知道到哪里去找钱，只好
到粉店打工。她在那里干了 3 个月，每个月拿到钱之后，给弟弟
妹妹 300 元，剩下的自己用。粉店有宿舍，4 个人一个房间，包
吃包住，老板也不骂人。问题是每天都要上夜班，从晚上 7 点上
到凌晨 3 点，太辛苦。她在白天又总是睡不着，这使她很不适
应，实在没法坚持下去，于是后来不干了。

　　5 月，开始为人卖衣服，也就是导购员，每个月还是 500 元，
但不管吃住。这个工作很不好做，这是个小服装店，老板是个男

的，店里生意不好，老板就骂她。三个月后把她辞退了，说是这个店也不开了。她没有地方住，从此时开始，住在姑姑家。

10月，开始为人卖烤鱼。这是一个路边的夫妻摊，她的工资提高了一些，达到600元，只是不管吃住。她负责端菜、拿酒、擦桌子、洗盘子。她觉得这个工作还可以，挺适应的。然而这份工作只维持了不到两个月，到11月的时候，老板给她发工资，说以后摊子不开了。摊子关闭的原因她说不清，可能是老板的妻子生孩子要回家照料，也可能是市里整顿市容要取缔路边摊。总之是到11月的时候，她再一次失了业。

再之后就是在姑姑的药店里帮忙了。姑姑对她不错，至少，在她失业没有地方可去的时候，姑姑收留了她，为她提供吃住。但她在姑姑这里还是很不自在，一是因为工作总是出错，她文化水平低，那些又长又怪的药名她实在记不住，因此受责怪是难免的；二是因为姑姑说她学习不好，比不上别的孩子。这些都让她

雯雯手上的伤口

很伤心，压力很大，无所适从。

她告诉我，打工还是蛮苦的。具体地说，卖衣服和烤鱼的时候还可以，卖粉的时候最苦。那个时候，她端盘子经常烫到手先不说，最要命的是切菜，这个工作很难做，她做不熟，总是不小心切到自己的手，血流不止，真的是非常疼。我仔细端详了她的左手。这是一个16岁花季女孩的手，由于很久不干农活，她的手已经恢复了细腻柔滑，这是青春的力量在起作用。只是，在上面赫然排列着5处伤口，其中

大拇指上 2 处，食指上 3 处，这些伤口有的只剩下一条白线，有的变成一道瘤状凸起。听她自己说，由于总是切手，有时候一边干一边哭，不知道流了多少眼泪。

她说，现在父母关系很不好，只是还没有办离婚。爸爸在广东，妈妈在金城江，也不知道她是否已经有了新的男人。其实妈妈对自己还可以，从 8 月份到现在见过两三次，说得过去。但爸爸对自己不好。她对爸爸很有意见，从小的时候起，爸爸喝醉了酒就经常打孩子，有时深夜还会打，也经常会和妈妈打架，家里没有个安生的日子。的确，我对她爸爸的印象也不好，我以前已经知道他对外很窝囊，自己女儿被欺负了都不能以死相拼，这次又知道原来他在家里还这样蛮横，真是一个不负责任的父亲。我对他很鄙视。

还是提到了那件事。那是 2006 年的 5 月 13 日，由于是周末，学校放假回家，那件事发生了。她出生于 1992 年 10 月，因此当时她还不满 14 周岁。她觉得这件事对她最大的影响是在学习上，她从此不能再上学。所以，她非常恨那个人，是那个人毁了她。同时，这件事也给她造成了很大的心理阴影。她现在很怕别人知道这件事，怕黑，怕坏人。

"你将来打算做什么？"我问。

"想当老师。"她想学爷爷，因为爷爷以前就是老师，而且是连任差不多近 20 年的村小学老校长。

"你觉得自己能当上老师吗？"

"现在这样，应该是当不了了……"

这里是河池市中心白马街，最繁华的商业步行街。四周是鳞次栉比的高楼，中间有八匹白马的圆雕，我就在这里给雯雯照了

雯雯在白马街

相。为了保护她，我只照了侧面像。在我看来，雯雯是个很普通的女孩。她长相端庄，大眼睛，高鼻梁，厚嘴唇，皮肤白皙，身材适中，不过，按照都安的标准来说，算不上格外的漂亮。论智商，她也算不得出众，并不是那种机灵敏捷的女孩。她只是个普通的女孩。但就是这个普通的女孩，却承担起了这样不普通的重担，有来自她自己的，也有来自家庭的。她以自己的隐忍、善良和坚强挑起这副重担，虽然时而踉跄，时而跌倒，时而绝望。我想，这副担子，对她来说未免还是太重了些。

下篇
持续追踪
(2009 年 6 月至 2012 年 3 月)

67.

一个国家，两个世界

清晨的首都机场 T3 航站楼

这里是北京首都机场 T3 航站楼。外面天还未亮，候机楼里已是一片紧张忙碌的景象。值机柜台前，地勤服务小姐操着流利的英文和中文为乘客办理乘机手续。乘客们或穿着笔挺的西装，或穿着轻松的外套，紧张或惬意地走入大厅，客气而礼貌地办理乘机和安检手续。随着飞机在刺耳的呼啸声中冲上云霄，他们可以在一天之内抵达世界上的各主要城市。

每次从这里出发去都安，我都有恍如隔世之感。记得有一个外国驻华大使，回国时谈及对中国的印象，他评价说"中国，一半是欧洲，一半是非洲"。按照他的说法，我这是穿梭于欧洲和非洲之间了。但我对他的看法无法完全认同。中国存在巨大的地区差异，东部城市地区已经很现代化，而在中西部贫困山区还非常原始落后，两者生活面貌迥异，这是事实；然而，我们毕竟是

一个国家，而且有一个
负责任的、强有力的中
央政权，国家一直致力
于缩小城乡差距、地区
差距，都安那些贫困的
山区，肯定也能过上和
我们一样的现代文明生
活，两个世界终要归结

为一个世界，"非"终要入"欧"。我们有这个愿望，国家也有这
个决心和能力。

　　这几年来，我持续关注着广西都安这些留守儿童的成长。孩
子的变化很快，不经意间就会发生一些让你无法想象的改变。隆
福小学的黄慧，第一次我见到她的时候，还完全是个小孩子的模
样，仅仅3年之后已经很像个少女了。我报上名单，请中学韦校
长把她找过来，然而，即便到了面前我仍然不敢相认。据说，在

这里，那些久不见到孩
子的父母们认错孩子也
是时有发生的事。我认
不出他们倒还算正常。
但父母认不得孩子，则
差不多是个天伦悲剧了，
既是由于孩子变化快，

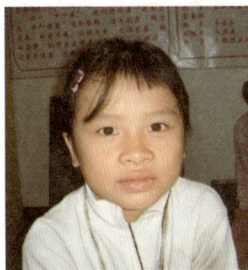

2007 年的黄慧　　　2010 年的黄慧

更是由于这些打工的父母在外面太辛苦，对孩子关注太少。

　　最大的变化还不是在长相，而是在经历和身份。最初我去都
安的时候，这些孩子还都在上学，最大的才小学六年级。而到了

现在，其中有些已经成长为新一代农民工。袁彩妮已经在广东打工多年，周曼、周春吉、韦妹、覃艳也已步她的后尘成为打工妹。开篇出现过的石敏娟，她除了去广东打工之外，还结了婚。石敏娟最好的朋友王宁肖则走得更远，2012 年 3 月 4 日，我打电话过去，她告诉我，自己在两年前就结了婚，并且已经有了一个 7 个月大的男孩。目前，她和丈夫正带着孩子在南宁的一家电子厂里打工。

我用我的笔和相机记录着孩子们的成长。2009 年、2010 年，我又进行两次大规模的家访；这是就入户而论，在此之外，由于工作需要，我还几次到都安的学校里。2010 年 3 月，我去深圳出差的时候，更是专程跑到深圳龙岗的工厂里，探望了在那里打工的袁彩妮。日子总是在不断地往前走，他们走一步，我的目光就往前延伸一步。长此不辍。

在这一部分，大体按照时间的顺序继续描述我所了解的留守儿童的成长故事。在本篇靠后的部分，我给出了自己的思考和建议，供读者们讨论。

68.
"穷" 的变迁

2009 年 6 月，我在都安的山里又调查了半个月。这次是个工作任务，基金会计划开展"贫困地区儿童早期发展"项目，对都安进行可行性考察。儿童早期发展项目与此前的学校供餐项目不同，它面向的是更小的孩子，从母亲孕期（9个月）开始，直到满6周岁入学前班以前。我和我的同事曹艳翻山过坳，走乡串户，对当地的儿童早期发展状况进行考察。

我们在考察中发现，山里的留守幼儿普遍胆小、怕生，不敢和外界交往。让我们看看这两幅照片，他们都是三只羊乡丁峒村的孩子，都是4岁。左边照片里的孩子叫龙玉飞，父母外出打工，他由爷爷奶奶带着在家里生活，他一看到我们，赶紧钻到奶奶的怀里，一句话都不和外人说。右边照片里的孩子叫李延庆，他不仅可以轻松回答我们的提问，还在妈妈指导下搬来一个凳子给我坐。原来，他的妈妈嫁到了广东，他在那边上过一年的幼儿园，这次是回外公外婆家过暑假。"我不是这里的人"，小延庆再三地向我们解释。两者形成了极为鲜明的对比。由于留守，爷爷奶奶无法对孩子进行正常的家庭教育，加上没有幼儿园，龙玉

龙玉飞很怕生

李延庆显得热情大方

下坳乡公路边的稻田

飞这些山里孩子在认知、语言、社会交往等领域发展滞后，和城市幼儿存在巨大差距。这对他们以后进城务工、融入城市社会是不利的。

这一次，除了进行儿童早期考察之外，我对都安生活的品味是全方位多角度的。以前我主要在古山这样的"纯大石山区"活动，知道这些村屯条件恶劣，村民不得不外出打工；这一次去了一些平地，结果发现，即便是在"稻花飘香，塘里鱼肥"的村屯，日子也过得并不好。这里和山里最大的区别是从"全家年总产 2000 斤玉米"变成了"全家年总产 2000 斤大米"而已，差别并不大。究其原因，这里虽然生产条件比山里好一些，但耕地太少，人均 5 分地，靠土地自然也就难以致富，刚刚填饱肚子而已。公路边的地也闹灾，有些玉米地总是被水泡，大水泡 3 天，玉米就全死光，颗粒无收。因此，这里外出打工的比例并不比山里低，两者并没有什么明显的差别。穷是普遍的，留守儿童问题也是普遍的。

虽然穷，却非穷得一成不变，而是在不断变迁之中。我们在村屯里穿梭的时候，随处可见过去的老标语，从最早的"过渡时期总路线"，到"批林批孔"，到"农业学大寨"都有，还有一处标语是说"华国锋同志是我们当之无愧的领袖"的，而且这个标语就在公路边上，红色的字迹格外醒目。现在，在这个标语的下方，又有了一道新的标语"防火护林，人人有责"，而且是在铲

随处可见的旧标语

去一道旧标语的基础上重新写就的。标语的变化，体现了时代的进步，也体现了生活水平的提高。都安和全中国一样，在追寻温饱和现代化的路上绕了不少弯，伤痕累累，最终才投入到城市化和沿海外向型经济的怀抱，收入切实提高了一些。收入提高了，物质生活也就丰富了些，家庭里有了电视机、摩托车，小孩有了塑料凉鞋、文具，女人有了漂亮的衣服，而男人，也得以多喝几顿廉价米酒。

在乡村面貌上，最大的变化是道路。这里的道路，如果和过去比，已经有了天壤之别。比如下方这幅照片里是从下坳乡里去隆林村的村级公路，道路修通后，从村里到乡里的时间缩短为 70 分钟。以前这段路没有开通，从隆林村到乡里只能走路，单程需要 7 小时以上。如果要去赶街（赶集），村民们需要提前一天出发赶到乡里，住下，第二天赶街买完东西赶紧回，方才可

通往隆林村的村级公路

以在天黑前赶到家里。但如果按高标准来说，这条公路仍然还不够，它只是砂石路面，经过一个雨季，道路中间已经被冲得沟壑纵横，不仅难行，而且危险；有一段从上方滚落石头，刚好挡在路的中央；还有几段塌方。我们只能说它和以前相比进步巨大，村民们的生活和以前相比便利了一些。

还有一些道路正在变化之中。在龙坉，乡亲们久已期盼的屯级路终于开工了，它的起点是加昌屯，终点是龙坉屯，全长大约3.5公里。尽管只是一条不平坦的碎石路，路面也只有3、4米宽，但修起来极不容易。以边上的护基来说，由于山势陡峭，多数都要修比较高的护基，最陡峭的地方甚至要十几二十米以上，工程量自然也就十分浩大。在修建的时候，需要用绳子兜住大块的石头，缓缓放到下面，然后按照石头的棱角，一块一块地垒起来。一般情况下护基是竖直的，但在比较高的时候，就要下宽上窄，逐渐往里收，以增加承重能力。垒的时候必须很仔细，因为如果稍微垒得不整齐，护基就有垮掉的危险。垒成之后也不能掉以轻心，因为这样的

通往龙坉屯的屯级公路

护基

路基很容易塌方，需要不时地维修和加固。所以，尽管长度只有 3.5 公里，工程量却大得惊人。

尽管这条路等级很低、路况很差、修建不易，却是全体村民几代人共同的梦想。如果不通路的话，恐怕屯里的男孩们都很难娶上媳妇，这个屯 17、18 岁到 30 几岁之间的光棍多达 30 几个。修路是全村的头等大事，他们向乡里打了多次报告，终于得到批准。政府负责提供炸药，村民负责出工出力。其实村民负责的不仅是这些，还包括请专业技术队伍来打炮眼、放炸药，以及请人吃饭，这些都要由村民自己来承担。修路任务按照家庭人口数分给各户，各自承担不同长度的工程。有些路段的工程强度比较大，超出了单户可以承受的能力，还要把村民分成若干小组，按组来分配工程。村民们热情很高，打工的人也从外面回来加入到修路队伍中，一度有 60 多人在这条路上忙碌，高峰期时达到 70、80 人。我去的时候，由于炸药不到位，修路被迫停工，成了一条烂尾路。

都安在变迁，在进步，我为这种进步而高兴。只是，这种变迁还是太慢，而且，任务也有些过于艰巨了些。

69.
"半个都安人"

长期在都安生活，渐渐融入其中，成了"半个都安人"。我想，在我的血液中，已经融入了都安的元素。

黄玉米干饭

山里的村民主食是玉米稀饭，他们称之为"玉米饭"，用的是白玉米，煮熟后是白色的玉米糊糊。不过，在有些村里习惯不同，他们吃玉米干饭，用的是黄玉米，在一个黑色罐钵里蒸的，非常香。吃玉米干饭的主要是汉族人，同样生活在大山里，他们比壮族和瑶族过得稍微好些。

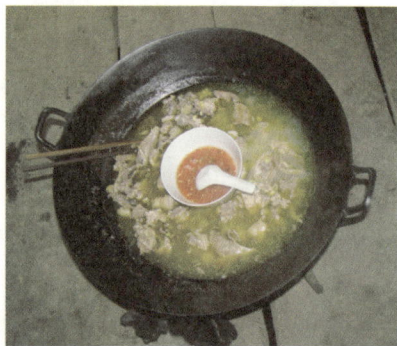

都安是瑶族自治县，瑶族人口占22%，他们是瑶族的一个分支，叫做布努瑶，又称安定瑶。这里的瑶族已经不穿民族服装，甚至不会瑶族语言，平时说的都是壮话或者桂柳话，是高度世俗化的瑶族。瑶族人待人热情、诚恳，好客、好酒，如果有朋友来，必然喝到没有知觉才算是喝好。

已经习惯了都安半熟的鸡肉。这里的鸡肉总是炖得很轻，经常骨头里还有血丝，这种做法的初衷是为了省柴火，但久而久之，成为当地人的习惯。这里的鸡由于都是自然喂养，味道很好。"小尾巴"家里的鸡之所以煮得不好吃，是因为没有姜，只要加几片姜，不用加其他调料，就会很好吃。他们还喜欢蘸着当地特色的鸡血酱来吃，别有一番风味。

在下坳乡，住在一个每天只要25元住宿费的小旅店里。

煮得半熟的鸡肉

每天早晨，到市场上，点上一碗米粉，和赶街的村民们一起头碰头地吃。

在杀羊的时候，有两样东西是招待贵客的，一是"羊bie"，是把羊的十二指肠切碎煮的，与别处不同的是，这里是将羊肠连同里面的半消化的食物（成为羊粪之前）一同煮的，黄绿色的浓酱汤，他们称之为"百草汤"，认为这个有助于消化。另一种是"羊红"，就是半凝固状的生羊血，他们认为这个补精力、补气血。这个很震撼，大着胆子吃掉一口，嘴唇都变成了红色。

羊红

蜂蜜酒是这里待客的好酒。他们取来一块蜂房，放在一口锅里，然后拧开一瓶瓶的"桂林三花酒"，统统倒在里面，搅拌之后用勺子舀进杯里，只见杯里漂着草叶、蜂房碎片、死去的蜜蜂，然后，一饮而尽。不过，蜂蜜虽好，酒却是假的，因为，去桂林三花酒厂问过，他们根本就不出产这种22度的所谓米酒。

这里是亚热带，有时候太阳会直射，自己的影子在脚的正上方。有一次，就在这样的时节，在烈日中走了5个小时，汗透衣

"坳"

衫，湿了又干，干了又湿，感觉整个世界都凝固了一样。

我对"坳"的概念有了更深的认识。两个山峰之间的凹处称为坳，一般翻山都是从坳处经过。上页图片里房子后面的凹处就是坳。多数时候，过一个坳的时间约为半个小时，如果两个坳，就是一个小时，以此类推。

通常情况下，由于跟着当地的老师，我到任何一家都会受到热情的接待。即便有时候没有当地人带路，只要我稍加解释也会得到接待。只有一次，一个男人出来，嘴里骂骂咧咧，还冲我吐口水，原来他是喝多了，并且把我错当成检查计划生育的了。

已经见惯了当地的传统住房。记得我国曾经专门发行过一套各省民居的邮票，其中的"广西民居"就是这个样子。底层养牛、养猪，中间一层住人，房子很高，上面还有半层阁楼用来放粮食杂物。县里的干部戏称为：底下一层畜牧局，中间一层人事局，上面一层粮食局。但随着生活水平的提高，已经有不少新式的住房出现。

在袁彩妮家里住了一个晚上。窝在一个很小的床上，床边脚下是牛圈、羊圈和猪圈，他们喂羊的时候，来到我的床边，打开一块板，将青草扔下去。我在半夜醒来，感觉大腿上有一个虫子在爬，捏起来，扔到床下，继续睡。

去潘天众家里，或者是因为那几天太热，或者是因为刚下过雨，他家里的猪屎味道非常重。猪屎味谁家都有，但他家格外不同，那种味道，清新而浓郁。

除了到都安，还到了附近的一个县——隆安县。隆安县一半是土山丘陵，另一半是大石山。那里的大石山里居然还有"瑶王"的封号，我见到了一位瑶王，但有几分失望。因为他身上没有披五彩的斗篷，头上也没有插山鸡羽毛，而是穿着极其普通，甚至还光脚穿着一双绿色解放胶鞋，哪里有什么王爷气派。瑶王的日子过得也很一般，儿子也在广东打工，自己在家里带着孙子，捎带带领乡亲们修路。现在他觉得自己老了，正在物色接班人。他告诉我，他们的祖上本在都安，因为觉得隆安生活条件比都安更好些，才搬到隆安山里开荒并安了家。原来是一家人。

瑶王

前几年这里有个很不好的风尚，就是六合彩。这里这么穷，怎么玩呢？但富有富的玩法，穷也有穷的玩法。1块钱买一注，赌中了返还40，这使得村民趋之若鹜。开彩通常是在晚上，深山里的村民还会打着火把到售彩点，一时热闹非凡。彩票分"猪牛狗鸡"等生肖，每一期居然还有资料，比如某一期是"猴"，那么所有与猴有关的如西游记、封神榜都会出现。由于村民屡战屡败，六合彩现在已经式微。

都安县每年外出务工人口16万人，其中年轻女性占据相当比例，这些女性绝大多数都是做的正常的生产和服务业，但也有极少量的"失足妇女"，我曾经在一个乡镇见到过一个，当然这只是我依据谈话来推断的，一般她不会主动承认。没有人在本县干这一行。但在本县给有钱老板当二

摩托车改装的三轮车

奶的有一些，据说，我所认识的一个留守儿童的妈妈，就是在丈夫外出打工亡故以后给人做了二奶。我觉得她还行，因为至少她会定期给孩子钱。

县城里整夜喧哗，是个"吵吵闹闹的县城"。县城里流行一种敞篷的出租车，上车 2 元，它是用普通两轮摩托车改造的，在上面加上一个车厢和顶棚，在下面右侧加上 1 个轮子，成为一辆三轮车。如果你仔细看照片里的这辆三轮车，会发现它的两个轮子都是偏在左侧的。司机说，他们这是"摩托车的价格，汽车的享受"。

县城里新开了一家很大的超市，名为冠超市。在超市的一楼，新开了一家山寨版的肯德基炸鸡店，他的中文名字叫做"美味鸡"，英文简写为"DFC"，这既可以理解为"Du'an Frid Chiken"，也可以理解为"Delicious Frid Chiken"，和正版的肯德基"Kentucky Frid Chiken"刚好对应上，真是山寨得到底。

粥

榨粉

都安县城的早晨主要吃粉，也可以吃粥。我最喜欢教育局门口的那一家，有玉米粥、大米粥和皮蛋瘦肉粥，都是粘粘稠稠的。还有免费的小菜，只要花 1 元钱，就可以吃一碗玉米粥，还可以配上20几种小菜，只是那个碟子非常小，一次只能装一点点。不过，随着通货膨胀，粥的价格一路上涨，有一天一下子涨为2元，涨价幅度100%，据说现在已经要2.5元一碗了。

县城里的米粉种类比乡下多，有老友粉、桂林米粉、卷筒粉和榨粉。榨粉是都安的特色，它用水调和大米面，经一夜发酵并沥去多余水分，成为一种石灰膏一样的半固体，然后从一个底部有小孔的容器，直接压到锅里煮熟。榨粉由于发酵，有些特殊的酸臭味。它的缺点是韧性不足。这种榨粉据说只有县里才有得

县城北的农民创业园

卖，有些城市嫌它发酵不卫生，不允许卖。

县城北面有一片水泡地，县里在那里开发了农民创业园。但由于农民都是在外面打工，在家里住得很少，所以买了地，起了房子也还是空置。倒是有一些公职人员和教师，借助这个机会实现了他们在县城的住房梦。也有一些人靠倒卖那里的地皮发了财。

黄老师和女儿

县城里的房地产更是火爆，在沿江路上，一块不足90平米的地皮卖到了197万，据说，这样价格的地皮在都安比比皆是。

我在当地的朋友们，有一些好消息传来，三只羊的韦老师已经不在乡小学工作，而是进了县电视台做了一名编辑。他在县城起了房子，住得非常宽敞，但也贷了不少款。最神奇的是，他居然和黄老师结了婚，记得当时在2007年，正是我们和黄老师一起去的上年村，他们就是在那时结了缘。

不过也有一些不幸的消息，古山红星校点的周老师在一次上课的时候突发脑出血，昏倒在讲台上。送去南宁治疗之后，花去3万余元，终于保住性命。从身体条件来说，他已经无法再胜任教学工作。古山小学安排他静养，但被他拒绝了。他很需要这份工资，因为治病的钱都是借来的，必须要还给人家，而且他又不愿意不干活白拿钱，所以很危险地坚持带病上课。周老师的转正梦，就此已经完全破灭了。

最不幸的是韦克勇，他终于没能熬过那个寒冷的冬天。

70.
比人类更惨的

比人类更惨的，是当地的野生动物。

我对当地动物的认识，是从第一次和孩子们回家路上看到蜈蚣开始的，后来又几次见到这种毒虫。在韦愿家的墙角下，我还看到"毗蓝婆大战百眼魔君"的精彩场面。一条蜈蚣一不小心闯进了人类生活的区域，这条蜈蚣个头很大，大概有小指粗细，十几厘米长，长着褐色的身体、红色的脑袋和黄色的脚。很不幸的是，它被一只老母鸡发现了。在我们眼里避之唯恐不及的蜈蚣，在母鸡眼里却是一顿丰盛的点心，油汪汪的身体令母鸡垂涎欲滴，当即发动了进攻。只见母鸡绷紧脚尖，伸长脖子，不时地跃起，一下一下去猛啄蜈蚣，蜈蚣眼见形势不妙，一边扭动着红色的身体作出吓人的样子，一边抓紧抽身

母鸡和蜈蚣的搏斗

逃跑。母鸡采取袭扰突击战术，几次凶狠而灵敏的进攻，将蜈蚣啄得人仰马翻扭作一团。只是，我的拍摄动作给母鸡的进攻带来极大困扰，她松了口，蜈蚣趁隙逃走了。

　　鸡吃蜈蚣，这是大自然的食物链，算不得残忍。而且，蜈蚣只是毒虫而已，繁殖也快，不用额外保护。这里所说的野生动物，指的是形体较大的、稀有的野生动物资源，如蛇类、鸟类、果子狸、穿山甲等。这里是亚热带地区，草木繁盛，本来野生动物是很多的。在以前"三只羊"指的就是野羊，再往前，这里还有华南虎出没。然而现在，由于人类占领了野生动物的地盘，老虎和野羊没有了，穿山甲也基本绝迹。仅存的一些蛇类、鸟类、小型哺乳动物，正在承受着人类最后的绝杀。

被轧死的银环蛇

　　左面的照片是我 2009 年去沙沟屯的路上看到的一条银环蛇。它的身体很漂亮，灰色的身体表面有一圈一圈的乳白色环，故名银环蛇。银环蛇的毒液为神经性毒，毒性剧烈，如果被一条银环蛇咬中而没有得到有效医治，死亡率高达 80%。但这条银环蛇再也无法咬人了，因为它在过马路的时候被过往的汽车轧死了，肚破肠流，尸横当场。蛇类走路的特点和人类正好相反，它在山石草地间行走如飞，嗖嗖的，但在柏油路上却步履缓慢，车飞驰过来，它没能及时躲开，就这样不幸被轧死了。银环蛇死后有余威，尽管它已经死了几个小时，你也不能拿手指凑近它的头部。因为蛇这种低等动物，虽然躯干主体已经死了，牙齿还是本能地会咬人。这条威武、漂亮的银环蛇，就这样死于非命。我用一条木棍把它挑起来，放到公路边上路墩后的草丛里，在那里，不会再有车来车往。

　　银环蛇之死既是意外，也是意料之中。因为人类和动物的活动领地过于重合，导致了这个悲剧。这里本是野生动物的家园，后来人类繁殖越来越多，逐渐占领深山。这里的人类虽然在与外界的人类竞争时是弱者，但在当地这些"非人类"面前，却是十足的强者。野生动物赖以生存的自然环境很快恶化。以前，都安的山上本来还是有不少树的，原始的参天大树也不乏其材，但经过一个"大炼钢铁"，大树被砍光了；80年代，耕地率先承包到户，山林却没分，大家争着到没有主的山上砍柴，小树也被砍光了。大石山土壤浅薄，生态脆弱，不少山头就这样石漠化了，到处都成了一堆堆灰色的石礁。没有了山林，野生动物们失去了最后的家园。

　　近些年来，野生动物又有了一个新的威胁，将它们推到亡族灭种的境地。不知道从什么时候开始，城里人、有钱人开始流行吃野味。幸存的野生动物们，在深山里活得好好的，不招谁不惹谁，现在却由于有钱人要饱口福而遭到无妄之灾。有人买，就有人捉，村民们没有保护野生动物的意识，为了改善生活的几块钱而布下天罗地网，于是仅存的野生动物在劫难逃。记得2008年那次到三只羊的时候，我在街上看到这样一个"红榜"，上面写着"收购竹鼠1斤20元"。这种竹鼠是当地生活在凤尾竹丛中的一种动物，什么样子我不知道，只知道

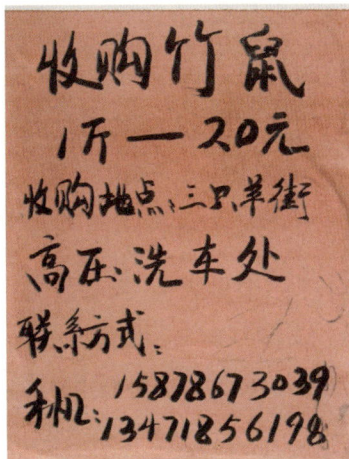

竹鼠收购广告

它是吃竹根的而且现在已经很少。自那以后，我在了解当地人类生活的同时，也开始顺便了解一下这里野生动物的状况。

各乡镇的山货行，收购的主要是当地的药材植物，比如绞股蓝，但顺带也收购动物。村民们没有保护野生动物的意识，捉到野生动物就把它当做发小财的机会，而这些老板们却是明知收购野生动物违法而为之。他们不仅知道违法，还怕被人曝光查处，当我以一个陌生人的身份去问的时候，他们多半还遮遮掩掩。在本地人带路作保的情况下，他们才肯揭开面纱，并且很大方地让我给这些可怜的野生动物照相。

山货行

今天我到这家山货行的时候，由于是上午，他们收到的"货"还不多。下图铁笼里的这只就是竹鼠，看上去它像一只大一些的仓鼠，蜷缩在笼子里，小眼珠睁得圆圆的，似乎还不明白自己为什么会被捉到这里。竹鼠当日牌价是 65 元一只，比起我当初看见收购广告时价格又上涨了近

笼子里的竹鼠

一倍。

　　下面左边的纱袋里装的是白花蛇，红色的脑袋、尾段身体上有一圈一圈的火红色的圆环，主体躯干部分有青白色花纹，它看起来很可怕，却是无毒蛇。当日牌价，白花蛇小的 1 斤 30 元，大的 1 斤 60 元。右边店主手里提的这个布袋，里面装着一条眼镜蛇，当地人称为"扁头蛇"、"吹风蛇"或者"扁头风"，因为毒性太强，必须装在布袋里，并把提手打得高高的。因为是剧毒蛇，自然价格也水涨船高，当日牌价是 1 斤 120 元。纵然你毒性强，也照样成为人类的盘中餐。而且，正因为你毒性强才价格更高，才更招人惦记。悲哉。店主说，我前面看到的那只被轧死的银环蛇是无用的，因为银环蛇太小了，最大的也不过 4 两重，没法吃肉，活的可以泡酒，死的就毫无用处。如果是死的白花蛇或者扁头蛇这样的大蛇，照样也是可以收的。

店里收购的白花蛇

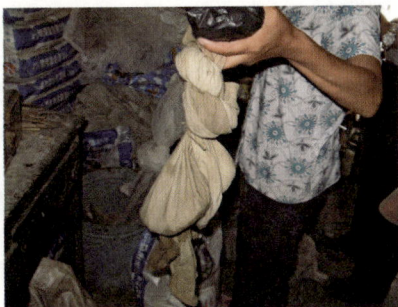

店里收购的眼镜蛇

　　店里还有一只蛤蚧，这是一种生活在悬崖上的蜥蜴。即便它躲到悬崖峭壁上，也没能逃脱人类的追捕。当地人往往趁它发情求偶时会发声的特点，晚上寻声而至一举擒之。这蛤蚧真是惨，不发声求偶，就会绝后；发声，又等于自投罗网。蛤蚧被人认为

"补而不燥"，成为一种保健食品。由于太小而无法剔骨取肉，餐馆里将蛤蚧连皮带骨一起捣烂，掺进面粉做成丸子吃，在丸子表面，你还可以看到碎小的蛤蚧鳞片。怎一个惨字了得。当日牌价，蛤蚧1只65元。

今天店里最后一个是鹧鸪，关在笼子里，当日牌价是1只10元。这么漂亮的、充满活力的小生命，在这个店里却不过只是10元钱而已。店主说，这些货当天下午会有人来收，先是运到县城，然后再运到大城市去。他还说，另有一些动物当地已经收不到了，属于有价无货，比如穿山甲，虽然收购价1斤700元，但当地已经没有这种动物了。"如果有，那一定是从越南那边爬过来的"，他补充道。

71.
都安山水记

从物产来说，都安的山属于贫瘠的山。然而，从自然风景来说，这里却也不乏一些优美秀丽的所在。在都安工作之余，我有幸感受到了这里的山水。人们平时将山水并称，山是胸怀，水是灵魂，有了水的跃动，山也会显得壮伟雄浑。如果只有山而没有水，那就像是一个尽是光棍汉的村落一样，了无生趣。都安遍地是山，水并不很多，如果不算溪流的话，境内有3条河流，他们是澄江、刁江和红水河，澄江和刁江汇入红水河后，结伴一路向东而去，进入广东而为珠江。

　　澄江发源于都安，源头就在都安县城以北 30 公里的大兴乡。无论是去三只羊小学，还是去隆福小学，都从这里经过。在不忙的时候，我就会停下车来，欣赏一下澄江源的景色。澄江源并非是由溪流汇集所成，而是倏地从地下钻出来，凭空成就了一条大河。谁也不知道它从哪里来，有人说它本是贵州或者四川的大山里的一条河流，在地下潜行数百公里，至此才冒出地面，也有人说它只是附近地区的地下水汇集所致，众说纷纭。它的源头是两个巨大、幽深的水洞，也不知道它们有多深，听说有一年，英国

澄江源

澄江源洗衣的村民

　　皇家潜水队带着设备来到这里，在其中那个大的水洞往下潜，据说他们一直下潜了88米，仍然没有探到底。

　　澄江源的水有三个特点：第一个特点是清，不管冬天还是夏天，这里的水都是清澈透明，一眼望下去，水下十几米深处的岩石都可以一览无遗。水面就像是一面大镜子，远处的山，近处的凤尾竹，倒影都清晰沉静，毫末毕现；第二个特点是蓝，古诗有云"春来江水绿如蓝"，当水绿得太漾的时候，看起来给人的感觉就是蓝色。在我看来，这蓝色的水为水之极品，能强烈地刺激你的视觉神经，让你一下子赏心悦目焕然一新；第三个特点是凉，这里的水来自百米深的地下，所以无论四季寒暑，总是冰肌玉肤，当你一路远行至此，掬起一捧源头之水，挥洒在头上脸上，顿时清凉直沁心脾，一切倦意顿时消弭得无影无踪。

　　如果说澄江是都安的母亲河，那么刁江更像是一个顽皮的少女，她在群山中沿着山势蜿蜒曲折，随心所欲地挥洒着自己的活力和顽皮。刁江发源于同属河池市的南丹县，在都安境内的流程却是最长，款款盈盈，一步三蘖，几乎纵贯全境。刁江与三只羊乡恰好擦肩而过，切点是板岭乡的永顺村，在这里建有一个小小的

澄江源的凤尾竹

水电站——永乐电站。每次从都安到三只羊，都要从永乐电站的大坝上驶过，然后从另一侧的山坡盘旋而上。每到这个时候，我都忍不住下车驻足，流连忘返。刁江的水也是蓝绿色，从山上望去，就像是一条蓝绿色的丝带，环绕着山逶迤向前。刁江沿岸是郁郁葱葱的凤尾竹，一簇一簇的，既俊美又挺拔。间或有一些村庄升起袅袅的炊烟，构造出一幅恬和宁静的田园诗画。

　　如果你肯起个大早，赶到刁江边去，那又会是另外一幅景象。蓝绿色的江面已然不见。江面上升腾起白色的云雾，缭绕

蓝丝带般的刁江

刁江上的云雾

盘桓于群山之间。远处的山峰层峦叠嶂，争奇斗险，恰似进入人间仙境。路边的芦苇吸饱了露水，在云雾中舒展开身躯，就像是传说中的仙草。不一会儿，太阳从山顶上露出头来，洒下万丈霞光，将云雾镶上一层金边。再过一会儿，随着太阳越升越高，云雾渐渐散去，刁江犹如少女揭去了面纱，又露出她本来的面目，风姿绰约，俏丽宛然。

在都安县的南部，澄江和刁江相继汇入红水河。红水河又是另外一番景象，它是一条大河，自然更加雄浑伟岸。据说，在每年夏天发洪水的时候，它的水是红色的，故而得名。但我此次经过的时候正值冬季，属于枯水期，所以它的水还是绿色的。红水河的河道并不宽，但流量很大，水也很深，平均水深达到几十米。经过千年的冲刷，两岸峭壁高耸，犹如刀劈斧凿。红水河岸边没有澄江和刁江边那样的凤尾竹，而是生长着一些低矮的灌木，它们凑热闹似的将自己的身影投入河中，与群山竞争风采。

雄浑伟岸的红水河

如果说澄江是母亲河，刁江犹如少女，那么，红水河更多的是一种阳刚之美。

这样美丽的山水，应当被完整地保留下来，不要亵渎，不要伤害。

72.

大爱无疆

2009 年 6 月的这一次，我一直忙于进行儿童早期发展的调研。以前的那些留守儿童，只去了周国荣一家。纵然去过千家万家，这一家都永远是我最牵挂、最放不下的一家。

春妙和她的两个孩子

到了周国荣家，一进门，我就发现屋里多了3个人：一个约莫20几岁的漂亮的年轻女子，以及两个可爱的小女孩。周国荣告诉我，这是他的堂嫂，他大伯家的哥哥的媳妇。她有个美丽的名字：黄春妙。春妙人如其名，的确长得年轻漂亮。她是本地人，家在不远的双加村加分屯，1987年出生，今年才22岁。她身边的两个小女孩，大一点的幼儿是周国荣七叔身后留下的女儿，名叫周飞燕，小一点的婴儿是她自己的女儿。这两个孩子皮肤、气色都很好，非常活泼可爱。

春妙的到来给这个家庭带来了很多变化，家里多了一台崭新的电视和DVD机，甚至还有了一台大的电冰箱，桌子上、床铺上、锅灶上都变得整洁。但给人印象最深的还是整个家庭氛围的变化，家里开始充满了轻松和欢乐。孩子们兴冲冲地给我播放一个DVD碟片，他们往前快进，直到出现一个打扮时髦的男生，他们说这是他们的一个

参加歌咏比赛的录像

哥哥，正在都安读中学，在这学期参加了县里组织的中学生歌咏比赛，这一段就是他当时的录像。他唱的是周杰伦的那首著名的"霍元甲"，伴奏很吵闹，而他也模仿着周杰伦的样子，用假声拼命地吼，一边还不停跺脚地跳。他唱得并不怎么好，当然结果也是落选了，但孩子们都很满足和享受。整个家里洋溢着轻松愉悦的气氛。

周春吉的面貌也发生了变化。上次来时她是"大姐大"，"孤儿寡母"字样常挂嘴边，一副老成沉重的样子，甚至连走路都变得慢条斯理的。现在，春吉恢复了几分正常的青春期叛逆的感觉。只见她歪戴着一顶迷彩的大檐帽，一会儿坐在门边，一会儿跑去烧火，一会儿又和其他孩子激烈地争论。是啊，嫂子回来了，她就可以退居二线了，不用再什么

有几分叛逆的周春吉

都自己扛着。她告诉我，离家出走的周国文现在外面一家西饼屋打工，"想想他那个笨手去弄面粉做蛋糕我就好笑"，她一边说着，一边自己也笑了起来。

变化最大的是老太太。以前，我感觉她都麻木了，接连失去自己的丈夫和6个儿子，这样椎心之痛足以把任何一个母亲的心撕成碎片，我从来没有见她笑过。但现在，她干枯的脸舒展了很多。我去的时候，她正在剥南瓜尖准备做午饭。小飞燕钻到她的怀里撒娇，俏皮地歪着脑袋，老太太的脸上露出一丝久违的笑容。这是我第一次看见她笑。她一边搂着小飞燕，一边剥南瓜尖，脸上笑着，就连剥南瓜尖的手指也变得欢快有力。

奶奶和小飞燕

小飞燕今年还不到4岁，非常活泼可爱，知道得也很多。我们给她做了幼儿发展测试，小飞燕一点也不怕生，有问必答，甚至可以讲一口流利的普通话。我们这一路走来，见过不少山里幼儿，都是怕生、畏缩，无法和我们交流，为什么小飞燕表现会这么好呢？春妙告诉我，那是因为小飞燕从小在外面长大，而且还上过一段幼儿园。原来，小飞燕有着不同寻常的身世。

小飞燕是周国荣七叔的女儿，也是这个大家庭里那一辈份中最小的孩子。2006年，小飞燕刚刚4个月的时候，她的爸爸就因矽肺病死去了。小飞燕的妈妈独自带了一段孩子之后，再度披上嫁衣。临行前，她找到春妙夫妇，说是请他们照看一下孩子，从此就再也没有看过她。可怜春妙刚刚过门，就承担起养育小飞燕的重任，她和丈夫买奶粉、带孩子。而小飞燕，从来不记得

喜气洋洋的全家福

父母的样子，甚至不知父母为何物，她咿呀学语的第一句话，不是"妈妈"，而是"嫂嫂"。春妙夫妇对小飞燕特别好，把她和自己的孩子一样看待，他们甚至还用自己微薄的工资，给她上了幼儿园。尽管那只是个农民工

幼儿园，每月也要200多元。好景不长，2009年初，春妙的丈夫失了业，他们的生活无法支撑下去，这才回到了家乡。春妙的丈夫辗转又去了玉林打工，而她留在家里照看孩子。

幸福的小飞燕

我端详着小飞燕，显然，她得到了很好的照顾。她不仅聪明活泼，而且也很时尚，更像是个城市的小女孩。她正享受着无忧无虑的童年生活。嫂嫂给她梳了很精神的小辫子，戴上精美的发饰，小脸洗得干干净净，穿着漂亮的小衣服，卡通的小凉鞋，甚至还是有后背带的样式时髦的小裙子。我捏了一下这些衣服，它们都是厚实的纯棉，质地很好。尽管生活如此艰难，春妙夫妇没有亏待小飞燕一丝半毫。

养育孩子是一件很大、很难的事，需要付出极大的辛劳。春妙这样将丈夫叔叔的女儿当自己的女儿养，几年如一日，使她受到良好的照顾，是极不容易做到的，世间罕有。临走，我握着春妙的手说："你是我见过的最伟大的嫂嫂！"

73.

苍天何忍

然而，好人未必总是能够得到好报，我没有想到的是，春妙这样善良、美丽、贤惠的女子，等待她的命运竟会是那样悲惨。

这是一年多以后的事情了。有一位华侨杨老先生看到我写的《留守儿童家访札记》，对其中的矽肺病和孤儿家庭非常牵挂，拿出自己省吃俭用积攒的 15.5 万元（其实里面有 0.5 万元是给基金会的工作经费，但基金会没有收），委托基金会发放给这些家庭。这一工作在 2010 年 9 月开展，我也因此再度来到都安。都安方面对捐赠工作非常重视，按事先计划将善款以 200—500 元的标准，发放给古山、隆福、三只羊 3 个乡 6 所学校的孤儿、单亲家庭学生，县福利院的老人，以及古山的矽肺病家庭。每个矽肺病家庭，可以获得 500 元现金。

令我震惊不已的是，在给矽肺病家庭发放慰问金的时候，我

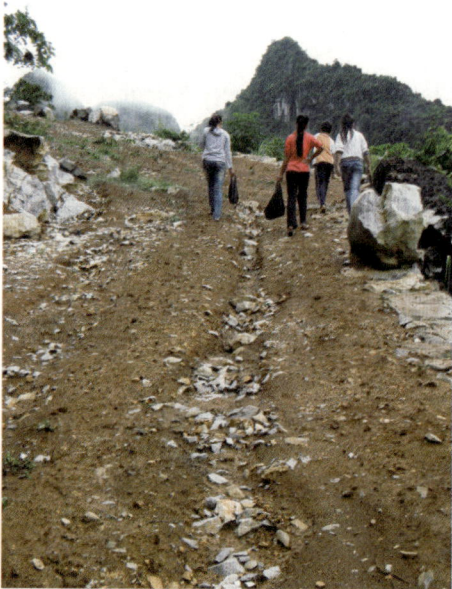
雨后泥泞的路面

赫然看到了春妙的身影。她说，自己是替丈夫来领钱的，他也是矽肺病，并且病得不轻。一瞬间，一股寒意从我的脊梁一下子蹿升到头顶心，心中所有美好的希望轰然坍塌。上次我到周国荣家里的时候，春妙并没有告诉我这件事。她甚至都没有提到"江西"，否则我也可以猜到这些了。但她当时什么都没有说，大概是忌讳提到这个。直到此时我方知

道，周家除了上一代 6 个儿子之外，他们的长子长孙，居然也遭到了同样的命运。

第 4 次到周国荣家的这一天，天气非常不好，雨刚停息，有一段正在修路，异常泥泞，举步维艰；而在没有修路的地段，石阶上沾了一层泥水，又湿又滑，动辄滑倒。我们用了一个多小时才到。

周国荣的堂哥名叫周国栋。他是 1984 年出生的，他的爸爸很早就去江西打工，把他留在家里，这么说他算是"第一代留守儿童"。1997 年，他刚刚 13 岁，就循着爸爸的足迹去了江西，做了 10 年打窿道的工作。他和已经死去的韦克勇是同一年去的，也曾一起做工。从那时起，粉尘和毒烟开始侵入他年轻的肺部。2002 年，他的爸爸去世，妈妈改了嫁。2005 年，他的四叔发病，回乡，病死。但直到此时他都没有意识到自己身体的状况。在回家料理四叔丧事的那一年，他遇到春妙并结婚，然后一起回江西继续在煤矿打工。到了 2007 年，他不再打窿道，换了一个井下管理的工种。2008 年底开始咳嗽、

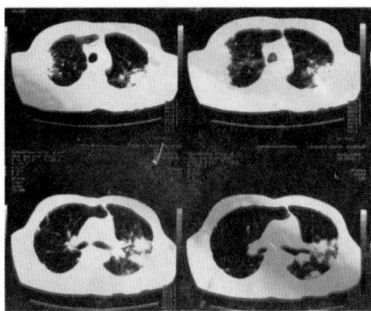

周国栋的肺部 CT 片

胸闷，在南昌确诊发病。尽管我们不懂医，但从医院拍的这张片子我们可以很明显地看出，他年轻的肺已经是千疮百孔了。煤矿方面何等精明，很快看出他的发病，就连井下管理工种都不让他做，直接将他辞退。他和春妙回了家。

他看病时，诊断大概花了 700 元，加上后来的治疗，总共花

周国栋养的鸡和白兔

了 2 万多元，然后就不再花了。他们现在都已经知道，这种病是没得治的。纵然洗肺，洗出几升黑泥浆，也无法使残破的肺部恢复。当初他四叔，治病花了十几万，一点用都没有。六叔花钱更多，花到倾家荡产，也是无益。与其都扔给医院，还不如留一些给子女。所以他放弃治疗，在家里闲住。他早些年已经在老房子附近盖起了自己的房子，和奶奶家的这些孩子们分了家，他和春妙，带着自己的女儿以及七叔家可怜的小飞燕一起生活。此时尚好，病还没有完全发作，他只是干不了重活、爬不得山。这次修屯级公路，他们家分到 300 米的任务，自己肯定没法做了，只好买酒买肉，再拿出一些钱，请其他村民来做。轻的农活他还可以干，比如为玉米拔草。他在房前开出一小片菜地，种出绿油油的芥菜，甚至还养了一窝鸡和一对小白兔。

春吉已经不在家中。我上次来过不久，初三开学的时候她没有去学校，而是去了广东打工。一去就没有

周国栋的女儿

试图引人注目的小飞燕

再回来过，甚至连去年春节都没有回。她在外面打工，赚的钱，寄回家给春莲用，春莲是她的亲妹妹。这个家的经济关系是复杂的，既有"共产"的一面，又有各顾各的一面。比如七婶，也就是小飞燕的妈妈，她和新老公现在北海打工。她并非完全不养孩子，至少对小飞燕的哥哥国旺还是养的，以前国旺一直在百旺乡外婆家，最近才送回奶奶家。妈妈会给国旺寄钱，直接寄到古山初中门口的商店里，国旺到那里去取。但她对小飞燕从来不闻不问，任其自生自灭，春妙夫妇只好把小飞燕当自己的孩子一样养。

现在，两个幼小的女孩的生活境况已经大不如前。春妙不在家里，她去古山初中里面的小卖部打工了，周末才能回来，无法照看她们。我看到两个孩子肤色已经不像上次那样润泽，她们在地上爬来爬去，衣服很脏，裤子已经很难看出原本的白色。更小的那个，也就是春妙自己的女儿，肩膀处的衣服撕破了很长的一道口子，露出稚嫩的小肩膀。小飞燕仍然像原来一样活泼可

周国栋和两个孩子

273

爱，和所有同龄的小女孩一样，她总是试图引起大家的注意。吃饭的时候，她把头埋到大碗里，动作很夸张地扒饭；吃完饭，她带着小妹妹，跑到一个装着很多红豆荚的箩筐前，像大人似的试图把豆荚装到一个布袋子里；见还是没有人理她，她又开始在地上翻跟头。只是，全家愁云密布的，她已经不再有观众。更多的时候，国栋会把两个孩子紧紧抱在怀里，沉默不语。

国栋长得很帅，眉宇间透着一股英气。如果不是因为受病魔折磨而消瘦，可能会更帅。我早就说过，这周家的男孩长得一个比一个帅，只是，他们的命却一个比一个惨。国栋性情温和，我想他一定很疼爱春妙，他们是幸福的一对。国栋待人很热情，在打工的时候，他有很多朋友，我这次过来的时候，他坚持挽留我吃饭，还亲自下厨做了一顿很好吃的饭菜。这是一个爱家庭、爱生活的人哪，只是，这命……我实在难以接受，人世间的善良与美好为何竟遭到这样的践踏和摧残。

落寞的奶奶

奶奶又恢复了往昔的麻木。这一年，她过得很不好。人老了，年近80，身体不好。今年又是旱灾，家里附近的水源没有了，要到很远的地方去扛水。在孩子们去上学、自己一个人在家的时候，一天扛一次就够用；当孩子们周末回家的时候，一天要扛四五次，时间几乎全耗在路上。我看了她扛水的那个塑料桶，很大，一桶水大概40斤重。

更惨的还不是身体，而是精神和心理的打击。在接连失去 6 个儿子之后，长门长孙又即将被吞噬，如果不麻木，让她怎么存活下去？和去年相比，她明显头发白了许多，眼睛变得空洞无神，背也驼了下去，她还是穿着我第一次见到她时穿的那件灰色上衣，脚上还是开帮的旧解放鞋。孩子们要去学校了，房子里又是一片沉寂，空留下挂在房间里的一排衣服。她落寞地站在门口，目送孩子们离去……底线连破，无以为底；泪已流尽，苍天何忍？

　　此时最难过的，我想，应当是国栋年轻的妻子、飞燕的堂嫂、那个善良美丽的女子——黄春妙。于是，当我回到古山小学的时候，专门跑过去看了她。她在古山初中的小卖部里卖货，一天工作 14 个小时，一个月工资 600 元。我问她是否已做好"最坏的打算"，她拼命地摇头。她深爱着自己的丈夫，有些事情实在不忍去想。然而，该来的，始终会来。2012 年 3 月 1 日，我收到一条来自古山的短信："……国栋身体已经恶化，仍然服药以维持性命……多次生命垂危，及时将其送至都安卫生院抢救，总算脱险……目前饮食起居全靠春妙照料……"

　　道路不通，屯里又没有能干活的男人，我不知道春妙是怎样把国栋送到卫生院的。她绝望地挣扎着，几次把丈夫从死亡线上拉回，然而，下一次呢？下下次呢？如果丈夫不在了，这个家将走向何方？皮之不存，毛将焉附？

在小卖部打工的春妙

74.

慰藉

　　周国荣这一家，属于"非正常"的留守儿童。在我看来，绝大多数留守儿童只能算是"生离"，父母抛下孩子去打工，孩子平日里失去了父母的照顾、保护，亲情缺失，心里备受煎熬，好在他的父母都是活的，就算半年不回、一年不回，总归还是会回来的。而周国荣一家则是"死别"，他们的父亲已经被职业病夺去了生命，长眠地下，再也不可能回来了。我把这称作非正常留守儿童。另外还有一些情况，如覃柳素的妈妈出去打工时离家出走、"小尾巴"的父母婚姻基础薄弱而最终离异，也可归作"非正常"的一类。

　　非正常的留守儿童总是能够激起人们心中最大的波澜，给我们留下强烈的视觉和心理冲击。然而，我们还是应当明白，非正常的情况在任何时候都是少数，正常的情况才是大多数。古山片区这5个村是职业病和非正常留守儿童的重灾区，按照民政口的统计，这里的1.1万总人口中，罹患矽肺病的农民工138人，其中登记了姓名、地址、病情等确切信息的共120人，至2010年底已有15人病故。按照学校口的统计，2010年秋季学期古山小学共有学生396人，其中孤儿和单亲家庭学生57人，比例高达14.4%。同期三只羊小学共有学生488人，其中孤儿和单亲家庭学生15人，比例仅为3.1%。3个乡镇6所学校近3000人的样本规模显示孤儿和单亲家庭学生比例为 8.9%。亦即，多数留守儿童还是很正常的，这也可以解释为什么这些农民工从江西煤矿回来之后，又匆匆赶往他处去打工。在信息充分、不存在欺骗的情况下，他们自愿作出的选择一定是对自身最有利的，打工就是比留在家里好，他们已经用脚投了票。

不能简单地在外出务工与职业病亡故之间画上等号。古山片区矽肺病高发，也是由于历史原因造成的。这些农民工都是在 90 年代出去打工，在那个年代，"以人为本"还未提到现在的高度，劳动保护意识很淡薄，相关制度很不完善，黑心的煤窑主就是钻了这个空子。现在据说那边保护措施有了一些改进，而且不像过去那样容易骗到工人。再一个，不同的工种、不同的务工地区，风险是不一样的。到江西煤矿这样的工矿业风险最大，近处的建筑施工、工厂里风险也不小，比如覃李丽的爸爸、蓝海丹的爸爸都是在附近施工被炸死，黄荣兰的舅舅失去右臂（见右侧照片），韦桂刁的妈妈失去一只脚。相比之下，风险最小的是到广东那样的沿海地区或者大城市。三只羊乡之所以职业病少，就是因为他们多去广东。在沿海发达地区或者在大城市，产业链

黄荣兰的舅舅失去一条手臂

发育比较充分，市场化程度高，工序设置比较合理，生产方式相对先进，这就大大减少了职业病和工伤亡故的现象。而且，大城市里乾坤朗朗，光天化日，就算受到伤害也更容易找回公道，获

善款发放仪式

得补偿，比之暗无天日的井下自然是好得多。

　　尽管非正常的留守儿童在比例上并不大，但由于这些孩子失去了父亲，家庭遭受了灭顶之灾，母亲往往无力养或者不愿再养他们，他们的境况是最悲惨的，理应受到我们额外的关心。我欣慰地看到，他们已经得到了社会的一些关注，境况得到一定程度的改善。此次，爱国华侨杨老先生捐出自己积攒的钱给他们，就表达了这种爱意。杨老先生说："这些钱不多，无法从根本上改变他们的生活。但是，这些钱可以使他们多吃点肉，让孩子吃点水果，生活带来一点乐趣，我就心满意足了。"

　　这种高调的发放仪式并非基金会的本意。我们认为，应当照顾孩子们和这些矽肺病家庭的心理感受，最好不要让他们当众走上前台，毕竟这不是什么光荣的事。然而此次，杨老先生由于健康原因没有亲至，他又特别想看到群众都能领到钱，对私下操作不放心；所以和都安方面几经商议，采取了这种方式。为了尽可能减少现金带来的视觉刺激，我们在北京制作了信封，将钱装在信封里发给大家。就这样，15.5万元善款，到了最需要它的人的手中。算是对这里非正常家庭的一点慰藉。

我们更应当看到的是，近年来，中央和地方政府采取了有力的措施，这些非正常家庭正在得到全面的生活保障。在古山所在的澄江乡，2009年低保人口2022人，2010年扩大到4531人，从2012年4月起，将进一步扩大为6098人，超过当地总人口的10%。标准也节节提高，2007上半年低保每月只有10元，下半年提高到15元，2008年提高到35元，而从2011年起已经按50、60、80元三档发放。2008年我去银有先老人家里的时候，他每月只有35元，现在已经涨到了80元。只是基层民政部门的干部有些忙，他们的工作对象增加了很多倍，但干活的人还是那么两个，"发钱发到手抽筋"。

以周国荣家孩子们为例。现在他们家已有6个孩子享受低保，标准为每月50元。这只是民政部门的，在学校里，上学的孩子还可以领取到寄宿生生活补助，小学生每人每年750元，初中生每人每年1000元。从2011年10月开始，他们在原有基础上还可以获得午餐补助，每人每年750元。周春莲现在已经读了初中，这样算下来她每年总计可以获得2350元的补助，不用为基本生活发愁了。苍天无情，政府有情，现在这些非正常家庭的孩子正在党和政府阳光的沐浴下，正常地成长，度过他们最脆弱的童年时期。

问题总是有两面。尽管目前国家将这些孤儿和失依儿童养了起来，但一年几百到两千多元，这个标准实际并不高。没有了父母的关爱，他们的生活也好不到哪里去。幸福依然遥远，要等他们长大之后，靠自己的双手去创造。

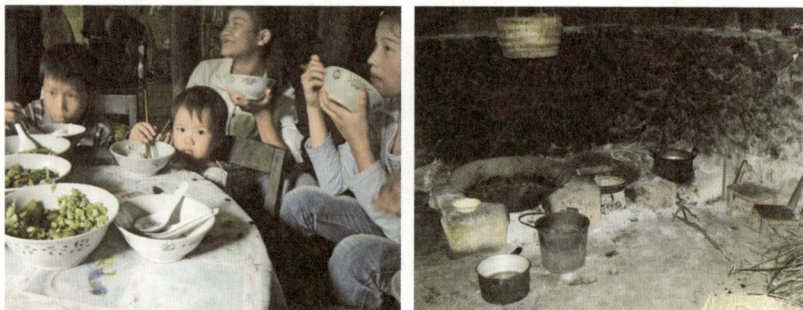

孤儿和失依儿童的吃饭问题

75.
黄豆饭：历史的终结

在本书上篇里，描述了隆福小学的黄豆饭，当地人称为"黄豆蒸饭"。

我之所以和都安的孩子们结缘，就是因为他们的黄豆饭。他们吃得太差了，热量不够，微量元素更是匮乏，引起了基金会的注意，于是，基金会和广西教育厅合作，2007年3月起在古山和三只羊小学开展"贫困地区寄宿制小学学生营养改善"项目。因为要了解项目实施情况，我才来到都安，进入孩子们的家里，并得以一步步走入他们的内心世界。

　　基金会的项目是个试验项目，验证营养改善对学生成长的作用，以古山和三只羊小学为试点学校，而以隆福小学为对照学校。在下面这张照片里，基金会卢迈秘书长正在观看孩子们的跳远测试，这属于体能测试的一个方面。基金会的试验结果显示：试点组比对照组平均身高多增长1.4厘米，平均肺活量增长速度约为对照组的2倍；学校供餐在改善学生营养摄入，促进学生体质、体能、心理成长方面的效果十分明显。2008年3月，基金会王梦奎理事长把根据试验结果，结合更大范围的国内外相关调查研究后所撰写的《从农村寄宿制学校入手，实施国家儿童营养改善战略》的政策建议，经由国务院发展研究中心的途径报送温

中国发展研究基金会学校供餐项目测试（2007年7月）

家宝总理。

很快，温家宝总理在当年 4 月 3 日即对这份政策建议作出重要批示："要增加政府对寄宿制学校贫困学生的补助力度，改善学生的营养状况。这件事关系国家的未来，也是扶贫事业的重要组成部分，建议由教育部会同财政部调查研究，制定方案，也可在部分贫困省区先实行。"从 2008 年春季学期起，农村寄宿学生生活补助提高到中学生每人每天 3 元，全年 750 元；小学生每人每天 2 元，全年 500 元，同时补助覆盖率明显提高。2007 年我去的那一次，在隆福小学只有约 10% 的寄宿生可以获得补助，而一年后已达到 100%。

钱增加了，问题却没有如我们意料的那样顺利解决。当地财政部门一刀切地要求"寄宿生生活补助必须以现金形式发到家长手中"。家长拿到了钱，由于这里实在贫穷，加上对营养不够重视，往往将补助挪作他用，有些家长甚至拿这些钱去买六合彩。另一方面，这些学校里都没有食堂，只能提供简单的蒸饭条件，根本没法做菜。所以，虽然钱增加了，但孩子们吃的仍然是过去的黄豆饭。最可怜的是古山和三只羊两所小学的孩子们，在基金会做试验的两年半里他们还有菜吃，后来却戛然而止，孩子们又倒退到黄豆饭的年代。为学校食堂供菜的菜农们也很郁闷。2009 年 6 月，正是在金融危机肆虐、农民增收困难的时候，三只羊的菜农们失去了他们种菜的收入。

在卢迈秘书长的带领下，基金会继续开展努力。2010 年，基金会成立课题组，先后赴青海乐都、云南寻甸、广西都安和宁夏西吉四个县，对贫困地区寄宿学生生活补贴政策进行评估。2011 年初，评估报告对外发布，引起媒体的广泛关注。先是《新

隆福小学开始供餐

世纪周刊》，他们在了解到这一题目后非常感兴趣，根据评估报告按图索骥，分赴广西、宁夏、云南、青海等四省区，对这一问题进行调查。2011 年 2 月，一篇题为《营养的贫困》的报道刊发了，并且成为《新世纪周刊》的封面报道，文中提到"中国贫困地区儿童严重营养匮乏，发育迟缓。怎样截断贫困代际遗传的链条？"并配发大量图片，展示了这些学生营养不足的现实。

影响最大是中央电视台的报道。他们派出记者到基金会，与主管项目官员进行深入交流，并借助基金会提供的信息和渠道，派出 4 路记者，分赴广西、云南、贵州、青海进行采访。他们在广西都安所选的采访学校，就是我们先前营养餐试验时的对照学校——隆福小学。3 月 27 日，《西部小餐桌》节目开始在新闻频道滚动播放，引起了社会的热议。在国家经济飞速发展、生活

隆福小学食谱

水平快速提高的同时，居然有大量学生吃不饱饭、营养不良、发育不足，居然还天天吃着单调乏味的黄豆饭，让人不能无动于衷。很快，各种社会力量开始参与进来，邓飞等媒体人广泛发动社会捐助，开展"免费午餐"行动。

都安县上下都受到很大触动。以前，这里多数领导干部也是吃黄豆饭长大，对此见怪不怪，现在上了电视，他们才意识到这是个问题。县委书记、县长当即到央视报道中提到的隆福小学了解情况，决定以隆福小学作为试点，一个月内开始学校供餐，并向全县小学推广。提出"三个一"工程，即让每个学生每天吃到一两肉、一斤米和一个鸡蛋。县里筹资 400 万元，为 64 所小学改建食堂，为 94 所学校添置厨具，分期、分批让所有的小学生都能吃上热饭菜。县里在原寄宿生生活补贴的基础上，每人每天再补贴 0.5 元，用于食堂工友、水电等运转开支。隆福小学参照当年古山和三只羊小学营养餐试点的经验，制定科学合理的食堂机制，甚至连菜谱都效仿当初。他们还引入家长监督制度，将学校供餐纳于社会监督之下，从而最大限度地保障供餐效率。

由于都安"知耻后勇"，工作做得扎实细致，他们后来又上了一次央视。2011 年 9 月 10 日，在当天的《新闻联播》里，我看到了关于都安的报道，这次是报道他们开展学校供餐的经验的。我在当地很熟悉的两个朋友，一个是教育局的梁仁国局长，另一个是隆福小学的韦仕权校长，居然都在《新闻联播》里露了脸，接受了采访。韦校长面对镜头一点也不紧张，面带微笑，侃侃而谈。在报道中我看到隆福小学的食堂，一眼就认出，这是由原来的教师办公室改建的，我当年就在那个房间里和黄慧他们谈的话。韦校长一定没有想到，自己作为这么偏僻的一所山村小学的校长，居然能上《新闻联播》。我们都很为他高兴，更为山里的孩子们高兴。一个月后，我最后一次到都安实地考察，发现这里大多数农村学校都已经建立起完善合理的学校供餐设施和机制，剩下的少部分学校，

拉烈乡在建的村小学食堂

正在加紧进行食堂建设，一派繁忙的景象。

国家政策也持续向前。2011 年 10 月 26 日，国务院常务会议决定启动实施农村义务教育学生营养改善计划，提出为集中连片特殊困难地区的 680 个县、约 2600 万在校生提供每人每天 3 元的营养膳食补助，同时将农村寄宿学生生活费补助标准提高到小学生每天 4 元、初中生每天 5 元。此项政策中，政府将改善学生营养的责任、途径和手段做了清晰的划分，落实了资金安排，并充分考虑到各地的可操作性。都安的孩子们再次获益。

如果从 2007 年算起，这一政策从酝酿、完善到最终出台，前后经历 4 年多的时间，走过了从问题发现、试点经验到大范围推广的历程，实现了社会共识与政府决策的互动促进，展现了中国式的决策过程和决策智慧。中央政府高度重视，相关措施布置周密，中国农村学生营养问题正有望得到根本的解决。

都安小学生们的黄豆饭，从此画上了圆满的句号。

76.

女主角现身

第五次到"小尾巴"家的时候，终于见到了他的妈妈。这很难得，留守儿童的父母是不容易见到的，否则他们也不会被称为留守儿童了。五顾茅庐，终得一见。

"小尾巴"和妈妈

"小尾巴"的父母确因卖血结识而走到一起的。他们的卖血与我们城里的献血大不相同，他们一次是抽800cc，抽出来以后，"好的取走，不要的还注回身体"（即"单采血浆"，将抽出的血液使用离心机分离，取走血浆后再将红细胞回输到身体里。血浆用于工业生产原料。由于共用血浆离心机，这种方式是极危险的，当年河南驻马店的农民就是因为这样卖血而大量感染艾滋病）。价钱也很低，以前都是80元/次，在去年才涨到150元。"小尾巴"的妈妈在卖血的高峰期，平均一周就去一次，都安的血站，省内马山、博白、玉林的血站，她都去过。后来生了孩子过于虚弱才不得不终止。

"小尾巴"爸爸那边家庭条件也好不到哪里去。他也是个卖血专业户，两人在卖血时混了个脸熟，然后有一次同坐一车，车子出了故障甩在路上，两人就此谈起了恋爱。"小尾巴"的爸爸家在菁盛乡，也是在大山里，一天只有一趟车，比"小尾巴"妈妈家更不方便。他们的恋爱遭到女方家庭的强烈反对，但他们坚持在一起，家里只好默认事实。他们一起出去打工。婚后男人本性开始暴露出来，不再那么体贴，两人吵闹不休，男方喝了酒还打老婆，所以他们的婚姻一直走得磕磕绊绊的。这里重男轻女，第一胎生的小梅花，婆家人很不高兴。第二胎生了"小尾巴"，情况总算好了些。但"小尾巴"的妈妈身体严重受损，自此失去了生育能力，男方对此也有不满。我想，这实在怪不得她，她从15岁开始卖血，当时她自己都是个孩子，还是女孩，对身体的损害可想而知。17岁开始又是连续两次剖腹产，身体不出状况才怪。

现在两个人已经是绝无可能再走在一起了。"小尾巴"的妈妈说，这个男人有一个毛病，喜欢出轨。在她怀孕期间就"找过两三个"，她都忍了。直到一件事的发生，彻底让她伤透了心。那是在玉林的时候，"小尾巴"的妈妈在街上遇见一个女孩，这个女孩大概是受传销欺骗而流落街头，人长得很漂亮，个子很高，据说以前学跳舞的，自称17岁，新疆或者甘肃人（在"小尾巴"妈妈看来这两个地方没差别）。看她实在可怜，"小尾巴"的妈妈动了恻隐之心，把她接到家里吃住，还花50元给她买了衣服。

"你真的完全是出于好心?"我问道。我心内有些怀疑，行善也要看资本的，自己过得如此不好，还有心思去帮助别人？

"这个要实话实说，我主要是同情，但也有些私心在里面，我想把她说给自己的弟弟做媳妇"，"小尾巴"的妈妈回答道。

不管怎么着，她把这个可怜的女人带回了家。然而令她没有想到的是，趁自己上夜班的机会，他的老公居然和这个女人睡在了一起。后来小梅花偷偷告诉她，"爸爸和那个女人……"她的心一下被击碎了。这真是搬起石头砸了自己的脚。她大吵一架，那个女人自觉尴尬，离开了。

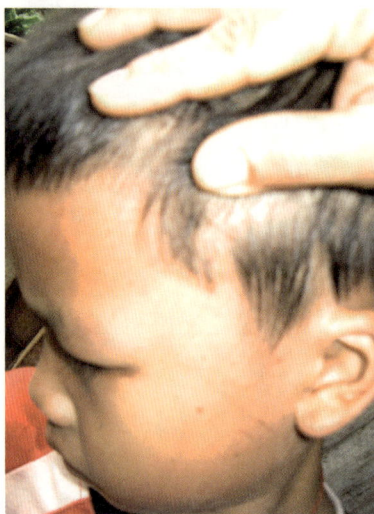

"小尾巴"头上的伤痕

我想，小梅花姐弟看到那一幕，心理一定会受到很大的伤害。"小尾巴"从小多灾多难，1岁的时候，他们全家在一家采石场打工，"小尾巴"爸爸的弟弟开着一辆手扶拖拉机运石头，结果把"小尾巴"轧在车轮底下，小梅花看到了，拼命地尖叫，车停下，"小尾巴"被拽出来，只见头出了很多血，很多碎石片戳在里面。只要车再往前多走1厘米，他的小脑袋就会被压扁了。"小尾巴"的父母来了，又是一次相互指责和大吵大闹。"没有儿子，我也不活了"，"小尾巴"的妈妈说道，还扒开"小尾巴"的头发，给我看当时留下的车辙印痕。她很担心这给孩子造成后遗症，不过还好，"小尾巴"依然聪明伶俐，惹人喜欢。

这几天"小尾巴"又出状况了。我昨天过来他们不在家，就是陪"小尾巴"去医院了。这倒霉孩子，在学校大榕树底下的花坛上玩的时候，不知被谁推了下去，下面刚好有一块尖的大石头（就是照片里的这一块），一下磕到石头上。更不巧的是，

磕伤"小尾巴"的尖石头

磕到的部位正在裤裆里，出了不少血。他疼得不行，又害羞不敢告诉姐姐，也不敢告诉老师，只是自己到村卫生室买了创可贴来贴上。到了周六回家的时候，妈妈让他冲凉，他拒绝去冲，再三追问下才讲出了事情的经过。妈妈大惊，赶紧带到县城医院去看，医生说，有一道伤口，但已经不能缝了，只能清洗伤口，打了针。医生说，伤势还行，只要注意消炎和保养，不会影响以后的身体功能。

我提出看看"小尾巴"的伤势，他却拼死不从。毕竟，"小尾巴"现在已经上了四年级，不再是当年的小毛孩。进入青春期后，自我意识会增强，男性和领地的意识也会出现，不可能再像当年那样紧紧追着我了。"小尾巴"已经不再是小尾巴，这是正常的变化，他在成长。

令我不解的是，尽管"小尾巴"的妈妈对自己的男人已经完全死心，复合大门已经完全关闭。两个孩子也已饱受感情摧残。然而，他们却依然异口同声地说"想爸爸"、"想一起生活"。这些爸爸们啊，不知你们自己作何感想？

77.
丁生的宿命

我这次见到丁生的时候，她正徘徊在人生的十字路口上。

丁生是一个正常的留守儿童。她的父母都在广东打工，只有在过年的时候才会回来几天。虽然有着坎坷的过去，但好在双方健在且关系和睦稳定，还算差强人意。丁生现在几乎已不再回六里丹公自己的家，过年的时候回来过一次，由于家里房子没法住，在"小尾巴"家里借住了十几天。平常，她和弟弟住在澄江乡中学的学校里，偶尔回到万茂三郎外公家。这几天，她正在外公家。

今天丁生没有去上学，因为爸爸没钱了。丁生的父母在佛山，爸爸做建筑，妈妈在一家内衣厂。父母的工资都低，爸爸每月只有1000多，妈妈由于手慢、活做不好，加上身体不好经常请假，每个月连500元都拿不到。两个人在广东房租每个月就要180元，靠省吃俭用，每月往家里寄1000元养活3个孩子。丁生现在上学是有生活补助，但发放很不规律，总是拖到学期末（当天是2010

丁生和外婆

年 9 月 24 日，很多新政策在当时还没有出来，力度不够，方式也存在问题）。上个月爸爸寄了钱，但这个月没有寄，丁生把仅有的钱给了弟弟，让他去上学，而自己，就留在家里。

丁生对打工已经不陌生，早已是"半个农民工"。去年暑假，她去东莞投奔父母，不是为了探亲，而是为了一起打工。她在一家鞋厂做工，计时工资制，一天工作 12 小时。今年暑假，父母去了佛山，她也跟到佛山，随妈妈在一家内衣厂打工。这是一家很大的厂，有 2000—3000 人，丁生分到的活是剪布料。刚开始很难做，习惯了也还可以胜任，只要沿着布料上事先画好的线剪就行。丁生年轻，学得快，工作比妈妈做得好。她从放假做到开学，挣了 1400 多元。但打工毕竟艰辛，胳膊整天端着，非常累，而且手也被剪刀硌得生疼。她是 1994 年 12 月出生，第一次出去时才只有 14 周岁。

相比之下，丁生更愿意上学。她告诉我，之所以不在古山初中上，而是跑到澄江乡中学，就是为了那里教学水平更高一些，此外那里谁都不认识，干扰少，正好可以更用心地学习。她学习很努力，现在班上大概是中上等。父母很疼爱她，想让她一直上下去。

可是，钱呢？这个月父母没有寄钱来，她没钱去上学了。她坐在家里，神情落寞，眼睛早已哭成红肿。我塞给她 300 元，没想到却遭到她的拒绝。她告诉我，钱不要了，纵然过了这几周，可后面呢？后面怎么办？说着，她的泪花再次涌了出来，无法平复。过了许久，她缓缓地说道："等过几天，我就去广东打工吧。"

在这一刻，我深深理解了丁生的宿命。眼前的丁生，仍然

辍学前的丁生

是一副初中生的样子，清秀、白净、身材瘦弱，穿着一件校服制式的黄白色短袖 T 恤，一条洗得发白的牛仔裤，此时仍然是个稚气未脱的青春女生。然而，她的命运，自她降生在这个家庭的那一刻起却已经注定，无法摆脱。她就像是一只刚刚开始使活的小驴子，无助地扭动着、挣扎着，试图摆脱艰辛劳作的命运，然而，却注定会被套上紧箍的缰绳辔头，拉上沉重的大车，被鞭打着向前。

我又想起彩妮、春吉、周曼、韦妹、覃艳，此刻，我也能体会她们当时的心境。这不仅是丁生的宿命，更是她们共同的宿命。

78.

深圳龙岗的春天

这些女孩们的打工生活，会是什么样子？

2010 年 3 月底，我到深圳出差，借用这次出差的机会，我到龙岗区探望了几个年轻的农民工女孩。我是冲着袁彩妮去的，在这本书前面的部分已经几次提到她。彩妮是在2008年春天，连小学都没有毕业就辍学到深圳打工。当年12月她在农民工返乡潮中回到家乡，我到她家里时刚好遇见她。这次我到了她的工作地，看到她真实的工作和生活场景。

　　我们约好在龙岗长途汽车站见面。我对深圳并不熟悉，到了之后才发现龙岗和市区离得很远，坐了两个小时的公交车才到达。令我惊讶的是，来接我的不止彩妮一个人，而是6个，都是和她一起打工的女孩，而且都是都安三只羊乡建良龙圫的。其中

深圳龙岗的彩妮和一起打工的同乡

一个女孩我认识，她叫袁爱毅，2008年12月在她返乡时见过。她以前在宝安区百灵电子厂，没想到现在居然也到了这里。其他几个女孩我就不认识了，也记不住名字，不过她们都是龙圵屯的，而且彼此之间都有亲戚关系。

由于时间已经接近中午，我决定在车站附近请她们吃午饭。找来找去也没有找到个合适的地方，于是带她们进了一家必胜客（Pizza Hut）。她们肯定没有在这样的地方吃过饭，这倒不是我看不起人，而是"蛇有蛇道，虎有虎踪"，不同的阶层有不同的活法，她们的生活注定和必胜客这样的地方是绝缘的。事实也是如此，她们不但没有吃过，甚至连听都没有听过，完全的没有印象。我带她们到必胜客，一则是我对龙岗不熟，实在找不到合适的地方，二也是希望我的到来能给她们的生活带来一点新意，于是就这样走进了窗明几净却又格格不入的必胜客。她们都很高兴，每个女孩的脸上都洋溢着春天般的笑容。

我们一起坐下来。我点了几个大尺寸的比萨，加上一些意大利面、蔬菜沙拉、炸甜圈、烤鸡翅之类，再来一些柠檬水和可

在 Pizza Hut 持午餐

乐，凑成一桌午餐。她们吃得很好。尽管是第一次吃西餐，从未接触过刀叉，但她们学得很快，像模像样的，比我都更在行。我盯着她们仔细打量，这些女孩，最大的不过 22 岁，最小的还不满 18 岁，正是一生中精力最旺盛、学习能力最强、可塑性最好的时期。仅仅在几年前，她们都还是留守儿童，现在都已成了新一代的农民工。因为年轻，她们既可以在家里喂猪，也可以很快掌握工厂生产的技能，成为现代产业工人。我想，只要有机会，一代人、十几年的时间就完全可以实现生活空间和生活模式的转换，无须拖到下一代和几十上百年。

　　吃完饭，将吃剩的比萨打包之后，我们走出必胜客。她们带我穿过一个街区，在马路边上了一辆公交车，在这辆公交车上又晃了半个多小时之后，终于到了她们的厂区。这个厂区是龙岗区的一个村，村里修建了一些厂房，把它们出租给一些老板，构成一个制造业基地。这些工厂规模都不大，以电子厂为主，玩具厂只有彩妮打工的这一家。我惊异地发现，这些工厂都在招工，而且是在很急切地招工。一家电子厂在门上方拉起宽大的条幅，上面写着一排大字"因生产急须大量招收普工"。这个"须"字显然是写错了，应当是需要的"需"才对，但意思是明白无误的。在另一家名为"宏基"的电子厂，将招工的数量、要求、待遇和联系方式都一一列出，悬挂在大门上，上面写道："1. 男女装焊接工多名，年龄 17 到 40 岁，视力良好；2. 女 QC 多名，年龄 17 到 35 岁，初中以上文化程度，可在职培训，提升个人技能；3. 修理工多名……"最后讲明了待遇"港资企业，订单多、粮期准，综合工资 1500 元。"彩妮所在的"益合兴"玩具厂也在招工，而且对保底工资、加班工资标准都写得清清楚楚，待遇也更

招工的条幅

加诱人，"真正熟手、做事快的我厂保证每月工资在 2000 元以上"。

真是"三十年河东，三十年河西"，回想 2008 年 12 月的时候，一片秋风肃杀，龙岗的制造业风声鹤唳，一些企业破产倒闭，一些企业停工停产，彩妮他们纷纷逃回家乡，大有树倒猢狲散之感。现在仅仅过去 15 个月，整个风向似乎一下子逆转过来，生意一片红火，工厂又开足马力生产，反倒是人力不够，新工人成了香饽饽，各工厂都提高了待遇四处招人，这是多么令人惊喜的转变啊。龙岗的 3 月，此时正是春天，阳光和煦而不炽烈，微风轻柔而不狂暴，天气不冷也不热，让我们感觉非常惬意。我们就这样在工业区的街道中穿行，进了彩妮所在工厂的大门。

贴在大门上的招工启事

79.
又一个轮回？

　　彩妮所在的是一家名为"益合兴"的小型玩具厂，目前共有工人 100 多名，其中女工占到一半略多。厂区不大，也就 1000 多平米，主体建筑是两座三层楼，两楼走向互相垂直，构成一个"T"字形。北面的楼稍小，是工厂的宿舍楼，其中二层住女工，三层住男工，一层是他们的食堂；南面的楼比较大，楼层也比较高，是他们的生产车间和库房。我们顺利进入大门，经过破旧的铁质楼梯，到了二楼的女工宿舍。

彩妮打工的"益合兴"玩具厂

　　彩妮的宿舍不大，大约 20 个平米左右。房间内靠墙两侧各摆放着 3 张上下床，共住了 8 名女工。她们多住在下铺，并支起蚊帐或者布帘，构起自己的小窝，其中有一对姐妹是挤在一起住的；上铺则只有一个是住人的。虽然房间内住人比较多，但并不拥挤，甚至显得有些空荡荡的。因为她们的行李都很少，每人也就一个拉杆箱，放在床下就可以，除此之外就几乎没有什么个

彩妮的宿舍

人物品，没有住人的几个上铺只是简单地摆放着一些洗漱用品。住的这8名女工中，除了和我一起吃饭的这6个之外，一个是贵州人，另一个也是龙坵的，但她已结婚并有了一个2岁的孩子，她们今天都出去玩了，并不在宿舍。来自龙坵的除了这些女孩之外，还有6个男孩，他们住在三楼男工宿舍，今天也都出去玩了。今天是星期日，是他们一周中唯一的休息日。

彩妮告诉我，她们一个月工作26天，每天工作12个小时，采用计时工资制，通过打卡的方式来控制时间。一天中上班的时间分作3段：08：00~12：00，13：30~17：30，18：30~22：30，工作时可以坐着，比较累，但还可以承受。她刚来的时候很不习惯，由于睡眠不足上班时总是打瞌睡，不过现在已经完全适应了。每月的保底工资是900元，加班费按5元/小时的标准支付，一般情况下如果每月能够正常地上班，则每月的工资大约在1500元左右，这比去年提高了200元。除了工资之外就不再有任何福利和保险，如果生病了只能自己到外面去买药吃。拿到工资之后，每个月吃饭要扣去150元，住宿还要再扣去30元。不过，老员工不用缴纳住宿费，彩妮今年已经是老员工，所以可以省去这30元。他们吃得并不好，米饭管够，可以任意添饭，也有青菜可以吃，但几乎没有肉。这家食堂也是承包的，就算玩具

厂的老板肯出钱，她们也未必能吃到肉。不过食堂的布置还是挺
人性化的，除了有一台风扇之外，一角还放了一台电视，他们得
以在吃饭的时候还可以看看电视，作为一项难得的放松和消遣。

　　我去参观了她们的生产车间。这是一家生产布娃娃为主的玩
具厂，在车间外的空地上摆放着很多黑色塑胶人体模特，这些模
特密密麻麻地摆放在一起，像是一个兵马俑的战阵。它们都已穿
上靴子，不过，都还没有头，也没有胳膊，对应的位置各有一个
孔洞。在生产的时候，这些黑色塑胶模特被搬上生产线，彩妮她
们每人负责一道工序，一个负责安装脑袋，一个负责安装胳膊，
一个负责穿上衣，一个负责穿裤子，就这样在生产线上流过一圈
之后，一个布娃娃就做成了。这条生产线开动马达，周而复始，
于是成千上万个布娃娃就这样生产出来。她们厂生产的产品，主
要还是销往国外。彩妮说有一次她们正在生产，看见老板陪着一
个外国客商来参观生产线，这个客商肯定是外国人，因为他"长
得和我们不一样"，不过似乎也不是欧美人，因为"皮肤比我们
还要略黑一些"。她们的老板是四川人，最初也是打工到深圳这
边来，后来自己办了这个玩具厂。也许是同为打工出身的原因，

食堂

塑胶内胆

生产车间

老板对彩妮她们很照顾，她们觉得在这里工作比在周围的电子厂要好，而且也更安全。

这些女孩最大的是爱毅，1988年出生；最小的是彩妮，1992年出生。她们正是风华正茂的年纪，也是对生活最具追求的年纪。她们个个都有手机；6个女孩中有3个染了头发，其中两个还烫成李宇春那样的"狮子王"造型。不过，由于造价昂贵，这样的发型大概一年只能做一次。彩妮穿着一件非常可爱的黄色小马甲，这个马甲的右襟上还垂下两个毛茸茸的绒线球，这是她花30元在龙岗买的。另一个女孩的红色马甲花了20元。她们都还没有结婚，也没有订婚，对将来想得比较少。彩妮说自己结婚要"25岁以上再说，现在还没玩够"。不过，总体来说，她们对这个城市还是相当陌生的。彩妮来这里已经两年多了，但她从未去过深圳市区，甚至在龙岗也转得很少，仅仅去龙岗的公园玩过一次。她们的生活基本是"三点一线"，终日在生产线、宿舍和食堂间忙碌，周末主要就是睡觉，很少走出工厂的大门。她们从未想过在深圳龙岗这里成家生活，因为这实在超出了她们的想象力。她们只是这里的匆匆过客而已。

对她们来说，远在1000多公里之外的龙垟屯才是自己的家，只有家乡才能给她们自由和安宁，她们来这里的目的只是赚钱回家。彩妮每个月收入1500元，一个月可以攒下600—800元。去年回家的时候，她带回了将近3000元，其

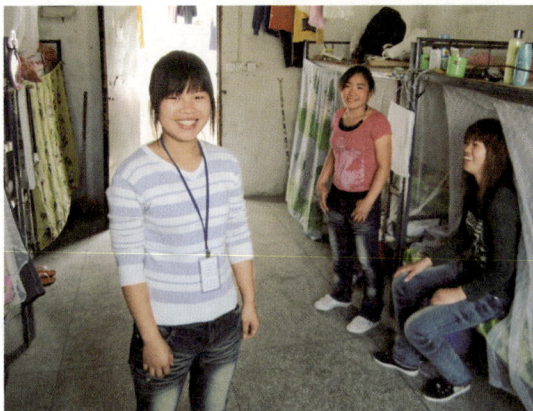

这里并不是彩妮的家

中给父母1000元，带着弟弟和两个妹妹到金城江买衣服、置办年货之后，所剩也就不多了。那是她一年中最幸福的时候，幸福而有成就感。彩妮只上到小学六年级第二学期，她的妹妹彩鸾现在已经在读初一，她说不愿意让妹妹也和自己一样出来打工，因为"自己出来是自愿的"，既然妹妹想读书，就愿意支持她读下去。不过，往返于家乡的成本也不低，从金城江到深圳龙岗有长途卧铺车，平时的车费是200多元，加上路上吃的大概要300元，22—23个小时可到达。一进腊月，车费就涨到520元。为了节省路费，他们这次从家过来费尽力气买到了火车票，但这样中间还要倒车，加上路上吃的一共花了250元。因此，尽管彩妮非常顾家，在刚出来的时候经常半夜哭泣，但也没法经常回去，一般是在过年时才能回去一趟。

留守儿童的未来，绝大部分都会像彩妮这样，成为新一代的农民工。都会过着艰辛的打工生活，为社会创造财富，同时获取自己微不足道的一份。之后呢？2011年，彩妮离开了益合兴，

跳槽到东亚电子厂，做喇叭、音箱；2012年初，她和家乡的一个小伙子订了婚，按照当地习惯，20岁前都要嫁人。他们计划在年底结婚，然后就不再出来，在家里生孩子、带孩子，再之后呢？她没想过。

就让我帮她想吧。如果婚后彩妮觉得家里生活太苦，还出来打工，只能将孩子留在家里给老人照看。这是最可能发生的状况。然而，这不正是当年她自己的童年生活吗？假如真的这样，那么，一切都将只是简单的轮回。我不敢再想下去。

80.
留守儿童之三重透视

至此，我对都安留守儿童问题的调研基本告一段落了。

都安是一片神奇的土地，也是中国经济社会发展研究领域的"富矿"。每年这里有16万人外出打工，它一头根植于最贫困的大石山区，另外一头则连接着中国经济发展的最前沿。2008年底，在中国受到国际金融危机影响最烈的时候，这里首先感受到了冬天的寒意，大量农民工返乡。"春江水暖鸭先知"，2009年中期以后，这里又首先感受到经济的回暖，农民工们匆匆踏上南下的列车。（对返乡农民工的调查，详见中国发展研究基金会报告增刊《广西山区返乡农民工调查报告》和《返乡农民工今安在——广西山区返乡农民工调查报告（续）》）这里是中国经济增长的晴雨表，是农村社会发展的试验田，还是人和自然的角斗场。我认为，都安是留守儿童问题的最佳观察点之一。

留守儿童问题，人们首先看到的是一幕人伦悲剧。这是对留守儿童问题的第一重的观察。我第一次到这里，和孩子们谈话的时候，已经深刻体会到了这一点。留守儿童只有区区四个字，饱含的心酸委屈却重过千钧，它的每一笔每一画，都渗透着亲情的血泪——

它是妈妈日夜思儿盼儿那撕心裂肺般的痛；

它是孩子在梦里对父母的声声呼唤；

它是只有在过年时才能相见的短暂的欣喜；

它是掰着指头计算父母归期的热切的期盼；

它是电话一端的千叮万嘱；

它是抑制不住的奔涌的泪水；

它是来自千里之外的美好祝愿；

它是孩子在黑暗里恐惧的战栗；

它是不能亲手照料孩子生活的愧疚；

它是孩子在寒夜里踢掉的被子；

它是对孩子的一百个不放心；

它是孩子被人伤害时无尽的委屈；

…………

孩子们思念的泪水令我感动，一个又一个家庭的故事令我震撼。我不由自主地拿起自己的笔，借来一部相机，记录下他们的生活，成为这部调查报告的开端。留守儿童故事就此拉开帷幕。

随着调查的深入，我发现了留守儿童的艰辛生活，以及他们面临的危险和困境。由于缺乏父母的保护，留守儿童容易遭受各种危险，如溺水、触电、失火、交通事故等等。由于缺少父母的

留守之痛

保护，留守女童容易成为性侵犯的目标，造成她们身心的巨大伤害。更可怜的是那些孤儿、单亲家庭的儿童，他们永远失去了自己的父亲或母亲，如同失去亲鸟哺育的雏鸟，嗷嗷待哺，孤苦失依。我当时在一份报告里这样写道：从广西都安的情况来看，留守儿童问题已经不是"个别的"和"少部分人"的问题，而是一个主要的和基本的问题；由于父母无法进行有效的监护，给这些儿童的成长带来了严重的影响，包括生活、学习、安全等各个方面，其中以安全问题最为迫切。孩子毕竟是弱者，他们需要照顾和保护。这是第二重的观察。

还有第三重的观察，那就是，这些孩子的人生之路应该怎么走，他们未来出路在何方？为了这一观察，我和这里的孩子保持着长期密切的联系，持续关注他们的成长。孩子有大有小，成长有快有慢，他们有的已经提前步入社会，不用再作为儿童被人关心。然而，按照目前已有的观察来说，我只能说，这些孩子的出路不容乐观。如果留守儿童的明天是即将产生出更多的新留守儿童，如果国家经济社会发展仅仅是简单的轮回和重复，岂非让人压抑难平？

81.

解铃还须系铃人

　　目前，留守儿童问题已经得到政府、社会、学界的广泛关注，并已经采取了一些帮扶的措施。2012 年 3 月，温家宝总理在《政府工作报告》里提到"关爱留守儿童、留守妇女和留守老人"。此前国家有关部门已经开展了大量关爱留守儿童的工作，如全国妇联的"代理妈妈"活动，团中央的"手拉手"活动，教育部更是将关爱留守儿童纳入部门常规工作，从方方面面予以关心。一些留守儿童比较集中的省份，地方政府也在这一领域进行了积极有益的探索，如加强农村寄宿制学校建设、建立亲情视频聊天室、开展心理辅导等。

　　在已有的行动中，最具实际意义的是深入开展的农村低保、寄宿生生活补贴、午餐补贴等政策。国家实实在在地花了钱，广大留守儿童也实实在在地受了益。2010 年，仅寄宿生生活补贴一项，中央和地方财政投入 133 亿元；2011 年，国务院常务会议决定开展农村学生营养改善工程，又投入中央财力 160 多亿元。加上农村低保对孤儿和失依儿童的保障，在基本生活层面，这些留守儿童生活状况已经得到很大改善，可以免于冻、饿，能够正常成长。

　　然而，我们还远不能说，留守儿童问题已经获得解决。最大的问题是：他们缺的是父母的照顾、关爱，而我们不可能给他们一个父母。我们都爱这些孩子，然而，我们的爱远无法替代他们父母的爱。我们都想保护这些孩子，但我们不可能天天陪在他们身边。自从人类有了家庭形式起，父母就是孩子天然的监护人、保护者，天经地义，无可替代。家庭生活总是细致琐碎的，除了父母之外谁都无力承担。最好的办法，还是让父母自己来照料孩子，这才是正途。其他的方式至多只是补充。那么，这些留守儿童的父母，他们真的就不懂得这些、不愿意承担照顾自己子女的职责吗？

答案当然是否定的。留守儿童问题的产生具有十分深刻的经济和社会原因，它是我国长期以来城乡分割二元社会体制的产物。在这一体制下，农民虽然得以进城务工，但并不被视为城市的人，体制把他们的角色安排在农村，而不是城市。他们在城市没有住房、户口、社会保障，他们的子女也很难在城市获得教育等条件。目前，这些儿童在城市进入小学方面出现了一些松动，一些城市实施了积极的举措，但就整体来说，仍然非常困难。从我了解的范围来看，都安这些孩子们几乎是不可能随父母在广东享受免费义务教育的。对这些农民工来说，带孩子在城市生活，非是不愿，实是不能。如果不能对这一问题的深层原因进行理解和把握，在处理和解决问题时就很可能得出错误的结论。

针对留守儿童问题，有些地方提出"限流"的措施。这些措施包括：劝说父母双方至少留下一人在家照顾子女；发展县域经济，吸引务工人口回流创业等。应当说，这些措施的出发点都是好的，目的在于实现对儿童的有效监护。但这种思路是行不通的。城市化是一个不可逆转的潮流，农民进城务工乃至举家进城成为城市的一员，这是由人类历史发展的基本规律所决定的。如果认真读了都安这些孩子家庭的故事，就会真切地感受到，进城务工，实在是无法摆脱的宿命。任何试图拉历史倒车、阻碍和限制人口流动的政策都是不当的，也是注定无法实现的。解决留守儿童问题与城市化，只能是前者顺应后者，而不是相反。必须在城市化的大前提下来解决留守儿童问题。

　　正确的对策，首先应当是进一步打开城市的大门，接纳农民工们进入城市。应当允许和鼓励他们的父母将子女带入城市接受教育，让这些儿童在城市获得同等的接受义务教育的权利，不应进行名额限制和收取学费，不应再要求"五证俱全"。倘能如此，就迈出了解决留守儿童问题的第一步。"有妈的孩子最幸福"、"谁家的孩子谁最疼"，家庭教育是儿童成长过程中不可或缺的一环，它对儿童物质和精神需要的满足、健全人格的形成、安全成长的保障，都具有十分重要的意义。在解除了务工者的后顾之忧之后，夫妻可以双双出外务工，务工收入可以增加一倍，务工地生活成本可以得到有效分担，从而提高在城市社会的生存能力；同时，认可农民工家庭在城市生活的正式身份和各项权益，使其扎下根来；在身份得到认可之后，他们在劳动力市场的谈判能力会增强，工伤亡故、职业病等情况会大大减少，社会会因此变得更加和谐。留守儿童家庭应当并且完全有条件成为新市民和新的中产阶层。

　　留守儿童进城，不是一项仁慈之举，而是经济社会发展的必由之路。在现有的模式下，由于农民进城没有家庭生活，不具备正常的家庭消费，成为经济增长的局外人。做皮鞋的，一辈子不穿一双皮鞋；做服务的，一辈子都是为别人服务；做建筑的，在城市一辈子都没有自己的房子。他们只是"挣一笔钱回家"，这就直接导致了国内市场的狭小，消费所占比重持续下降，经济增长过度依赖外需和投资，导致经济增长的不稳定、不平衡、不协调和不可持续。当前，滞涨已成常态，农民工返乡即将周期性出现。要想实现经济的持续稳定发展，就必须鼓励农民工在城市里成家，夫妻都在城市工作，孩子在城市成长，不再回到农村去。农民在城市里生活，会产生对其所生产产品的需求，使整个经济结构由过度依赖外需转化为以内需为主，产生良性循环。农民工在城市里生活，他们留在农村的成员逐渐衰老、消亡，整个生存空间从农村转入城市。农民工的耕地完全流转出去，实现农业的专业化经营，随着人均土地占有量的增加和生产效率的提高，留

城市中迷茫的农民工们

在农村的那部分人口的生活条件得以改善。农民工在城市获得住房条件，他们在家乡闲置的宅基地得以复耕，置换出更多的土地。通过这样一个过程，实现人口结构的转变，人的生存空间的转换，以及对资源的集约使用，减少对环境的破坏，保护生态和自然。从理论上来说，这一过程是完全可以实现的。（详见作者另著《农民问题新探》）

农民工彻底进城，实现在务工地定居，是解决留守儿童问题的根本出路，也是事关国家未来发展面貌和持续繁荣的关键所在。应当参照和借鉴国外经验，将农民工进城定居上升到国家战略的高度，在恰当的时机，采取恰当的手段，按照恰当的节奏，推行这一政策。倘能如此，有望在十几年和一代人的时间内实现目标，留守儿童问题将成为历史。这是解决留守儿童问题乃至整个国家发展问题的根本途径。

难，但是可以干。

82.

不是尾声的尾声

农民工携家庭进城，这是历史的必然，也是一个再正常不过的自然社会进程。然而仅就当下而论，仍可称为天方夜谭，政策还没有这么大的跨越，社会尚未对此做好心理准备，就连那些农民工们，对自己的命运也是懵懂未知。即便将来有机会实施，操作起来也非易事。一个简单的就地供菜计划尚且大费周章，这样一个决定数亿人生活模式转变的重大政策就更难施行。一切尚待时日。我们只能在现有的政策框架下继续观察和作出结论。

鲜活的生活剧永远没有结尾。都安这些留守儿童们，正在持续着他们的成长。令人欣喜的、忧虑的、叹息的故事每天都在发生。至2012年3月，我了解到他们的最新信息如下：

一些孩子的生活变化不大。

仍在小学里的孩子们

"小尾巴"、覃柳素、蓝祥宝这些孩子，我初次见到他们的时候，他们还在上小学一年级或者学前班，到现在也还是在小学里，继续过着无忧无虑的生活。2010年4月，覃柳素的奶奶瘫痪了，再也站不起来。蓝祥宝的爸爸还在和矽肺病魔作斗争。

韦桂刁已经上了六年级。我2010年去过她家里，她家里的情况不容乐观。她妈妈因为工伤失去了左脚，老板给她装了假肢，还赔付了3万元。只是，这个假肢需要定期更换，这就要自己出钱了。刚换过一次，花了1万多。爸爸懒惰不怎么养家，妈妈拖着假肢又出去打工了。她家里乱成一团糟。

一些孩子升了学。

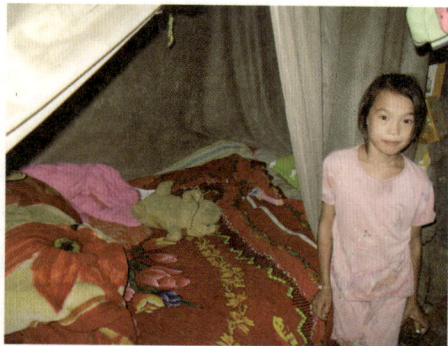

韦桂刁家里

袁丽妮、韦暖浪升入了都安高中，这是全县最好的高中，在整个河池市都享有盛誉。我去看了她们，学校门口贴着一张鲜艳的红榜，上面写着 2011 年高考这个学校又有 2 名学生考上了清华大学。丽妮和暖浪在学校里过得也不错，刚入高中的时候，有一位爱心女士托我介绍学生资助，我按照成绩优先、女生优先的原则，推荐了她们两个。现在她们每月可以各自得到 500 元的资助，直到高中毕业，可以安心学习了。她们对高中的生活都很适应，按照现在的势头，在两年后

都安高中的丽妮和暖浪

"挤独木桥"的时候可以考上一个不错的大学。丽妮还是那样俏皮，我去看她的时候，她一边说话，一边玩弄着水杯。

韦敏过得也不错，她在瑶族中学。在曾记者的资助和关心下，这个可怜的弃婴重新振作起来，脸上总是笑得鲜花一般灿烂。过年的时候，她还用手机给我发来短信，祝我新年快乐。

袁江在都安二高。他的姐姐袁潇在南宁读中专，银行会计方面的

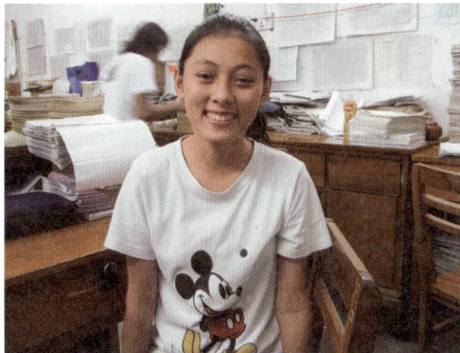

瑶族中学的韦敏

专业。

一些孩子读了技校，即将步入社会。

韦排在都安上技校，学的是汽车维修，他学得很好，还说自己摩托车也会修，将来生活不成问题。他很快就要毕业工作。

黄荣兰在金城江读中专，学的是护士。她的家庭生活有了

黄荣兰在读护士

一些微小的变化，爸爸终于认她了。这事经历了一些波折。2010年她去广东投奔在那里打工的小姨，本来就是想顺路去找爸爸，但临行却被爸爸家拒绝，让她很受伤。2012年春节，爸爸邀请她去广东过年，终于得以父女相认。不过，爸爸家里也很穷，仍然是靠小姨供她上学。小姨对她

很好。

余明孟、潘天众、韦愿都在金城江的技校。读了一年后，2012年3月，明孟和天众已经去广东江门实习，为期四个月，每个月2300—2500元。不过，他们学的是汽修专业，这个却是电子厂，所学非所用。明孟上的是夜班，从晚上7点半到第二天早晨7点半，中间可以休息一个小时，

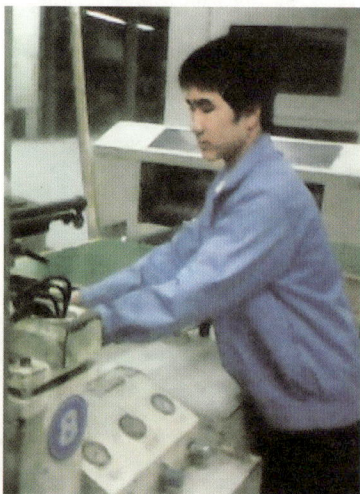

余明孟已经在工厂车间实习

还有夜宵。照片里是余明孟用自己手机拍的工作场景。韦愿因为还不满 16 周岁，学校没有让他去实习，留在了学校里。

又有一个留守女孩出了问题。

应其家人的请求，这里曝出她的名字和照片。她叫银华圣，这个女孩，我曾两次去过她的家里，她给我热情倒水并摘柚子给我吃。(见第 40 节)2011 年 9 月，她刚到县城读高中不久，周末请假回家，然后就不知所踪了。家里找遍了县城，也曾到红水河里去辨认浮尸，但至今半年过去，依旧下落不明。家里报了案，但警方调查目前还没有进展。一个 16、17 岁的女生失踪这么久，肯定不会有什么好事。是遭人拐卖到山里给人做了媳妇？是被人控制做了"失足妇女"？还是已经不在人世？一切不得而知。

2010 年时的银华圣

雯雯的情况喜忧参半。喜的是，她的心理伤害逐渐平复，工作也有起色。她在金城江一家建材公司做文员，刚开始打字很慢，经常受到老板的责骂，但她非常努力，看着字典学，废寝忘食地干活，现在已经可以胜任了，每个月有 1000 多元工资。此外她还学会

雯雯租住的房间

了刺绣，可以绣出非常精美的枕套，这成了她的第二职业。从她发来的租住房间的照片来看，很整洁、温馨，令人放心。忧的是，她家里的情况又恶化了，她的妈妈淹死了（最大的可能是遇害，她做的生意不太正），她那不成器的爸爸几年不养家，此时居然回来了，他的第一件事是要给妻子做法事，向雯雯索要4000元钱……

一些孩子已经在打工。

周曼在南宁一家单位食堂工作，每个月工资1200元。她已经订了婚。她的妹妹也于一年前到了这个单位，姐妹俩一起工作。不好的情况是，她们爸爸的矽肺病已经很严重，现在再也无法走出家里所在的弄场，只能做点简单的家务。

蓝梦娜的艺术照

蓝梦娜在南宁打工，工作是帮人送货，不知道挣多少钱，只知道每个月寄200元回家。我看她的照片，自从外出打工以后，人精神多了，也更加漂亮了。她家因盖房欠下的债已经还了2000元，剩下的在慢慢还。他的爸爸在南宁打工时出了工伤，昏迷三天，老板给他治好了，但有些后遗症。还有，她家"比萨斜塔"式的老房子终于彻底倒掉了。

韦妹的情况令人惋惜也令人欣喜。她很想上高中，但初三第二学期，她伯父说不继续供她读了，于是她就去了广东深圳打工。她成绩那么好，真的是太可惜了。几个月后，张女士托我找学生资助，我第一个想到的就是韦妹，结果校长告诉我说她已经去打工了，我这才找了丽妮和暖浪。命运就是如此，晚了一步，就一切都无可挽回。令人欣喜的是，韦妹在广东的情况还不错，她在一家生产路由器和网卡的厂里，每天上班 12 小时，每个月工资 3000 多元。她和我通话的时候，依然那么坚强和乐观。她说，自己的名字听起来太像个小孩子，要去把它改掉。

一些孩子已经去打工，却还梦想着能回到校园。

覃艳现在深圳龙岗一家电子厂打工。我最近一次见到她是在 2010 年 9 月，那时她还在上初三。她告诉我，奶奶已经去世，向我要了当初给她们拍的照片。11 年中考时，她得了 4 个 B 和 2 个 C+，没有收到任何一份通知书。她很想去县城读高中，但爸爸坚持要她出去打工以减轻家庭负担。她爸爸本来收入不错，但因为家里起房子，欠了

辍学前的覃艳

不少钱。无奈之下她在 9 月去深圳打工，过年回家时提出上学，又遭拒绝。2012 年初，当地发生了全国闻名的"龙江河镉污染"事件，为了治污采取了停产、封路措施，而她的爸爸正是以修这些路上跑的大货车为生，这下彻底没有了收入。覃艳入学更是无望，在 2012 年 2 月再度到深圳打工。她希望自己能多攒一些钱，到 9 月开学的时候去读高中。电话里，她说自己非常想上高中，说着就哭了起来。

一些孩子，唉，即将要做或者已经做了妈妈。

石敏娟已经结婚 1 年。她此前在广东打工，现在怀了孕，正在家乡待产。第一次见她是 4 年半以前，那时她 13 岁，还是个很懵懂的小女孩。她说自己喜欢何洁，要当歌星，现在，这个梦已经永远无法实现了。

王宁肖，结婚已经 2 年，孩子也已快一岁。2010 年她初中毕业就结了婚，当时差不多也是 16 岁，和"小尾巴"的妈妈差不多大。她曾经是个开朗活泼的女生，天天抱着一个篮球，现在只能抱着孩子了。王宁肖现在随老公在南宁一家电子厂打工，她在租住的房子里带孩子，经常为买奶粉而发愁。现在她的孩子属于流动儿童，如果过一两年大一些后放在家里养，就又是留守儿童了，一如她自己当年。

"打工——留守——孩子艰难成长——长到半大——外出打工——结婚生孩子——又一代留守儿童——"短短几年之间，轮回已显。

…………

我期待着毛毛虫成为蝴蝶的那一天。

责任编辑：虞　晖　陈鹏鸣

装帧设计：周方亚

图书在版编目（CIP）数据

中国留守儿童调查／赵俊超 著 . – 北京：人民出版社，2012.6

ISBN 978 – 7 – 01 – 010803 – 2

I.①中… Ⅱ.①赵… Ⅲ.①农村 – 儿童教育 – 调查 – 研究 – 中国

　　Ⅳ.① G61

中国版本图书馆 CIP 数据核字（2012）第 061198 号

中国留守儿童调查

ZHONGGUO LIUSHOU ERTONG DIAOCHA

赵俊超　著

人民出版社 出版发行

（100706　北京朝阳门内大街 166 号）

北京尚唐印刷包装有限公司印刷　新华书店经销

2012 年 6 月第 1 版　2012 年 6 月北京第 1 次印刷

开本：710 毫米 × 1000 毫米 1/16

印张：20.5　字数：240 千字

ISBN 978 – 7 – 01 – 010803 – 2　定价：66.00 元

邮购地址 100706　北京朝阳门内大街 166 号

人民东方图书销售中心　电话（010）65250042　65289539